# Praxishandbuch
# Recht für soziale Beratung

# Praxishandbuch Recht für soziale Beratung

## Was Sie in Beratung, Coaching und Mediation wissen müssen

Herausgeberin:

**Prof. Dr. jur. Judith Dick,** Professorin für Sozialrecht

Weitere Autorinnen und Autoren:

**Prof. Marion Hundt,** Professorin für Öffentliches Recht

**Prof. Dr. Angelika Peschke,** Professorin für Bürgerliches Recht, insbes. Familienrecht / Kinder- und Jugendhilferecht, Mediatorin (BAFM)

**Prof. Dr. Anusheh Rafi,** Professor für Bürgerliches Recht, systemischer Coach, Rechtsanwalt, Mediator (BM und BAFM)

**Bibliografische Information der Deutschen Nationalbibliothek**
Die Deutsche Nationalbibliothek verzeichnet diese Publikation in der Deutschen Nationalbibliografie; detaillierte bibliografische Daten sind im Internet über http://dnb.d-nb.de abrufbar.

Reguvis Fachmedien GmbH
Amsterdamer Str. 192
50735 Köln

**www.reguvis.de**

Beratung und Bestellung:
Tel.: +49 (0) 221 97668-229
Fax: +49 (0) 221 97668-236
E-Mail: familie-betreuung@reguvis.de

ISBN (Print): 978-3-8462-1245-5
ISBN (E-Book): 978-3-8462-1246-2



Herstellung: Günter Fabritius
Lektorat: Uschi Schmitz-Justen
Satz: Cicero Computer GmbH, Bonn
Druck und buchbinderische Verarbeitung: Plump Druck & Medien GmbH, Rheinbreitbach

Printed in Germany

# Vorwort, Danksagung und Bitte um Rückmeldung

Das Praxishandbuch Recht für soziale Beratung spannt den Bogen breit. Es erläutert die rechtlichen Aspekte von Beratungen und ist auf professionelle soziale Beratung ausgerichtet. Es spricht professionell Beratende der verschiedensten Beratungsformen (z.B. lösungsorientierte, person(en)zentrierte, systemische Beratung) an. Auch Beratungsformate, in denen eine auf den Prozess bezogene Expertise im Vordergrund steht wie Coaching und Mediation sind einbezogen.

Es aktualisiert und vertieft Kenntnisse für unterschiedliche Beratungsfelder und/oder Adressierte (z.B. Familien-, Bildungs- und Jugendberatung und Lebens-, Migrations- oder Schuldnerberatung), unterschiedliche Beratungsansätze (z.B. psychosoziale, sozialpädagogische, sozialarbeiterische, betriebliche oder gesundheitsbezogene) und Beratungssettings. Die rechtlichen Grundlagen der Beratung werden über Beratungsbereiche hinaus thematisiert und damit wird der Kommunikationsrahmen erweitert. So kann es bestenfalls über Beratungsfelder hinaus zu Problemlösungsprozessen bis hin zu Normen beitragen für eine Praxis für sozialen Wandel, hin zu mehr Autonomie, Teilhabe und Inklusion.

Dieses Praxishandbuch ist auf dem Gesetzesstand vom 1.1.2023 (Redaktionsschluss: September 2022; es wurden gesetzliche Änderungen bis zu diesem Zeitpunkt berücksichtigt).

Es berücksichtigt wichtige Gesetzesänderungen, u.a. die im Kinder- und Jugendhilferecht 2021, das BTHG mit den Änderungen im SGB IX 2023 und in der Rechtlichen Betreuung die umfassende Reform, die zum 1.1.2023 in Kraft tritt, die Massenzustromrichtlinie für Geflüchtete aus der Ukraine von 2022 sowie das Sanktionsmoratorium, das bis 1.7.2023 im SGB II gilt und die Entwürfe zum Bürgergeld-Gesetz.

Wir hätten den interdisziplinären Blick nicht mit so viel Freude und auf diese Art und Weise umsetzen können ohne die zahlreichen Anregungen aus den Studiengängen an der Evangelischen Hochschule Berlin (EHB). Nicht zu unterschätzen sind unsere Gespräche mit den in der Praxis verankerten beratenden Praktikern und Praktikerinnen, u.a. im Master Beratung in der Sozialen Arbeit. Ihnen gebührt ein großes Dankeschön.

Dieses Buch ist durch kollegialen Austausch gewachsen. Besonderer Dank gilt Philipp Enger, Josefa Fernandez, Lena Kreck, Dietrun Lübeck, Christian Maltry und Kirsten Wiese für ihr Feedback zu verschiedenen Kapiteln des Entwurfs.

Kritik ist uns willkommen. Rückmeldungen motivieren uns. Gerne an: dick@eh-berlin.de

Berlin, November 2022

Judith Dick, Marion Hundt, Angelika Peschke und Anusheh Rafi

# Inhaltsverzeichnis

# Verzeichnis der Bearbeitenden

Prof. Dr. Judith Dick: Alle Kapitel, soweit im Folgenden nicht andere Bearbeitende angegeben sind.

Prof. Marion Hundt: Kinder- und Jugendhilfe (8.1.9, 8.1.10, 10.1.5 bis 10.1.7) und Recht für Migrationsberatung (14.1)

Prof. Dr. Angelika Peschke: Mediation (13.5)

Prof. Dr. Anusheh Rafi: Mediation (13.1–13.4), Rechtliche Betreuung (14.3.1)

# Autorinnen und Autor

Die Autorinnen und der Autor lehren im Bachelor Soziale Arbeit und anderen Studiengängen (auch im Master Beratung in der Sozialen Arbeit) an der Evangelischen Hochschule Berlin, EHB.

Prof. Dr. jur. **Judith Dick**, (Sozialrecht), Autorin (u.a. in einem Handbuch für Schuldnerberatung), Dozentin beim VZBV, Vorsitzende des Berliner Arbeitskreises Rechtswirklichkeit e.V., hat 10 Jahre als Schuldnerberaterin personenzentriert beraten.

Prof. **Marion Hundt**, (Öffentliches Recht), Verwaltungs-, Bildungs- und Migrationsrecht und Kinder- und Jugendhilfe, zuvor Verwaltungsrichterin in Berlin, erfolgreiche Referentin und Fachbuchautorin.

Prof. Dr. **Angelika Peschke**, (Bürgerliches Recht, insbes. Familienrecht/Kinder- und Jugendhilferecht), Mediatorin (BAFM) und Mediationsausbilderin, war 20 Jahre Rechtsanwältin.

Prof. Dr. **Anusheh Rafi** (Bürgerliches Recht), systemischer Coach, Rechtsanwalt, Mediator (BM und BAFM) und Ausbilder für Mediation (BM), Redaktionsbeirat des Spektrums für Mediation, Mitglied im Beirat des MiKK e.V., Dozent und Autor für Mediation, Konfliktmanagement, Rhetorik und Personalentwicklung.

# Abkürzungen

| | |
|---|---|
| ABl. | Amtsblatt |
| Abs. | Absatz |
| Az. | Aktenzeichen |
| AEUV | Vertrag über die Arbeitsweise der Europäischen Union |
| AGB | Allgemeine Geschäftsbedingungen |
| AGG | Allgemeines Gleichbehandlungsgesetz |
| AG KJHG Berlin | Gesetz zur Ausführung des Kinder- und Jugendhilfegesetzes Berlin |
| a.F. | alte Fassung |
| ALG II | Arbeitslosengeld II |
| Alt. | Alternative |
| a.a.O. | am angegebenen Ort |
| AG | Amtsgericht |
| a.A./a.M. | andere Ansicht /andere Meinung |
| AnwBl. | Anwaltsblatt |
| ArbG | Arbeitsgericht |
| ALG | Arbeitslosengeld |
| ALG II-V | Verordnung zur Berechnung von Einkommen sowie zur Nichtberücksichtigung von Einkommen und Vermögen beim Arbeitslosengeld II/Sozialgeld (Arbeitslosengeld II/Sozialgeld-Verordnung) |
| AO | Abgabenordnung |
| Art. | Artikel |
| ASD | Allgemeiner Sozialdienst |
| AsylG | Asylgesetz |
| AsylbLG | Asylbewerberleistungsgesetz |
| Alt. | Alternative |
| AufenthG | Aufenthaltsgesetz |
| AufenthV | Aufenthaltsverordnung |
| Aufl. | Auflage |
| AVV | Allgemein Verwaltungsvorschrift |
| AV Wohnen | Ausführungsvorschriften zur Gewährung von Leistungen gemäß § 22 SGB II und §§ 35 und 36 SGB XII |
| AZAV | Akkreditierungs- und Zulassungsverordnung Arbeitsförderung |
| BtPrax | Betreuungsrechtliche Praxis (Zeitschrift) |
| BA | Bundesagentur für Arbeit |
| BAG | Bundesarbeitsgericht |
| BAMF | Bundesamt für Migration und Flüchtlinge |
| Banz | Bundesanzeiger |
| BBiG | Berufsbildungsgesetz |
| BDSG | Bundesdatenschutzgesetz |
| BeckRS | Beck Rechtsprechungssammlung |
| Beil | Beilage |

| | |
|---|---|
| BerH | Beratungshilfe |
| BeschV | Beschäftigungsverordnung |
| BGB | Bürgerliches Gesetzbuch |
| BGBl. | Bundesgesetzblatt |
| BGH | Bundesgerichtshof |
| BMI | Bundesministerium des Innern und für Heimat |
| BQFG | Berufsqualifikationsfeststellungsgesetz |
| BR-Drs. | Bundesratsdrucksache |
| BSG | Bundessozialgericht |
| BT/BT-Drs. | Bundestag/Bundestagsdrucksache |
| BVerfG | Bundesverfassungsgericht |
| BVerfGE | Entscheidungssammlung des Bundesverfassungsgerichts |
| BVerwG | Bundesverwaltungsgericht |
| BVFG | Bundesvertriebenengesetz |
| BVG | Bundesversorgungsgesetz |
| BGB | Bürgerliches Gesetzbuch |
| ca. | circa |
| d.h. | das heißt |
| ders. | derselbe |
| DAV | Deutscher Anwaltsverein |
| DBSH | Deutscher Berufsverband Soziale Arbeit |
| DV | Deutscher Verein für öffentliche und private Fürsorge |
| DIMR | Deutsches Institut für Menschenrechte |
| dies. | dieselbe |
| DJIuF | Deutsches Institut für Jugendhilfe und Familienrecht |
| Drs. | Drucksache |
| DSG-EKD | Datenschutzgesetz Evangelische Kirche Deutschland |
| DSGVO | Datenschutzgrundverordnung |
| Dublin III-VO | Dublin III-Verordnung der EU |
| eAT | elektronische Aufenthaltstitel |
| EGMR | Europäischer Gerichtshof für Menschenrechte |
| einschl. | einschließlich |
| EMRK | Europäische Menschenrechtskonvention |
| ErwGrund | Erwägungsgrund |
| EU | Europäische Union |
| EUGH | Gerichtshof der Europäischen Union |
| EUTB | Ergänzende unabhängige Teilhabeberatung |
| e.V. | eingetragener Verein |
| EWR | Europäischer Wirtschaftsraum |
| f./ff. | folgende/fortfolgende |
| FamFG | Gesetz über das Verfahren in Familiensachen und in den Angelegenheiten der freiwilligen Gerichtsbarkeit |

| | |
|---|---|
| FAQ | Frequently ask questions, Häufig gestellte Fragen |
| FEG | Fachkräfteeinwanderungsgesetz |
| Fn | Fußnote |
| FreizügG/EU | Freizügigkeitsgesetz/EU |
| ggf. | gegebenenfalls |
| gem. | gemäß |
| GE | Gemeinsame Empfehlungen |
| GFK | Genfer Flüchtlingskonvention |
| GG | Grundgesetz |
| GKV | Gesetzliche Krankenversicherung |
| grds. | grundsätzlich |
| Hg. | Herausgeber |
| h.M. | herrschende Meinung |
| HwO | Handwerksordnung |
| IAB | Institut für Arbeitsmarkt und Berufsforschung |
| ICD 10 | 10. International Codification of Diseases |
| IntV | Integrationskursverordnung |
| i.S.v. | im Sinne von |
| i.d.R. | in der Regel |
| i.V.m. | in Verbindung mit |
| info also | Informationen zum Arbeitslosenrecht und Sozialhilferecht |
| InfSG | Infektionsschutzgesetz |
| InsO | Insolvenzordnung |
| IseF | insoweit erfahrende Fachkraft |
| KDG | Katholisches Datenschutzgesetz |
| KHV | Kommunikationshilfenverordnung |
| KJ | Kritische Justiz |
| KKG | Gesetz zur Kooperation und Information im Kinderschutz |
| LAG | Landesarbeitsgericht |
| LADG | Landesantidiskriminierungsgesetz |
| LSG | Landessozialgericht |
| LG | Landgericht |
| LPK | Lehr- und Praxiskommentar |
| LTO | Legal Tribune Online |
| m.w.N. | mit weiteren Nachweisen |
| NJW | Neue Juristische Wochenschrift |
| Nr. | Nummer |
| NRW | Nordrhein-Westfalen |
| NVwZ | Neue Zeitschrift für Verwaltungsrecht |
| OLG | Oberlandesgericht |
| o.D./o.J. | ohne Datum/ohne Jahr |

| | |
|---|---|
| OEG | Opferentschädigungsgesetz |
| PK/PKH | Praxiskommentar/Prozesskostenhilfe |
| PsychKG | Psychisch-Kranken-Gesetz |
| QRL | Qualifikationsrichtlinie |
| RDG | Rechtsdienstleistungsgesetz |
| Rn. | Randnummer |
| Rspr. | Rechtsprechung |
| s./S. | siehe/Seite |
| s.o./s.u. | siehe oben/unten |
| SG | Sozialgericht |
| SGB | Sozialgesetzbuch |
| sog. | sogenannte |
| SpDi | Sozialpsychiatrischer Dienst |
| StAG | Staatsangehörigkeitsgesetz |
| StGB | Strafgesetzbuch |
| StlÜK | Übereinkommen über die Rechtstellung der Staatenlosen |
| SVR | Zeitschrift für Straßenverkehrsrecht |
| TKG | Telekommunikationsgesetz |
| Ukraine-AufenthÜV | Verordnung zur vorübergehenden Befreiung vom Erfordernis eines Aufenthaltstitels von anlässlich des Krieges in der Ukraine eingereisten Personen |
| UN-BRK | UNO-Behindertenrechtskonvention |
| UN-KRK | UN-Kinderrechtskonvention |
| UVG | Unterhaltsvorschussgesetz |
| VAB | Verfahrenshinweise zum Aufenthalt in Berlin |
| vgl. | vergleiche |
| VG | Verwaltungsgericht |
| VGH | Verwaltungsgerichtshof |
| VKH | Verfahrenskostenhilfe |
| VO | Verordnung |
| WoGG | Wohngeldgesetz |
| ZAR | Zeitschrift für Ausländerrecht und Ausländerpolitik |
| ZDG | Zivildienstgesetz |
| zit. | zitiert |
| ZKJ | Zeitschrift für Kindschaftsrecht und Jugendhilfe |
| ZKM | Fachzeitschrift für Konfliktmanagement |
| ZPO | Zivilprozessordnung |

# 1. Recht für soziale Beratung

**Übersicht** Seite



## *Hinweis*

***Die Kapitel haben folgende Strukturmerkmale:***

- *Leitfragen zum Kapitel (Kasten)*
- *Beispiele, Definitionen, Checklisten, Praxishinweise sowie Muster sind optisch hervorgehoben*
- *Stichwörter sind im Text fett gedruckt*
- *Wichtigstes auf einen Blick am Ende der Kapitel oder Abschnitte (Kasten)*

Alle **Gesetze** werden mit aktuellem **Stand**[1] zitiert, soweit sie nicht mit einem anderen Stand angegeben sind.

Das 1. Kapitel klärt die begrifflichen und theoretischen Grundlagen. Welcher Begriff von Beratung, Coaching und Mediation und welches Rechtsverständnis bieten sich für soziale Beratung an? Was wird aktuell zum Verhältnis von Recht und Beratung diskutiert? Das 2. und 3. Kapitel geben eine praktische Orientierung für die Zusammenarbeit mit rechtsanwaltlicher Beratung und zu Beratung als praktischer Menschenrechtsarbeit. Mit dem Kapitel zum Berufsrecht steigt das Buch mit dem Fokus auf Rechtsanwendungsfragen ein. Im Weiteren werden die für die Beratungspraxis relevanten Themen anwendungsbezogen dargestellt, u.a. vom Daten- und Vertrauensschutz über Haftungsfragen bis zu den Besonderheiten der Mediation.

In allen **Handlungsfeldern** sind rechtliche Vorgaben für die Beratung bedeutsam, die über Datenschutz und Haftungsrecht hinausgehen. So strukturiert u.a. das Kinder- und Jugendhilferecht die Beratung von Kindern und Jugendlichen, das BTHG, umgesetzt im SGB IX, ist für die Arbeit mit Menschen mit Behinderungen einschließlich Abhängigkeitser-

1 Redaktionsschluss: 1.10.2022, soweit zu diesem Zeitpunkt bekannt, beziehen sich die Ausführungen auf den Gesetzesstand zum 1.1.2023; der Referentenentwurf zum Bürgergeld-Gesetz ist berücksichtigt.

krankungen entscheidend. Das letzte Kapitel bietet zusätzliche Orientierung zu Migrationsrecht, Hartz IV/Bürgergeld, Rechtlicher Betreuung, PsychKGs und BTHG.

***Die Leitfragen zum Kapitel Recht für soziale Beratung:***

- Was sind Beratung, Coaching und Mediation?
- Was ist Recht in der Praxis?
- Wie findet man Rechtsgrundlagen für einen Beratungsfall und benennt sie?
- Wie beteiligt sich Beratung an Gesetzgebung und mobilisiert Recht?
- Inwiefern belehren, maßregeln und disziplinieren Recht und Beratung?
- Wie funktioniert Recht als Ressource?
- Warum fallen Recht haben und Recht bekommen immer wieder auseinander und wie kann ich das im Berufsalltag ertragen?

## 1.1 Beratung – Begriff und Abgrenzung

Es gibt keine allgemeine rechtliche Beratungsdefinition. Diesem Buch liegt ein breiter **Beratungsbegriff** zugrunde:[2]

***Definition***

*Beratung ist eine Handlungsform zur Bearbeitung von Problemen mit ressourcenaktivierender Kommunikation. Ihr Ziel ist es, über die Kooperation von Beratenen und Beratenden die Selbststeuerung zu verbessern.*

Beratung findet sowohl in der Sozialen Arbeit, der Pädagogik als auch in der Therapie statt. Die hier verwendete Definition ermöglicht transdisziplinäre Beratungskonzepte. Beratung wird ferner abgegrenzt von Behandlung, Anleitung und Beratung mit Blick darauf, neuronale Bereitschaften zu hemmen, zu aktivieren und anzubahnen, oder mit Blick auf die kommunikativen Tätigkeiten.[3] In der Beratung wirkt vor allem die Ausbalancierung der Grundbedürfnisse, die durch Klärung der Motivation, durch Ressourcenaktivierung, Problemaktualisierung und aktive Hilfe zur Problembewältigung erreicht werden kann. Die Rollen der Beratenden werden je nach Fall angepasst, um die beste Mischung in einer professionellen Beratungsbeziehung zwischen Beratenden und Beratenen umzusetzen. Erfolgsvoraussetzung in diesem Arbeitsbündnis in einer professionellen Beratungsbeziehung ist eine klare Rollenverteilung: Offenheit und Vertrauen der Beratenen und Empathie, Kongruenz

2 Gregusch, P. 2013, Auf dem Weg zu einem Selbstverständnis von Beratung in der Sozialen Arbeit, insbesondere S. 50–57. Der Beratungsbegriff wird hier nicht vertieft und nicht eingeengt. Der rechtliche Fokus dieses Buches ist offen für jedwede Ansätze sozialer Beratung.

3 Gregusch, P. 2013, Auf dem Weg zu einem Selbstverständnis von Beratung in der Sozialen Arbeit, insbesondere S. 50–57

und Strukturiertheit der Beratenden.[4] Ein wesentliches Element der Beratung ist deshalb der Schutz des Vertrauens der Beratenen und ihre informationelle Selbstbestimmung durch den **Datenschutz**, die Offenheit ermöglichen.

In Beratungen werden verschiedenste Komponenten kombiniert: von Betreuung über Case Management, Krisenintervention und Mediation bis hin zu Therapie und dem Training sozialer Kompetenzen, um Beratene zu unterstützen, im Wechselspiel zwischen Individuum, Gemeinschaft und Gesellschaft zurechtzukommen.[5] Das Beratungsverständnis der Deutschen Gesellschaft für Beratung (DGfB) betont in seiner Aktualisierung von 2020 die Ausrichtung von reflexiver Beratung auf „die Ratsuchenden mit ihren sozialen und gesellschaftlichen Bezügen“, die sich „selbst zum Gegenstand prüfender Betrachtung“ machen.[6] Z.B. wird auch in der Rechtlichen Betreuung in diesem Sinne beraten, wenn Betreuende die rechtlich Betreuten parteilich unterstützen und so deren Ressourcen stärken und Handlungen mit Vertrauen in die eigene Selbstwirksamkeit wieder möglich werden.[7]

**Psychotherapie** ist im Unterschied zu Beratung rechtlich definiert, und zwar als auf Heilung einer Krankheit ausgerichtete Behandlung mittels wissenschaftlich anerkannter psychotherapeutischer Verfahren.[8] Psychologische und psychosoziale Aufarbeitung und Überwindung sonstiger Zwecke außerhalb der Heilkunde sind dagegen keine Psychotherapie.[9] In der Praxis sind teils fließende Übergänge zur Beratung festzustellen. Ein genaues Verständnis der Abgrenzung zur Psychotherapie ist erforderlich, da sie im Gegensatz zu Beratung und Therapie eine Erlaubnis voraussetzt, siehe Kapitel 6.

**Therapie** ist dagegen nicht rechtlich definiert. Therapie als Handlungsform neben Beratung und Erziehung setzt an einer Diagnose an zur Behandlung mit dem Ziel der Heilung und ist damit enger als der Beratungsbegriff und stärker auf Gesundheit ausgerichtet. Insbesondere bei **Psychosozialer Beratung** (auch Counselling genannt) ist die Nähe zur Therapie und der Berufsbezeichnungen Berater und Beraterin bzw. Therapeutin und The-

---

4 Lübeck, D. 2020, Psychologie in der Sozialen Arbeit, S. 137–139.

5 Ortmann, K. 2018, Soziale Arbeit als Beratung, S. 27, 35–54. Gregusch, P. 2013, Auf dem Weg zu einem Selbstverständnis von Beratung in der Sozialen Arbeit, S. 336 f. beschreibt das Theorieangebot der allgemeinen normativen Handlungstheorie als Theorie problemlösenden Handelns. Beratende können die „Rollen der SelbstwertverstärkerInnen, KlärungshelferInnen, WissenslieferantInnen, ReflexionsförderInnen und LernprozesssteuerInnen und -vermittlerInnen einnehmen.“

6 Die DGfB ist ein Dachverband. Ihr sind aktuell 21 Berufs- und Fachverbände für Beratung angeschlossen.

7 Matta, V. u.a. 2018, Qualität in der rechtlichen Betreuung, S. 8 und 441. Zum Verständnis der Rechtlichen Betreuung als Beratung vgl. auch Ortmann, K. 2018, Soziale Arbeit als Beratung, S. 42 ff.

8 § 1 Abs. 2 PsychThG: Ausübung der Psychotherapie im Sinne dieses Gesetzes ist jede mittels wissenschaftlich geprüfter und anerkannter psychotherapeutischer Verfahren oder Methoden berufs- oder geschäftsmäßig vorgenommene Tätigkeit zur Feststellung, Heilung oder Linderung von Störungen mit Krankheitswert, bei denen Psychotherapie indiziert ist. Im Rahmen einer psychotherapeutischen Behandlung ist eine somatische Abklärung herbeizuführen. Tätigkeiten, die nur die Aufarbeitung oder Überwindung sozialer Konflikte oder sonstige Zwecke außerhalb der Heilkunde zum Gegenstand haben, gehören nicht zur Ausübung der Psychotherapie.

9 Z.B. setzt die Familienberatung dagegen nicht auf Heilung der Krankheit. Geht es hauptsächlich um eine psychische Störung im Sinne des ICD-10 F, so verweist sie an Psychotherapeuten. Familienberatung zielt auf die soziale Problemlösung ab, weniger auf die individuelle Heilung.

rapeut in der Praxis präsent. Viele Berufe kombinieren Beratung und Therapie.[10] Die Methoden von Beratung und Therapie, soweit es sich nicht um Psychotherapie handelt, müssen nicht aus rechtlichen Gründen wissenschaftlich anerkannt sein.

In diesen Abgrenzungsfragen spiegelt sich der Einfluss der rechtlichen Regelung der Finanzierungen von Beratung und Therapie und berufspolitischer Auseinandersetzungen.[11]

Entsprechend dem Beratungsansatz bzw. Tätigkeitsfeld differenzieren sich die Begriffe zum Gegenüber der oder des Beratenden. Die Soziale Arbeit spricht von **Klienten und Klientinnen,** die auf Augenhöhe einen Auftrag erteilen, in der Pflegeberatung spricht man von Patienten und Patientinnen oder Pflegebedürftigen je nach Setting, rechtlich Betreuende reden von Betreuten und viele Beratungsstellen sprechen von **Ratsuchenden**. Mit „Beratenen" und „Beratenden" werden hier professionsübergreifend in verschiedenen Berufsfeldern anschlussfähige genderneutrale Begriffe gewählt.

## 1.2 Coaching und Mediation

Über die oft als „klassische Beratung" bezeichnete Beratung mit inhaltlicher Fachexpertise hinaus umfasst der weite Beratungsbegriff auch Prozessberatung mit Prozessexpertise, z.B. zur Konfliktdynamik oder zu innerpsychischen Entscheidungsvorgängen, wie sie bei **Mediation** und **Coaching** überwiegen. Im Kapitel 13 wird der auf Konfliktberatung ausgerichtete Mediationsbegriff vertieft. Der Begriff Coaching wird besonders häufig für freie, vom Sozialsystem unabhängige Beratungen verwendet und alltagssprachlich inzwischen immer breiter genutzt. Für professionelles Coaching fand er zuerst in Sport und Management größere Verbreitung mit dem Ziel der Förderung von Selbstgestaltungspotenzialen. Inzwischen wird er auch in der Arbeitsförderung für Erwerbslose genutzt. Es gibt zahlreiche Definitionen und keine gesetzliche.

### *Definition*

*Coaching scheint überwiegend als auf den Prozess ausgerichtete Beratung definiert zu werden, die auf Zielschärfung, Problemlösungs- und Umsetzungsstrategien oder Kompetenzausbau ausgerichtet ist.*

10 Vgl. die Übersicht bei Stock, C. 2019, Psychotherapie, Beratung und Supervision in Humanistischen Verfahren, S. 77. Beachte auch Sozialtherapie als Handlungskonzept in der klinischen Sozialarbeit, nicht zu verwechseln mit Soziotherapie im Sinne von § 37 a SGB V.

11 So könnte es auch darum gehen, mit Begriffen wie Psychoedukation oder Sozialtherapie an die hohe Bezahlung der Psychotherapie anzuknüpfen. Herwig-Lempp, J./Kühling, L. 2012, Sozialarbeit ist anspruchsvoller als Therapie, Zeitschrift für Systemische Therapie und Beratung, Jg. 30 (2), S. 51–56.

Coaching tritt in Kombinationen mit ergebnisorientierten Unterstützungsformen und anderen Beratungen auf.[12] Professionelles Coaching findet aufgrund eines Konzeptes statt, das als „mind map" dient.[13]

# 1.3 Was Recht in der Praxis ist

### *Definition*

*Praxisnaher Rechtsbegriff:*[14]

*Als Recht in der Praxis werden hier alle legitimen verbindlichen Normen verstanden. Das sind in Deutschland staatliche Gesetze und Rechtsverordnungen, soweit sie nicht offensichtlich dem Grundgesetz widersprechen.*

In Deutschland verbindliche Gesetze werden von Parlamenten verabschiedet – auf den Ebenen Europäische Union, Bund, Bundesländer und Kommunen. Aufgrund von Parlamentsgesetzen kann in Teilbereichen die Verwaltung Rechtsverordnungen mit Gesetzeskraft erlassen. Dieses Recht ist in das staatliche Gewaltmonopol einbezogen, ihre Durchsetzung kann beansprucht werden. Dafür steht ein von Gesetzgebung und Verwaltung unabhängiger Rechtsweg zur Verfügung, über den auch die vorgesehene Bindung der Verwaltung an die Gesetze kontrolliert werden kann. So ermöglicht der Rechtsstaat ein ausreichendes Maß an Übereinstimmung der Lebensrealitäten mit dem rechtlich Normierten. Für die Beratung ist dieses Recht in der Praxis besonders wirkmächtig.

### *Checkliste*

*Folgende* ***Gesetzeshierarchie*** *ergibt sich aus dem Grundgesetz und dem Vertrag von Lissabon*[15]*:*

***Europarecht:*** *EUV, AEUV, EU-Verordnungen*

*Grundgesetz der BRD*

*Bundesgesetze und Bundesrechtsverordnungen*

*Landesgesetze und Landesrechtsverordnungen*

*Kommunale Gesetze und öffentlich-rechtliche Satzungen*

---

12 Migge spricht abwechselnd von Coaching und Beratung. Er beschreibt ein Spektrum vom „Therapeuten" bis zum „Schattenmanager" und empfiehlt, sich auf die Aktivierung von Potenzialen zu konzentrieren und ggf. Elemente des Beistehens und der Expertise einzubeziehen. Nur wenn die nötige Ausbildung für therapeutisches Arbeiten gegeben ist, könne dies stärker einbezogen werden. Migge, B. 2014, Handbuch Coaching und Beratung, S. 30–31, 47–49, 708.

13 Schreyögg, A., Coaching, S. 947, 954 in: Nestmann, F. u.a. (Hg.) 2013, Das Handbuch der Beratung, Bd. 3.

14 Je nach Forschungsperspektive bietet es sich an, mit einem anderen Rechtsbegriff zu arbeiten. Baer, S. 2011, Rechtssoziologie, S. 28–49. Breiter setzt „Soziale Normen" an, die z.B. auch das „Recht" einer Rockerbande erfassen. „Soft Law" dagegen beschreibt „Recht", das nur weiche Sanktionierungen hat, wie sie häufig in der internationalen Zusammenarbeit sind, z.B. Staatenberichte auf UN-Ebene.

15 Das Verhältnis von Europarecht zu nationalem Recht ist umstritten. Das deutsche Bundesverfassungsgericht behält sich seit dem 2. Solange-Urteil vom 22.10.1986, Az. 2 BvR 197/83, eine Prüfung der Legitimität des Europarechtes nur für Extremfälle vor.

Ferner sind in der Praxis **Verwaltungsvorschriften** entscheidend, da diese den Mitarbeitenden verwaltungsintern als Arbeitsanweisungen dienen und somit die Verwaltungspraxis prägen. Verwaltungsvorschriften haben keine parlamentsgesetzliche Legitimation und sind daher für Gerichte nicht bindend. Gerichte legen Gesetze aus.[16]

Beratung ist als **Dienstleistung** öffentlich-rechtlich und privatrechtlich geregelt.

Beratung durch Behörden findet als öffentliche Dienstleistung z.B. im sozialrechtlichen Leistungsdreieck statt, in dem Verträge zur Leistungserbringung öffentlich-rechtlich geregelt sind.[17] Sie ist durch öffentliches Recht geregelt, z.B. als Beratungsanspruch in § 14 SGB I (Kapitel 11), und kann Teil von Verwaltungsverfahren sein. Beratung ist als gesellschaftliche Dienstleistung notwendig für das Zusammenspiel von Staat und Gesellschaft. Deshalb wird Einzelfallberatung wie die EUTB (Ergänzende Unabhängige Teilhabeberatung) **pauschal finanziert** seit dem Bundesteilhabegesetz (BTHG). Aber auch Politikberatung über Verbände ist als gesellschaftliche Dienstleistung einzuordnen.[18]

Für Beratungen, die nicht durch Behörden erfolgen, gilt zwischen Beratenden und Beratenen ein **privatrechtlicher Vertrag** und die vertragliche Haftung. Die Beratungsverträge können auch Qualifikationen regeln, z.B. welche Ausbildung ein Coach mitbringen muss. Das öffentliche Berufsrecht gilt zudem für alle.[19] Für Beratungen relevante strafrechtliche Regelungen gelten für alle Beratungsformen und -settings. Für angestellte Beratende gilt das Arbeitsrecht im Verhältnis zum Arbeitgeber. Für selbstständig Beratende sind Steuerrecht, Urheber- und Wettbewerbsrecht relevant. Der folgende Abschnitt gibt Hinweise, wo man Gesetze findet und wie man sie vom Fall aus findet.

## 1.4 Recht finden!

Weiß man bereits, nach welchem Gesetz man sucht, bieten sich zur Suche von Bundesgesetzen **Internet**seiten wie gesetze-im-internet.de an.[20] Landesrecht findet man über Informationsseiten der Länder (wie z.B. berlin.de). Generell ist es wichtig, auf den Stand von Internetseiten zu achten, zumal Gesetze ständig überarbeitet werden. Daher ist das Bundesministerium für Justiz als zuverlässiger Herausgeber hilfreich. Über die Internetseite des Bundestages lassen sich aktuelle **Gesetzesreformen** recherchieren.

---

16 Papenheim, H. u.a. 2018, Verwaltungsrecht für die soziale Praxis, S. 116. Die Dienstanweisungen der Bundesagentur für Arbeit sind z.B. hier online zu finden: https://harald-thome.de/informationen/sgb-ii-dienstan weisungen.html (13.8.2021).

17 Z.B. § 75–81 SGB XII.

18 Welti, F. 2016, Beratung im Recht – am Beispiel der Beratung für und durch behinderte Menschen, Beitrag D41-2016 vom 18.10.2016, S. 11–13, abrufbar unter www.reha-recht.de/fachbeitraege/beitrag/artikel/beitrag-d41-2016/ (22.9.2022).

19 In einer Sozialberberatungsstelle eines gemeinnützigen Vereins (Vereinsrecht nach dem BGB) wird aufgrund eines privaten Vertrages (Beratungsvertrag nach dem BGB) beraten. Es müssen die öffentlich-rechtlichen Anforderungen für Rechtsdienstleistungen beachtet werden nach dem RDG und es können sozialrechtliche Finanzierungsregelungen verlangen, dass sozialpädagogische Fachkräfte beraten. Das RDG muss auch der Coach beachten. Siehe Kapitel 4 zu der Frage „Wer beraten darf" und Kapitel 5 „Wer rechtlich beraten darf".

20 Vom BMJV. Daneben ist buzer.de mit einer guten Archivfunktion zu empfehlen oder dejure.org. Letzteres bietet auch Rechtsprechung. JURIS ist meist kostenpflichtig.

Zahlreiche teils jährliche Ausgaben von veröffentlichten **Gesetzessammlungen** wie „Gesetze für Sozialberufe“[21] bieten sich an für Studium, die Bibliothek einer Beratungsstelle und intensive Orientierungsphasen. Mit Schnellübersichten, Inhaltsverzeichnissen, Inhaltsübersichten zu den jeweiligen Gesetzen und/oder Stichwortverzeichnissen finden sich die gesuchten Gesetze.

Außerdem sollte man mit Fachliteratur auch rechtlich up to date bleiben. Dafür bieten u.a. Berufsverbände, Verwaltungen und juristische Dienstleistungsunternehmen Internetseiten, Foren und **Newsletter**. In manchen Bereichen gibt es regelmäßig Gesetzesänderungen und daher ist im Ernstfall zu recherchieren, ob es eine relevante Änderung gab.

## 1.4.1 Recht zitieren

Die Rechtsgrundlage kann unterschiedlich angegeben werden. Meist reicht es, den Paragrafen und das Gesetz anzugeben, z.B. § 1 SGB I. Üblich sind folgende **Schreibweisen**.

***Praxishinweis***

*Wenn es auf bestimmte Sätze und Nummern im Paragrafen ankommt: § 22 Abs. 5 Satz 2 Nr. 1 SGB II, schwerwiegende Gründe, die für einen Auszug unter 25-Jähriger sprechen.*

*Für die Alternative (Alt.) z.B. Glauben im Gleichheitsgrundsatz: Art. 3 Abs. 3, 6. Alt. GG.*

## 1.4.2 Vom Fall aus Recht finden

Kennt man das anzuwendende Gesetz nicht, so muss über das, worum es geht, dieses Gesetz erst gefunden werden.[22] Dazu kann mit folgenden Fragen ein Beratungsfall analysiert werden.

***Beispiel***

*In eine allgemeine Sozialberatung kommt eine alleinerziehende arbeitslose Mutter mit ALG I, die eine problematische Ernährungssituation und Energieschulden anspricht.*

***Welche Themen sind relevant? Lebens- und Problemlagen bestimmen:***

*Es fehlt an Einkommen und Ernährungskompetenz und die Energieausgaben sind hoch. Sorgerechtliche Fragestellungen werden nicht angesprochen.*

21 „Gesetze für Sozialberufe“, herausgegeben von Ulrich Stascheit, Fachhochschulverlag. Ähnlich von Nomos, Walhalla u.a. Einzelgesetze von dtv.

22 Es handelt sich um einen mehrstufigen normbezogenen Prozess. Trenczek, T. u.a. 2011, Grundzüge des Rechts, S. 117–119.

### *Welchen Fokus hat die Beratung?*

*In der Allgemeinen Sozialberatung liegt der Fokus i.d.R. auf Einkommen, ggf. Ausgaben. Für Ernährungsberatung bietet sich ein Verweis auf passendere Beratungsangebote an. Bei Einkommen und Ausgaben könnte das Problem sein, dass kein Unterhalt bezahlt wird und Sozialleistungen fehlen: Unterhaltsvorschuss, ergänzendes ALG II/Bürgergeld oder Wohngeld. Dagegen spielen die steuerrechtlichen Freibeträge ohne Lohneinkommen keine Rolle. Hierzu muss die Beratene befragt werden. Zeigt sich, dass die Haushaltsgeräte veraltet sind und daher ein hoher Stromverbrauch rührt, ist ein Verweis an eine Energieberatung ggf. sinnvoll. Für Energieschulden sind Sozialleistungen denkbar.*

### *Welche Ansprüche haben Beratene, gibt es Gegenansprüche?*[23]

- *Anspruch auf Unterhalt für die Mutter oder/und das Kind aus dem BGB*
- *Unterhaltsvorschuss aus dem UVG*
- *Wohngeld für die Mutter nach dem WoGG*
- *existenzsichernder Lebensunterhalt aus dem SGB II für die Mutter*
- *Existenzsicherung für das Kind in Bedarfsgemeinschaft mit der Mutter aus dem SGB II*
- *Forderungen aus Energielieferverträgen, BGB*
- *Energieschuldenübernahme aus § 22 Abs. 8 SGB II, wenn die Mutter Kosten der Unterkunft im Rahmen vom ALG II/Bürgergeld bezieht, sonst aus § 36 SGB XII*

### *Ferner, wie ist das Verfahren geregelt?*

- *Wie läuft die Informationsermittlung für einen Unterhaltsanspruch ab und ggf. eine Klage auf Unterhalt, BGB und ZPO?*
- *Wie und wo wird ein Antrag auf Sozialleistungen gestellt und wie läuft das Verfahren ab, SGB I, SGB X und Verfahrensregeln in den jeweiligen Leistungsgesetzen?*

### *Wo findet der Beratungsfall statt und sind Gesetze eines Staates, Bundeslandes oder einer Kommune anwendbar?*

*Wenn die Beratene in Berlin wohnt, ist das national geltende Unterhalts- und Sozialrecht der Bundesrepublik Deutschland einschlägig. Für den Unterhalt nach dem BGB spielt Landesrecht oder kommunales Recht keine Rolle. Auch das SGB, das UVG und das WoGG sind Bundesgesetze. Für den Unterhaltsvorschuss sind die Jugendämter am Wohnort zuständig, deren Aufbau kommunale Satzungen und in Berlin das Landesgesetz AG KJHG genauer regeln. Für die Sozialleistungen vom Jobcenter sind Bundesrechtsverordnungen wie die ALG II-V zu beachten. Verwaltungsvorschriften*

23 Rechtswissenschaftliche Literatur setzt meist an den Rechtsgebieten an. Literatur zu Lebens- und Problemlagen dagegen bietet Überblicke. Für die Sozialberatung ist z.B. das Handbuch Sozialrechtsberatung, herausgegeben von Fasselt, U. und Schellhorn, H. 2021, in der 6. Auflage empfehlenswert, das in Teil 2 an den Lebenslagen ansetzt, für Alleinerziehende vergleiche S. 453–458.

*vor Ort stellen verwaltungsinterne Maßstäbe auf, z.B. welche Miethöhe für wen angemessen ist nach der AV Wohnen Berlin.*

***Wann findet das statt, was für die Rechtsfragen entscheidend ist und welcher Stand der Gesetze ist darauf anwendbar?***

*Fehlen der Mutter oder dem Kind aktueller Unterhalt, ist das aktuelle BGB anwendbar für die Unterhaltsansprüche. Zurückliegender Unterhalt würde nach den früheren Unterhaltsregeln des BGB berechnet. Das spielt eine Rolle, weil z.B. regelmäßig die Düsseldorfer Tabelle für den Unterhalt angepasst wird.*[24] *Wird eine Energieschuldenübernahme erst noch beantragt werden und mit Verwaltungsakt entschieden, dann gilt die bei Erlass des Verwaltungsaktes dann zukünftig geltende Fassung der SGB.*

# 1.5 Beratung im demokratischen Sozial- und Rechtsstaat

Die Verbindung von Recht und Beratung ist historisch. Im Grimmschen Wörterbuch verweist der Eintrag zu „berathung" auf Gesetze und Gesetzgebung bzw. Verfahren zur Entscheidung im Gemeinwesen.[25] Der Bezug des Wortes zum „Rat der Stadt" ist deutlich und beim Eintrag „Beraten" sind gemeinsames Beraten und Entscheiden zentrale Elemente. In Demokratien geht es auch heute um eine gute Verbindung von beidem: Recht und Beratung.

## 1.5.1 Recht fachlich nutzen in der Demokratie

Recht ist ständig im Wandel, wird verteidigt und in Frage gestellt, ist umkämpft und umstritten. In der **Demokratie** werden Gesetze ausgehandelt im politischen Prozess und wissenschaftlich interdisziplinär diskutiert. Das ist ein Prozess des kommunikativen Handelns in der Gesellschaft, in dem alle lernen können (Habermas). Die Beteiligung an so verstandener Demokratie bedeutet für den Einzelnen eine normative **Würde**. Recht ist auch Teil des Menschenbildes.[26]

In vielen Beratungsberufen gehört die Beteiligung am demokratischen Diskurs und politischen System zur Veränderung des Rechtes zum professionellen Handeln. Über diesen

24 Leitlinie für den Mindestunterhalt ursprünglich des OLG Düsseldorf, die jährlich angepasst wird.

25 „BERATHUNG, f. deliberatio: berathung des entwurfs eines strafgesetzes; die berathung hat schon begonnen", Deutsches Wörterbuch von Jakob und Wilhelm Grimm, online: www.woerterbuchnetz.de. Vgl. auch mit Bezug auf 11 Bedeutungen von Rat, Welti, F. 2016, S. 1–3, Beratung im Recht – am Beispiel der Beratung für und durch behinderte Menschen, Beitrag D41-2016 vom 18.10.2016, S. 11–13, abrufbar unter www.reha-recht.de/fachbeitraege/beitrag/artikel/beitrag-d41-2016/ (Zugriff: 8.9.2022).

26 Diese Perspektive auf Recht ist mit den Grundrechten begründbar. Vgl. den Abschnitt Was ist Recht? bei Baer, S. 2011, Rechtssoziologie, S. 28–49; Art. 1 GG schützt die Menschenwürde, Art. 5 die Meinungsfreiheit, Art. 20 die demokratische, rechtsstaatliche Verfassung, Art. 76, 77 das Gesetzgebungsverfahren.

Weg können Problemlösungen über den Einzelfall hinaus für die ganze Zielgruppe erreicht werden.

## *Beispiel*

*Beispielsweise kann eine Mitteilungspflicht in der Jugendhilfe dazu führen, dass jugendliche Beratene aufenthaltsrechtliche Probleme haben. Sich für eine Begrenzung dieser Mitteilungspflichten im Kinder- und Jugendhilferecht zu engagieren, kann das Problem für bestimmte Jugendliche entschärfen und sich zudem positiv auf das Vertrauensverhältnis zwischen Jugendlichen und Beratenden insgesamt auswirken, vgl. Kapitel 14.1 und 8.8.*

Will Beratung Einfluss nehmen, kann sie Recht als „mächtiges Werkzeug" einsetzen.[27] Professionell Beratende bringen Fachdiskurse daher in den demokratischen Diskurs, in soziale Bewegungen und in die Gesetzgebung ein. So nehmen sie Einfluss, um Beratenen Wege zu ermöglichen. Sie sind gefragt als Experten mit **Stellungnahmen im Gesetzgebungsverfahren** oder im politischen Diskurs, was über zahlreiche Verbände von Berater*innen geschieht.[28]

Recht wird in diesem politischen Diskurs und in Beratungen thematisiert. Dies ist ein dynamischer Prozess, in dem **Recht mobilisiert** wird und an dem sich Beratung beteiligt mit den Elementen:[29]

- Rechte aushandeln und erkämpfen in politischen Diskursen und Gesetzgebung,
- Rechte durchsetzen in Verfahren und gerichtlichen Instanzen,[30]
- Rechte (Ansprüche) für sich nutzen, z.B. in Beratungen,
- Rechte kennen und sich ihrer bewusst werden, z.B. in Beratungen.

Wenn es darum geht, einen gesetzlichen Anspruch durchzusetzen, kann sich das als Last mit der Bürokratie darstellen, für Beratene und Beratende. Ein Verständnis der Verwaltung, aber auch der Verwaltungsprofessionen ist hilfreich. Ggf. benötigen Beratene Unterstützung bei einer verwaltungsrechtlichen oder gerichtlichen Durchsetzung ihrer Rechtsansprüche. Fachlich sind daher Kooperationen zu Verwaltungen und zu rechtsberatenden

---

27 Kötter, U, Stolperstein oder Steigbügel? Soziales Recht – Behinderer und/oder Ermöglicher Sozialer Arbeit?, S. 117–134 in: Hammerschmidt, P. u.a. (Hg.) 2013, Unheimliche Verbündete: Recht und Soziale Arbeit in Geschichte und Gegenwart. Zu Metaphern über die eigene beraterische Tätigkeit und ihren Verweis auf Grundorientierungen beraterischen Denkens. Engel, F./Sickendiek, U., Narrative Beratung: Sprache, Erzählungen und Metaphern in der Beratung, S. 759 f. in: Nestmann, F. u.a. (Hg.) 2004, Das Handbuch der Beratung, Bd. 2.

28 Unter dem Stichwort sozialanwaltschaftliche Beratung wird politische Lobbyarbeit für sozial Benachteiligte insbesondere durch die Sozialverbände eingefordert. Siehe die Liste der Verbände Seite 51–53.

29 Kocher, E., Barrieren der Rechtsmobilisierung, S. 73–78, S. 74 in: Welti, F. (Hg.) 2013, Rechtliche Instrumente zur Durchsetzung von Barrierefreiheit. Fuchs, G., Rechtsmobilisierung. Rechte kennen, Rechte nutzen und Recht bekommen, S. 243–256, S. 245 in: Boulanger, C. u.a. (Hg.) 2019: Interdisziplinäre Rechtsforschung. Eine Einführung in die geistes- und sozialwissenschaftliche Befassung mit dem Recht und seiner Praxis.

30 Müller beschreibt in ihrer empirischen Untersuchung den Gebrauchswert der Mobilisierung des SGB II und der damit zusammenhängenden Synergieeffekte für kollektives Handeln. Müller, U. 2021, Protest und Rechtsstreit.

Berufen zu pflegen. Manche Beratende engagieren sich in **strategischer Prozessführung**, um über sie Rechtsprechung oder Gesetze zu verändern.[31] Siehe Kapitel 2.

Beratungsfachlichkeit nimmt aber auch ganz unmittelbar an Recht teil. Unbestimmte Rechtsbegriffe müssen ausgefüllt und Prognosen im Recht erstellt werden. Was bedeutet Kindeswohl? Was bedeutet es für ein Kind in einer bestimmten Familie? Im Haftungsrecht muss bestimmt werden, ob die erforderliche Sorgfalt eines Beratenden angewendet wurde. Bei all diesen Fragen sind die fachlichen Konkretisierungen entscheidend, die Beratungsprofessionen wie die Soziale Arbeit, Erziehungswissenschaft oder Psychologie einbringen. Fachlichkeit hat damit teil an der Macht des Rechts.[32] Aus fachlicher und demokratietheoretischer Sicht sind auf allen Ebenen Beratene zu beteiligen im Sinne einer echten **Partizipation** auf Augenhöhe: von Information und Teilhabe über Mitwirkung und Mitbestimmung bis zur Selbstverwaltung als gemeinsame Gestaltung, weshalb politische Bildung in allen Bereichen an Bedeutung gewinnt.[33]

Andererseits bestimmt das Recht Aufgaben und Rahmenbedingungen und damit auch das Selbstverständnis der Fachlichkeit. Recht muss aber Spielräume für den Alltag lassen. Eine Erwartung an das Recht, alle Fragen zu klären, wird daher regelmäßig enttäuscht.[34] Recht kann nicht alle Handlungsunsicherheiten ausräumen. Die Transformation von Recht in Beratung ist ein diskursiver Prozess zwischen Politik und Praxis und Rechtsprechung, zwischen Beratenen und ihren Angehörigen auf der einen Seite und Beratenden und ihren Organisationen auf der anderen Seite.[35]

## 1.5.2 Macht und Diskriminierung bedenken

Regulierungen sollen Dinge normalisieren. Sie werden meist „freiwillig" internalisiert, aber auch zwangsweise durchgesetzt. Was bedeutet freiwillig für wen?[36] Recht ist damit als Disziplinierungsprozess beschrieben, den es gilt, kritisch zu begleiten.

Diese Einbindung in **Disziplinierungen** ist auch für Beratungen beschrieben worden.[37] Es stellt sich sowohl für Recht als auch für Beratung die Frage, inwiefern sie zur Selbst-Diszipli-

31 So führte z.B. eine Klage gegen die Kürzung von über 30 % des Regelbedarfs zur Nichtanwendung der entsprechenden SGB-II-Regelung, seit sie im November 2019 vom BVerfG für verfassungswidrig erklärt wurde. BVerfG vom 5.112019, Az: 1 BvL 7/16. Dick, J. 2016, Das Unbehagen nutzen – Forschung zu Recht und Gesellschaft und Sozialer Arbeit.

32 Arbeitsgemeinschaft Kinder- und Jugendhilfe, 2018, Recht und Wirklichkeit von den Wechselwirkungen zwischen Sozialer Arbeit und Recht, S. 2. Prange, K. 2005, Recht in der Erziehung – Erziehung im Recht. Zum Spannungsverhältnis von Rechtsdenken und pädagogischer Reflexion, S. 52–62. Siehe auch Kapitel 11.

33 Vgl. zum Beispiel Deutsche Gesellschaft für Demokratiepädagogik (DeGeDe) American Jewish Committee Berlin (AJC) (Hg.) 2020, Ein Grundwerte-Curriculum für Demokratie – Baustein II – Partizipation in der Schule. AGJ 2016, Partizipation im Kontext von Kinder- und Jugendarbeit. Die Grenzen dieses herausfordernden kommunikativen Anspruchs müssen immer wieder reflektiert und ausgehandelt werden.

34 Vgl. zum Recht in der Mediation als „Schatz an Lösungsideen" neben anderen Kriterien Kapitel 13.

35 Arbeitsgemeinschaft Kinder- und Jugendhilfe, 2018, Recht und Wirklichkeit von den Wechselwirkungen zwischen Sozialer Arbeit und Recht, S. 17.

36 Baer, S. 2011, Rechtssoziologie, S 146.

37 Plößer, M., Beratung poststrukturalistisch: von sich erzählen, S. 1367–1379 in: Nestmann, F. u.a. (Hg.) 2013, Das Handbuch der Beratung, Bd. 3. Zur Beteiligung der Professionen an diesen Prozessen vgl. Traue, B. 2010, Das Subjekt der Beratung, S. 103–111.

nierung von Menschen beitragen. Welche dominanten Diskurse wirken im Recht und in Beratungen? Wie können Räume eröffnet werden, in denen Deutungen in Frage gestellt und erweitert werden können? Dieses Nachdenken über Recht wird z.B. praxisrelevant, wenn Beratene Vorstellungen äußern, die diesen Regulierungen widersprechen.

***Beispiel***

*Ein Sozialleistungsbetrug kombiniert mit Arbeit, ohne Sozialabgaben und Steuern zu zahlen, kann lebensweltlich aus der Perspektive von prekär beschäftigten Beratenen reflektiert werden.*

*Welche Risiken bestehen? Wie gehe ich beratend damit um, wenn nicht das volle Existenzminimum von Arbeitnehmenden steuerfrei gestellt ist und der Mindestlohn nicht existenzsichernd ist?*

Einerseits geht es darum, sich nicht an Straftaten zu beteiligen und auf die Strafbarkeit hinzuweisen, siehe Kapitel 9.[38] Dazu gehört auch die psychologische Perspektive einer moralischen Entwicklung, in der auf konventioneller Ebene Gesetze eingehalten werden, nicht nur aus Angst vor Bestrafung, sondern aus Verantwortung.[39] Diese Entwicklung ist kontextgebunden und hängt u.a. entscheidend vom Berufsbild und der Lebenssituation ab.

***Fall***

***Das klassische Heinz-Dilemma, hier in einer Corona-Version***

*Ein Mensch (die Wahrnehmung ändert sich, wenn dies geschlechtsspezifisch erzählt wird) hat einen schweren Corona-Erkrankungsverlauf und liegt im Sterben. Ein Medikament, das nach Auffassung der Klinik helfen könnte, wurde gerade von einer privaten Pharmafirma entdeckt. Die Produktion hat 5.000 Euro gekostet. Die Firma verlangt 50.000 € für das Medikament. Heinz (bzw. Heide) steht diesem Menschen sehr nahe und sucht alle Bekannten auf, um sich Geld zu leihen, beantragt bei Staat und Stiftungen Geld und bekommt nur 25.000 € zusammen. Einen Rabatt oder Raten lehnt die Geschäftsführung der Firma ab.*

*Sollte Heide (bzw. Heinz) in der Firma einbrechen, um das Medikament zu stehlen?*

Andererseits ist die Balance zwischen staatlichem Recht und beraterischer Interventionsschwelle fachlich zu diskutieren und eine eigene Haltung zu finden. Diese Spannung spielt auch bei Gesetzgebungsverfahren eine Rolle. Werden strukturelle Benachteiligungen durch Gesetzesänderungen aufgehoben, sind z.B. Gründe für Schwarzarbeit ggf. wegge-

38 Es sind Straftaten denkbar, bei denen Abgrenzung und Reflexion alleine nicht ausreicht, sondern eine Grenze überschritten wird, bei der eine Intervention notwendig ist, z.B. im Rahmen des rechtfertigenden Notstandes oder bei geplanten schweren Straftaten. Ein Verweis auf „die Rechtsabteilung im Hause" beschneidet die Fachkräfte anderer Professionen und wird komplexen Abwägungsfragen nicht gerecht.

39 Vgl. zum Heinz-Dilemma und Moralentwicklung Lübeck, D. 2020, Psychologie, S. 74–78 und Baer, S. 2011, Rechtssoziologie, S. 215 f. Vertiefend: Bryde, B.-O./Hoffmann-Riem, W. (Hg.), Rechtsproduktion und Rechtsbewußtsein, 1988.

fallen. **Politische Arbeit** ist daher regelmäßig Teil sozialer Beratung und eine Möglichkeit, fachlichen Umgang mit Disziplinierungen und Rechtsordnung zu balancieren.[40]

## 1.5.3 Recht als Ressource in der Beratung

Soziale Beratungen durch Behörden, Rechtsberatung und Vertretung durch Rechtsanwält*innen und Rechtsschutz durch Gerichte sind Errungenschaften. Ein funktionierender **Rechtsstaat** ist eine nicht zu unterschätzende Ressource der Beratung.[41] Problemlösungsorientierte Beratung sollte diese Dimension der Beratung als ein die Rechtsstaatlichkeit stabilisierendes Element reflektieren.

Die Deutsche Gesellschaft für Beratung geht in ihrem fachlich breit anschlussfähigen Beratungsverständnis davon aus, dass Beratung „in persönlicher, sozialer und rechtsstaatlicher Verantwortung ausgeübt" wird und sich am „Schutz der Menschenwürde und an berufsethischen Standards" orientiert.[42] Der demokratische Sozial- und Rechtsstaat ermöglicht den Beratenden, einen Wirtschafts- und Handlungsrahmen in Anspruch zu nehmen, der nicht für jeden Einzelfall wieder neu ausgehandelt werden muss. Für die Beratenen gilt dies ebenfalls. Das Erschließen von Sozialleistungen ist eine zentrale Ressource, die Beratende mit den Beratenen zusammen nutzen können. Wie das stattfindet, ist geprägt von ihrer Partizipation auf politischer, fachlicher und praktischer Ebene.

Ein Aushöhlen von rechtsstaatlicher Verantwortung über **populistische** Diskreditierungen des Rechtsstaats bedrohen diesen Handlungsrahmen. So werden Angriffe mit postdemokratischer Empörung beschrieben, die besonders Verwaltungen, demokratische und rechtsstaatliche Institutionen treffen.[43]

**Empowerment** ist ein Beratungsansatz, der an Ressourcenorientierung anknüpft. Seine Rechte zu kennen, kann bereits empowernd sein. Zudem wird die Beteiligung am politischen Diskurs als empowerndes Beratungselement genutzt.

## 1.5.4 Recht haben und bekommen

Recht haben und Recht bekommen sind nicht das Gleiche. Dieses Auseinanderfallen des rechtlichen Sollens und der **Rechtswirklichkeit,** wie sie in der Verwaltung und unter Bürger*innen gelebt wird, kommt in der Beratung von Benachteiligten regelmäßig vor. Einige Beratene benötigen Unterstützung, um ihre Rechte zu kennen, selbstbewusst zu nutzen, durchzusetzen und sich vor Ausbeutung zu schützen.

Verwaltungen funktionieren meist sozusagen „geräuschlos". Rechtswidrige **Behördenpraxen** sind vermutlich selten. In der Regel werden sie über die behördlichen Rechtsabteilungen auf der Ebene von Widersprüchen korrigiert oder spätestens in gerichtlichen Ver-

40 Als Begriff für partizipative Lobbyarbeit für Nichtprivilegierte wird „Sozialanwaltschaft" vorgeschlagen. Steibert, A. 2014, Anwaltschaftliche Lobbyarbeit in der Sozialen Arbeit.

41 Ortmann, K. 2018, Soziale Arbeit als Beratung, S. 32.

42 DGfB o.J., Beratungsverständnis, S. 4.

43 Z.B. zur Situation im Land Brandenburg, Wilking, D. (Hg.) 2017, „Reichsbürger" – Ein Handbuch.

fahren. Verwaltung legt zwar unbestimmte Rechtsbegriffe aus, diese Auslegung ist jedoch gerichtlich überprüfbar. Nur soweit vor allem Prognoseentscheidungen getroffen werden, ist die gerichtliche Überprüfbarkeit eingeschränkt.

Das gilt auch, soweit der Verwaltung ein **Ermessen** gesetzlich eingeräumt ist, z.B. bei der Frage, wie genau sie sich einen Sachverhalt nachweisen lässt. So kann die oder der Mitarbeitende im Jobcenter bei einem Terminversäumnis eine Terminabsage ausreichen lassen oder ein ärztliches Attest verlangen, das eine Terminunfähigkeit bescheinigt.[44] Das Ermessen ist jedoch nicht frei. Es muss nach dem Zweck des Gesetzes ausgeübt und entsprechend begründet werden. Es bleibt nur in diesem Rahmen Sache der Verwaltung. Dass hier auch Haltungen von einzelnen Mitarbeitenden eine Rolle spielen, ist nicht ausgeschlossen. Verwaltungen versuchen, das durch Verwaltungsvorschriften zu minimieren, und Gerichte prüfen, ob der Gesetzeszweck eingehalten wurde.

Allerdings wurde auch ein Auseinanderfallen von Recht und Verwaltungswirklichkeit beschrieben, das auf strukturelle Probleme hinweist. Darauf deuten z.B. die hohe Zahl der Widersprüche gegen Entscheidungen der Jobcenter hin und Erfolgsquoten von bis zu 50 % bei „Hartz-IV"-Klagen.[45] Dieser Bereich ist politisch besonders umstritten. Unterschiedliche Sanktionsquoten in verschiedenen Jobcentern deuten ebenfalls auf ungleiche Verwaltungspraxen hin.[46] Auch höhlen Probleme wie z.B. die Dauer von **Gerichtsverfahren,** die faktisch eine Durchsetzung von Rechten erschweren, den Rechtsstaat aus.[47]

**Alternative Streitbeilegungen** in Form von Verhandlungen und Vermittlungen sind inzwischen auch in Deutschland verbreitet. Es gibt Güteverfahren und Vergleiche bei Gericht, Schiedsverfahren, außergerichtliche Schlichtungen und Entscheidungen von Ombudspersonen und staatlich anerkannten Streitbeilegungsstellen, z.B. für Verbraucher und Unternehmen, sowie außergerichtlich oder gerichtlich mediierte Einigungen.[48] Ein Vorteil liegt in ggf. niedrigeren Kosten und kürzerer Verfahrensdauer. Die weniger formalisierten Verfahren sind zugänglicher und flexibler. Zudem werden in verrechtlichten Konflikten häufig ökonomische und soziale Betrachtungen außer Acht gelassen.

Es kommt darauf an, realistische Erwartungen an den Rechtsstaat zu stellen, die der Komplexität der Verhältnisse angemessen sind. Weicht das eigene Verständnis von Recht wiederholt von der **Rechtswirklichkeit** ab, kann dies schwer zu ertragen sein. Professioneller

---

44 Siehe Kapitel 14.2.

45 Mit Bezug auf Zahlen vom Statistischen Bundesamt von 2007–2016 unter Einbezug von Urteilen, Anerkenntnissen und Vergleichen: Müller, U. 2021, Protest und Rechtsstreit, S. 276.

46 Eine reflektierende Haltung zur Verwaltungspraxis kann die Angleichungsprozesse zwischen Gesetzgebung, Rechtsprechung und Beratungspraxis einbeziehen und professionelle Strukturen aufbauen, die diese Problematik abbauen. Müller beschreibt die Vorteile von SGB-II-Beratung und die Enttäuschungen, z.B. nach einem gewonnenen Präzedenzfall, der nicht zu den erhofften politischen und rechtlichen Änderungen führte. Müller, U. 2021, Protest und Rechtsstreit, S. 462.

47 Seit 2012 bestehen die Möglichkeit einer Verzögerungsrüge und ein Entschädigungsanspruch bei überlangen Verfahren. Vgl. ferner den „Pakt für den Rechtsstaat" des Bundesministeriums für Justiz.

48 Vgl. den Überblick bei Trenczek, T. u.a. 2011, Grundzüge des Rechts, S. 186–194; z.B. www.streitbeilegung.org, die Schlichtungsstelle Energie oder der Täter-Opfer-Ausgleich als conciliation. Zur Mediation Kapitel 13 und zur ombudschaftlichen Beratung Kapitel 6.

Austausch zu dieser Problematik ist dann nicht nur fachlich geboten. Den Sinn in der eigenen Arbeit zu erhalten, ist auch wichtig für das eigene Wohlergehen.[49]

Ein Aspekt von Recht haben und bekommen ist der **Zugang** zum Recht, der auch aufgrund von juristischer Sprache und Wissen Barrieren aufweist. Alltagswissen ist dagegen praktisch. Die Basiscodes sind „geht – geht nicht" im Alltagswissen und im Juristischen „regelgerecht – regelwidrig". Als Wissensarten stehen sich mündliches Gebrauchswissen und Gelehrtenwissen auf dem Papier gegenüber. Prüfkriterien im Alltag sind die Plausibilität des Offensichtlichen und situativer Handlungserfolg, indiziert durch die Aufrechterhaltung der Kommunikation. Im Juristischen geht es um Entscheidbarkeit, Verfahrensgerechtigkeit und ob man an eine juristische Mehrheitsmeinung anknüpft.[50] Beratungen dienen auch zur Überbrückung dieser Unterschiede in den Wissensformen, wobei interprofessioneller Austausch besonders hilfreich ist. Beratungen tragen so aktiv dazu bei, Recht zu bekommen.

### *Recht für soziale Beratung auf einen Blick*

1. Für die Praxis bieten sich ein weiter Beratungsbegriff und ein praktischer Rechtsbegriff an.
2. U.a. auf www.gesetze-im-internet.de finden Sie das aktuelle Bundesrecht.
3. Stellungnahmen in Gesetzgebungsverfahren von Fachverbänden sind eine Möglichkeit, über politische Arbeit Lebenslagen von Beratenen zu verbessern.
4. Der Rechtsstaat ist für Beratende eine Ressource, die gepflegt werden sollte.
5. Recht regelt nicht alles. Fachlichkeit und Recht stehen in Wechselwirkung zueinander.
6. Fallen Recht haben und bekommen auseinander, kann dieses Problem fachlich angegangen werden, indem Gesetzgebung und Gerichte einbezogen werden.

49 Lübeck, D. 2020, Psychologie in der Sozialen Arbeit, S. 191 f., mit Hinweisen auch zum Burnout durch Überforderung, die zusätzliche Belastung mit politischer Arbeit mit sich bringt, da sie oft unterfinanziert ist.

50 Lucke, D., Was weiß Recht?, S. 147–179, S. 169–172 in: Cottier, M. u.a. (Hg.) 2010, Wie wirkt Recht?

# 2. Interprofessionelle Zusammenarbeit

**Übersicht** Seite



Angesichts der Zusammenhänge zwischen sozialer Benachteiligung und Gesundheitsrisiken muss es ein beraterisches Ziel sein, soziale Beratung mit anderen Professionen auf Augenhöhe einzubringen. Jurist*innen, Ärzt*innen und Verwaltungsmitarbeitende sollten die Hilfsangebote von sozial Beratenden kennen. Zu Kooperation und Netzwerkarbeit gehört regelmäßig, die eigene Profession verständlich zu machen und andere Professionen zu verstehen.

***Dazu macht „Interprofessionelle Zusammenarbeit" folgendes Angebot:***

- Wie analysiere ich meinen Umgang mit Recht, vielleicht auch schmunzelnd?
- Wie kann man mit juristischen Professionellen zusammenarbeiten?
- Wie gelingt professionelle Kooperation, wenn Rechtsmittel eingelegt werden?
- Sollte ich bestimmte Rechtsanwält*innen empfehlen?

## 2.1 Einladung zur Selbstanalyse

Juristerei und Bürokratie sind Teil eines Begriffsfeldes, dass mit negativen Konnotationen zu Recht und Verwaltung einhergeht. Das Spektrum reicht von Angst vor einem Machtapparat über Überforderung bis zur Langeweile. Auch stehen sich Disziplinen und Professionen immer wieder kritisch gegenüber.[1] Auch juristische Professionen haben emotionale Herausforderungen, die denen von Beratenden nicht unähnlich sind. Sie fragen sich, wie sie mit Nähe und Distanz umgehen oder mit Moraldilemmata.[2] Für eine reflexive Beratung gilt es, auch die Gefühlsebene aufzudecken, z.B. anhand dieser Fragen:

1 Das Unbehagen der Sozialen Arbeit gegenüber dem Recht (Hammerschmidt, P., Sagebiel, J., Steindorff-Classen, C. (Hg.), Unheimliche Verbündete, 2013) bietet sich als produktive Spannung an, in der sich Forschung zu Recht und Gesellschaft als Brücke zwischen den Disziplinen erweisen kann.

2 Siehe die psychologische Forschung mit biographischen Interviews Ludewig-Kedmi, R. 2006, Das Recht der Psychologie. Juristische Arbeit psychologisch erforscht.

***Praxishinweis***

- *Was sind meine ersten Reaktionen auf Recht, Normen, Behörden? Antworten Sie schnell.*
- *Welche eigenen Erfahrungen mit Recht habe ich? Welche sind gut, welche schlecht?*
- *Was ist mir am professionellen Umgang mit Recht lästig, was mache ich gerne?*
- *Welche Erwartungen habe ich an Recht?*
- *Wo sehe ich einen Sinn in einem professionellen Recht-Nutzen?*
- *Was davon ist bedeutsam, was passt zu mir?*
- *Spielt meine Konstruktion der Welt, mein Glaube dafür eine Rolle?*
- *Was ist lustig an meinem Umgang mit Recht und seinen Professionen?*

**Ein Witz für viele Professionen:** Sie fragen: „Wo geht es hier zum Bahnhof?"

Es antwortet:

- eine Sozialpädagogin: „Keine Ahnung, aber schön, dass wir drüber geredet haben."
- eine Rechtsanwältin: „Ich übernehme das für Sie. Erteilen Sie mir das Mandat und unterschreiben Sie diese Vollmacht."
- ein Coach: „Wenn ich Ihnen die Lösung vorkaue, wird das Ihr Problem nicht dauerhaft beseitigen."
- ein Verwaltungsjurist: „Im Bebauungsplanverfahren wurde auf dem Weg zum Bahnhof eine um zwei cm erhöhte Bordsteinkante festgelegt. Der Weg ist sicher."
- ein Gesprächstherapeut: „Sie möchten wissen, wo der Bahnhof ist?"
- ein Sozialarbeiter: „Keine Ahnung, aber ich fahr dich schnell hin."
- eine Mediatorin: „Der Weg ist das Ziel. Gehen Sie schon mal vor."
- eine Richterin: „Das entscheide ich."

## 2.2 Zusammenarbeit mit juristischen Professionellen

Die **Anleitung** durch die juristische Profession wird in Beratungsstellen meist über Teammitglieder oder Honorarverträge mit juristischen Professionellen dauerhaft gewährleistet. Das ist im Rahmen einer Beratung erforderlich, die außergerichtliche **Rechtsdienstleistungen** nicht nur als Nebenleistungen erbringt und weder bestellte, behördliche noch anerkannte Insolvenzberatungsstelle ist. Z.B. für anerkannte Träger der Jugendhilfe, Wohlfahrtsverbände und kostenlose Sozialberatung ist eine Anleitung erforderlich, in der Regel durch Personen mit zweitem juristischem Staatsexamen, wie es Rechtsanwält*innen und Richter*innen haben. Siehe dazu ausführlich das Kapitel 5: Wer zu Recht beraten darf.

Aber auch wenn Rechtsdienstleistungen nur als **Nebenleistung** oder gar nicht erbracht werden, kann eine Zusammenarbeit mit juristischen Professionellen sinnvoll sein. Die Rechtsgrundlagen der eigenen Arbeit sollten regelmäßig aufgearbeitet werden. Fortbildungen der Beratenden zu ihren Rechtsgrundlagen gehören daher für Beratungsstellen regelmäßig zur Qualitätssicherung und zur Absicherung des Managements gegen Haftungsrisiken.

Ein funktionierendes interprofessionelles **Netzwerk** ist ein Potenzial für Beratene.[3] Zielführend ist auch die thematische Vernetzung der juristischen Professionellen, wie sie z.B. in der Migrationsberatung in der „Rechtsberaterkonferenz" praktiziert wird.[4]

Neben gegenseitiger Wertschätzung ist es wichtig, die unterschiedlichen institutionellen Logiken im Netzwerk zu beachten und Ressourcen für das Netzwerk zu sichern. Professionelle im Recht praktizieren meist ein ausgeprägtes **Wissensmanagement**, einen rationalen Code und werden gerade in ihrer Funktion als Expert*innen für Recht angesprochen. Zur Fachlichkeit einer lebensweltorientierten Beratung gehört auch ein Handeln in Ungewissheit, das nicht „alles besser weiß", sondern Beratene in ihrem „alles notwendige Wissen und Gestalten" begleitet. Soziale Beratung ist gerade gefragt, wenn rationale Systeme an ihre Grenzen kommen und mit Ambivalenzen und Mehrdeutigkeiten umzugehen ist.[5] Mit ihrer lebensweltlichen Verwendung von Recht ergänzen sich Beratungsprofessionen und juristische Expertise. Den Wert ihres fachlichen Beitrags sollten soziale Beratungsprofessionen gegenüber juristischen Professionen verständlich machen.

## 2.3 Expertise in Verfahren

In Verwaltungsverfahren und Gerichtsprozessen müssen schwierige Fragen entschieden werden. Dazu benötigen Entscheidende Kompetenz, die sie nicht immer selbst haben. Zunächst können Anhörungen stattfinden, Berichte und Auskünfte eingeholt werden. Zum Beispiel werden Gutachten und Empfehlungen des Deutschen Vereins für öffentliche und private Fürsorge in Prozessen vor den Sozial- und Verwaltungsgerichten immer wieder herangezogen.[6] Ferner werden gutachtliche **Stellungnahmen** unter anderem von Jugendamt, freien Trägern oder Regierungs- und Nichtregierungsorganisationen in Verfahren eingebracht. Reichen diese nicht aus, werden **Sachverständige** oder **Gutachter*innen** beauftragt mit einer Stellungnahme. Oder die Betroffenen bringen selbst Gutachten in

3 Zum empowernden Potenzial juristischer Beratung und politischer Arbeit siehe auch Kapitel 1.5.

4 Sie wird vom Hohen Flüchtlingskommissar der Vereinten Nationen (UNHCR) unterstützt. www.rechtsberaterkonferenz.de (21.9.2022). Penke, S. 2020, Das multiprofessionelle Netzwerk in der Beratung von Geflüchteten: Zu den Herausforderungen einer gelingenden Zusammenarbeit und zur Rolle Sozialer Arbeit, S. 131–136.

5 Knab, M., Beratung zwischen Tür und Angel, S. 1534 in: Nestmann, F. u.a. (Hg.) 2013, Das Handbuch der Beratung, Bd. 3. Dewe, B./Otto, H. U. 2002, Reflexive Sozialpädagogik. Grundstrukturen eines neuen Typs dienstleistungsorientierten Professionshandelns, S. 179–198.

6 Vgl. www.deutscher-verein.de (21.9.2022).

Verfahren ein. Dabei sind Mindeststandards einzuhalten, die eine Überprüfung ermöglichen.[7]

Die Zuständigen in Verwaltungsverfahren oder Gerichten entscheiden dann aufgrund einer kritischen Würdigung der Erkenntnisquellen und Gutachten. Soweit es um Prognosen zur weiteren psycho-sozialen Entwicklung von Kindern, Betreuten, Patient*innen oder Gefährdungsprognosen von Straffälligen oder Untergebrachten geht, ist in die Würdigung die Stellungnahme der Betroffenen einzubeziehen.[8]

Dabei kann unterschiedlicher Sachverstand erforderlich sein. **Expertise** wird hier verstanden als spezielles Wissen, das Expert*innen z.B. auch in Recht und Kultur oder, allgemeiner, in Kulturmediation (cultural brokers) haben. Dieses Wissen erlaubt es ihnen, relevante Fakten aus dem Hintergrund von Verfahrensparteien zu beleuchten.[9]

***Praxishinweis***

*Weitere Felder von verfahrensrelevanter Expertise:*

- *Kindeswohl – Soziale Arbeit, Psychologie, Pädagogik (ggf. mit Beratungsexpertise)*
- *Kultur-anthropologische und kulturwissenschaftliche Expertise*[10]
- *Gefahren, Lebensbedingungen und politische Entwicklung – Auswärtiges Amt, internationale Organisationen, Regierungs- und Nichtregierungsorganisationen*
- *Schaden aufgrund von Beratungsfehlern – Beratungsfachlichkeit, z.B. pädagogische, sozialarbeiterische oder therapeutische*
- *Sprache – Übersetzungs- und Sprachwissenschaften*
- *Straffälligkeit und Resozialisierung – Kriminologie, Psychologie und Soziologie, Soziale Arbeit*

## 2.4 Zusammenarbeit in Bezug auf Behörden

Eine typische Aufgabenteilung zwischen sozial beratenden und rechtsberatenden Professionen ist der Kontakt zu Behörden. Oft wird zunächst mit Letzteren eine Problemlösung versucht. Einerseits kann dies der oder die Beratene selbst übernehmen. Er oder Sie kann Informationen verlangen, Anträge stellen, Stellung nehmen, Widerspruch einlegen im ei-

7 Je nach Verfahrensart wird zwischen Sachverständigen und Gutachtenden unterschieden. Oberloskamp, H. u.a. 2009, Gutachtliche Stellungnahmen in der sozialen Arbeit, S. 27–33. Hornung, A. 2018, Stellungnahmen in familiengerichtlichen Kinderschutzverfahren.

8 Siehe die sehr gute Erläuterung von Gutachten zu Unterbringungsfragen bei Marschner, R. u.a. 2019, Freiheitsentziehung und Unterbringung, § 321 FamFG, S. 335 ff., speziell zu Mindeststandards und Würdigung siehe Rn. 30 und 34 ff. Sowie zur Gefährlichkeitsprognose, S. 56–63. Es kann auch ein methodenkritisches Gutachten zum Gutachten erstellt werden.

9 Holden, L. 2020, Cultural Expertise and Law: an historical overview.

10 Vgl. die erste mehrsprachige, Gerichtsbarkeiten übergreifende Datenbank CULTEXP, https://culturalexpertise.net (3.8.2021).

genen Namen. Zur außergerichtlichen Rechtsdienstleistung Berechtigte können diesbezüglich beraten.

Ferner kann ein **Rechtsbeistand** für die beratene Person sprechen oder sie kann jemanden **bevollmächtigen,** z.B. die beratende Person, § 13 SGB X, § 14 VwVfG.

## 2.5 Zusammen am Fall arbeiten

Die Aufklärung des Falls ist häufig Teil der Beratung. Dazu wird mit unterschiedlichen Methoden, z.B. **Anamnese**-Fragebögen, gearbeitet. Die Gemeinsamkeit verschiedener Professionen ist die Organisation ihrer Arbeit anhand von Fällen. Das gilt auch für die Rechtswissenschaft. Eine Besonderheit der juristischen Fallarbeit ist die Konfliktorientierung. Für komplizierte Konflikte arbeiten gerichtsnahe Professionen daher mit **Relationen**, das heißt, dass die Streitpunkte einander gegenübergestellt werden, z.B. die Beraterin behauptet, über die Folgen der Nichtangabe von Einkommen im Sozialhilfe-Antrag hingewiesen zu haben, der Beratene behauptet, darüber sei nichts gesagt worden. Es steht dann Aussage gegen Aussage und es sind Beweisfragen zu klären: Gibt es Zeug*innen?

Fehlende Informationen zum Fall können Beratende oder Beratene einholen. In der juristischen Sprache heißt das **Sachverhaltsaufklärung** und ist mit einer **Vollmacht** für diesen Zweck auch für Beratende umsetzbar, wenn dies in der Arbeitsteilung sinnvoll erscheint.

***Muster: Vollmacht zur Einholung von Information***

Name & Anschrift Beratene

Geb. am ...

Vollmacht

Hiermit erteile ich Herrn/Frau ____________ *(Name beratende Person)*, geb. am ____________, *(Büroanschrift)*: ____________, die Vollmacht, über mich Auskünfte einzuholen bei ____________ *(Behörden wie z.B. bei Gerichten, Rechtsanwält*innen, Ärzten und Ärztinnen)*.

Die Vollmacht bezieht sich auf Auskünfte im Zusammenhang mit ____________ *(Angelegenheit benennen, z.B. Sorgerechtsangelegenheit Name des Kindes)*.

Diese Vollmacht berechtigt auch, Unterlagen und Akten einzusehen sowie Kopien fertigen zu lassen.

Die Vollmacht bezieht sich ausdrücklich nicht auf die Bekanntgabe von Bescheiden. Soweit erforderlich, erteile ich ausdrücklich Befreiung von einer ggf. bestehenden Schweigepflicht. Eine anwaltliche Vertretung bleibt von dieser Erklärung unberührt.

____________, ____________ *(Ort und Datum)*

____________ *(Name beratene Person)*, geboren am ____________ in ____________ *(Geburtsort)*

## 2.6 Zusammenarbeit in Bezug auf Gerichte

An der Schnittstelle zwischen sozialer Beratung und anwaltlicher Beratung stellt sich die Frage, wer was übernimmt. Eine Antwort gibt bereits das RDG. Rechtsdienstleistungen, die auf **Gerichte** bezogen sind, sind nichtjuristischen Beratenden in der Regel nicht erlaubt. Siehe dazu Kapitel 5: Wer zu Recht beraten darf. Daher ist eine Zusammenarbeit mit Rechtsanwält*innen erforderlich für das Einreichen einer **Klage** oder eines Antrags auf einstweiligen Rechtsschutz beim Gericht, wenn der oder die Beratene das nicht selbst vornehmen kann oder will.

Beratene bzw. Rechtsanwält*innen müssen fristgerecht Rechtsmittel einlegen. Beim inhaltlichen Vortrag sind hohe Anforderungen zu beachten, z.B. für Argumentationen zu gesundheitlichen Folgen von Räumungen oder zu Ausbildungsduldungen. Mitwirkungspflichten und ihre Grenzen sind zu beachten. Ggf. ist Akteneinsicht zu nehmen und Anhörungen in Verfahren vorzubereiten. Umfangreiche Nachweise müssen bei Behörden und Gerichten eingereicht werden.

Hierzu sollte eine Absprache zwischen Beratenden und Rechtsanwält*innen erfolgen.

***Praxishinweis***

 *Grundsätzlich lassen sich drei Schritte beschreiben für die **interprofessionelle Kooperation**:*

*Vorbereitung → **Entscheidung der/des Beratenen** → Zusammenarbeit*

**Vorbereitung:**

Die Beratenden klären zum Beispiel über Fristen auf im Rahmen ihrer Rechtsdienstleistungserlaubnis nach dem RDG. Sie nennen die Grenzen der Beratungskompetenz und erläutern, welche Fragen Rechtsanwält*innen ggf. beantworten könnten und inwieweit diese oder die Beratenen selbst z.B. Rechtsmittel einlegen könnten. Ggf. wird der Beratene unterstützt, zur Fristwahrung Rechtsmittel einzulegen oder einen Antrag zu stellen, um anwaltlichen Rat nachzuholen und ggf. das Rechtsmittel oder den Antrag später zurückzunehmen. Ferner werden Beratene über Anwaltsgebühren, Beratungs- und Prozesskostenhilfe aufgeklärt. Beratene sollten darauf hingewiesen werden, die Kosten der Beratung zu klären, bevor sie sie in Anspruch nehmen.

**Entscheidung:**

Der oder die Beratene trifft eine informierte Entscheidung, nicht/teils/nur noch von Rechtsanwält*innen beraten werden zu wollen, die in den Beratungsunterlagen festgehalten wird.

**Zusammenarbeiten:**

Die Bereiche sind zwischen Beratenden und Rechtsanwält*innen genau abzusprechen. Einerseits allgemein, aber auch für den konkreten Einzelfall. Das Einverständnis der oder des Beratenen ist zu dokumentieren und kann mit einer **Schweigepflichtentbindung** kombiniert werden.

Wünscht der oder die Beratene keine juristischen Beratenden, wird die anwaltliche Zusammenarbeit im Rahmen der weiteren Beratung abgesprochen. Sollen dagegen Rechtsanwält*innen die Beratung ganz übernehmen, wird geklärt, wie eine Rückmeldung an nichtjuristisch Beratende erfolgt, ggf. wiederum mit Schweigepflichtentbindung. Nichtjuristisch Beratende beenden ihre Beratung entsprechend den fachlichen Vorgaben.

## 2.7 Professionelle empfehlen

**Empfehlungen** für bestimmte **Rechtsanwält*innen** oder auch anderer Professionen sollten ihre Grundlage offenlegen. Ein Auswahlkriterium ist z.B., ob sie berechtigt sind, aufgrund von nachgewiesenen Fortbildungen und Fallbearbeitungen einen Fachanwaltstitel zu führen, z.B. für Arbeits-, Familienrecht, Insolvenzrecht, Migrationsrecht, Sozial- oder Strafrecht. Fraglich ist, ob Listen mit zur Mandatsübernahme bereiten Rechtsanwält*innen geführt werden sollten. Dagegen spricht, dass Listen Objektivität suggerieren, diesen in der Regel aber keine wissenschaftlichen Erhebungen zugrunde liegen. Dafür spricht, dass die Angabe von Alternativen auf einer Liste die Wahlmöglichkeit erhöht im Verhältnis zu wenigen mündlich genannten Namen, die erinnert werden. In jedem Fall sollte Folgendes betont werden, z.B. auch auf einer Liste stehen: Beratenen steht in jedem Fall die Wahl der Rechtsanwältin oder des Rechtsanwaltes frei. Letztlich ist das Vertrauen entscheidend.[11]

### *Interprofessionelle Zusammenarbeit auf einen Blick*

1. Befragen Sie sich nach Ihrem Umgang mit Recht.
2. Die Zusammenarbeit mit Rechtsanwält*innen muss organisiert werden, wenn dies nach dem Rechtsdienstleistungsgesetz erforderlich ist.
3. Aufgaben und Kommunikationswege in der Zusammenarbeit zwischen den Professionellen sind genau abzusprechen.
4. Schriftliche Schweigepflichtentbindungen in der Zusammenarbeit schützen das Vertrauen der Beratenen.

11 In Befragungen zeigte sich, dass Schuldnerberatungen teils Listen ausgeben, Heuer, J. 2009, Anwaltliche Schuldner- und Insolvenzberatung, S. 83, Fn. 44. Zur Beratung von Geflüchteten: Hagebölling, E./Dieckmann, J. 2020, Besser zusammen – Schnittstellen zwischen sozialarbeiterischer und anwaltlicher Tätigkeit.

# 3. Beratung als praktische Menschenrechtsarbeit

**Übersicht** Seite



## *Leitfragen zu Beratung als praktische Menschenrechtsarbeit:*

- Beachte ich die Menschenrechte, wenn ich mich in meiner Arbeit an die nationalen Gesetze halte?
- Wie trägt soziale Beratung zum Schutz der Menschenwürde bei?
- Was bedeutet Autonomie und welche Bedeutung hat sie bei Pflichtberatungen?
- Wann ist soziale Beratung Teil von Kontrolle und Gewalt?

In Deutschland werden Menschenrechte vor allem durch die im Grundgesetz verankerten Grundrechte geschützt. Zudem gilt die Allgemeine Erklärung der Menschenrechte von 1948 als Zusatz der Gründungscharta der Vereinten Nationen/United Nations (UN). 2021 ratifizierte Deutschland die revidierte Fassung der Europäischen Sozialcharta von 1961. Folgende von Deutschland ratifizierte völkerrechtliche Verträge sind besonders bedeutend in der Praxis:[1]

- **Europäische Menschenrechtskonvention** (EMRK) von 1950 des Europarates (47 Mitgliedstaaten mit dem Europäischen Gerichtshof für Menschenrechte in Straßburg)
- **UN-Sozialpakt** von 1966, ratifiziert 1968, Fakultativprotokoll von 2013, 2022 ratifiziert
- **UN-Behindertenrechtskonvention** (UN-BRK) von 2008, ratifiziert 2009, einschließlich Fakultativprotokoll[2].

Diese menschenrechtlichen Verträge stärken die Geltung von Menschenrechten in Deutschland. Nationale Gesetze konkretisieren menschenrechtliche Pflichten häufig und können über völkerrechtliche Verpflichtungen hinausgehen, z.B. das BDSG, das über den Schutz der Selbstbestimmung über die eigenen Daten nach der europäischen DSGVO hinausgeht.

1 Gemäß Art. 59 Abs. 2 GG wirken völkerrechtliche Verträge wie ein Bundesgesetz. Sie müssen für eine direkte Anwendung inhaltlich hinreichend bestimmt sein. Angaben zum aktuellen Stand aller Menschenrechtsabkommen auf www.institut-fuer-menschenrechte.de.

2 Daneben sind auch die UN-Konventionen zu Frauenrechten 1985 und Kinderrechten 1992 ratifiziert worden; ferner Konventionen zu Rassismus, Wanderarbeitern und Vermissten.

## 3.1 Menschenrechte und Grundrechte

Die Menschenrechte sind normatives Fundament der **Demokratie.**[3] Die meisten Grundrechte gelten als Menschenrechte für alle sich in Deutschland aufhaltenden Menschen.

Nur soweit sie ausdrücklich nur für deutsche Staatsangehörige gelten, handelt es sich nicht um Menschenrechte im eigentlichen Sinne.[4] Sie gelten aufgrund des unionsrechtlichen Diskriminierungsverbotes jedoch auch für **EU-Bürger***innen. Die Kerngehalte der „**Deutschengrundrechte**" sind über die Allgemeine Handlungsfreiheit nach Art. 2 Abs. 1 GG geschützt und bewirken so einen Schutz aller Menschen, so z.B. die Berufsfreiheit aus Art. 12 GG von Beratenden. Für immigrierte Beratene kann zudem ein Schutz vor Ausweisung im Rahmen der Freizügigkeit relevant sein.[5]

Die Grundrechte konkretisieren die **Menschenwürde**, die durch Art. 1 Abs. 1 GG geschützt ist: „Die Würde des Menschen ist unantastbar. Sie zu achten und zu schützen ist Verpflichtung aller staatlichen Gewalt." Das Bundesverfassungsgericht hat die Menschenwürde in ständiger Rechtsprechung konkretisiert:[6]

### *Definition*

*Menschenwürde ist der soziale Wert und Achtungsanspruch des Menschen, „der es verbietet, ihn zum bloßen* ***Objekt*** *des Staates zu machen oder ihn einer Behandlung auszusetzen, die seine Subjektqualität prinzipiell in Frage stellt. Jedem Menschen ist sie eigen ohne Rücksicht auf seine Eigenschaften, seine Leistungen und seinen sozialen Status."*

Jeglicher staatliche Eingriff in die Grundrechte bedarf einer gesetzlichen Grundlage. Das sind z.B. für eine Unterbringung in einer Psychiatrie, die insbesondere in das Recht auf Bewegungsfreiheit nach Art. 2 Abs. 2 Satz 2 GG und Art. 5 Abs. 1 EMRK eingreift, die Psychisch-Kranken-Gesetze der Länder und das Bürgerliche Gesetzbuch (BGB) für rechtlich Betreute.[7] Ferner muss jeder Grundrechtseingriff verhältnismäßig sein, also für einen legitimen Zweck geeignet, erforderlich und angemessen sein. Für Beratende kann z.B. relevant sein, dass

> „besondere Aufmerksamkeit der Erforderlichkeit und der Verhältnismäßigkeit" gelten muss, „wenn sich die angefragten Daten auf eine Person beziehen, die Mitglied eines Berufs-

---

3 Demokratie als „institutionalisierte, prozedural verwirklichte Organisation menschlicher Selbstzweckhaftigkeit, Gleichberechtigung u. Autonomie". Mahlmann, M. 2010, Rechtsphilosophie u. Rechtstheorie, S. 317.

4 Art. 116 Abs. 1 GG definiert den Begriff der Deutschen Grundrechte. Art. 18 AEUV verbietet, Unionsbürger gegenüber Deutschen zu diskriminieren. Deutscher Bundestag 2018, Das Tatbestandsmerkmal der „Deutschen" in den Grundrechten, WD-3-430-18-pdf-data.pdf (bundestag.de, 21.8.2021), S. 7 f.

5 Zum Freizügigkeitsgrundrecht nach Art. 11 GG BVerfGE 35, S. 382, insb. S. 399. Weitere Deutschengrundrechte sind Art. 8 Versammlungs- und Art. 9 Vereinigungsfreiheit.

6 BVerfGE 96, S. 375.

7 Für Freiheitsentziehungen sind zudem gemäß Art. 104 GG richterliche Entscheidungen erforderlich. Marschner, R. u.a. 2019, Freiheitsentziehung und Unterbringung, S. 1–14. So auch der EGMR 2012, STANEV ./. BULGARIEN Beschwerde-Nr. 36760/06: Betroffene müssen die Möglichkeit haben, ihre Unterbringung gerichtlich überprüfen zu lassen.

> stands ist, der mit unter dem Schutz des Berufsgeheimnisses stehenden oder anderweitig vertraulichen Informationen umgeht."[8]

Diese Verhältnismäßigkeit können nationale Gesetzgeber und Gerichte besser beurteilen, weshalb der EGMR z.B. Kindergartenplatzverweigerungen wegen fehlender Impfungen in Tschechien nicht für menschenrechtswidrig erklärt hat.[9] Der EGMR gestand dem tschechischen Gesetzgeber einen breiten Gestaltungsspielraum zu.

Die **Urteilsfähigkeit** ist eine menschliche Grundfähigkeit. Die Anerkennung dieser Urteilsfähigkeit aller Menschen spricht dafür, den Menschen Partizipation zu ermöglichen. Sie spricht deshalb auch dafür, dass die Justiz der demokratischen Politik einen ausreichenden Gestaltungsvorrang einräumt. Die partizipative Einbindung der Menschenrechte macht Menschenrechte diskursiv. Eigentlich wollen sie überzeugen.

Der Prozess von Anpassung, Institutionalisierung, Habitualisierung und Internalisierung von Menschenrechten ist als „Diffusionsspirale mit Bumerang" beschrieben worden.[10] Rückschläge sind jederzeit möglich. Parlamente, das Bundesverfassungsgericht (BVerfG), der Europäische Gerichtshof für Menschenrechte (EGMR), die Rechtswissenschaften, die UN und das Deutsche Institut für Menschenrechte (DIMR) sind wichtige Akteure in dieser Spirale.

***Beispiel***

*2018 empfahl z.B. ein UN-Ausschuss Deutschland, vermehrt Wohnraum zur Verfügung zu stellen und Maßnahmen gegen Spekulation mit Wohnraum zu ergreifen.[11] Das DIMR legt jährlich einen Bericht zur Menschenrechtssituation in Deutschland dem Bundestag vor. 2019 war Wohnungslosigkeit ein Schwerpunktthema in diesem Bericht und 2020 wurde der Zusammenhang des Rechtes auf angemessenen Wohnraum mit dem Schutz vor Ansteckung in einer Pandemie betont.*

## 3.2 Grundrechtswidrige Gesetze und staatliche Schutzpflichten

Im demokratischen Rechtsstaat werden die **Gestaltungsaufträge** der Grundrechte über einfache Gesetze, die Verwaltung und die Gerichte umgesetzt. Immer wieder führen Verfassungsbeschwerden oder richterliche Vorlagen beim Bundesverfassungsgericht dazu,

8 Europäischer Datenschutzbeauftragter 2019, Leitlinien des EDSB für die Bewertung der Verhältnismäßigkeit von Maßnahmen, die die Grundrechte auf Privatsphäre und den Schutz personenbezogener Daten einschränken, S. 29.

9 EGMR, Urteil vom 8.4.2021, Az. 47621/13, NJW 2021, S. 1657. Urteile des EGMR findet man über dessen Webseite: www.coe.int/en/web/portal/gerichtshof-fur-menschenrechte (28.9.2022).

10 Risse, T. u.a. (Hg.) 1999, The Power of Human Rights: International Norms and Domestic Change, S. 1.

11 Ausschuss über wirtschaftliche, soziale und kulturelle Rechte der Vereinten Nationen, Abschließende Bemerkungen zum sechsten Staatenbericht Deutschlands (E/C.12/DEU/CO/6) vom 12. Oktober 2018, S. 10, Nr. 55. Auf der Internetseite des DIMR finden sich zahlreiche gut sortierte Menschenrechtsdokumente. www.institut-fuer-menschenrechte.de.

dass solche Gesetze für **verfassungswidrig** erklärt werden. So kam es zu Urteilen, in denen aus Art. 1 Abs. 1 GG in Verbindung mit dem Sozialstaatsprinzip nach Art. 20 Abs. 1 GG ein Leistungsanspruch auf Sicherung der physischen Existenz und der sozialen Teilhabe abgeleitet wird, dessen nähere Ausgestaltung aber Sache des Gesetzgebers bleibt.[12]

Die Grundrechte verpflichten den Staat auch zum Schutz vor privaten Übergriffen. Z.B. sind Pflegebedürftige in Pflegeheimen, die von privaten oder wohlfahrtsstaatlichen Unternehmen geführt werden, vor Pflegeheimbetreibern zu schützen. Dafür gibt es unter anderem das von den Länderparlamenten erlassene Heimrecht samt Heimaufsichtsbehörden, die Pflegeversicherung und die kontrollierenden Medizinischen Dienste. Defizite in Pflegeheimen werden teilweise als Menschenrechtsverletzungen skandalisiert, bis hin zu Klagen, die den Staat auf seine Schutzpflicht aus z.B. Art. 2 GG zum effektiven Schutz des Lebens verpflichtet sehen.[13]

Eine Überschreitung des staatlichen Gestaltungsspielraums bei **staatlichen Schutzpflichten** ist zu belegen. Das ist ausgesprochen anspruchsvoll. Gerade wenn es um Leistungsansprüche wie hier, im Beispiel der pflegebedürftigen Heimbewohnenden, geht, gilt es daher in der sozialen Praxis, neben den Gerichten auch auf die Politik und die Gesetzgebung zu setzen, um bessere Bedingungen, z.B. in Pflegeheimen, zu erreichen.[14] Letztlich ist die Gesellschaft mitverantwortlich für die Verwirklichung der Menschenrechte. Die soziale Beratung trägt für die Verwirklichung der Menschenrechte eine besondere Verpflichtung, weil sie häufig Menschen mit besonderen Barrieren berät, die sich kaum selbst in den Diskurs um Menschenrechte einbringen (können).[15] Soziale Beratung kann Menschenrechtsbewusstsein fördern und den Zugang zur Rechtsdurchsetzung über Gerichte unterstützen.

## 3.3 Das Selbstbestimmungsrecht als Mandat in der Beratung

Menschenrechte sind ein Kompass, der im **Tripelmandat** nach Staub-Bernasconi für die Profession Soziale Arbeit ausformuliert ist. Die Professionellen bringen über ein Mandat die Menschenrechte auf wissenschaftlicher Basis in ihre Praxis ein.[16] Besonders bedeutsam für Beratung ist das Selbstbestimmungsrecht, dessen menschenrechtliche Dimension im Sinne des Tripelmandats hier im Hinblick auf Pflichtberatungen, Beratungen in Zwangskontexten und Beteiligung von Beratung an Disziplinierungen schlaglichtartig beleuchtet werden soll.

---

12 Z.B. Regelbedarfshöhenberechnung verfassungswidrig: BVerfG v. 9.2.2010 – 1 BvL 1/09; „Derzeit noch verfassungsgemäß": BVerfG vom 23.7.2014, 1 BvL 10/12. Ferner gibt es daneben Normenkontrollverfahren.

13 Moritz, S. 2014, Staatliche Schutzpflichten zugunsten pflegebedürftiger Menschen, S. 101–103.

14 Zum Beispiel wurde in den 1970er Jahren die Änderungskündigung Vermietenden nur noch bei berechtigtem Interesse zugestanden und eine Möglichkeit zur Mieterhöhung eingeführt. Damit wird das Eigentumsrecht aus Art. 14 GG inhaltlich sozial ausgestaltet mit dem Ziel, ein menschenwürdiges Wohnen zu sichern. Rabe, B., Dem „freien" Wohnungsmarkt die Zügel anlegen, S. 125–131 in: Armbruster, M. u.a. (Hg.) 2020, Grundrechte-Report.

15 Dick, J., Mobilisierung von Recht in der Pflege, S. 89 f. in: Dibelius, O./Piechotta-Henze, G. (Hg.) 2020, Menschenrechtsbasierte Pflege.

16 Staub-Bernasconi, S. 2007, Soziale Arbeit als Handlungswissenschaft, S. 198 f.

Das **Selbstbestimmungsrecht** ist in Art. 2 Abs. 1 i.V.m. Art. 1 Abs. 1 GG und die allgemeine Handlungsfreiheit ist in Art. 2 Abs. 1 GG und in Art. 14 UN-BRK festgehalten.

## 3.3.1 Pflicht zur Beratung

In das Selbstbestimmungsrecht wird auf gesetzlicher Grundlage durch **Pflichtberatungen** eingegriffen. Beispiele sind die Beratung für Pflegegeldempfangende nach § 37c SGB IX oder aufgrund strafrechtlicher Grundlage, z.B. vor einem Schwangerschaftsabbruch, sowie Beratungen und Therapien im Rahmen der Bewährungshilfe und für suchtkranke Menschen. Auch hier gilt es, die Verhältnismäßigkeit zu wahren; deshalb wurde zum Beispiel in § 218a Abs. 2 StGB für Schwangerschaftsabbrüche aufgrund einer medizinischen Indikation keine Beratungspflicht vorgeschrieben.[17] Das Recht auf körperliche Unversehrtheit der Schwangeren aus Art. 2 Abs. 2 Satz 1 GG prägt sich bei einer medizinischen Indikation für einen Schwangerschaftsabbruch als **Recht auf Nichtberatung** aus. Ein Anspruch auf freiwillige Beratung besteht trotzdem.

## 3.3.2 Selbstbestimmung im Zwangskontext

In verschiedenen **Zwangskontexten** wird sozial beraten, z.B. in der Grundsicherung für Arbeitsuchende, in der nach dem SGB II Kürzungen des Existenzminimums zur Durchsetzung der Wahrnehmung von Terminen und zur Erfüllung von Pflichten zur beruflichen Eingliederung möglich sind.[18] Zum Kinderschutz siehe Kapitel 10.1.6. Ein besonderes Spannungsfeld für die Selbstbestimmung besteht bei der Beratung **psychisch kranker Menschen** und ihrer Angehörigen, die in Deutschland entscheidend von den sozialpsychiatrischen Diensten geprägt ist. Gerade unter inkludierenden Gesichtspunkten ist eine Entpsychiatrisierung und Ablösung aus ambulanten Kreisläufen wünschenswert und hat sich positiv entwickelt.[19] Regelungen zu Zwangsmaßnahmen sind aufgrund der Rechtsprechung zum Selbstbestimmungsrecht in Änderungen der Psychisch-Kranken-Gesetze und in die rechtliche Betreuung eingeflossen, siehe Kapitel 14.3.[20] So verlangt das BGB[21], dass vor der richterlichen Genehmigung ärztlicher Zwangsmaßnahmen „mit dem nötigen Zeitaufwand und ohne Ausübung unzulässigen Drucks versucht wurde, den Betreuten von der Notwendigkeit der ärztlichen Maßnahme zu überzeugen". Der Wille der Betroffenen ist

17 Deutscher Bundestag 28.6.1995, Drucksache 13/1850, S. 25. Regelmäßig ist jedoch ein Gespräch mit dem Ethikrat der Klinik notwendig für einen ärztlichen späten Schwangerschaftsabbruch.

18 Das BVerfG hat 2019 Kürzungen von mehr als 30 % des Regelbedarfs für verfassungswidrig erklärt. Siehe dazu Kapitel 14.2. Zur Überschreitung des verfassungsrechtlich Zulässigen bei der Berechnung des Existenzminimums vgl. Lenze, A. 2021, Verfassungsrechtliches Kurzgutachten zur Fortschreibung der Regelbedarfsstufen nach § 28a SGB XII zum 1.1.2022.

19 Kardoff, E. von, Sozialpsychiatrische Beratung, S. 1097–1108, S. 1107 f. in: Nestmann, F. u.a. (Hg.) 2013, Das Handbuch der Beratung, Bd. 3. „Im Großen und Ganzen sind sich Befragte allerdings einig, dass psychisch kranke Menschen (medizinische) Entscheidungen für sich treffen und die Verantwortung für sich und ihr Leben übernehmen können." Aicher, 2017, Förderung der Autonomie Psychiatrie-Erfahrener, S. 192, Diss. Uni Regensburg.

20 § 2 Psych KG NW, § 4 Abs. 4 PsychKG Bln, aber auch im Betreuungsrecht § 1901 Abs. 3, § 1901, § 1906a BGB. Bundesverfassungsgericht vom 26. 7.2016, 1 BvL 8/15 zur Zwangsbehandlung.

21 § 1906a Abs. 1 Nr. 4, ab 1.1.2023 § 1832 Abs. 1 Nr. 4 BGB

immer zu berücksichtigen. Gegen ihn kann nur für höherrangige Rechtsgüter mit unzweifelhaft geeigneten und erforderlichen Grundrechtseingriffen auf gesetzlicher Grundlage gehandelt werden.[22]

### 3.3.3 Selbstbestimmung umsetzen

Das Selbstbestimmungsrecht ist immer wieder im Beratungsalltag abzusichern, z.B. über Qualitätssicherungen, die an Indikatoren die Ergebnisqualität messen statt an der Dokumentation. Siehe dazu Kapitel 12. Untrennbar verbunden damit sind der Rechtsschutz, das Beschwerdemanagement sowie Transparenz und Partizipation, z.B. über Beiräte in stationären Settings und interprofessionelle Zusammenarbeit.[23]

#### *Menschenrechtspraktische Beratung auf einen Blick*

1. Grundrechtseingriffe bedürfen einer gesetzlichen Grundlage. Gesetzliche Grundlagen werden an den Grundrechten gemessen. Die Eingriffe müssen verhältnismäßig sein.
2. Zum Schutz der Menschenwürde trägt soziale Beratung bei, die verhindert, dass Menschen zum bloßen Objekt gemacht werden.
3. Der Wille der Beratenen ist immer zu berücksichtigen. Gegen ihn kann nur für höherrangige Rechtsgüter mit unzweifelhaft geeigneten und erforderlichen Grundrechtseingriffen auf gesetzlicher Grundlage gehandelt werden.
4. Kritische soziale Beratung fragt sich, inwieweit sie selbst Teil von Kontrolle und Gewalt sein kann. Wenn Beschränkungen von Selbstbestimmungsrechten sich Beratenden als unverhältnismäßig darstellen, reflektieren sie ihren Umgang mit ihren professionellen Ansprüchen und Diskrepanzen im Beratungsalltag.

22 Marschner, R. u.a. 2019, Freiheitsentziehung und Unterbringung, S. 90–91. BGH, Beschluss vom 15.1.2020 – XII ZB 381/19: Gegen den Willen Betreuter ist z.B. die Einwilligung des oder der rechtlich Betreuenden in zwangsweise Behandlungen, die nicht dem breiten medizinischen Konsens entsprechen, im Regelfall nicht genehmigungsfähig.

23 Klie, T. Menschenrechte Pflege und die Pflegeversicherung, S. 82 f. und Dick, J., Mobilisierung von Recht in der Pflege, S. 89 f., beide in: Dibelius, O./Piechotta-Henze, G. (Hg.) 2020, Menschenrechtsbasierte Pflege.

# 4. Wer beraten darf

**Übersicht** Seite



Wer beraten darf, ist eng verknüpft mit der Frage, wer beraten sollte. Rechtliche Vorgaben dienen dem Schutz der Beratenen vor Falsch- und Schlechtberatung, vor allem, weil dies für Ratsuchende meist schwierig zu beurteilen ist. In der sozialen Beratung gilt es auch zu verhindern, dass die Bedürftigkeit von Beratenen ausgenutzt wird. Aus diesem Grund und den Bestrebungen der Berufe, sich vor Konkurrenz zu schützen, ist das Berufsrecht entstanden, das regelt, unter welchen Voraussetzungen beraten werden darf. Damit steht die Klärung dieser Regelungen am Anfang jeder Beratungstätigkeit.

### *„Wer beraten darf" beantwortet anhand eines Beispiels diese Fragen:*

- Welche Normen regeln für Beratung, Coaching oder Mediation, wer beraten darf?
- Gibt es für Personal gesetzliche Vorgaben?
- Inwieweit sind verbandliche oder Vorgaben vom Leistungsträger zu der Frage, wer beraten sollte, zu beachten?
- Wann muss ein Führungszeugnis für die Arbeit vorgelegt werden?
- Welche Voraussetzungen gelten für die staatliche Anerkennung von Sozialberufen?

Ziel ist es, zu den berufsrechtlichen Fragestellungen eine Orientierung zu bieten, sodass Sie für Ihre Beratung wissen, welche rechtlichen Normen relevant sind. Anhand des folgenden Beratungsbeispiels wird die Frage „Wer darf beraten?" erläutert mit Bezug auf Beratungsliteratur und Rechtskommentare.

### *Beispiel*

*Bettina hat einen Bachelor in Soziale Arbeit und berät seit drei Jahren in einer Beratungsstelle in Berlin-Mitte Überschuldete, wie sie mit ihren Schulden leben können, z.B. wie sie ihre Unterlagen sortieren, sich vor Kontopfändungen schützen und ob und in welchem Umfang Ratenzahlungen sinnvoll sind. Sie hat einen ganzheitlichen Beratungsansatz und wägt mit den Klient*innen ab, welche Lösungen für ihre gesundheitlichen, beruflichen und familiären Probleme umsetzbar sind. Dabei spielt es auch eine Rolle, ob eine Entschuldung über Familienmitglieder, Stiftungsmittel*

*oder ein Verbraucherinsolvenzverfahren in Frage kommt. Bettina fragt sich, ob sie beraten darf und welche rechtlichen Vorgaben Sie zu beachten hat.*

## 4.1 Berufsrecht und Berufsverbände

**Berufsrecht** regelte schon relativ früh den Zugang und die Ausübung der medizinischen und rechtsberatenden Berufe. Die anwaltliche Beratung ist z.B. in der Bundesrechtsanwaltsordnung als vom Staat unabhängiger rechtsberatender Freier Beruf seit 1878 geregelt. Das Berufsrecht entwickelt sich für die verschiedenen sozialen Berufe lebhaft weiter und es gilt immer den aktuellen Stand zu beachten. Eine einheitliche „Beratungsordnung", ein „**Berufsgesetz** Soziale Arbeit" oder Ähnliches gibt es in Deutschland bisher nicht.[1] Im Folgenden werden die gesetzlichen Regelungen für verschiedene Berufe in der sozialen Beratung entsprechend differenziert. Zudem sind oft auch landesrechtliche Unterschiede zu beachten.

Neben diesem Berufsrecht im engeren Sinne regeln Gesetze die Aufgabenbereiche der Berufe, z.B. wo rechtliche Betreuung aufhört und Eingliederungshilfe anfängt.[2] Insofern sind verschiedene Gesetze für unterschiedliche Beratungsbereiche relevant.[3] Dieses Kapitel behandelt nur das Berufsrecht im engeren Sinne.

**Berufsständische Körperschaften** öffentlichen Rechts, **Kammern** genannt, mit Satzungsrecht regeln ihre Berufe, so z.B. die Landespsychotherapeutenkammern, die eine Pflichtmitgliedschaft von Psychotherapeuten vorsehen. Zuletzt wurden in Rheinland-Pfalz, Niedersachsen und Schleswig-Holstein Pflegekammern gegründet. Es gibt bis heute jedoch keine „Beratendenkammer". Die „Berufskammer Soziale Arbeit" des DBSH ist keine öffentliche Körperschaft, sondern dient dem Verband dazu, Berufsethik umzusetzen.[4]

### 4.1.1 Schutz der Berufsbezeichnungen

Begriffe wie Beratung, Coaching oder auch Lebens-, Schuldner- oder Sozialberatung sind in Deutschland nicht gesetzlich geschützt. Die Folge ist, dass sich jede und jeder Berater und Beraterin, Coach oder Mediator und Mediatorin nennen kann, auch ohne Ausbildung oder Erfahrung. Das ist anders bei **Psychotherapeuten und -therapeutinnen**, die aufgrund § 1 PsychThG, einer Approbation bedürfen und bei denen ein Missbrauch der Berufsbezeichnung strafbar ist.[5] Bei **zertifizierten Mediator*innen** laut § 5 Abs. 2 MediationsG handelt es sich um eine rechtlich geschützte Qualifikationsbeschreibung. Hier

1 Zum Gesetz zur Regelung von Lebensberatung und zum Berufsgesetz für die Soziale Arbeit in Österreich: OBDS o.J., Berufsgesetz. Goldner, C., Esoterik, Spiritualität und Heilslehren statt Beratung, S. 1787 in: Nestmann u.a. (Hg.) 2013, Das Handbuch der Beratung, Band 3.

2 BSG 2016, Az. B 8 SO 7/15 zu den Aufgaben i.S.d. §§ 1896 ff BGB.

3 Teilweise werden im Internet Überblickseiten angeboten oder Gesetzessammlungen mit Titeln wie „Gesetze für Sozialberufe" von Stascheit, herausgegeben vom Fachhochschulverlag.

4 DBSH o.D., Berufskammer Soziale Arbeit. Zur Psychotherapeutenkammer siehe Kapitel 6.1.

5 § 132a Abs. 1 Nr. 2, Alternativen 3 bis 5 StGB. Stock, C. 2009, Rechtliche Bezüge und Herausforderungen für Beratung und Therapie, S. 119.

ist ein unbefugtes Führen ein Betrug, der zur Anfechtung von Verträgen, Unterlassungsansprüchen der Konkurrenten und ggf. Schadensersatzansprüchen berechtigt, siehe auch Kapitel 11 und 13. Insofern ist für Beratung und Coaching, aber auch für die nicht zertifizierte Mediation die Berufsfreiheit nach Art. 12 GG in der Regel nicht durch Berufs- oder Werbeverbote eingeschränkt. Beratungsberufe entwickeln sich und Art. 12 GG sichert die freie Berufswahl.[6]

**Geschäfte mit der Armut** und der Gutgläubigkeit oder psychologische Manipulationen werden auch als Beratung angeboten. Eine umfangreiche „**Psychoszene**" verkauft unter anderem aus klinisch-therapeutischen Kontexten herausgebrochene Fragmente, Teufelsaustreibungen aus dem 17. Jahrhundert oder esoterische Beratung. Diese können dazu führen, dass der Zeitpunkt für eine wirksame Beratung oder Therapie verpasst wird.[7] Geschädigte können ggf. zivilrechtlich die Beratenden belangen und Schmerzensgeld, Rückzahlung bei sittenwidrigen Verträgen oder nach Anfechtung wegen Irrtums einklagen.[8]

## 4.1.2 Fach- und Berufsverbände

Die Berufsfreiheit nutzen verschiedene Fach- und Berufsverbände, in denen fachliche Diskussionen unter anderem zur Regelung der Beratungsberufe stattfinden. Über die Verbände können Beratende Einfluss auf die fachlichen und berufspolitischen Diskurse nehmen. **Berufsbilder** formuliert z.B. der DBSH für Sozialarbeiter/Sozialpädagog*innen,[9] Heilpädagog*innen, Bewährungs- und Gerichtshelfer*innen und den Sozialdienst im Vollzug, der dvb für Berater*innen für Beruf, Bildung und Beschäftigung, die BAG SB für Schuldnerberater*innen, der BdB für Rechtliche Berufsbetreuer*innen und so weiter. Hier finden sie eine Auswahl wichtiger **Berufs- und Fachverbände**.

### *Praxishinweis*

*Liste: Spitzenverbände in der Bundesarbeitsgemeinschaft der Freien Wohlfahrtspflege:*

- *Arbeiterwohlfahrt (AWO)*
- *Deutscher Caritasverband (Caritas)*
- *Deutscher Paritätische Wohlfahrtsverband (Der PARITÄTISCHE)*
- *Deutsches Rotes Kreuz (DRK)*

6 Anders z.B. der zum 11.7.2022 aufgehobene § 219a StGB. Vgl. zur Kritik Wersig, M., Strafbare Informationen über den Schwangerschaftsabbruch, S. 139–142 in: Müller-Heidelberg, T. u.a. (Hg.) 2018, Grundrechte-Report, mit Bezug auf BVerfG, Beschluss vom 24.5.2006, Az. 1050/02.

7 Goldner, C., Esoterik, Spiritualität und Heilslehren statt Beratung?, S. 1781 in: Nestmann u.a. 2013, Das Handbuch der Beratung, Band 3.

8 Vgl. zum Betrug Kapitel 9.

9 DBSH 2009, Berufsbild für Sozialarbeiter/innen und Sozialpädagogen/innen. Die Agentur für Arbeit bietet unter dem Stichwort Sozialberatung 15 Berufsbezeichnungen von „Erziehungsberater/in" bis „Suchtberater/in". Nach dem Studium Coaching, Beratung, Supervision sind im Berufsfeld Sozialberatung/Sozialarbeit 44 Berufsbezeichnungen verzeichnet u.a. „Rechtsanwalt/Rechtsanwältin" und „Streetworker/in", im Berufsfeld Bildung und Berufsberatung 23 von „Berufsberater/in" über „Lehrer/in" bis „Wirtschaftspädagoge/pädagogin". Agentur für Arbeit (Hg.) o.D., berufenet.arbeitsagentur.de (24.5.2021).

- *Diakonie Deutschland im Evangelischen Werk für Diakonie und Entwicklung (Diakonie)*
- *Zentralwohlfahrtsstelle der Juden in Deutschland (ZWST)*

## *Praxishinweis*

*Liste: Verbände (in der Regel eingetragene Vereine) für soziale Beratung, Coaching oder Mediation (Auswahl):*

- *AGSBV – Arbeitsgemeinschaft Schuldnerberatung der Verbände*
- *An-Nusrat – Islamischer Wohlfahrtsverband in Deutschland*
- *BAFM – Bundesarbeitsgemeinschaft für Familien-Mediation*
- *BAG – Katholische Bundesarbeitsgemeinschaft für Beratung*
- *BAG SB – Bundesarbeitsgemeinschaft Schuldnerberatung*
- *BdB – Berufsverband der Berufsbetreuer/innen*
- *BDVT – Berufsverband für Trainer, Berater und Coaches*
- *BDP – Bund Deutscher Psychologinnen und Psychologen, Coaching in der Sektion Wirtschafts- und Organisationspsychologie*
- *BMEV – Bundesverband Mediation e.V.*
- *Der Paritätische Landesverbände z.B. NRW*
- *DBSH – Deutscher Berufsverband für Soziale Arbeit*
- *DBVC – Deutscher Bundesverband Coaching*
- *DFC – Deutscher Fachverband Coaching*
- *DGfB – Deutsche Gesellschaft für Beratung*
- *DGfC – Deutsche Gesellschaft für Coaching*
- *DGSF – Deutsche Gesellschaft für Systemische Therapie, Beratung und Familientherapie*
- *DFfM – Deutsches Forum für Mediation*
- *DGM – Deutsche Gesellschaft für Mediation*
- *DGOB – Deutschsprachige Gesellschaft für psychosoziale Online-Beratung*
- *DvB – Dachverband Beratung*
- *DVCT – Deutscher Verband für Coaching und Training*
- *DV – Deutscher Verein für öffentliche und private Fürsorge (Deutscher Verein)*
- *DAKJEF – Deutscher Arbeitskreis für Jugend-, Ehe-, Familienberatung*
- *EMCC – European Mentoring and Coaching Council, Sektion Deutschland*
- *International Coach Federation*
- *LAG SIB – Landesarbeitsgemeinschaft Schuldner- und Insolvenzberatung Berlin*

- *LAK – Landesarbeitskreis für Ehe-, Familien-, Lebensberatung in NRW*
- *VdK – Sozialverband VdK Deutschland*
- *VZBV – Verbraucherzentrale Bundesverband*

Viele Verbände erarbeiten Richtlinien und Standards, andere dienen vor allem dem fachlichen Austausch unter den Mitgliedern und dem Einbringen von Fachlichkeit in der Politik. Einige Verbände sind ausschließlich gewinnorientiert, manche bieten Datenbanken an, Zertifizierungen, Ausbildungen oder Seminare. Bei manchen ist es eine Mischung und nicht alle Verbände sind seriös. Informationen über Satzung, Verbandszweck, Geschäftsführende und Vorstände und typische Tätigkeiten sollten daher vor einer Mitgliedschaft beurteilt werden.[10]

***Fortsetzung Beispiel***

*Bettinas Beratung ist Schuldner- und Insolvenzberatung, also keine Therapie, obwohl sie auch gesundheitliche Aspekte einbezieht. Da sie keine Rechtsanwältin ist, kann es sich auch nicht um anwaltliche Beratung handeln. Für Schuldner- und Insolvenzberatung gibt es keine Berufsordnung, die z.B. Ausbildungsanforderungen vorgibt, auch kein Gesetz, das Schuldnerberatung an bestimmte Voraussetzungen knüpft. Es handelt sich insoweit um eine nicht geschützte Berufsbezeichnung, die von jeder und jedem benutzt werden darf. Allerdings gibt es fachliche Empfehlungen von Verbänden: BAG SB, AGSBV und Landesverbände, z.B. die LAG SIB in Berlin und Bayern.[11] Bettina sollte darauf achten, sich bei diesen sozialen Verbänden zu orientieren und nicht bei Verbänden zur gewerblichen Schuldenregulierung, die Beratung für Überschuldete gewinnorientiert anbieten.*

# 4.2 Personalvorgabe Fachkraft

In vielen Bereichen verlangen steuernde Gesetze, dass Fachkräfte die Beratung übernehmen, sei es für Erziehung, Heilpädagogik, Pflege oder Soziale Arbeit. Dazu gehören auch landesrechtliche Regelungen, z.B. in Ausführungsgesetzen oder Finanzierungsregelungen. Zum Beispiel sieht § 72 SGB VIII für die Träger öffentlicher Jugendhilfe ein **Fachkräftegebot** vor. Da die freie Jugendhilfe über das Leistungserbringungsrecht zu gleichwertigen Leistungen verpflichtet ist, gilt für sie das Fachkräftegebot ebenfalls nach § 74 Abs. 1 Nr. 1 SGB VIII über Konkretisierungen der fachlichen Voraussetzungen für geplante Maßnah-

10 Arbeitskreis Neue Armut (Hg.) 2015, Geschäfte mit der Armut – Unseriöse Kreditvermittlung und Schuldenregulierung. Stiftung Warentest (Hg.) 2014, Nicht nur die Chemie muss stimmen, S. 7 f.

11 Gastiger, S./Stark, M. (Hg.) 2012, Schuldnerberatung – eine ganzheitliche Aufgabe für methodische Sozialarbeit. Ausführlich zur historischen und politischen Entwicklung: Ebli, H. 2003, Pädagogisierung, Entpolitisierung und Verwaltung eines gesellschaftlichen Problems?

men und über Nebenbestimmungen bei der Förderung.[12] Ferner gilt es über die Umsetzung des § 78c Abs. 1 Satz 1 Nr. 4 SGB VIII in der Finanzierung über Leistungs-, Entgelt- und Qualitätsentwicklungsvereinbarungen und bei Kostenübernahmen im Einzelfall nach § 77, § 79 SGB VIII Landesrecht konkretisiert das Fachkräftegebot zusätzlich.[13]

### *Praxishinweis*

*Die Rahmenvereinbarung über Erziehungs- und Familienberatung von 2020 im Land Berlin (RV EFB) sieht in § 3 als personelle Ausstattung der Beratungsstellen ein Team „aus festangestellten Fachkräften mit psychologischer, sozialpädagogischer und pädagogisch-therapeutischer Qualifikation" vor, im Jahr 2021 bestehend aus 4 1/2 Vollzeitstellen mit einer 3/4 Stelle für eine Verwaltungskraft sowie für weitere Aufgaben weitere Fachkräfte.*

Auch § 6 SGB XII sieht für die Sozialhilfe vor, dass in der Regel Fachkräfte die Beratung erbringen.[14] Das Fachkräftegebot ist für die Jugendhilfe etwas anders formuliert als für die Sozialhilfe. In der Jugendhilfe sind mit engem Ermessen („sollen") nur streng am Gesetzeszweck ausgerichtete Ausnahmen möglich von der Regel, dass neben der geeigneten Persönlichkeit Fachkräfte die erforderliche Ausbildung oder Erfahrung vorweisen müssen und Leitungsfunktionen nur Fachkräften übertragen werden sollen. In der Sozialhilfe werden nur geeignete Persönlichkeiten beschäftigt, aber diese müssen nur „in der Regel" die passende Ausbildung oder Erfahrung vorweisen.

Zweck des Gesetzes ist es, Personal mit der notwendigen Fachlichkeit für die jeweiligen Aufgaben vorzusehen. Damit kommt es auf die Aufgaben des Personals an. Zum Beispiel ist in den Hilfen zur Erziehung aufgrund des Kinderschutzes die Fachlichkeit besonders hervorzuheben. In der Jugendarbeit wird dagegen ein vielfältiges Angebot über vielfältige Teammitglieder gesichert.[15] Auch sprachliche Anforderungen können entscheidend sein. Starke Zweifel an der persönlichen Eignung liegen z.B. bei Machtmissbrauch vor, insbesondere in Berufen, die mit Macht verbunden sind.[16] Andererseits muss die Berufsfreiheit geachtet werden. Menschen dürfen nicht von Ausbildungen ausgeschlossen werden, wenn sie die für die jeweiligen Aufgaben notwendige Fachlichkeit gewährleisten.

Auch aufgrund des **Fachkräftemangels** sind neue Wege in die Fachlichkeit inzwischen angegangen worden. So sind auch Quereinstiege für Beratende mit ausländischen Berufsabschlüssen möglich, z.B. über die staatliche Anerkennung als Sozialarbeitende nach den

12 Auch Fachkräfteprivileg genannt, Trenczek, T. u.a. 2011, Grundzüge des Rechts, S. 119. Sowie ordnungsrechtlich nach § 75 SGB VIII für die Anerkennung von freien Trägern der Jugendhilfe und nach § 45 SGB VIII für die Erlaubnis von Einrichtungen. Allgemein zur Beratung in der Kinder- und Jugendhilfe, siehe Kapitel 10.1.5.

13 Z.B im AG-KJHG Berlin für Erziehungs- und Familienberatungsstellen in § 22, § 49 Abs. 1 Satz 4.

14 § 124 Abs. 2 SGB IX verlangt von Leistungserbringern der Eingliederungshilfe, eine dem Leistungsangebot entsprechende Anzahl an Fach- und anderem Betreuungspersonal zu beschäftigen. Hervorgehoben wird die Fähigkeit zur Kommunikation mit den Leistungsberechtigten zusätzlich zur Eignung der Persönlichkeit.

15 AGJ 2014, Fachkräftegebot und Fachkräftegewinnung vor dem Hintergrund der Aufgaben- und Angebotsvielfalt in der Kinder- und Jugendhilfe.

16 Gesetzesbegründung zum BTHG, Bundestags-Drucks. 18/9522 S. 295–328.

verschiedenen Länderregelungen, siehe unten.[17] Fraglich ist, welchen fachlichen Spielraum die Träger haben, in dem Sie prüfen können, ob für eine bestimmte Tätigkeit eine Qualifikation gegeben ist. In der Praxis der Länder sind die Unterschiede unübersichtlich. Vielfach wird die staatliche Anerkennung in Stellenanzeigen verlangt, obwohl der Träger ggf. einen Spielraum hätte, im Einzelfall zu prüfen. In der Praxis ist die staatliche Anerkennung daher oft entscheidender als das Fachkräftegebot.[18] Will die zuständige Behörde eine Erlaubnis z.B. nach § 45 SGB VIII von einer bestimmten Ausbildung o.Ä. abhängig machen, muss sie sich auf gesetzliche Bestimmungen berufen können. Es liegt eine Berufsregelung vor. Die Berufsfreiheit darf nach Artikel 12 Abs. 1 Satz 2 GG nur durch oder aufgrund eines Gesetzes eingeschränkt werden.[19] Landesgesetze zu den Sozialdiensten der Justiz verlangen für Fachkräfte teilweise staatliche Anerkennungen, was auch angesichts der beruflichen Schweigepflichten datenschutzrechtlich verlangt wird.[20]

### *Beispiel*

*Diplom-Pädagogin Martina hat eine staatliche Anerkennung als Sozialarbeiterin/Sozialpädagogin beantragt, aber nicht erhalten. Auch ihre Klage vor dem Verwaltungsgericht wurde abgelehnt. Nun hat ein anerkannter freier Träger der Jugendhilfe ihre Bewerbung als Beraterin für ein Projekt für selbstorganisiertes Jugend-Wohnen abgelehnt, weil sie keine staatliche Anerkennung als Sozialpädagogin habe. Der zuständige Leistungsträger verlange aber staatlich anerkannte Sozialpädagogen für das Projekt. Martina wendet ein, dass sie in ihrem integrierten Praktikum im Pädagogikstudium in einem vergleichbaren Wohnprojekt gearbeitet und u.a. beraten habe. Das Praktikum wurde mit einer Supervision begleitet. Ferner habe Sie durch Fortbildungen ihre sozial- und jugendrechtlichen Kenntnisse und ihre kommunikativen Fähigkeiten umfänglich erweitert und mache aktuell eine Fortbildung zum Kinderschutz im Rahmen ihrer Arbeit in einem Jugendzentrum. Die rechtlichen Personalvorgaben würden nicht auf die Anerkennung als Sozialpädagogin abstellen, sondern auf die Fachlichkeit für die jeweilige Aufgabe. Der freie Träger prüft daraufhin noch mal die Vorgaben und Martinas Bewerbung und lädt sie zum Bewerbungsgespräch ein. Er geht nun davon aus, dass die Fachlichkeit im Einzelfall entscheidend ist und auch ohne staatliche Anerkennung als Sozialpädagogin gegeben sein kann.*

---

17 AGJ 2014, Fachkräftegebot und Fachkräftegewinnung vor dem Hintergrund der Aufgaben- und Angebotsvielfalt in der Kinder- und Jugendhilfe, S. 22. Hier wird in Bezug auf ausländische Berufsabschlüsse thematisiert, inwieweit die persönliche Eignung in besonderer Weise beurteilt werden muss in Bezug auf fachliche Haltung und Einstellungen.

18 Wiesner, R. u.a. 2017, Staatliche Anerkennung in Berufen der Sozialen Arbeit. Daher lohnen sich Einflussnahmen auf die Länderregelungen, die BA und MA Erziehungswissenschaften in die Regelungen aufnehmen, und Unterstützung von Einzelfallklärungen.

19 Eine Verwaltungsvorschrift reicht hierfür nicht aus. OVG Berlin-Bbg vom 25.8.2021, Az. 6 S 18/21, S. 7.

20 Z.B. § 1 Abs. 2 Landesgesetz über den Sozialdienst RLP.

## 4.3 Staatliche Anerkennungen

Damit stellt sich die Frage, wer für einen Sozialberuf nach den **Sozialberufeanerkennungsgesetzen** der Länder anerkannt wird.[21]

***Praxishinweis***

*Auf den Länderwebseiten zur Veröffentlichung des Landesrechtes finden Sie diese, z.B. für Berlin das Sozialberufeanerkennungsgesetz (SozBerAnerkG oder SozBAG auf https://gesetze.berlin.de).*[22]

*Danach erhält eine **staatliche Anerkennung** zum Führen der Berufsbezeichnung „staatlich anerkannter Sozialarbeiter/Sozialpädagoge (B.A.)", wer*

1. *ein Diplom oder einen Bachelor in Soziale Arbeit erfolgreich abgeschlossen hat,*
2. *über die erforderlichen Deutschkenntnisse verfügt und*
3. *bei dem keine Versagungsgründe vorliegen.*

Zu 1. Das SozBerAnerkG Berlin hat keine planwidrige Regelungslücke, die es aus Gründen der Gleichbehandlung gebieten würde, andere Studienabschlüsse gleichzustellen, und stellt keine Berufszugangsbeschränkung dar, die gegen Art. 12 GG verstößt. Nicht genügte dem VG Berlin im Jahr 2019 z.B. ein Abschluss als Diplom-Pädagogin mit der Studienrichtung Sozialpädagogik.[23] § 6 SozBerAnerkG Bln betont das Erfordernis integrierter Praktika im Studium[24] und sieht nicht vor, dass ein fehlendes Studium der Sozialarbeit oder Sozialpädagogik durch einen Nachweis praktischer Erfahrung ersetzt werden kann. Die Anerkennung von DDR-Berufsabschlüssen ist nach § 3 SozBerAnerkG Bln möglich. Ausländische Studienabschlüsse können ggf. anerkannt werden, § 4 SozBerAnerkG Bln und Berufsqualifikationsfeststellungsgesetz Berlin, wenn zusätzlich die in dem Sozialberuf erforderlichen Kenntnisse im deutschen Recht nachgewiesen werden.

---

21 Staatliche Anerkennungen sind vorgesehen für Erzieher*innen, Heilerziehungspfleger*innen, Heilpädagog*innen, Kindheitspädagog*innen und Sozialarbeiter*innen.

22 In alphabetischer Reihenfolge der Bundesländer außer Berlin: § 36 Abs. 6 Landeshochschulgesetz Ba-Wü, Bayerisches Sozial- und Kindheitspädagogengesetz, Sozialberufsgesetz Bbg, Anerkennungsordnung Bremen, Anerkennungsgesetz Soziale Arbeit Hamburg, Sozialberufeanerkennungesetz Hessen, Sozialberufe-Anerkennungsgesetz M-V., SozHeilKindVO Niedersachsen, SoAnG NRW, SoAnG Rheinland-Pfalz, SoAnO Saarland, SozAnerkG Sachsen, Sozialberufeanerkennungsgesetz Sachsen-Anhalt, LVO Prüfungsausschuss FH Kiel i.V.m. Ministeriumserlass Schleswig-Holstein, Thüringer Sozialberufe-Anerkennungsgesetz.

23 VG Berlin vom 15.1.2019, Az. 3 K 213.17 und vom 10.3.2020, Az. 3 K 508.19 zu einer Diplom-Lehrerin. Eine andere Ansicht verlangt mit Blick auf die Berufsfreiheit nach Art. 12 GG, die inhaltlichen Schwerpunkte der einzelnen Studiengänge vor dem Hintergrund der fachlichen Anforderungen in der beruflichen Tätigkeit zu prüfen, dabei aber Praxisanteile als zwingend anzusehen: Wiesner, R. u.a. 2017, Staatliche Anerkennung in Berufen der Sozialen Arbeit, Gutachterliche Stellungnahme für die Kommission Sozialpädagogik der Deutschen Gesellschaft für Erziehungswissenschaft (DGfE).

24 Die Berufspraktika sind unterschiedlich geregelt. Berlin sieht zwei integrierte Praxissemester vor, von denen eines in der Verwaltung bzw. mit sozialadministrativen Handlungsabläufen zu absolvieren ist. Siehe für die meisten Bundesländer die Tabelle bei Fischer, M. u.a. 2019, Grundkurs Berufsrecht für die Soziale Arbeit, S. 126. Administrative Anteile verlangen auch Bremen, Rheinland-Pfalz und Schleswig-Holstein. Rechtskenntnisse mit administrativer Vertiefung verlangen Bayern, Hamburg, Hessen, Mecklenburg-Vorpommern und NRW. Ein postgraduales Praktikumsjahr sehen Bremen und Schleswig-Holstein vor.

Zu 3. Versagungsgründe sind nach § 5 SozBerAnerkG Bln „schwere Verfehlungen, aus denen sich die Unzuverlässigkeit zur Ausübung des Berufs ergibt" oder physische oder psychische Gründe, aus denen man „für die Ausübung des Berufs dauerhaft ungeeignet ist". Eine schwere Verfehlung ist z.B. eine Verurteilung wegen sexuellen Missbrauchs von Jugendlichen nach § 182 StGB, auf den z.B. § 72 a Abs. 1 SGB VIII, § 124 Abs. 2 SGB IX Bezug nehmen. Diese Normen verbieten es Trägern der öffentlichen Jugendhilfe und der Eingliederungshilfe, Personen mit einer solchen Verurteilung zu beschäftigen. Kraft Gesetzes tritt als Nebenfolge der Verurteilung zudem nach § 25 Abs. 1 Nr. 3 JArbSchG ein Beschäftigungs- und Ausbildungsverbot ein.[25]

## Beispielfortsetzung

*Schuldnerberatung ist sinnvollerweise und auch bei Bettina mit Insolvenzberatung verknüpft. Insolvenzberatung kann von als geeignet anerkannten Stellen im Sinne von § 305 InsO erbracht werden, wenn Sie die landesrechtlichen Voraussetzungen erfüllen, die in Berlin im Gesetz zur Ausführung der Insolvenzordnung, AG InsO Bln, geregelt sind. Zu dem Gesetz gibt es ferner eine Verwaltungsvorschrift, die Ausführungsvorschrift-AG InsO Bln.*

*Bettina ist keine geeignete Person nach § 1 AG InsO Bln, da sie dazu z.B. Rechtsanwältin sein müsste. Für geeignete Stellen ist im AG InsO Bln geregelt, dass neben den Anforderungen an die Leitung, die Bettina nicht übernommen hat, in der Regel eine Person mindestens 3 Jahre als Schuldnerberater*in gearbeitet haben muss und eine Person eine Ausbildung als Diplom-Sozialarbeiter*in oder anderes[26] haben muss. Bettina hat einen Bachelor in Soziale Arbeit und dieser ist ausreichend, da sie auch die drei Jahre Berufserfahrung mitbringt, damit ihre Beratungsstelle als geeignete Insolvenzberatungsstelle von der Anerkennungsbehörde, der zuständigen Senatsverwaltung in Berlin, anerkannt wird. Würde Bettina keine Insolvenzberatung machen, sondern nur Schuldnerberatung, so wäre diese nicht an das AG InsO gebunden. Es stellt sich aber dann die Frage, ob eine Schuldnerberatung ohne Insolvenzberatung sinnvoll ist. Dazu gibt es verbandliche Dokumente. Zudem stellt sich die Frage, ob Schuldnerberatung nicht regelmäßig mit einer Rechtsberatung einhergeht und daher nach dem Rechtsdienstleistungsgesetz, RDG, erlaubt sein muss (siehe unten).*

25 VG Berlin vom 12.1.2012, Az. 3 K 243.10.

26 § 4 (1) S. 1 Nr. 3, S. 2 und 3 AG InsO: als Bankkaufmann oder Bankkauffrau, als Betriebswirt*in, als Ökonom*in, als Ökotropholog*in oder eine Ausbildung im gehobenen Verwaltungs- oder Justizdienst oder eine zur Ausübung des Anwalts- oder Steuerberaterberufs befähigende Ausbildung oder eine vergleichbare Ausbildung. Sofern in der Stelle keine Person mit einer Ausbildung tätig ist, die zur Ausübung des Anwaltsberufs befähigt, muss die nach Satz 1 Nr. 4 erforderliche Rechtsberatung auf andere Weise sichergestellt sein, etwa durch den oder die Justiziar*in des Trägers oder eine*n niedergelassene*n Rechtsanwält*in.

## 4.4 Führungszeugnisse

Gesetze machen Vorgaben zur Prüfung von Verurteilungen zu Straftaten bei Angestellten. Für Arbeitsverhältnisse in Krankenhäusern und Asylunterkünften werden erweiterte Führungszeugnisse immer üblicher. Teilweise werden aber auch nur amtliche Führungszeugnisse verlangt. Zudem ist hier oft nur ein Führungszeugnis beim Beginn der Arbeit üblich.[27]

§ 75 Abs. 2 SGB XII und § 124 SGB IX sehen vor, dass Leistungserbringer in der Sozialhilfe und der Teilhabe von Menschen mit Behinderungen nur geeignet sind, wenn sie keine Personen für den Kontakt mit Leistungsberechtigten einsetzen, die zu einer Sexualstraftat verurteilt wurden. Daher müssen erweiterte **Führungszeugnisse** von Bewerbenden und Angestellten eingeholt werden.[28] Im erweiterten Führungszeugnis stehen in Bezug auf die aufgezählten Sexualstraftaten auch Taten, die mit unter 90 Tagessätzen Geldstrafe geahndet wurden, oder Jugendstrafen.

§ 72a Abs. 2 SGB VIII gilt für die Kinder- und Jugendhilfe einschließlich der kirchlichen Träger.[29] Das gilt für die öffentliche Jugendhilfe, freie Träger in der Jugendhilfe und alle, die öffentliche Förderungen für ihre Jugendangebote erhalten. In den § 72a SGB VIII wird zum 1.1.2022 das Wort „hauptamtlich" vor Beschäftigte eingefügt. Bereits bisher wurde von der Rechtsprechung die Regelung so verstanden. Für **neben- oder ehrenamtliche** Personen ist zu entscheiden, welche Tätigkeiten vergleichbaren Kontakt mit Kindern und Jugendlichen bedeuten[30] und daher nur mit Einsicht in das Führungszeugnis wahrgenommen werden dürfen. Auch Jugendliche, die in der Jugendhilfe arbeiten, gehören zu diesem Personenkreis und müssen ein Führungszeugnis vorlegen. In welchen Abständen Führungszeugnisse von Mitarbeitenden einzuholen sind, regelt § 72a SGB VIII nicht. Zum Beispiel wurden 5 Jahre vorgeschlagen. Es kann zum Beginn eines Arbeitsverhältnisses ein kürzerer Abstand sinnvoll sein, auch abhängig von der Gefahrgeneigtheit der Arbeit.[31] Es kann eine Pflicht zur Mitteilung von entsprechenden Ermittlungsverfahren in den Arbeits-

27 Wissenschaftlicher Dienst des Bundestages 2016, Vorlage erweiterter Führungszeugnisse zum Zweck des Kinder- und Jugendschutzes. Allgemein zur Beratung von Kindern und Jugendlichen siehe Kapitel 8.8, 10.1.5.

28 Folgende §§ sind benannt: § 171 Verletzung der Fürsorge- und Erziehungspflicht, §§ 174 bis 174c Sexueller Missbrauch u.a. unter Ausnutzung eines Beratungsverhältnisses, §§ 176 bis 180a Sexueller Missbrauch oder Übergriff und Förderung Sexueller Handlungen Minderjähriger und Ausbeutung von Prostituierten, § 181a Zuhälterei, §§ 182–184g u.a. Verbreitung pornographischer Inhalte, §§ 184i bis 184l u.a. Sexuelle Belästigung, § 201a Abs. 3, § 225 Misshandlung Schutzbefohlener, §§ 232 bis 233a, 234, 235 Entziehung Minderjähriger oder § 236 StGB. Vgl. insb. § 174c StGB im Kapitel 9. Das erweiterte Führungszeugnis ist in § 30 Abs. 1 und § 32 Abs. 5 BZRG geregelt. § 30 Abs. 5 regelt zudem das Führungszeugnis für Behörden.

29 Kirchenrecht verlangt entsprechende Führungszeugnisvorlagen. Die EKD bietet eine Arbeitshilfe mit Beispielen für einen Verhaltenskodex, ethische Grundsätze und Verpflichtungserklärungen zur Mitteilung von Ermittlungsverfahren, www.ekd.de/24549.htm (29.9.2022).

30 Zu den Kriterien für vergleichbare Tätigkeiten zählt u.a. das Gefährdungspotenzial, wenn Kinder oder Jugendliche beaufsichtigt, betreut, erzogen oder ausgebildet werden und dafür eine öffentliche Förderung in Anspruch genommen wird. Vgl. Landesjugendhilfeausschusses Thüringen 2013, Fachliche Empfehlungen zur Umsetzung des § 72a SGB VIII, S. 16. https://ljrt.de/downloads/LJHA/FachlicheEmpfehlungen/Kinderschutz/86-13-%20Fachliche-Empfehlungen-72a-SGB-VIII.pdf (29.9.2022).

31 DIJuF 2005, Rechtsgutachten zu § 72 a SGB VIII. Zusätzlich kann auf die Mitteilungen in Strafsachen, die an das Jugendamt gehen sollten, zurückgegriffen werden. Anfallende Kosten übernehmen die Bewerbenden, bei bereits Angestellten Arbeitgebende. Ehrenamtliche können ggf. eine Kostenbefreiung beantragen.

vertrag aufgenommen werden und eine Verpflichtungserklärung zum Unterlassen entwürdigender Behandlungen unterschrieben werden.[32]

Ferner dürfen nur die notwendigen **Daten** erhoben und gespeichert werden.[33] Daten müssen ggf., soweit nicht mehr notwendig, wieder gelöscht werden, siehe dazu Kapitel 8 Daten- und Vertrauensschutz. Problematisch bleibt, dass Führungszeugnisse auch Daten zu nicht relevanten Taten enthalten können. Diese Daten dürfen nicht erhoben und nicht für Rechtsfolgen genutzt werden. Eine Versetzung in einen kontaktarmen Bereich oder eine personenbedingte ordentliche Kündigung des Arbeitsvertrages kann auf Einträge zu den einschlägigen aufgezählten Taten gestützt werden.[34]

***Beispiel Fortsetzung***

*Bettina arbeitet nicht in der Kinder- und Jugendhilfe und nicht in einer Einrichtung für Menschen mit Behinderungen. Sie muss also kein erweitertes Führungszeugnis vorlegen. Ggf. ist es trotzdem sinnvoll, dass Schuldnerberatungsstellen Führungszeugnisse zum Beginn der Tätigkeit verlangen. Schuldner*innen stehen teils sehr unter Druck und können daher ausgebeutet werden. Beratende haben hier eine Machtposition, die ausgenutzt werden könnte für Straftaten. Ferner gibt es Projekte in der Jugendschuldnerberatung, bei denen die Beratenden mit der Kinder- und Jugendhilfe oder mit Schulen zusammenarbeiten.*

# 4.5 Rechtsformen und Freie Berufe

Viele soziale Beratungen finden in sozialen Unternehmen statt. Existenzgründungsliteratur bietet hierzu einen Überblick.[35] Soziale Beratung gehört häufig zu den Freien Berufen, sodass kein Gewerbe angemeldet werden muss. Bei einem Angebotsmix prüft das Finanzamt die Zuordnung zu den freien Berufen. Rechtsformen wie eingetragene Vereine oder GmbHs können als gemeinnützig anerkannt werden und dann von günstigen Besteuerungsregeln profitieren.[36]

Der Rentenversicherungspflicht unterliegen freiberuflich selbstständige Lehrkräfte, Erzieher*innen, in der Regel auch Sozial Arbeitende, Hebammen und selbstständig tätige Pflegende. Lehr- und Beratungstätigkeiten werden nach ihrem sachlichen Schwerpunkt getrennt. Lehrkräfte vermitteln nach dem Verständnis des BSG „eher generelles Wissen, das

32 Hilfreich sind die Muster hierzu auch u.a. zum Antrag, Belehrungen und Verpflichtungserklärungen: Paritätischer Gesamtverband (Hg.), Arbeitshilfe das erweiterte Führungszeugnis. Vgl. Compliance in Kapitel 12.

33 Z.B. konkretisiert das § 72a (5) SGB VIII ... dürfen von den nach den Absätzen 3 und 4 eingesehenen Daten nur folgende Daten erheben und speichern: 1. den Umstand der Einsichtnahme, 2. das Datum des Führungszeugnisses und 3. die Information, ob die das Führungszeugnis betreffende Person wegen einer in Absatz 1 Satz 1 genannten Straftat rechtskräftig verurteilt worden ist.

34 Bei Neuanstellungen kann eine Klausel vorsehen, dass der Arbeitsvertrag erst beginnt, wenn das Führungszeugnis vorliegt und unproblematisch ist.

35 Z.B. speziell für Berufsbetreuer*innen: Thar, J. u.a., 2. Aufl. 2020, Das Betreuerbüro, Erfolgreiche Unternehmensgründung und -führung, Köln (3. Aufl. 2022).

36 BMWi (Hg.) 2018, Soziales Unternehmertum, S. 34 und 2020, Gründerzeiten 22 – Existenzgründungen im Sozialen Bereich, S. 4.

Lernende aufnehmen", während Beratende „regelmäßig auf individuelle Probleme" des oder der „jeweils Ratsuchenden konkret helfend" eingehen.[37] Dabei gilt es auch, die Regelung zur **Scheinselbstständigkeit** zu beachten. Wer weisungsabhängig arbeitet, kann arbeitnehmerähnlich selbstständig sein, sodass die Sozialversicherungsbeiträge von Arbeitgeber*innen und Arbeitnehmer*innen nachzuzahlen sind.[38]

### *Wer beraten darf – auf einen Blick*

1. Beratung und Coaching ist nicht einheitlich gesetzlich geregelt, anders als Psychotherapie oder der Rechtsanwaltsberuf.
2. Fachkräftevorgaben sind in vielen Bereichen zu beachten. Beispielsweise in Kinder-, Jugend- und Eingliederungshilfe.
3. Staatliche Anerkennungen sozialer Berufe sind landesrechtlich geregelt und setzen Berufsausbildungen und Deutschkenntnisse voraus. Schwerwiegende Verfehlungen wie Missbrauchsstraftaten führen zur Rücknahme der Anerkennung.
4. Erweiterte Führungszeugnisse sind bei Einrichtungen der Kinder- und Jugendhilfe und für Menschen mit Behinderungen gesetzlich in Abständen (z.B. alle 5 Jahre) erforderlich.

37 § 2 S. 1 Nrn. 1 bis 3 SGB VI; BSG v. 23.4.2015, Urteil zu Einzelberatungen für Patienten, Az. B 5 RE 23/14R. LSG Sachsen-Anhalt, Urt. v. 19.8.2010, Az. L 1 R 175/07.

38 § 7 SGB VI. BSG zu Heilpädagoge in der Jugendhilfe mit hohen Honorarsätzen, die eine Eigenvorsorge ermöglichen: Urteil vom 31.3.2017, Az. B 12 R 7/15 R. Ebenfalls eine Selbstständigkeit angenommen wird, wenn mindestens mit einem zweiten Auftraggeber im Beratungsgebiet mehr als 1/6 des Umsatzes gemacht werden oder ein sozialversicherungspflichtiger Arbeitnehmer beschäftigt wird. Vgl. Rolfs, C. u.a. (Hg.) 2020, Beck'scher Online-Kommentar Sozialrecht.

# 5. Wer zu Recht beraten darf

**Übersicht** Seite



***Nach einer Einleitung, die auch erläutert, welche Folgen es haben kann, wenn man unerlaubt zu Rechtsfragen berät, beantwortet dieses Kapitel folgende Fragen:***

- Wann ist eine Beratung eine erlaubte Rechtsdienstleistung?
- Fällt digitale Rechtsberatung unter das Rechtsdienstleistungsgesetz (RDG)?
- Wie entspricht eine juristische Anleitung den Anforderungen?

Will man ganzheitlich beraten und alle Faktoren bei Beratungen berücksichtigen, so ist es oft sinnvoll, auch Rechtsfragen einzubeziehen. Damit stellt sich die Frage, ob nur explizit juristische Professionelle zu Recht beraten dürfen. Unter dem **nationalsozialistischen** Regime wurde als jüdisch oder kommunistisch angesehenen Rechtsanwält*innen und Frauen der Marktzugang entzogen. Seit 1935 setzt Rechtsberatung in Deutschland eine Erlaubnis voraus.[1] Das bis 2008 geltende **Rechtsberatungsgesetz** sicherte auch nach 1945 in der BRD das Beratungsmonopol von Rechtsanwält*innen und schien der sozialen Arbeit und anderen Berufen Rechtsberatung zu verbieten. Einerseits sah aber das Rechtsberatungsgesetz (RBerG) eine Erlaubnis für Behörden und Körperschaften des öffentlichen Rechts vor, zu ihrer Aufgabenerfüllung auch rechtlich zu beraten. Andererseits vertrat die schon damals herrschende Meinung bereits, dass im selben Umfang wie die Behörden der Sozialträger auch Wohlfahrtsverbände über Ansprüche nach dem Bundessozialhilfegesetz (BSHG) beraten dürfen.[2] Das RBerG war aber zumindest „ein Einschüchterungsgesetz" für alle ohne 2. juristisches Staatsexamen.[3]

1 1933 Gesetz über die Zulassung zur Rechtsanwaltschaft, 1934 Gesetz zur Änderung der Rechtsanwaltsordnung, 1935 Rechtsberatungsmißbrauchsgesetz (1958 umbenannt in Rechtsberatungsgesetz) und AVO dazu, deren § 5 in der BRD abgeschafft wurde. Kramer, H. 2000, Die Entstehung des Rechtsberatungsgesetzes im NS-System und sein Fortwirken, S. 600 mit weiteren Nachweisen.

2 § 8 RDG, früher § 3 RBerG; Deutscher Verein für öffentliche und private Fürsorge 1988, Schuldnerberatung in der sozialen Arbeit, S. 367, S. 371. Das galt auch für die Kinder- und Jugendhilfe.

3 Barabas, F. K. 2003, Beratungsrecht, S. 97.

Mit der Ablösung des RBerG durch das **Rechtsdienstleistungsgesetz** (RDG) zum 1.7.2008 ist weiterhin laut § 3 RDG eine gesetzliche Erlaubnis für legale Rechtsdienstleistungen erforderlich. Für außergerichtliche Beratungen sind seither viele Erlaubnisse im RDG enthalten (siehe unten 5.3), zum Teil sind sie an eine fachliche Anbindung an Personen mit zweitem juristischem Staatsexamen geknüpft. Sind Rechtsdienstleistungen unerlaubt, so sind die zugrunde liegenden Dienstleistungsverträge samt **Zahlungsansprüchen nichtig** und können erfolgte Zahlungen zurückgefordert werden. Falls eine Rechtsdienstleistungserlaubnis vorgetäuscht wurde, kann eine strafrechtliche Verurteilung wegen **Betrug**es die Folge sein.

Die zuständigen Behörden können bei erheblichen Verstößen nach § 9 RDG für 5 Jahre Rechtsdienstleistungen bußgeldbewehrt **untersagen**[4] oder nach der Gewerbeordnung. Es sind Abmahnverfahren nach dem UWG (Gesetz gegen unlauteren Wettbewerb) und von Verbraucherzentralen möglich.[5] Die Untersagungen können auch ganze Beratungsstellen oder Vereine treffen. Ggf. könnten auch staatliche Anerkennungen des Berufes widerrufen werden. Abgesehen davon kann falsche oder unvollständige Rechtsberatung zu Schadensersatzansprüchen führen, siehe hierzu das Kapitel 11 zur Haftung.

### *Beispiel*

*Bettina berät als eine von drei Sozialarbeiterinnen in einer Schuldnerberatungsstelle in Berlin zu vielen rechtlichen Fragen in Bezug auf den Einzelfall unter anderem zum BGB und zur Insolvenzordnung. Sie verteilt auch Flyer mit Informationen über die Restschuldbefreiung nach dem Verbraucherinsolvenzverfahren. Die Beratungsstelle hat einen Antrag auf Anerkennung als geeignete Stelle nach § 305 InsO gestellt. Bettina fragt sich, ob ihr jetzt schon diese Beratung nach dem Rechtsdienstleistungsgesetz erlaubt ist. Für Bettinas Beratung zahlen die Beratenen nichts. Sie erhält ihren Lohn aus Zuwendungen der Kommune an den freien Träger der Beratungsstelle, einen eingetragenen Verein.*

### *Prüfungsschema*

***Nach der folgenden Prüfungsreihenfolge ist auch dieses Kapitel aufgebaut:***

***5.1 Handelt es sich um Rechtsdienstleistung oder wird z.B. nur allgemein informiert, § 2?***

***5.1.1 Geht es um konkrete fremde Angelegenheiten, § 2?***

***5.1.2 Findet eine Rechtsprüfung statt, die auch erforderlich ist, § 2?***

***5.2 Handelt es sich um Rechtsdienstleistungen an Gerichten?***

***5.3 Liegt eine Erlaubnis für eine außergerichtliche Rechtsdienstleistung vor, § 3?***

4 BGH 2009, Az. I ZR166/06.

5 Zur unseriösen Schuldenregulierung mit Musterschreiben: Arbeitskreis Neue Armut (Hg.) 2011, Geschäfte mit der Armut – Unseriöse Kreditvermittlung und Schuldenregulierung, S. 59–112, S. 140–222.

**5.3.1 Für die Einrichtung, z.B. als Behörde in ihrem Aufgabengebiet, § 8?**

**5.3.2 Handelt es sich um eine erlaubte Nebenleistung, § 5**

**5.3.3 Wird unentgeltlich in persönlichen Beziehungen beraten, § 6?**

**5.3.4 Liegt eine Erlaubnis vor, bei der eine juristische Anleitung erforderlich ist, § 6–§ 8?**

**5.4 Nehmen keine anderen Leistungspflichten Einfluss auf die Rechtsdienstleistung, § 4?**

## 5.1 Außergerichtliche Beratung als Rechtsdienstleistung

Zunächst ist zu klären, ob überhaupt eine Rechtsdienstleistung vorliegt. Nach § 2 Abs. 3 RDG gehören dazu nicht **wissenschaftliche Gutachten**, **Mediation**,[6] wenn sie keine rechtlichen Regelungsvorschläge macht (vgl. dazu Kapitel 13 Mediation), und an die Allgemeinheit gerichtete Erörterungen von Rechtsfällen in den **Medien**. Ferner ist die Beratung innerhalb von **Unternehmen** keine Rechtsdienstleistung, z.B. bei **Betriebsräten**, die beraten. Dagegen ist **Inkasso** eine Rechtsdienstleistung.

Beratung, Coaching oder z.B. Beratung im Rahmen eines Betreuten Wohnens oder jede andere Dienstleistung einschließlich digitaler Angebote sind anhand folgender Definition in § 2 RDG zu beurteilen:

***Definition***

*Rechtsdienstleistung ist jede Tätigkeit in konkreten fremden Angelegenheiten, sobald sie eine rechtliche Prüfung des Einzelfalls erfordert.*

### 5.1.1 Konkrete fremde Angelegenheiten

Leicht zu beurteilen ist, ob es sich um **fremde Angelegenheiten** handelt. Gesetzliche Vertreter, Organe oder Angestellte eines Unternehmens handeln nicht in fremden Angelegenheiten. Auch wer kraft Gesetzes andere vertritt, z.B. die Eltern ihr Kind, handelt nicht in fremden Angelegenheiten. Aber erledigt man für sich und andere gemeinsam rechtliche Angelegenheiten, kommt es darauf an, dass der Schwerpunkt bei den eigenen Interessen liegt.[7] Auch können fremde zu eigenen Angelegenheiten werden, z.B. durch eine Forderungsabtretung, wie das im Inkassobereich häufig stattfindet.

6 Erlaubnisfrei sind auch vergleichbare gesprächsleitende Streitbeilegungen.

7 Kleine-Cosack, M. 2014, RDG-Kommentar, § 2 Rn. 9–21. Keine Erlaubnispflicht unter Ehegatten.

Die fremden Angelegenheiten müssen konkret sein, sich auf den **Einzelfall** beziehen. Richtet sich die Dienstleistung an die Allgemeinheit oder einen unbestimmten Personenkreis, ist es keine Rechtsdienstleistung nach § 2 RDG. Dieses Buch zum Beispiel richtet sich an den unbestimmten Kreis der Lesenden und ist damit nicht auf einen Einzelfall bezogen. Auch Aufklärungsmaterial oder Info-Newsletter bedürfen daher keiner Erlaubnis zur Rechtsdienstleistung. Jegliche allgemeinen Erläuterungen zu Verwaltungs- oder Gerichtsverfahren sind nicht auf einen konkreten Einzelfall bezogen und damit keine Rechtsdienstleistung. In einer Familienberatung z.B. Unterhaltsregelungen abstrakt darzustellen, wäre keine Rechtsdienstleistung, sehr wohl aber die Berechnung der Unterhaltsansprüche auf die Familie bezogen.

## 5.1.2 Erforderliche Rechtsprüfung

Schwieriger zu beurteilen ist, ob es sich um eine Tätigkeit handelt, die eine **Rechtsprüfung** beinhaltet und auch erfordert. Dabei kommt es nach der herrschenden Meinung (h.M.)[8] auf die Verkehrsanschauung an, ob ein objektiver Rechtsdienstleistungsbedarf des Auftraggebers besteht. Egal wie die Tätigkeit benannt wird, entscheidend ist, ob sie ein objektiver Dritter als rechtliche Prüfung des Einzelfalls verstehen würde. Davon geht der BGH bei jeder konkreten Unterordnung eines Sachverhalts unter den Tatbestand einer rechtlichen Bestimmung aus, die über eine bloß schematische Anwendung von Rechtsnormen ohne weitere rechtliche Prüfung hinausgeht. Ob es sich um eine einfache oder schwierige Rechtsfrage handelt, sei unerheblich.[9] Deswegen sind Hinweise in einem Vertrag oder auf der Webseite, dass es sich nicht um eine Rechtsberatung handele, nicht entscheidend, sondern, ob eine Rechtsprüfung objektiv erforderlich ist und erwartet wird. So können unseriöse Beratungsanbieter nicht mit einem Satz im Vertrag, es werde nicht rechtlich beraten, eine Erlaubnis zur Rechtsdienstleistung umgehen.[10]

Das Ausfüllen von Anträgen ist in der Regel keine rechtliche Einzelfallprüfung. Zur Unterstützung beim Einlegen eines Widerspruchs gegen einen Bescheid hat der BGH festgestellt, dass hierzu „die rechtlichen Zusammenhänge in den Blick genommen werden, um beurteilen zu können, ob alle relevanten Tatsachen vollständig und zutreffend gewürdigt worden sind", und dies somit einer Erlaubnis zur Rechtsberatung bedarf.[11]

8 Die Gegenmeinung vertritt Kleine-Cosack, M. 2014, Rechtsdienstleistungsgesetz, § 2 Rn. 22–181: rein subjektiver Wille zu berücksichtigen und restriktive Auslegung im Einzelfall, ggf. haften Dienstleistende.

9 BGH, Urt. v. 31.3.2016, Az. I ZR 88/15, Rn. 23, 43. Eine Vorsorgevollmacht und Vertragsentwürfe erfordern eine Rechtsprüfung, OLG Karlsruhe Urt. v. 23.10.2010, Az. 4 U 109/10 und BGHZ 70, S. 12. Ein standardisiertes Vertragsformular überlassen ist keine Rechtsdienstleistung, wenn zur Auswahl des Formulars keine Rechtsprüfung notwendig ist. OLG Karlsruhe NJW-RR 2011, S. 119. Deutscher Bundestag 2007, Zu § 2 RDG, Drs. 16/6634, S. 51.

10 Vgl. die Checkliste der Verbraucherzentrale NRW 2016, Zwölf Kriterien zur Bewertung von Verbraucherinsolvenz- und Schuldnerberatungsangeboten.

11 BSG 2019, B 10 KG 1/18 R. BSG 2013, B 9 SB 5/12 R.

### *Fallbezug*

*Strittig ist, ob ein Ratenplan mit Gläubigeranschreiben ohne Bezug auf ein Insolvenzverfahren und Forderungsprüfungen eine rein wirtschaftliche Beratung wäre oder eine Rechtsprüfung erfordert.*[12] *Eine umfassende Schuldner- und Insolvenzberatung ist dagegen Rechtsdienstleistung, siehe dazu auch die Fortsetzung des Falls weiter unten.*

Das Begleiten zu Ämtern ist keine Rechtsdienstleistung, wenn es zur Sprachmittlung, moralischen Unterstützung, Formulierungshilfe dient oder für reine Sachstandsabfragen bei Behörden, die nicht mit einer rechtlichen Prüfung verbunden sind. Im Verwaltungsverfahren können sich Beteiligte von **Beiständen** begleiten lassen, ohne dass diese wie vor Gericht zugelassen werden müssen. Anders liegt es, wenn Begleitende beim Begleiten zu Rechtsfragen beraten, ohne die erforderliche Erlaubnis zu haben. Dann sind nach § 13 Abs. 5 SGB X Beistände oder auch Bevollmächtigte zurückzuweisen.[13]

### *Exkurs*

#### *Digitale Rechtsberatung*

*Unternehmen und Anwälte versuchen sich mit digitaler Rechtsberatung, auch Legal Tech genannt. Sind das erlaubte Rechtsdienstleistungen? „wenigermiete.de" konnte sich beim Mietrechtssenat des BGH mit ihren Modellen durchsetzen. Es ging um die Frage, ob es Inkassodienstleistungen sind, wenn für Verbraucher*innen Forderungen gegen Vermieter*innen durchgesetzt werden. „Der Inkassodienstleister" erhält nur im Erfolgsfall ein Honorar. Der BGH erläuterte, dass Berufsbilder sich ändern und das RDG hierfür offen sei, daher das Geschäftsmodell als* ***Inkasso*** *nach dem RDG erlaubt sei. Eine Familienberatung als Inkassodienstleistung anzusehen, weil am Ende auch eine Unterhaltsforderung einzuziehen ist, scheint dagegen abwegig.*[14] *Festhalten kann man, dass auch digitale Rechtsdienstleistungen eine Erlaubnis nach dem RDG benötigen.*

*Seit Juni 2021 erlaubt das Gesetz zur Förderung verbrauchergerechter Angebote im Rechtsdienstleistungsmarkt auch Rechtsanwält*innen Erfolgshonorare, soweit sie Inkassodienstleistenden erlaubt sind.*[15] *Legal Tech wird heute bereits für Massenverfahren wie Nebenkostenabrechnungen von Mietverträgen eingesetzt, die sich durch Automatisierung für Kanzleien rechnen, siehe Kapitel 6.3.1. Die Zunahme von digita-*

12 Krenzler, M. (Hg.) 2017, Rechtsdienstleistungsgesetz, § 5 Rn. 102 f. Insolvenzberatung kann ggf. zum Tätigkeitsbild von Betriebswirten und Wirtschaftsjuristen gehören, Kleine-Cosack, M. 2014, Rechtsdienstleistungsgesetz, § 5 Rn. 34.

13 Papenheim, H. u.a. 2018, Verwaltungsrecht für die soziale Praxis, S. 313 f. Bei nicht unerheblicher Unsachlichkeit ist auch eine Zurückweisung möglich, § 13 Abs. 6 SGB X.

14 BGH 2019, Az. VIII ZR 285/18. Rath, C./Lührig, N. 2019, BGH gibt Legal Tech beim Inkasso frei – Wenigermiete.de zulässig.

15 Damit ist eine Entwicklung weg vom schlichten Verbots- hin zum Verbraucherinformationsgesetz angestoßen. Deutscher Bundestag 2021, Entwurf eines Gesetzes zur Förderung verbrauchergerechter Angebote im Rechtsdienstleistungsmarkt vom 17.3.2021, Drucksache 19/27673. Römermann, V. 2020, Fundamentaler Richtungswechsel im Sinne von Legal Tech.

*len Beratungslösungen wirft viele neue Rechtsfragen auf, die zu politischen Diskussionen, Gerichtsurteilen und Gesetzesänderungen führen werden, um die Entwicklung markt-, verbraucher- und rechtsstaatlich im Interesse von Beratenen und Beratenden gerecht zu gestalten.*

## 5.2 Rechtsdienstleistungen an Gerichten

Das RDG regelt nur außergerichtliche Rechtsdienstleistungen. Rechtsdienstleistungen, die unmittelbar an ein **Gericht** gerichtet sind, sind nicht von den Erlaubnissen im RDG erfasst. Dagegen ist Unterstützung bei der Klageschrift oder dem Prozesskostenhilfeantrag eine außergerichtliche Rechtsdienstleistung, solange Beratende nicht als Absender auftreten.[16] Auch den Sachverhalt aufzuarbeiten und Unterstützung, um Dokumente beizubringen, z.B. qualifizierte ärztliche Bescheinigungen, sind Beispiele für außergerichtliche Dienstleistungen.

Rechtsdienstleistungen an Gerichten, z.B. das Einreichen einer Klage oder die Prozessvertretung, werden in den jeweiligen Prozessordnungen geregelt und sind in der Regel „Personen mit der **Befähigung zum Richteramt**" vorbehalten.[17] Zum Richteramt befähigt sind Personen mit erstem und zweitem juristischem Staatsexamen, wie sie auch Rechtsanwält*innen für ihre Zulassung benötigen, sogenannte Volljurist*innen. Beratende mit zweitem juristischem Staatsexamen können also aufgrund der Prozessordnungen Beratene vor Gericht vertreten und Schriftsätze bei Gericht für Beratene einreichen.

Ferner kann das Gericht Personen als sog. „**Beistand**" ausdrücklich zulassen, wenn das Gericht die Begleitung als „sachdienlich" einschätzt. Der Vortrag des Rechtsbeistands wird als Vortrag der Prozesspartei, also des Beratenen, gewertet. Das gilt auch, wenn er fehlerhaft und für diese nachteilig ist, außer die Partei korrigiert den Vortrag sofort.[18]

Seit 2014 ist auch Beratenden von als geeignet anerkannten **Insolvenzberatungsstellen** eine Vertretung von Schuldner*innen vor dem Insolvenzgericht erlaubt und u.a. sind Rentenberatende, Gewerkschaften und **Sozialverbände** zugelassen zur gerichtlichen Vertretung vor den Sozialgerichten.[19] Das Monopol der Rechtsanwaltschaft ist insoweit zugunsten kollektiver Akteure aufgeweicht.

Das sind jedoch Ausnahmen. **Migrationsberatungsstellen** z.B. haben eine solche Erlaubnis für Rechtsdienstleistungen an Gerichten nicht.[20] Für die Kommunikation mit Gerichten muss daher in der Regel eine Rechtsanwältin oder ein Rechtsanwalt beauftragt werden. Oder der oder die Beratene nimmt diese selbst vor, soweit keine **Anwaltspflicht** vorliegt.[21] Eine Hilfe bei Schreiben, die der oder die Beratene selbst unterschreibt, ist dage-

16 Deutscher Bundestag 2006, Drs. 16/3655, S. 45 zu § 1 Abs. 1 RDG.

17 Z.B. § 79 ZPO, § 67 Abs. 2 Nr. 2 VwGO, § 73 SGG. Hochschullehrende des Rechts sind auch zugelassen.

18 Z.B. § 90 ZPO, § 67 Abs. 7 Satz 3 VwGO, § 13 Abs. 4 SGB X. Papenheim, H. u.a. 2018, Verwaltungsrecht für die soziale Praxis, S. 313.

19 Nach § 305 Abs. 4 Satz 1 InsO; § 73 Abs. 2 SGG.

20 Armbruster, M. u.a., AWO (Hg.) 2020, Das Rechtsdienstleistungsgesetz.

21 Anwaltspflicht besteht beim Landgericht in Zivilsachen, Landesarbeitsgericht oder den Bundesgerichten, vgl. § 78 ZPO, § 13 FGG, § 11 ArbGG, § 73 SGG.

gen eine außergerichtliche Rechtsdienstleistung, die in der Regel mit juristischer Anleitung nach dem RDG erlaubt ist (siehe unten), sogar, wenn das Gericht direkt angeschrieben wird von den Beratenen.

## 5.3 Erlaubnisse zu außergerichtlichen Rechtsdienstleistungen

Handelt es sich um Rechtsdienstleistungen, muss also nach § 3 RDG eine gesetzliche Erlaubnis vorliegen, die für Außergerichtliches im RDG zu finden ist. Umgehungen dieser Erlaubnispflicht werden nach den tatsächlichen Verhältnissen beurteilt. Z.B. können Rechtsanwält*innen als Strohleute oder Scheinangestellte keine Erlaubnis nach dem RDG ersetzen. Auch die Zusammenarbeit von Beratenden und Rechtsanwält*innen wird entsprechend beurteilt. So hat der BGH den Rechtsanwalt eines gewerblichen Schuldenregulierers als **Erfüllungsgehilfen** gewertet und keine Erlaubnis nach dem RDG angenommen.[22] Beratende können aber selbst eine Erlaubnis haben nach den folgenden RDG-Regeln.

### 5.3.1 Bestellte, Behörden, kirchliche und Insolvenzberatungsstellen

***Praxishinweis***

*Eindeutig abgrenzbar sind die Erlaubnisse nach § 8 Abs. 1 Nr. 1–3 RDG für **im Aufgabenbereich** liegende Rechtsdienstleistungen von*

*Nr. 1 Gerichtlich oder behördlich **bestellten** Personen wie **rechtliche Betreuer*innen** oder **Verfahrensbeistände,***

*Nr. 2 **Behörden** und zur Erfüllung ihrer Aufgaben gebildete Unternehmen wie gesetzliche Sozialversicherungen, kommunale Trennungsberatungsstellen und Frauenbeauftragte, aber auch **Caritas** und **Diakonie** aufgrund der Gleichstellung der Kirchen als öffentliche Körperschaften oder*

*Nr. 3 als geeignet anerkannte **Insolvenzberatungsstellen**.*

Rechtlich Betreuenden ist also erlaubt, die Betreuten außergerichtlich rechtlich zu ihrem Einzelfall zu beraten. Für **Schuldnerberatungsstellen** gilt das jedoch nach Nr. 2 nur, wenn sie zur kommunalen Behörde gehören, oder nach Nr. 3 nur, wenn sie auch als geeignete Insolvenzberatungsstelle anerkannt wurden oder eine andere Erlaubnis haben (siehe unten zu § 6 RDG). Ferner erlauben § 10 ff. RDG registrierten **Inkassodiensten**, Rentenberatern oder Personen mit Sachkunde zu ausländischem Recht außergerichtliche Rechtsdienstleistungen.

22 BGH 2009, Az. 1ZR 166/06.

## 5.3.2 Zu Recht beraten als Nebenleistung

Komplexer ist die Entscheidung, ob eine Rechtsdienstleistung lediglich als **Nebenleistung** erbracht wird im Sinne von § 5 RDG. Solche erlaubten Rechtsdienstleistungen werden z.B. im Zusammenhang mit Fördermittelberatung erbracht. Im Übrigen kommt es darauf an, dass die Rechtsdienstleistung üblicherweise zum **Berufs- und Tätigkeitsbild** dazu gehört. Die Hauptleistung darf keine rechtliche Leistung sein. Finanzdienstleistungsunternehmen dürfen ihrem Kunden (als Nebenleistung) beispielsweise Darlehensvertragskündigungen abnehmen. Komplexe Fallgestaltungen können aber dazu führen, dass Rechtsdienstleistungen in diesen Fällen doch nicht mehr als übliche Nebenleistung einzuordnen sind.[23] Das BSG hat im Fall eines Antrags auf Kindergeld eines entsandten Arbeitnehmers durch einen Lohnsteuerhilfeverein keine Nebenleistung gesehen – wegen der Komplexität der damit verbundenen Rechtsfragen.[24] Beratungen, z.B. in der Jugendhilfe, enthalten häufig Rechtshilfe oder Rechtsberatung als Nebenleistung, die dann nach § 5 RDG erlaubt sein können, wenn und solange

1. die Gesamtsituation der Beratenen oder ein lebensweltlicher Teil davon bearbeitet wird,
2. die Rechtsfragen nur dienenden Charakter haben und nicht die Leistung ausmachen und
3. nur die für die jeweiligen Beratenen typischen Rechtsfragen behandelt werden, die üblicherweise in dieser Beratung oder diesem Coaching auf Grundlage des Berufs- und Tätigkeitsbildes als Nebenleistung erbracht werden.

Die untergeordnete Bedeutung kann trotz einer zeitaufwändigen Erläuterung von Rechten und Pflichten gegeben sein.[25] Ein Indiz für mit dem Berufs- und Tätigkeitsbild verbundene typische Rechtsfragen sind die Rechtskenntnisse, die für die Haupttätigkeit in Ausbildung und Studium vermittelt werden.

### *Fortsetzung Beispiel*

*Zum Beispiel ist die soziale Schuldner- und Insolvenzberatung Rechtsdienstleistung als Hauptleistung, hat nicht nur dienenden Charakter, weshalb keine Erlaubnis als Nebenleistung möglich ist. Schuldnerberatung ist Rechtsdienstleistung und benötigt eine Erlaubnis für die Haupttätigkeit.[26] Zum Berufsbild von Sozialarbeitenden, z.B. in der Suchtberatung, gehört es, Rechtsfragen zu Sozialleistungen und der Antragstellung oder zum Betäubungsmittelgesetz auf den Einzelfall hin zu prüfen. Dies ist als Nebenleistung erlaubte Rechtsdienstleistung in der Suchtberatung. Werden Fragen zu Internetbestellungen bearbeitet, geht das über die für die Haupttätigkeit erforderlichen Rechtskenntnisse hinaus und kann nicht mehr als Nebenleistung von der Rechtsdienstleistungserlaubnis in der Suchtberatung nach § 5 RDG gedeckt sein.*

23 Otting, J. 2013, Fünf Jahre Rechtsdienstleistungsgesetz, S. 241–246.

24 BSG 2019, Az. B 10 KG 1/18 R.

25 Hesse, W. 2010, Das Rechtsdienstleistungsgesetz, S. 4.

26 Zur Problematik bei gewerblicher Schuldenregulierung vgl. Krenzler, M. (Hg.) 2017, RDG Handkommentar, § 5 Rn. 102 f. Kleine-Cosack, M. 2014, RDG-Kommentar, § 5 Rn. 150–155. BGH NJW 2009, S. 3242.

## 5.3.3 Unentgeltlich zu Recht beraten in persönlichen Beziehungen

Laut einer Studie suchen 30 % der Bevölkerung als Erstes im Nahbereich für Rechtsprobleme Hilfe, 7 % bei einer Beratungsstelle.[27] Außerhalb geschäftlicher Beziehungen können unentgeltliche Rechtsdienstleistungen erlaubt sein nach § 6 Abs. 1 RDG, auch ohne juristische Anleitung (siehe nächsten Abschnitt insbesondere zur Unentgeltlichkeit), wenn sie in **persönlichen Beziehungen** stattfinden. **Familie, Nachbarschaft** und ähnlich enge persönliche Beziehungen sind weit auszulegen. Es kommen z.B. auch Beziehungen durch Vereine oder Arbeit in Frage. Wer sich hier Rechtsrat holt, wird nicht vom RDG geschützt. Kennen sich die Beteiligten tatsächlich persönlich, ist Rechtsberatung erlaubt.[28] Fraglich kann dies bei auf nachbarschaftliche Hilfe ausgelegten **Selbsthilfeprojekten** sein, die auf persönliche, unterstützende Bekanntschaften angelegt sind. Solange die persönliche Beziehung noch nicht aufgebaut ist, könnte eine solidarische ehrenamtliche Rechtsdienstleistung von der Rechtsprechung als Umgehung des RDG gewertet werden. Steht ein Aufbau von Beziehungen ähnlich wie in der Nachbarschaft und gegenseitige Hilfe im Vordergrund, so sollte auch ohne juristische Anleitung Rechtsdienstleistung erlaubt sein.[29] Aus fachlichen Gründen sollte bei juristisch schwierigen Fällen unterstützt werden beim Einholen von Rat, z.B. von Rechtsanwält*innen. Für eine Begleitung im Verwaltungsverfahren kann auf Bevollmächtigte oder Beistände zurückgegriffen werden, siehe oben Einleitung.

## 5.3.4 Erlaubnisse durch juristische Anleitung

Außerhalb des Familien- und Bekanntenkreises ist erforderlich, dass die unentgeltliche Beratung mindestens unter Anleitung einer Volljuristin oder eines Volljuristen erfolgt nach § 6 Abs. 2 RDG. Dies gilt auch für Verbände und Vereinigungen, siehe weiter unten.

§ 6 RDG erlaubt Rechtsdienstleistungen, die nicht im Zusammenhang mit einer entgeltlichen Tätigkeit stehen. Es kommt also darauf an, dass nicht nur die Rechtsdienstleistung, sondern die gesamte Tätigkeit **unentgeltlich** erbracht wird und auch keine Gebühren oder Mitgliedsbeiträge genommen werden. Die Leistung lässt sich nicht in eine kostenlose Rechtsdienstleistung, die nach § 6 RDG erlaubt wäre, und eine zu bezahlende kaufmännische Leistung aufteilen.[30]

27 Hommerich, C./Kilian, M. 2007, Die Rechtsberater der Deutschen: Wen Bürger um Rechtsrat fragen, S. 612.

28 So schon die Rechtsprechung zum Rechtsberatungsgesetz LG Dresden 2000, Az. 12 O 3217/00, S. 1506: Besorgung von Rechtsangelegenheiten unter Bewohnern eines Wohnblocks. Die Erlaubnis muss auch unter Mithäftlingen gelten, vgl. Grunewald, B./Römermann, V. (Hg.) 2008, Rechtsdienstleistungsgesetz – Kommentar, § 6 Rn. 18.

29 Da dann in der Verkehrsanschauung die Beratenen etwas anderes erwarten. So ermöglicht das RDG nachbarschaftliche oder eben auch auf Gegenseitigkeit angelegte Hilfe, was gerade ein Gesetzeszweck ist: Deutscher Bundestag, Drs. 16/3655 S. 58.

30 Kleine-Cosack, M. 2014, RDG-Kommentar, § 6 Rn. 22.

Unerheblich ist, ob die Tätigkeit z.B. über öffentliche Gelder finanziert wird. Entscheidend ist, dass Beratene selbst nichts dafür bezahlen.[31]

Studentische Rechtsberatung ist nach § 6 RDG möglich, wenn sie kostenlos stattfindet und die Anleitung z.B. durch volljuristische Hochschullehrende oder andere mit Zulassung zum Richteramt abgesichert ist, wie das inzwischen in „law clinics" auch an Deutschen Hochschulen umfangreich stattfindet.[32]

Ansonsten ist **juristische Anleitung** auch möglich von pensionierten Richter*innen, Beamt*innen des höheren Verwaltungsdienstes, nach § 5 RDGEG gleichgestellten DDR-Diplomjurist*innen und allen, denen diese Rechtsdienstleistung nach dem RDG erlaubt wäre, wie z.B. Steuerberater*innen zum Steuerrecht. In der Praxis wird dies entweder über volljuristische Teammitglieder oder über Honorarverträge mit Rechtsanwält*innen umgesetzt oder mit einer Dachorganisation, die mit juristischen Professionellen zusammenarbeitet. Die Organisationsstruktur gibt das RDG nicht vor.

### *Praxishinweis*

*An die juristische Anleitung sind keine hohen Anforderungen zu stellen:[33]*

- ***Einweisung** zu den typischen Fällen des Beratungsgebietes, je nach Vorkenntnissen, z.B. auch mit Hospitationen bei erfahrenen Beratenden, Schulungen und Informationsmedien.*
- *Regelmäßige Fortbildungen zu relevanten Rechtsthemen, insb. bei Rechtsänderungen.*
- *Möglichkeit einer **Fachberatung** nach Absprache für Einzelfälle, bei denen dies erforderlich ist, z.B. per Telefon oder E-Mail.*
- *Ein System, bei dem das spezielle juristische Fachwissen über juristisch besonders geschulte Beratende vermittelt wird, die wiederum auf die juristisch qualifizierte Person zurückgegriffen hat, ist möglich.*
- *Eine **Haftpflichtversicherung** ist nicht erforderlich, aus Haftungsgründen aber ggf. sinnvoll.[34]*

---

31 Insofern ist sowohl Beratung, die über sozialrechtliche Ansprüche auf Beratung, z.B. bei einer Beratung von Menschen mit Behinderungen oder Pflegebedürftigen, erfolgt, nicht im Zusammenhang mit einer entgeltlichen Leistung zu sehen. Auch in einer Konstellation, in der eine pauschale Finanzierung der Beratung über z.B. kommunale oder Bundesmittel erfolgt, liegt Unentgeltlichkeit im Sinne des RDG vor.

32 Auch in Vereinsform kann studentische Rechtsberatung umgesetzt werden. Georg D./Hannemann, J. 2017, Studentische Rechtsberatung in Form eines Vereins ist zulässig – Anmerkung zu AG Frankfurt a.M., Beschluss vom 10. August 2016, in: AnwBl 2017, S. 1119.

33 Deutscher Bundestag 2006, BT-Drs. 16/3655 S. 58. Armbruster/Heser u.a. 2020, S. 13, 14.

34 Krenzler, M. (Hg.) 2017, Rechtsdienstleistungsgesetz – Handkommentar, § 6 Rn. 34. Schruth, P., Schuldnerberatung als Aufgabe der Sozialen Arbeit, S. 17–37, S. 30 in: Schruth, P. u.a. 2011, Schuldnerberatung in der Sozialen Arbeit. Zur Haftung Kapitel 11.

### *Praxishinweis*

*Rechtsdienstleistungen mit volljuristischer Anleitung sind zudem sozialen **Verbänden** und Vereinigungen erlaubt nach § 8 Abs. 1 Nr. 4 und Nr. 5 und § 7 Abs. 1 Nr. 1 und Nr. 2 RDG, wenn sie im Rahmen ihrer Aufgabenbereiche erbracht werden:*

1. *von Verbraucherzentralen,*
2. *Dachverbänden der freien Wohlfahrtspflege und ihnen angeschlossenen Verbänden, anerkannten Trägern der freien Jugendhilfe oder Verbänden zur Förderung der Belange behinderter Menschen,*
3. *für Mitglieder von beruflichen oder zur Wahrung gemeinschaftlicher Interessen gegründeter Vereinigungen,*
4. *für Mitglieder von Genossenschaften.*[35]

Neben der Anleitung einer Person mit beiden juristischen Staatsexamen wie bei der unentgeltlichen Rechtsdienstleistung müssen die Verbände und Vereinigungen zusätzlich nach § 7 Abs. 2 RDG über die zur sachgerechten Erbringung dieser Rechtsdienstleistungen erforderliche personelle, sachliche und finanzielle Ausstattung verfügen. Siehe Kapitel 2.

### *Fallbezugfortsetzung*

*Als Schuldner- und Insolvenzberaterin klärt Bettina teilweise nur allgemein über Schuld- und Insolvenzrechtsfragen auf, z.B. wenn Sie einen Flyer dazu aushändigt, bezieht sie sich nicht auf einen konkreten Einzelfall. Dann handelt es sich nicht um eine Rechtsdienstleistung. Regelmäßig berät sie jedoch zu den Einzelfällen der Beratenen. Sie prüft rechtlich, ob die jeweiligen Forderungen tatsächlich bestehen und ob ein Versagungsgrund bei der oder dem Beratenen im Insolvenzverfahren vorliegen könnte, und erbringt dann eindeutig Rechtsdienstleistungen im Sinne von § 2 RDG.*

*Bettina benötigt also eine gesetzliche Erlaubnis. Da die Rechtsdienstleistung ihre Haupttätigkeit ist, ist keine Erlaubnis als Nebenleistung denkbar. Die Erlaubnis liegt nach § 8 Abs. 1 Nr. 3 RDG vor, wenn der beantragte Bescheid zur Anerkennung als geeignete Stelle eingegangen ist. Bis dahin könnte eine Erlaubnis nach § 6 RDG vorliegen, da Bettinas Beratung nicht im Zusammenhang mit einer entgeltlichen Tätigkeit steht. Bettina berät kostenlos. Wenn die Beratung unter Anleitung einer Person mit beiden juristischen Staatsexamen erfolgt, läge eine Erlaubnis vor. Bettina sollte sich fragen, ob sie ausreichend eingewiesen und fortgebildet wurde, z.B. durch eine Rechtsanwältin, und ob sie in schwierigen Fällen deren juristische Fachberatung in Anspruch nehmen kann.*

35 Konstruktionen eines Vereins, der nach § 7 die Schulden seiner Mitglieder reguliert, wurde von der Rechtsprechung abgelehnt, da der Verein keinem über die Interessen der Einzelnen hinausgehendes gemeinsames Interesse verfolgt. LG Fulda 2015, Az. 1 S 136/14.

## 5.4 Kein Einfluss anderer Leistungspflichten

Liegt eine dem Grunde nach erlaubte Rechtsdienstleistung vor, stellt sich im konkreten Fall die Frage, ob ein Einfluss **anderer Leistungspflichten** der oder des Beratenden denkbar ist. Beratende könnten deshalb nicht unabhängig in der Beratung sein, weshalb die Rechtsdienstleistung dann nach § 4 RDG verboten ist. Durch die Vorschrift wird abgesichert, dass keine widerstreitenden Interessen vertreten werden, z.B. bei gleichzeitiger Beratung einer Ehefrau und ihres Ehemannes, die Unterhaltsansprüche gegeneinander haben könnten. Allerdings kann durch organisatorische Maßnahmen die Vermutung entkräftet werden, dass ein unmittelbarer Einfluss auf die Rechtsdienstleistung denkbar ist.[36] Beispielsweise können unterschiedliche Berater*innen in einer Beratungsstelle die Beratung getrenntlebender Eheleute übernehmen.

***Wer zu Recht beraten darf – auf einen Blick***

1. Soweit auch Rechtliches angesprochen wird, ist zu prüfen, ob es sich um eine Rechtsdienstleistung handelt, weil eine rechtliche Prüfung auf den Einzelfall bezogen wird. Jede Rechtsdienstleistung bedarf einer gesetzlichen Erlaubnis.
2. Wenn es sich nicht um eine Rechtsdienstleistung handelt, können Beteiligte in Verwaltungsverfahren sich von Bevollmächtigten oder Beiständen begleiten und vertreten lassen.
3. Eine Erlaubnis liegt vor, wenn z.B.
   a) als Behörde zum eigenen Aufgabengebiet beraten wird,
   b) es sich nur um eine typische Nebenleistung einer anderen Hauptleistung handelt oder
   c) unentgeltlich enge Bekannte wie Familie oder Nachbarn beraten werden.
4. In einigen Fällen, z.B. bei einer für Beratene kostenlosen außergerichtlichen Rechtsberatung, für Wohlfahrtsverbände und anerkannte Jugendhilfeträger, bedarf es einer Anleitung durch Professionelle mit beiden juristischen Staatsexamen.
5. Unmittelbarer Kontakt zu Gerichten ist in der Regel Personen mit beiden juristischen Staatsexamen vorbehalten.
6. Zur Zusammenarbeit mit juristischen Professionen siehe Kapitel 2.

36 Deckenbrock, C. 2021, RDG Kommentar, § 4, Rn. 23.

# 6. Psychotherapie, Unternehmensberatung, rechtsanwaltliche und ombudschaftliche Beratung

**Übersicht** Seite



Dieses Kapitel grenzt soziale Beratung zu Psychotherapie, Unternehmensberatung, rechtsanwaltlicher und ombudschaftlicher[1] Beratung ab.

## 6.1 Abgrenzung zur Psychotherapie

***Leitfragen zur Abgrenzung zur Psychotherapie:***

- Wie kann bei einer Beratung von Menschen mit psychischen Störungen die Abgrenzung zur erlaubnispflichtigen Psychotherapie beachtet werden?
- Sind alle heilkundlichen Behandlungen erlaubnispflichtig oder nur potenziell gefährliche?
- Ist eine Kostenübernahme durch die Krankenversicherung möglich, wenn eine Person ohne Erlaubnis psychotherapiert?

Bereits bei der Begriffsbestimmung zur Beratung wurde deutlich, dass eine Abgrenzung zur Psychotherapie erforderlich ist. In Deutschland regelt das **Psychotherapeutengesetz** (PsychThG) ihre Voraussetzungen.[2] Seit 1.9.2020 ist sie Approbierten erlaubt, die sich dann

1 Unabhängige Beratung zum Einzelfall, Unterstützung und Vermittlung bei Konflikten.

2 In vielen Ländern ist sie nicht oder anders reguliert, z.B. in Großbritannien und Dänemark. Vgl. Stock, C. 2019, Psychotherapie, Beratung und Supervision in Humanistischen Verfahren, S. 123, 130 f. In Österreich und der Schweiz ist sie reguliert.

auch Psychotherapeuten und -therapeutinnen nennen dürfen.[3] Die Approbation als Psychotherapeut*in setzt seit 1.9.2020 einen universitären psychotherapeutischen Bachelor und Master voraus und das Bestehen einer staatlichen Psychotherapeutenprüfung. Ferner schließt sich an das Studium eine landesrechtlich zu regelnde Weiterbildung von 5 Jahren in Anstellungsverhältnissen an.[4]

Psychotherapie ohne Approbation oder Kassenzulassung ist weiterhin auch mit einer Erlaubnis (auch nur für den Bereich Psychotherapie) nach dem **Heilpraktikergesetz** (HeilPrG) von 1939 möglich.[5]

### 6.1.1 Fehlende Erlaubnis und Risiken eines Strafverfahrens

Wer ohne Erlaubnis Heilkunde ausübt, kann mit bis zu einem Jahr Freiheitsstrafe bestraft werden. Nicht im HeilPrG ausdrücklich geregelt, aber in gefestigter Rechtsprechung weitere Voraussetzung für eine Strafbarkeit ist, dass die Behandlung potenziell gefährlich ist.[6] Ohne Erlaubnis besteht das Risiko eines strafrechtlichen Verfahrens, selbst wenn es am Ende nicht zu einer Verurteilung kommt.

Verletzungen des Verhältnisses zwischen Beratenen und Beratenden, z.B. sexuelle Kontakte oder gemeinsame Urlaube, können psychische Schäden für Beratene mit sich bringen und sind vermutlich die häufigsten Fälle von potenziellen Gefährdungen.[7] Bei gefährlichen Arbeitsstilen, Verstößen gegen Abstinenzgebot oder Vertrauensschutz durch Psychotherapeut*innen kann die Psychotherapeutenkammer Verfahren wegen berufsunwürdiger Handlungen einleiten.[8]

---

3 § 1 und § 2 PsychThG, Psychotherapeuten-Approbationsordnung (PsychTh-ApprO), Graulich, K. 2021, Psychotherapeutengesetz – Kommentar. Psychologische Psycho- und Kinder- und Jugendpsychotherapeutinnen und -therapeuten nach altem Recht können sich weiterhin so nennen. Für sie und Psychotherapeuten ist nach § 139 Abs. 1 S. 2 StGB die Anzeigepflicht bei schweren für die Zukunft geplanten Straftaten eingeschränkt und besteht ein berufliches Zeugnisverweigerungsrecht nach § 53 Abs. 1 Nr. 3 StPO.

4 Übergangsregelung nach § 27 PsychThG: Für Master qualifizierendes Bachelorstudium vor dem 1.9.2020 aufgenommen und Masterstudium und Ausbildung bis 2032 abgeschlossen (in Härtefällen bis 2035). Ministerium für Arbeit, Gesundheit und Soziales, Schreiben vom 22.4.2020. Bundesministerium für Gesundheit 2020, Moderne Ausbildung für Psychotherapeuten und Psychotherapeutinnen.

5 Ausführlich zur Psychotherapie mit Heilpraktikererlaubnis Stock, C. 2019, Psychotherapie, Beratung und Supervision in Humanistischen Verfahren, S. 106–129.

6 Erste Durchführungsverordnung zum Gesetz über die berufsmäßige Ausübung der Heilkunde ohne Bestallung (Heilpraktikergesetz), § 1, § 5 HeilPrG. Umherziehende Heilkunde ist eine Ordnungswidrigkeit. BGH, Urteil vom 22. Juni 2011, Az. 2 StR 580/10 zur verfassungsrechtlich zusätzlich für eine Strafbarkeit erforderlichen und hinreichenden potenziellen (nicht tatsächlichen) Gefährlichkeit von Synergetikbehandlungen. Eine Einwilligung ändert an der Gefährlichkeit nichts, aber ein Hinweis, dass trotzdem ärztliche Behandlung erforderlich ist, mindert die potenzielle Gefahr, dass eine ärztliche Behandlung verzögert wird.

7 Zum gemeinsamen Urlaub im Anschluss an eine Psychotherapie als Verstoß gegen die Hessische Berufsordnung: VG Gießen, Urteil vom 3.2.2016, Az. 21 K 3825/14. Stebner, F. 2015, Verbandszeitschrift 1/2015, wann-beginnt-die-unzulaessige-erlaubnispfl-ichtige-heilbehandlung-fuer-psychologische-berater-und-choaches.

8 Nach dem Heilberufekammergesetz und den Berufsordnungen der Kammern.

### 6.1.2 Therapeutische Methoden und Kostenerstattung

Welche therapeutischen Methoden als wissenschaftlich anerkannt nach dem PsychThG gelten, ist umstritten. Bisher wurden folgende vier Verfahren anerkannt: psychoanalytische und systemische Verfahren sowie Verhaltens- und Gesprächspsychotherapie, nicht jedoch z.B. Transaktionsanalyse.[9] Nur diese Behandlungen können als Psychotherapie mit der gesetzlichen Krankenkasse abgerechnet werden und nur, wenn die behandelnde/beratende Person eine Erlaubnis nach dem PsychThG hat. Über die psychotherapeutische Sprechstunde wird abgeklärt, ob eine Störung mit Krankheitswert vorliegt und die Beratung/Behandlung auf diese ausgerichtet sein sollte.[10]

Psychische Störungen können mit einer Kombination körperlicher, psychologischer oder sozialer Interventionen beeinflusst werden und die Abgrenzung zwischen psycho-sozialer Beratung und Psychotherapie ist im Berufsalltag schwierig.[11] Nach § 1 PsychThG ist der Begriff der Störung mit Krankheitswert entscheidend, der sich nach der Zweckrichtung der Gesetze unterscheidet. Daran hängt auch, welcher Leistungsträger welche Kosten übernimmt.[12] Es wird nicht der Krankheitsbegriff der Medizin oder der WHO übernommen, sondern in der gesetzlichen Krankenversicherung verlangt, dass ein regelwidriger körperlicher oder geistiger Zustand behandlungsbedürftig sein muss oder zur Arbeitsunfähigkeit führt. Psychische und seelische Störungen gehören dazu, wenn psychodynamische Faktoren wesentlichen Anteil daran oder an den Auswirkungen haben.[13] Betrachtet man die Abgrenzungsfrage aus der Perspektive der Erziehungsberatung, so wird formuliert, dass Psychotherapie-Techniken eingesetzt werden, um „wegzuräumen, was die Entfaltung des Kindes hemmt" … „zur Förderung des Wohls von Kindern und Jugendlichen sowie zur Stärkung der elterlichen Erziehungskompetenz".[14]

---

9 § 15 PT-RL letzte Änderung, in Kraft getreten am 21.2.2021. Humanistische Psychotherapie wurde als Grundorientierung und nicht als Psychotherapieverfahren eingestuft. Die Gutachten sind auf der Webseite des Wissenschaftlichen Beirats zu finden: www.wbpsychotherapie.de (21.9.2022). Vgl. Lübeck, D. 2020, Psychologie in der Sozialen Arbeit, S. 133 ff.

10 § 27 Abs. 1 Nr. 1, § 28 Abs. 3 SGB V, § 11 Psychotherapie-Richtlinie. Entsprechend entscheiden Beihilfe und meist auch private Versicherungen. VG Saarland 1.7.2008, Az. 3 K 179/08, Die Aufwendungen für eine ambulante Suchttherapie durch einen in einer Drogenberatungsstelle tätigen Drogenberater, der nicht dem in § 5 Abs. 1 Nr. 1 saarl. BhVO [BeihilfeVO] aufgeführten fachlich qualifizierten Personenkreis angehört, sind nach saarländischem Beihilferecht nicht beihilfefähig.

11 Barabas, F. K., Gesetzliche Grundlagen der Beratung, S. 1210 in: Nestmann, F. u.a. 2004, Das Handbuch der Beratung, Band 2. Soll eine Diagnose der Störung wegen ihrer stigmatisierenden Wirkung vermieden werden, kann eine Beratungsfinanzierung über § 67 SGB XII als Hilfe zur Überwindung von besonderen sozialen Schwierigkeiten sinnvoll sein. Hier steht der Ausgrenzungsbegriff im Vordergrund.

12 GBA, Richtlinie, z.B. die negative Abgrenzung des GBA, § 1 Abs. 5 Psychotherapierichtlinie: Psychotherapie ist keine Leistung der GKV und gehört nicht zur vertragsärztlichen Versorgung, wenn sie nicht dazu dient, eine Krankheit zu erkennen, zu heilen, ihre Verschlimmerung zu verhüten oder Krankheitsbeschwerden zu lindern. Und § 3 Abs. 1: Psychotherapie als Behandlung seelischer Krankheiten im Sinne dieser Richtlinie setzt voraus, dass das Krankheitsgeschehen als ein ursächlich bestimmter Prozess verstanden wird, der mit wissenschaftlich begründeten Methoden untersucht und in einem Theoriesystem mit einer Krankheitslehre definitorisch erfasst ist.

13 BSGE 59, S. 119; Deutscher Bundestag, Drs. 523/93, S. 1. Krankheitswert haben z.B. Depressionen, Ess- und Zwangsstörungen. Als Gegenbeispiele für Krankheiten nennt Barabas Reizbarkeit, Eifersucht, Familienstörungen, die nicht Folgen seelischer Erkrankungen sind, oder Reifungskrisen. Barabas, F. K., Gesetzliche Grundlagen der Beratung, S. 1210 in: Nestmann, F. u.a. (Hg.) 2004, Das Handbuch der Beratung, Band 2.

14 Menne, K. 2017, Erziehungsberatung als Hilfe zur Erziehung, S. 30.

Stock schlägt vor, dass sich durch das Setting eine Differenzierung zwischen Therapie und Psychotherapie bzw. zwischen psychischer Störung und anderweitigen Gegebenheiten beschreiben lasse:[15] Beratung und Therapie werden als Eingliederungshilfe, Jugendhilfe, Hilfen zur Überwindung besonderer sozialer Schwierigkeiten oder Rehabilitation finanziert aus den SGB VI, VIII, IX, XII, während nach der Psychotherapierichtlinie die Kostenübernahme durch die gesetzlichen Krankenkassen nach dem SGB V geregelt ist. Im Zweifel sollte eine Beratung, die als Psychotherapie angesehen werden könnte, eine Person übernehmen, die entsprechend approbiert ist, um das Kostenrisiko zu vermeiden.

***Psychotherapie auf einen Blick***

1. Wer professionell psychotherapieren will, benötigt eine Approbation oder eine Erlaubnis nach dem Heilpraktikergesetz.
2. Strafbar wegen fehlender Erlaubnis sind Behandlungen, die potenziell gefährlich sind, auch wenn sie im konkreten Fall nicht gefährlich sind.
3. Ist eine Beratung/Behandlung auf Störungen mit Krankheitswert ausgerichtet, handelt es sich in der Regel um Psychotherapie und nicht um Beratung. Dies kann mit einer psychotherapeutischen Sprechstunde geklärt werden.
4. Für die Kostenübernahme durch die Krankenversicherung ist erforderlich, dass eine Person mit Erlaubnis nach dem PsychThG die Psychotherapie erbringt.

## 6.2 Unternehmensberatung

***Leitfrage zur Unternehmensberatung:***

- Inwieweit können soziale Beratungen auch Unternehmensberatungen sein – oder andersherum?

Unternehmensberatungen beraten Wirtschaftsunternehmen und das Management von Unternehmen. Teilweise wird auch die Ebene der Mitarbeitenden beraten. Coaches bieten auch Unternehmensberatung oder Organisationsentwicklung an.[16] Der Begriff der Unternehmensberatung ist nicht geschützt. Als freiberuflich wird die Tätigkeit steuerrechtlich anerkannt, wenn sie aufgrund einer Ausbildung ausgeübt wird.[17] Neben den klassisch-betriebswirtschaftlichen und ökonomischen Ansätzen haben sich Ansätze der **Organisationsentwicklung** mit Beratenden als „change agent" entwickelt. Ferner fragt die systemische Unternehmensberatung, wie Beratene und Beratende miteinander kommuni-

15 Stock, C. 2019, a.a.O., S. 37.

16 Laut der auf Wirtschaftscoaching ausgerichteten Marburger Coaching-Studie bieten ca. 50 % der befragten Coaches auch prozessorientierte Unternehmensberatung an. Ca. 5 % der befragten Unternehmen kamen aus dem Gesundheits- und Sozialwesen und zu ca. 20 % aus Sicht der Gecoachten und 40 % aus Sicht der Coaches werden oft Personen auf Mitarbeiterebene gecoacht. Stephan, M./Rötz, C. 2018, Coaching-Marktanalyse 2016/17 Ergebnisse der 4. Marburger Coaching Studie 2016/17, S. 9, 17, 30.

17 Zu beratenden Betriebswirt*innen vgl. BFH, Beschl. vom 30.6.2008, Az. VIII B 182/07.

zieren können. Die kritische Beratungsforschung beschreibt die Interpretations-, Legitimations- und politische Funktion von Unternehmensberatung.[18] Mit „Inclusive and **Social Entrepreneurship**" werden sozialinnovative Geschäftsideen angesprochen.[19] Unternehmensberatung ist hier Politik- und Berufsberatung. Soziale Unternehmensberatung gibt es auch als Beratung zum Abbau von Barrieren für Karrieren von Menschen mit Behinderungen. Hier fallen Soziale und Unternehmens-Beratung zusammen wie auch in der Sozialen Schuldner- und Insolvenzberatung für (ehemals) Selbstständige.[20] Die beiden Letzteren werden in diesem Buch angesprochen. Die typischen Unternehmensberatungen, selbst wenn sie als Social Entrepreneurship innovativ sozial wirken, würden den Rahmen dieses Praxishandbuchs sprengen.

***Unternehmensberatung auf einen Blick***

> Unternehmensberatung wird in diesem Buch nur insoweit angesprochen, als sie auch originäre soziale Beratung ist, z.B. bei der Existenzgründungsberatung für Menschen mit Behinderungen.

## 6.3 Rechtsanwaltliche Beratung

***Zur rechtsanwaltlichen Beratung werden folgende Fragen behandelt:***

- Für welche Zielgruppen bieten Rechtsanwält*innen Leistungen an?
- Gibt es kostenlose oder kostengünstige rechtsanwaltliche Beratung?
- Wie sozial ist ihre Beratung?

Rechtsanwält*innen sind Anbieter auf dem Markt für Rechtsdienstleistungen, für die sie nach der Bundesrechtsanwaltsordnung (BRAO) und den Prozessordnungen eine Erlaubnis haben, einschließlich der Dienstleistungen in unmittelbarem Bezug auf Gerichte.[21] Gerade Letztere sind ihnen auch weiterhin zum Teil vorbehalten. Ihr professionsspezifischer Rahmen schreibt zwei Staatsexamen vor, die als herausfordernde Prüfungen mit hohen Durchfallquoten gelten. Über Rechtsanwaltskammern verwaltet sich der Berufsstand. Vgl. Kapitel 2 zur Zusammenarbeit, zur Rechtsberatungserlaubnis Kapitel 5. Das Selbstverständnis des Berufsstandes ist, ein unabhängiges Organ der Rechtspflege zu sein und die Versor-

18 Diese Funktionen gehören zu Problemlösungen, da diese auf der Reflexion von Normen, Ressourcen und Machtmitteln beruhen. Die konkrete Anwendung bleibt Sache der Unternehmen. Becker, A., Wirtschaftswissenschaften und Beratung, S. 193–205 in: Nestmann, F. u.a. (Hg.) 2004, Handbuch der Beratung, Bd. 1.

19 Hackenberg, H./Empter, S. (Hg.) 2011, Social Entrepreneurship – Social Business: Für die Gesellschaft unternehmen. Vgl. auch die Webseite www.socialimpact.eu (21.9.2022).

20 Ein Beispiel für inklusive Entrepreneur-Förderung war das für 5 Jahre finanzierte Projekt enterability in Berlin. Weitere Informationen auf https://www.inklusives-arbeitsleben.lwl.org/enterability_interview/ (13.10.2022). In der Corona-Krise wurden die Förderrichtlinien für Schuldnerberatungen angepasst, sodass nun Kleinst-Selbstständige auch zu beraten sind bzw. für sie eine spezialisierte Schuldner- und Insolvenzberatungsstelle finanziert wird, z.B. www.sib-berlin.org (21.9.2022).

21 Wie z.B. eine Klage, die beim Gericht eingereicht wird.

gung der Bevölkerung mit Rechtsdienstleistungen zu sichern. Sie haben z.B. als Pflichtverteidigende Angeklagte in Strafverfahren zu verteidigen oder als Beigeordnete zu vertreten und müssen Beratungshilfemandate übernehmen, die sie nur im Einzelfall begründet ablehnen können.[22] Allerdings hilft eine unmotivierte Rechtsberatung im Rahmen der Beratungshilfe ggf. nicht weiter. Die Monopolstellung der Rechtsanwaltschaft wurde aufgehoben und kollektive Rechtsberatung ist über das RDG und die Prozessordnungen inzwischen integriert.[23]

## 6.3.1 Kosten von rechtsanwaltlicher Beratung

Es gibt im Rahmen der sozialen Beratung teils sehr kompetente, nach dem RDG erlaubte Rechtsberatung, auch kostenlose, z.B. für Studierende vom Studierendenwerk. Auch Beratungen von Verbraucherzentralen, Gewerkschaften oder Ombudsstellen können eine kostenlose gute Alternative sein und sind teils vor Gerichten vertretungsberechtigt über das Prozessrecht, vgl. Kapitel 5. Ferner gibt es Rechtsanwält*innen, die in zivilgesellschaftlichen Projekten ehrenamtlich beraten.[24] Manche Rechtsanwält*innen sind sozialpolitisch engagiert, beraten für Gewerkschaften oder Amnesty International oder sind selbst Teil sozialer Bewegungen, z.B. in der Umweltbewegung.[25] Z.B. bei Mietrechtsstreitigkeiten besteht die Wahl zwischen Mietervereinen, Rechtsschutzversicherungen und Legal-Tech-Onlineangeboten.[26]

Andererseits ist der Berufsstand in der Regel überwiegend nicht öffentlich finanziert und auf Gewinnerzielung ausgerichtet. Das Rechtsanwaltsvergütungsgesetz (RVG) regelt die Höhe der Kosten.[27] Teils werden Honorarzahlungen verlangt, bevor geleistet wird, oder es

22 § 1, § 3 BRAO, § 51 RVG, § 49 a BRAO, § 121 ZPO, § 78 FamFG. Siehe zur Zumutbarkeit dieses Sonderopfers eines Monopolberufs im Hinblick auf die Berufsfreiheit nach Art. 12 GG auch die Entscheidung des BVerfG vom 22.7.2019, Az. 1 BvR 1955/17. Zur Beiordnung vgl. Zimmermann, W. 2021, Prozess- und Verfahrenskostenhilfe, S. 213 ff.

23 Müller, U. 2021, Protest und Rechtsstreit, S. 266. Im Gegensatz zu „Rechtanwält*in" ist „Anwaltschaft" kein geschützter Begriff und wird teilweise genutzt um beratende partizipative politische Soziale Arbeit zu beschreiben.

24 Vgl. z.B. die Angebote, auf die der Deutsche Anwaltsverein hinweist auf seiner Webseite: https://anwaltverein.de/de/engagement/soziales-engagement-rechtsberatung (13.10.2022). Soweit eine öffentliche Finanzierung durch Beratungshilfe erfolgt, ist eine Konkurrenz mit öffentlich finanzierten Beratungsstellen denkbar, da teilweise Amtsgerichte eine Übernahme der Beratungshilfekosten verweigern mit der Begründung, die notwendige außergerichtliche Beratung könne in zumutbarer Weise durch eine kostenlose soziale Beratungsstelle erfolgen. Heuer, J. 2009, S. 85. Vgl. zur Beratungshilfe unten Kapitel 5.

25 In den 1920iger Jahren stemmt sich die Rote Hilfe gegen die Kriminalisierung der Arbeiterbewegung. Zu den Synergieeffekten von gerichtlicher Mobilisierung von Recht für kollektives Handeln siehe Müller, U. 2021, Protest und Rechtsstreit, insbesondere zu rechtsberatenden und -vertretenden Akteuren im sozialgerichtlichen Konflikt, S. 261–269.

26 In der Regel gilt eine Wartezeit von drei Monaten, bis der Schutz greift. Stiftung Warentest 2022, Onlineschutz vor Mietärger, S. 62–65 in: Finanztest Mai 2022. Die Legal-Techs (conny, mieterengel und mineko) wurden im Praxistest kritisch kommentiert, siehe Kapitel 5.1.2 zur Rechtdienstleistungserlaubnis.

27 Teils weichen die Honorare hiervon ab. Z.B. gibt es Honorare, die nur im Falle eines Prozesserfolges prozentual vom Erlös anfallen, oder Pauschalen bei Sammelklagen für viele Kläger*innen, z. B. beim Vorgehen gegen Abmahnungen.

entstehen Schulden durch Rechtsanwaltsrechnungen.[28] Vor einer Beratung sollte immer die Kostenfrage geklärt werden einschließlich der Frage, ob eine ggf. vorhandene Rechtsschutzversicherung greift.

***Praxishinweis***

 ***Rechtsanwaltlicher Kostencheck***

- *Gebühren richten sich in der Regel nach dem Rechtsanwaltsvergütungsgesetz (RVG).*
- *Honorare können als Erfolgsbeteiligung oder Pauschalen berechnet werden.*
- *Kostenlose Rechtsberatungen sind je nach Thema möglich.*
- *Immer vor der Beratung die Kostenfrage klären. Auch, ob eine vorhandene Rechtsschutzversicherung zahlen würde.*
- *Oder ob bei niedrigem Einkommen und Vermögen ein Anspruch auf Beratungs- und Prozess- bzw. Verfahrenskostenhilfe besteht (s.u.).*

## 6.3.2 Beratungs-, Prozesskosten- und Verfahrenskostenhilfe

**Beratungshilfe** (BerH) ist für außergerichtliche Rechtsberatung, **Prozesskostenhilfe** (PKH) für Prozesse z.B. vor den Sozial- oder Zivilgerichten möglich nach § 114 ff. ZPO.[29] Für Familiengerichtsverfahren verweist § 76 FamFG für die **Verfahrenskostenhilfe** (VKH) auf die Regelung der ZPO zur PKH. BerH/PKH/VKH erhalten auf Antrag die Parteien bzw. Beteiligten des Verfahrens,[30] nicht jedoch z.B. Zeugen. Folgende Kosten werden übernommen:

Beratungshilfe für die außergerichtliche Beratung (einschließlich der Beratung zu den Erfolgsaussichten eines PKH-Antrags) erhält man nur, wenn das einzusetzende Einkommen unter 20 € liegt. Die Staatskasse übernimmt eine reduzierte Geschäftsgebühr, eine Auslagenpauschale und die Umsatzsteuer des Rechtsberatenden. Der Beratene zahlt lediglich 15 € Beratungshilfegebühr. Beratungshilfe setzt jedoch zusätzlich voraus, dass die Wahrnehmung nicht mutwillig ist und keine andere Hilfe zumutbar ist.[31] Letzteres können z.B. soziale Beratungen sein, die öffentlich finanziert werden. Dies prüfen Rechtspfleger*innen

28 Heuer, J. 2009, Anwaltliche Schuldner- und Insolvenzberatung, S. 98–102. Arbeitskreis Neue Armut 2010, Geschäfte mit der Armut. Nach § 8 BerHG ist ein zusätzliches Honorar bei einer festgestellten Beratungshilfeberechtigung nicht zulässig. Ggf. können Anwaltshonorare bei Beratungs- und Prozesshilfeberechtigten Gebührenüberhebungen im Sinne von § 352 StGB sein.

29 In Hamburg gibt es statt Beratungshilfe die Öffentlichen Rechtsauskunfts- und Vergleichsstellen und in Bremen die Arbeitnehmerkammer, § 12 Abs. 1 BerHG. PKH im Strafprozess nur für Nebenklage und Adhäsionsverfahren. Bei Betreuungsverfahren sind anwaltliche Verfahrenspfleger vorrangig, § 277 FamFG. Für das PKH-Bewilligungsverfahren nicht, aber für einen Vergleich innerhalb dessen möglich. Z.B. für Scheidungs- und Sorgerechtsverfahren und einstweilige Anordnungen oder Verfügungen möglich. Für Arbeitsgerichte besteht eine Sonderregelung. Verfassungsbeschwerden ausnahmsweise, BVerfG NJW 202, S. 534. Zimmermann, W. 2021, Prozess- und Verfahrenskostenhilfe, S. 5 ff.

30 Auch wenn Aufenthalt im Ausland oder keine deutsche Staatsangehörigkeit. Zimmermann, W. 2021, Prozess- und Verfahrenskostenhilfe, S. 8 ff.

31 § 1 BerHG; Arbeitskreis Neue Armut (Hg.) 2011, Geschäfte mit der Armut, S. 215.

an Gerichten. Wird eine Überlastung der örtlichen sozialen Beratung belegt, kann es unzumutbar sein, auf die soziale Beratung verwiesen zu werden.

Bei ratenfreier PKH-Bewilligung trägt die Staatskasse die gerichtlichen und die anwaltlichen Kosten der beantragenden Partei.[32] Im Falle des Verlierens trägt i.d.R. die PKH-Partei die Anwaltskosten der gegnerischen Partei. Letzteres ist also das verbleibende Kostenrisiko trotz bewilligter PKH/VKH.

PKH und VKH werden nur bewilligt, wenn nach einer summarischen Prüfung **hinreichende Aussicht auf Erfolg** besteht. Z.B. muss für VKH im Scheidungsverfahren das Trennungsjahr vorbei sein, das Bedingung für eine Scheidung ist.[33] Es kommt auf das Gebot der Rechtsschutzgleichheit an. Die Hilfe wird versagt bei **Mutwilligkeit**, das heißt, wenn eine vernünftige vermögende Partei die Rechtsverfolgung unterlassen würde.[34]

Es kommt auf die wirtschaftlichen Verhältnisse der Partei bei Beschlusserlass an.[35] Klagen Eltern für ihr Kind, ist streitig, auf wessen Verhältnisse es ankommt. Bedarfsgemeinschaften nach dem SGB II oder XII werden nicht berücksichtigt. Vermögen wird nur berücksichtigt, soweit es verwertbar ist und die Schonvermögensgrenze von mindestens 5.000 € nach § 90 SGB XII übersteigt.[36]

Es werden fast alle Einkünfte und auch **fiktives Einkommen** herangezogen. Z.B. beim Wohnen im eigenen Haus: die Miete, die dort wohnende Angehörige zahlen könnten, bei Nichtvermieten einer leerstehenden Wohnung oder bei böswillig unterlassener Arbeit.[37] Den Einkünften werden zahlreiche Abzüge gegenübergestellt, um das einzusetzende Einkommen zu ermitteln, sodass sich drei Rechenschritte ergeben.

Seit 2021 sind in der PKH-Bekanntmachung für den Bund die bundesweiten Regelbedarfe für die Freibeträge zugrunde gelegt und nicht mehr die höheren regionalen Regelbedarfe von München und Umgebung, die nur dort gelten.

---

32 Zimmermann, W. 2021, Prozess- und Verfahrenskostenhilfe S. 321. Anschließend an eine Restschuldbefreiung wird auch über die Verlängerung der Stundung nach PKH-Grundsätzen entschieden nach § 4b InsO.

33 Der Entscheidungsspielraum der Gerichte wird dabei überspannt, wenn keine konkreten Anhaltspunkte dafür vorliegen, dass die Beweisaufnahme mit großer Wahrscheinlichkeit zum Nachteil PKH-Beantragender ausgehen würde. § 114 Abs. 1 ZPO. BVerfG NJW-RR 2005, S. 140. Jedoch nicht, wenn es sich nur um entfernte Erfolgschancen handelt, BVerfG NJW 2020, S. 534. Zimmermann, W. 2021, Prozess- und Verfahrenskostenhilfe, S. 113 ff. Beschwerde gegen Ablehnung des Antrags innerhalb eines Monats, § 567 ZPO.

34 § 114 ZPO. Z.B. bei Prozess gegen insolvente GmbH. Streitig bei Prozess um Scheinehe. Zimmermann, W. 2021, Prozess- und Verfahrenskostenhilfe, S. 137 f., 147 f.

35 Ehegatten werden getrennt geprüft. Bei seit 2020 seltenen Unterhaltsübergängen auf den Sozialhilfeträger und deren Rückübertragung kann ein Anspruch auf Prozesskostenvorschuss bestehen. Zimmermann, W. Prozesskosten- und Verfahrenskostenhilfe 2021, S. 26 ff., Rn. 29, 43.

36 § 115 Abs. 3 ZPO i.V.m § 90 Abs. 2 Nr. 9 SGB XII und Durchführungsverordnung dazu zuzüglich 500 € je unterhaltener Person. Der Vermögenseinsatz muss zumutbar sein und vieles ist umstritten. Zimmermann, W. 2021, Prozess- und Verfahrenskostenhilfe, S. 85 ff. Ein angemessenes selbstbewohntes Haus muss nicht belastet werden, aber eine Lebensversicherung i.d.R. schon.

37 Zimmermann, W. 2021, Prozess- und Verfahrenskostenhilfe, S. 39 ff.

### *Praxishinweis*

 *Berechnung des „**einzusetzenden Einkommens**" nach § 115 Abs. 1 ZPO:*[38]

1. ***Monatliches Einkommen ermitteln, ggf. Durchschnitt pro Monat.***
   - *1.1 1/12 des Bruttoarbeitsjahreseinkommens (einschließlich z.B. Urlaubsgeld)*
   - *1.2 Sozialleistungen (außer z.B. nicht zu berücksichtigende Opferentschädigungsrenten)*
   - *1.3 Naturalleistungen, Zinseinkünfte und sonstiges Einkommen, z.B. freie Kost, Gewinne aus Vermietung, Unterhaltsleistungen, ggf. fiktives Einkommen*
2. ***Freibeträge/Abzüge vom Einkommen ermitteln***
   - *2.1 Lohn-/Einkommensteuer und Pflichtbeiträge zur Sozialversicherung*
   - *2.2 Angemessene monatliche Prämien für Versicherungen, z.B. Haftpflicht, Riester*
   - *2.3 Werbungskosten, z.B. Arbeitsmittel, Kinderbetreuungsaufwand, Fahrtkosten*
   - *2.4 Einkommensfreibetrag 110 % von Regelbedarfsstufe 1 – bis 31.12.2022 = 494 € (Bund) – und zusätzlicher Freibetrag, bei Erwerbstätigkeit 50 % von Regelbedarfsstufe 1*
   - *2.5 Für Personen, denen auf Grund gesetzlicher oder sittlicher/humanitärer Unterhaltspflicht Unterhalt geleistet wird: Unterhaltsfreibeträge, von denen eigene Einkünfte der Personen (nach Bereinigung wie in 2.1–2.4) abzuziehen sind: 110 % für Ehegatten oder Lebenspartner*in von RBS 1, für jede erwachsene Person von RBS 3, für jeden Jugendlichen von 14 bis 17 Jahren von RBS 4, für jedes Kind von 6 bis 13 Jahren von RBS 5, bis 5 Jahre RBS 6.*
   - *2.6 Kosten der Unterkunft inkl. Nebenkosten (ggf. Anteil und soweit nicht unangemessen)*
   - *2.7 Mehrbedarf z.B. Alleinerziehende oder bei Gehbehinderung, § 21 SGB II, § 30 SGB XII*
   - *2.8 Besondere Belastungen, z.B.:*
     - *ungedeckter Bedarf für unter 18-jährige Unterhaltsberechtigte, i.d.R. 30,88 € je Schüler oder Schülerin*
     - *notwendige Bildungs- oder Krankheitskosten*
     - *Monatsbelastungen aus Krediten, Abzahlungskäufen usw., soweit angemessen*
3. ***Einzusetzendes Einkommen errechnen***

*Vom Ergebnis zu 1. ist das Ergebnis zu 2. abzuziehen.*

38 Eine Exceltabelle zur PKH-Berechnung stellt Andreas Kleingünther kostenlos zur Verfügung: www.pkh-fix.de (28.9.2022).

Bei einem „einzusetzenden Einkommen" unter 20 €: Prozess- und Verfahrenskostenhilfe ohne Eigenleistung. Ab 20 € PKH/VKH in Raten (50 % des einzusetzenden Einkommens, min. 10 €). Maximal sind 48 Monatsraten zu entrichten. Die restlichen Prozess-/Verfahrenskosten werden erlassen.

Ggf. ist die Ratenhöhe zugunsten des Schuldners anzupassen, § 120a Abs. 1 ZPO, auch rückwirkend auf den Zeitpunkt der Verschlechterung. Verbessert sich das einzusetzende Einkommen um mehr als 100 € brutto nicht nur einmalig, ist dies dem Gericht – ebenso wie jede Anschriftenänderung – unverzüglich mitzuteilen.[39]

### 6.3.3 Zum Verhältnis von sozialer und rechtsanwaltlicher Beratung

Die Versorgung der Bevölkerung mit der notwendigen Beratung, sei sie nun soziale Beratung, Rechtsberatung oder eine Mischung, durch die sozial Beratenden oder Rechtsanwält*innen erfolgt über die verschiedenen Akteure. Einerseits könnte es Unterschiede bei der Klientel geben. Bei niedrigerem Einkommen scheuen viele potenziell Beratene eher das Risiko, im Falle des Unterliegens die Kosten des Gegners für dessen Rechtsberatung tragen zu müssen, wie es die Prozesskostenhilferegelung vorsieht. Rechtstatsächliche Untersuchungen deuten darauf hin, dass bei komplexeren Rechtsfragen und Selbstständigen eher rechtsanwaltliche Beratung gewählt wird. Die Zielgruppe könnte aber auch mehr Selbsthilfemöglichkeiten in einer digitalen Informationsgesellschaft haben oder die Politisierung eines Rechtsgebietes, wie bei der Hartz IV-Gesetzgebung seit 2005, könnte eine Rolle spielen.[40] In einigen Bereichen spezialisieren sich Rechtsanwaltskanzleien auf eine Klientel, die sie auch mit angestellten Sozialprofessionellen betreuen, und reichen besonders viele Klagen bei Gericht ein.[41] Es scheinen gerade in Beratungsfeldern mit hohem Rechtsberatungsanteil wie in der Schuldnerberatung und der Beratung von Arbeitslosen die Zielgruppe beider Beratungsformen eine hohe Schnittmenge aufzuweisen.[42]

Im Leistungsangebot zeigen sich ebenfalls Schnittmengen. Kerngeschäft der Rechtsanwält*innen sind Rechtsdienstleistungen, also im Sinne des RDG die einzelfallbezogene Klärung von Rechtsfragen und die Unterstützung bei der Verfahrensbegleitung insbesondere an Gerichten. Es gibt Rechtsanwält*innen, die explizit Mediation anbieten. Oder sie sehen die psychosozialen und pädagogischen Bedarfe ihrer Beratenen und bedienen diese, beschreiben aber auch aufgrund der fehlenden eigenen Ausbildung die Grenzen ihres Bera-

39 Groth, H. u.a. (Hg.), Praxishandbuch Schuldnerberatung, Teil 3, Kap. 5.6.1., S. 25, 25b.

40 Müller, U., Hartz-IV-Proteste und SGB-II-Klagen: Interessenorganisierung mittels Recht, S. 159–172 in: Schroeder, W./Schulze, M. (Hg.) 2019, Wohlfahrtsstaat und Interessenorganisationen im Wandel – Theoretische Einordnungen und empirische Befunde.

41 Trotz relativer Verdienstmöglichkeiten kommen viele Hartz IV-Klagen von der Anwaltschaft und sie stärkte zusammen mit der verbandlichen Rechtshilfe die Position von Grundsicherungbeziehenden im Rechtsstreit. Müller, U. 2021, Protest und Rechtsstreit, S. 464 f.

42 Heuer, J. 2009, S. 92. So wurde in außergerichtlichen Einigungsversuchen bei Gerichten ungefähr zu gleichen Anteilen öff. geförderte geeignete Insolvenzberatungsstellen und Rechtsanwält*innen festgestellt. So auch Lechner, G./Backert, W. 2007, Menschen in der Verbraucherinsolvenz. Expertise im Auftrag des BMFSFJ. In anderen Ländern sind Rechtsanwält*innen nicht in größerem Umfang in die Unterstützung von Überschuldeten einbezogen.

tungsangebotes.[43] Hilfe zur Selbsthilfe wird dagegen ganz überwiegend nicht angeboten.[44]

***Rechtsanwaltliche Beratung auf einen Blick***

1. Die Zielgruppen von sozialer Beratung und Rechtsanwaltskanzleien überschneiden sich teilweise umfangreich.
2. Die Kosten sollten auf jeden Fall vor der Beratung geklärt sein.
3. Es gibt kostenlose Rechtsberatung, auch rechtsanwaltliche, über verschiedene Organisationen wie Gewerkschaft, Mieterverein, Studierendenwerk oder Verbraucherzentrale.
4. Beratungshilfe finanziert außergerichtliche Beratung, Prozess- bzw. Verfahrenskostenhilfe, Beratung und Vertretung durch Rechtsanwält*innen vor Gericht.
5. Rechtsanwält*innen bieten im Kern außergerichtliche und gerichtsbezogene Rechtsberatung an.

## 6.4 Ombudschaftliche Beratung

***Die Leitfragen dieses Abschnitts:***

- Was ist ombudschaftliche Beratung?
- Welche Regeln gelten für die ombudschaftliche Beratung?

Unabhängige Anlaufstellen bei (potenziell) konflikthaften Auseinandersetzungen mit Fachkräften in sozialen Einrichtungen können auf den Ausgleich von Machtstrukturen ausgerichtet werden. Solche Stellen sind zum Beispiel als **Ombudsstellen** für die Kinder- und Jugendhilfe seit 2002 mit hauptamtlich Beratenden entstanden.[45] Ähnliche Konzepte haben z.B. städtische **Beschwerdestellen** für die Altenpflege oder **Krisentelefone,** z.B. auch von AWO, Caritas oder Diakonie für verschiedene Zielgruppen oder die Ombudsstelle

43 Heuer, J. 2009, S. 105. Und die fehlende Vergütung laut Prognos AG/DAV 2015, Der Rechtsdienstleistungsmarkt 2030: Eine Zukunftsstudie für die deutsche Anwaltschaft, S. 110. Zu den Maßnahmen, die Anwaltschaft und Rechtshilfe unternehmen, um Ungleichheit und Machtgefälle auszugleichen, vgl. Müller, U. 2021, Protest und Rechtsstreit, S. 192 ff.

44 Soziale Aspekte können aber auch mit der Anbindung an geregelte Verfahren an sich von beiden Professionen erreicht werden. „Das Gefühl, ich bin wieder aktiv, ich regele etwas, das mobilisiert enorm." Heuer, J. 2009, a.a.O., S. 92–97.

45 Bundesnetzwerk Ombudschaft in der Jugendhilfe 2021, Informationen zu ombudschaftlichen Strukturen im Bundesgebiet.

nach § 14 LADG Berlin. Sie informieren, beraten zum Einzelfall, begleiten, unterstützen und vermitteln bei Konflikten teils auch in Form von Mediationen.[46]

## *Definition*

*Ombudschaftlich bedeutet, dass die Stellen unabhängig von Behörden und Leistungserbringern sind, auch weisungsunabhängig, und unparteiisch mit einem kritischen auf Befähigung der Beratenen ausgerichteten Beratungsverständnis arbeiten. Sie stellen Aufklärung, Partizipation und Beteiligung der Adressat*innen in den Mittelpunkt.*

Ombudschaftliche Beratung knüpft an Partizipation an, die auf pädagogischer und politischer Ebene angelegt und rechtlich verankert ist.[47] Aufklärung über Rechte und Pflichten und Befähigung zur Inanspruchnahme dieser Rechte sind eine wichtige Basis. In der Praxis sind die Grenzen der Partizipation fachlich und auf Augenhöhe mit den Beratenen auszuloten.

> „Es geht nicht darum zu suggerieren, alles wäre möglich. Es geht vielmehr darum, einen realistischen Blick auf Möglichkeiten und (eigene) Grenzen der Partizipation zu entwickeln und weitere Spielräume zu erschließen sowie (aktuell) nicht verhandelbare Grenzen der Partizipation mit ihren Begründungen klar zu benennen, um sich nicht unreflektiert daran abzuarbeiten oder Kinder und Jugendliche in Pseudo-Beteiligungen zu frustrieren."[48]

Besonders wertvoll sind externe **Beschwerdestellen**, da sie unabhängig von der Leistungsgewährung agieren. Bundesgesetzlich bestimmt z.B. § 9a SGB VIII, unabhängig arbeitende und fachlich nicht weisungsgebundene Ombudsstellen für die Jugendhilfe einzurichten. Ländern und Kommunen räumt er ein Ermessen bei der Umsetzung ein. Ein sozialrechtlicher individueller Anspruch auf ombudschaftliche Beratung ist damit (noch) nicht abgesichert. Nur ein Anspruch auf allgemeine Beratung durch die Behörde ist nach § 10a SGB VIII vorgesehen.[49] Teils sind die Ombudsstellen als freie Träger der Jugendhilfe nach § 75 SGB VIII anerkannt. Landesrecht sieht teilweise Ombudsstellen bei Bürgerbeauftrag-

---

46 Die Begriffe Ombudschafts- und Beschwerdestellen werden unterschiedlich verwendet. Hier wird Beschwerdestelle als der allgemeinere Begriff verwendet, der jegliches Feedback von Betroffenen an die Fachkraft direkt, interne oder externe Stellen umfasst. Ombudschaft ist nur in unabhängigen externen Stellen möglich und impliziert zusätzlich einen bestimmten Umgang mit dem Feedback. Urban-Stahl, U. (2011), Ombuds- und Beschwerdestellen in der Kinder- und Jugendhilfe in Deutschland.

47 Z.B. in § 8 Abs. 1 SGB VIII: „... entsprechend ihrem Entwicklungsstand an allen sie betreffenden Entscheidungen der öffentlichen Jugendhilfe zu beteiligen sind". Personenzentrierte Teilhabeplanung basiert auf Beratung und Unterstützung, § 106 SGB IX. § 77. SchulG Berlin: Beteiligung von je 4 Vertreter*innen der Eltern- und Schülerschaft in der Schulkonferenz. Das Deutsche Institut für Menschenrechte empfiehlt Beratenden in Pflegestützpunkten, über Beschwerdemöglichkeiten zu informieren und bei der Durchsetzung von Rechten zu unterstützen. DIMR 2016, Menschenrechte in Pflegeheimen, S. 4.

48 AGJ 2018, Partizipation im Kontext von Kinder- und Jugendarbeit, S. 14. Die Rechte und die Partizipation von Fachkräften, Angehörigen und Mitmenschen sind ebenfalls zu achten. Rechtliche Grenzen sind bei Gewalt und Diskriminierung gezogen, die sich auch im Minderheitenschutz in der Demokratie zeigen. Zur Bedeutung der Fachlichkeit Kapitel 12, zur Kinder- und Jugendhilfe Kapitel 10.1.5.

49 Deutscher Bundestag 2021, Drucksache 19/27481, S. 69 f. und Drucksache 19/28870. Schruth, P. 2019, Ausblick Entwicklungsbedarfe des SGB VIII, um dem Auftrag des § 1 SGB VIII gerecht zu werden. Ferner sieht § 45 SGB VIII vor, dass Leistungserbringer in der Jugendhilfe interne Beschwerdestellen vorhalten.

ten vor.[50] Teils sind sie mit ehrenamtlichen Mitarbeitenden besetzt, die Teil ihres Selbstverständnisses sind.[51] Letztlich tragen Ombudsstellen dazu bei, Menschen- und Grundrechte und deren bundes- und landesrechtliche Ausgestaltungen umzusetzen, insbesondere im Hinblick auf das Rechtsstaatsgebot.[52]

### *Ombudschaftliche Beratung auf einen Blick*

1. Ombudschaftliche Beratung ist extern und unabhängig und unterstützt die Selbstbestimmung der Beratenen.
2. Sie ist für die Kinder- und Jugendhilfe im SGB VIII verankert. Ombudschaftliche Beratung findet auch in anderen Handlungsfeldern ohne explizite gesetzliche Grundlage statt.

50 Z.B. in Rheinland-Pfalz.
51 Bundesnetzwerk Ombudschaft Kinder- und Jugendhilfe 2016, Selbstverständnis, S. 9.
52 Vgl. zur Bedeutung von Beschwerdestellen und dem Schutz von Hinweisgebenden bei Compliance und der Aufdeckung von Straftaten Kapitel 12.

# 7. Ehrenamt und freiwilliges Engagement

**Übersicht** Seite



Professionelle Beratung wird auch aus bürgerschaftlichem Engagement erbracht. Immer wieder entstehen Beratungsangebote erst durch freiwillige Arbeit, z.B. die Berliner Ombudsstelle Jugendhilfe. Im Jahr 2019 engagierten sich freiwillig fast 40 % der Bevölkerung ab 14 Jahren in Deutschland, 8,3 % im sozialen Bereich. Im Jahr 2009 gaben 32 % der befragten Freiwilligen an, unter anderem zu beraten.[1] Rechtliche Vorgaben, die dem Schutz der Beratenen vor Falsch- und Schlechtberatung dienen, gelten auch für Beratung aus ehrenamtlichem, freiwilligem Engagement. Zusätzlich sind jedoch rechtliche Besonderheiten zu beachten.

***Dieses Kapitel beantwortet folgende Fragen:***

- Was ist freiwilliges Engagement und Ehrenamt in der Beratung?
- Welcher rechtliche Rahmen gilt für Einkünfte aus Ehrenamt?
- Wie werden Engagierte in Arbeitsschutz und Qualitätssicherung eingebunden?

## 7.1 Begriffe für Engagement in der Beratung

**Ehrenamt** ist auf das Gemeinwohl ausgerichtete, freiwilliges, verbindliches Engagement ohne echtes Entgelt. Beispiele sind ehrenamtliche Vorstände gemeinnütziger Vereine, die Beratung anbieten, viele Rechtliche Betreuer und Betreuerinnen beraten ehrenamtlich, auch ehrenamtliche Mitarbeit in Gremien, Kirche oder Verbänden kann beratende Tätigkeiten umfassen. Freiwillige Beratungsarbeit wird ohne Lohn sowohl informell, z.B. in der Nachbarschaft, als auch in Organisationen geleistet. In vielen sozialen oder ökologischen Betrieben arbeiten vor allem junge Menschen, z.B. im Bundesfreiwilligendienst (Bufdi). Auch in der Bürgergesellschaft gibt es Beratungsformen von der Politikberatung bis zur Beratung für Selbsthilfegruppen und Bürgerinitiativen. Engagieren sich Professionelle gemeinwohlorientiert in ihrer professionellen Tätigkeit, so wird dies teilweise als soziales En-

1 BMFSFJ (Hg.) 2021, Freiwilliges Engagement in Deutschland, S. 4, 21. BMFSFJ (Hg.) 2010, Hauptbericht des Freiwilligensurveys 2009, S. 212. Schule und Kita ebenfalls 8,2 %, religiöser Bereich 6,8 %, Jugendarbeit 3,5 %, Politik 2,9 %, Berufliche Interessenvertretung außerhalb des Betriebs 1,9 %, Justiz Kriminalitätsprobleme 0,6 %.

gagement bezeichnet oder mit „pro bono" beschrieben, dass unentgeltlich gearbeitet wird. Z.B. beraten Rechtsanwält*innen soziale Beratungseinrichtungen „pro bono".

***Definition***

***Die Definition des Freiwilligensurveys lautet:***[2]

*Freiwilliges Engagement ist, wenn es freiwillig und gemeinschaftsbezogen ausgeübt wird, im öffentlichen Raum stattfindet und nicht auf materiellen Gewinn ausgerichtet ist.*

## 7.2 Recht für freiwillig engagierte Beratung

Es gibt kein „Ehrenamtsgesetz", aber über das Ehrenamtsstärkungsgesetz wurden die rechtlichen Rahmenbedingungen verbessert. Öffentliches Recht regelt öffentlich-rechtliche Ehrenämter.[3] Das Vereinsgesetz und die Gemeinnützigkeitsregelungen[4] über das Steuerrecht sind strukturell bedeutend. Ehrenamtseinnahmen sind steuerprivilegiert. An diese Regelung knüpfen die Unfallversicherung und die Einkommensprivilegierung bei Bezug von Sozialhilfe und ALG II/Bürgergeld an. Ferner sind die meisten Freiwilligen in die gesetzliche Unfallversicherung einbezogen und haftpflichtversichert.

### 7.2.1 Auftrag zur Tätigkeit, Praktikum oder Arbeitsvertrag?

Freiwilliges Engagement findet nicht als Dienst- oder Werkvertrag, sondern als Auftrag mit Rechtsbindungswillen statt. Die Abgrenzung von Ehrenamt, Praktika und Beschäftigung hängt letztlich vom Einzelfall ab. Sie wird relevant, wenn aus aufenthaltsrechtlichen Gründen keine Arbeitserlaubnis vorliegt, aber ehrenamtliche Tätigkeiten zulässig sind oder die Arbeitnehmereigenschaft zu einem Recht auf ergänzendes ALG II/Bürgergeld führt.[5]

Wichtigstes Indiz für ein Ehrenamt ist die fehlende Vergütung und die reine Aufwandsentschädigung.[6] In der Praxis richtet sich die Höhe der Aufwandsentschädigung häufig danach, dass sie steuer- und anrechnungsfrei ist. Zudem nimmt § 5 Abs. 2 Nr. 3 Betriebsverfassungsgesetz Personen von der Arbeitnehmereigenschaft aus, deren Beschäftigung nicht in erster Linie ihrem Erwerb dient, sondern vorwiegend durch Beweggründe

2 BMFSFJ (Hg.) 2021, Freiwilliges Engagement in Deutschland, S. 6.

3 Z.B. Wahlhelfer*innen nach dem Bundeswahlgesetz.

4 Die Gemeinnützigkeitszwecke wurden ab 2021 erweitert, u.a. um folgende Zwecke: Förderung der Hilfe für Menschen, die aufgrund ihrer geschlechtlichen Identität oder Orientierung diskriminiert werden. Auch der Katalog der Zweckbetriebe wurde erweitert um Einrichtungen für Flüchtlingshilfe und zur Fürsorge für Menschen mit psychischen und seelischen Erkrankungen bzw. Behinderungen.

5 Zu aufenthaltsrechtlichen Fragen vgl. Kapitel 14.1. Ausländer*innen können vom ALG II/Bürgergeld ausgeschlossen sein nach § 7 Abs. 1 S. 2 SGB II. Ist ihre Tätigkeit jedoch als Arbeitnehmereigenschaft zu qualifizieren, besteht ggf. eine Rückausnahme und damit ein Anspruch auf ergänzende Leistungen. Vgl. Bundesagentur für Arbeit 2021, SGB II Fachliche Weisung § 7, S. 1, 4.

6 Beim freiwilligen Engagement wird die Arbeitsleistung ohne Entgelt oder gegen eine Aufwandsentschädigung erbracht. BAG 29.8.2012, Az. 10 AZR 499/11.

karitativer oder religiöser Art bestimmt ist. Geht es nicht um gemeinnützige Zwecke, sondern wird z.B. mit der Tätigkeit angestrebt, später einen Arbeitsvertrag zu erhalten, ist kein Auftrag für ehrenamtliche Tätigkeit anzunehmen. Auch dass die Weisungsbindung nicht so intensiv ist wie das Direktionsrecht beim Arbeitsvertrag, kann ein Indiz für ein Ehrenamt sein.[7]

Ehrenamtliche könnten eine Vergütung einklagen nach § 612 Abs. 1 BGB, wenn sie sich darauf berufen, dass die Tätigkeit den Umständen nach üblicherweise gegen eine Vergütung zu erwarten ist. Diese Gefahr besteht vor allem, wenn Hauptamtliche die gleiche Arbeit machen. Der Vergütungsanspruch wird durch eine klare Vereinbarung mit den Ehrenamtlichen über die Unentgeltlichkeit verhindert.

Wenn das vermeintliche Ehrenamt ein Praktikum ist, besteht ein Anspruch auf Mindestlohn, soweit es sich nicht um ein Praktikum in Studium, Schule oder Ausbildung handelt.[8] Bei einem Praktikum steht der Erwerb von Fähigkeiten im Vordergrund. An manchen Hochschulen wird langjähriges ehrenamtliches Engagement als Praktikum anerkannt.[9]

### 7.2.2 Steuerfreibeträge für Ehrenamtseinkommen

Freiwilliges Engagement für einen gemeinnützigen, mildtätigen oder kirchlichen Zweck in öffentlich-rechtlichen oder gemeinnützigen Einrichtungen oder Vereinen wird steuerlich begünstigt mit der **Ehrenamtspauschale**, die seit 2021 840 € jährlich beträgt. Sind Beratungstätigkeiten als nebenberufliche pädagogische Tätigkeit im Rahmen der **Übungsleitereinkünfte** in Höhe von bis zu 3.000€ steuerfrei, dann kann die Ehrenamtspauschale nicht zusätzlich steuerfrei sein. Im Ehrenamt besteht ein Anspruch auf Aufwendungsersatz, z.B. für Telefon- oder Reisekosten. Kosten, die durch das Engagement entstehen, können als Werbungs- oder Betriebskosten abgesetzt werden.[10]

### 7.2.3 Versicherung von Freiwilligen

Die Gesetzliche **Unfallversicherung** bietet umfangreichere Leistungen für ehrenamtlich Tätige für den Fall von Krankheiten oder Unfällen beim und durch das Ehrenamt. Gesetzlich unfallversichert sind die meisten unentgeltlich Tätigen. Die Unentgeltlichkeit wird an-

7 Der Paritätische (Hg.) 2014, Der Einsatz von Ehrenamtlichen aus arbeits-, sozialversicherungs- und steuerrechtlicher Sicht, S. 8 ff.

8 § 22 MindestlohnG, vgl. Zum prekären Praktikum die Forderung des DBSH 2020, Stellungnahme: Vergütung der Studierenden der Sozialen Arbeit im Praxissemester.

9 Über die zuständigen Ausschüsse nach den hochschulischen Praktikumsrichtlinien.

10 § 3 Nrn. 26, 26a, 26b EStG und § 52–54 AO. Die Ehrenamtspauschale kann mit dem Arbeitnehmerpauschbetrag kombiniert werden, wenn dieser nicht für eine andere Erwerbstätigkeit genutzt wurde. BMF o.J., Höhere Pauschalen für ehrenamtliche Tätigkeiten.

genommen, wenn die Einkünfte steuerfrei sind. Die Unfallversicherung greift in folgenden Bereichen, die für Beratung relevant sind:[11]

- Personen ohne Beschäftigungsverhältnis, wenn sie wie Arbeitnehmende freiwillig tätig sind, oder in gemeinnützigen Organisationen Tätige, die freiwillig versichert werden,
- in der Wohlfahrtspflege, im Bildungswesen, in öffentlichen Einrichtungen; in Vereinen und Verbänden nur, wenn im Auftrag oder mit Zustimmung von Bund, Land oder Kommune oder öffentlich-rechtlicher Religionsgemeinschaften gehandelt wird,
- in Kirchen und deren Organisationen.

Kein Unfallversicherungsschutz besteht für Vereinsmitglieder, wenn der Verein freiwillig Tätiger keine freiwillige Versicherung beantragt[12] und auch keine private Unfallversicherung abschließt. Bei freiwilligem Engagement in Netzwerken ohne institutionellen Rahmen ist nur, wenn es sich um Hilfe in Not handelt, ein gesetzlicher Unfallversicherungsschutz gewährleistet.

Ferner sind die Freiwilligen in die **Haftpflichtversicherung** der Organisation einzubeziehen und deren Umfang ist zu klären[13] oder sie sollten eine private Haftpflichtversicherung haben für den Fall, dass sie Schäden verursachen. Kirchen und einige Bundesländer haben eine Haftpflichtsammelversicherung abgeschlossen für Engagierte in Selbsthilfegruppen oder Gruppen ohne Vereinsstatus.[14] Wer eigenständig freiwillig z.B. Nachbarn hilft, ist jedoch nicht über diese Organisationen haftpflichtversichert.

## 7.2.4 Ehrenamtsfreibeträge bei Leistungen aus dem SGB II und Sozialhilfe

Beziehen Freiwillige **Bürgergeld/Arbeitslosengeld II**, Sozialgeld, Hilfe zum Lebensunterhalt oder Grundsicherung im Alter und bei Erwerbsminderung, wird Einkommen aus Ehrenamt in geringerem Umfang angerechnet. Wer kein Arbeitseinkommen hat, bei dem werden bis zu 250 € aus dem Ehrenamt nicht als Einkommen berücksichtigt.[15] Das gilt bei Lebensunterhalt vom Jobcenter und vom Sozialamt und kann in der Berufs-, Alten- oder Lebensberatung motivierend sein.

Wer daneben Einkommen aus Arbeit hat, bei dem wird beim ALG II der Grundfreibetrag von 100 € berücksichtigt und daneben nur noch 150 € aus dem Ehrenamt nicht angerech-

---

11 § 2 Abs. 1, Abs. 2, § 6 Abs. 1 Nr. 3 SGBVII sowie Betreuer*innen nach dem Betreuungsgesetz, in Freiwilligen Diensten wie Freiwilliges soziales/ökologisches Jahr und Bundesfreiwilligendienst, Helfende bei Unglücksfällen, gemeiner Gefahr und Not und jene, auf die die Unfallkassen der Länder durch Satzungen den Versicherungsschutz ausgedehnt haben, § 3 Abs. 1 Nr. 4 SGBVII. BMAS (Hg.) 2018, ZU IHRER SICHERHEIT Unfallversichert im freiwilligen Engagement; Bürgertelefon für Unfallversicherung/Ehrenamt: 030 221 911 002.

12 LSG Hessen 30.4.2013, Az. L 3 U 231/10; BSG 16.8.2017, Az. B 12 KR 14/16 R.

13 Z.B. ob der Verlust von Schlüsseln eingeschlossen ist und wie es bei Personenschäden bei einem Autounfall aussieht.

14 Vgl. ehrenamt-kirche.de, Engagiert-in-nrw.de, ehrenamtsstiftung-mv.de, sozialministerium.baden-württemberg.de.

15 Seit 1.7.21 sind 3.000 € jährlich anrechnungsfrei bei ehrenamtlicher Vormundschaft, § 11a Abs. 1 Nr. 4 SGB II. Daneben ist zusätzlich die Übungsleiterpauschale steuerfrei.

net. Für den Erwerbstätigenfreibetrag werden beide Erwerbseinkünfte addiert. Er beträgt 20 % (bei Einkommen ab 100 bis 1000 €) vom Einkommen.[16]

**Beispiel**

***Beispielsrechnung:***

| *Freibeträge:* | *Einkommen:* |
|---|---|
| *100 € Grundfreibetrag* | *250 € Ehrenamtseinkünfte* |
| *150 € Freibetrag für Ehrenamt* | *350 € Bruttolohn* |
| *50 € Erwerbstätigenfreibetrag (20 % von [100 – 350 = 250 €])* | |
| *300 € nicht anrechenbar* | *300 € Einkommen anrechenbar* |

*Bei einem monatlichen Bedarf von z.B. 900 € (Warmmiete + Regelbedarf) besteht ein Anspruch auf 600 € ALG II. Insgesamt stehen 1.200 € zur Verfügung (600 € ALG II, 350 € Lohn, 250 € aus Ehrenamt).*

# 7.3 Arbeitsschutz und Qualitätssicherung

Zentrale Grundlage für Freiwilliges Engagement ist, die Freiwilligen vor Schäden zu schützen und die Qualitätssicherung der Beratung zu sichern. Für ehrenamtlich und beruflich Mitarbeitende gelten daher die gleichen Regeln, z.B. beim Datenschutz und der Verschwiegenheit, und sind entsprechende Erklärungen der Ehrenamtlichen sinnvoll.

Freiwillige werden daher in beides einbezogen, zumal die Leitung ein Organisationsverschulden und damit eine Haftung treffen kann, wenn Sie nicht für Schutz und Qualitätssicherung sorgt. 60 % der Ehrenamtlichen gaben im Freiwilligensurvey an, dass es dafür Ansprechpartner für sie gibt.[17]

**Beispiel**

*In einer Pandemie sind Mitarbeitende und Freiwillige vor einer Infektion zu schützen. Die Leitung organisiert eine Umstellung auf Beratungsformate ohne persönlichen Kontakt oder Beratungen mit ausreichendem Schutz (z.B. Maske und Glasscheibe). Sie informiert über die aktuellen Bestimmungen zum Schutz vor Ansteckung, z.B. per E-Mail auf dem Weg zu Beratungen, und bietet Ehrenamtlichen eine Videokonferenz an, um sie kooperativ einzubinden. Stecken sich trotzdem Ehrenamtliche an, ist die Leitung nicht haftbar.*

16 § 11b Abs. 2 S. 3, Abs. 3 S. 2 Nr. 1 SGB II, § 82 Abs. 3 S. 4 SGB XII; BSG 28.10.2014, Az. B 14 AS 61/13 R. Zum Bürgergeld siehe die ständig aktualisierte Erläuterung der Einkommensanrechnung von Harald Thomé, die er auf seiner Webseite im Folienvortrag zur Verfügung stellt: www.harald-thome.de.

17 BMFSFJ (Hg.) 2010, Hauptbericht des Freiwilligensurveys 2009, S. 188.

Studien zeigen, dass durch Kooperation von Haupt- und Ehrenamtlichen die Qualitätssicherung nachhaltiger gelingt. Z.B. werden Schulungen besser angenommen, wenn sie praktisch und auf die konkreten Erfahrungen der Ehrenamtlichen ausgerichtet sind und möglichst noch Spaß machen. Die Haltungen von Haupt- und Ehrenamtlichen sollten in den Qualifizierungskonzepten berücksichtigt werden und Freiwilligkeit Vorrang haben.[18]

### *Ehrenamt und freiwilliges Engagement auf einen Blick*

1. Für den Auftrag zum Ehrenamt sollten klare Vereinbarungen zum Aufwandsersatz getroffen werden.
2. Freiwillige können jährlich 840 € und evtl. Übungsleitereinkünfte steuerfrei oder monatlich 250 € anrechnungsfrei bei ALG II/Bürgergeld und Sozialhilfe erhalten.
3. Ehrenamtliche am besten kooperativ in den Arbeitsschutz und die Qualitätssicherung einbeziehen.

18 Vgl. BMFSFJ (Hg.) 2015, Kooperation von Haupt- und Ehrenamtlichen als Gestaltungsaufgabe, S. 38.

# 8. Daten- und Vertrauensschutz

**Übersicht** Seite



Kernelement jeder sozialen Beratung und Mediation und jedes sozialen Coachings ist die Beziehung zwischen Beratenen und Beratenden. Auf der Beziehungsarbeit beruht die Möglichkeit, sich zu öffnen, dem Beratenden zu vertrauen und sich auf einen Prozess der Veränderung einzulassen.[1] Basis jeder sozialen Beratung ist es daher, dieses Vertrauen zu schützen, und dass die Beratenen über ihre Daten bestimmen. Der Kern von Beratung setzt hier an. Mit einer entsprechenden Beratungshaltung geht fast automatisch ein rechtskonformer Daten- und Vertrauensschutz einher, auch ohne dass die komplexen Rechtsfragen in jedem Einzelfall durchgeprüft werden müssen. Dieses Kapitel bietet die Gelegenheit, auf der Basis rechtlicher Informationen die eigene Haltung zu entwickeln und zu festigen.

---

1 Siehe zum Beratungsverständnis die Einleitung und zum Selbstbestimmungsrecht als Mandat in der Beratung Kapitel 3.3.

## *Daten- und Vertrauensschutz beantwortet folgende Fragen:*

- Wie schützt das Recht das Vertrauen in professionelle Beratung?
- Welche Beratenden und Mitarbeitenden benötigen in der Regel eine Schweigepflichtentbindung, um sich nicht strafbar zu machen?
- Wann ist es gerechtfertigt, die Schweigepflicht zu brechen, z.B. im Notstand und um mich nicht der unterlassenen Hilfeleistung strafbar zu machen?
- Wie kann ich Vertrauen schützen, wenn ich kein Zeugnisverweigerungsrecht vor dem Strafgericht habe?
- Welchen Einfluss haben Haltung und Ethik beim Umgang mit der Schweigepflicht?
- Wann benötige ich eine Datenschutzerklärung von Beratenen?
- Wie ist der Datenschutz konform mit der europäischen EU-DSGVO?
- Welche Besonderheiten sind in der Beratung von Kindern und Jugendlichen zu beachten?
- Muss ich alle Türen zu machen, damit niemand unbefugt in der Beratung mithört?

Vertrauen in Beratende und Selbstbestimmung über die eigenen Daten werden auf drei Ebenen rechtlich geschützt, denen auch die Reihenfolge in diesem Kapitel entspricht:

- 8.1 und 8.2: Strafrechtlich bewährte Schweigepflichten und Schutz z.B. vor Tonaufnahmen,
- 8.3 bis 8.6: Datenschutzrecht als informationelle Selbstbestimmung und nach der EU-DSGVO, zivilrechtliche Vertragspflichten und Schadensersatz bei unerlaubten Handlungen,
- 8.7: Sozialrechtlicher Datenschutz.

Es schließen sich Abschnitte zum Datenschutz in der Beratung von Kindern und Jugendlichen, 8.8 und zum Datenschutz per Telefon und digital an, 8.9.

### *Beispiel*

*Justin hat vor einem Jahr wegen einer Gewalttätigkeit mittlerer Schwere gegenüber einem Lehrer an seiner Schule an einem Antiaggressionstraining teilgenommen, das an eine Beratungsstelle angegliedert war. Justin ist jetzt 18 Jahre alt, beendet gerade die Schule und hält es bei seinen alkoholabhängigen Eltern nicht mehr aus. Nach einem Streit mit seinem Vater, den er dabei verprügelt hat, erzählt er bei der Sozialarbeiterin in der Beratungsstelle von den Körperverletzungen. Er schimpft, dass er seinen Vater wieder verprügelt, wenn der ihm noch einmal sagt, was er zu tun oder zu lassen habe.*

# 8.1 Strafrechtliche Schweigepflicht

Bestimmte Personen sind nach § 203 StGB aufgefordert, Privatgeheimnisse zu schützen: von A wie Arzt über E wie Externe Dienstleistende bis Z wie Zentrale einer mit Sozialarbeiterinnen und Sozialarbeitern besetzten Beratungsstelle. Das gilt auch, wenn Datenschutzregelungen eine Datenübermittlung erlauben, da z.B. nach § 1 Abs. 2 S. 3 BDSG die Schweigepflicht unberührt bleibt.[2] Ob eine Schweigepflicht besteht oder ausnahmsweise z.B. ein rechtfertigender Notstand einen Bruch der Schweigepflicht erlaubt, ist daher nach der strafrechtlichen Rechtslage zu beurteilen.

## 8.1.1 Schweigepflichtige Berufe

Die Allgemeinheit hat ein Interesse daran, dass es Berufe gibt, in denen sich Betroffene offen anvertrauen können, ohne Angst haben zu müssen, dass ihre Geheimnisse weitergegeben werden. Für einige Berufe gilt daher eine strafrechtliche Schweigepflicht, um das Vertrauen, das ihnen allgemein, aber auch z.B. von konkreten Beratenen entgegengebracht wird, besonders zu schützen. Diese sogenannten **Berufsgeheimnistragenden** dringen bei ihrer Tätigkeit besonders in die Privatsphäre ein, weshalb sie sich der **Verletzung von Privatgeheimnissen** strafbar machen können. Außerdem können sie schadenersatzpflichtig sein und eine Abmahnung oder Kündigung erhalten. Nach § 203 Abs. 1 Nr. 4–6, Abs. 2 Nr. 1 und 2 und Abs. 4 Satz 1 StGB sind zur Verschwiegenheit verpflichtet:[3]

- Ehe-, Familien-, Erziehungs- oder Jugendberater sowie Beraterinnen für Suchtfragen in einer Beratungsstelle, die von einer Behörde oder Körperschaft, Anstalt oder Stiftung des öffentlichen Rechts anerkannt ist,
- Mitglieder oder Beauftragte einer anerkannten Beratungsstelle nach den §§ 3 und 8 des Schwangerschaftskonfliktgesetzes,
- staatlich anerkannte Sozialarbeiterinnen oder staatlich anerkannte Sozialpädagogen,
- (europäische und nationale) Amtsträgerinnen (Beamte),
- für den öffentlichen Dienst besonders Verpflichtete (Angestellte im öffentlichen Dienst).

Andere pädagogische Berufe als die Soziale Arbeit sind also nicht als geheimnistragende Berufe genannt. Nur wenn sie in einer der genannten Beratungsstellen oder als Amtsträger*innen beraten, kann für sie eine Schweigepflicht nach § 203 StGB bestehen. Auch Mediator*innen oder Coaches haben keine strafrechtliche Schweigepflicht aufgrund ihrer Tätigkeit.

Mitwirkende Personen oder Datenschutzbeauftragte der Berufsgeheimnistragenden und externe Dritte sind auch zur Verschwiegenheit verpflichtet, z.B. eine Sekretärin einer Bera-

2 So auch § 35 Abs. 2a SGB I für den Sozialdatenschutz seit 2017. Krahmer, U. 2020, Sozialdatenschutzrecht, § 35 SGB I, Rn. 24.

3 Es sind jeweils die anderen Geschlechter mitgemeint. Weitere Berufsgeheimnistragende: Ärztinnen und andere Heilberufe, Berufspsychologen, Rechtsanwälte, Steuerberaterinnen u.Ä., Mitarbeitende privater Krankenversicherungen.

tungsstelle, in der staatlich anerkannte Sozialpädagoginnen beraten. Mitwirkende sind die berufsmäßigen Gehilf*innen und die Personen, die zur Vorbereitung auf den Beruf tätig sind, aber auch sonstige Mitwirkende wie Aushilfs- und Verwaltungskräfte. Auch Studierende während eines Praktikums oder im Anerkennungsjahr nach dem Studienabschluss zählen dazu.

### *Hinweis*

***Ausweitung der Geheimnistragenden seit 2017***

*Ferner sind seit 2017* ***externe Dienstleistende*** *zur Verschwiegenheit verpflichtet. Dabei werden sowohl digitale als auch analoge Tätigkeiten erfasst, was zu einer Ausweitung der Verschwiegenheitspflicht geführt hat. Z.B. sind zur Verschwiegenheit verpflichtet:*

- *Externe zur Wartung von Computern,*
- *Externe bei der Aktenarchivierung und -vernichtung,*
- *Mitarbeitende freier Träger der Jugendhilfe oder der Schuldnerberatung, die im Auftrag von Jugend- oder Sozialämtern beraten,*
- *Mitarbeitende von Kitas oder Dolmetschende mit öffentlichem Auftrag.*

*Handelt es sich um Leistungen, die* ***im Auftrag öffentlicher Träger*** *erbracht werden, sei es z.B. der Jugendhilfe oder der Krankenkasse oder des Sozialamts, so werden diese von externen Dienstleistenden im Auftrag der öffentlichen Träger erbracht.[4] Die auftraggebenden Träger müssen jeweils die für sie selbst geltende strafrechtliche Schweigepflicht weitergeben über eine vertragliche Verpflichtung der Mitarbeitenden und Externen.[5] Sie machen sich sonst ebenfalls strafbar, § 203 Abs. 4 Satz 2 Nr. 1 und 2 StGB.*

*Zur Sorgfaltspflicht Berufsgeheimnistragender[6] gehört es somit, bei einem Vertrag mit einer Computerwartungsfirma eines freien Trägers, der Familienberatung im Auftrag des Jugendamtes anbietet, auf die strafrechtliche Schweigepflicht hinzuweisen und die Firma und ihre Mitarbeitenden vertraglich zur Verschwiegenheit zu verpflichten und dazu zu verpflichten, weitere Unterauftragnehmende entsprechend zur Verschwiegenheit und Absicherung der Schweigepflicht zu verpflichten. Dies ist nur dann nicht erforderlich, wenn die Mitarbeitenden selbst beruflich nach § 203 StGB zur Verschwiegenheit verpflichtet sind.*

---

4 Dabei muss es sich nicht um eine Beauftragung für ganze Komplexe handeln, die Sozialleistungsbehörden dann verantworten wie eigenes Handeln. Siehe zu dieser Abgrenzung weiter unten den Abschnitt Sozialdatenschutz.

5 Deutscher Bundestag, BT-Drs. 18/11936, S. 28 f.

6 Momsen, C./Savic, L. I. 2017, Daten-Outsourcing und IT-Compliance bei Berufsgeheimnisträgern. Die Neuregelungen im Umfeld des § 203 StGB, KriPoZ, S. 301, S. 303.

## 8.1.2 Verletzen von Privatgeheimnissen

Die oben genannten Berufsgeheimnistragenden machen sich strafbar, wenn sie

1. Geheimnisse, die nicht schon einem unbestimmten Personenkreis bekannt sind,
2. die ihnen in ihrer beruflichen Eigenschaft bekannt geworden sind
3. unbefugt offenbaren und
4. Betroffene einen Strafantrag stellen.

Für eine Strafverfolgung muss in jedem Fall zunächst ein **Strafantrag** nach § 205 StGB von der Person gestellt worden sein, deren Geheimnis verletzt wurde, bzw. nach dem Tod von ihren Angehörigen oder Erben. Sie entscheiden damit auch darüber, ob durch ein Strafverfahren weitere Personen von dem Geheimnis erfahren.

Ein **Geheimnis** ist nur, was nicht schon allgemein bekannt ist. Ist es nur in einem gut überschaubaren Personenkreis wie der Familie oder in einem Unternehmen bekannt, handelt es sich um ein Geheimnis. Geheimzuhaltende Tatsachen sind z.B. die Tatsache, dass sich Beratene haben beraten lassen, ihr Name, Alter, ihre Probleme und Meinungen, ihr Umgang mit Drogen sowie Diagnosen und Prognosen zu ihrer weiteren Entwicklung.[7]

Das Geheimnis kann anvertraut oder sonst bekannt geworden sein, sei es mündlich oder schriftlich. Es kommt aber darauf an, dass dies **im Rahmen der beruflichen Funktion** und nicht als Privatperson geschieht. Dies ist aus der mutmaßlichen Sicht Beratener zu beurteilen, da diese die Unterscheidung ggf. schwer treffen können. Sind Beratene und Beratende z.B. auch in anderen Zusammenhängen miteinander in Kontakt, so können in einem Flurgespräch dort trotzdem Beratende als solche angesprochen werden und dann mitgeteilte Tatsachen Berufsgeheimnisse sein.

### *Praxisbeispiel*

*Ein studierter Diplom-Psychologe ist freiberuflich als Berater in der Organisationsentwicklung tätig. Immer wieder coacht er auch Personen aus den Leitungsebenen von Unternehmen. Dabei ist er nicht therapeutisch tätig. Berufspsychologen sind als Berufsgeheimnisträger in § 203 StGB genannt. In einem* ***Coaching*** *von Managenden ist er allerdings nicht im Hauptanwendungsgebiet der Psychologie tätig.[8] Sein Coaching ist gerade keine auf Heilung ausgerichtete Tätigkeit wie die Psychotherapie. Die im Coaching erfahrenen Daten hat er zwar vertraglich zu schützen. Allerdings hat er kein Geheimnis im Rahmen seiner Psychologenfunktion im Sinne der strafrechtlichen Schweigepflicht erfahren. Auf ihren Webseiten weisen psychologisch Coachende oft aus, dass sie keine strafrechtliche Schweigepflicht und kein Zeugnisverweigerungsrecht haben.*

7 Lehmann, M. K.-H. u.a. 2018, Basiswissen Datenschutz, S. 429, 437.

8 Würde dagegen eine Psychotherapie stattfinden, dann würden die Schweigepflicht und ein Zeugnisverweigerungsrecht bestehen. Diplom-Psychologen benötigen für Psychotherapien eine Approbation. Siehe auch zur Supervision Stock, C. 2019, Psychotherapie, Beratung und Supervision in Humanistischen Verfahren, S. 208–210.

Ein **Offenbaren** findet statt, wenn das Geheimnis Dritten, die das Geheimnis nicht umfassend kannten, mitgeteilt wird. Das kann auch durch das offene Liegenlassen von Akten stattfinden und damit eine Offenbarung durch Unterlassen darstellen.[9]

***Beispiel***

*Eine Sozialarbeiterin lässt nach einem Beratungsgespräch die Akte mit ihren Notizen und einem Aktenvermerk offen auf dem Tisch liegen. Nicht nur bei Publikumsverkehr oder Kollegenbesuch ist ein Offenbaren durch offene liegengelassene Unterlagen zu befürchten. Nach Dienstschluss oder am Wochenende können auch andere Mitarbeitende (Reinigungskräfte, Hausmeister etc.), die Zugang zum Büro haben, die Beratungsinhalte lesen.*

Es kann eine Befugnis zum Offenbaren vorliegen bei einer Schweigepflichtentbindung, bei Rechtfertigungsgründen oder höherrangigen gesetzlichen Mitteilungspflichten, siehe dazu unten.

Dagegen liegt bei einer Mitteilung an **berufsmäßige Gehilfen oder Gehilfinnen** bzw. in einer Funktionseinheit einer Beratungsstelle, die einen Fall bearbeitet, schon kein Offenbaren vor (§ 203 Abs. 3 Satz 1 StGB). Wird also z.B. in einer Behörde ein Fall ordnungsgemäß bearbeitet, so sind Mitteilungen an alle damit berufsmäßig befassten Mitarbeitenden unproblematisch schon nicht als Offenbaren zu werten. Wird für Beratene erkennbar **im Team beraten**, so ist ebenfalls von einer Funktionseinheit auszugehen.[10] Es liegt im Interesse der Beratenen, dass das Beratungsteam sich untereinander informiert. Auch zur Berufsvorbereitung Beteiligte sind einbezogen. Beim Empfang in der Beratungsstelle, bei der Datenverarbeitung zur Aktenbearbeitung oder bei den für die Krankheitsvertretung anfallenden Mitteilungen handelt es sich also nicht um ein Offenbaren. Geschäftsverteilungspläne ermöglichen es, die Abgrenzung zu klären. Datenschutzrechtlich ist hier trotzdem immer zu prüfen, ob eine Datenweitergabe erforderlich ist. Daher kann z.B. nur ein Teil einer Akte weitergeleitet werden, weil dieser Teil zur Bearbeitung ausreicht.[11] Eine Weitergabe an das kollegiale Team im weiteren Sinne ist jedoch nicht erforderlich und wäre ein Offenbaren.

9 Krahmer, U. 2020, Sozialdatenschutzrecht, SGB X, § 67c.

10 Stock, C. Psychotherapie, Beratung und Supervision in Humanistischen Verfahren, S. 212. Rau, T. u.a. 2019, Gefährdungsmomente im Zusammenhang mit religiös-motivierter Radikalisierung. Handlungsempfehlung für (sozial-)pädagogische Fachkräfte, in: ZKJ 2019, Nr. 4, S. 128–136.

11 Smessaert, A. 2015, Allgemeine Grundsätze des Datenschutzes, DIJuF Rechtsgutachten, TE-1143, S. 6 f. Hundt, M. 2019, Datenschutz in Kinder- und Jugendhilfe, S. 186.

## 8.1.3 Verringerung des Geheimnisschutzes seit 2017

***Hinweis***

*Eine Mitteilung an **andere als berufsmäßig Mitarbeitende** ist ein Offenbaren, zu dem man aber nach § 203 Abs. 3 Satz 2 StGB befugt ist, wenn die Mitteilung erforderlich ist. Dies betrifft z.B. mitwirkende externe Dienstleistende oder Mitarbeitende von beauftragten freien Trägern. An sie dürfen die erforderlichen Daten seit 2017 weitergegeben werden. Im Gegenzug sind sie in die Schweigepflicht einzubeziehen, was vertraglich abgesichert werden muss, damit sich die Berufsgeheimnistragenden nicht strafbar machen, s.o. 8.1.1.*

Datenweitergaben an nicht mit dem Fall Befasste sind meist nicht zulässig, z.B. an andere Beratende derselben Beratungsstelle. Sie sind nicht berufsmäßig mit dem Fall befasst und gehören dann auch ggf. nicht zur Funktionseinheit. In der Regel ist eine Mitteilung an sie nicht erforderlich und daher eine Verletzung der Schweigepflicht und des Datenschutzes. Durch Pseudonymisieren oder Anonymisieren kann hier der Datenschutz gesichert werden, z.B. auf Teamsitzungen und um eine interne oder auch externe **Fallbesprechung** zu ermöglichen. Das bedeutet auch, dass Namen und Aktenzeichen und ggf. noch mehr in Unterlagen, die für Fallbesprechungen herangezogen werden, geschwärzt werden müssen, damit die Person nicht identifizierbar ist.

## 8.1.4 Entbindung von der Schweigepflicht

Beratende sind zum Offenbaren von Geheimnissen befugt, wenn Beratene sie persönlich von der **Schweigepflicht entbunden** haben.[12] Diese Erklärung muss freiwillig abgegeben werden und es muss klar formuliert sein:

- wer gegenüber wem entbunden ist,
- zu welchem Zweck die Schweigepflichtsentbindung abgegeben wird und
- auf welche Sachverhalte sie sich bezieht.

Ggf. sind Geheimnisse Dritter betroffen und daher ist auch von ihnen eine Schweigepflichtentbindung erforderlich. Mündliche Einwilligungen erweisen sich in der Praxis oft als unproblematisch. Trotzdem sollten sie aus Beweisgründen möglichst schriftlich vorliegen und können mit der Einwilligung im Rahmen des Datenschutzes kombiniert werden, wie in dem folgenden Beispiel.[13]

---

12 Es kommt auf die Einwilligungsfähigkeit an, die in der Regel bei Kindern und Jugendlichen ab 14 gegeben ist, siehe dazu unten Abschnitt 8.1.9.

13 So verlangen z.B. die Ethikrichtlinien der DGSF, „Klient*innen-Informationen dürfen nur mit deren schriftlicher Einwilligung oder bei gesicherter Anonymität" weitergegeben werden. DGSF 2019, Ethikrichtlinien, www.dgsf.org/service/download-bereich/dgsf-rili-ethik.END.pdf (12.9.2022).

**1. Schweigepflichtentbindung**

Ich/wir ________________________________________ *(Vorname(n) Name(n), Anschrift) (ggf. die gesetzlichen Vertreter*innen des Kindes/Jugendlichen und dessen Vorname, Name und Geburtsdatum)* entbinde(n)

______________________________________________ *(Vorname, Name bzw. möglichst konkrete Nennung der Zuständigen einer Institution)*

von ihrer/seiner **Schweigepflicht nach § 203 StGB** (und ihrem/seinem besonderen Vertrauensschutz nach § 65 SGB VIII). Diese Einwilligung gilt für folgende Sachverhalte:

______________________________________________________________

Die Weitergabe von Informationen dient folgenden Zwecken:

______________________________________________________________

Die Einwilligung gilt nur gegenüber folgenden Personen/Institutionen:

______________________________________________________________

Die Entbindung von der Schweigepflicht gilt wechselseitig: □ Ja □ Nein (ankreuzen).

(ggf.) Diese Einwilligung gilt längstens bis: ________________ *(Datum)*

Ich/wir wurde(n) ausführlich über die gesetzliche Schweigepflicht sowie den Sinn und Zweck dieser Einwilligung aufgeklärt. Ich/wir habe(n) diese Information verstanden.

Ich/wir gebe(n) diese Einwilligung freiwillig ab und wurde(n) darüber informiert, dass ich/wir sie jederzeit ohne Angabe von Gründen für die Zukunft widerrufen kann/können.

Mir/uns wurde erläutert, dass eine **fehlende Zustimmung** diese Folgen haben kann:

______________________________________________________________

______________________________________________________________

__________________________________

*(Ort, Datum, Unterschrift(en) der/des Einwilligenden, ggf. der/des Personensorgeberechtigten)*

*(ggf. Einschätzung der Einwilligungsfähigkeit – bei psychischen Störungen oder Kindern/Jugendlichen):*

Ich habe mich von der **Einsichts- und Urteilsfähigkeit** von ______________________ *(Name/Alter)* überzeugt. Begründung für die Einwilligungsfähigkeit:

__________________________________

*(Ort, Datum Unterschrift der/des Mitarbeiter*in)*

**2. Einwilligung in die Datenverarbeitung**

Mir/Uns wurden die Datenverarbeitung und die Dokumentationssysteme, die in der [Name der Beratungsstelle] verwandt werden, sowie die berufliche Schweigepflicht (§ 203 Abs. 1 StGB) der Mitarbeitenden (ggf. sowie den besonderen Schutz anvertrauter Daten nach § 65 SGB VIII) und ihre Grenzen, z.B. wegen eines gegenwärtigen Notstandes, ausführlich erläutert. Ich/wir habe(n) die Erläuterung verstanden. Die Datenverarbeitung in der [Name der Einrichtung] erfolgt auf der Grundlage von [Rechtsvorschriften].

Ich/wir willige(n) in die Erhebung von personenbezogenen Daten und in ihre Verarbeitung für die Erfüllung der Aufgaben und Zwecke der Beratung (ggf. Zweck anpassen) ein. Ich/Wir gebe(n) diese Einwilligung freiwillig ab und wurde(n) darüber informiert, dass ich/wir sie jederzeit ohne Angabe von Gründen für die Zukunft widerrufen kann/können.

Die Zwecke, zu denen die Datenverarbeitung ausschließlich erfolgt, sind im Einzelnen

____________________________________________________________.

Spätestens ______ Jahre nach Beendigung der Beratung oder auf Antrag werden die Daten gelöscht. Datenschutzbeauftragte/r ist

________________________________________

Mir ist bekannt, dass ich ein Recht auf Auskunft, Akteneinsicht, Berichtigung und Beschwerde habe, Letzteres auch bei der Aufsichtsbehörde ____________________________.

____________, ____________

*(Ort, Datum, Unterschrift(en) der/des Einwilligenden, ggf. der/des Personensorgeberechtigten)*

## 8.1.5 Offenbarungsbefugnis rechtfertigender Notstand

Aus einem Notstand nach § 34 StGB kann sich eine Rechtfertigung eines Geheimnisbruchs ergeben. Das bedeutet nicht, dass eine Pflicht zum Geheimnisbruch bestünde. Der **rechtfertigende Notstand** nach § 34 StGB kann eine Befugnis zur Verletzung der Schweigepflicht darstellen. Die Voraussetzungen können über diese Fragen geprüft werden:

1. Liegt wirklich eine erhebliche Gefahr für Leben, Gesundheit, Freiheit, sexuelle Selbstbestimmung oder ein anderes wichtiges Rechtsgut vor?
2. Besteht die Gefahr gegenwärtig, steht sie also unmittelbar bevor oder dauert noch an?
3. Ist das zu schützende Interesse nach einer Abwägung als wesentlich wichtiger als die Wahrung des Geheimnisses einzuschätzen?
4. Ist der Geheimnisbruch geeignet, die Gefahr abzuwenden?
5. Ist der Geheimnisbruch erforderlich zur Abwendung der Gefahr und sind alle denkbaren milderen Mittel geprüft worden?

Nur wenn alle fünf Fragen bejaht werden können, liegt ein rechtfertigender Notstand vor.

Siehe dazu Kapitel 9.1.1. Eine von den oben aufgeführten Fragen geleitete **Dokumentation** von Grundlage und Abwägung ermöglicht es, die Entscheidung sicherer zu begründen.[14]

Werden Beratende angeschuldigt, falsch beraten zu haben oder gar strafbar zu handeln, kann dies eine Gefahr für ein anderes wichtiges Rechtsgut im Sinne der 1. Frage darstellen. Ein gefährdetes rechtlich geschütztes Interesse ist ausreichend. Das wäre z.B. das Interesse, nicht verleumdet, beleidigt, belästigt oder von einer arbeitsrechtlichen Abmahnung betroffen zu werden.[15]

Allerdings muss eine Abwägung erbringen, dass dieses Interesse die Wahrung des Geheimnisses überwiegt. Dabei sind die Folgen des Geheimnisbruchs nicht nur für die Betroffenen, sondern auch für die eigene Beratungsstelle und die Erwartung an Berufsgeheimnistragende insgesamt einzubeziehen.

Gerade bei der Erforderlichkeit des Geheimnisbruchs ist zu prüfen, ob nicht andere auch beraterische Mittel zur Verfügung stehen. Ein milderes Mittel könnte eine anonyme Supervision sein, die intern vielleicht nicht möglich ist, aber extern.[16] Ggf. können Beratene andere Schutzmöglichkeiten entwickeln und es ist daher kein Geheimnisbruch erforderlich.[17]

Nehmen Beratende die Interessenabwägung vor und sehen sich gerechtfertigt und beurteilt ein Gericht dies anders, so gehen die Beratenden irrtümlich von einem Rechtfertigungsgrund aus. Hierin kann ein entschuldigender **Erlaubnisirrtum** liegen. Die Verletzung der Schweigepflicht ist dann zwar nicht gerechtfertigt, aber es liegt ein Entschuldigungsgrund vor, weshalb Beratende straffrei blieben.[18]

## 8.1.6 Offenbarungsbefugnis gegenüber Ausländerbehörden

Öffentliche Stellen, nicht jedoch Schulen, Bildungs- und Erziehungseinrichtungen[19] und auch nicht private Einrichtungen sind nach § 87 AufenthG zur Datenübermittlung an **Ausländerbehörden** verpflichtet. Der Sozialdatenschutz geht jedoch dieser Verpflichtung

14 Papenheim 2008, Schweigepflicht, Datenschutz und Zeugnisverweigerungsrecht im sozial-caritativen Dienst, S. 93. Zum Spannungsverhältnis in der Jugendhilfe vgl. Moisisch, B. 2011, Der Rechtfertigende Notstand als Begründung für den Bruch der gesetzlichen Schweigepflicht, S. 5.

15 BKE (Hg.) 2009, Rechtsgrundlagen der Beratung, S. 253.

16 Goldberg, B. 2021, Schweigepflicht und Datenschutz in der Sozialen Arbeit und Beratung, S. 16.

17 Siehe den Beispielsfall unten.

18 Der Erlaubnisirrtum stellt einen Verbotsirrtum gemäß § 17 StGB dar. Er führt nach dessen Satz 1 zum Wegfall der Schuld, wenn er unvermeidbar ist, d.h., wenn der Täter unter Berücksichtigung seiner sozialen Stellung und seiner Fähigkeiten bei dem ihm zumutbaren Einsatz seiner Erkenntniskräfte und seiner rechtlich-sittlichen Wertvorstellungen das Unrecht der Tat nicht hätte einsehen können. Ein vermeidbarer Irrtum kann strafmildernd gewertet werden.

19 Schulen, Bildungs- und Erziehungseinrichtungen sind daher auch bei Kindern und Jugendlichen ohne Aufenthaltsrecht nicht mehr zur Datenweitergabe an die Ausländerbehörde berechtigt und schon gar nicht verpflichtet. Der Datenschutz geht vor. Ein Rückausnahme hierzu liegt vor, falls Jugendliche über eine Ausbildungsduldung verfügen und in diesem Rahmen die Ausbildung abbrechen. In diesem Fall ist ausnahmsweise auch die Bildungseinrichtung verpflichtet, die Ausländerbehörde über den Ausbildungsabbruch zu informieren. Vgl. Hundt, M. 2019, Praxishandbuch Familie und Migrationsrecht, S. 198.

vor.[20] Einige Berufsgruppen wie staatlich anerkannte Sozialarbeitende und Sozialpädagogen und -pädagoginnen und ihre extern eingesetzten Dienstleistenden sind zur Datenweitergabe an die Ausländerbehörde nur befugt (müssen also nicht) nach § 88 AufenthG, wenn dies

- zur Abwehr von erheblichen Gefahren für Leib und Leben der ausländischen Person oder von Dritten erforderlich ist und die ausländische Person die **öffentliche Gesundheit gefährdet** und Schutzmaßnahmen nicht möglich sind oder von der Person nicht eingehalten werden oder
- die ausländische Person ein gefährliches Betäubungsmittel verbraucht, nicht zu einer Behandlung bereit ist oder ein **schwerwiegendes Ausweisungsinteresse** besteht[21] und die Daten für die Feststellung erforderlich sind, ob diese Voraussetzungen vorliegen.

### 8.1.7 Offenbarungspflichten bei Straftaten und Unglücksfällen

Offenbarungspflichten können bestehen, wenn Personen sich durch Schweigen strafbar machen

1. bei Kenntnis von einer schweren, noch zu verhindernden geplanten Straftat,
2. wenn in Unglücksfällen eine unterlassene Hilfeleistung begangen würde,
3. aus Garantenstellung eine Tat durch Unterlassen begangen würde.[22]

Bei **bevorstehenden Straftaten**, die noch verhindert werden können, muss versucht werden, die Taten zu verhindern, wenn eine konkrete **schwerste Straftat** wie z.B. Brandstiftung angekündigt wurde. Das gilt für diese schwersten Straftaten nach § 138 StGB:

Mord, Totschlag, Entführung, Geiselnahme, Zwangsprostitution, Raub und räuberische Erpressung, Brandstiftung, gemeingefährliche Straftaten, Bildung einer kriminellen oder terroristischen Vereinigung, verfassungsfeindliche Einwirkung auf öffentliche Sicherheitsorgane, Hoch- und Landesverrat, Gefährdung der äußeren Sicherheit, Geld- oder Wertpapierfälschung. Demnach sind alle nicht genannten Straftaten, z.B. Körperverletzung, Vergewaltigung und Betäubungsmitteldelikte, nicht anzeigepflichtig.

Das Erfahren von der Straftat muss **glaubhaft** sein. Ein Unterlassen einer Strafanzeige oder einer Warnung an das potenzielle Opfer oder die Polizei ist dann nach § 138 StGB strafbar.[23] Jedoch besteht diese Pflicht nicht, wenn die Ankündigungen nicht glaubhaft

20 § 88 Abs. 1 AufenthG. Hundt, M. 2019, Datenschutz in der Kinder- und Jugendhilfe, S. 167 f., 188 f.

21 § 54 Abs. 2 AufenthG. Ein schwerwiegendes Ausweisungsinteresse kann z.B. bejaht werden, wenn Straftaten im Zusammenhang mit dem Konsum gefährlicher Drogen wie Kokain begangen wurden, keine Drogenentzugstherapie begonnen wurde und nur einzelne Beratungstermine wahrgenommen wurden. Erforderliche Daten könnten ein Abbruch einer Drogenentzugstherapie oder einer Suchtberatung sein. Das Bleibeinteresse z.B. bei Umgang mit Kindern wird damit abgewogen, § 55 AufenthG.

22 Siehe 9.1.1 zur Garantenpflicht u.a. einer Einzelfallhelferin in einer Familie mit einer engen Beratungsbeziehung.

23 Zur gerechtfertigten Schweigepflichtverletzung Kap. 8.1.4–8.1.10.

sind oder bei bereits begangenen Straftaten. Eine Beteiligung an der Strafverfolgung ist nicht erforderlich und widerspricht Schweigepflicht und Datenschutz. Ist aber der Erfolg bei den genannten schweren Taten noch abwendbar, dann muss offenbart werden oder, um straffrei zu sein, nach § 139 Abs. 4 StGB der Erfolg der Tat abgewendet werden.

Bei einer Vorbereitung einer schweren staatsgefährdenden Gewalttat oder Bildung einer terroristischen Vereinigung verhindert nur eine Anzeige bei den Behörden die eigene Strafbarkeit.[24] Letzteres ist z.B. in der Beratung von Angehörigen von gewaltbereiten Radikalisierten zu beachten. Schusswaffenunterweisung, um sich einer terroristischen Untergrundorganisation anzuschließen, könnte z.B. eine Vorbereitungstat sein. Hier muss auf die Anzeigepflicht und die daraus entstehende Gefahr der Strafverfolgung hingewiesen werden, wenn Beratene über zukünftige Straftaten und terroristische Vereinigungen sprechen. Es sollte auf das umfassendere Zeugnisverweigerungsrecht von geistlichen **Seelsorgenden** und ihre Schweigepflicht hingewiesen werden.[25] Seelsorgende sind straffrei nach § 139 StGB.[26] Es kann sinnvoll sein, dies in die Datenschutzerklärung aufzunehmen. Siehe dazu unten einen Formulierungsvorschlag, der auch über ein fehlendes Zeugnisverweigerungsrecht aufklärt.

In der Praxis ist es eine große Herausforderung, die Glaubhaftigkeit zu beurteilen. Kommen beratende Fachkräfte zu dem Schluss, dass ernsthaft mit einer Ausführung der Tat zu rechnen ist, so ist von einem glaubhaften Erfahren von der Tat auszugehen. In Zweifelsfällen dürfte ihre fachlich gut begründete Einschätzung kaum gerichtlich überprüfbar sein. Überprüft wird, ob eine Fachkraft entschieden hat, ob die Grundlagen der Entscheidung und die Kriterien die richtigen waren.

### *Beispiel*

*Denkbar ist, über Onlinekommunikation von Straftaten zu erfahren, z.B. könnte sich eine eingesperrte Person per Handy in einem Chat an eine Beratungsstelle wenden. Handelt es sich um eine Entführung oder um Zwangsprostitution, läge eine anzeigepflichtige Tat nach § 138 StGB vor, bei einfacher Freiheitsberaubung dagegen nicht. Auch im Chat können über Rückfragen die Tat (um welche Tat handelt es sich, Tatort, Täter oder Täterinnen, genauere Tatumstände), der Grad ihrer Glaubhaftigkeit und mildere Mittel zur Tatabwendung ausgelotet werden. Die Glaubhaftigkeit ist jedoch durch die technisch vermittelte Kommunikation zusätzlich schwieriger einzuschätzen.*

*Ein milderes Mittel könnte es sein, über den Chat auf das Opfer einzuwirken, um auf diesem Weg den Taterfolg abzuwenden. Letztlich ist die Bereitschaft des Opfers, sich helfen zu lassen, in der Regel für einen Erfolg der Hilfe erforderlich. Lehnt die Beratene eine Polizeianzeige ausdrücklich ab, ist es ausgesprochen problematisch, durch einen Bruch der Schweigepflicht ggf. wiederum die Selbstbestimmung des Opfers nicht zu respektieren. Folge kann sein, dass für die betroffene Person eine*

24 § 138 Abs. 2 StGB, § 89a, § 129a StGB.

25 Siehe zu Seelsorgenden unten zur Offenbarungspflicht von Zeugen 8.1.7.

26 Bei Angehörigen und bei Heilberufen und Rechtsanwältinnen und Rechtsanwälten reicht es, ernsthaft zu versuchen, den Erfolg der Tat abzuwenden, soweit es nicht um Totschlag o.Ä. geht.

*akute Lebensgefahr entsteht, was ein Rechtfertigungsgrund sein könnte, von der Anzeige abzusehen, aus der Ferne aber schwer abzuschätzen sein kann. Zudem könnte eine Folge sein, dass z.B. Zwangsprostituierte sich künftig generell nicht mehr an die Beratungsstelle wenden. Allerdings geht im Spannungsfeld zwischen § 138 StGB und § 203 StGB letztlich die Anzeigepflicht nach § 138 StGB vor. Über eine anonymisierte Rücksprache mit einer auf Prostitution oder Straftaten spezialisierten Beratungsstelle kann die fachliche Grundlage für eine Entscheidung erweitert werden. Die Pflege von interprofessionellen Kooperationen steigert die Handlungsfähigkeit im Ernstfall.*

Die **Unterlassene Hilfeleistung** kommt nach § 323c StGB nur bei plötzlichen Unglücksfällen oder gemeiner Gefahr in Frage. So muss z.B. bei Unfällen in der Schule die Sozialarbeiterin einem Notarzt trotz der Schweigepflicht mitteilen, dass ein Schüler eine Krankheit hat, damit der Notarzt beurteilen kann, ob dies für die Behandlung relevant ist. Mutmaßlich würde der Schüler einwilligen, wenn es um relevante Fakten geht. Hinweise zu den Noten des Schülers sind dagegen nicht relevant und unterliegen weiter der Schweigepflicht. Eine unterlassene notwendige Hilfeleistung ist jedoch nur strafbar, wenn die Hilfe zumutbar ist. Diese Zumutbarkeitsprüfung kann auch ein Überwiegen der Schweigepflicht ergeben. Denkbar ist, dass Beratende von einem unmittelbar bevorstehenden Aufbruch zu einem Racheakt mit gefährlichen Waffen erfahren. In diesen seltenen Fällen kommt eine Strafbarkeit wegen einer unterlassenen Hilfeleistung nach § 323c StGB in Frage, wenn die Güterabwägung und Zumutbarkeitsprüfung in dem Einzelfall zu dem Ergebnis kommen, dass der Schutz der Geheimnisse nicht überwiegt.[27]

### 8.1.8 Offenbarungspflichten für Zeugen und bei besonderen Mitteilungspflichten

Offenbarungspflichten können bestehen, wenn Personen in besonderen Situationen zu Mitteilungen verpflichtet sind:

1. als Zeugen vor Gericht ohne Zeugnisverweigerungsrecht,
2. wenn eine Mitteilungspflicht gegenüber Eltern oder in der Kinder- und Jugendhilfe besteht, siehe Kapitel 8.1.9 und 8.1.10,
3. bei bereichsspezifischen Mitteilungspflichten in der Straffälligenhilfe[28] oder zum Infektionsschutz.[29]

Ein **Zeugnisverweigerungsrecht** besteht vor Arbeits-, Sozial-, Verwaltungs- und Zivilgerichten für die Berufsgeheimnistragenden.[30] Vor Strafgerichten besteht es nur für die in

27 In diesen seltenen Fällen kann dann auch eine Aussagegenehmigung für eine Datenweitergabe im Sozialdatenschutz bestehen, Schruth, P./Simon, T. 2018, Strafprozessualer Reformbedarf des Zeugnisverweigerungsrechtes in der Sozialen Arbeit, S. 47, oder bei anderen Datenschutzregelungen. Siehe zur Unterlassenen Hilfeleistung auch Kapitel 9.1.1, auch zur Suizidproblematik.

28 In der Bewährungs- und Jugendhilfe im Strafverfahren und der Führungsaufsicht.

29 Meldepflichtige Krankheiten § 6 Abs. 1 S. 1 Nr. 1, 2 u. 5, § 8 Abs. 1 Nr. 7 IfSG.

30 Verweis in § 118 Abs. 1 SGG, § 98 VwGO, § 46 Abs. 2 ArbGG jeweils auf § 383 Abs. 1 Nr. 6 ZPO.

§ 53, § 53 a StPO genannten Berufsgeheimnisträger*innen und ihre mitwirkenden Personen:

- Geistliche in der Seelsorge[31]
- Verteidigende des Beschuldigten
- Heilberufe
- Rechtsanwält*innen u.a.
- Presse (ohne mitwirkende Personen)
- Mitarbeitende von anerkannten Beratungsstellen zum Schwangerschaftskonflikt und zur Betäubungsmittelabhängigkeit

Von den Zeugnisverweigerungsberechtigten leitet sich zudem ein Zeugnisverweigerungsrecht der **mitwirkenden Personen** nach § 53a StPO ab. Im Gesundheitswesen bei Heilberufen mitwirkende Beratende können zum Beispiel deshalb ein Zeugnisverweigerungsrecht haben.

§ 54 Abs. 1 StPO sieht ein Zeugnisverweigerungsrecht für Beamte und Angestellte im öffentlichen Dienst vor, wenn diese zur **Amtsverschwiegenheit** verpflichtet sind und nicht die erforderliche Aussagegenehmigung erhalten. Das trifft also auch für alle Beratenden, Sozialarbeitenden und anderen, die im öffentlichen Dienst beschäftigt sind, zu. Sie dürfen nur aussagen, soweit ihnen von der obersten Dienstbehörde eine Aussagegenehmigung erteilt worden ist. Für die schweigepflichtigen beruflich Beratenden bei freien Trägern der Jugendhilfe, bei gemeinnützigen (Wohlfahrts-)Verbänden oder freiberuflich Beratende gilt vor den Strafgerichten eine allgemeine und uneingeschränkte Zeugnispflicht.[32] Dabei ist von den Vorgesetzten, die für die Genehmigung zuständig sind, für Sozialdaten eine Prüfung von § 67 bis 76 SGB X des Sozialdatenschutzes vorzunehmen.[33] Für das Jugendamt ist zudem eine Übermittlung von Sozialdaten an die Strafverfolgungsbehörden nach § 69 SGB X i.V. mit § 50 Abs. 3 SGB VIII nur möglich, wenn die Einleitung eines Strafverfahrens zum Wohl Jugendlicher oder junger Erwachsener bis 21 Jahre dienlicher ist als alle anderen Maßnahmen der Jugendhilfe. Nur in seltenen Fällen kann die Offenbarungspflicht bestehen, z.B. bei einer angekündigten Rache mit gefährlichen Waffen, damit keine unterlassene Hilfeleistung nach § 323c StGB begangen wird.[34]

31 Geistliche sind alle geweihten Amtsträger, ordinierten Pfarrerinnen und Pfarrer sowie in besonderer Weise zur Seelsorge beauftragte Personen. In das Zeugnisverweigerungsrecht der Seelsorgenden nach § 53 StPO sind ihre Mitwirkenden und Auszubildende nach § 53a StPO einbezogen. Vgl. § 18 PfDG, § 2 Seelsorgegeheimnisgesetz der EKD. Das Beichtgeheimnis ist unverbrüchlich. Vom Seelsorgegeheimnis kann entbunden werden und es kann abgewogen werden, z.B. bei Lebensgefahr, Can. 983 § 1 CIC und § 30 PfDG.EKD. Knötzele, P. 2019, Merkblatt zu Fragen des Seelsorgegeheimnisses. Zur muslimischen Seelsorge ist fraglich, inwieweit eine religiöse Schweigepflicht besteht.

32 Schruth, P./Simon, T. 2018, Strafprozessualer Reformbedarf des Zeugnisverweigerungsrechtes in der Sozialen Arbeit, S. 67.

33 Krahmer, U. 2020, Sozialdatenschutzrecht, § 76 SGB X, Rn. 20. Eine Datenübermittlungsbefugnis führt nicht automatisch zu einer Aussagegenehmigung. Siehe auch Riekenbrauck, K. 2017, in: Cornel, H. u.a. (Hg.), Resozialisierung, Kap. 30, S. 542 f.

34 Siehe Abschnitt XXX. Schruth, P./Simon, T. 2018, Strafprozessualer Reformbedarf des Zeugnisverweigerungsrechtes in der Sozialen Arbeit, S. 47.

Ferner können geladene Zeug*innen durch eine Aussage in Gefahr geraten, wegen einer Schweigepflichtverletzung verfolgt zu werden, und sich deshalb auf ihr Auskunftsverweigerungsrecht berufen. Beratene, deren Privatgeheimnisse offengelegt werden, könnten eine Strafanzeige stellen und eine Schweigepflichtverletzung könnte dann zu einer Strafbarkeit führen.[35]

Soweit also z.B. staatliche anerkannte Sozialarbeitende nicht in den genannten Beratungsstellen beraten, sondern z.B. in der freien Jugendhilfe, einer Familienberatungsstelle oder einer Schule, so steht ihnen kein Zeugnisverweigerungsrecht (ZVR) beim Strafgericht zu, obwohl sie nach § 203 StGB zur Verschwiegenheit verpflichtet sind.[36] Es gab vereinzelt Fälle, in denen Beratende – trotz Schweigepflicht – von Gerichten in den Zeugenstand gerufen wurden. Ordnungsgelder oder Ordnungshaft wegen Nichtaussagen wurden in solchen Fällen in aller Regel nicht vollstreckt.[37] Oft finden sich für Gerichte bessere Zeugen oder andere Beweise. Zu bedenken ist, dass die Beratenden von straffälligen Beratenen aufgesucht werden können, um Zeugnis in ihrem Sinne abzulegen. Daher verzichten Gerichte meist auf die Aussagen von Beratenden.[38] Die Datenschutzerklärungen sollten auf fehlende Zeugnisverweigerungsrechte vor Strafgerichten hinweisen, damit Beratene informiert über ihre Daten selbst entscheiden können, ob sie Straftaten den Beratenden mitteilen oder nicht. Dazu ein Formulierungsvorschlag weiter unten.

Für den besonders geschützten Kern der Intim- und Privatsphäre kann in Ausnahmefällen ein Zeugnisverweigerungsrecht außerhalb der StPO direkt aus dem Grundgesetz aus dem allgemeinen Persönlichkeitsrecht abgeleitet werden. Das könnte bei Strafverfahren zu Bagatelldelikten oder geringfügigen Ordnungswidrigkeiten der Fall sein.[39] Aber auch in den Beratungsaufgaben der Sozialarbeit in zugespitzten Arbeitsfeldern, z.B. bei aufsuchender Sozialarbeit mit Fangruppen, Sozialer Arbeit mit Sexarbeiter*innen oder Radikalisierten könnte ein Zeugnisverweigerungsrecht aus den Grundrechten im Einzelfall von der Rechtsprechung anerkannt werden.[40] Insbesondere spricht der in vergleichbaren Fällen geltende Sozialdatenschutz und die Einheit der Rechtsordnung für ein Zeugnisverweigerungsrecht in Härtefällen.

---

35 Ehrensberger, D. u.a. 2020, Schweige- versus Zeugnispflicht im Kontext von Ausstiegsarbeit Vertrauen verschenken und verklagbar machen?, S. 5.

36 Die StPO sieht bereichsspezifische ZVR für bestimmte Aufgaben der Sozialen Arbeit vor. Vgl. hierzu kritisch das Rechtsgutachten von Schruth, P./Simon, T. 2018, Strafprozessualer Reformbedarf des Zeugnisverweigerungsrechtes in der Sozialen Arbeit, das einerseits ein trägerspezifisches Antragsverfahren zur Erlangung des ZVR z.B. für die aufsuchende Soziale Arbeit vorschlägt, und die Ausarbeitung des Wissenschaftlichen Dienstes des Deutschen Bundestag, 2020, Zeugnisverweigerungsrecht im Bereich der Sozialen Arbeit? Az.: WD 7 - 3000 - 034/20, andererseits, welche die Möglichkeit betont, in Härtefällen aus den Grundrechten ein ZVR abzuleiten.

37 § 51 StPO.

38 Es gibt aber auch Vorladungen und langwierige Verfahren, z.B. in der Sozialen Arbeit mit Fussballfans. Schruth, P./Simon, T. 2018, Strafprozessualer Reformbedarf des Zeugnisverweigerungsrechtes in der Sozialen Arbeit, S. 48–57.

39 BVerfG 19.7.1972, Az. 2 BvL 7/71. Die Entscheidung bezieht sich auf ein veraltetes Verständnis der Sozialen Arbeit.

40 Das spricht auch für eine Reform des § 53 Abs. 1 StPO, wie sie Schruth und Simon vorschlagen. Zur verfassungsrechtlichen Diskussion vgl. Schruth, P./Simon, T. 2018, Strafprozessualer Reformbedarf des Zeugnisverweigerungsrechtes in der Sozialen Arbeit, S. 33–39, S. 70. Andere Ansicht: die nur auf den gesetzgeberischen Spielraum ausgerichtete Gegenargumentation des Wissenschaftlichen Dienstes, S. 5, Fn. 36 oben.

**Hinweis zum fehlenden Zeugnisverweigerungsrecht und zur Anzeigepflicht**

Trotz der Schweigepflicht gilt für die Berater*innen vor Strafgerichten in der Regel kein Zeugnisverweigerungsrecht. Im Zweifelsfall muss daher mit einer Durchsetzung einer Aussage der Berater*innen als Zeugen im Strafprozess gerechnet werden. Auch wenn dies sehr selten vorkommt, bedenken Sie dies bei Angaben zu Straftaten in der Beratung.

Ferner müssen konkret geplante schwerste Straftaten wie z.B. Raub oder die Bildung einer terroristischen Vereinigung abgewendet oder angezeigt werden. Dies gilt jedoch nicht für Seelsorgende und in bestimmten Fällen nicht für Heilberufe und Rechtsanwält*innen und ihre Mitarbeitenden.

### 8.1.9 Offenbarungsbefugnis im Kinderschutz

§ 4 KKG normiert für die in Abs. 1 genannten Berufsgeheimnisträger*innen die Wahrnehmung eines Schutzauftrags bei Kindeswohlgefährdung mit konkreten Aufgaben und der Aufforderung in Form eines mehrere Verfahrensschritte umfassendes Kinderschutzverfahrens durchzuführen an dessen Ende eine mögliche Informationsübermittlung an das Jugendamt steht (s. hierzu Kapitel 10.1.7). Dem Gesetzgeber ging es bei Einführung des § 4 KKG um eine bundeseinheitliche Regelung zur Beratung und Weitergabe von Informationen bei Kindeswohlgefährdung durch bestimmte Berufsgeheimnisträger*innen an das Jugendamt im Sinne einer Befugnisnorm.[41] Die rechtliche Konstruktion des § 4 KKG ist dabei irritierend. Die Verfahrensschritte sind für die Berufsgeheimnisträger*innen also im Falle von gewichtigen Anhaltspunkten für einen Kinderschutzfall im Regelfall („sollen") zu durchlaufen, bevor die Befugnis zur Durchbrechung der Schweigepflicht greift und dadurch der Berufsgruppe ermöglicht werden soll, das Jugendamt zu informieren, ohne sich einer möglichen Strafbarkeit nach § 203 StGB auszusetzen.[42]

Bis zur Einführung des § 4 Abs. 3 KKG[43] waren die Berufsgeheimnisträger*innen darauf angewiesen, dass bei einer Weitergabe der personenbezogenen Daten im Rahmen einer Kinderschutzmeldung an das Jugendamt die Situation im Nachhinein als ein Fall des rechtfertigenden Notstands nach § 34 StGB eingestuft wurde und damit die Strafbarkeit entfallen ist. Durch die Regelung des § 4 Abs. 3 KKG wird die strafbewehrte Schweigepflicht aus § 203 StGB für die Berufsgeheimnisträger*innen seither durchbrochen oder besteht – umgekehrt ausgedrückt – eine sog. Offenbarungsbefugnis. Im Rahmen des Kinderschutzes ist es den Berufsgeheimnisträger*innen mithin erlaubt, dem Jugendamt die erforderlichen Daten mitzuteilen.

41 Vgl. BT-Drs. 17/6256, S. 19.

42 Vgl. hierzu Hundt, M. 2021, Kinderschutz nach dem Kinder- und Jugendstärkungsgesetz, S. 55.

43 Durch das BKiSchG vom 22.12.2011 (BGBl. I S. 2975).

## 8.1.10 Schweigepflicht in der Beratung von Kindern und Jugendlichen

In der Beratung von Kindern und Jugendlichen sind nach Art. 6 GG, die Wächterfunktion des Staates und das **Erziehungsrecht der Eltern** zu beachten.

Der Daten- und Vertrauensschutz wird auch gegenüber Kindern- und Jugendlichen über die strafrechtliche Schweigepflicht zusätzlich abgesichert, wenn diese auch seltenst zu Strafverfahren führt und der allgemeine Datenschutz den beruflichen Alltag dominiert. Die Schweigepflicht nach § 203 StGB gilt für die oben unter 8.1 beschriebenen Berufsgruppen in der Jugendhilfe genauso, z.B. für anerkannte Sozialarbeitende und ihre mitwirkenden Personen und die zur Vorbereitung auf den Beruf tätigen.

Die Ausweitung der Schweigepflicht auf Externe seit 2017 hat auch zur Einbeziehung der Mitarbeitenden bei Trägern der freien Kinder- und Jugendhilfe geführt, wenn sie nach § 4 Abs. 2 Satz 1 SGB VIII beauftragt werden.[44] Wer öffentliche Jugendhilfleistungen erbringt, ist damit schweigeverpflichtet nach § 203 StGB, auch wenn er oder sie nicht zu einer aufgezählten schweigeverpflichteten Berufsgruppe gehört. Das gilt z.B. neu seit 2017 für Erzieher*innen in Kitas.[45]

Offenbaren eines Geheimnisses ist innerhalb des **Jugendamtes** nur gegeben, wenn außerhalb der mit der Sache befassten Funktionseinheit weitergegeben wird. In der Funktionseinheit dürfen Daten weitergegeben werden, wenn die Weitergabe erforderlich ist um die gesetzlichen Aufgaben zu erfüllen. Dies gilt sinngemäß auch bei **freien Trägern**. Auch bei ihnen ist die Weitergabe im Team nur zulässig, wenn diese erforderlich ist um die Aufgaben zu erfüllen, unabhängig vom Beruf der Mitarbeitenden oder externen Dienstleistenden.[46]

Regelmäßig ist kein unbefugtes Offenbaren anzunehmen, wenn Betroffene zugestimmt haben. Kinder und Jugendliche sind in der Regel ab 14 Jahren **einwilligungsfähig**, können aber im Einzellfall auch vorher bereits einwilligungsfähig sein. Die Vertretung durch die Eltern ist nur bei Einwilligungsunfähigkeit der Kinder und Jugendlichen zulässig, weil es sich um ein höchstpersönliches Recht handelt.[47]

Die allgemeinen Offenbarungspflichten gelten auch für Kinder und Jugendliche. Finden z.B. Drogenberater*innen ihre minderjährige, von Ecstasy und anderen chemischen Drogen abhängige Klientin bewusstlos, so ist aus Garantenstellung in Notfällen zu helfen und eine Offenbarung von Daten gegenüber einer Ärztin erforderlich und erlaubt.[48]

Neben den allgemeinen Befugnissen und Verpflichtungen zur Offenbarung kommen höherrangigen Mitteilungspflichten aus dem Elternrecht nach Art. 6 Abs. 2 Satz 1 GG in der Beratung von Kindern und Jugendlichen eine besondere Bedeutung zu. Das Elternrecht

44 Hundt, M. 2019, Datenschutz in der Kinder- und Jugendhilfe, S. 182.

45 Hundt, M. 2019, Datenschutz in der Kinder- und Jugendhilfe, S. 182.

46 Hundt, M. 2019, Datenschutz in der Kinder- und Jugendhilfe, S. 186f.

47 Bieresborn, D. 2017, Sozialdatenschutz nach Inkrafttreten der EU-Datenschutzgrundverordnung – Anpassungen des nationalen Sozialdatenschutzes an das europäische Recht, in: NSZ S. 926, 930.

48 Siehe Abschnitt 8.1.7.

kann es erforderlich machen, sie über etwas, was Kinder oder Jugendliche den eigentlich Schweigeverpflichteten mitgeteilt haben, zu informieren.[49] Die Grenze der Mitteilungspflicht ist erreicht, wenn das Informieren der Eltern das Kindeswohl gefährdet.[50] Diese Grenze zu bestimmen ist fachliche Aufgabe der Beratenden, siehe dazu auch unten den Abschnitt 8.8.

### 8.1.11 Praktischer Umgang mit der Schweigepflicht: Beispiel, Haltung und Ethik

**_Beispiel_**

*Im Fall vom Anfang dieses Abschnitts erzählt Justin von einer Körperverletzung an seinem Vater, die bereits stattgefunden hat. Es handelt sich nicht um eine geplante, sondern eine bereits begangene Straftat. Für die bei einem freien Träger angestellte Sozialarbeiterin besteht kein Zeugnisverweigerungsrecht, falls gegen Justin ein Strafverfahren eröffnet wird und sie als Zeugin geladen wird. Bei Behördenmitarbeitenden müsste dagegen eine Aussagegenehmigung eingeholt werden, die aufgrund des Datenschutzes regelmäßig nicht erteilt wird. Auf fehlende Zeugnisverweigerungsrechte sollten Beratene hingewiesen werden, damit sie selbst entscheiden können, wie sie mit diesem Risiko umgehen.*

*Dass Justin auch ankündigt, dass er seinen Vater wieder verprügeln will, könnte eine bevorstehende Straftat sein, die jedoch nicht unter die schweren Straftaten nach § 138 StGB fällt. Deshalb besteht keine Offenbarungs- oder Anzeigepflicht und daher kommt es auf ein glaubhaftes Erfahren von einer Straftat hier nicht an. Vielmehr ist die Sozialarbeiterin auch gegenüber dem Vater schweigepflichtig, wenn Justin sie nicht von ihrer Schweigepflicht entbindet, zumal er bereits volljährig ist.*

*Es könnte aber ein Notstand einen Geheimnisbruch rechtfertigen nach § 34 StGB, ohne dass sich dadurch eine Pflicht zur Offenbarung ergibt. Es ist einzuschätzen, ob sich Justin die Ausführung der Tat ernsthaft vorgenommen hat und die Tat unmittelbar bevorsteht. Das ist aufgrund der Allgemeinheit von Justins Aussage eher nicht anzunehmen. Allerdings kann dies durch weitere Fragen genauer erforscht werden. Nur wenn tatsächlich von einer bevorstehenden Tat auszugehen ist, kommt ein Bruch der Schweigepflicht durch die Sozialarbeiterin in Frage und dann könnte z.B. der Vater informiert werden. Voraussetzung ist aber, dass der Geheimnisbruch erforderlich ist. Ein milderes Mittel könnte sein, die Ausführung der Tat durch ein Einwirken auf Justin zu verhindern. Themen wären z.B. alternative Mittel der Konfliktaustragung und Deeskalationstechniken. Für einen Geheimnisbruch müsste der Schutz des Vaters vor Körperverletzungen die anderen Interessen überwiegen, vor allem das Interesse von Justin, sein Geheimnis zu schützen, und das Interesse der Allgemeinheit an der Verschwiegenheit von staatlich anerkannten Sozialarbeitenden. Dabei sind auch Folgen einzubeziehen. Z.B., dass Justin und andere Heranwachsende sich*

49 BVerfG 59, S. 360, 384.

50 BVerfG 59, S. 360, 387. Siehe dazu bereits BKE (Hg.) 2009, Rechtsgrundlagen der Beratung, S. 375f.

*nicht mehr an Sozialarbeiter*innen wenden, weil sie einen Bruch der Schweigepflicht befürchten.*

Es kann sinnvoll sein, sich rechtsanwaltlich beraten zu lassen. Das rechtliche Spannungsverhältnis zwischen Schweigepflicht, rechtfertigendem Notstand und Datenschutz stellt sich insgesamt als herausfordernd dar. Es kann, je nach Fall, sinnvoll sein, z.B. Familienangehörige über Notstandsproblemlagen zu informieren oder z.B. vorsichtig zu sein, da Täter*innen vielleicht auf einen Vertrauensbruch extrem reagieren und aus einer Körperverletzung eine Tötung wird. Die Interessenabwägung erlaubt eine Beurteilung des Einzelfalls und wird damit auch komplexen Beratungssituationen gerecht. Verantwortlich sind nicht Vorgesetzte oder Kooperationspartner, sondern die schweigepflichtigen Beratenden. Dass der Rechtfertigungsgrund Beratende nicht zu einem Bruch der Schweigepflicht zwingt, ermöglicht es in Grenzfällen, den Fachdiskurs, **Ethik** und individuelle Wertevorstellungen der schweigeverpflichteten Beratenden zu berücksichtigen.[51]

Das zeigt sich in der Praxis gerade bei der Abwägung zum rechtfertigenden Notstand, bei der Beurteilung der Glaubhaftigkeit von anzeigepflichtigen geplanten Straftaten und der Erforderlichkeit der Datenweitergabe und ihrer Eignung, einen Notstand zu beheben. In der Praxis muss oft zügig entschieden werden. Diese Entscheidungen erfordern ein hohes Maß an fachlicher und ethischer Kompetenz. Eine persönliche **Haltung** zur Schweigepflicht und zur Interessenabwägung in Fällen des rechtfertigenden Notstands sind hilfreich. Strafrechtliche Verurteilungen wegen einer Verletzung der Schweigepflicht kommen sehr selten vor. Wenn überhaupt, dann ist die Schweigepflicht in zivilrechtlichen Schadensersatzverfahren gegenüber Ärzten relevant gewesen.[52] Insgesamt muss daher bei angemessenem fachlichem Verhalten keine Strafe wegen Verletzung der Schweigepflicht nach § 203 StGB befürchtet werden.[53]

In der alltäglichen Arbeit von Beratenden ist in schwierigen Fällen die ethische Verantwortung meist bedeutender als die generalpräventive Wirkung der strafrechtlichen Schweigepflicht. Es empfiehlt sich, die **ethische Abwägung** zu dokumentieren.[54]

## 8.2 Schutz vor Tonaufnahmen

Die Vertraulichkeit des nicht in der Öffentlichkeit gesprochenen Wortes darf nicht durch Tonaufnahmen verletzt werden.[55] Beratungssituationen dürften in der Regel unproblema-

51 Joecks, W./Miesbach, K. (Hg.), 2020, Münchener Kommentar zum Strafgesetzbuch, § 34, S. 1715. Moisisch nennt dies persönliche Erwägungen. Moisisch, B. 2011, Stiftung SPI (Hg.), Der Rechtfertigende Notstand als Begründung für den Bruch der gesetzlichen Schweigepflicht, Infoblatt Nr. 57, S. 6 ff.

52 Siehe dazu unten.

53 Die polizeiliche Kriminalstatistik gibt für Verletzungen von Privatgeheimnissen bundesweit in den Jahren 2020 und 2019 unter 0,1 % der erfassten Fälle an. Siehe unter www.bka.de (26.9.2022), Straftatenschlüssel 670018. Wie viel Fälle davon welche Berufe betreffen, ist nicht auswertbar.

54 Denkbar sind auch Beschwerden zu Ethikverstößen. So bietet die DGSF z.B. ein Beschwerdeverfahren zu ihren Ethikrichtlinien an. Dokumentationen ermöglichen es, hier auskunftsfähig zu reagieren.

55 § 201 StGB. Daneben werden der höchstpersönliche Lebensbereich vor Bildaufnahmen, das Briefgeheimnis und das Betriebs-, Geschäfts- oder Dienstgeheimnis geschützt über § 201a, § 202, § 353b StGB und § 120 BetrVG. Daten werden vor Ausspähen und Abfangen geschützt nach § 202a, § 202b und § 202c StGB.

tisch als nichtöffentlich eingestuft werden. Weder Beratende noch Beratene dürfen ohne Rechtfertigungsgrund die Gespräche aufnehmen. Auch Gespräche auf der Straße können nichtöffentlich sein. Wird besonders laut gesprochen, so dürfte dagegen für die Sprechenden erkennbar sein, dass die Worte öffentlich wahrnehmbar sind.

Ein Mithören ohne technische Hilfsmittel ist dagegen nicht strafbar. Die Tür zum Beratungsraum sollte nur mit Einwilligung des Beratenen offenbleiben, um die Daten vor mithörenden Ohren zu schützen, s.u. 8.3.

Eine Tonaufnahme rechtfertigen können eine Einwilligung oder unter bestimmten Voraussetzungen auch eine gegenwärtige Gefahr. Steht zu befürchten, dass in der Beratung eine Straftat begangen wird, kann die Tonaufnahme als Mittel gegen diese Gefahr als Notstand gerechtfertigt sein. Es darf dann aber kein milderes Mittel vorliegen. Auch zu investigativjournalistischen Aufnahmen muss belegt werden können, dass ein weniger die Persönlichkeitsrechte einschränkendes Vorgehen nicht möglich war.[56]

***Strafrechtlicher Vertrauensschutz auf einen Blick***

- Berufe wie anerkannte Sozialarbeitende und Sozialpädagog*innen und Beratende in öffentlich anerkannten Beratungsstellen, z.B. für Familien und Sucht, sind strafrechtlich zur Verschwiegenheit verpflichtet, wenn sie nicht durch die Beratenen von der Schweigepflicht entbunden wurden.
- Bei einer Gefahr, die gegenwärtig ist, kann eine Abwägung ergeben, dass der Vertrauensschutz gebrochen werden darf.
- Ein Rechtfertigungsgrund bedeutet keine Pflicht zum Geheimnisbruch. Der Einzelfall sollte analysiert und in Grenzfällen eine ethische Abwägung dokumentiert werden.
- Weil oft kein Zeugnisverweigerungsrecht vor dem Strafgericht besteht, sollte darauf in einer Erklärung zur Beratung hingewiesen werden.
- Das nichtöffentlich gesprochene Wort darf nicht aufgenommen werden.

## 8.3 Informationelle Selbstbestimmung in der Beratung

Datenschutz hat historische Wurzeln. So wurde das Beichtgeheimnis im Jahr 1215 allgemeinkirchlich in einem Konzil festgehalten und das Postgeheimnis[57] 1712 in der preußischen Postordnung. Heute ist das Grundrecht auf **informationelle Selbstbestimmung** Teil des allgemeinen Persönlichkeitsrechtes aus Art. 2 Abs. 1 GG und seit dem Volkszählungsurteil von 1983 in ständiger Rechtsprechung vom Bundesverfassungsgericht ausformuliert: „Dieses Grundrecht gewährleistet insoweit die Befugnis des Einzelnen, grundsätzlich selbst über die Preisgabe und Verwendung seiner persönlichen Daten zu bestimmen.

56 OLG Köln, Beschluss vom 18.7.2019, Az.: 15 W 21/19 zum Team Wallraff, das in einer Psychiatrie aufnahm.
57 Vgl. § 206 StGB, Art. 10 GG.

Einschränkungen dieses Rechts auf ‚informationelle Selbstbestimmung' sind nur im überwiegenden Allgemeininteresse zulässig … Bei seinen Regelungen hat der Gesetzgeber ferner den Grundsatz der Verhältnismäßigkeit zu beachten …"[58] Je näher die Daten an der Intimsphäre sind, die als unantastbarer Bereich privater Lebensgestaltung gegenüber aller staatlichen Gewalt Achtung und Schutz beansprucht, desto stärker sind die Daten geschützt. Somit sind medizinische Befunde stark geschützt, aber **psychosoziale Daten** sogar noch stärker. Zum Beispiel wurde eine Beschlagnahme von Patientenakten einer Suchtberatungsstelle als Verstoß gegen den Datenschutz gewertet. Persönliches Vertrauen in die sozialen Hilfen ist Voraussetzung für ein Vertrauensverhältnis in einer solchen Beratung. Müssen Suchtkranke fürchten, dass auf ihre Äußerungen in der Beratung durch Dritte zugegriffen werden kann, so werden sie gar nicht erst bereit sein, sich beraten zu lassen.

***Praxishinweis***

*Welche Auswirkungen Daten auf soziale Beziehungen haben, wird deutlich, wenn Beratende Daten aus ihrem sozialen Nahraum erlangen. Wie verändert sich die Begegnung mit Sportvereinsmitgliedern, wenn Professionelle etwa über ein Mitglied ihres Fußballvereins erfahren, dass es sich bei einer Beratungsstelle für Magersucht beraten lässt? Oder wenn die anderen Vereinsmitglieder in ihren professionellen Zusammenhängen über eine Beratende erfahren, dass sie hoch verschuldet ist? Eine Person hat dann mehr Wissen, von dem die andere Seite keine Kenntnis hat.*

*Fragen Sie sich selbst: Welche Daten wären für Sie unproblematisch, bei welchen fühlen Sie sich unwohl? Verändert sich das Verhalten der Wissenden?*

Personen sind heutzutage auf die informationstechnischen Systeme angewiesen und müssen ihnen persönliche Daten anvertrauen. Wegen der neuen Gefährdungen aufgrund der technischen Entwicklungen, z.B. durch die Digitalisierung, hat das Bundesverfassungsgericht ein Grundrecht auf Gewährleistung der Vertraulichkeit und **Integrität informationstechnischer Systeme** aus dem Persönlichkeitsrecht abgeleitet. Auch weil Daten aufgrund der technischen Entwicklung internationalen Systemen anvertraut werden, ist eine internationale Regelung erforderlich. Seit 2018 gilt in ganz Europa die **Datenschutz-Grundverordnung** (EU-DSGVO). Sie gilt unmittelbar auch in Deutschland, weil sie, anders als eine EU-Richtlinie, als EU-Verordnung nicht eines Umsetzungsaktes in einem Mitgliedsstaat bedarf, Art. 288 Abs. 2 AEUV. Zur EU-DSGVO gibt es 173 Erwägungsgründe, mit denen die EU-DSGVO ausgelegt wird. Sie geben Auskunft über Ziele und Hintergründe der politischen Einigung und sind damit wichtige Auslegungshilfen.[59]

Nationales Recht kommt nur zur Anwendung, wenn die EU-DSGVO eine Konkretisierung oder Öffnung dafür vorsieht. Quasi im EU-Datenschutzhaus schauen aus den Fenstern die deutschen Datenschutzregelungen wie z.B. das Bundesdatenschutzgesetz (BDSG) heraus.

58 BVerfG 1983, Volkszählungsurteil, www.bundesverfassungsgericht.de/SharedDocs/Entscheidungen/DE/1983/12/rs19831215_1bvr020983.html (11.9.2021).

59 Paar, B. P./Pauly, D. A. 2021, Datenschutz-Grundverordnung, Bundesdatenschutz, Einl. Rn. 10. Bieresborn, D. 2017, Sozialdatenschutz nach Inkrafttreten der EU-Datenschutzgrundverordnung – Anpassungen des nationalen Sozialdatenschutzes an das europäische Recht, S. 887–892 in: NZS.

## 8.4 Die Europäische Datenschutzgrundverordnung

***EU-DSGVO beantwortet folgende Fragen:***

- Welches Datenschutzrecht ist für wen anwendbar?
- Wie machen mir sieben Grundregeln Beurteilungen im Arbeitsalltag leichter?
- Welche Erlaubnisse zur Erhebung von personenbezogenen und von sensiblen Daten sind vorgesehen?
- Wie sieht eine informierte Zustimmung zur Datenverarbeitung aus?

Das Datenschutzrecht zeichnet sich durch viele Rechtsquellen und große Komplexität aus. Die EU-DSGVO gilt für nicht-öffentliche und öffentliche Beratung, nicht jedoch für ausschließlich persönliche oder familiäre Beratungen. Die folgende Übersicht zeigt, welche Rechtsgrundlagen für wen anwendbar sind:

- Privatrechtliche Beratung/Coaching/Mediation: EU-DSGVO, Datenschutz als vertragliche Nebenpflicht, BDSG, soweit die EU-DSGVO-Regelung es zulässt.
- Beratung freier Träger, z.B. der Sozialen Arbeit: EU-DSGVO, Datenschutz als vertragliche Nebenpflicht, BDSG, soweit die EU-DSGVO-Regelung es zulässt. Soweit die freien Träger in den Sozialdatenschutz eingezogen sind, z.B. nach § 78 SGB X, gilt dieser (siehe Behörden).
- Kirchliche Beratungseinrichtung: DSG-EKD und KDG im Einklang mit der EU-DSGVO,[60] ggf. gilt der verlängerte Sozialdatenschutz.[61]
- Sozialbehörden, z.B. Jobcenter, Jugend- und Sozialamt: EU-DSGVO, Sozialdatenschutz nach SGB I und SGB X und ggf. weitere Vorschriften aus den speziellen SGB (z.B. für die Grundsicherung für Arbeitsuchende: § 50 ff. SGB II, BDSG und Landesrecht nur, soweit im SGB darauf verwiesen wird).
- Behörden, die keine Sozialbehörden sind wie Finanz- oder Schulamt: EU-DSGVO, Datenschutz nach BDSG bzw. Landesrecht, soweit nicht bereichsspezifische Regelungen vorgehen (z.B. §§ 31, 93 AO, § 86 ff. AufenthG, § 88 TKG, landesrechtliche Krankenhaus- oder Schulgesetze).[62]

---

60 Art. 91 EU-DSGVO, ErwGr 165 EU-DSGVO. Zur Sicherung des kirchlichen Selbstbestimmungsrechtes nach Art. 140 GG i.V.m. Art. 137 WRV. 2017 haben die evangelische und katholische Kirche ihre Datenschutzgesetze an die EU-DSGVO angepasst. Zur Vertiefung siehe Hoeren, T. 2018, Kirchlicher Datenschutz nach der Datenschutzgrundverordnung – Eine Vergleichsstudie zum Datenschutzrecht der evangelischen und der katholischen Kirche, in: NVwZ, S. 373–375. Kirchliches Datenschutzrecht findet man online auf: www.kirchenrecht-ekd.de, www.katholisches-datenschutzzentrum.de. Teilweise ist auf zivilrechtliche kirchliche Einrichtungen das BDSG anwendbar, auf Träger wie Caritas und Diakonisches Werk und ihre Vereine jedoch kirchliches Datenschutzrecht, § 42–47 KDG. Für kostenlose psychologische und pädagogische Beratungsangebote sieht das KDG ab dem 13. Lebensjahr vor, dass keine Einwilligung der Eltern notwendig ist.

61 Siehe zum Sozialdatenschutz unten den Abschnitt 8.7.

62 Z.B. in Berlin: BlnDSG, §§ 64–66 SchulG Bln, SchuldatenVO.

- Strafverfolgung und -vollstreckung, also Polizei und Justiz, nicht jedoch sonstige Straffälligenhilfe: BDSG bzw. StPO, Landesdatenschutz- und Landesjustizvollzugsdatenschutzgesetze.[63]

***Beispiel***

*Im Fall vom Anfang des Kapitels ist datenschutzrechtlich fraglich, welche Rechtsgrundlagen neben der EU-DSGVO noch für die Sozialarbeiterin gelten. Das richtet sich nach den Datenschutzverantwortlichen, also dem Träger der Beratungsstelle, und den Aufgaben.*

*Bei einer Beratungsstelle der AWO z.B. handelt es sich um einen freien Träger, bei dem das BDSG die EU-DSGVO ergänzt. Würde es sich um eine Beratungsstelle von Caritas oder Diakonischem Werk handeln, wäre das jeweilige kirchliche Datenschutzrecht anwendbar.*

*Wenn die Sozialarbeiterin Aufgaben der Kinder- und Jugendhilfe übernimmt und daher der Sozialdatenschutz auch für vom Sozialleistungsträger erlangte Sozialdaten zu beachten ist, sind insoweit daneben das SGB I und SGB X und die bereichsspezifischen Regelungen des SGB VIII anwendbar auf die Sozialdaten. Es müsste also bestimmt werden, ob es sich bei Justins Beratung um eine Aufgabe der Jugendhilfe handelt, was bis zum 21. Lebensjahr denkbar ist, und zusätzlich § 8a, § 61–§ 68 SGB VIII zu beachten sind. Oder ob es sich um z.B. eine allgemeine Lebens- und Sozialberatung handelt, bei der § 118 SGB XII zu beachten ist, oder, wenn es um die Rehabilitation und Eingliederung von Menschen mit Behinderung geht, § 23 SGB IX.*

## 8.4.1 Datenverarbeitung nach der EU-DSGVO

**Datenverarbeitung** ist nach Art. 4 Nr. 2 EU-DSGVO jeder Vorgang im Zusammenhang mit personenbezogenen Daten wie das Erheben, Erfassen, Ordnen, Auslesen, Abfragen, Löschen, die Organisation, Speicherung, Anpassung, Veränderung, Verwendung, Übermittlung, Verbreitung oder andere Formen der Bereitstellung, Verknüpfung, Einschränkung, Vernichtung oder der Abgleich. **Erheben** ist das Beschaffen von Daten z.B. über die beratene Person selbst im Beratungsgespräch oder mit oder ohne die Mitwirkung der Beratenen.

Sowohl das Verarbeiten mit als auch ohne automatisierte Verfahren sind erfasst. So ist z.B. eine Strichliste zu den täglich eingehenden Anrufen, welche ein Mitarbeiter einer Beratungsstelle führt, eine Datenerhebung genauso wie eine Erfassung aller Beratenen in einem Datenverarbeitungsprogramm. Eine zweite Frage ist, ob die verarbeiteten Daten personenbezogen sind.

63 Art. 2 Abs. 2 lit. d) EU-DSGVO. Zum bereichspezifischen Landesrecht: Papenheim, H.-G. u.a. 2018, Verwaltungsrecht für die soziale Praxis, S. 232.

Ein **Dateisystem** ist jede strukturierte Sammlung personenbezogener Daten, die nach bestimmten Kriterien zugänglich sind. Darunter fallen regelmäßig Aktensammlungen. **Akten** sind Datenträger wie auch USB-Sticks oder Festplatten von Computern.

**Verantwortliche** sind die natürlichen oder juristischen Personen, Behörden, Einrichtungen oder Vertragsparteien, die allein oder gemeinsam mit anderen über Zwecke und Mittel der Verarbeitung von Daten entscheiden. Regelmäßig ist dies die Funktionseinheit, welche die Beratung durchführt, also z.B. eine AWO-Beratungsstelle für Familien oder der Coach, mit dem ein Coachingvertrag abgeschlossen wurde.

***Praxishinweis***

*Folgende 7 allgemeine **Grundsätze zur Datenverarbeitung** sind nach Art. 5 EU-DSGVO von allen, die personenbezogene Daten verarbeiten, einzuhalten. Es lohnt sich, sie im Original zu lesen:*[64]

- *Rechtmäßigkeit, Verarbeitung nach Treu und Glauben, Transparenz*
- *Zweckbindung: Erhebung nur für festgelegte, eindeutige und legitime Zwecke*
- *Datenminimierung: nur die für den Zweck angemessenen und notwendigen Daten*
- *Richtigkeit: unrichtige Daten sind zu löschen oder zu berichtigen*
- *Speicherbegrenzung: nur solange für den Zweck erforderlich*
- *Integrität und Vertraulichkeit: Sicherung vor unbefugter Nutzung o. Verlust*
- *Rechenschaftspflicht: Verzeichnis aller Verarbeitungstätigkeiten*

Datenerhebung und **Aktenführung** dienen in der Beratungsarbeit zunächst als Erinnerungsstütze. Sie vereinfachen die Reflexion der Beratungsarbeit und verbessern die Vorbereitung auf kommende Beratungen, zumal bei vielen Fällen. Ferner geht damit eine Ordnungsfunktion einher, sodass nach einem bestimmten Schema Informationen schneller wiedergefunden werden können. Dies dient auch der eigenen Psychohygiene und Stressvermeidung: Man weiß es strukturiert in der Akte und kann sich anderen Dingen zuwenden. Darüber hinaus dient Datenerhebung und Aktenführung dem Controlling und der Transparenz guter Beratung. Welche konkreten Daten für die jeweilige Beratung notwendig sind, ist anhand des Beratungsauftrags und der Rechtsgrundlagen zu entscheiden.

Nach Art. 33 Abs. 1 EU-DSGVO sind Verletzungen des Schutzes personenbezogener Daten zu dokumentieren und, wenn ein Risiko für Rechte und Freiheiten von betroffenen natürlichen Personen besteht, auch unverzüglich möglichst innerhalb von 72 Stunden der **Aufsichtsbehörde**, z.B. dem Landesdatenschutzbeauftragten, zu melden und die betroffenen Personen in klarer und einfacher Sprache zu informieren.[65] Die **Meldepflicht** ermöglicht der Aufsichtsbehörde eine Überprüfung durch eine Dokumentation, welche die

64 Z.B. auf Seite 35 von 88 dieser offiziellen EU-DSGVO-Quelle: http://eur-lex.europa.eu/legal-content/DE/TXT/PDF/?uri=CELEX:32016R0679&from=de (21.11.2021).

65 Art. 34 EU-DSGVO. Sonst kann auch ein Anspruch auf Schadensersatz bestehen, siehe Abschnitt 8.5 zu Betroffenenrechten.

Verantwortlichen erstellen müssen. Zu dokumentieren sind die Verletzungen des Schutzes personenbezogener Daten einschließlich aller im Zusammenhang mit der Verletzung des Schutzes personenbezogener Daten stehenden Fakten, von deren Auswirkungen und den ergriffenen Abhilfemaßnahmen.

Für Verstöße gegen die EU-DSGVO sind **Bußgelder** von bis zu 20 Mio € oder vier Prozent des globalen Umsatzes des verstoßenden Unternehmens vorgesehen, während Verstöße ausschließlich gegen Regelungen des BDSG bei 50.000 € gedeckelt sind. Dies betrifft etwa unrichtige Angaben bei Verbraucherkrediten. Kunden, Arbeitnehmende oder andere Verbraucher*innen, z.B. von Beratungen, können nach der EU-DSGVO Ansprüche gegen die Verantwortlichen haben, wenn ihnen **materielle oder immaterielle Schäden** entstanden sind.[66]

Die EU-DSGVO unterscheidet personenbezogene und sensible Daten. **Personenbezogene Daten** sind alle Informationen, die sich auf identifizierte oder identifizierbare Personen beziehen. Identifizierbar ist, wer – auch indirekt – mit einer Kennung wie Name oder Nummer, Standort oder IP-Adresse oder z.B. physischen, genetischen, wirtschaftlichen oder sozialen Merkmalen erkannt werden kann. Z.B. ist eine Bewerberin erkennbar am Nachnamen, zumindest wenn weitere Merkmale (wie Geschlecht und Kennzeichung als Beraterin in der Suchthilfe) die Person identifizierbar machen. Für nicht-personenbezogene Daten besteht dagegen kein Bedarf zum Datenschutz und auf sie ist die EU-DSGVO nicht anwendbar.[67]

Sind Daten **anonymisiert**, das heißt, kann die Person hinter den einzelnen Angaben nicht mehr identifiziert werden, sind die Grundsätze des Datenschutzrechtes nicht anwendbar.[68] Bei einer Strichliste aller Anrufe einer Beratungsstelle werden die Daten ohne Personenbezug erhoben und sind in der Regel ausreichend anonymisiert. Die Wiederherstellung des Personenbezugs ist nach allgemeinem Ermessen nicht zu erwarten.

### *Praxishinweis*

*Datensparsamkeit kann z.B. bei den verschiedenen Formen der Qualitätssicherung wie **Fallbesprechungen** und Praxisberatungen über Anonymisierung umgesetzt werden. In einer externen Supervision ist es einfacher, den Fall so darzustellen, dass Externe nicht wissen, um welche Beratenen es sich handelt, weil sie, wenn der Name nicht genannt wird, nicht durch weiteres Wissen die Beratenen anhand anderer Details wiedererkennen können. Auch Hilfeplan- oder Teilhabeplankonferenzen sind mit anonymisierten Daten möglich, vor allem, wenn Leistungsberechtigte das verlangen.*[69]

66 Art. 83 Abs. 5 b, Art. 82 Abs. 1 EU-DSGVO. Siehe unten Abschnitt 8.5 Betroffenenrechte. Allerdings können nach § 85a Abs. 3 SGB X keine Bußgelder gegen Behörden und öffentliche Stellen verhängt werden.

67 Art. 2 EU-DSGVO beschreibt die Anwendbarkeit ausschließlich für personenbezogene Daten. LG Darmstadt, v. 26.5.2020, Az. 13 O 244/19.

68 ErwGr 26 Satz 5 und 6 EU-DSGVO.

69 Papenheim, H.-G. 2018, Verwaltungsrecht für die Soziale Praxis, S. 236.

**Pseudonymisiert** bedeutet nach Art. 4 Nr. 5 EU-DSGVO, dass mit zusätzlichen Informationen, die gesondert aufbewahrt werden, gewährleistet ist, dass der Personenbezug nicht hergestellt werden kann. Wird über ein Datenverarbeitungsprogramm eine Akte für Beratene angelegt, so kann in einer Datenweitergabe die namensbezogene Akte über eine Nummer pseudonymisiert werden. Durch eine getrennt von dem Programm geführte Liste, die eine Zuordnung der Nummern zu den Namen der Personen erlaubt, könnte der Personenbezug wiederhergestellt werden. Zudem stellt sich die Frage, ob weitere Angaben in der Akte dazu führen, dass dieser Bezug trotz Verwendung der Nummer statt des Namens möglich ist, und daher die Pseudonymisierung weitere Auslassungen bei der Datenweitergabe (z.B. der Adresse oder der Beratungstermine) erfordert. Das hängt auch davon ab, an wen die Daten weitergegeben werden. In der Beratungsstelle könnte eine Zuordnung zu bestimmten Personen über einen Beratungstermin denkbar sein. Extern ist dies unwahrscheinlicher.

## 8.4.2 Erlaubnisse nach der EU-DSGVO, Daten zu verarbeiten

Verarbeiten einfacher personenbezogener Daten ist nach Art. 6 Abs. 1 Unterabschnitt 1 EU-DSGVO verboten, wenn nicht eine der folgenden **Erlaubnisse** besteht:

a) die betroffene Person hat in die Verarbeitung der betreffenden Daten für **bestimmte Zwecke** eingewilligt,

b) die Verarbeitung zur Erfüllung eines Vertrages, z.B. über eine Beratung, erforderlich ist, dessen Vertragspartei die betroffene Person ist, oder auf Anfrage vorvertraglicher Maßnahmen,[70]

c) sie zur Erfüllung einer rechtlichen Verpflichtung erforderlich ist, der der Verantwortliche unterliegt,

d) sie erforderlich ist, um lebenswichtige Interessen der betroffenen Person oder einer anderen Person zu schützen,

e) sie für die Wahrnehmung einer Aufgabe erforderlich ist, die im öffentlichen Interesse liegt, oder zur Ausübung öffentlicher Gewalt,[71] die dem Verantwortlichen übertragen wurde,

f) sie für die Wahrung der berechtigen Interessen des Verantwortlichen oder eines Dritten erforderlich ist, sofern nicht Interessen der betroffenen Person überwiegen.

70 Z.B. eine Problembeschreibung, die dazu dient zu klären, ob die Beratungsstelle zuständig ist bzw. welche Berater*in besonders geeignet ist, wenn die Anfrage bevor der Beratungsvertrag abgeschlossen wird von der betroffenen Person erfolgte.

71 Z. B. in Zusammenhang mit einer Einweisung in eine psychiatrische Einrichtung.

***Praxishinweis***

*Ist eine Erlaubnis bereits aufgrund eines Beratungsvertrages oder der Erfüllung einer rechtlichen Pflicht zu einer erforderlichen Datenverarbeitung gegeben nach Ziffer b) oder c), ist eine zusätzliche Einwilligung nur für eine über das Vertrags- bzw. Pflicht-erforderliche hinausgehenden Datenverarbeitung einzuholen. Die* ***Erforderlichkeit*** *ist genau zu prüfen.*

*Durch Informationen über den Zweck der Datenverarbeitung kann das Vertrauen in eine Beratung, welche die Selbstbestimmung achtet, geschaffen werden. Entscheidend ist es, den Beratungszweck präzise zu klären. Anhand dessen können Beratende und Beratene entscheiden, welche Daten wie ausreichend und dem Zweck entsprechend angemessen und verhältnismäßig verarbeitet werden können. Insbesondere Transparenz und Datenminimierung beziehen sich auf den Zweck der Datenerhebung. Durch die* ***Aufklärung*** *der Beratenen über den Datenverarbeitungszweck und die Rechtsgrundlage werden die Beratenen in den Stand gesetzt, über ihre Daten informiert zu entscheiden.*

## 8.4.3 Einwilligung nach der EU-DSGVO

Die EU-DSGVO regelt die **Einwilligung** abschließend. Sie muss

1. freiwillig
2. für den bestimmten Fall,
3. unmissverständlich von einer informierten Person

erklärt werden.

Eine sonstige eindeutig bestätigende Handlung reicht ebenfalls aus, Art. 4 Nr. 11, Art. 6 Abs. 1 UAbsch. 1 a), Art. 7 EU-DSGVO. Allerdings ist die Informiertheit leichter schriftlich zu beweisen und zu belegen, dass, wie erforderlich, vor der Einwilligungserklärung informiert wurde.

Es bietet sich an, sich die Einwilligung zu Beweiszwecken schriftlich oder elektronisch erteilen zu lassen und mit den erforderlichen Informationen zu verbinden. Siehe dazu das Muster einer zusätzlich mit einer Schweigepflichtentbindung kombinierten Erklärung unter 8.1.4. Blanko-Einwilligungen oder auch nur pauschale Einwilligungen sind unwirksam und Stillschweigen ist keine Einwilligung, Art. 4 Nr. 11 EU-DSGVO, ErwGr 32 Satz 3 EU-DSGVO. Allerdings ist keine Form festgeschrieben. Einwilligungen können mündlich, telefonisch oder auch durch eindeutiges Verhalten erfolgen, z.B. durch deutliches Nicken nach einer ausreichenden Information. Oft reicht das Schutzniveau von E-Mails nicht aus und es kann deshalb nicht per E-Mail eingewilligt werden.[72] Im Streitfall hat der Datenschutzverantwortliche die Einwilligung zu beweisen.

72 Zum Beispiel kann eine End-zu-End-Verschlüsselung der Emails erforderlich sein.

Vorausgesetzt ist nicht eine Geschäftsfähigkeit, sondern **Einsichtsfähigkeit**, die in der Regel ab dem 14. Lebensjahr angenommen wird, ggf. aber auch schon früher bestehen kann. Bei fehlender Einsichtsfähigkeit können Sorgeberechtigte oder rechtliche Betreuende einwilligen.[73] Bei Beratungen zu Sucht und Opferschutz oder psychosozialer Beratung ist ausnahmsweise keine Einwilligung von Personensorgeberechtigten erforderlich.[74]

Freiwillig ist die Einwilligung, wenn die Verweigerung der Einwilligung nicht zu Nachteilen führt.[75] Wegen der Freiwilligkeit kann die Einwilligung auch jederzeit mit Wirkung für die Zukunft formlos widerrufen werden (Art. 7 Abs. 3 EU-DSGVO). Die Einwilligung muss sich auf den Einzelfall beziehen, um das **Bestimmtheitserfordernis** zu erfüllen. Daher müssen Einwilligenden auch der Zweck der Einwilligung und die Folgen der Verweigerung der Einwilligung benannt werden.

Art. 12 bis Art. 14 EU-DSGVO sehen vor, dass über das Erheben von Daten verständlich und leicht zugänglich **informiert** wird, wenn die Betroffenen nicht bereits über die Informationen verfügen. Ausnahmsweise kann die Information unterbleiben, wenn sie unmöglich oder mit einem unverhältnismäßigen Aufwand verbunden ist[76] oder wenn sie wegen der überwiegenden berechtigten Interessen eines Dritten geheim gehalten werden muss. Liegt keine dieser Ausnahmen vor, sind Angaben zu Folgendem in der Einwilligung notwendig:

- Name und Kontaktdaten der Verantwortlichen und der Datenschutzbeauftragten,
- Zwecke der Verarbeitung und Rechtsgrundlagen,
- Wer die Daten empfängt,
- Speicherdauer und Recht auf Löschung, Art. 17 EU-DSGVO,
- Recht auf Auskunft und Berichtigung, Art. 15, Art. 16 EU-DSGVO,
- Widerrufsrecht bei Einwilligung, Art. 7 und Art. 21 EU-DSGVO,
- Beschwerderecht und Aufsichtsbehörde,
- gesetzliche oder vertragliche Verpflichtung zur Bereitstellung der Daten und Folgen der Nichtbereitstellung,
- bei Erhebungen bei Dritten, z.B. bei Arbeitgebenden, sind zudem die Dritten als Datenquelle anzugeben.

73 Hundt, M. 2019, Datenschutz in der Kinder- und Jugendhilfe, S. 74 f.

74 ErwGrund 38 Satz 3 EU-DSGVO. Papenheim, H.-G. 2018, Verwaltungsrecht für die Soziale Praxis, S. 245.

75 Wird durch fehlende Mitwirkung bei einer Einwilligung eine Sachverhaltsklärung unmöglich, kann eine Leistung trotzdem versagt werden, obwohl die Folgen der fehlenden Einwilligung dann gravierend sind. Papenheim, H.-G. 2018, Verwaltungsrecht für die Soziale Praxis, S. 244.

76 Unverhältnismäßig ist der Aufwand einer Information, wenn zahlreiche Personen zu informieren sind, deren Interessen aber nur geringfügig beeinträchtigt sind.

## 8.4.4 Verarbeitung von sensiblen Daten nach der EU-DSGVO

Neben diesen einfachen personenbezogenen Daten ist für folgende **sensible Daten** nach Art. 9 und Art. 10 EU-DSGVO ein besonderer Schutz vorgesehen:

- Daten, aus denen hervorgehen: die „rassische" und ethnische Herkunft oder politische Meinungen, religiöse oder weltanschauliche Überzeugungen oder Gewerkschaftszugehörigkeit,[77]
- genetische und biometrische Daten zur eindeutigen Identifizierung,
- Gesundheitsdaten,
- Daten zum Sexualleben oder der sexuellen Orientierung einer natürlichen Person,
- Daten über Straftaten und Verurteilungen.

Diese sensiblen Daten dürfen nur mit einer ausdrücklich auf sie bezogenen Einwilligung verarbeitet werden, wenn die Person die Daten offensichtlich öffentlich gemacht hat oder wenn einer der folgenden Gründe vorliegt:

- soweit dies für die Wahrnehmung von Arbeits- oder Sozialrechten erforderlich ist, z.B. durch Betriebsratsmitglieder und umfangreich im Gesundheits- und Sozialwesen,
- zur Ausübung oder Verteidigung von Rechtsansprüchen,
- bei lebenswichtigen Interessen und Einwilligungsunfähigkeit,
- bei Organisationen ohne Gewinnerzielungsabsicht, wenn sich die Verarbeitung ausschließlich auf die Mitglieder oder auf Personen, die im Zusammenhang mit deren Tätigkeitszweck regelmäßige Kontakte mit ihr unterhalten, bezieht und die personenbezogenen Daten nicht ohne Einwilligung der betroffenen Personen offenliegen[78] oder
- wenn EU-Recht oder nationales Recht eine verhältnismäßige Datenverarbeitungserlaubnis vorsehen, wie Datenverarbeitungserlaubnisse für sensible Daten im SGB X.

### *Beispiel*

*Im Fall vom Anfang des Kapitels erzählt Justin von einer Körperverletzung an seinem Vater. Es handelt sich bei Straftaten um sensible Daten im Sinne von Art. 9 EU-DSGVO, die nur mit einer expliziten Einwilligung weitergegeben werden dürfen, die sich nach der EU-DSGVO richtet. Sie muss die notwendigen Informationen enthalten, insbesondere Zweck, Rechtsgrundlage und Widerrufsrecht.*

*Ein Bruch der Schweigepflicht könnte hinsichtlich einer unmittelbar bevorstehenden Körperverletzung am Vater gerechtfertigt sein wegen eines Notstandes. Dann liegt eine verhältnismäßige Rechtsgrundlage mit § 34 StGB vor, sodass nach Art. 9 EU-DSGVO auch eine Weitergabe der Daten zu der Ankündigung der Körperverletzung als personenbezogene Daten erlaubt ist.*

77 Vgl. die Merkmale in Kapitel 9.4 zum Diskriminierungsschutz mit der Kritik am Rassebegriff.

78 Z.B. ein auf Selbsthilfe ausgerichteter Verein für Angehörige psychisch erkrankter Personen, der Treffen, Vorträge und Beratung für seine Mitglieder organisiert.

### 8.4.5 Organisatorische Maßnahmen zur Datenverarbeitung

Die Datenschutzverantwortlichen haben die technischen und **organisatorischen Maßnahmen** und Dienstanweisungen umzusetzen,[79] z.B.:

- Verschließbare Aktenschränke,
- Zugangskontrollen in Räumen,
- Zugriffskontrollen auf Computern,
- Berichtigungskonzept, dass die Bearbeitungszuständigkeit abbildet,
- Eingabekontrolle in Datenverarbeitungssystemen,
- Datenminimierung durch Pseudonymisierung und Datenlöschung,
- Weisungen zur Qualitätssicherung, z.B. zur Weitergabe nur an unmittelbar mit der Sache befasste Mitarbeitende (z.B. im Beratungs- oder Entscheidungsteam),
- Zügige Anonymisierung und Pseudonymisierung von Daten,
- Konzept zum Umgang mit Datenschutzverstößen einschließlich Dokumentation und Meldung.

***Praxishinweis***

*Haben Mitarbeitende ein gemeinsames Büro und soll eine Beratung in diesem Büro stattfinden, so müssen auf Wunsch der Beratenen die nicht mit der Beratung befassten anderen Mitarbeitenden den Raum verlassen. Die datenschützende Qualität der Beratung kann über Instrumente wie ein Qualitätshandbuch abgesichert werden.*[80]

Die **IT-Systeme** sollten je nach Vertraulichkeitsstufe unterschiedliche Zugriffssicherungen vorsehen. Zugriff erfolgt bei vertraulichen Daten nur, soweit die Kenntnis der Daten erforderlich ist für die Aufgabenerfüllung der zugreifenden Person. Für besonders sensible Daten, die streng vertraulich sind, kann es erforderlich sein, auf einem eigenen Server oder einer eigenen verschlüsselten Cloud[81] die Daten zusätzlich durch ein eigenes Management der Verschlüsselung zu sichern. Das ist für Personalakten und Sozialdaten sinnvoll, die eine Einwilligung der betroffenen Person für eine Datenverarbeitung voraussetzen. Für den Schutz anvertrauter Geheimnisse und für Berufsgeheimnisträger bedarf es zusätzlicher Geheimhaltungsvereinbarungen, wenn externe Dienstleistende einbezogen werden.

Bei einfachen personenbezogenen Daten, die z.B. auch im Intranet oder E-Mailverkehr anfallen bzw. weitergeleitet werden, kann auf externe Cloud-basierte Datensysteme zurückgegriffen werden. Auf eine Verschlüsselung auf externen Clouds muss geachtet werden, wenn diese auch für vertrauliche Daten genutzt werden. Das Schutzniveau des IT-Systems

79 Sie ergeben sich aus den Grundsätzen nach Art. 5 EU-DSGVO, u.a. Art. 5 Abs. 1 e), 32, Art. 25 EU-DSGVO, ErwGrund 78 Satz 3 EU-DSGVO.

80 Datenschutz-Checkliste und Muster für verschiedene Dokumente für die Migrationsberatung bietet z.B.: Der Paritätische Gesamtverband 2017, Datenschutz in der Migrationsberatung, S. 27ff.

81 Die über sicherere Server operiert, s.u.

muss zum Schutzbedarf der Daten passen, weshalb eine Datenklassifizierung nützlich ist.[82] Problematisch bleibt es, wenn Daten international weitergeleitet werden, weshalb es immer relevant ist, wo der Server steht. Weiterleitungen innerhalb der EU sind unproblematischer. Hier sind die Rechtsentwicklungen zu beachten.[83]

## 8.5 Betroffenenrechte im Datenschutz

Damit die Betroffenen selbst bestimmen können, benötigen sie Informationen darüber, ob und warum ihre Daten verarbeitet werden. Auch woher die Daten stammen und wer sie erhält, müssen sie wissen. Daher haben sie nach Art. 15 EU-DSGVO und im Sozialdatenschutz nach § 83 SGB X ein **Auskunftsrecht**, wobei die Daten von anderen Personen dabei wiederum nicht weitergegeben werden dürfen.

Diese Auskunftspflicht des Verantwortlichen ist erfüllt, wenn die betroffene Person kostenfrei eine Kopie ihrer personenbezogenen Daten erhält, die verarbeitet werden.[84] Wurden die Daten bereits gelöscht, reicht es, wenn erklärt wird, dass die Daten in Bezug auf die anfragende betroffene Person gelöscht wurden.[85] Betroffene haben zudem ein Recht, in klarer und einfacher Sprache über Datenschutzverstöße, die sie betreffen, aufgeklärt zu werden (Art. 34 EU-DSGVO), wenn die Verstöße ein hohes Risiko für ihre persönlichen Rechte und Freiheiten zur Folge haben.[86]

Betroffene haben über das Auskunftsrecht nach der EU-DSGVO hinaus im Sozialverwaltungsverfahren[87] gem. § 25 SGB X ein Recht auf **Akteneinsicht**. Bei freien Trägern und privatrechtlicher Beratung ergibt sich das Recht auf Akteneinsicht aus der Nebenpflicht zum Beratungsvertrag nach § 241 Abs. 2 BGB.

Sowohl bei der Auskunft als auch bei der Akteneinsicht sind die **Rechte Dritter** zu beachten, z.B. sind die Namen von Hinweisgebenden oder Adressen von Dritten zu schwärzen. Es bietet sich an, die Akten von vornherein so zu führen, dass eine Einsichtnahme mit wenig Arbeitsaufwand umzusetzen ist.

Ferner sieht Art. 17 EU-DSGVO ein Recht auf Löschen der Daten vor, ohne bestimmte Fristen vorzugeben. Diese richten sich nach dem Zweck der Datenverarbeitung. Nach Art. 17 Abs. 3 e) EU-DSGVO ist eine Löschung nicht zwingend, wenn die Aufbewahrung zur Gel-

---

82 Nehlsen, J. 2020, Datenklassifizierung als Schlüssel für Cloudnutzung, www.rz.uni-wuerzburg.de/fileadmin/42010000/it-recht/Cloud_und_Datenklassifizierung.pdf (22.9.2022). Vgl. Pro- und Contra-Argumente zur Auslagerung von Informations- und Kommunikationstechnik: Bundesrechnungshof o.J., Leitsätze für die Prüfung von IuK-Outsourcing https://wibe.de/wp-content/uploads/01-leitsaetze_iuk_outsourcing.pdf (22.9.2022).

83 Z.B. kann die Entwicklung über den DFN-Infobrief Recht verfolgt werden.

84 Falls die Gefahr einer Beeinträchtigung besteht, z.B. bei schockierenden Gesundheitsdaten, können die Daten auch über Fachkräfte vermittelt werden.

85 Uphues, S. 2020, (No) Return to Sender, DFN-Infobrief Recht 12/2020. OLG Dresden, Urteil vom 31.8.2021, Az.: 4 U 324/21, Rn. 18.

86 Solch ein Risiko wurde z.B. bei einer einzigen E-Mail an einen falschen Empfänger mit der Gehaltsvorstellung eines Bewerbers in einem Stellenbesetzungsverfahren angenommen, LG Darmstadt v. 26.5.2020, Az. 19.

87 Verwaltungsverfahren vor Sozialbehörden.

tendmachung, Ausübung oder Verteidigung von Rechtsansprüchen durch den Betroffenen[88] erforderlich ist. Beweismittel sollen so gesichert werden können (z.B. solange Straftaten noch nicht verjährt sind, um Opferentschädigung und zivilrechtlichen Schadensersatz gelten machen zu können).[89] Ist dieser Grund nicht mehr gegeben, sind die Daten zu löschen – entsprechend dem Grundsatz der Datenminimierung. Zudem können Betroffene eine **Datenlöschung** verlangen.

Die Datenlöschung kann berechtigten Interessen an einer Datenaufbewahrung widersprechen: z.B. können Fachkräfte ein Interesse haben nachzuweisen, dass sie in einem Fall fachgerecht gehandelt haben. Die Daten sind dann gesondert aufzubewahren und **eingeschränkt zu verarbeiten** (Art. 18 EU-DSGVO).

Art. 82 EU-DSGVO sieht einen **Schadensersatzanspruch** für Betroffene vor, wenn gegen die DSGVO verstoßen wurde. Es muss also eine Verarbeitung personenbezogener Daten vorliegen und diese nicht erlaubt sein oder keine Einwilligung vorliegen, auch keine durch bestätigendes Handeln im Sinne von EU-DSGVO, Erwägungsgrund 32, S. 2. Ferner müssen die Schäden auf dem Datenschutzverstoß beruhen. Ob hier Beweiserleichterungen für Betroffene anzunehmen sind oder nicht, ist streitig.[90] Von einem Schaden von 1.000 € wurde bei einer E-Mail an einen einzelnen falschen Empfänger im Rahmen eines Bewerbungsverfahrens ausgegangen, die nicht als Datenschutzverstoß dem Betroffenen mitgeteilt worden war.[91] Möglicherweise rechtswidrige Datenverarbeitungen sollte man in einer Beratungsstelle oder in anderen Beratungszusammenhängen nachgehen, z.B. indem ein Verdacht mit den für Datenschutz zuständigen Mitarbeitenden besprochen wird. Diejenigen, für deren persönliche Rechte sich hieraus ein hohes Risiko ergeben kann, unverzüglich zu informieren, verringert das Haftungsrisiko.

### *EU-DSGVO und Betroffenenrechte auf einen Blick*

- Die EU-DSGVO ist fast immer anwendbar. Das kirchliche Datenschutzrecht ist ihr inhaltlich vergleichbar.
- Diese sieben Grundsätze sind einzuhalten: Rechtmäßigkeit und Transparenz, Zweckbindung, Datenminimierung, Richtigkeit, Speicherbegrenzung, Integrität und Vertraulichkeit, Rechenschaftspflicht.
- Alles ist verboten, wenn keine Erlaubnis vorgesehen ist in der EU-DSGVO oder in nationalen Gesetzen. Z.B. ist eine Erlaubnis zur Vertrags- oder Aufgabenerfüllung gegeben, wenn die Datenverarbeitung erforderlich ist (zweckgebunden und sparsam).

88 Als Betroffene sind hier immer die Personen gemeint, um deren Daten es geht.

89 So z.B. bei der Beratung von Opfern von sexuellem Missbrauch mit einer Verjährung erst ab dem 30. Lebensjahr von 5 Jahren, also bis Beratene 35 Jahre alt sind. BKSF 2019, Fachinformation Aufbewahrung von personenbezogenen Daten, S. 5.

90 Das OLG Stuttgart ging von einer Beweisverteilung entsprechend der ZPO aus, also ohne Beweiserleichterung: die Betroffenen mussten beweisen, dass ihr Schaden auf dem Datenschutzverstoss beruht. OLG Stuttgart v. 31.3.2021, Az. 9 U 34/21. Uphues, S. 2021, Unbewiesen, abgewiesen, DFN-Infobrief Recht 6/ 2021, S. 4-6.

91 LG Darmstadt v. 26.5.2020, Az. 13 O 244/19. Uphues, S. 2021, Steh zu deinen Fehlern oder es kommt dir teuer zu stehen, DFN-Infobrief Recht 4/2021, S. 9–10. Zur Meldepflicht gegenüber der Aufsichtsbehörde nach Art. 33 EU-DSGVO siehe oben 8.1.4.

- Vor einer Zustimmung zur Datenverarbeitung muss dazu ausreichend informiert werden. Eine Einsicht in Akten sollte unproblematisch gewährt werden können (Transparenz).
- Daten sind in der Regel zu löschen, wenn der Zweck ihre Verarbeitung nicht mehr erfordert (Sparsamkeit).

# 8.6 Zivilrechtlicher Datenschutz

Der vertragliche Schutz personenbezogener Daten ist bei privatrechtlicher Beratung oder bei freien Trägern gegeben. Den Beratungen liegt, auch ohne Schriftlichkeit, ein Vertrag zugrunde, in der Regel ein Dienstvertrag nach § 611 BGB. Aus dem Vertrag ergeben sich Schutzpflichten als **Nebenpflichten**, § 241 Abs. 2 BGB. Das allgemeine Persönlichkeitsrecht ist danach nicht zu verletzen, dementsprechend ist auch die informationelle Selbstbestimmung zu beachten.[92] Die Regeln der EU-DSGVO gelten hier ebenso. Soweit für die Vertragsverhältnisse die Datenverarbeitung erforderlich ist, ist sie nach Art. 2 Abs. 1, Art. 6 Abs. 1 Satz 1 b) und f) EU-DSGVO auch zulässig. Aus der vertraglichen Vereinbarung mit den Beratenen ergibt sich auch die Verpflichtung freier Träger zum Sozialdatenschutz (entsprechend der Verpflichtung der beauftragenden Sozialleistungsträger, also z.B. Jugend- oder Sozialamt).[93] Auch sind die Schweigepflicht und die berechtigten Interessen Dritter zu beachten. Bei einer Verletzung und Wiederholungsgefahr besteht zudem ein Anspruch auf **Unterlassung** nach § 823 Abs. 1, § 1004 Abs. 1 S. 2 BGB (z.B. i.V.m. Art. 6 EU-DSGVO). Die EU-DSGVO sperrt nicht die Unterlassungsansprüche, die aus dem BGB neben der Regelung der EU-DSGVO bestehen können.[94] Ferner besteht bei einem Schaden, der auf eine Verletzung der EU-DSGVO zurückzuführen ist, ein Schadensersatzanspruch nach Art. 82 EU-DSGVO, siehe 8.5 Betroffenenrechte.

Bei Datenschutzverstößen gegen nationales Recht sind Schadensersatzansprüche aus Vertrag gegen den Vertragspartner am häufigsten (§ 280, 282 BGB). Ohne Vertrag kann ein Anspruch auf **Schadensersatz** aus unerlaubter Handlung bestehen (§ 823 BGB). Unerlaubt sind z.B. die Verletzung des Datenschutzes oder eine Verletzung der Schweigepflicht.[95] Siehe dazu Kapitel 10 zur Haftung.

Der BGH beurteilt Eingriffe in das allgemeine Persönlichkeitsrecht danach, in welche Sphäre eingegriffen wird:

1. Intimsphäre: Kern der privaten Lebensgestaltung, z.B. Tagebuch, Selbstgespräche, nur im äußersten Fall darf hier eingegriffen werden

---

92 Papenheim, H.-G. u.a. 2018, Verwaltungsrecht für die Soziale Praxis, S. 265.

93 Smessaert, A. 2015, Allgemeine Grundsätze des Datenschutzes, DIJuF Rechtsgutachten, TE-1143, S. 20.

94 LG Darmstadt v. 26.5.2020, Az. 13 O 244/19.

95 Angenommen, die Zentrale einer Beratungsstelle gibt einem Anrufer den Beratungstermin einer Beratenen weiter, die anschließend von diesem verprügelt wird. Die Datenweitergabe ohne Einwilligung ist ein Datenschutzverstoß mit Schaden aus unerlaubter Handlung. Ist die Datenweitergabe von Mitarbeitenden von Schweigepflichtigen nach § 203 StGB erfolgt, besteht eine zweite Rechtsverletzung, welche die Terminweitergabe zur unerlaubten Handlung macht.

2. Privatsphäre: z.B. Elternhaus, Alkoholkonsum, Freizeitverhalten, Freundeskreis, stehen der Intimsphäre sehr nah
3. Sozialsphäre: Beruf, Verhalten in der Öffentlichkeit, Eigenarten in seinen Beziehungen.[96]

Für soziale Berufe gehört der Schutz des Persönlichkeitsrechts zu grundlegenden Pflichten, weshalb Verstöße regelmäßig verschuldet sind. Gibt eine Beratungsstelle z.B. Daten unerlaubt weiter und entsteht hierdurch kausal ein Schaden, besteht ein Ersatzanspruch. Die Anforderungen an Schadensersatzklagen sind jedoch hoch und Fälle, die sich auf soziale Beratungen beziehen, ausgesprochen selten, weshalb hier auf ein Beispiel aus der Rechtsprechung für eine ärztliche Beratung zurückgegriffen wird. Die Kausalität der Datenschutzverletzung für den Schaden ist zusätzliche Voraussetzung für den Schadensersatzanspruch und oft schwierig zu beweisen.

***Beispiel***

*Einem Arzt wurde vorgeworfen, die Lebensgefährtin eines AIDS-Kranken nicht über die Krankheit ihres Partners informiert zu haben.[97] Er hätte seine Schweigepflicht brechen dürfen, weil er sich auf rechtfertigenden Notstand berufen konnte. Sein Verhalten war nicht sorgfältig. Er habe nicht darauf vertrauen dürfen, dem Verantwortungsbewusstsein des an Aids Erkrankten gegenüber seiner Lebensgefährtin zu trauen, weil dieser weiterhin ungeschützten Geschlechtsverkehr ohne Kondom ausüben wollte mit seiner Partnerin. Trotzdem verneinten die Richter einen Anspruch auf Schadensersatz, weil sie in dieser Pflichtverletzung keinen großen Behandlungsfehler sahen. Darüber hinaus habe die klagende Partnerin nicht nachweisen können, dass dadurch ihre HIV-Infektion verhindert worden wäre.*

## 8.7 Sozialdatenschutz

***Sozialdatenschutz beantwortet folgende Fragen:***

- Für wen gilt das Sozialgeheimnis?
- Wann dürfen Daten nur beim Betroffenen selbst erhoben werden?
- Welche Übermittlungspflichten bestehen?

Seit dem Inkrafttreten der EU-DSGVO ist diese vorrangig und sind nur manche Teile noch in den Sozialgesetzbüchern geregelt. An manchen Stellen verweisen die SGB auf die EU-DSGVO mit der Bezeichnung „Verordnung (EU) 2016/6".

96 BGH 23.6.2009, Az. VI ZR 196/08; BVerfG 24.1.2004, Az. 1 BvR 2602/05.
97 OLG Frankfurt a.M., Urteil vom 5.10.1999, Az. 8 U 67/99.

Das Sozialgeheimnis nach § 35 SGB I schützt **Sozialdaten** vor dem Zugriff der übrigen Verwaltung und wird in § 67 ff. SGB X konkretisiert.[98] Wurden Sozialdaten anonymisiert, fehlt der Personenbezug und sind sie daher unproblematisch zu verarbeiten. Dann können mit ihnen Fallbesprechungen und Hilfeplankonferenzen datenschutzkonform umgesetzt werden, s.o. Abschnitt 8.4.1 zur EU-DSGVO.

Der Sozialdatenschutz gilt nur, soweit es um die Aufgaben nach SGB geht. Eine Anmietung von Räumen durch einen Sozialleistungsträger für eine Beratungsstelle ist z.B. ein privatrechtlicher Vertrag und es handelt sich bei den Daten der vermietenden Vertragspartei nicht um Sozialdaten. Für die Daten der *beratenden Arbeitnehmenden* (z.B. in der Personalakte) gilt das BDSG (und nicht das SGB), weil die Sozialleistungsträger hier nicht unmittelbar ihre Aufgaben nach dem SGB erfüllen. Aber bei Verbänden oder Arbeitsgemeinschaften der Sozialleistungsträger oder leistungserbringenden abhängigen Träger, die vom Sozialleistungsträger gegründet wurden, die diese Beratungsstelle für den Sozialleistungsträger als dessen Aufgabe erfüllen, gilt *für die Beratenen* der Sozialdatenschutz.[99]

Für **freie Träger** der Wohlfahrtspflege gilt das Sozialgeheimnis nicht direkt. Für sie gilt die EU-DSGVO und das BDSG bzw. kirchliches Datenschutzrecht, z.B. wenn sie Daten erheben und an andere weitergeben.[100] Denkbar ist, dass sie nach Art. 6 Abs. 1 S. 1 c) DSGVO Daten übermitteln dürfen, z.B. bei Lebenswichtigem oder bei Katastrophen.[101] Da die freien Träger eigenständig mit den Sozialleistungsbehörden zusammenarbeiten, ist in der Regel davon auszugehen, dass sie nicht als beauftragte Dritte handeln, bei der sie zu einer Art Erfüllungsgehilfen der Sozialleistungsträger werden und das Sozialgeheimnis gelten würde.[102] Es ist streitig, ob sie auf die Übermittlungspflichten der Sozialleistungsträger verpflichtet werden könnten.[103] Bei Beratungen, Coaching und Mediation spricht die Ausrichtung dieser Art von Beratung auf ein freiwilliges Arbeitsbündnis gegen die Zulässigkeit von Übermittlungspflichten, auch wenn keine Schweigepflichtigen im Sinne des § 203 StGB beraten.

Freie Träger oder **sonstige Personen,** Wirtschaftsunternehmen oder Stellen müssen den Sozialdatenschutz gleichwohl wahren, wenn ihnen Sozialdaten übermittelt wurden. § 78 SGB X verlängert quasi den Sozialdatenschutz der Sozialleistungsträger.[104] Sie dürfen die

98 Z.B. sind die Daten beim Betroffenen selbst zu erheben und nur in den gesetzlich geregelten Fällen dürfen sie bei Dritten, z.B. Arbeitgebenden, erhoben werden, § 67a Abs. 2 SGB X.

99 Papenheim, H.-G. u.a. 2018, Verwaltungsrecht für die Soziale Praxis, S. 236. Lenze, A. in: Münder, J./Geiger, U. (Hg.) 2021, SGB II LPK, Vor §§ 50 ff., Rn. 7.

100 Lenze, A. in: Münder, J./Geiger, U. (Hg.) 2021, SGB II LPK, vor § 50 ff., Rn. 8. Siehe oben Abschnitt 8.4.

101 Krahmer, U. 2020, Sozialdatenschutzrecht, § 35 SGB I, Rn. 15. Zum Beispiel die Namen von möglicherweise betroffenen Beratenen an den Katastrophenschutz, wenn die Beratungsstelle überschwemmt wurde.

102 Zu S§ 17, § 6 und § 50 SGB II, so Lenze, A. in: Münder, J./Geiger, U. (Hg.) 2021, SGB II LPK, § 50 Rn. 9 f. In der Regel fehlt ein Auftrag. Wurde dagegen ein ganzer Aufgabenkomplex übertragen, kann es sich um beauftragte Dritte handeln. Siehe auch Münder, J. in: Bieritz-Harder, R. u.a. 2020, SGB XII LPK, § 5 Rn. 60 ff.

103 Palsherm argumentiert zu § 61 Abs. 3 SGB VIII, dass dadurch eine Berichtspflicht entstehen würde, die der informationellen Selbstbestimmung widerspricht. Papenheim, H.-G. u.a. 2018, Verwaltungsrecht für die Soziale Praxis, S. 237.

104 Krahmer, U. 2020, Sozialdatenschutzrecht, Einführung, Rn. 6–9, § 35 SGB I Rn. 23. Auftragsverarbeiter sind über § 35 Abs. 6 SGB I an das Sozialgeheimnis gebunden. Z.B. IT-Dienstleister, für deren Handlungen der Sozialleistungsträger wie für eigenes Handeln verantwortlich ist, Art. 28, 29 DSGVO.

Daten nur zum jeweiligen Zweck verwenden und die Daten müssen ansonsten geheim gehalten werden. Darüber sind die Übermittelnden auch von den Sozialleistungsträgern zu belehren: sie müssen die übermittelten Daten in demselben Umfang geheim halten wie die Sozialleistungsträger.[105] § 78 Abs. 1 S. 2 SGB X verlangt, dass bei einem Ersuchen einer nicht-öffentlichen Stelle von dieser eine Selbstverpflichtung zur Zweckwahrung abgegeben werden muss.[106]

Im Sozialdatenschutz gelten folgende Besonderheiten:

Der Sozialdatenschutz gilt ergänzend zur EU-DSGVO. Es ist günstig, zunächst zu prüfen, ob eine spezifische Regelung des Sozialdatenschutzes anwendbar ist. Dann sollte man prüfen, ob EU-DSGVO-Regelungen unmittelbar anwendbar sind, zumal § 35 Abs. 2 SGB I die Regelungen auf alle Sozialdaten ausweitet, für die es keine gesetzliche Sonderregelung gibt.[107] Anspruch auf Sozialdatenschutz nach § 35 SGB I und § 67 ff SGB X hat jede von Datenverarbeitung im Zusammenhang mit den Aufgaben der SGB betroffene Person, nicht nur Antragstellende oder Sozialleistungen Empfangende.

Die Daten sind beim Betroffenen selbst zu **erheben** und nur in den gesetzlich geregelten Fällen dürfen sie bei Dritten (z.B. Schulen, Arbeitgebenden, Vermietenden, Nachbarn) erhoben werden, § 67a Abs. 2 SGB X. Beratende bei Sozialleistungsträgern, die z.B. auf Facebook recherchieren oder Beratene beobachten, erheben nicht beim Betroffenen selbst.[108] Ggf. kann durch öffentliche Internetseiten allerdings eine konkludente Einwilligung zur Datenerhebung vorliegen.[109] Aber Finanzbehörden dürfen **Datenabgleiche** mit Sozialleistungsträgern vorsehen beim BAföG und beim Wohngeld. Bei Leistungen aus dem SGB II führt u.a. die Bundesagentur für Arbeit Datenabgleiche durch, u.a. zu Kapitalerträgen, Renten und Kontenstammdaten. Finanzbehörden können zudem von sich aus über Tatsachen informieren, die für zu Unrecht bezogene Sozialleistungen oder Subventionen sprechen.[110]

Nach § 67a Abs. 1 SGB X dürfen Sozialdaten nur erhoben werden, wenn dies für die Aufgabe der Erhebenden nach dem SGB erfolgt und erforderlich ist. Angaben zu Einkommen von Mitgliedern in einer Wohngemeinschaft sind nicht erforderlich für die Prüfung eines

105 Rombach, W. in: Hauck, K./Noftz, W. 2020, SGB X, § 78 Rn. 17–20, zur Hinweispflicht spätestens bei Übermittlung der Daten, Rn. 40 f.

106 Krahmer, U. 2020, Sozialdatenschutzrecht, § 78 SGB X Rn. 7.

107 Art. 6 Abs. 1 c), Abs. 2 EU-DSGVO sieht auch in Bezug auf die sensiblen Daten nach Art. 9 Abs. 2 b) EU-DSGVO eine Öffnungsklausel für nationale Bestimmungen vor. Deutschland macht für Sozialdaten von diesem Recht Gebrauch. Lenze, A. in: Münder, J./Geiger, U. (Hg.) 2021, SGB II LPK, vor § 50 ff, Rn. 4, 9.

108 Ausnahmen setzen die Prüfung voraus, dass keine Anhaltspunkte dafür bestehen, dass überwiegende schutzwürdige Interessen der betroffenen Person beeinträchtigt werden. Nach § 67a Abs. 2 ist eine Erhebung bei Dritten denkbar, wenn die Übermittlung einer Sozialleistungsbehörde an die erhebende Behörde möglich wäre, oder von anderen Personen, wenn eine Rechtsvorschrift es vorschreibt oder die Übermittlung von den anderen Personen an die erhebende Behörde möglich wäre. Vgl. zum Meinungsstreit Lenze, A. 2021, in: Münder, J./Geiger, U. (Hg.) 2021, SGB II LPK, vor §§ 50 ff. Rn. 27–28.

109 Krahmer, U. 2020, Sozialdatenschutzrecht, § 67a Rn. 18.

110 § 31, § 93 AO. § 33 WoGG, § 41 Abs. 4 BaföG, § 52 SGB II. § 52 SGB II ist umstritten, insb. hinsichtlich der nicht leistungsberechtigten Personen in der Bedarfsgemeinschaft und als Ausnahme zum Sozialgeheimnis eng auszulegen. Die Betroffenen sind zu informieren, Art. 14 EU-DSGVO. Lenze, A. in: Münder, J./Geiger, U. (Hg.) 2021, SGB II LPK, § 52 Rn. 6–9, 19.

ALG-II-Anspruchs, wohl aber in der Bedarfsgemeinschaft, z.B. auch bei eheähnlichen Partnern.[111] Der Zweck der Erhebung ist mitzuteilen, Art. 13 DSGVO. Der Grundsatz der **Erforderlichkeit** wird dadurch eingehalten, dass die Daten nur zweckgebunden verwendet werden. Die erhobenen Daten können für verschiedene Aufgaben genutzt werden, sind aber nur – je nach Erforderlichkeit – den zuständigen Sachbearbeitenden zugänglich zu machen.[112] Je nach Aufgabe bzw. zumindest Funktionseinheit ist daher eine getrennte Akte erforderlich, z.B. beim Allgemeinen Sozialdienst vier getrennte Akten für die Aufgaben: Beratung, Gewährung von Hilfen zur Erziehung, Kinderschutz, Jugendhilfe im Strafverfahren, § 67c SGB X.

Eine **Änderung der Zweckbindung** der erhobenen Daten ist nur möglich, wenn diese für die Erfüllung von Aufgaben nach dem SGB erforderlich sind oder nach § 67c, § 75 SGB X u.a. zu wissenschaftlichen Zwecken. Die Erforderlichkeit ist anspruchsvoll, insbesondere, wenn die Privatsphäre geschützt werden muss.[113]

**Datenverarbeitung** außerhalb der Datenerhebung ist nur aufgrund einer Rechtsvorschrift oder einer Einwilligung zulässig (§ 67b SGB X). Die Einwilligung soll schriftlich oder elektronisch erfolgen, soweit nicht wegen besonderer Umstände eine andere Form angemessen ist.[114] In Bezug auf die Einwilligung ist Art. 6 Abs. 1 a) EU-DSGVO anwendbar. Im Machtgefälle zwischen Behörden und Bürgern stellt sich die Frage, ob eine Einwilligung hier freiwillig sein kann. Erwägungsgrund 43 stellt auf eine Betrachtung aller Umstände des Einzelfalls ab. Der Betroffene gibt Einwilligungen – wie oben dargelegt – rechtmäßig, wenn er sie informiert und zweckbezogen abgibt. § 67b SGB X regelt nur die „Modalitäten der Einwilligung".[115] Die Einwilligung ist jedoch angesichts der weitreichenden Regelungen der Erhebungs- und Verarbeitungsbefugnisse im Übrigen nicht der wichtigste Rechtfertigungstatbestand von Sozialleistungsbehörden, siehe z.B. unten zur Übermittlung von Daten nach § 69 SGB X.

Wurden Daten anvertraut, ist zudem die Verwendungsschranke des § 76 SGB X zu prüfen. Nach § 35 Abs. 2a SGB I sind die Geheimhaltungspflichten, z.B. auch nach § 203 StGB, und bezüglich besonderer Amtsgeheimnisse daneben weiterhin anwendbar.[116] § 76 SGB X sieht dementsprechend die Einschränkung der Übermittlungsbefugnis von Sozialdaten von Berufsgeheimnistragenden wie Ärztinnen oder Sozialpädagogen vor.[117]

**Datenübermittlung** findet statt, wenn Sozialdaten an Personen oder Institutionen außerhalb der Funktionseinheit weitergegeben werden. Dies ist nach §§ 67e–77 SGB X in eini-

111 Lenze, A. in: Münder, J./Geiger, U. (Hg.) 2021, SGB II LPK, vor § 50 ff. Rn. 23.

112 Lenze, A. in: Münder, J./Geiger, U. (Hg.) 2021, SGB II LPK, vor § 50 ff. Rn. 34.

113 Z.B. kann sich die Frage stellen, ob die sexuelle Orientierung für eine andere Sozialbehörde relevant ist bei ihrer Aufgabenerfüllung oder ob die Stammdaten für deren Aufgabe ausreichend sind.

114 Bei Gesundheitsdaten muss die Einwilligung in dieser Form erfolgen. Lenze, A. in: Münder, J./Geiger, U. (Hg.) 2021, SGB II LPK, vor §§ 50 ff., Rn. 30–31. Z.B. könnte bei Personen, die nicht schreiben können, eine mündliche Form erforderlich sein.

115 Krahmer, U. 2020, Sozialdatenschutzrecht, § 35 SGB I, Rn. 20

116 Krahmer, U. 2020, Sozialdatenschutzrecht, § 35 SGB I, Rn. 24.

117 Krahmer, U. 2020, Sozialdatenschutzrecht, § 76 SGB I, Rn. 20.

gen Fällen nicht nur erlaubt, sondern verpflichtend.[118] In diesen Fällen ist keine Einwilligung der Betroffenen notwendig, z.B. wenn ein Gerichtsverfahren eingeleitet wird, § 69 Abs. 1 Nr. 1 SGB X. Dann liegt eine zur Erfüllung einer gesetzlichen Aufgabe nach dem SGB erforderliche Übermittlung vor. Die Übermittlung kann in diesen Fällen auch zur Erfüllung von Aufgaben anderer Leistungsträger erfolgen.[119] Oder wenn Polizei, Ausländer- oder Vollstreckungsbehörden um Übermittlung von Namen, Adresse und Ähnlichem als Amtshilfe nach § 68 SGB X anfragen, worüber die Leitung zu entscheiden hat oder Bevollmächtigte.[120]

Die Erlaubnisse sind jedoch wiederum eingeschränkt. So gilt die Schranke des § 76 SGB X für alle Sozialleistungen: Sozialdaten, die von einem oder einer **Berufsgeheimnisträger*in** nach § 203 Abs. 1 und 4 StGB stammen, dürfen nur übermittelt werden, wenn diese Personen selbst zur Offenbarung der Geheimnisse befugt wären (siehe oben zur strafrechtlichen Schweigepflicht 8.1).

### *Beispiel*

*Wer im **Team** nicht zuständig ist für bestimmte Beratene, darf Dateien mit personenbezogenen Daten aus dem Zuständigkeitsbereich staatlich anerkannter Sozialarbeitskolleg*innen nicht abrufen und schon gar nicht übermitteln. Die Schweigepflicht der Kollegen und Kolleginnen muss gewahrt bleiben. Entweder muss z.B. die Schweigepflicht eingeschränkt sein in einer Notstandssituation, eine Vertretungsregelung hat zur Zuständigkeit der anderen Teammitglieder geführt oder es müsste eine Einwilligung der bestimmten Beratenen zur Weitergabe an die anderen Teammitglieder vorliegen.*

Ist eine Übermittlung nicht zulässig, besteht auch keine Auskunfts- oder Zeugnispflicht für Mitarbeitende und keine Pflicht, Schriftstücke vorzulegen, § 35 Abs. 3 SGB I. Es darf dann auch keine **Aussagegenehmigung** erteilt werden.[121] Die unzulässig übermittelten Daten müssen gelöscht werden oder gesperrt werden nach Art. 17 Abs. 1 a), d) EU-DSGVO, § 84 Abs. 3 SGB X und ihre Verarbeitung kann mit Geldbuße oder Geldstrafe bestraft werden, § 78 Abs. 1, § 85a Abs. 1 SGB X, § 41 Abs. 1 BDSG.

118 Hundt, M. 2019, Datenschutz in der Kinder- und Jugendhilfe, S. 68 ff.

119 Papenheim, H.-G. 2018, Verwaltungsrecht für die Soziale Praxis, S. 250–253. Auch zur Erfüllung einer gesetzlichen Pflicht können Daten übermittelt werden nach § 71 SGB X, z.B. zur Verhinderung einer geplanten schweren Straftat oder zur Verhinderung akuter Lebensgefahr. Nach § 73 SGB X zur Ermittlung bei Verbrechen oder Vergehen von erheblicher Bedeutung und richterlicher Anordnung.

120 Nur die Stammdaten müssen weitergegeben werden, aber z.B. Beratungsinhalte unterliegen weiterhin dem Datenschutz.

121 Papenheim, H.-G. 2018, Verwaltungsrecht für die Soziale Praxis, S. 248. Durch Sperrvermerk der obersten Dienstbehörde oder Beschwerde gegen eine Beschlagnahme können Schriftstückvorlagen verhindert werden. Art. 17 Abs. 1 d) EU-DSGVO, § 67 c SGB X.

***Sozialdatenschutz auf einen Blick***

- Das Sozialgeheimnis gilt für Sozialleistungsträger und verlängert sich für Sozialdaten, die andere von den Sozialleistungsträgern erhalten, z.B. in der Erziehungs- oder Teilhabeberatung.
- Daten müssen beim Betroffenen selbst erhoben werden, außer eine Datenerhebung bei Dritten, z.B. bei Arbeitgebenden oder Vermietenden, ist erforderlich.
- Übermittlungspflichten bestehen vor allem, wenn die Daten für die Aufgaben der Anfragenden erforderlich sind.

## 8.8 Datenschutz in der Beratung von Kindern und Jugendlichen

Die allgemeinen Regeln für den Datenschutz gelten auch für Kinder- und Jugendliche, siehe oben bereits zur strafrechtlichen Schweigepflicht Abschnitt 8.1.9. Jedoch ist die Elternverantwortung nach Art. 6 GG zu beachten.

§ 61-68 SGB VIII und das KKG sehen zusätzliche Abwägungsorientierungen vor und gelten für Einrichtungen der **Kinder- und Jugendhilfe**, vom Kindergarten, über Familienberatungsstellen bis zum Jugendzentrum, für öffentliche und über den verlängerten Sozialdatenschutz zudem für **freie Träger**.[122]

Neben der Beratung durch öffentliche Träger, wie das Jugendamt, werden die meisten Aufgaben der Jugendhilfe von freien Träger, wie einem AWO-Kinderheim oder einer Caritas-Familienberatungsstelle erledigt.[123] Die DSGVO gilt auch für nicht-öffentliche Stellen, da sie nicht nach Art. 2 Abs. 2 bis 4 DSGVO ausgenommen werden.[124] Übernehmen freie Träger Aufgaben der Kinder- und Jugendhilfe, so gilt nach § 61 Abs. 3 SGB VIII, dass diese den Datenschutz entsprechend dem Sozialdatenschutz der öffentlichen Träger zu gewährleisten haben. Die freien Träger werden zudem über § 78 SGB X verpflichtet zu erklären, dass sie den Sozialdatenschutz einhalten.[125] Daneben treten, wie sonst auch bei freien Trägern, die vertraglichen Datenschutzpflichten, die gegenüber dem Beratenen bestehen nach dem BGB und bei kirchlichen Trägern der kirchliche Datenschutz.

122 Siehe zum Sozialdatenschutz Abschnitt 8.7.

123 Nach § 3 Abs. 1, § 4 SGB VIII sollen die öffentlichen mit den freien Trägern partnerschaftlich zusammenarbeiten und haben letztere den Vorrang.

124 Die andere Ansicht geht von einer entsprechenden Anwendbarkeit nach § 35 Abs. 2 Satz 2 SGB I aus: Wabnitz u.a., GK-SGB VIII, Vor §§ 61 ff SGB VIII, Rn. 5.

125 Kunkel, C. u.a. 2022, SGB VIII § 61 Rn. 230. Siehe zum Verhältnis von freien und öffentlichen Trägern, Kapitel 10.1.

## 8.8.1 Alter und Reifegrad beachten

Ab 14 sind Jugendliche in der Regel **einwilligungsfähig** und ist ihre Entscheidung über ihre Daten nicht mehr abhängig von den Sorgeberechtigten. Bei nicht einwilligungsfähigen Kinder- und Jugendlichen müssen die Sorgeberechtigten eingewilligt haben.[126] In Zweifelsfällen über den Reifegrad angesichts der Art der Daten werden häufig die Einwilligungserklärungen von den Jugendlichen und den Sorgeberechtigten unterschrieben.

Bei kommerziellen Diensten der Informationsgesellschaft, ist zudem nach Art. 8, Art. 4 Nr. 25 DSGVO eine Einwilligung erst ab 16 Jahren möglich. Kostenfreie soziale Beratung fällt jedoch nicht hierunter.[127]

Kinder- und Jugendliche sind in einer ihrem Reifestand angemessenen Form über ihre Rechte im Datenschutz zu informieren. Die nach Art. 7 Abs. 2 Satz 1 DSGVO erforderliche klare und einfache Sprache ist an den Reifegrad (der sich vom Alter unterscheiden kann) anzupassen.[128]

## 8.8.2 Daten zwischen Kind, Eltern und Staat

Komplexer wird die Regelung durch die zusätzlich zu beachtenden **Elternrechte**, verankert in Art. 6 Abs. 2 Satz 1 GG und das **Wächteramt des Staates**, dem § 1 Abs. 3 Nr. 3 SGB VIII das Ziel gibt, das Wohl von Kindern und Jugendlichen zu schützen. Das Kind ist nicht Objekt der elterlichen Erziehung, sondern selbstverständlich Träger eigener Grundrechte und eigener Würde. Die menschenrechtlich orientierte Verantwortung von Eltern und Beratung ist es, die Würde aller Beteiligten zu respektieren. Die **Verantwortung der Sorgeberechtigten** geht mit dem **Recht des Kindes auf Erziehung** zu seinem Wohl einher. Aus diesem Elternrecht ist die Erziehungsaufgabe der Kinder- und Jugendhilfe abgeleitet.[129] Daher sind die Eltern zur Ausübung ihrer Verantwortung zwar einerseits zu informieren, § 9 SGB VIII.

Anderseits hat das Elternrecht Grenzen. Das drückt sich als Spannungsverhältnis u.a. in § 8 SGB VIII aus, der vorgibt: „… (3) Kinder und Jugendliche haben Anspruch auf Beratung **ohne Kenntnis des Personensorgeberechtigten**, solange durch die Mitteilung an den Personensorgeberechtigten der Beratungszweck vereitelt würde …".[130] Der Datenschutz der Kinder begrenzt das Informationsrecht der Eltern, was anhand des Kindeswohls auf das die Beratung ausgerichtet ist, zu beurteilen ist.[131] Entwicklungsbedingt ist eine Beratung immer wieder unmöglich, wenn die Eltern ohne Einwilligung der Kinder und Jugendlichen informiert werden. Beratende haben diese Einschätzung zu treffen, bevor Eltern informiert werden.

126 Geschäftsfähigkeit oder Handlungsfähigkeit sind andere Begriffe und hier nicht erforderlich. Hundt, M. 2019, Datenschutz in der Kinder- und Jugendhilfe, S. 74.

127 Hundt, M. 2019, Datenschutz in der Kinder- und Jugendhilfe, S. 75.

128 So auch für das Hilfeplanverfahren § 36 Abs. 1 Satz 2 SGB VIII seit 2021 und § 8 Abs. 4 SGB VIII.

129 BT-Drs. 11/5948, S. 44; BT-Drs. 17/6256, S. 17.

130 Seit der Änderung durch das KJSG 2021, siehe hierzu Kapitel 10.1.5.

131 BVerfG vom 14.4.1987, Az.: 1 BvR 332/86.

**Jugendämter** haben die Rechte der Beteiligung der Kinder- und Jugendlichen, ihrer Personenensorgeberechtigten zum Beispiel im **Hilfeplanverfahren** nach § 36 Abs. 2 Satz 2 SGB VIII zu achten. Die Daten sind beim Betroffenen nach § 62 Abs. 2 Satz 1 SGB VIII zu erheben. Eine fachliche Beteiligung von Fachkräften der **freien Jugendhilfe** ist in der Regel für die Entscheidung über die Hilfeplanung und die Leistungen erforderlich, § 4 Abs. 2, § 27, § 36 Abs. 2 Satz 3 SGB VIII. Vor einer Übermittlung müssen Fachkräfte entscheiden, ob durch die Übermittlung von Daten der Erfolg einer von ihnen erbrachten Leistung in Frage gestellt wird, § 64 Abs. 2 SGB VIII. Der Zweck der Datenerhebung ist den Betroffenen gegenüber transparent zu machen, Art. 5 Abs. 1 a, Art. 13 DSGVO. Die Einwilligungserklärung muss z.B. im Beratungsvertrag explizit gemacht werden und ggf. ist zusätzlich eine Schweigepflichtentbindung notwendig.[132] Zudem sind besonders anvertraute Daten zu beachten, § 65 SGB VIII.

## 8.8.3 Vertrauen schützen im Kinderschutz

Mit dem Bundeskinderschutzgesetz (BKiSchG) trat eine bundeseinheitliche Rechtsgrundlage für Gefährdungseinschätzung in Kinderschutzverfahren und die Weitergabe von Informationen in Kraft, welche die **Vernetzung** der unterschiedlichen Stellen und Institutionen vorsieht, § 3 Abs. 1 KKG. Für die Kooperation sind Beratende aufgerufen die Aufgaben von Familiengerichten, Jugendämter und Polizei genau voneinander und im Verhältnis zu ihren eigenen Aufgaben abzugrenzen.[133] Prozesse und Aufgaben offenzulegen und abzugrenzen klärt die jeweilige professionelle Haltung und sollte als dauerhafter Prozess strukturell verankert werden. Der Datenschutz ist an die jeweiligen Aufgaben der **Kooperationspartner** anzupassen.[134]

Nach § 4 KKG sollen Lehrer*innen und ein Großteil der schweigeverpflichtete Berufsgruppen,[135] bei Anhaltspunkten für **Kindeswohlgefährdungen** „mit dem Kind oder Jugendlichen und den Erziehungsberechtigten die Situation erörtern und, soweit erforderlich, bei den Erziehungsberechtigten auf die Inanspruchnahme von Hilfen hinwirken, soweit hierdurch der wirksame Schutz des Kindes oder des Jugendlichen nicht in Frage gestellt wird." Zur Einschätzung der Kindeswohlgefährdung besteht ein Anspruch auf Beratung durch eine **insoweit erfahrene Fachkraft**. Die Übermittlung der Daten ist pseudonymisiert dafür erlaubt, § 4 Abs. 2 KKG. Siehe entsprechend auch oben bei der Schweigepflicht Abschnitt 8.1.9 und ausführlich zum Kinderschutzverfahren für Berufsgeheimnisträger*innen Kapitel 10.1.7.

132 Hundt, M. 2019, Datenschutz in der Kinder- und Jugendhilfe, S. 93-94. Zum Streit über die Übermittlung von Heim oder Entwicklungsberichten durch sozialpädagogische Fachkräfte siehe S. 92 mit weiteren Verweisen und oben Abschnitt 8.7.

133 Hundt, M. 2019, Datenschutz in der Kinder- und Jugendhilfe, S. 112-117; Fritsch, K. 2011, Möglichkeiten und Grenzen in der Kooperation von Jugendhilfe und Polizei in: ZJJ 2011, S. 393, S. 397.

134 § 4 Abs. 6 KKG sieht landesrechtliche Regelungen zur Erprobung des Umgangs mit dem Datenschutz vor. Z.B. Radewagen, C. 2021, Vertrauensschutz im Kinderschutz, www.kinderschutz-niedersachsen.de/aktuelles/neuer-leitfaden-datenschutz-in-der-kinder-und-jugendhilfe (19.7.2022).

135 Aus den Berufen des § 203 StGB werden aufgezählt: Gesundheitsberufe, Berufspsycholog*innen, Ehe-, Familien-, Erziehungs-, Jugend-, Sucht- oder Schwangerschaftskonfliktberater*innen, staatlich anerkannte Sozialarbeiter*innen und hinzu kommen Lehrer*innen an öffentlichen und staatlich anerkannten Schulen. Es fehlen Rechtsanwält*innen etc. und Sozialversicherungsmitarbeitende.

Nur wenn eine Abwendung der Gefährdung so nicht möglich oder erfolglos ist und die Beratenden der genannten Berufsgruppen es so einschätzen, dass das Jugendamt aktiv werden muss, um eine Gefährundg des Wohls eines Kindes oder eines Jugendlichen abzuwenden, so sind sie befugt, das Jugendamt mitsamt der notwendigen Daten zu informieren. Die Gruppe der sog. Gesundheitsberufe, § 4 Abs. 1 Nr. 1 KKG, sollen in diesem Fall neuerdings sogar unverzüglich das Jugendamt informieren, § 4 Abs. 3 Satz 3 KKG. Die vorherige Information der Betroffenen darüber kann nur unterlassen werden, wenn sonst ein wirksamer Schutz des Kindes oder des Jugendlichen in Frage gestellt ist.[136]

§ 8a Abs. 1 Satz 2 Nr. 2 SGB VIII betont seit 2021, dass die mitteilungsverpflichteten Personen die gemäß § 4 Abs. 3 KKG „dem Jugendamt Daten übermittelt haben, in geeigneter Weise an der **Gefährdungseinschätzung** zu beteiligen" sind. § 4 Abs. 4 KKG bestimmt, dass die Kooperierenden zeitnah eine **Rückmeldung** erhalten sollen. Dem Jugendamt wird dabei ein Ermessen zugestanden, davon in begründeten Ausnahmefällen abzusehen. Dabei sollte der Gedanke leitend sein, ob der Erfolg einer Hilfeleistung dadurch nicht in Frage gestellt wird, § 64 Abs. 2 SGB VIII.

## 8.9 Beratung per Telefon und digital

In der Pandemie erlebten digitale Beratung und Telefonberatung ein nie gekanntes Ausmaß. Die Grundsätze des Datenschutzrechtes sind verständlich und gelten auch bei medial vermittelter Beratung, sowohl per Telefon als auch im Internet. Sie sind jeweils den technischen und sozialen Anforderungen anzupassen.

***Beratung per Telefon und digital beantwortet folgende Fragen:***

- Wie kann ich eine Datenschutzerklärung am Telefon erhalten?
- Welche Messenger sind konform mit der EU-DSGVO?
- Wie mache ich die digitale Tür zu, damit niemand in der digitalen Beratung mithört?

***Beispiel***

*Abwandlung des Ausgangsbeispiels*

*Justin ist 18 Jahre alt, beendet gerade die Schule und hält es bei seinen alkoholabhängigen Eltern nicht mehr aus. Nach einem Streit mit seinem Vater, den er dabei verprügelt hat, ruft er bei der Schulsozialarbeiterin an, bei der er schon einmal beraten wurde. Er will telefonisch beraten werden, wie er zu Hause ausziehen kann. Er fragt, ob er nicht über WhatsApp anrufen könne, das sei billiger und er habe kaum noch Guthaben auf dem Handy.*

136 Aus den Berufen des § 203 StGB werden aufgezählt: Gesundheitsberufe, Berufspsycholog*innen, Ehe-, Familien-, Erziehungs-, Jugend-, Sucht- oder Schwangerschaftskonfliktberater*innen, staatlich anerkannte Sozialarbeiter*innen und hinzu kommen Lehrer*innen an öffentlichen und staatlich anerkannten Schulen. Es fehlen Rechtsanwält*innen etc. und Sozialversicherungsmitarbeitende.

### 8.9.1 Telefonberatung

Die Regelungen der EU-DSGVO gelten auch für die **Telefonberatung**, da Menschen ihren Namen oder ihre Telefonnummer mitteilen und auch an ihrer Stimme identifizierbar sind. Es handelt sich also um **personenbezogene Daten**.[137] Eine systematische Datenverarbeitung kann bereits eine Liste mit täglich geführten Telefonaten und Namen der Anrufenden sein. Das reine Telefongespräch ist aber noch keine Datenverarbeitung und auch Notizen, die nebenbei gemacht werden, sind es nicht, weshalb dafür die EU-DSGVO nicht gilt. Typischerweise werden Name, Telefonnummer und das Anliegen notiert und intern weitergegeben, z.B. von Verwaltungsmitarbeitenden an Beratende. Hier ist dann die EU-DSGVO zu beachten. Werden Daten an Aufsichtsbehörden weitergegeben, so reicht in der Regel eine pseudonymisierte Form für diesen Zweck aus. Andernfalls sollte eine gesonderte einzelfallbezogene Einwilligung vorliegen.

Auch hinsichtlich des **Einzelverbindungsnachweises** ist das Recht auf Datenschutz zu gewährleisten. Beratende mit Schweigepflicht von anerkannten Ehe-, Familien-, Erziehungs-, Jugend-, Sucht- und Schwangerschaftskonfliktberatungsstellen können bei der Bundesnetzagentur ihren Anschluss auf die Liste der Nummern setzen, deren Nummern nicht im Einzelverbindungsnachweis erkennbar sein dürfen.[138]

Sinnvoll ist eine Beschreibung der Datenverwendung auf der Homepage, sodass keine lange Ausführung am Telefon notwendig ist, sondern für Einzelheiten auf die Homepage verwiesen werden kann.[139] Auch muss die Information immer an den Horizont der Einwilligenden angepasst sein, also z.B. bei Beratung von Kindern kindgerechte Sprache benutzt werden.[140] Daneben kann es sinnvoll sein, auch telefonisch Beratenen per E-Mail oder per Post eine ausführliche Datenschutzerklärung zu übersenden und sich mit einer Unterschrift die Einwilligung einzuholen. Bei besonders sensiblen Daten wie beim Schwangerschaftskonflikt muss dies besonders mit Beratenen abgestimmt werden.[141]

Auf eine **Aufzeichnung** eines Telefonats muss in jeden Fall mit Angabe des Zwecks der Aufzeichnung und der jederzeitigen Widerruflichkeit einer Einwilligung hingewiesen werden. § 201 StGB stellt es unter Strafe, wenn unbefugt das nichtöffentlich gesprochene Wort aufgenommen wird. Daher ist eine Einwilligung erforderlich. Der datenschutzrechtlich Verantwortliche muss nachweisen können, dass eine informierte Einwilligung zur Aufzeichnung freiwillig aktiv abgegeben wurde. Also z.B. explizit vor der Aufzeichnung gefragt wurde, ob Beratene und Beratende einverstanden sind mit der Aufzeichnung des Te-

---

137 BGH vom 5.5.2018, Az.: VIZR233/17.

138 Ab 1.12.2021 laut § 65 TKG und § 11 Abs. 2 und 3 TTDSG.

139 Zu den Einzelheiten der Datenschutzerklärung siehe Kapitel 8.

140 European Commission 6.2.2018, Guidelines on Personal data breach notification under Regulation 2016/679, S. 10 f., Nr. 15 und 16.

141 Z.B. verlangte Niedersachsen zunächst eine Identifikation vor dem Videobildschirm mit Ausweis in der Schwangerenkonfliktberatung. Zwischen den Frauenministerinnen und -ministern wurde inzwischen vereinbart, dass die Beratung unter Pandemiebedingungen auch ohne persönlichen Kontakt möglich ist und die Beratungsbescheinigung per E-Mail ausreicht. Riese, D. 2020, Beratung aus der Ferne, in: Taz vom 26.3.2020.

lefonats und diese explizit bejaht haben.[142] Dies kann dann im Rahmen der folgenden Aufzeichnung protokolliert werden, samt der Belehrungen. Im Beschäftigtendatenschutz ist zu beachten, dass die Einwilligung aufgrund der Abhängigkeit vom Arbeitsverhältnis in der Regel nicht als freiwillig angesehen werden kann.[143]

***Beispielfortsetzung***

*Justin wendet sich an eine Sozialarbeiterin und spricht auch von einer Körperverletzung, die er gegenüber seinem Vater begangen hat. Daher ist die Schweigepflicht nach § 203 StGB besonders relevant. Es kommt also auch auf die Abhörsicherheit der Telefonleitung an. Technische Absicherungen, z.B. durch eine Firewall, müssen konfiguriert und gewartet werden. Ein Zugang zur Beratungsstelle per Telefon und erst recht Telefonberatung muss in das Datenschutzmanagement einbezogen sein.*

*Werden keine Daten verarbeitet, ist keine Datenschutzeinwilligung erforderlich. Evtl. liegt aufgrund der früheren Beratung bereits eine Datenschutzerklärung von Justin vor, die sich auch auf Telefonberatung beziehen müsste. Justin könnte telefonisch über das Festnetz beraten werden, muss aber über die Datenverarbeitung informiert sein. Ein Protokoll seiner Einwilligung am Telefon könnte im Rahmen des Telefonates aufgezeichnet werden, gleich zu Beginn des Telefonats, ohne dass das gesamte Telefonat aufgezeichnet wird.*

## 8.9.2 Messengerdienste in der Beratung

Jugendliche zwischen 12 und 19 Jahren nutzen häufig **WhatsApp** und andere **Messengerdienste**. Es stellt sich die Frage, ob eine Beratung über Messengerdienste möglich ist, z.B. wenn Krankheiten einen persönlichen Kontakt erschweren. Gerade bei bestimmten Zielgruppen (wie Schüler*innen) kann dies eine sinnvolle, niedrigschwellige Beratung ermöglichen. Der rechtliche Rahmen hinkt allerdings den technischen Entwicklungen hinterher. Das liegt auch an der internationalen Dimension der Digitalisierung. Whatsapp greift aktuell auf Drittdaten auf dem Handy zu von Personen, die dieser Nutzung nicht zugestimmt haben, und gibt diese Daten weiter. Das Unternehmen Facebook, zu dem auch WhatsApp gehört, hat seinen europäischen Sitz in Irland und die irländische Datenschutzbehörde wird gegen Facebook nicht aktiv, weshalb die Hamburger Beauftragte für den Datenschutz ein Dringlichkeitsverfahren angestrengt hat: Trotz der neusten Einwilligungserklärung schlage die Abwägung zugunsten der Rechte der Nutzer*innen aus und habe Facebook kein berechtigtes Interesse zur Datenweitergabe nach Art. 6 Abs. 1 lit f EU-DSGVO. Eine weitere Klärung durch den Europäischen Datenschutzausschuss steht an.[144] Pehl und

142 Art. 4 Nr. 11 EU-DSGVO. Datenschutzkonferenz 2018, Aufzeichnung von Telefongesprächen. Die Fortsetzung des Telefonats nach Widerspruchsmöglichkeit reicht dagegen nach der h.M. nicht aus.

143 § 26 Abs. 2 BDSG verlangt einen Vorteil für Beschäftigte, der bei einer Aufzeichnung einer Telefonberatung für die Ausbildung der betroffenen Beratenden bestehen würde. Bei Qualitätskontrollen ist der Vorteil für die Beschäftigten dagegen fraglich.

144 Blasek, K. 2021, Erstes Dringlichkeitsverfahren nach § 66 EU-DSGVO – Stoppschild für Facebook und WhatsApp .

Knödler stellten 2020 fest, dass bei WhatsApp kein ausreichender, der Europäischen DSGVO entsprechender Schutz realisierbar ist. WhatsApp dürfe nicht auf dem Diensthandy installiert werden.[145]

Es gibt aber alternative Messengerdienste wie z.B. Signal, der kostenlos von einer gemeinnützigen Organisation zur Verfügung gestellt wird.[146] Bringt die Messengerfunktion Beratenen echte Vorteile und verstehen sie die Datenschutzproblematik, dann sind sie meist bereit, alternative Messengerdienste zu installieren.

Sicherer Kommunikationsverkehr ist über europäische, noch besser lokale Server möglich, wenn die Apps entsprechend der EU-DSGVO nur das wirklich Funktionsnotwendige speichern. Dienste für Smartphones können konfiguriert werden, sodass nur wenige Daten für fremde Zwecke weitergegeben werden. Wie man darauf achtet, dass niemand ein Vor-Ort-Gespräch mithört, weil die Tür nicht offensteht, so ist auch elektronische Kommunikation vor fremdem Datensammeln zu schützen.

***Beispiel***

*Gerade um junge Menschen zu erreichen, sind niedrigschwellige Beratungen hilfreich. Telefonate über Messengerdienste können über ein Diensthandy stattfinden. Die Beraterin könnte auf alternative Dienste mit besserer Datensicherung hinweisen und ein Gespräch darüber anbieten, wenn dieser Dienst in das Datenschutzmanagement einbezogen ist. Da es Justin um die Kosten geht, könnte stattdessen ein Rückruf der Beraterin in Frage kommen. Da Justin angerufen hat, kann ihm das angeboten werden. Seine Zustimmung am Telefon würde für die dafür erforderliche Speicherung seiner Telefonnummer ausreichen.*

## 8.9.3 Onlineberatung

**Online-Beratung** wird von sozialen Organisationen vielfältig angeboten, z.B. auf der Onlineberatungsplattform der Caritas, die auch **anonyme** Beratung zusichert.[147] Über das Internet sind Chats, E-Mail- und Forenberatung möglich. Auch Telefon- oder Videoberatungen, sei es über Signal, Zoom oder andere Unternehmen, z.B. für Online-Therapie, sind im Angebot. Es gibt jedoch kein Onlineberatungsgesetz, aber Empfehlungen von Berufsverbänden wie der Deutschsprachigen Gesellschaft für Online-Beratung, DGOB.

Es gilt, nach dem aktuellsten Fachstandard online zu beraten. Dazu gehört auch ein aktuelles Datenschutzmanagement, je nachdem, welche mediale Kommunikation genutzt wird. Auch das Risikomanagement muss auf die jeweilige Kommunikationsform angepasst werden. Eine Lösung dabei kann der Rückgriff auf externe Datenschutzbeauftragte sein, die

145 Pehl, M./Knödler, C. 2020, Datenschutz und Schweigepflicht in der Sozialen Arbeit, S. 172 ff.

146 https://signal.org (31.8.2021). Signal bietet auch Videoanrufe.

147 Die DGFS bietet ein Netzwerk zum Thema Onlineberatung an: www.vertraulichkeit-datenschutz-beratung.de (31.8.2022). Siehe ferner www.dg-onlineberatung.de (11.9.2021).

z.B. auch im Auge behalten, welche Online-Anbieter ihre Produkte ausreichend pflegen, um den Datenschutzanforderungen gerecht zu werden.

Die berufsrechtlichen Regelungen der Bundespsychotherapeutenkammer für Videobehandlungen bieten Anhaltspunkte für Auswahl und Sicherheit der Beratenen, Wirksamkeitsnachweise, Kosten-Nutzen-Verhältnis, Datensicherheit und Integration in die klinische Versorgung. Als Voraussetzung für eine Online-Psychotherapie wird ein persönlicher Kontakt, also in Präsenz, zu Beginn festgelegt.[148] Für psychosoziale Online-Beratung ist die Psychotherapie-Vereinbarung eine Orientierung.[149]

### *Praxishinweis*

*Beratende haben für die Datensicherheit zu sorgen. Dafür bedarf es bei Kommunikation über digitale Technik digitaler Sicherungen. Eine gute und sichere Internetverbindung einer Beratungsstelle kann über die Sachmittel finanziert werden. Das Datenschutzmanagement ist an die Onlineanforderungen anzupassen.[150] Dazu gehören auch Verträge mit Providern und anderen Daten verarbeitenden Vertragspartnern, welche ggf. auch die Schweigepflicht nach § 203 StGB absichern müssen. Themen auf Teamsitzungen und Fortbildungen sollten sein: sichere Passwörter, 2-Faktor-Authentifizierung, Verschlüsselung, Malware, geringe Datenweitergabe durch Konfiguration, Daten löschen und Nachhaltigkeit. Ferner sind Freigaberegelungen im Vertretungsfall zu treffen.*

Wiederum gilt es, die Beratenen angemessen über die Datenverarbeitung zu informieren und das entsprechende Einverständnis einzuholen, z.B. über eine Datenschutzerklärung, die zusätzlich zum Beratungsvertrag unterzeichnet wird.

### *Praxishinweis*

*Die Datenverarbeitung kann auch auf der Homepage beschrieben werden, z.B. mit ihrem Umfang (regelmäßig der Speicherung der IP-Adresse für die Online-Beratung), Rechtsgrundlage, Zweck, Daten-Empfangende, Dauer der Speicherung, Möglichkeiten von Widerspruch und Beseitigung.*

148 § 17 Psychotherapie-Vereinbarung, Stand 26.4.2021. Btpk 2019, BptK-Standpunkt: Gesundheits Apps, nutzen ohne Patienten zu gefährden, S. 18 und 2021, Praxis-Info Videobehandlung. Drda-Kühn, K./Köttner, H.-J. 2018, Therapy 2.0 Leitfaden, S. 24 ff.

149 Beratungen im Gesundheitswesen sind zudem auf den E-Health-Aktionsplan 2020 der Europäischen Union abzustellen. Siehe https://gateway.euro.who.int/en/ehealth-action-plan-2012-2020/ (30.12.2021).

150 Wenzel, J. 2006, Qualitätsmanagement mit integriertem Datenschutzmanagement bei Online-Beratung, in: e-beratungsjournal, 2. Jahrgang, Heft 1, Artikel 4 – März 2006. DGOB 2018, Die technisch fachlichen Standards.

### *Beratung per Telefon und digital auf einen Blick*

- Werden Daten verarbeitet, so sind in der Regel Einwilligungen der Betroffenen erforderlich. Einwilligungen sind für Aufzeichnungen am Telefon vorher erforderlich und können in der Aufzeichnung protokolliert werden.
- Nur für den benannten Zweck funktionsnotwendige Daten dürfen erhoben werden. Messengerdienste müssen der EU-DSGVO entsprechen und werden meist von Beratenen installiert, wenn ihnen der Nutzen einleuchtet.
- In der digitalen Beratung gehört zur Qualitätssicherung der Umgang mit Passwörtern, Verschlüsselung, Konfigurationen und Datenlöschung.

# 9. Schutz vor Straftaten und Diskriminierung

**Übersicht** Seite



Der Schutz vor Gewalt, Missbrauch, Betrug und Diskriminierung wird unter anderem über Strafverfahren und -vollstreckung, polizeiliche Ermittlungen, die Beratung von Opfern sowie Schadensersatz und Schmerzensgeldansprüche abgesichert. Täter und Opfer können Beratene und Beratende sein. Dieses Kapitel eröffnet Zugänge aus beiden Perspektiven zu den strafrechtlichen und antidiskriminierungsrechtlichen Rahmenbedingungen. Die folgenden vier Abschnitte erläutern den Schutz vor Gewalt, sexuellem Missbrauch, Betrug und vor Diskriminierung.[1]

Zunächst ist es in jedem Fall sinnvoll, den Verdacht bzw. die Tat zu dokumentieren und **Beweise** zu sichern. Strafanzeigen kann jede und jeder stellen, auch Dritte. Daneben bietet es sich an, zur Prävention das räumliche Setting, deeskalierende Techniken und Schutzkonzepte zu nutzen.[2]

Ferner ist eine Nachsorge bei Straftaten und Diskriminierung erforderlich, ggf. professionelle psychologische Hilfe. Der **Opferschutz** ist einerseits im Strafverfahren verankert über den Verletztenbeistand, die Nebenklage, das Adhäsionsverfahren[3] und über die Möglichkeit einer psychosozialen Begleitung im Strafverfahren. Andererseits ist eine besondere Schutzbedürftigkeit von Opfern bereits im Ermittlungsverfahren zu beachten.[4] Opfern bieten u.a. der Weiße Ring und seit 2021 die **Trauma-Ambulanzen** bundesweit Beratung und Unterstützung.[5] Ab 2024 wird das Soziale Entschädigungsrecht im **SGB XIV** zusammengeführt (einschließlich Opferentschädigungs- und Bundesversorgungsgesetz (OEG und BVG), Zivildienst- und Infektionsschutzgesetz (ZDG und IfSG)). Zuständig sind weiterhin die Versorgungsämter. Ansprüche sind für Opfer von Straftaten und nun auch für aus-

1 Zur Schweigepflichtverletzung nach § 203 StGB vgl. Kapitel 8.

2 Zum Umgang mit schwierigen Beratenen vgl. Rösch, S./Linsenmayr, R. 2017, Vom Umgang mit schwierigen und gewaltbereiten Klienten.

3 Im Adhäsionsverfahren kann z.B. Schadensersatz aus der Straftat im Strafverfahren entschieden werden, sodass kein zusätzliches Zivilrechtsverfahren dafür angestrengt werden muss. § 400, § 403, § 406f StPO.

4 § 406h, § 406g StPO i.V.m. PsychPbG. § 48 Abs. 3 i.V.m. § 161a Abs. 1 S. 2, § 163 Abs. 3 StPO.

5 Innerhalb eines Jahres ab Ereignis, Kenntnis des schädigenden Ereignisses oder Auftreten der akuten psychischen Belastung sind psychotherapeutische Sitzungen (15–18 Sitzungen insgesamt) zu beginnen, §§ 32, 33 SGB XIV. Anspruch können Geschädigte, Angehörige, Hinterbliebene und Nahestehende haben.

ländische Opfer vorgesehen und ab 2024 auch für Schockschadensopfer und bei **psychischer Gewalt**.[6] Entschädigungen sind für Gesundheitsschäden und ab 2024 auch für wirtschaftliche Folgen aus diesen möglich.[7]

# 9.1 Schutz vor Gewalt

***Dieser Abschnitt beantwortet folgende Fragen:***

- Was ist Gewalt? Wann kann sie gerechtfertigt sein?
- Wann kann ein Kontakt- oder Hausverbot schützen?
- Wie ist Gefahrenabwehr in Kooperation mit der Polizei möglich?

In manchen sozialen Beratungen geht es gerade darum, Wege aus gewaltgeprägten Lebenslagen zu finden, z.B. in der Beratung zu häuslicher Gewalt und Stalking, zu Gewalt in der Pflege, in der Beratung zu rechter Gewalt oder in Fanprojekten. In der Beratung von Kindern und Jugendlichen kann es darum gehen ihr Recht auf gewaltfreie Erziehung, § 1631 Abs. 2 BGB, umzusetzen und eine Kindeswohlgefährdung zu verhindern oder abzustellen, siehe Kapitel 10.1.5 und 10.1.6. Aber auch in thematisch anders ausgerichteten Beratungen können Beratene Gewalt erlebt haben oder es kann zu Gewalt zwischen Beratenden und Beratenen kommen.

Gewalt kann als Interaktionsgeschehen begriffen werden. Der konkreten Handlungssituation kommt große nicht ausreichend erforschte Bedeutung zu.[8] Ob Gewalt strafbar ist, hängt davon ab, ob der Tatbestand eines Strafgesetzes erfüllt wird und keine Rechtfertigungs- oder Entschuldigungsgründe vorliegen.

## 9.1.1 Ausgewählte Gewalttatbestände

Das klassische Gewaltdelikt ist die **Körperverletzung**, bei der der Körper mehr als nur unerheblich geschädigt worden sein muss,[9] weshalb ein folgeloses Schubsen nicht ausreicht, sehr wohl aber eine Ohrfeige. Körperverletzungen an Beratenden oder der Drohung damit (als Nötigung) durch Beratene kann mit deeskalierender Kommunikation, Hausverboten (s.u.) und Fluchtwegen vorgebeugt werden.[10] Gegebenenfalls kann körperliche Abwehr

6 Siehe unten die Abgrenzung zur körperverletzenden Gewalt, die körperlich wirkenden Zwang durch eine physische Einwirkung voraussetzt.

7 Einen ersten Überblick bietet die Broschüre des BMAS (Hg.) 2021, Hilfe für Opfer von Gewalttaten. Sie ist auf der Homepage des BMAS zu finden, die auch eine Liste der örtlich zuständigen Behörden bietet: www.bmas.de (17.7.2022). Das SGB XIV sieht auch Entschädigungen aufgrund von Schäden bei Krieg, Zivildienst oder Schutzimpfungen vor.

8 Die normative Wertung als illegitime soziale Praxis von Gewalt ist in Recht, Gesellschaft und Forschung umstritten. Vgl. Christ, M. 2017, Gewaltforschung – ein Überblick.

9 § 223 StGB. Weitere Varianten: gefährliche, schwere, mit Todesfolge, fahrlässige Körperverletzung oder im Amt. BGHSt, Entscheidungen Band 14, S. 269.

10 Verbindungstüren zum Nebenraum im Rücken und eine entsprechende Büromöblierung gehören ebenfalls zum Risikomanagement.

erforderlich sein und rechtlich als Notwehr oder Nothilfe gerechtfertigt sein. Dafür muss der Angriff gegenwärtig und die Notwehr erforderlich sein, siehe unten den Abschnitt 9.1.3 zu den Rechtfertigungsgründen.

Eine Ansteckung mit einer Krankheit in der Beratung durch Beratene oder Beratende könnte sich als **fahrlässige** Körperverletzung darstellen, die nur auf Antrag verfolgt wird. Fahrlässig bedeutet dabei, dass vom ansteckenden Beratenen oder Beratenden die erforderliche Sorgfalt außer Acht gelassen wurde und dies beweisbar ursächlich war für die Ansteckung. Dies wurde z.B. bei einem an Hepatitis B erkrankten operierenden Arzt angenommen, aber bei einer Covid 19 -Erkrankung dürfte dies schwieriger nachzuweisen sein.[11] Beratende sind verpflichtet, die Sicherheit in den Beratungsräumen zu gewährleisten, damit sich Beratene nicht verletzen.

### Beispiel

*Die beratene Sigrun fällt im Beratungsraum von Beraterin Bettina über ein quer durch den Raum liegendes Internetkabel und bricht sich den Arm. Bettina als Beraterin hat die Pflicht, solch eine Stolperfalle zu markieren und auf sie aufmerksam zu machen, um einen Sturz zu verhindern. Es kommt eine fahrlässige Körperverletzung in Frage, § 229 StGB, und Schadensersatz aus Vertrag oder unerlaubter Handlung wegen Verletzung der Verkehrssicherungspflichten[12] nach dem BGB.*

Taten können durch **Unterlassen** begangen werden, wenn eine **Garantenpflicht** vorliegt.[13]

### Definition

*Eine Garantenpflicht hat nach § 13 StGB, wer rechtlich dafür einzustehen hat, dass der Erfolg eines Strafgesetztatbestandes nicht eintritt. Fachkräfte können solch eine Garantenpflicht haben. Sie müssten dann im konkreten Fall dafür einzustehen haben, dass z.B. kein Körper verletzt wird. Diese Schutzpflicht lässt sich nur im Einzelfall bestimmen.*

Fachkräfte in engen Beratungsbeziehungen, z.B. Einzelfallhelfende in Familien oder rechtliche Betreuer*innen, können eine Garantenstellung für das körperliche, geistige und seelische Wohl der Beratenen haben.[14] Es müssten zudem die Umstände bekannt und die Gefahr vorhersehbar sein und die erforderliche Sorgfalt außer Acht gelassen worden sein.[15]

11 BGH v. 14.3.2003, Az.: 2 StR 239/02.

12 Wer eine Gefahrenlage schafft, gleich welcher Art, ist grundsätzlich auch verpflichtet, die notwendigen und ihm zumutbaren Vorkehrungen zu treffen, um andere Personen vor Schäden zu bewahren, d.h. für einen verkehrssicheren Zustand zu sorgen (hier: keine Stolperfalle durch herumliegende Kabel).

13 Ein 3 Jahre andauerndes Verhungernlassen eines Kindes wurde als Tötung durch Unterlassen durch die Eltern gewertet wegen ihrer besonderen Fürsorgepflicht für das Kind. BGH v. 13.3.2007, 5 StR 320/06.

14 Zur Garantenstellung einer Sozialarbeiterin in der Jugendhilfe, die wegen fahrlässiger Tötung durch Unterlassen zu 50 Tagessätzen Geldstrafe verurteilt wurde. Sie ergriff keine ausreichenden Maßnahmen zum Schutz des verhungerten Geschwisterkindes, LG Arnsberg v. 7.1.2020, Az. 3 Ns-411 Js 274/16-101/17.

15 DBSH 2008, Helfen mit Risiko – eine Stellungnahme des DBSH zum Thema Garantenpflicht in der Profession Soziale Arbeit, S. 10.

Praktisch ist eine Einschätzung der Sachlage oft schwierig und das fachliche Vorgehen ist einem Strafgericht, das meist mit polizeilichem Vorgehen vertraut ist, nicht leicht zu vermitteln. Es ist hilfreich, kooperativ die Schutzpflichten wahrzunehmen und fachliche Perspektiven zu dokumentieren.

Es kommt darauf an, wie eng das Beratungsverhältnis ist. Der BGH hat eine Garantenstellung aufgrund einer einmaligen Beratung abgelehnt für einen eine Schwangere beratenden Arzt.[16] Die Garantenpflicht von Beratenden gegenüber Beratenen richtet sich nach dem Einzelfall, so z.B. auch, wenn Beratene eine **Selbsttötung** ankündigen. Als allerletztes Mittel kommt eine Unterbringung infrage, die jedoch die beraterische Vertrauensbeziehung in der Regel zerstört, siehe Kapitel 14.4. Für eine Strafbarkeit aus Unterlassen müssten Beratende zunächst eine Garantenstellung innehaben und darüber hinaus eine Handlung unterlassen, welche die Gefahr der Selbsttötung nicht nur mindert, sondern dafür ursächlich ist. Außerdem müsste die Selbsttötung für Beratende vorhersehbar, verhinderbar und die erforderliche Sorgfalt außer Acht gelassen worden sein. Eine entsprechende Fallkonstellation ist z.B. denkbar, wenn trotz Kenntnis vom akuten Selbsttötungswillen in die Psychiatrie Eingelieferte nicht auf Gegenstände zur Selbsttötung untersucht werden.[17] Eine Pflicht, eine Selbsttötung zu verhindern, kommt in Frage, wenn die freie Entscheidung insoweit eingeschränkt ist, z.B. durch eine psychische Krankheit.[18]

Die **Unterlassene Hilfeleistung** nach § 323c StGB ohne Garantenstellung setzt einen plötzlichen Unglücksfall oder eine gemeine Gefahr voraus. Bei einer sich rasch verschlechternden Erkrankung, z.B. bei einer plötzlichen Blutung, kann dies der Fall sein. Im Suizidfall nimmt die Literatur an, dass es sich weder um einen Unglücksfall noch um eine gemeine Gefahr handelt. Die Rechtsprechung geht davon aus, dass eine Hilfe nicht zumutbar ist, wenn die potenziell helfende Person weiß, dass sich der andere selbst töten will. Für diese Prüfung der Zumutbarkeit der notwendigen Handlung ist eine Abwägung im Einzelfall vorzunehmen.[19]

**Gewalt** ist strafrechtlich der körperlich wirkende Zwang durch die Entfaltung von Kraft oder durch eine physische Einwirkung sonstiger Art. Ist dieser körperlich wirkende Zwang nach seiner Zielrichtung, Intensität und Wirkungsweise dazu bestimmt und geeignet, die Freiheit der Willensentschließung oder Willensbetätigung eines anderen aufzuheben oder zu beeinträchtigen, so liegt eine Nötigung vor. Z.B. kann das Abschließen der Tür des Beratungsraumes solch ein körperlich wirkender Zwang sein, der auch eine Freiheitsentziehung sein kann.[20]

---

16 BGH v. 26.10.1982, Az. 1 StR 413/82.

17 OLG Stuttgart, NJW 1997, S. 3103, hier wurde das Verfahren gegen Geldbuße nach § 153 StPO eingestellt. Siehe Barabas, F. 2003, Beratungsrecht, S. 235–247. Das Recht auf selbstbestimmten Tod wurde gestärkt in einem Urteil zur Assistenz bei der Selbsttötung. BVerfG v. 26.2.2020, Az. 2 BvR 1261/16.

18 Zum Umgang mit Suizidalität und Kindesschutz siehe bke (Hg.) 2021, Umgang mit Selbst- und Fremdgefährdung in Erziehungsberatungsprozessen.

19 Muss z.B. eine zweite Person zum Notarzt gebracht werden, kann die Hilfe für die erste Person ggf. nicht zumutbar sein.

20 § 240 StGB. Die Drohung mit Abschieben des Ehemannes oder der Ehefrau in den Herkunftsstaat und damit mit einem empfindlichen Übel ist ebenfalls Nötigung.

Rein **psychische Gewalt** fällt nicht unter Körperverletzung, kann aber als rohe **Misshandlung** strafbar sein, wenn dadurch unter 18-Jährige gesundheitlich geschädigt werden, die zum Hausstand gehören oder in einem Fürsorge- oder einem Arbeitsverhältnis zur misshandelnden Person stehen.[21]

Wer gegen seinen Willen **belästigt,** verfolgt oder beobachtet wird, muss innerhalb von drei Monaten einen **Strafantrag** wegen Stalking stellen. Schmerzensgeldansprüche können zivilrechtlich oder in einem Adhäsionsverfahren im Strafverfahren geltend gemacht werden.[22] Auch Beleidigung, Verleumdung und üble Nachrede, unter die **Mobbing** fallen kann, sind Antragsdelikte.

**Vorurteilsgeleitete Straftaten** werden als politisch motivierte Kriminalität ausgewertet. Alle Straftaten können vorurteilsgeleitet sein und werden dann auch „Hasskriminalität" genannt. Typisch ist dies bei Beleidigung und Volksverhetzung. In § 46 StGB (bei der Strafzumessung) ist – als weitere Konkretisierung menschenverachtender Beweggründe und Ziele – seit 2021 Antisemitismus zu beachten.

### 9.1.2 Schutz durch Kontakt- und Hausverbot

Nach dem Gewaltschutzgesetz (GewSchG) kann eine Auskunftssperre bei einer Meldebehörde und eine gerichtliche einstweilige Anordnung für ein **Kontaktverbot** im Eilverfahren beantragt werden. Bedrohende dürfen sich dann z.B. nicht im Umkreis der Wohnung des Opfers aufhalten und nicht anrufen. Verstöße gegen das Kontaktverbot, das in der Regel für bis zu 6 Monate gilt, sind strafbar. Zivilrechtlich kann zudem mit den gleichen Inhalten eine Unterlassung gefordert werden und mit einer Entschädigung auch gerichtlich durchgesetzt werden.[23] Die Polizei kann nach den Landespolizeigesetzen Aufenthalts- und Betretungsverbote aussprechen und z.B. gewalttätige Ehepartner aus ihrer Wohnung verweisen und eine Rückkehr in diesen Bereich untersagen, wenn eine gegenwärtige Gefahr für Leib und Leben des anderen Partners oder der Kinder von diesen ausgeht.[24] Diese Krisenintervention ermöglicht dann ggf. die Inanspruchnahme des gerichtlichen Gewaltschutzes.

Menschenrechtlich hat sich Deutschland 2018 nach Art. 22 des Übereinkommens des Europarats zur Verhütung und Bekämpfung von Gewalt gegen Frauen und **häusliche Gewalt**, bekannt als Istanbul-Konvention, verpflichtet, dass es für alle Betroffenen von geschlechtsspezifischer Gewalt spezialisierte Hilfen mit angemessenen Ressourcen bereitstellt.[25]

Eine Möglichkeit Geschäftsräume und Mitarbeitende zu schützen, ist es, gewalttätige Personen aufzufordern, sich zu entfernen oder ein **Hausverbot** zu erteilen. Gegenüber ge-

---

21 § 225 StGB.

22 § 238, § 77b StGB Nachstellung und Strafantrag. Cyber-Stalking ist erfasst und inzwischen sind verschiedene Tatbestände zu Datenmissbrauch eingeführt worden.

23 §§ 823 Abs. 1, 1004 Abs. 1 BGB.

24 Polizeiliche Wegweisung. Der gerichtliche Gewaltschutz erfolgt durch das Familiengericht, § 210 FamFG.

25 Vgl. dazu die Internetseite des Bundesverbandes der Frauenberatungsstellen und Frauennotrufe: www.frauen-gegen-gewalt.de (31.8.2022).

fährlichen Beratenen oder auch sonstigen gefährlichen Personen kann zum Schutz von Mitarbeitenden damit das Hausrecht mündlich oder schriftlich ausgeübt werden. Intern ist zu klären, ob z.B. die Leitung das Hausrecht ausübt oder dies an Mitarbeitende überträgt.

Öffentlich zugängliche Beratungsstellen oder Behörden dürfen dadurch die betroffene Person nicht diskriminieren. In der Regel dürfte auch nur ein zeitlich befristetes Hausverbot verhältnismäßig sein.[26] Von Behörden wird ein Hausverbots-Bescheid mit Rechtsmittelbelehrung förmlich zugestellt, die sofortige Vollziehung angeordnet und damit begründet, dass ein geordneter Beratungsbetrieb nicht möglich ist, wenn die Gefahr einer Bedrohung für Mitarbeitende besteht.[27] Falls notwendig, kann es im Rahmen der Notwehr oder des Notstandes auch angemessen körperlich durchgesetzt werden bzw. die Polizei eingeschaltet werden. Zur Beurteilung einer psychischen Krankheit als Grund für eine Fremdgefährdung kann bei deutlichen Anzeichen der Sozialpsychiatrische Dienst hinzugezogen werden.[28] Ein Verstoß gegen das Hausverbot ist als **Hausfriedensbruch** nach § 123 StGB auf Antrag strafbar, wenn nicht ausnahmsweise ein Rechtfertigungsgrund vorliegt.

### 9.1.3 Rechtfertigung und Entschuldigung

Eine Strafbarkeit entfällt grundsätzlich, nicht nur bei Gewalttatbeständen, wenn ein Rechtfertigungsgrund vorliegt, oder auch, wenn ein Entschuldigungsgrund (wie z.B. die **Strafunmündigkeit** von Kindern unter 14 Jahren) vorliegt. Ihnen gegenüber ist aber eine Mitteilung an Schule und Jugendamt möglich, sodass ihre Taten trotzdem für sie Folgen haben können.

Zudem kann eine psychische Krankheit entschuldigend wirken. Z.B. wenn eine Körperverletzung begangen wird und ein Täter im schizophrenen Schub die Tat nicht steuern kann. Bei einer Tat im Rausch wird der Schuldvorwurf meist vorverlagert und entfällt daher nicht.

Folgende **Rechtfertigungsgründe** sind denkbar:

Eine medizinische Operation ist eine Körperverletzung, die nur durch eine aufgeklärte oder in Notsituationen ggf. durch eine mutmaßliche **Einwilligung** gerechtfertigt sein kann. Ein gegenwärtiger Angriff kann durch **Notwehr** vom Betroffenen abgewehrt werden. Dieser Rechtfertigungsgrund setzt nach § 32 StGB voraus, dass die Gewalt unmittelbar bevorsteht oder aktuell stattfindet und nur die **erforderliche** Notwehr angewendet wird.[29] Denkbar ist auch eine Hilfe für andere als rechtfertigender **Notstand** nach § 34 StGB – z.B. des Beratenden für das potenzielle Opfer – unter den gleichen Voraussetzungen. Es ist also ein gegenwärtiger Notstand erforderlich. Ist die Tat schon beendet, scheidet eine Rechtfer-

26 Papenheim, H. u.a. 2018, Verwaltungsrecht für die soziale Praxis, S. 485, S. 489.

27 Ferner muss für erforderliche persönliche Vorsprachen, bei denen eine Vertretung nicht möglich ist, die Möglichkeit einer Vorsprache nach telefonischer Anmeldung eingeräumt werden. Zum Umgang mit Reichsbürgern: Neubauer, R./Caspar, C., Durchs wilde Absurdistan: Was tun, wenn Reichsbürger und öffentliche Verwaltung aufeinandertreffen, S. 119, 171 in: Wilking, D. (Hg.) 2017, „Reichsbürger". Ein Handbuch.

28 Siehe Kapitel 14.4.

29 So kann z.B. eine Ohrfeige eines Betreuers von mehreren 6-jährigen Kindern, die ihn anspuckten je nach den Umständen des Einzelfalls gerechtfertigt sein. OLG Düsseldorf, Urteil vom 2.6.2016, Az.: III-1 Ws 63/16.

tigung in der Regel aus. Es geht darum, die Tat zu verhindern. Eine Beteiligung an der Strafverfolgung wirkt nicht rechtfertigend.

***Beispiel***

*Z.B. kann eine aggressive Beratene, die Beratende massiv körperlich bedrängt oder unmittelbar zuzuschlagen droht, mit Körpereinsatz aus der Beratungsstelle herausgedrängt werden. Denkbar ist auch, dass das Einsperren einer Beratenen, die zu einer Körperverletzung aufbrechen will, im Beratungsraum gerechtfertigt ist. Wenn eine Beratene ankündigt, ihre Freundin grün und blau zu schlagen, kann eine Warnung der Freundin durch die beratende Sozialarbeiterin gerechtfertigt sein. Es kommt auf die Umstände des Einzelfalls an. Hat die Beratene ihre Freundin bereits grün und blau geschlagen, verhindert eine Anzeige der Körperverletzung bei der Polizei durch die Beratende die Tat nicht mehr und wäre nach § 203 StGB als Verletzung der Schweigepflicht strafbar.*[30]

***Praxishinweis***

*Die Entscheidung darüber, was im Einzelfall dem Schutz des Opfers und des Beratenen dient, liegt bei den Beratenden. Sie kann nur bei ihnen liegen, weil sie durch die Gesetze zur Verantwortung gezogen werden können. Fachlich angemessene Wertungen halten in der Regel strafrechtlichen Überprüfungen stand. Eine* ***Dokumentation*** *von Grundlage und Entscheidung ermöglicht es, die Entscheidung gegenüber Dritten zu begründen.*[31]

Für den Abbruch von Schwangerschaften ist eine Frist von 12 Wochen ab Empfängnis vorgesehen. Wird die Frist eingehalten und zusätzlich eine **Schwangerschaftskonfliktberatung** einer anerkannten Stelle mindestens 3 Tage vorher in Anspruch genommen, so ist der ärztliche Abbruch der Schwangerschaft für alle Beteiligten straffrei.[32] Die Frist einzuhalten und sich beraten zu lassen, sind im StGB nicht als Rechtfertigung angelegt, sondern als Strafausschlussgrund.

## 9.1.4 Kooperation mit der Polizei

Gefahrenabwehr ist zudem Kernaufgabe der **Polizei**. Sie muss Personen in Gewahrsam nehmen (u.a. um eine unmittelbar bevorstehende erhebliche Straftat zu verhindern), wenn konkrete Anhaltspunkte für eine Gefahrensituation im Einzelfall vorliegen. Der Gewahr-

30 Vgl. zur Schweigepflicht und zur strafbaren Nichtanzeige geplanter schwerster Verbrechen Kapitel 8.

31 Zum Spannungsverhältnis in der Jugendhilfe vgl. Moisisch, B. 2011, Der Rechtfertigende Notstand als Begründung für den Bruch der gesetzlichen Schweigepflicht, S. 5. BKE (Hg.) 2009, Rechtsgrundlagen der Beratung, S. 175.

32 § 218 bis § 219c StGB, Schwangerschaftskonfliktgesetz. BVerfG, Urteil vom 28. Mai 1993, BVerfGE 88, S. 203: Beratungslösung für Schwangerschaftsabbrüche. Ggf. ist bei besonderen Indikationen bis zur 22. Woche und bei Bedrängnis ohne Frist ein Abbruch für die Schwangere straffrei. BMJV (Hg.) 2019, Schwangerschaftsberatung.

sam muss verhältnismäßig, insbesondere das mildeste Mittel sein.[33] Kern der polizeilichen Entscheidung ist die Prognose zur **Gefahr** und zu anderen Möglichkeiten, diese abzuwenden, die auch von Beratenden oder Beratenen eingeschätzt werden muss. Kommt es zu Fehleinschätzungen oder polizeilicher Gewalt, so steht das polizeiliche Beschwerdemanagement neben den Möglichkeiten über Verwaltungs- und Strafrecht zur Verfügung.[34]

Eine Anzeige konkret angekündigter schwerster Straftaten wie Totschlag und Brandstiftung kann erforderlich sein, da eine **Nichtanzeige** oder ein Unterlassen einer Information an das potenzielle Opfer strafbar ist.[35]

***Schutz vor Gewalt auf einen Blick***

1. Gewalt, ggf. auch psychische, ist strafbar soweit kein Rechtfertigungsgrund vorliegt. Fachlich angemessenes Handeln ist nicht strafbar.
2. Gefahrenabwehr durch Notwehr, Nothilfe ist nur bei gegenwärtigen Angriffen und nur im notwendigen Umfang erlaubt. Letzteres gilt auch für die Polizei.
3. Die ggf. notwendigen komplexen Abwägungen des eigenen Handelns und ihre Grundlagen sollten zur eigenen Absicherung dokumentiert werden.

## 9.2 Schutz vor sexuellem Missbrauch

***Dieser Abschnitt beantwortet folgende Fragen***

- Welcher besondere Schutz vor sexuellem Missbrauch gilt für Minderjährige?
- Wie nutzt man trotz Einverständnis des Opfers ein Beratungsverhältnis aus und ist deshalb strafbar?

Alle **Sexualstraftaten** stehen im Führungszeugnis und sind in der Kinder- und Jugendhilfe und in vielen weiteren Beratungsfeldern über das erweiterte Führungszeugnis, das für das

33 Marschner, R. u.a., 2019, Freiheitsentziehung und Unterbringung, S. 506, 509–511, 513. Gesetzliche Grundlage sind die jeweiligen Polizeigesetze der Länder, z.B. das Allgemeine Sicherheits- und Ordnungsgesetz Berlin (ASOG).

34 Bei Verwaltungsakten ist Widerspruch einzulegen. Der Rechtsweg zum Verwaltungsgericht ist für die präventiven Maßnahmen der Polizei zur Gefahrenabwehr gegeben. Bei repressiver Strafverfolgung dagegen ist das Strafgericht zuständig. Informativ zur Kooperation mit der Polizei sind die Infoblätter der Clearingstelle Jugendhilfe/Polizei der SPI Stiftung, z.B. Fritsch, K./Robertz, F. 2006, Leaking – Ankündigungen schwerer Straftaten an Schulen, Infoblatt Nr. 40. Allgemein: Görgen, T./Hunold, D. 2020, Gewalt durch und gegen Polizistinnen und Polizisten. Zur Forderung unabhängiger Beschwerdestellen: Töpfer, E. 2014, Unabhängige Polizei-Beschwerdestellen.

35 § 138 StGB zählt weiter auf: Mord, Entführung, Geiselnahme, Zwangsprostitution, Raub, räuberische Erpressung, gemeingefährliche Straftaten, Bildung einer kriminellen o. terroristischen Vereinigung, verfassungsfeindliche Einwirkung auf öffentliche Sicherheitsorgane, Hochverrat, Landesverrat, Gefährdung der äußeren Sicherheit, Geld- oder Wertpapierfälschung. Zur gerechtfertigten Schweigepflichtverletzung siehe Kapitel 8.1.

Personal vorausgesetzt wird, ggf. ein Einstellungshindernis oder ein Kündigungsgrund, vgl. Kapitel 4.4. Es handelt sich dann quasi um ein Berufsverbot in diesen Arbeitsfeldern.

Die sexuelle Selbstbestimmung wird durch Tatbestände geschützt, die sexuelle Handlungen gegen den erkennbaren Willen der anderen Person unter Strafe stellen, von sexuellen Übergriffen und Nötigung über Vergewaltigung bis hin zu sexueller Belästigung und Inverkehrbringen von Bildern des Intimbereichs, § 177, § 184i, § 184k StGB.[36]

An **Kindern** bis einschließlich 13 Jahre ist jede sexuelle Handlung strafbar, ohne dass es auf das Einverständnis der Kinder ankommt. Auch wenn Täter oder Täterin von Kindern die Handlung an sich oder Dritten vornehmen lassen oder selbst erst 14 Jahre alt sind, ist das strafbar.[37] Zusätzlich wurden seit 1.7.2021 Vorbereitungshandlungen und sexueller Kindesmissbrauch ohne Körperkontakt unter Strafe gestellt.[38]

Für sexuelle Handlungen an oder vor **Jugendlichen** ab 14 bis 18 Jahren gilt das Gleiche, wenn die Jugendlichen Schutzbefohlene sind gegenüber ihren Eltern, deren Partnern und gegenüber einer Person, der sie zur Erziehung oder Betreuung in der Lebensführung anvertraut sind. Z.B. sind Schüler und Schülerinnen ihren eigenen Lehrkräften und der Schulleitung anvertraut. Sie sind aber nicht den anderen Lehrkräften an der Schule anvertraut.

Im Ausbildungs-, Dienst- oder Arbeitsverhältnis muss der Missbrauch des Abhängigkeitsverhältnisses dazukommen.[39] Jeglicher Missbrauch von Jugendlichen ist zudem strafbar, wenn er unter Ausnutzung einer Zwangslage stattfindet.[40] In allen Bereichen wurden die Strafbarkeitslücken bei Handlungen Dritter und Handlungen von Jugendlichen vor anderen und der Bestimmung Jugendlicher zu solchen Handlungen geschlossen.[41]

Sexuelle Handlungen im Sinne des StGB müssen von einiger **Erheblichkeit** sein. Dieser unbestimmte Rechtsbegriff muss ausgelegt werden. In der Rechtsprechung wird *„erheblich"* definiert als das, was nicht sozial hinnehmbar und von einiger Intensität und Dauer ist. Im Einzelfall wird das je nach dem Ziel, die ungestörte geschlechtliche Entwicklung zu schützen, beurteilt und kann je nach Alter des Opfers unterschiedlich beurteilt werden. Besonders schwierig ist dies bei sozial ambivalenten Handlungen. Z.B. im Vorbeigehen über der Kleidung über Geschlechtsteile zu streichen, kann für eine Verurteilung wegen sexuellen Missbrauchs von Kindern ggf. nicht erheblich sein.[42]

---

36 Zur Kritik, dass das Strafrecht den Ambivalenzen sexuellen Verhaltens Erwachsener nicht gerecht werde, siehe Fischer, T. 2020, StGB Kommentar, vor § 174 StGB Rn. 6, 9 ff.

37 § 176 StGB, der auch das Anbieten und Nachweisen von Kindern für sexuelle Handlungen unter Strafe stellt. Das Mindeststrafmaß wurde zum 1.7.2021 auf ein Jahr angehoben und es ist nur ein Absehen von Strafe für besondere einvernehmliche Fälle vorgesehen. Damit steht die Tat in der Regel 20 Jahre im Bundeszentralregister, § 46 Abs. 1 Nr. 3 BZRG. hilfeportal-missbrauch.de (15.10.2022) des unabhängigen Beauftragten für Fragen des sexuellen Kindesmissbrauchs bietet eine gute Übersicht.

38 § 176a und § 176b StGB. Strafbar ist auch das Einwirken auf Kinder mit pornographischen Bildern oder Reden. Ferner wurde der Besitz von Sexpuppen mit kindlichem Aussehen kriminalisiert, § 184l StGB.

39 § 174 StGB; Lackner, K./Kühl, K. 2018, StGB Kommentar, § 174 Rn. 7. Hier gelten 5 Jahre Verjährungsfrist ab dem 30. Lebensjahr. Dies kann ein Grund sein, Daten so lange aufzubewahren, Art. 17 Abs. 3 e) EU-DSGVO, vgl. Kapitel 8.5

40 § 182 StGB. Ferner die Förderung solcher Handlungen an unter 16-Jährigen, § 180 StGB. Zudem wurde der Schutz von Kindern und Jugendlichen vor Pornographie erweitert, § 184–184f, § 184l StGB.

41 § 174, 174a, 174b, 174c, 176 StGB.

42 § 184h StGB, Lackner, K./Kühl, K. 2018, StGB Kommentar, § 184h Rn. 5. BGH v. 6.5.2020, Az. 2 StR 543/19.

Der sexuelle **Missbrauch** „unter Ausnutzung eines Beratungs-, Behandlungs- oder Betreuungsverhältnisses" ist in § 174c StGB geregelt.[43] Ein rechtskräftiges Urteil kann zu einer Kündigung des Arbeitsvertrages ohne vorherige Abmahnung führen und steht ggf. im Führungszeugnis. Im erweiterten Führungszeugnis stehen diese Taten auch bei Jugendstraftaten oder niedrigen Strafen. Die Beratung muss aufgrund einer Krankheit oder Behinderung einschließlich Suchtkrankheit stattfinden, auch wenn diese nur subjektiv vom Beratenen angenommen wird, oder es muss sich um eine psychotherapeutische Beratung handeln. Der strafrechtliche Psychotherapiebegriff umfasst nicht nur Psychotherapie im Sinne des PsychThG, sondern jegliche psychologische Behandlung.[44] In besonderen Machtverhältnissen soll die Selbstbestimmung abgesichert werden, damit Beratene nicht Objekt des sexuellen Begehrens von Beratenden werden. Beratung in diesem Sinne ist „jeder auf die Bewältigung der mit der Krankheit oder Behinderung spezifisch verbundenen Probleme gerichtete, ratgebende Beistand".[45] *Anvertraut* sind Personen nicht nur in Einrichtungen, sondern auch in ambulanten Settings. Alle Personen, die an dem Beratungsverhältnis teilnehmen, können die Tat begehen, nicht nur die Beratenden selbst, sondern z.B. auch Verwaltungsmitarbeitende und Ehrenamtliche.

### *Praxishinweis*

 *Sobald die Therapie (oder Beratung von Kranken oder Menschen mit Behinderung) als Vertrauensverhältnis für die Tat genutzt wurde, ist Missbrauch anzunehmen. Ein Einverständnis mit der sexuellen Handlung ändert nichts an der Wertung als Missbrauch.*

Denkbar wäre eine echte Liebesbeziehung außerhalb des Beratungsverhältnisses, die dazu führt, dass ausnahmsweise kein Missbrauch anzunehmen ist: Ist die Beratung tatsächlich beendet, ist eine einverständliche sexuelle Handlung mit Volljährigen nicht mehr strafbar. Es kann sich aber um einen Verstoß gegen fachliche oder ethische Standards handeln.[46]

---

43 § 174 c StGB erfasst seit 1.7.2021 auch die Bestimmung zu sexuellen Handlungen durch oder vor Dritten. Sexueller Missbrauch von Gefangenen oder Hilfsbedürftigen und unter Ausnutzung einer Amtsstellung ist zusätzlich normiert in § 174a und § 174 b StGB. § 179 StGB sieht bei widerstandsunfähigen geistig oder seelisch Erkrankten eine Strafbarkeit vor.

44 Schönke, A./Schröder, H. 2019, StGB Kommentar, § 174c Rn. 8.

45 Schönke/Schröder 2019, StGB Kommentar, § 174c Rn. 5. Andere Ansicht Lackner, K./Kühl, K. 2018, StGB Kommentar, § 174c Rn. 4. Z.B. auch bei einer Osteopathie eines Heilpraktikers wegen unerfülltem Kinderwunsch, BGH Urt. v. 14.4.2011, Az.: 4 StR 669/10.

46 Bundeskonferenz für Erziehungsberatung 2009, Rechtsgrundlagen der Beratung, S. 166. Lackner, K./Kühl, K. 2018, § 174c Rn. 5, § 184h Rn. 5. Der sexuelle Missbrauch in Beratungsverhältnissen verjährt 5 Jahre nach Kenntnis von Tat und Täter oder Täterin.

### *Schutz vor sexuellem Missbrauch auf einen Blick*

1. Kinder sind trotz Einverständnis vor sexuellen Handlungen anderer strafrechtlich geschützt. Jugendliche in vielen Fällen auch, z.B. in Sorge-, Erziehungs- oder Betreuungsverhältnissen und Ausbildungs-, Dienst- und Arbeitsverhältnissen.
2. In Beratungs-, Behandlungs- oder Betreuungsverhältnissen von Menschen mit Krankheit oder Behinderung oder in therapeutischer Behandlung sind sexuelle Handlungen Beratender und anderer Mitarbeitender in der Regel strafbar.

## 9.3 Schutz vor Betrug

### *Schutz vor Betrug beantwortet folgende Fragen:*

- Wie können sich Beratene gegen Betrug (auch im Internet) wehren?
- Wie kann man eine Anstiftung oder Beihilfe zum Betrug des Beratenen bei einer Beratung verhindern?
- Wann betrügen Beratende mit unseriöser Beratung?

**Betrug** setzt voraus, dass, um einen Vermögensvorteil zu erlangen, falsche Tatsachen vorgespiegelt werden und dadurch ein Irrtum erregt wird.[47]

### *Beispiel*

*Z.B. wird mit dem „Enkeltrick" von älteren Beratenen am Telefon eine Überweisung ergaunert. Oder es wird im Internet betrogen, wenn von vornhinein eine vertraglich versprochene Ware trotz Zahlung nicht zugesandt werden soll oder andersherum trotz Übersendung der Ware Bestellende nicht zahlen wollen.*

Wurde dabei ein Irrtum erregt, um einen Vermögensvorteil zu erlangen, handelt es sich um Betrug. Ein sogenannter Eingehungsbetrug ist anzunehmen, wenn beim Eingehen des Vertrages die vertraglich geschuldete Leistung gar nicht wirklich erbracht werden sollte, z.B. wenn der Beratene die Rechnung für eine Beratungsleistung gar nicht bezahlen kann und will.

Beratene können besonders anfällig für Betrug sein, z.B. weil sie einsam sind oder weil ihnen das erforderliche Selbstbewusstsein fehlt, Vertragsangebote abzulehnen. Die Grenzen zu sittenwidrigen oder nur unvorteilhaften Verträgen sind teils fließend.[48] Praktische Lösung ist teils ein Widerruf oder eine **Anfechtung** von Verträgen. Teils sind Verträge auch unwirksam nach § 134 BGB wegen **Sittenwidrigkeit**. In allen drei Fällen fehlt es an einer wirksamen Vertragsgrundlage. Daher können gezahlte Beträge zurückgefordert werden.

47 Betrug ist in § 263 ff StGB geregelt. Zum Sozialleistungsbetrug siehe unten.

48 Verbraucherberatung bieten z.B. die Verbraucherzentralen, vgl. www.vzbv.de/verbraucher/beraten-lassen (28.9.2022).

Eine Strafanzeige kann durch das Betrugsopfer oder jede andere Person, z.B. auch einen seriösen Beratenden, erfolgen.[49] Nachhaltige Beratung kombiniert die praktischen Gegenmaßnahmen mit einer Stärkung der Kompetenz, sich zu informieren und die Selbst- und Vertragsbewusstheit zu erweitern.

Vertragsschlüsse an der Haustür oder am Telefon grundsätzlich abzulehnen oder möglichst immer mit jemandem vorher zu besprechen, können einfache Präventionswege sein. Teilweise kann auch eine rechtliche Betreuung in Bezug auf die Vermögenssorge erforderlich sein, wenn die Einsicht oder die Fähigkeit, entsprechend zu handeln, fehlt.[50]

Beratene sind unterschiedlichen Machtverhältnissen ausgesetzt und teils in prekären Lebenslagen. Es gibt Situationen, in denen Einzelne einen **Sozialleistungsbetrug** in Erwägung ziehen. Wer Arbeitslosengeld II vom Jobcenter bezieht, ist vielleicht versucht, seine geringen Einkünfte aus selbstständiger Tätigkeit nicht als Einkommen anzugeben.[51] Die Mitteilungspflicht von Sozialleistungen Empfangenden bezieht sich auf die Voraussetzungen des Sozialleistungsanspruchs. Ändert sich etwas Relevantes, muss das mitgeteilt werden. Eine Steigerung des Einkommens z.B. muss mitgeteilt werden, ein Wohnungswechsel bei weiterhin bestehender Notlage kann unerheblich sein.[52] Durch eine Aufklärung über die Strafbarkeit solcher Taten können Beratene in den Stand gesetzt werden, eine orientierte Entscheidung in ihrer Lebenslage zu treffen. Dabei sollte auch über die Aussage- und Zeugnisrechte und -pflichten Beratender informiert werden für den Fall von Ermittlungen und Strafverfahren, vgl. Kapitel 8.

Beratende können zu Betrug **anstiften**, z.B. wenn sie Beratenen empfehlen, falsche Angaben über ihre Einkommens- oder Vermögensverhältnisse zu machen, und sind dann – gleich den Beratenen – strafbar. **Beihilfe** leistet, wer vorsätzlich einem anderen zu dessen vorsätzlich begangener rechtswidriger Tat Hilfe geleistet hat. Dies erfordert einen Vorsatz in Bezug auf einen vom Beratenen angestrebten Betrug.[53] Eine Aufklärung über Falschangaben, ihre Strafbarkeit und die Folgen ist sinnvoll. Eine Anzeige von Sozialleistungsbetrug kann eine Verletzung einer Schweigepflicht oder der Datenschutzpflicht darstellen, siehe Kapitel 8.1 und 8.5.

## *Beispiel*

*Denkbar wäre das Ausstellen einer Beratungsbescheinigung, die nicht den Tatsachen entspricht und von Beratenen für einen Sozialleistungsbetrug genutzt wird. Zum Beispiel könnte eine Berufsberatung vorgetäuscht werden und deshalb ALG II/Bürgergeld nicht gekürzt werden. Strafbar wäre dies als Beihilfe zum Betrug, wenn Bera-*

49 Vgl. zur unseriösen Schuldenregulierung mit Hinweisen zu den Gegenmaßnahmen einschließlich Musterschreiben: Arbeitskreis Neue Armut (Hg.) 2015, Geschäfte mit der Armut, S. 59–112, S. 223 ff.

50 Zu Betrug in rechtlicher Betreuung und Pflege vgl. Stolterfoht, B./Martiny, A. 2013, (Hg. Transparency Deutschland), Transparenzmängel, Betrug und Korruption im Bereich der Pflege und Betreuung.

51 Deutscher Bundestag 2006, Wissenschaftlicher Dienst: Das Erschleichen von öffentlichen Leistungen, S. 5, 9.

52 Joecks, W. u.a. (Hg.) 2019, Münchener Kommentar zum StGB, § 263 Rn. 195.

53 § 26, § 27 StGB. Joecks, W. u.a. (Hg.) 2019, Münchener Kommentar zum StGB, § 263 Rn. 959.

*tende in Kauf nehmen, dass Beratene damit betrügen. Sonst ist die Falschbeurkundung eine schriftliche Lüge, die nur strafbar ist, wenn es sich bei der Bescheinigung um eine öffentliche Urkunde handelt.*

Für die jeweiligen Beratungsbranchen kommt es darauf an, sich von unseriösen Angeboten abgrenzen. **Unseriöse Beratung** kann auf Vermögensvorteile ausgerichtet als Betrug strafbar sein, wenn falsche Tatsachen zur Täuschung genutzt werden. Wird eine Ausbildung behauptet, z.B. man sei zertifizierte Mediatorin, obwohl dies nicht stimmt, und wird auf dieser Grundlage entgeltlich beraten, ist ein Betrug anzunehmen. Als einfacher Abgrenzungsweg in der Sozialen Schuldnerberatung hat sich etabliert, auf gemeinnützige persönliche Beratung zum Einzelfall zu achten.[54] Ob z.B. über die wirklichen Kosten oder die tatsächliche Leistung getäuscht wird, ist dagegen meist schwieriger zu beurteilen.

### *Beispiel*

*Z.B. behauptet ein Verein „Schulden? Hilfe für Alle!", er brauche keine Rechtsdienstleistungserlaubnis für eine Schuldensanierungsberatung und werde beim Restschuldbefreiungsantrag im Rahmen des Verbraucherinsolvenzverfahrens begleiten. Dafür solle per Lastschrift monatlich eine Rate von 200 € gezahlt werden. Tatsächlich ist für die Beratung aber eine Rechtsdienstleistungserlaubnis erforderlich und wollte der beratende Schuldenregulierer die notwendige Unterstützung von Anfang an nicht leisten. Der beratene Hans irrt insoweit, als er annimmt, eine werthaltige Insolvenzberatung als Gegenleistung für seine monatliche Rate zu erhalten. Ein Nachweis könnte über die Vertragsdokumente und eine Zeugenaussage erfolgen. Der Vertrag sollte angefochten werden wegen arglistiger Täuschung bzw. er ist wegen der fehlenden Rechtsdienstleistungserlaubnis von vornherein nach § 134 BGB unwirksam. Somit können gezahlte Beträge zurückgefordert werden oder die Forderung kann als Vermögen im Insolvenzverfahren angegeben werden. Hans oder andere können unterstützt werden bei einer Strafanzeige wegen Betruges gegen den unseriösen Schuldenregulierer.*

### *Schutz vor Betrug auf einen Blick*

1. Vor Betrug kann eine möglichst vorherige Rücksprache mit Bekannten schützen oder eine Recherche, z.B. über Verbraucherzentralen. Hat der Betrug bereits stattgefunden, stehen Widerruf, Anfechtung, Rückforderung und Strafanzeige zur Verfügung.
2. In Beratungen sollte eine klare Haltung hinsichtlich betrügerischer Taten von Beratenen und der eigenen Aussagepflichten in Strafverfahren kommuniziert werden.
3. Unseriöse Beratung kann als Betrug strafbar sein, wenn sie über Tatsachen täuscht und auf Vermögensvorteile ausgerichtet ist.

54 Arbeitskreis Neue Armut (Hg.) 2015, Geschäfte mit der Armut.

## 9.4 Schutz vor Diskriminierung

***Schutz vor Diskriminierung beantwortet folgende Fragen:***

- Wie schützt das AGG vor Diskriminierungen?
- Wie kann man belegen, dass man nicht diskriminiert?

Art 3 Abs. 3 GG verbietet die Benachteiligung eines Menschen wegen seines Geschlechtes, seiner Abstammung, seiner Sprache, seiner Heimat und Herkunft, seines Glaubens, seiner religiösen oder politischen Anschauungen oder seiner Behinderung.[55] Besonders umstritten ist das weitere Merkmal „Rasse". Unter *Rasse* versteht man hier die Zurechnung von Menschen zu einer bestimmten Gruppe aufgrund bestimmter vererblicher, äußerlicher Erscheinungsmerkmale. Damit nutzt das Gesetz das Merkmal, das für Menschen nicht genutzt werden soll, selbst. Zwar dient es im GG zur Verhinderung von rassistischen Diskriminierungen. Jedoch ermöglicht das Landesantidiskriminierungsgesetz (LADG) Berlin dies ebenso mit der Formulierung „**rassistische und antisemitische Zuschreibung**", ohne „Rasse" als Merkmal direkt anzuwenden.

Benachteiligungen durch staatliche Stellen wie z.B. beim „Racial Profiling" durch die Polizei werden an der EMRK, am GG und z.B. in Berlin am LADG Berlin gemessen.[56] Auch Regelungen für Beamte zum „Tragen von bestimmten Kleidungsstücken, Schmuck, Symbolen und Tätowierungen im sichtbaren Bereich sowie die Art der Haar- und Barttracht" „soweit die Funktionsfähigkeit der Verwaltung oder die Pflicht zum achtungs- und vertrauenswürdigen Verhalten dies erfordert" müssen dem grundgesetzlichen Gleichheitsgebot entsprechen.[57]

Die EU-Gleichbehandlungsrichtlinie und drei weitere EU-Richtlinien zur Antidiskriminierung werden in Deutschland über das **Allgemeine Gleichbehandlungsgesetz** (AGG) umgesetzt. Das AGG verbietet zusätzlich die Benachteiligung wegen des Alters, der ethnischen Herkunft und der sexuellen Identität.[58] Es konkretisiert den Diskriminierungsschutz für die Bereiche Arbeit, Sozialschutz, Berufsberatung, Bildung und gilt auch für Beschäftigungsverhältnisse im öffentlichen Dienst und für Ausschreibungen von Stellenangeboten,

---

55 Die Europäische Charta der Grundrechte verbietet auch Diskriminierungen aufgrund des Alters und des Vermögens. Das LADG Berlin nimmt Diskriminierung aufgrund des sozialen Status erstmalig auf, enthält aber keine Öffnungsklausel für weitere Merkmale. Der Anwendungsbereich des LADG ist ein anderer als der des AGG.

56 Das LADG konkretisiert die Anforderungen an die Berliner Verwaltung, nicht diskriminierend gegenüber Bürger*innen zu handeln, und schließt damit eine Lücke des AGG.

57 § 61 Abs. 2 Satz 2 BBG trat im Juli 2021 in Kraft. Wiese, K. 2021, Ermächtigung für ein bundesweites Kopftuchverbot, in: legal tribune online, www.lto.de/recht/hintergruende/h/gesetz-erscheinungsbild-beamte-entwurf-bundestag-kopftuch-tattoos-kopftuchverbot/ (30.9.2022).

58 Die Kategorien werden von Gerichten ausgelegt. So entschied das ArbG Stuttgart, v. 15.4.2010, Az. 17 Ca 8907/09, dass „Ossi" keine ethnische Einordnung sei. Mit dieser Begründung wurde die Klage einer Frau abgewiesen, die wegen AGG-Diskriminierung klagte, weil sie keine Stelle bei einer schwäbischen Firma bekam und auf den Unterlagen „Ossi" und ein Minus vermerkt waren. Da die DDR nur ca. 40 Jahre lang eine von der Bundesrepublik unterschiedliche Entwicklung genommen habe, reiche dies nicht aus, um eine eigene ethnische Herkunft zu begründen.

§ 7, § 12 AGG. Ferner gilt es für die Daseinsvorsorge einschließlich Wohnraum,[59] für Versicherungen und Massengeschäfte des Zivilrechtsverkehrs, z.B. Restaurants und Supermärkte, bei denen ohne Ansehen der Person Verträge geschlossen werden.

***Praxishinweis***

 *Eine Diskriminierung nach dem AGG wird in drei Schritten geprüft:*

1. *Anwendungsbereich des AGG eröffnet*
2. *Vorliegen einer Benachteiligung*
3. *Kein sachlicher Grund für die Benachteiligung*

Das AGG unterscheidet unmittelbare und **mittelbare Benachteiligungen**, Belästigungen und Anweisungen zu Benachteiligungen. Eine „Neutralitätsregelung" kann unmittelbar nicht das Merkmal ansprechen, aber z.B. faktisch nur Frauen treffen, die ein muslimisches Kopftuch tragen, und damit eine mittelbare Diskriminierung aufgrund des Glaubens und des Geschlechtes darstellen.[60] Unterschiedliche Behandlungen von Beschäftigten und Bewerber*innen sind nach § 8 AGG nur erlaubt, wenn der Grund dafür wegen der Art der auszuübenden Tätigkeit oder der Bedingungen ihrer Ausübung eine wesentliche und entscheidende berufliche Anforderung darstellt. Ferner muss der Zweck rechtmäßig und die Anforderung angemessen sein.[61] In der Praxis besonders relevant sind Benachteiligungen bei Bewerbungsverfahren um eine Arbeitsstelle. Können **Indizien für eine Benachteiligung,** z.B. eine nicht geschlechterneutrale Ausschreibung der Stelle, belegt werden, so müssen Arbeitgebende nachweisen, dass sie nicht gegen das Benachteiligungsverbot verstoßen haben, § 22 AGG. Daher sollten das Auswahlverfahren und die Begründungen ausreichend dokumentiert werden.

Der Umfang des **zivilrechtlichen Diskriminierungsschutzes** hängt von dem betroffenen Diskriminierungsmerkmal und vom zugrunde liegenden Schuldverhältnis ab. Für die meisten Merkmale sind zulässige sachliche Gründe für eine unterschiedliche Behandlung vorgesehen, für Rasse oder ethnische Herkunft jedoch nur, wenn dadurch z.B. eine „sozial ausgewogene Siedlungsstruktur" gesichert werden soll bei Vermietungen. Die Rechtfertigungen von Ungleichbehandlungen werden in Streitfällen von den Gerichten beurteilt, wobei ihnen ein Spielraum zukommt, weshalb eine ausreichende Dokumentation der sachlichen Gründe sinnvoll ist.[62]

59 Allerdings gilt dies nicht, wenn ein Näheverhältnis besteht oder begründet wird, und in der Regel nicht, wenn Vermietende bis zu 50 Wohneinheiten haben. § 2 Abs. 1 Nr. 8, § 19 Abs. 5 AGG.

60 BVerfG v. 28.1.2015, Az. 1 BvR 471/10. Art. 3 GG strahlt auch in private Arbeitsverhältnisse aus. Eine Kündigung wegen einer Beschwerde von Kunden über eine kopftuchtragende muslimische Mitarbeiterin wurde vom EuGH als verbotene unmittelbare Diskriminierung eingestuft. Arndt, S. 2018, Kopftuchverbote in privaten Arbeitsverhältnissen?, S. 79–83 in: Müller-Heidelberg, T. u.a. (Hg.), Grundrechte-Report 2018.

61 § 9 AGG sieht eine Erlaubnis für Religionsgemeinschaften vor, verhältnismäßige Anforderungen zu stellen, z.B. eine Kirchenzugehörigkeit oder ein loyales Verhalten. Beachte die europarechtskonforme Auslegung, BAG, Urteil v. 25.10.2018, Az. 8 AZR 501/14. § 10 AGG erleichtert Unterscheidungen aufgrund des Alters.

62 § 19, § 20 AGG, BGH v. 11.12.2019, Az. VIII ZR 144/19, Rn. 44.

## *Beispiel*

*Eine Person beschwert sich bei einer bundesweiten allgemeinen Online-Beratung, weil die Online-Beratungsanfrage eine Zuordnung zu „Herr" oder „Frau" verlangt, sie sich aber nicht einem der binären Geschlechter zuordnen will.*

*(1. Prüfungsschritt:) Ein Dienstleistungsvertrag zwischen der Person und der Beratungsstelle ist die Basis für die Beratung. Es müsste sich um ein Massengeschäft handeln, also die Beratung ohne Ansehen der Person angeboten werden, damit das zivilrechtliche Benachteiligungsverbot nach § 19 AGG gilt. Ist das Beratungsangebot begrenzt wie bei vielen sozialen Beratungen, z.B. auf junge Erwachsene oder eine bestimmte Region, dürfte kein Massengeschäft angenommen werden. Bei einem uneingeschränkten Angebot kann es sich um ein Massengeschäft handeln.*

*(2. Prüfungsschritt:) Das Landgericht Frankfurt a.M. ging zugunsten einer nicht-binären Person*[63] *von einem Anspruch gegenüber einem Eisenbahnunternehmen aus, bei der Nutzung des Angebots nicht zwischen einer männlichen oder weiblichen Anrede wählen zu müssen. Daher dürfte in der binären Zuordnungsaufforderung eine Benachteiligung nichtbinärer Personen zu sehen sein.*

*(3. Prüfungsschritt:) Da ein sachlicher Grund hier nicht ersichtlich ist, besteht ein Anspruch auf eine neutrale Anrede in der Online-Beratung. Liegt dagegen ein sachlicher Grund für eine binäre Zuordnung vor, z.B. weil es sich um eine auf Frauen spezialisierte Beratungsstelle handelt, könnte ggf. anders entschieden werden. Eine Entschädigung nach dem AGG könnte trotz eines Anspruchs auf Änderung der Anrede abgelehnt werden, wenn keine Benachteiligung vorgelegen hat, z.B. weil die Person trotzdem regulär beraten wurde. Ggf. kommt aber der Ersatz eines immateriellen Schadens in Frage.*

Das AGG gewährt in Fällen von Ungleichbehandlung von Beschäftigten ohne sachlichen Grund/Diskriminierung ein Leistungsverweigerungsrecht der Beschäftigten sowie einen Anspruch auf Schadensersatz und Entschädigung. § 5 AGG erlaubt positive Maßnahmen, die auf geeignete und angemessene Weise bestehende Benachteiligungen abbauen, z.B. Frauenfördermaßnahmen.[64] Damit soll strukturellen und institutionellen Benachteiligungen entgegengewirkt werden.

Mit dem AGG wurden Beratungsmöglichkeiten auf Landes- und Bundesebene eingeführt. Die **Antidiskriminierungsstelle** des Bundes bietet ein umfassendes Beratungsportal mit aufbereiteten Fallbeispielen an.[65]

Neben diesen antidiskriminierungsrechtlichen Schutz treten die Möglichkeiten, über ethische Standards und Verhaltenskodexe eine diskriminierungsfreie Beratung abzusichern.

63 LG Frankfurt Urteil vom 3.12.2020, Aktenzeichen: 2-13 O 131/20. Das BVerfG hat vom Allgemeinen Persönlichkeitsrecht abgeleitet, dass eine andere Eintragung im Pass möglich sein muss, Beschluss vom 10.10.2017, Az. 1 BvR 2019/16.

64 Solche sieht z.B. auch das Landesgleichstellungsgesetz für die Verwaltung des Landes Berlin vor.

65 www.antidiskriminierungsstelle.de. Im LADG Berlin ist ferner ein Verbandsklagerecht für Antidiskriminierungsverbände vorgesehen. U.a. in Bayern und NRW ist ein Schlichtungsversuch Voraussetzung für eine Klage.

### *Schutz vor Diskriminierung auf einen Blick*

1. Antidiskriminierungsgesetze knüpfen an Kategorien wie „ethnische Herkunft" an, die auslegungsbedürftig sind.
2. Auch mittelbare Diskriminierungen können verboten sein.
3. Das Allgemeine Gleichbehandlungsgesetz (AGG) verlangt bei Indizien für eine Diskriminierung, dass z.B. potenzielle Arbeitgebende oder Vertragsparteien von Massengeschäften belegen, dass Sie nicht diskriminieren. Eine Dokumentation sachlicher Gründe für Unterscheidungen ist daher sinnvoll.

# 10. Finanzierung von und Ansprüche auf Beratung

**Übersicht** Seite



Dieses Kapitel gibt Einblick in die öffentliche und private Finanzierung von Beratung. Beratungen, die nicht durch Behörden erfolgen, beruhen auf zivilrechtlichen Verträgen zwischen Beratenden und Beratenen, siehe dazu Abschnitt 10.2, auch wenn es sich um öffentlich finanzierte Beratung handelt. Der Abschnitt bietet auch einen einfachen Mustervertrag.

Es können Ansprüche auf Beratung durch Behörden bestehen, einerseits zu den von ihnen zu erlangenden Leistungen oder ihren Ordnungsbefugnissen. Andererseits wird Beratung selbst als Sozialleistung, z.B. in Form von Sozialberatung, geleistet. Zu beidem siehe Abschnitt 10.1. Zunächst wird jedoch anschließend in die Grundstrukturen der öffentlichen Beratungsfinanzierung eingeführt. Sie kann als Finanzierung aus verschiedenen sozialrechtlichen Töpfen verstanden werden.

Die Behörden erbringen nicht alle Leistungen selbst. Das gilt vor allem, wenn es sich nicht um Geldleistungen handelt. Oft beraten gemeinnützige **freie Träger der Wohlfahrtspflege** (siehe Kapitel 4) oder andere gemeinnützige Unternehmen, aber es gibt auch **gewerbliche Anbieter**. Beide können u.a. entweder über das **sozialrechtliche Leistungsdreieck** aus den Beratungsansprüchen der Beratenen finanziert werden (siehe Abbildung unten) oder über zweiseitige Förderungen oder Leistungsverträge.

Wenn Beratene einen Anspruch auf Beratung haben, z.B. auf Pflegeberatung aus der Sozialen Pflegeversicherung nach § 7a SGB XI oder als Hilfe zur Pflege aus § 64 Abs. 2 SGB XII, wird die Leistung zwischen Leistungsträger und Leistungserbringer abgewickelt im sogenannten *sozialrechtlichen Leistungsdreieck*. So ist es auch bei der Hilfe zur Überwindung sozialer Schwierigkeiten:

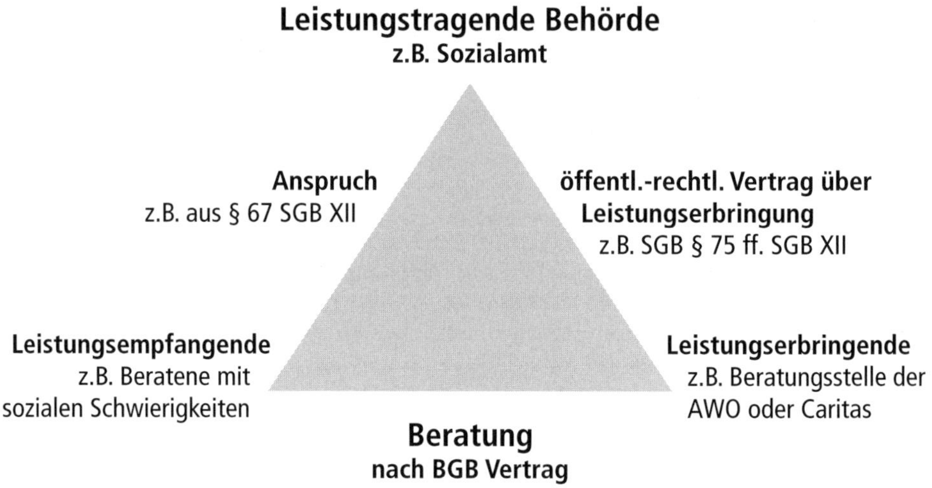

**Leistungstragende Behörde**
**z.B. Sozialamt**

**Anspruch**
z.B. aus § 67 SGB XII

**öffentl.-rechtl. Vertrag über Leistungserbringung**
z.B. SGB § 75 ff. SGB XII

**Leistungsempfangende**
z.B. Beratene mit sozialen Schwierigkeiten

**Leistungserbringende**
z.B. Beratungsstelle der AWO oder Caritas

**Beratung**
**nach BGB Vertrag**

*Abbildung: Sozialrechtliches Leistungsdreieck*

Die Beratenen sind mit ihren Ansprüchen auf Beratung gegenüber der die Leistung tragenden Behörde der Ausgangspunkt. Diese Ansprüche erfüllt die Behörde nicht direkt, sondern über Leistungserbringer, meist freie Träger. Die Leistung wird zum Teil über einen Bescheid der Behörde an den Beratenen bewilligt. Seit 1.1.2020 sieht § 75 Abs. 2 und Abs. 6 SGB XII vor, dass die Leistungserbringenden **geeignet** sein sollen und einen Zahlungsanspruch haben, wenn sie die Leistungen im Rahmen des Vereinbarten erbringen.[1] *Geeignet* ist, wer mit nicht einschlägig vorbestraftem Personal nach den Besonderheiten des Einzelfalls die Leistung wirtschaftlich sparsam nach externem Vergleich innerhalb des unteren Drittels des Marktpreises für vergleichbare Leistungen erbringt.[2] Über Rahmenverträge mit den Verbänden und über öffentlich-rechtliche Verträge zwischen Leistungsträgern und Leistungserbringenden werden Vergütung, Inhalt, Umfang und Qualität der Leistungen und das Controlling geregelt.[3] Nach § 77a SGB XII ist die Obergrenze für den Vergütungsanspruch, was dem Leistungsberechtigten bewilligt wurde. Bei geringerer Leistung bestehen geringere Zahlungsansprüche.[4] Durch einen zivilrechtlichen Vertrag ist das Verhältnis

1 Bieritz-Hader, R. u.a. (Hg.) 2020, LPK-SGB XII, vor § 75 ff., Rn. 15, § 75 Rn. 16. Teilweise erhalten die Leistungserbringer zusätzlich Kostenübernahmeerklärungen der Sozialleistungsträger oder es wird der Anspruch des Leistungsberechtigten an sie abgetreten.

2 Bieritz-Hader, R. u.a. (Hg.) 2020, § 75 Rn. 16–31; von Boetticher fasst dort zusammen, dass die Regelung einem Rechtsanspruch auf Zulassung sehr nahekomme und kein Bestandsschutz vorhandener Einrichtungen besteht. Nach Abschluss eines Vertrages nach § 76 SGB XII besteht eine Pflicht des Leistungserbringers, an Leistungsberechtigte zu leisten.

3 Vgl. § 76, § 80 SGB XII, § 75 SGB XI. Zum Teilhaberecht werden diese aktuell neu ausgehandelt, da mit dem BTHG weitgehende Änderungen in Kraft traten. Vgl. Kapitel 14.4. Die Verträge können von Verbänden abgeschlossen werden, denen Leistungserbringende angeschlossen sind. Papenheim, H. geht auf die fachliche Kontroverse ein, 2018, Verwaltungsrecht für die soziale Praxis, S. 161–164, und auf Vorschläge für autonomere Nachfrageentscheidungen der Leistungsberechtigten durch Gutscheine und Budgets.

4 § 77 a SGB XII. Hat der Leistungsberechtigte die Leistung nicht angenommen und wurde daher weniger geleistet, kann bei Annahmeverzug ein Anspruch gegen den Leistungsberechtigten aus dem zivilrechtlichen Vertrag auf Schadensersatz bestehen. Bieritz-Hader, R. u.a. (Hg.) 2020, LPK-SGB XII, § 77a Rn. 3.

von Leistungserbringenden und -empfangenden geregelt. Bei sozialer Beratung werden diese Verträge meist nicht schriftlich, sondern konkludent einfach durch Inanspruchnahme der fachlichen Leistung geschlossen.[5] Die Beratenen zahlen nur, falls ein Eigenanteil (z.B. im SGB XII aufgrund der Regelung für das Einsetzen von Einkommen und Vermögen)[6] vorgesehen ist.

***Beispiel***

*Auf Antrag eines Pflegebedürftigen bewilligt die Pflegekasse eine Beratung nach § 7a SGB XI und eine Pflegesachleistung nach § 36 SGB XI. Der Pflegebedürftige schließt einen Vertrag mit einem ambulanten Pflegedienst für die Pflege. Für diesen Vertrag gilt Zivilrecht, insbesondere das BGB. Der Pflegedienst hat einen Vertrag mit der Pflegekasse, der die Leistungserbringung regelt. Der Pflegedienst pflegt den Pflegebedürftigen und rechnet mit der Pflegekasse ab. Solange die Bewilligung noch nicht vorliegt, kann der Pflegedienst nicht sicher sein, dass der Anspruch des Pflegebedürftigen bewilligt wird. Leistet der Pflegedienst mehr, als von der Pflegekasse vorgesehen ist, so muss er dies mit dem Pflegebedürftigen vertraglich vereinbaren, damit dieser das selbst zahlt.*

*Außerdem vereinbart der Pflegebedürftige einen Termin mit einer Pflegeberatungsstelle, bei der er einen Pflegeberatungsgutschein einreicht, den er nach § 7b SGB XI erhalten hat. Die Pflegeberatungsstelle rechnet mit dem Gutschein mit der Pflegekasse ab und ist wiederum in die Rahmenverträge der Pflegekasse einbezogen.*[7]

In manchen Fällen werden abweichend Kosten erstattet, z.B. ist dies in der Krankenversicherung und beim Persönlichen Budget möglich.[8] Aber auch in diesen Fällen führt der Anspruch der Beratenen letztlich zur Finanzierung der Beratenden über die Behörde.

Bestehen keine Rechtsansprüche der Beratenen auf Beratung oder sind diese inhaltlich wenig konkret, ist eine Finanzierung über das Sozialleistungsdreieck oft nicht sinnvoll. Denkbar sind dann zweiseitige Leistungsverträge zwischen Kommune oder Land und Leistungs-

---

5 Bieritz-Hader, R. u.a. (Hg.) 2020, LPK-SGB XII, vor § 75 ff., Rn. 6. Beratene und Beratende erklären, dass die Auskunft von erheblicher Bedeutung ist und Grundlage einer wesentlichen Entscheidung sein soll. Das gilt insbesondere, wenn Beratende ein wirtschaftliches Interesse an der Beratung haben durch ihren Arbeitsvertrag. Die Unentgeltlichkeit steht dem nicht entgegen. Es gilt das BGB und für Beratungen in der Regel Dienstleistungsvertragsrecht, siehe unten den Abschnitt zu schriftlichen Verträgen. Zur Möglichkeit von mündlichen Verträgen und dem sozialrechtlichen Vergütungsanspruch vgl. auch Deutscher Verein 2018, Gutachten zum sozialhilferechtlichen Dreiecksverhältnis bei ambulanten Leistungen.

6 Nach § 82–§ 92 SGB XII. Beratungsleistungen des SGB sind in der Regel frei von Eigenanteilen zu leisten. In der Hilfe zur Pflege ist die Einkommensgrenze im ambulanten Setting großzügiger als in der stationären Pflege, § 88 SGB XII.

7 Die Beratung von Pflegestützpunkten wird dagegen im Sinne von § 7b Abs. 1 Nr. 1 SGB XI als Beratung der Pflegekasse gewertet, die kein Einlösen eines Gutscheins erfordert. Krahmer, U./Kempchen, U. 2018, Mein Recht bei Pflegebedürftigkeit, S. 195. Auch ohne Gutschein sind Beauftragungen Dritter zur Pflegeberatung nach § 7b Abs. 1 Nr. 2 SGB XI abzurechnen. Wolff, J./Pflug, C. u.a. 2020, Evaluation der Pflegeberatung und Pflegeberatungsstrukturen gemäß § 7a Absatz 9 SGB XI, S. 18.

8 § 13 Abs. 2 SGB V. Papenheim, H. u.a. 2018, Verwaltungsrecht für die soziale Praxis, S. 154–157. Das persönliche Budget nach § 29 SGB IX kommt aus dem Recht für Menschen mit Behinderungen und ist hier besonders verbreitet, ist aber auch in der Pflege möglich. Kindertageseinrichtungen werden seit der Einführung von § 74a SGB VIII nach Landesrecht finanziert.

erbringenden wie Beratungsstellen. **Förderungen** (in Form von **Zuwendungen**, Räumen, Material oder Personal) aus den kommunalen, Landes- oder Bundeshaushalten finanzieren häufig allgemeine Beratungsangebote, Frauenhäuser, Sucht-, Schuldner- und Wohnungslosenberatungsstellen. Mischformen sind zu vermeiden, weil die Förderungen auf die Vergütungen aus dem sozialrechtlichen Leistungsdreieck angerechnet werden.[9] Freie Träger haben einen Anspruch auf fehlerfreie Ermessensausübung gegenüber dem Sozialleistungsträger, wenn gesetzlich Zuwendungen vorgesehen sind. Der Sozialleistungsträger kann im pflichtgemäßen Ermessen entscheiden, wie er das Leistungsangebot organisiert und welche zweckmäßigen Regelungen er zu Inhalt, Umfang, Qualität und Vergütung der Leistung vertraglich mit den Leistungserbringenden regelt. Er kann z.B. Grundfinanzierungen, Tagessätze, Fallpauschalen, statistische Angaben zu den Beratenen und Berichte vorsehen. Nur in Ausnahmen besteht auch ein Rechtsanspruch des potenziellen Leistungserbringers, finanziert zu werden.[10] Bindet sich der Sozialleistungsträger über Förderrichtlinien in seinem Ermessen, so kann auf dieser Basis ein Bewilligungsbescheid oder ein Abschluss eines öffentlich-rechtlichen Vertrages eingefordert werden. Eine zweite Frage ist, wie das Verhältnis von gemeinnützig wohlfahrtspflegerisch und rein gewerblicher Beratung sozialpolitisch gesteuert wird.[11] Für die Zuwendungen gilt das Haushaltsrecht. Ist ggf. Beihilfe- und Wettbewerbsrecht zu beachten, so ist das Bewerbungsverfahren bei Ausschreibungen transparent und fair durchzuführen.[12]

Weitere öffentliche und kirchliche Finanzierungsformen sind:

- Aufwendungsersatz für die Erfüllung von Aufgaben, z.B. wenn die AWO die Nichtsesshaftenhilfe für das Gebiet des Sozialhilfeträgers übernimmt,
- Entgelte für ausgeführte Aufträge, z.B. der Kinder- und Jugendhilfe durch eine gGmbH.[13]
- Zuwendungen aus Kirchensteuern, z.B. einer evangelischen Landeskirche an eine Beratungsstelle des Diakonischen Werks für Zielgruppen, die über die öffentlichen Zuwendungen nicht ausreichend abgedeckt werden,

9 Boetticher, A. von in: Bieritz-Hader, R. u.a. (Hg.) 2020, LPK-SGB XII, § 76 Rn. 27.

10 Papenheim, H. u.a. 2018, Verwaltungsrecht für die soziale Praxis, S. 156–157. Rechtsanspruch aus § 4 SchwkG bejaht vom BVerwG v. 25.6.2015, 3 C 1/14. Das BSG hat den Antrag eines Rechtsanwaltes, in die Leistungserbringung bei der Schuldnerberatung nach § 16a Nr. 2 SGB II über einen Vertrag nach § 17 Abs. 1 SGB II einbezogen zu werden, abgelehnt. BSG v. 10.8.2016, B 14 AS 23/15 R. Der Leistungsträger konnte die Geeignetheit des Rechtsanwaltes prüfen und eine Ausbildung für psychosoziale Kompetenzen verlangen. Er hat sein Ermessen nicht fehlerhaft ausgeübt.

11 Cremer, G. 2013, Wohlfahrtsverbände im Wettbewerb, in: ArchsozArb 2/2013 , S. 62–68 f. Für die EUTB sind nur gemeinnützige Anbieter zugelassen. Ziffer 4 der Förderrichtlinie zur Durchführung der „Ergänzenden unabhängigen Teilhabeberatung" für Menschen mit Behinderungen vom 17.5.2017.

12 Es handelt sich um eine sehr komplexe Rechtsmaterie. Vgl. Münder, J. in: Bieritz-Hader, R. u.a. (Hg.) 2020, LPK-SGB XII, § 5 Rn. 34 ff., auch zur negativen Konkurrentenklage auf Unterlassung von Förderungen, die Mitbewerber begünstigen. Streitig kann sein, inwieweit Vergaberecht zu berücksichtigen ist. Berlit, U. in: Bieritz-Hader u.a. (Hg.) 2020, LPK-SGB XII, § 11 Rn. 28. Von Boetticher argumentiert, dass bei Verträgen nach § 75 SGB XII weiterhin kein Vergaberecht anwendbar ist, da keine Beschränkung auf bestimmte Vertragspartner erfolge, in: Bieritz-Hader, R. u.a. (Hg.) 2020, LPK-SGB XII, § 75 Rn. 47–49. Ohne eine Auswahlentscheidung bestehe keine Pflicht zur Ausschreibung. Im Übrigen sei eine Einzelfallentscheidung zu treffen, Reidt, O. u.a. 2018, Vergaberecht, § 103 Rn. 217.

13 Zu den Grenzen der Übertragung von Aufgaben: BKE (Hg.) 2020, Arbeitsweise der Erziehungsberatung mit hoheitlichen Aufgaben unvereinbar.

- Finanzierungsformen unter den Stichworten integrierte Versorgung, versorgungsformenübergreifend oder trägerübergreifend und sozialraumorientiert.

## 10.1 Ansprüche auf Beratung gegenüber Sozialbehörden

***Dieser Abschnitt beantwortet folgende Fragen:***

- Wie unterscheidet das SGB I Aufklärung, Auskunft und Beratung?
- Welche Beratung finanzieren Sozialleistungsträger?
- Besteht ein Anspruch auf Einbeziehung in diese Finanzierung, z.B. nach § 11 SGB XII?
- Was macht die Hilfe zur Überwindung besonderer sozialer Schwierigkeiten aus?
- Welche Beratungsansprüche bestehen im Rahmen der Kinder- und Jugendhilfe?
  Welche Rechte wurden durch die Gesetzesänderung 2021 gestärkt?
- Was passiert, wenn im Rahmen der Beratung gewichtige Anhaltspunkte für eine Kindeswohlgefährdung bekannt werden (Verpflichtung zum Kinderschutzverfahren)?
- Wie verhindert Beratung, dass Sozialleistungen an Mitwirkungspflichten scheitern?

### 10.1.1 Anspruch auf Aufklärung, Auskunft und Beratung zum Sozialleistungsrecht

Damit im Interesse der Betroffenen und der Allgemeinheit Sozialleistungen tatsächlich geleistet werden, wenn die Voraussetzungen vorliegen, sind Behörden zur Aufklärung, Auskunft und Beratung verpflichtet. Wie die **Aufklärung** der Bevölkerung erfolgt, liegt im Ermessen der Behörde und der hier ebenfalls zuständigen Sozialverbände. Üblich sind inzwischen Internetportale wie www.arbeitsagentur.de und Informationsbroschüren, die auch zum kostenlosen Download bereitgestellt werden. Sie sind für Beratende und Beratene nützliche Erstinformationen.

Versäumnisse bei der Aufklärung der Bevölkerung können von der Aufsichtsbehörde eingefordert werden. Eine Haftung für den Einzelfall kann sich nur ausnahmsweise aus einer Ungleichbehandlung gleich Beratungsbedürftiger ergeben.[14]

Auskunftsstellen sind ortsnahe Kranken- und Pflegekassen oder die Kommunen. Die **Auskunft** ist eine auf individuelle Anfragen ausgerichtete Verweisung an die zuständige Behörde, auf die jede/r einen Anspruch hat,[15] da sie zu der **Beratung** nach § 14 SGB I führen

14 Papenheim, H. u.a. 2018, Verwaltungsrecht für die soziale Praxis, S. 195.

15 Aufklärung, § 13 SGB I. Auskunft, § 15 SGB I. Ruland, F. u.a. (Hg.) 2018, Sozialrechtshandbuch, S. 280 Rn. 23 und S. 281 Rn. 26. Eine falsche Auskunft kann zu einem Recht auf Wiedereinsetzung in den vorherigen Stand führen, wenn aufgrund der falschen Auskunft eine Frist versäumt wurde, um eine Sozialleistung zu beantragen. BSG v. 25.3.2003, B 1 KR 36/01 R.

soll: Jede/r hat Anspruch auf Beratung über seine Rechte und Pflichten nach dem SGB I bis SGB XII durch die Sozialleistungsbehörden von A wie Agentur für Arbeit bis W wie Wohngeldamt.

***Praxishinweis:***

 *Auf diese behördliche Rechtsberatung muss kein expliziter Antrag gestellt werden. Es reicht ein unspezifisches Nachfragen, aus dem der Sozialleistungsträger den Beratungsbedarf zu ermitteln hat. Ist eine andere Behörde sachkompetenter, wird an diese verwiesen.*

Der Sozialleistungsträger erfüllt direkt den Anspruch auf Beratung. Sozialleistungsträger müssen, wenn sie die Sache tatsächlich bearbeiten, bei offenkundigem Beratungsbedarf sogar von sich aus – „spontan" – beraten zu offensichtlichen zweckmäßigen Gestaltungsmöglichkeiten.[16]

Es liegt im Ermessen der Behörde, mündlich oder schriftlich zu beraten. Die Beratung muss aber den Beratungsbedarf decken. Das Ermessen kann reduziert sein, z.B. wenn Beratene die Komplexität evtl. nur in schriftlicher Form nachvollziehen können. Die Behörde muss zu ihrem Zuständigkeitsbereich beraten. Darüber hinaus muss sie auf Problemlagen hinweisen und für diese auf geeignete Beratungskompetenzen anderer hinweisen. Da Beratene die Lösungen gerade nicht kennen, müssen Beratende von sich aus Gestaltungsmöglichkeiten aufzeigen und auf eine sinnvolle Antragstellung durch den Beratenen hinwirken.[17] **Menschen mit Behinderung** oder Personen, die mit Verwaltungsverfahren nicht vertraut sind, muss beim Ausfüllen von Formularen und beim Zusammenstellen der Belege praktisch geholfen werden.[18] Träger öffentlicher Gewalt sollen mit Menschen mit geistigen Behinderungen und Menschen mit seelischen Behinderungen in einfacher und verständlicher Sprache kommunizieren. Sie können verlangen, Bescheide, Allgemeinverfügungen, öffentlich-rechtliche Verträge und Vordrucke in einfacher und verständlicher Weise erläutert zu erhalten.[19] Menschen mit Hörbehinderungen und Menschen mit Sprachbehinderungen haben das Recht, in Deutscher Gebärdensprache, mit lautsprachbegleitenden Gebärden oder über andere geeignete Kommunikationshilfen zu kommunizieren; Kosten für Kommunikationshilfen sind von der Behörde oder dem für die Sozialleistung zuständigen Leistungsträger zu tragen.[20] Die Beratung bezieht sich auf den Einzelfall des Beratenen und soll angesichts der tatsächlichen Umstände und der Rechtslage einschließlich der Ermessensrichtlinien, streitiger Rechtsauffassungen und absehbaren Rechtsänderungen zweckmäßiges Verhalten aufzeigen. Merkblätter reichen nur bei einfachsten Rechtsfragen. Ma-

16 Ruland, F. u.a. (Hg.) 2018, Sozialrechtshandbuch, S. 284 f., Rn. 44–48 und S. 282 Rn. 30. Dass jeder einen Anspruch hat, bedeutet: alle mit Aufenthalt im Inland und im Ausland Lebende in Deutschland Sozialversicherten. Zur Spontanberatung vgl. BSG v. 28.9.2010, B 1 KR 31/09R.

17 § 16. Ruland, F. u.a. (Hg.) 2018, Sozialrechtshandbuch, S. 282 Rn. 28–33, S. 283 Rn. 37.

18 § 17 SGB I. Papenheim, H. u.a. 2018, Verwaltungsrecht für die soziale Praxis, S. 199. Vgl. Kapitel 14.4. Seit 2021 besteht auch Anspruch auf digitale Pflegeberatungen nach § 7a SGB XI.

19 § 11 BGG.

20 § 19 Abs. 1 Satz 2 SGB X.

chen Ratsuchende ihren bestehenden Beratungsbedarf deutlich, decken in der Regel nur persönliche Beratungsgespräche diesen Bedarf.[21]

Papenheim geht davon aus, dass mitunter den Mitarbeitenden der Behörden nicht die zur Erfüllung der Beratungspflicht notwendigen Ressourcen zur Verfügung gestellt werden, die Beratungspflicht nicht immer eingehalten werde und gar Methoden zum Abweisen von Beratungssuchenden entwickelt werden.[22] Für unterlassene, unrichtige, unvollständige oder missverständliche Beratung muss die zuständige Behörde einstehen. Der Schaden kann durch einen zu beweisenden sozialrechtlichen Herstellungsanspruch behoben werden, siehe Kapitel 11.4. Ggf. besteht auch ein Anspruch auf Schadensersatz wegen schuldhafter Amtspflichtverletzungen oder Verletzungen der Beratungspflicht, siehe Kapitel 11.

## 10.1.2 Übersicht zur Beratung aufgrund sozialrechtlicher Ansprüche

***Praxishinweis:***

*Neben § 14 SGB I bestehen eigenständige Beratungsansprüche im SGB zu oder von folgenden Punkten:*

- *Adoption § 51 SGB VIII*
- *Altenhilfe § 71 Abs. 2 SGB XII*
- *Angebote zur Wiederherstellung der Arbeitsfähigkeit § 44 Abs. 4 SGB V*
- *Arbeitsmarkt- und Beruf § 29–§ 34 SGB III*
- *Beitragspflichten von Arbeitgebern und Arbeitnehmern § 104, § 105 SGB IV*
- *Betriebliche Gesundheitsförderung § 20b Abs. 3 SGB V*
- *Eingliederungshilfe und Teilhabe § 106 SGB IX (vgl. Kapitel 14.4)*
- *Erziehungsberatung § 28 SGB VIII (siehe unten 10.1.5)*
- *Fachberatungen, z.B. bei Familien- oder Suchtproblemen § 11 Abs. 5 SGB XII (s.u.)*
- *Gesundheitsbewusste Lebensweise § 1 Satz 4 SGB V, § 7 SGB XI*
- *Hospiz und palliative Versorgung § 39b SGB V*
- *Beratung in der Kinder- und Jugendhilfe § 8, § 10a, § 8b, § 17, § 18, § 36 Abs. 1 SGB VIII, § 37, § 37a, § 41a (s.u. 10.1.5 und 10.1.6) und mögliche Kinderschutzverfahren nach § 8a SGB VIII und § 4 KKG (s. u. 10.1.7)*

21 Krahmer, U./Trenk-Hinterberger, P. (Hg.) 2020, SGB I, § 14 Rn. 7. Papenheim, H. u.a. 2018, Verwaltungsrecht für die soziale Praxis, S. 199. Ihre Grenze hat die Beratungspflicht da, wo z.B. eine wiederholte Beratung zur gleichen Frage verlangt wird oder es sich um querulatorische Anfragen handelt. Lilge, W./Gutzler, S. 2019, SGB I, § 14 Rn. 30.

22 Papenheim, H. u.a. 2018, Verwaltungsrecht für die soziale Praxis, S. 194.

- *Krankenhaus und Rehaeinrichtung als Entlassungs- und Versorgungsmanagement § 39 Abs. 1, 1a, § 11 Abs. 4 S. 4 SGB V*
- *Kriegsopferfürsorge § 25b BVG*
- *Leistungen von Jobcenter/ARGE nach § 14 Abs. 2 SGB II (vgl. Kapitel 14.2)*
- *Partnerschaft, Trennung, Scheidung, § 17 SGB VIII (s.u.)*
- *Patienten- und Verbraucher § 65b SGB V*
- *Pflege und Pflegeleistungen § 7, § 7a, § 7b SGB XI*
- *Pflegeberatung zu Hause bei selbst beschaffter Pflege § 37 SGB XI*
- *Pflegestützpunkte § 7c Abs. 2 SGB XI*
- *Pflegschaft und Vormundschaft § 53 SGB VIII (s.u.)*
- *Psychosoziale Beratung als Eingliederungsleistung § 16a Nr. 3 SGB II (Kap. 14.2)*
- *Rehabilitation § 12, § 25 SGB IX (vgl. Kapitel 14.4)*
- *Renten § 109, § 127a SGB VI*
- *Schuldner und Budget § 16a Nr. 4 SGB II (Kap. 14.2), § 11 Abs. 2 u. 5 SGB XII (s.u.)*
- *Sozialhilfe und sonstige soziale Angelegenheiten § 10 Abs. 2, § 11 SGB XII (s.u.)*
- *Sucht § 16a Nr. 2 SGB II (Kapitel 14.2)*
- *Teilhabe, ergänzend unabhängig § 32 SGB IX (vgl. Kapitel 14.4)*
- *Überwindung besonderer sozialer Schwierigkeiten § 67, § 68 SGB XII (s.u.)*
- *Unfallversicherung § 17, § 139a SGB VII*
- *Versichertenälteste § 39 Abs. 3 SGB IV*

Einige dieser Beratungen werden vom Sozialleistungsträger selbst gewährleistet, aber vorrangig durch die Verbände der freien Wohlfahrtspflege, die rechtsberatenden Berufe und sonstige Stellen durchgeführt. Dazu wird im Folgenden der Anspruch aus § 11 SGB XII als Beispiel für zuwendungsfinanzierte Beratung und aus § 67 SGB XII als Beispiel für eine Finanzierung über Einzelfallabrechnung im Sozialleistungsdreieck genauer erläutert.

## 10.1.3 Beratungsansprüche aus § 11 SGB XII

§ 11 Abs. 1 SGB XII verpflichtet die Sozialämter, Leistungsberechtigte von Lebensunterhalt, Hilfe zur Pflege, Gesundheit und zur Überwindung besonderer sozialer Schwierigkeiten zu beraten. Einen konkretisierten Anspruch auf eine bestimmte Beratung in einem bestimmten Umfang lässt sich daraus für die Leistungsberechtigten nicht ableiten, aber Schadensersatzansprüche, falls die Beratung mangelhaft ist, siehe Kapitel 11.[23]

23 Berlit, U. in: Bieritz-Hader, R. u.a. (Hg.) 2020, LPK-SGB XII, § 11 Rn. 5.

§ 11 Abs. 2 und Abs. 3 SGB XII definiert einen weiten Umfang der Beratung und Unterstützung. Die Beratung ist danach personenbezogene professionelle Beratung. Ihr Gegenstand sind die eigenen Kräfte, Mittel und das Budget, die Selbsthilfe zur Teilnahme am Leben in der Gemeinschaft, das gesellschaftliche Engagement und die Sozialhilfebefähigung. Die Unterstützung reicht von Hinweisen über die Vorbereitung von Kontakten bis zur Begleitung und Angebote einer Tätigkeit. Sie ist antragsunabhängig, kann anregen, aber nicht gegen den Willen des Beratenen aufgedrängt werden.[24]

§ 11 Abs. 5 SGB XII sieht vor, dass zunächst auf die Beratung der freien Wohlfahrtspflege hinzuweisen ist. Für weitere Beratungen werden **Fachberatungsstellen** hervorgehoben. Das können Beratungen z.B. zu Familien- und Suchtproblemen oder Mieter- und Schuldnerberatungen sein. Die Kosten der Beratung sollen übernommen werden, wenn ansonsten die Lebenslage nicht überwunden werden kann. Nur in atypischen Fällen kann bei einem Bedarf nach dem SGB XII (sei es Lebensunterhalt oder z.B. Pflege) die Kostenübernahme entfallen. Sie darf nicht an den Beratungserfolg gebunden werden.[25]

Für **Nichtleistungsbeziehende** mit Beratungsbedarf werden in den Beratungsfinanzierungen über Zuwendungen teilweise die Beratungen übernommen. Es steht laut BSG im Ermessen des Sozialhilfeträgers, bei einer Einzelfallabrechnung für Nichtleistungsbeziehende die Kosten der Beratung nicht zu übernehmen.[26] Es spricht viel dafür, dass die psychosoziale Bedürftigkeit der potenziellen Beratenen fachlich von den Beratenden beurteilt wird. Denn es geht darum, dass die Menschen beraten werden, die in der modernen Gesellschaft mit strukturell wirkenden Problemen konfrontiert sind. Dass Beratung nicht in Anspruch genommen wird, weil sie mit hohen Kosten verbunden ist, ist für die Gesellschaft nicht erstrebenswert. Auch Menschen, die nicht auf Sozialhilfe für den Lebensunterhalt oder zur Überwindung sozialer Schwierigkeiten angewiesen sind, müssen beraterisch gestützt werden. Z.B. zeigte die Corona-Pandemie 2020 und 2021 die Vulnerabilität breiter Bevölkerungsteile, die sich zuvor eine solche Betroffenheit nicht vorstellen konnten.[27] Es geht darum, Stabilität in einer komplexen, hochgradig arbeitsteiligen Gesellschaft abzusichern, als Grundversorgung. Beratung ist hier auch als gesellschaftliche Dienstleistung notwendig für das Zusammenspiel von Staat und Gesellschaft. Deshalb wird unabhängige Einzelfallberatung (wie unter anderem die Ergänzende Unabhängige Teilhabeberatung (EUTB) nach dem BTHG) **pauschal finanziert** über Zuwendungen.[28] Bei Fallpauschalen kommt es einerseits auf ihre Höhe und Komplexität an. Vorteil ist hier, dass bei hoher Nachfrage häufiger abgerechnet werden kann. Nachteil ist, dass sich Leistungserbringer ggf.

24 Bieritz-Hader, R. u.a. (Hg.) 2020, LPK-SGB XII, § 11 Rn. 6–10.

25 Bieritz-Hader, R. u.a. (Hg.) 2020, LPK-SGB XII, § 11 Rn. 29. Ein atypischer Fall könnte vorliegen, wenn von einem querulatorischen Beratungsgebrauch durch Beratene ausgegangen werden muss.

26 BSG v. 13.7.2010, B 8 SO 14/09. So auch Eicher, W./Luik, S. 2017, SGB II § 16a Rn. 17. Dagegen für eine Kostenübernahme mit guten rechtssystematischen Gründen: Berlit, U. in: Bieritz-Hader u.a. (Hg.) 2020, LPK-SGB XII, § 11 Rn. 31.

27 Vgl. Vertiefend zur Finanzierungsforderung, ohne die Grundproblematik anzugehen: Reifner, U. 2013, (Welche) Schuldnerberatung für alle (?) – Statement zur Aktionswoche Schuldnerberatung 2013. In Hamburg wird Lebenslagenberatung Personen ohne Leistungsberechtigung nach dem SGB II angeboten. Sozialbehörde Hamburg, o.J., Lebenslagenberatung in Hamburg.

28 Welti, F. 2016, Beratung im Recht – am Beispiel der Beratung für und durch behinderte Menschen; Beitrag D41-2016 unter www.reha-recht.de (18.10.2016), S. 11–13. Zur EUTB siehe Kapitel 14.4.2.

anpassen, um die Fallpauschalen besonders günstig zur Gewinnmaximierung zu nutzen.[29] Über Zuwendungen können auch diverse Lebenslagen in der Beratung berücksichtigt werden und auch Menschen mit Einkommen über bestimmten Einkommensgrenzen einbezogen werden.[30] Beratungsform und -umfang sowie Kooperationen können angepasst werden, sodass ausreichend Beratungskapazitäten für besonders bedürftige, oft auch beratungsintensive Beratene zur Verfügung stehen oder auch für sozial- und rechtspolitische Arbeit zugunsten der Zielgruppen.[31]

### 10.1.4 Beratung als Hilfe zur Überwindung sozialer Schwierigkeiten

Ein Beispiel einer Beratungsfinanzierung über das sozialrechtliche Leistungsdreieck ist die Hilfe zur **Überwindung sozialer Schwierigkeiten** nach § 67 SGB XII. Diese Vorschrift sieht neben der vielfältigen Unterstützung auch die Beratung von Menschen in besonderen Lebensverhältnissen vor, z.B. bei Wohnungslosigkeit oder bei einem mangelhaften Anschluss ans Sozialleistungssystem. Zusätzlich ist die entscheidende Voraussetzung, dass Menschen in diesen vom „Normalen" abweichenden Lebensverhältnissen ausgegrenzt werden oder sich selbst ausgrenzen und dies nicht aus eigener Kraft überwinden können.[32] Die gehaltvolle Beschreibung der aktuellen **Ausgrenzung** als soziale Schwierigkeiten im Verhältnis von Hilfeempfangenden und Gesellschaft und der fehlenden eigenen Kraft, diese zu beheben, sind die Kernelemente der Antragstellung.[33] Weil der Beurteilungsspielraum der Behörde für diese unbestimmten Rechtsbegriffe groß ist, ist eine ausführliche Beschreibung der sozialen Schwierigkeiten entscheidend. Ein Inkenntnissetzen des Sozialamtes reicht für den Anspruch. So kann dies auch von Dritten oder den Beratenden erfolgen. Ein Antrag des Betroffenen ist nicht zwingend erforderlich.

---

29 Die Einführung der Fallpauschalenfinanzierung in Medizin und Pflege ist weiterhin äußerst umstritten. Seit 2020 werden die Pflegepersonalkosten der Krankenhäuser aus den DRG-Fallpauschalen ausgegliedert und parallel über ein krankenhausindividuelles Pflegebudget nach dem Selbstkostendeckungsprinzip finanziert. GKV Spitzenverband 2020, aG-DRG-System. Fallpauschalen sind auch in der rechtlichen Betreuung vorgesehen.

30 Eine Realisierung ist auch über individuelle Beratungsansprüche möglich, vgl. 10.1.4 zu § 67 SGB XII.

31 Letztlich kommt es auf eine auskömmliche Finanzierung qualitätsgesicherter Beratung an, für die eine Orientierung an Bedarfsschlüsseln sinnvoll ist. § 4 Abs. 1 S. 1 SchwkG sieht einen Bedarfsschlüssel vor: „Die Länder tragen dafür Sorge, dass den Beratungsstellen … für je 40.000 Einwohner mindestens eine Beraterin oder ein Berater vollzeitbeschäftigt … zur Verfügung steht." Das Land Bayern gibt einen Schlüssel von 1:130.000 für die Insolvenzberatung ohne Schuldnerberatung vor, Art. 113 AGSG Bay i.V.m. § 104 AVSG Bay. Dort ist vorgesehen, dass psychosoziale Beratung mitumfasst ist und dass sie für die Beratenen kostenfrei ist. Die Kommunen erhalten vom Land die Kosten erstattet nach den Regeln der Delegation in der öffentlichen Haushaltswirtschaft.

32 Die Verordnung zur Durchführung der Hilfe zur Überwindung besonderer sozialer Schwierigkeiten definiert die unbestimmten Rechtsbegriffe der § 67 und § 68 SGB XII. Deutscher Verein 2015, Leistungsberechtigte in besonderen sozialen Schwierigkeiten bedarfsdeckend unterstützen. Siehe auch eher weit: Bieritz-Hader, R. u.a. (Hg.) 2020, LPK-SGB XII, § 67 Rn. 9 ff.

33 Streitig ist, ob die sozialen Schwierigkeiten deutlich über das Maß allgemeiner Schwierigkeiten hinausgehen müssen oder ein weiterer Personenkreis zu ziehen ist. Schellhorn, H. u.a. 2020, SGB XII, § 67 Rn. 7.

*Beispiele für soziale Schwierigkeiten:*

- *individuelle Schwierigkeiten, das eigene Leben zu organisieren und zu gestalten,*
- *unzureichende Bewältigungskompetenz der Person, z.B. bei Messie-Syndrom,*
- *im Verhältnis zu ihrer Umwelt ein erschwerter Marktzugang zur Grundversorgung,*
- *z.B. im Zusammenhang mit der Erhaltung oder Beschaffung einer Wohnung, mit der Erlangung oder Sicherung eines Arbeitsplatzes, mit familiären oder anderen sozialen Beziehungen oder mit Straffälligkeit,*
- *eine ordentliche oder außerordentliche Kündigung eines Wohnverhältnisses.*[34]

Beratung und Unterstützung ist auf die nachhaltige Überwindung der Ausgrenzung ausgerichtet.[35] Es geht bei ihr auch um die Befähigung zur Inanspruchnahme kommender Sozialleistungen und zur Erledigung von Angelegenheiten mit Behörden und Gerichten und sie kann auch für mehrere Betroffene als Gruppenleistung gewährt werden. Beratung nach § 67 SGB XII ist Dienstleistung und wird nicht vom Einkommen oder Vermögen der Leistungsberechtigten abhängig gemacht.[36]

Über diesen Anspruch gem. § 67 SGB XII finanzieren sich typischerweise z.B. Kriseneinrichtungen, Beratung von Wohnungslosen und Straffälligen, aber auch antipsychiatrische Projekte oder Frauenhäuser. In der Praxis ist ein Problem, dass die Bewilligung häufig nur als Übergang für 6 Monate bis zur Einmündung in die Eingliederungshilfe finanziert wird. § 67 SGB XII erlaubt aber auch ein Nebeneinander von Hilfen aus § 67 SGB XII und Eingliederungshilfe oder einem Anspruch auf psychosoziale Beratung aus § 16a SGB II. Es kommt darauf an, die jeweiligen Bedarfe tatsächlich zu decken.[37] Erst wenn die sozialen Schwierigkeiten sich so weit verändert haben, dass Beratene in Lage sind, ihr Leben selbstständig und menschenwürdig in der Gemeinschaft zu führen, ist das Ziel der Hilfe nach § 67 SGB XII erreicht. Der Anspruch hat den Vorteil, dass keine ggf. stigmatisierende Diagnose als Mensch mit Krankheit oder Behinderung, wie sie im Rahmen der Eingliederungshilfe oder Rehabilitation Voraussetzung ist, erfolgt. Er bietet sich nicht nur bei einer vorübergehenden Problematik an, bei der die Prognose unter 6 Monaten bleibt, sondern auch, wenn eine Behinderung fehlt oder die Hilfe nicht auf Teilhabe ausgerichtet ist.

---

34 Deutscher Verein 2015, Leistungsberechtigte in besonderen sozialen Schwierigkeiten bedarfsdeckend unterstützen, S. 4.

35 § 3 DV Hilfe bei besonderen sozialen Schwierigkeiten beschreibt Beratung und Unterstützung genauer.

36 § 68 Abs. 2 SGB XII, der auch ein Absehen vom Rückgriff auf Unterhaltsverpflichtete vorsieht. Anders als Geldleistungen muss die Beratung also nicht bei hohem Einkommen selbst bezahlt werden.

37 Deutscher Verein 2015, Leistungsberechtigte in besonderen sozialen Schwierigkeiten bedarfsdeckend unterstützen, S. 7–13. Ein Gesamtplan ist erst im Hilfeprozess möglich, da hier erst der Bedarf festgestellt werden muss, da die Fähigkeit, auf Augenhöhe mitzugestalten, gerade erst vermittelt wird. Bieritz-Hader, R. u.a. (Hg.) 2020, LPK-SGB XII, § 68 Rn. 13 und in Rn. 25 zur Organisation der Hilfe entsprechend den Bedarfen, die nicht individuell einklagbar ist.

## 10.1.5 Beratung in der Kinder- und Jugendhilfe

In der Kinder- und Jugendhilfe ist Beratung in unterschiedlichen Kontexten vorgesehen und kostenfrei möglich.[38] Seit 2021[39] ist der **Beratungsanspruch zur Wahrnehmung der Kinder- und Jugendhilferechte** nochmals ausdrücklich gesetzlich gestärkt worden. Zum einen steht Kindern und Jugendlichen nach § 8 Abs. 3 SGB VIII neuerdings ein Anspruch auf **vertrauliche Beratung**, also ohne Kenntnis der Personensorgeberechtigten, zu, ohne dass eine Not- oder Konfliktlage vorliegen muss.[40] Voraussetzung des eigenständigen und elternunabhängigen Beratungsanspruchs ist inzwischen nur, dass eine Mitteilung der Beratung an die Personensorgeberechtigten den Beratungszweck vereiteln würde. Die beratenden Fachkräfte in den Jugendämtern müssen für eine elternunabhängige Beratung prüfen, ob durch die Mitteilung an die Eltern der Beratungszweck vereitelt wird. Davon ist nicht nur auszugehen, wenn dem Kind oder Jugendlichen negative Reaktionen ihrer Eltern drohen, sondern in der Regel auch dann, wenn die Beratung suchenden Kinder und Jugendlichen ansonsten den Beratungsprozess abbrechen würden.[41] Diese Beratungsleistung durch das Jugendamt ist unabhängig von einer Altersgrenze möglich. Die Beratung setzt keinen Antrag, also keine Verfahrenshandlung voraus. Daher ist die Handlungsfähigkeit[42] nach dem SGB I für die Inanspruchnahme der Beratungsleistung nicht erforderlich. Nach der Gesetzesbegründung ist der Beratungsanspruch nach § 8 Abs. 3 SGB VIII grundsätzlich von demjenigen Jugendamt zu erfüllen, an das sich das Kind wendet.[43] Neben dem konkreten Beratungsanspruch beinhaltet § 8 SGB VIII[44] zudem ein allgemeines Recht der Kinder und Jugendlichen, sich in Angelegenheiten der Erziehung und Entwicklung an das Jugendamt zu wenden. Damit soll den Kindern und Jugendlichen nicht nur ein niedrigschwelliger Weg eröffnet werden, Gefährdungsfälle dem Jugendamt gegenüber bekannt zu machen, sondern sie werden allgemein in die Lage versetzt, in ihren **eigenen Angelegenheiten tätig** zu werden. Das Recht, sich an das Jugendamt zu wenden, besteht unabhängig von einer Einwilligung der Personensorgeberechtigten.[45] Zum anderen ist für die Leistungsberechtigten[46] mit dem durch das KJSG eingeführten § 10a SGB VIII eine **neue Beratungsvorschrift** normiert worden. Nach der Gesetzesbegründung soll es sich dabei um eine in direktem Zusammenhang mit der Leistungserbringung vorgeschaltete Beratung handeln, um junge Menschen und ihre Eltern in die Lage zu versetzen, eigenverantwortliche Entscheidungen zu treffen und aktiv am Leistungsgeschehen mitzuwirken.[47] Der Beratungsumfang ist vielschichtig und reicht von der Familiensituation

---

38 Siehe zur Kostenfreiheit auch unten 10.1.9.

39 Gesetz zur Stärkung von Kindern und Jugendlichen (Kinder- und Jugendstärkungsgesetz – KJSG) vom 3.6.2021 (BGBl. I 1444).

40 Die Streichung dieser Voraussetzung durch das KJSG soll entsprechend der Gesetzesbegründung die durch diese Voraussetzung verursachte Zugangsbarriere abbauen und einen niedrigschwelligen Zugang zur Beratung sicherstellen (BT-Drs. 19/26107, 73).

41 Wiesner, R./Wapler, F. 2022, SGB VIII Kinder- und Jugendhilfe, § 8 Rn. 45.

42 Vgl. § 36 Abs. 1 SGB I.

43 BT-Drs. 19/26107, S. 69.

44 Vgl. § 8 Abs. 2 SGB VIII (sog. Initiativrecht).

45 Wiesner, R./Wapler, F. 2022, SGB VIII Kinder- und Jugendhilfe, § 8 Rn. 39.

46 Alle, die Leistungen der Kinder- und Jugendhilfe ggf. auch indirekt erhalten könnten, sind beratungsberechtigt. BT-Drs. 19/26107, S. 78: junge Menschen, Mütter, Väter, Personensorge- und Erziehungsberechtigte.

47 BT-Drs. 19/26107, S. 77.

bis hin zu Verwaltungsabläufen und, soweit erforderlich, zur Erfüllung von Mitwirkungspflichten.[48] Über die Leistungen der Kinder- und Jugendhilfe, die nach § 35a SGB VIII die **Eingliederungshilfe** umfasst, hinaus sollen die Jugendämter auch über Leistungen anderer Sozialleistungsträger beraten.[49] Die Aufzählung in § 10a Abs. 2 SGB VIII ist nicht abschließend, da sie mit „insbesondere" eingeleitet als beispielgebend anzusehen ist.[50] Auf Wunsch kann eine Person des Vertrauens an der Beratung teilnehmen, ohne dass diese als bevollmächtigte Person oder Beistand[51] tätig werden muss. Hiermit soll den zu beratenden Personen ein Gefühl der Sicherheit vermittelt werden oder/und sie sollen gegebenenfalls eine Hilfe zur besseren Verständigung und Kommunikation erhalten.[52] Sowohl bei dem Beratungsanspruch für Kinder und Jugendliche als auch bei dem allgemeinen Beratungsanspruch für alle Leistungsberechtigten wird ausdrücklich geregelt[53], dass die Beratung in einer **verständlichen, nachvollziehbaren und wahrnehmbaren Form** erfolgen soll. Maßgeblich für die Beurteilung dieser Kriterien sind die jeweiligen zu beratenden Personen. Auf diese Weise soll zum einen die Einzelfallbezogenheit der Beratung gesichert und zum anderen dem Gebot des erleichterten Zugangs zu Informationen entsprochen werden.[54] Denn Menschen mit Behinderung ist der Zugang zur Beratung und dem Beratungsgegenstand in geeigneter Form nach Maßgabe des Art. 21 UN-BRK zu ermöglichen, insbesondere in „leichter Sprache".[55] Menschen mit Hör- und Sprachbehinderungen muss eine geeignete Kommunikationshilfe angeboten werden.[56]

Darüber hinaus gibt es für spezifische Situationen **einzelne Beratungsansprüche** für die Leistungsberechtigten: § 17 Abs. 1 SGB VIII begründet zunächst einen Anspruch auf Beratung in Fragen der **Partnerschaft**, bei Konflikten und Krisen sowie im Falle der bevorstehenden Trennung und Scheidung. Im zuletzt genannten Fall beinhaltet der Anspruch nach § 17 Abs. 2 SGB VIII die Unterstützung der Eltern bei der Entwicklung eines einvernehmlichen Konzepts für die Wahrnehmung der elterlichen Sorge. Die Beratung in Fragen der Personensorge, insbesondere des **Umgangsrechts** und der Geltendmachung von **Unterhaltsansprüchen,** ist in § 18 SGB VIII geregelt. Vor der Entscheidung über die **Inanspruchnahme einer Hilfe** und vor einer notwendigen Änderung von Art und Umfang der Hilfe sind die Personensorgeberechtigten und Kinder oder Jugendlichen zu beraten und auf die möglichen Folgen für die Entwicklung des Kindes oder Jugendlichen hinzuweisen, § 36 Abs. 1 Satz 1 SGB VIII. Die umfassende Beratungspflicht in Absatz 1 Satz 1 hat die Funktion, die Leistungsberechtigten in die Lage zu versetzen, ihre Rechte wahrzunehmen. Sie

48 Vgl. hierzu: Hahn, E. 2022, Die neue Beratungspflicht über „die Leistungen anderer Leistungsträger" nach § 10 a Abs. 2 S. 1 Nr. 3 SGB VIII, in: JAmt 2022, S. 371–376.

49 Leistungen sollen für Kinder und Jugendliche mit und ohne Behinderung wie aus einer Hand gewährt werden.

50 Kunkel, C. u.a. 2022, Kinder- und Jugendhilfe, S. 266, § 10a Rn. 3. Für die Eingliederungshilfebedarfe für Kinder und Jugendliche mit Behinderungen wird, bis ab 2024 Verfahrenslots*innen dies wahrnehmen, in Abs. 3 vorgesehen, dass das Jugendamt an den Gesamtplanverfahren teilnehmen kann.

51 § 13 SGB X.

52 BR-Drs. 5/21, S. 72.

53 § 8 Abs. 4, § 10a Abs. 1 SGB VIII.

54 BT-Drs. 19/26107, S. 78.

55 Vgl. § 11 BGG, wonach Träger öffentlicher Gewalt mit Menschen mit geistigen Behinderungen und Menschen mit seelischen Behinderungen in einfacher und verständlicher Sprache kommunizieren sollen.

56 Vgl. § 17 Abs. 2 SGB I sowie § 3 Kommunikationshilfenverordnung (KHV).

dient der Herstellung von Beteiligungsfähigkeit, ist als solche sozialpädagogische Aufgabe und selbst wesentlicher Bestandteil der Hilfe.[57] Auch hier wurde durch die Änderungen des KJSG eingefügt, dass die Beratung und Aufklärung in verständlicher, nachvollziehbarer und wahrnehmbarer Form erfolgen muss. Auf diese Weise soll sichergestellt werden, dass die Partizipation von Kindern und Jugendlichen und ihren Eltern gelingt, denn die Hilfe zur Erziehung muss von ihnen mitbestimmt und mitgetragen werden. Eine aktive Beteiligung wird hierbei als zentral angesehen.[58] Zudem steht den Eltern in der besonderen Situation der Gewährung von **teil- oder vollstationären Hilfen zur Erziehung** oder Eingliederungshilfen gem. § 35a SGB VIII ein Rechtsanspruch auf Beratung und Unterstützung neben einem Anspruch auf Förderung der Beziehung zu ihrem Kind zu (§ 37 SGB VIII).

Im Vergleich zu Kindern, die in ihren Herkunftsfamilien aufwachsen, besteht in der Regel bei jungen Menschen, die vor ihrer Volljährigkeit im Leistungsbezug der Kinder- und Jugendhilfe standen, ein erhöhter Unterstützungsbedarf insbesondere vor dem Hintergrund ihrer biografischen Erfahrungen.[59] Das KJSG hat die Vorgaben bei der Beratung und Unterstützung in der sog. Nachbetreuung neu strukturiert: **Junge Volljährige** haben im Anschluss an die Beendigung der Hilfe einen Rechtsanspruch auf Nachbetreuung, zu welchem auch ausdrücklich der Anspruch auf Beratung und Unterstützung bei dem Prozess der Verselbstständigung gehört, § 41a SGB VIII. Die Beratung und Unterstützung hat nach Beendigung der vorangegangenen Hilfe innerhalb eines angemessenen Zeitraums zu erfolgen und sollte im Hilfeplan dokumentiert und regelmäßig überprüft werden.[60] Dazu ist der Träger der öffentlichen Jugendhilfe aufgefordert, regelmäßige Kontakte zu den betroffenen jungen Menschen von Seiten der Jugendhilfe aufzunehmen (§ 41a Abs. 3 SGB VIII). Die Übertragung dieser Leistung an Träger der freien Jugendhilfe ist ebenfalls möglich[61] und im Hinblick auf die personelle Kontinuität wird eine Einbeziehung der pädagogischen Fachkräfte der Einrichtungen häufig sinnvoll sein.[62]

Darüber hinaus stehen auch sog. **Pflegepersonen** ein Anspruch auf Beratung und Unterstützung zur Verfügung: Werden Kinder oder Jugendliche über Tag und Nacht in einem eigenverantwortlich geführten privaten Haushalt aufgenommen, hat die Pflegeperson im Vorfeld und währenddessen einen Rechtsanspruch auf Beratung und Unterstützung, § 37a SGB VIII.[63]

Ferner verpflichtet § 9a SGB VIII die Länder zum Aufbau einer ombudschaftlichen Beratungsstruktur, wie sie zuerst mit den Berliner Beratungs- und **Ombudschaftsstellen** in der Kinder- und Jugendhilfe geschaffen wurde, siehe Kapitel 6.4. Ombudschaftliche Beratung ist extern, also nicht durch die Jugendämter oder die Kinder- und Jugendhilfeeinrichtungen selbst, unabhängig und unterstützt die Selbstbestimmung der Beratenen. Zusätzlich haben

57 Münder, J. u.a. 2022, Frankfurter Kommentar SGB VIII, § 36 Rn. 9.

58 BT-Drs. 19/26107, S. 80.

59 Sog. Careleaver, vgl. hierzu: BT-Drs. 19/26107, 95 sowie BT Drs. 20/3439, den Gesetzentwurf zur Abschaffung der Kostenheranziehung von jungen Menschen in der Kinder- und Jugendhilfe.

60 Vgl. § 41a Abs. 2 SGB VIII.

61 Vgl. § 2 Abs. 2 Nr. 6 i. V. m. § 3 Abs. 2 SGB VIII.

62 Nach der Gesetzesbegründung soll Ziel der Nachbetreuung sein, dass die jungen Volljährigen ihre vertrauten Ansprechpartner nicht von einem Tag auf den anderen verlieren, sondern sich weiterhin bei Fragen und Problemen an diese Personen wenden können, BT-Drs. 26107, S. 96.

63 Vgl. hierzu BVerwG, JAmt 2011, S. 605.

freie Träger der Jugendhilfe in den Jugendhilfeeinrichtungen nach § 45 Abs. 2 Nr. 4 SGB VIII interne **Beschwerdestellen** einzurichten. § 72a Abs. 2 SGB VIII sieht für die Kinder- und Jugendhilfe vor, dass Führungszeugnisse eingeholt werden, siehe Kapitel 4.4.

Die Beratung in der Kinder- und Jugendhilfe ist durch die Spannung von **Elternrechten**, verankert in Art. 6 Abs. 2 Satz 1 GG, und dem **Wächteramt des Staates**, das Wohl von Kindern und Jugendlichen zu schützen, geprägt. Das Elternrecht wird vor staatlichen Eingriffen geschützt, auch aus der Erfahrung, wie für eine nationalsozialistische Erziehung Kinder ihren Eltern weggenommen wurden.[64] Das Elternrecht ist gleichzeitig auch Elternpflicht. Das Kind ist Träger eigener Grundrechte und eigener Würde. Der Vorrang des Kindeswohls ist über Art. 3 der UN-Kinderrechtskonvention anwendbar. Im § 1 Abs. 3 Nr. 3 SGB VIII wird die Jugendhilfe angehalten, „jungen Menschen" zu ermöglichen, „selbstbestimmt zu interagieren und damit gleichberechtigt am Leben in der Gesellschaft teilzuhaben".[65] Sie dürfen nicht Objekt der elterlichen Erziehung sein, sondern es ist Verantwortung von Eltern und Beratung, die Würde aller Beteiligten zu respektieren. Die **Verantwortung der Sorgeberechtigten** geht mit dem **Recht des Kindes auf Erziehung** zu seinem Wohl einher. Aus diesem Elternrecht ist die Erziehungsaufgabe der Kinder- und Jugendhilfe abgeleitet.[66] Siehe zum Informationsrecht und zum Datenschutz Kapitel 8.8.

Diese Spannung zeigt sich auch an positiven Leistungen für die Familien und Eingriffen in die Familien im Rahmen des Kinderschutzes, siehe 10.1.7. Die Abgrenzung von repressiven Maßnahmen ist nicht immer klar. Allein die Eingriffsmöglichkeit führt dazu, dass viele Betroffene Vorbehalte gegenüber der Kinder- und Jugendhilfe haben[67] und manches Mal aus Angst eine Beratung nicht in Anspruch genommen wird.[68] Die Interventionen sind auf Veränderung des familiären Gefüges ausgerichtet, für die es gilt, die Motivation bei allen in der Familie zu schaffen.

## 10.1.6 Beratung in Kinderschutzfällen

Damit möglichst Personen, die beruflich in Kontakt mit Kindern oder Jugendlichen stehen, bei der Einschätzung einer möglichen Kindeswohlgefährdung im Einzelfall nicht alleingelassen werden, besteht nach § 8b Abs. 1 SGB VIII ein **qualifizierter Beratungsanspruch** in einer solchen schwierigen Situation. Der Beratungsanspruch steht sowohl Personen zu, die im Bereich der Kinder- und Jugendhilfe tätig sind, als auch Personen, die außerhalb der Kinder- und Jugendhilfe (wie z.B. Mitarbeitende im Jobcenter, Beratungsstellen, Beschäftigte in Gesundheitseinrichtungen, Vereinen oder Personen, die Auszubildende betreuen)

64 BVerfGE 24, S. 119, 140; BVerfG, NJW 2006, S. 1723.

65 Mit dieser deklaratorischen Regelung sollen die Leistungen nicht erweitert werden. Die Kinderrechtsperspektive ist in allen politischen Bereichen zu beachten, z.B. explizit in der Bauleitplanung, § 1 Abs. 4 BauGB, und von der Jugendhilfe für positive Lebensbedingungen einzubringen, § 1 Abs. 3 Nr. 5 SGB VIII.

66 BT-Drs. 11/5948, S. 44; BT-Drs. 17/6256, S. 17.

67 Die Schlagzeilen in der Presse reichen vom Jugendamt, das nichts unternimmt, Kinder ohne Grund aus der Familie holt bis zum überforderten Jugendamt. Enders, S. 2008, Wie öffentlich ist das Jugendamt? Befunde explorativer Studien zu Medienpräsenz im Fall Kevin und der Öffentlichkeitsarbeit in Jugendämtern. S. 494-499 in: ZKJ 3 (2008); Nr. 12.

68 Allgemein zur Beratung in Zwangskontexten siehe Kapitel 3.2 und 3.3.

beruflich Kontakt mit Kindern und Jugendlichen haben.[69] Die qualifizierte Beratung soll durch **insoweit (also im Kinderschutz) erfahrene Fachkräfte** erfolgen. Die Jugendämter haben eine solche Beratungsmöglichkeit zu gewährleisten, entweder durch die Vorhaltung eigener Beratungskräfte oder den Abschluss von entsprechenden Vereinbarungen mit freien Trägern, die auf die Beratung in Kinderschutzfällen durch insoweit erfahrene Fachkräfte spezialisiert sind.[70]

Sowohl sozialpädagogischen Fachkräften bei freien Trägern, die in Einrichtungen und Diensten der Kinder- und Jugendhilfe Leistungen erbringen, als auch sog. Berufsgeheimnisträger*innen, die professionell mit Kindern oder Familien in Kontakt kommen, wurde durch das Bundeskinderschutzgesetz (BKiSchG)[71] bei Bekanntwerden gewichtiger Anhaltspunkte für die Gefährdung des Wohls eines Kindes oder eines Jugendlichen eine Verpflichtung zur Durchführung eines „eigenen" strukturierten Kinderschutzverfahrens auferlegt. Diese Berufsgruppen wurden damit aktiv in das Netzwerk Kinderschutz einbezogen (vgl. hierzu Kapitel 10.1.7.). Für beide Gruppen ist eine Beratung durch eine insoweit erfahrene Fachkraft in dieser Situation vorgesehen.

Sozialpädagogische Fachkräfte bei freien Trägern, die in Einrichtungen und Diensten der Kinder- und Jugendhilfe Leistungen erbringen, sind allerdings nicht nur berechtigt, die Beratung durch eine insoweit erfahrene Fachkraft in Anspruch zu nehmen. Sie sind bei Bekanntwerden gewichtiger Anhaltspunkte für die Gefährdung eines von ihnen betreuten Kindes oder Jugendlichen im Rahmen des vorgegebenen Ablaufs eines Kinderschutzverfahrens[72] vielmehr ausdrücklich verpflichtet, eine insoweit erfahrene Fachkraft bei der Gefährdungseinschätzung hinzuziehen (§ 8a Abs. 4 Satz 1 Nr. 2 SGB VIII). Grundsätzlich sind an die insoweit erfahrene Fachkraft die Daten pseudonymisiert weiterzugeben.[73]

### *Beispiel*

*Eine Erzieherin entdeckt beim Windeln eines Kleinkindes in der Kita blaue Flecken und andere Hinweise auf körperliche Gewalt. Die Erzieherin ist nach § 8a Abs. 4 SGB VIII verpflichtet, eine Gefährdungseinschätzung vorzunehmen und hierzu eine insoweit erfahrene Fachkraft einzubeziehen.[74] Zudem sind nach dem vorgesehenen Kinderschutzverfahren die Erziehungsberechtigten sowie das Kind oder die bzw. der Jugendliche in die Gefährdungseinschätzung einzubeziehen, soweit hierdurch der wirksame Schutz nicht in Frage gestellt wird, § 8a Abs. 4 Satz 1 Nr. 3 SGB VIII. Ferner*

69 Wiesner, R./Wapler, F. 2022, SGB VIII Kinder- und Jugendhilfe, § 8b Rn. 7.

70 Wichtig erscheint in diesem Zusammenhang zu unterscheiden, ob die Fachkräfte im Jugendamt nur für die reine Fachberatung oder auch selbst im ASD/RSD oder im speziellen Kinderschutzteam für den Kinderschutz zuständig sind. Im letzteren Fall könnte durch eine Beratungsanfrage der eigene Schutzauftrag nach § 8a Abs. 1 SGB VIII ausgelöst werden, sodass es zu einer Rollenkollision kommen kann. Vgl. Hundt, M. 2019, Datenschutz in der Kinder- und Jugendhilfe, S. 133 m.w. N.

71 Gesetz zur Stärkung eines aktiven Schutzes von Kindern und Jugendlichen (Bundeskinderschutzgesetz – BKiSchG) vom 22.12.2011 (BGBl. I S. 2975).

72 Vgl. zum Kinderschutzverfahren Hundt, M. 2021, Kinderschutz nach dem Kinder- und Jugendstärkungsgesetz, S. 43 f. und Hundt, M. 2014, Kindeswohlgefährdung erkennen und vermeiden.

73 Vgl. § 64 Abs. 2a SGB VIII.

74 Das gleiche Verfahren gilt neuerdings auch für Kindertagespflegepersonen („Tagesmütter und Tagesväter"), § 8a Abs. 5 SGB VIII.

*ist bei den Erziehungsberechtigten auf die Inanspruchnahme von Hilfe hinzuwirken, wenn die Erzieherin diese für erforderlich hält, § 8a Abs. 4 Satz 3 SGB VIII, und schließlich ist das Jugendamt zu informieren, falls die Gefährdung nicht anders abgewendet kann, § 8a Abs. 4 Satz 3 SGB VIII.*

Für die sog. Berufsgeheimnisträger*innen, die in Ausübung ihrer beruflichen Tätigkeit gewichtige Anhaltspunkte für die Gefährdung des Wohls eines Kindes oder eines Jugendlichen bekannt werden, ist nach § 4 Abs. 2 KKG ebenfalls ein Anspruch auf Beratung durch eine insoweit erfahrene Fachkraft vorgesehen. Anders als bei Fachkräften in Kitas und anderen Einrichtungen und Diensten freier Träger der Kinder- und Jugendhilfe, die über Vereinbarungen nach § 8a Abs. 4 Satz 1 Nr. 2 SGB VIII zur Einbeziehung einer insoweit erfahrenen Fachkraft verpflichtet sind, ist der Anspruch auf Fachberatung für die Berufsgeheimnisträger*innen nicht verpflichtend, sondern hat nur einen Angebotscharakter. Wird die Fachberatung durch die insoweit erfahrene Fachkraft in Anspruch genommen, regelt § 4 Abs. 2 Satz 2 KKG die Befugnis zur Übermittlung der dafür erforderlichen Daten sowie die Pflicht, zuvor die Daten vor der Übermittlung zu pseudonymisieren.

### Beispiel

*Ein Verdachtsfall kann z.B. in einer Erziehungsberatungsstelle festgestellt werden, wenn die Eltern ein „Handausrutschen“ als zulässiges Mittel der Erziehung rechtfertigen.[75] Erziehungsberatende[76] gehören nach § 4 Abs. 1 Nr. 3 KKG zu den sog. Berufsgeheimnisträger*innen, die bei Bekanntwerden von gewichtigen Anhaltspunkten für die Gefährdung des Wohls eines Kindes oder eines Jugendlichen zur Durchführung eines Kinderschutzverfahrens nach § 4 KKG verpflichtet sind, vgl. Kapitel 10.1.7. Hierzu haben sie einen Anspruch auf Fachberatung durch eine insoweit erfahrene Fachkraft, § 4 Abs. 2 KKG. Sie sind zudem verpflichtet, mit den Erziehungsberechtigten und dem Kind oder der bzw. dem Jugendlichen die Situation zu erörtern, soweit hierzu der wirksame Schutz des Kindes oder der bzw. des Jugendlichen nicht in Frage gestellt wird. Im Rahmen des Gespräches sollte dann auch auf die Inanspruchnahme von Hilfen hingewirkt werden. Wird während des Gesprächs mit den Personensorgeberechtigten und Kindern bzw. Jugendlichen oder im Anschluss hieran deutlich, dass eine Abwendung der Gefährdung ausscheidet oder ein weiteres Vorgehen erfolglos ist und halten die Berufsgeheimnisträger*innen aufgrund der Gefährdungssituation ein Tätigwerden des Jugendamtes für erforderlich, so sieht § 4 Abs. 3 KKG die Information des Jugendamtes vor. Es handelt sich dabei um eine Offenbarungsbefugnis, also eine Durchbrechung der Schweigepflicht, vgl. Kapitel 10.1.7, 8.1.9.*

75 Vgl. OLG Bamberg, Beschl. v. 11.10.2019 , 2 UF 182/19: Die Zusage der Eltern, dass sie in Zukunft „Klapse“ unterlassen werden, kann im Einzelfall die Kindeswohlgefährdung im Sinne von § 1666 BGB nicht beseitigen.

76 Siehe die Fallkonstellation in BKE (Hg.) 2009, Rechtsgrundlagen der Beratung, S. 370. Zur Wirkung der Einführung des Rechtes auf gewaltfreie Erziehung vgl. die Bussmann-Studie: BMFSFJ u. BMJ (Hg.) 2003, Gewaltfreie Erziehung.

***Praxishinweis:***

 *Im* ***Kinderschutz erfahrene Fachkräfte*** *können:*

- *im Gespräch mit der anfragenden Person die Risiken und Gefahren für Kinder oder Jugendliche herausarbeiten und dabei unterstützen, diese einzuordnen,*
- *die rechtlichen Grundlagen im Kinderschutz in ihrer Relevanz für die jeweils erforderlichen Verfahrensschritte vermitteln,*[77]
- *Fachkräfte methodisch beraten, wie sie Erziehungsberechtigte, Jugendliche und Kinder in die Gefährdungseinschätzung und Hilfeplanung einbeziehen können,*
- *Verstrickungen im Helfersystem und Krisen im Hilfeprozess erkennen und reflektieren,*
- *einen kritischen, strukturierten Fachberatungsprozess zur Planung eines Schutzkonzeptes führen,*
- *mit Dissens zwischen anfragender Fachkraft und Fachberater*in umgehen.*

### 10.1.7 Kinderschutzverfahren im Rahmen der Beratungstätigkeit

Werden im Rahmen der Beratungstätigkeit Anhaltspunkte für eine Kindeswohlgefährdung wahrgenommen, kann dies ein vorgeschriebenes Kinderschutzverfahren auslösen. Dabei ist zu unterscheiden, ob die Beratenden als sog. **Berufsgeheimnisträger*innen** (§ 4 KKG) oder als **Fachkräfte der freien Kinder- und Jugendhilfe** (§ 8a Abs. 4 SGB VIII), ohne dass sie gleichzeitig auch Berufsgeheimnisträger*innen sind, oder als **Fachkräfte der öffentlichen Jugendhilfe** (§ 8a Abs. 1 SGB VIII) in der Beratung tätig sind.

***Praxishinweis***

 *Folgende Berufsgruppen aus dem Kreis der Berufsgeheimnisträger*innen nach § 203 StGB sind bei gewichtigen Anhaltspunkten für die Gefährdung des Wohls eines Kindes oder einer bzw. eines Jugendlichen gem. § 4 Abs. 1 KKG zu einem Kinderschutzverfahren aufgefordert:*[78]

1. *Ärzt*innen, Zahnärzt*innen, Hebammen oder Entbindungspfleger oder Angehörige eines anderen Heilberufes, der für die Berufsausübung oder die Führung der Berufsbezeichnung eine staatlich geregelte Ausbildung erfordert,*

77 Dazu gehören Datenschutz und Dokumentation im Kinderschutz.

78 Nicht alle Berufsgeheimnisträger*innen, die nach § 203 StGB zu der zur Verschwiegenheit verpflichteten Personengruppe gehören, unterliegen der Regelung in § 4 KKG zum Kinderschutzverfahren. Der Anwendungsbereich des § 4 KKG wurde auf solche Berufsgeheimnisträger*innen begrenzt, die von ihrer beruflichen Tätigkeit her in einem unmittelbaren Kontakt zu Kindern und Jugendlichen stehen oder stehen können und von ihrer Ausbildung her zur Erörterung der einschlägigen Problemlagen mit den Eltern befähigt sind, also in erster Linie auf Ärzt*innen, Psycholog*innen, Psychotherapeut*innen und Sozialpädagog*innen bzw. Sozialarbeiter*innen, vgl. BT-Drs. 17/6256, S. 19.

2. *Berufspsycholog*innen mit staatlich anerkannter wissenschaftlicher Abschlussprüfung,*
3. *Ehe-, Familien-, Erziehungs- oder Jugendberater*innen sowie*
4. *Berater*innen für Suchtfragen in einer Beratungsstelle, die von einer Behörde oder Körperschaft, Anstalt oder Stiftung des öffentlichen Rechts anerkannt ist,*
5. *Mitglieder oder Beauftragte einer anerkannten Beratungsstelle nach den §§ 3 und 8 des Schwangerschaftskonfliktgesetzes,*
6. *staatlich anerkannten Sozialarbeiter*innen oder staatlich anerkannten Sozialpädagog*innen und*
7. *Lehrer*innen an öffentlichen und an staatlich anerkannten privaten Schulen.*

*Diese Aufzählung ist abschließend.*

Ausgangspunkt für die Aktivierung der gesetzlich vorgegebenen Kinderschutzverfahren für Beratende sind jeweils **„gewichtige Anhaltspunkte für eine Kindeswohlgefährdung"**. Damit wird die zentrale Begrifflichkeit im Kinderschutz, die „Kindeswohlgefährdung" aufgegriffen. Diese Tatbestandsvoraussetzung knüpft an die Begriffsbestimmung zur Kindeswohlgefährdung des § 1666 BGB an. Diese Rechtsvorschrift sieht einen Anspruch von Kindern und Jugendlichen auf Schutzmaßnahmen vor, die vom Familiengericht angeordnet werden können. Eine Kindeswohlgefährdung i.S.d. § 1666 BGB liegt dann vor, wenn eine gegenwärtige oder zumindest unmittelbar bevorstehende Gefahr für die Kindeswicklung abzusehen ist, die bei ihrer Fortdauer eine erhebliche Schädigung des körperlichen, geistigen oder seelischen Wohls des Kindes mit ziemlicher Sicherheit voraussehen lässt.[79] Für die Einleitung des Gefährdungseinschätzungsprozesses im Rahmen der oben genannten Prozesse „genügt" (anders als bei Tätigwerden des Familiengerichts nach § 1666 BGB) bereits, dass „gewichtige Anhaltspunkte" für eine Gefährdungslage vorliegen.

Für die Gruppe der Berufsgeheimnisträger*innen sieht § 4 KKG bei Bekanntwerden gewichtiger Anhaltspunkte für eine Kindeswohlgefährdung folgendes **mehrstufige Kinderschutzverfahren** vor, welches dann zu einer Offenbarungsbefugnis („Durchbrechung der Schweigepflicht"; vgl. Kapitel 8.1.9) führt:

- Bei gewichtigen Anhaltspunkten für eine Kindeswohlgefährdung müssen Berufsgeheimnisträger*innen **mit dem Kind oder der bzw. dem Jugendlichen** und den Erziehungsberechtigten **die Situation erörtern** (§ 4 Abs. 1 KKG). Durch das KJSG wurde nunmehr auch der Begriff der Personensorgeberechtigten in den weiten Begriff der **Erziehungsberechtigten** geändert. Erziehungsberechtigte sind nach § 7 Abs. 1 Nr. 6 SGB VIII die Personensorgeberechtigten und jede sonstige Person über 18 Jahre, soweit sie auf Grund einer Vereinbarung mit den Personensorgeberechtigten nicht nur vorü-

79 Wiesner, R./Wapler, F. 2022, SGB VIII Kinder- und Jugendhilfe, § 8a Rn. 13b unter Hinweis auf die ständige Rechtsprechung des BVerfG (BVerfG, NJW 2015, S. 223) und des BGH (BGHZ Band 213, S. 107); vgl. auch Kepert, J. u.a. 2021, Praxishandbuch Kinderschutz, Kapitel 2 sowie zum Begriff des Kindeswohls in diesem Zusammenhang: Schott, T. 2020, Kritische Anmerkungen zu rechtstheoretischen Denkansätzen über das Kindeswohl und Dettenborn, H. 2021, Kindeswohl und Kindeswille.

bergehend und nicht nur für einzelne Verrichtungen Aufgaben der Personensorge wahrnimmt.[80]

- Das bedeutet, dass die Berufsgeheimnisträger*innen zunächst im Rahmen einer eigenen **Gefährdungseinschätzung** festzustellen haben, ob gewichtige Anhaltspunkte für eine Kindeswohlgefährdung vorliegen, welche ihnen in Ausübung ihrer beruflichen Tätigkeit bekannt geworden sind. Bei der Einschätzung der gewichtigen Anhaltspunkte für eine Kindeswohlgefährdung steht den Berufsgeheimnisträger*innen nach § 4 Abs. 2 Satz 1 KKG ein Anspruch auf Fachberatung durch eine insoweit erfahrene Fachkraft zu (s. oben 10.1.6).
- Im Rahmen des Gespräches sollte dann auch auf die **Inanspruchnahme von Hilfen** hingewirkt werden. Das soll den Eltern ermöglichen, von sich aus Hilfen zu suchen und anzunehmen.
- Wird während des Gesprächs mit den Erziehungsberechtigten und Kindern bzw. Jugendlichen oder im Anschluss hieran deutlich, dass eine **Abwendung der Gefährdung ausscheidet** oder ein weiteres Vorgehen erfolglos ist, und halten die Berufsgeheimnisträger*innen aufgrund der Gefährdungssituation ein Tätigwerden des Jugendamtes für erforderlich, so gilt seit den Neuerungen durch das KJSG[81] im Hinblick auf die Verbindlichkeit einer **Kinderschutzmeldung beim Jugendamt** Folgendes:
- Die Berufsgeheimnisträger*innen nach § 4 Abs. 1 Nr. 2 bis 7 KKG sollen nach der gesetzlichen Regelung in diesem Fall befugt sein (§ 4 Abs. 3 Sätze 1 und 2 KKG), das Jugendamt zu informieren, während die Gruppe der **Gesundheitsberufe** (s. die Aufzählungen im Praxishinweis oben, S. 176 f.), § 4 Abs. 1 Nr. 1 KKG, **unverzüglich** das Jugendamt informieren sollen (§ 4 Abs. 3 Satz 3 KKG). Für die Gesundheitsberufe kann damit nur in Ausnahmefällen von einer Meldung an das Jugendamt abgesehen werden, insbesondere wenn die betroffenen Berufsgeheimnisträger*innen zur Sicherstellung eines wirksamen Schutzes des Kindes oder der bzw. des Jugendlichen ein anderes Vorgehen für notwendig und wirkungsvoller hält. Durch die Regelung des § 4 Abs. 3 KKG wird die strafbewehrte Schweigepflicht aus § 203 StGB für die Berufsgeheimnisträger*innen durchbrochen, vgl. hierzu Kapitel 8.1.9.
- Der Information des Jugendamtes muss allerdings grundsätzlich ein entsprechender **Hinweis an die Betroffenen** (das sind die Erziehungsberechtigten und das Kind oder die bzw. der Jugendliche) vorausgehen, um die Transparenz im Verfahren zu gewährleisten. Eine Ausnahme besteht wiederum dann, wenn damit der wirksame Schutz des Kindes oder der bzw. des Jugendlichen in Frage gestellt wird, § 4 Abs. 3 Satz 1, 2. Halbs. KKG.

---

80 Z.B. Stiefeltern, Großeltern, Pflegeperson etc.

81 Vgl. hierzu ausführlich Hundt, M. 2021, Kinderschutz nach dem Kinder- und Jugendstärkungsgesetz, S. 58.

Neuerdings ist als Reaktion durch das Jugendamt auf die Kinderschutzmeldung eine **zeitnahe Rückmeldung** vorgesehen, § 4 Abs. 4 KKG. Konkret sollen folgende drei Umstände vom Jugendamt an die meldenden Berufsgeheimnisträger*innen zeitnah zurückgemeldet werden:

- ob das Jugendamt die gewichtigen Anhaltspunkte für die Gefährdung des Wohls des Kindes oder Jugendlichen bestätigt sieht und
- ob es zur Abwendung der Gefährdung des Wohls des Kindes oder Jugendlichen tätig geworden ist und
- ob die ergriffenen Maßnahmen noch andauern.

Diese Rückmeldepflicht des Jugendamtes gegenüber den meldenden Berufsgeheimnisträger*innen steht allerdings unter dem Vorbehalt, dass dadurch nicht der Erfolg einer Jugendhilfeleistung zur Abwendung der Kindeswohlgefährdung (z. B. einer Hilfe zur Erziehung) in Frage gestellt wird.[82]

Der **Schutzauftrag** von Einrichtungen und Dienste der Kinder- und Jugendhilfe in freier Trägerschaft bei Kindeswohlgefährdung findet seine Rechtsgrundlagen im SGB VIII in Verbindung mit den entsprechend abgeschlossenen Vereinbarungen. § 8a Abs. 4 SGB VIII sieht vor, dass mit den Trägern von Einrichtungen und Diensten der freien Jugendhilfe eine entsprechende Vereinbarung zum Schutzauftrag bei Kindeswohlgefährdungen abzuschließen ist. Die Einrichtungen und Dienste in freier Trägerschaft, die dadurch verpflichtet werden, die Standards nach § 8a Abs. 4 SGB VIII einzuhalten, geben diese Vorgaben intern an alle Mitarbeitenden weiter. Dabei ist zu beachten, dass bei den Fachkräften bei den freien Trägern zu unterscheiden ist, ob diese Leistungen der Kinder- und Jugendhilfe erbringen und unter die Berufsgruppe in der Aufzählung nach § 4 Abs. 1 KKG fallen (z. B. als staatlich anerkannte Sozialarbeiter*innen), dann unterliegen sie den Regelungen des Kinderschutzverfahrens nach § 4 KKG als spezielleren Vorschriften, welche insoweit den Vereinbarungen nach § 8a Abs. 4 SGB VIII vorgehen.[83]

Der konkrete **Verfahrensablauf**, welcher in der Vereinbarung nach § 8a Abs. 4 SGB VIII für die **Träger der freien Jugendhilfe** zu regeln ist, hat wie folgt auszusehen:

Die Fachkräfte in der Kita oder anderen Einrichtungen und Diensten der freien Kinder- und Jugendhilfe haben bei Bekanntwerden gewichtiger Anhaltspunkte für die Gefährdung eines von ihnen betreuten Kindes oder eines bzw. einer Jugendlichen

- eine **Gefährdungseinschätzung** vorzunehmen, § 8a Abs. 4 Satz 1 Nr. 1 SGB VIII,
- bei der Gefährdungseinschätzung eine **insoweit erfahrene Fachkraft** beratend hinzuzuziehen, § 8a Abs. 4 Satz 1 Nr. 2 SGB VIII,
- die **Erziehungsberechtigten** sowie das **Kind** oder die bzw. den **Jugendliche*n** in die Gefährdungseinschätzung einzubeziehen, soweit hierdurch der wirksame Schutz nicht in Frage gestellt wird, § 8a Abs. 4 Satz 1 Nr. 3 SGB VIII,

82 Vgl. § 64 Abs. 2 SGB VIII.

83 Münder, J. u.a. (Hg.) 2022, Frankfurter Kommentar SGB VIII, Kinder- und Jugendhilfe, Anhang I KKG, § 4 Rn. 83.

- bei den Erziehungsberechtigten auf die **Inanspruchnahme von Hilfe** hinzuwirken, wenn sie diese für erforderlich halten, § 8a Abs. 4 Satz 3 SGB VIII, und
- das **Jugendamt zu informieren**, falls die Gefährdung nicht anders abgewendet kann, § 8a Abs. 4 Satz 3 SGB VIII.

Die neue Verpflichtung des Jugendamtes nach dem KJSG, zeitnah eine Rückmeldung über die eigene Gefährdungseinschätzung und die weitere Vorgehensweise zu geben, bezieht sich ausdrücklich nur auf sog. Berufsgeheimnisträger*innen und deren Meldung nach § 4 Abs. 3 KKG. Für die Fachkräfte in den Jugendämtern in den sozialen Diensten sind die gesetzlich festgeschriebenen fachlichen Standards für das Kinderschutzverfahren und die einzelnen Verfahrensschritte verbindlich in § 8a und § 42 SGB VIII geregelt.

Nach § 8a Abs. 1 SGB VIII wird der **gesetzlich verpflichtende Schutzauftrag des Jugendamts** ausgelöst, wenn ihm gewichtige Anhaltspunkte für die Gefährdung des Wohls eines Kindes bekannt werden. Das Jugendamt muss daher zunächst einschätzen, ob es sich bei bekannt gewordenen Umständen um gewichtige Anhaltspunkte für eine Kindeswohlgefährdung handelt. Für die Aktivierung des gesetzlichen Schutzauftrages spielt es keine Rolle, auf welche Art und Weise das Jugendamt von den Anhaltspunkten Kenntnis erlangt. Als wichtige Arbeitshilfe für die vorzunehmende **Gefährdungseinschätzung** und gleichzeitig als Dokumentation der Risikoabklärung dienen häufig standardisierte **Checklisten** oder sog. **Kinderschutzbögen**.[84] § 8a Abs. 1 Satz 1 SGB VIII sieht als zentralen fachlichen Standard vor, dass die Gefährdungseinschätzung im Kinderschutz nicht nur auf der sozialpädagogischen Beurteilung einer Fachkraft beruht, sondern **mehrere Fachkräfte** verpflichtend zu beteiligen sind (sog. „Vier-Augen-Prinzip"). Soweit der wirksame Schutz dieses Kindes oder dieses Jugendlichen nicht in Frage gestellt wird, hat das Jugendamt die Erziehungsberechtigten sowie das Kind oder die bzw. den Jugendlichen in die Gefährdungseinschätzung einzubeziehen, § 8a Abs. 1 Satz 2 SGB VIII. Sofern es nach der fachlichen Einschätzung der sozialpädagogischen Fachkräfte erforderlich ist, haben diese sich für die Gefährdungseinschätzung einen unmittelbaren Eindruck vom Kind und der persönlichen Umgebung zu verschaffen (§ 8a Abs. 1 Satz 2 Nr. 1 SGB VIII), z. B. durch einen **Hausbesuch**, bei dem die Wohn- und allgemeine familiäre Situation des Kindes durch Augenschein und Gespräche geklärt werden können. Zudem ist neuerdings ausdrücklich geregelt, dass die sozialpädagogischen Fachkräfte die Person nach § 4 Abs. 3 KKG, die die Kinderschutzmeldung übermittelt hat, in die Gefährdungseinschätzung einbeziehen können, wenn sie dies ebenfalls für erforderlich halten, § 8a Abs. 1 Satz 2 Nr. 2 SGB VIII. Die Frage, ob meldende Berufsgeheimnisträger*innen nach § 4 Abs. 3 KKG in die Gefährdungseinschätzung einzubeziehen sind, unterliegt also der fachlichen Einschätzung der zuständigen sozialpädagogischen Fachkräfte im Einzelfall und der Voraussetzung, dass dadurch der wirksame Schutz des Kindes nicht in Frage gestellt wird. Sind schließlich alle für die Gefährdungseinschätzung erforderlichen Personen beteiligt und die relevanten und erforderlichen Informationen zusammengetragen worden, folgt nun eine **Entscheidung**: Haben sich die Anhaltspunkte für die Kindeswohlgefährdung nicht bestätigt, hat das Jugendamt das (Verwaltungs-)Verfahren einzustellen und gegebenenfalls die Erziehungsbe-

84 Vgl. hierzu die Übersicht über die Diagnoseinstrumente: Kepert, J. u.a. 2021, Praxishandbuch Kinderschutz, Kapitel 3 V. und VI.

rechtigten und das Kind sowie die meldenden Personen nach § 4 Abs. 3 KKG darüber entsprechend zu informieren. Wurde das Gefährdungsrisiko dagegen bestätigt, haben die Fachkräfte über das weitere Vorgehen zu beraten und über die nächsten Schritte zu entscheiden. Zwar sieht § 8a Abs. 1 SGB VIII seit den Neuerungen durch das KJSG keine Regelung mehr vor, dass den Eltern in diesem Zusammenhang vom Jugendamt geeignete und notwendige Hilfe anzubieten ist. Dafür wurde in § 10a SGB VIII eine eigenständige Regelung zur Beratung geschaffen, die den Beratungsanspruch der möglichen Leistungsberechtigten beinhaltet, s. o. 10.1.5. Mündet der Aufklärungs- und Beratungsprozess in einen **Hilfeplanungsprozess** und kann durch die Inanspruchnahme von Hilfeleistungen die Gefährdungssituation für das Kind abgestellt werden, ist anschließend über die Gewährung von Hilfeleistungen nach § 2 Abs. 2 SGB VIII zu entscheiden. Besteht die **Gefährdungssituation** hingegen **weiter fort**, ist im Rahmen eines Schutzkonzeptes über weitere oder andere Maßnahmen zur Abwendung der Kindeswohlgefährdung im Kinderschutzverfahren zu entscheiden. Hält das Jugendamt aufgrund der Situation das Tätigwerden des **Familiengerichts** für erforderlich, so muss zwingend das Gericht eingeschaltet werden, § 8a Abs. 2 Satz 1 SGB VIII. Dies gilt insbesondere, wenn das Jugendamt nicht über ausreichend Möglichkeiten, die Gefährdung einzuschätzen, verfügt, weil die Erziehungsberechtigten nicht bereit oder in der Lage sind, an der Einschätzung mitzuwirken, § 8 a Abs. 2 Satz 1 Halbs. 2 SGB VIII.

Besteht eine dringende Gefahr und kann die Entscheidung des zuständigen Familiengerichts nicht abgewartet werden, ist das Jugendamt verpflichtet und berechtigt, das Kind oder den Jugendlichen unabhängig von einem Einverständnis des oder der Personensorgeberechtigten **in Obhut zu nehmen**, § 8 a Abs. 3 Satz 2, § 42 Abs. 1 Satz 1 Nr. 2 b SGB VIII. Da Familiengerichte über einen gerichtlichen Bereitschaftsdienst verfügen und eine gerichtliche Eilentscheidung[85] möglich ist, kommt eine Inobhutnahme letztlich nur in **besonders gelagerten akuten Gefährdungssituationen** in Betracht. Vor einer Inobhutnahme sind mithin Hilfen zur Erziehung nach § 27 ff. SGB VIII zu prüfen. Das Verfahren sieht eine Beteiligung von Eltern und Kindern und Jugendlichen vor, um einen Hilfeplan aufzustellen, der gegebenenfalls auch eine Vereinbarung zum Schutz der Kinder und Jugendlichen formuliert.[86] Ebenso wie das SGB VIII bestimmt § 1666a BGB, dass eine Trennung von Kindern oder Jugendlichen von ihren Familien nur zulässig ist, wenn die Gefahr nicht durch mildere Mittel abgewehrt werden kann. Nach § 42 Abs. 1 Satz 1 Nr. 1 SGB VIII können sich Kinder und Jugendliche auch selbst melden.[87] Das Jugendamt hat bei der Frage, ob eine Kindeswohlgefährdung besteht, keinen unüberprüfbaren Beurteilungsspielraum.[88] Letzteres be-

85 Vgl. hierzu § 157 Abs. 3 FamFG.

86 Siehe das Schaubild zum Vorgehen nach § 8a SGB VIII bei Radewagen, C. 2021, Vertrauensschutz im Kinderschutz, S. 10. Und aus Sicht der Berufsgeheimnistragenden bei Trenczek, T. u.a. 2017, Grundzüge des Rechts, S. 472. Der Grad der Gefährdung und der Gewissheit kann auf einer Skala von sehr niedrig bis sehr hoch eingeschätzt werden, ähnlich auch die eigenen beruflichen Hilfemöglichkeiten und die Belastbarkeit der Hilfebeziehung. Vgl. zur Vorlagepflicht des Hilfeplans im familiengerichtlichen Verfahren neuerdings § 50 Abs. 2 Satz 2 und 3 SGB VIII.

87 Diese Ansprüche der Kinder und Jugendlichen und der Schutzauftrag des Staates sind in Art. 6 GG und der UN-Kinderrechtskonvention verankert Kunkel, C. u.a. 2022, Kinder- und Jugendhilfe, SGB VIII Kommentar, § 1 Rn. 13. Siehe zu menschenrechtlichen Beratungsaspekten Kapitel 3.

88 Trenczek, T. u.a. 2017, Grundzüge des Rechts, S. 470.

urteilt das **Familiengericht** und bei einer verwaltungsrechtlichen Überprüfung das **Verwaltungsgericht**.

***Praxishinweis***

 *Überblick zum Kinderschutzverfahren nach § 8a SGB VIII:*

1. *Gefährdungseinschätzung im Zusammenwirken mehrerer Fachkräfte, Einbeziehung der Erziehungsberechtigten sowie Einbeziehung der Kinder oder Jugendlichen, soweit der wirksame Schutz des Kindes oder Jugendlichen dadurch nicht in Frage gestellt wird;*
2. *falls nach fachlicher Einschätzung erforderlich und soweit der wirksame Schutz des Kindes oder Jugendlichen dadurch nicht in Frage gestellt wird: unmittelbaren Eindruck vom Kind und der persönlichen Umgebung (z. B. Hausbesuch) verschaffen und Einbeziehung der meldenden Personen nach § 4 Abs. 3 KKG;*
3. *Entscheidung und mögliche weitere Maßnahmen (je nach Ergebnis der Gefährdungseinschätzung): Einstellung des Verfahrens oder Beratung über mögliche Hilfeleistungen (§ 10a SGB VIII) und Einleitung eines Hilfeprozesses und Entwicklung eines Schutzkonzeptes oder Anrufung des Familiengerichts oder Inobhutnahme bei dringender Gefahr und Eilbedürftigkeit.*

## 10.1.8 Beratung zur Mitwirkung im Verfahren

Um Sozialleistungen auszahlen zu können, müssen die zuständigen Behörden die Leistungsvoraussetzungen prüfen. Die Mitwirkung, die Behörden von Sozialleistungsempfangenden verlangen, ist am Verwaltungsverfahren ausgerichtet und überfordert manchmal Sozialleistungsberechtigte. Komplizierte Formulare sind auszufüllen und Belege für relevante Tatsachen einzureichen. §§ 60 bis 66 SGB I regeln für das gesamte SGB die Mitwirkungspflichten.[89] Soziale Beratung kann dabei unterstützen, die Kommunikation zwischen Behörde und Beratenen zu verbessern: durch Kooperation mit den Behörden und durch Befähigung der Beratenen. Probleme mit den Leistungen wegen fehlender Mitwirkung können so überwunden werden.[90]

Werden Angaben nicht gemacht oder nicht belegt, können die zuständigen Behörden nach einer Fristsetzung die Leistung bis zur Nachholung versagen. Voraussetzung für eine Versagung nach § 66 Abs. 3 SGB I ist eine schriftliche Fristsetzung und ein Versagungsbe-

89 Neben den zu belegenden Tatsachenangaben (Einkommen für ALG I oder ALG II müssen angegeben und z.B. über Lohnabrechnungen oder Kontoauszüge belegt werden) können Untersuchungen (z.B. zur Feststellung der Erwerbsunfähigkeit bei einer Erwerbsminderungsrente) verlangt werden. Regelungen in den jeweiligen SGB sind vorrangig.

90 Vgl. ausführlicher z.B. Eckhardt, B. 2019, Mitwirkungspflichten im SGB II nach § 60 Abs. 1 SGB I und Störungen des Sozialrechtsverhältnisses.

scheid. Wird die Mitwirkung nachgeholt, hat die Behörde ein Ermessen, versagte Leistungen nachzuzahlen, die ggf. reduziert sein können.[91]

## *Beispiel*

*Kersten hat zwei Monatsmieten nicht gezahlt und die Vermieterin hat ihm die Wohnung fristlos gekündigt. Vor einem Monat wurde ihm die Räumungsklage zugestellt. Kersten war bei der Mieterberatung im Kiez, die ihn über die Möglichkeit, ein Darlehen für die Mietschulden vom Jobcenter zu erhalten, informiert hat. Nach Zustellung der Räumungsklage müsste er innerhalb von 2 Monaten die Übernahmeerklärung vom Amt der Vermieterin vorlegen, damit die Kündigung laut BGB unwirksam wäre.*

*Das Jobcenter prüft den Antrag auf Mietschuldenübernahme von Kersten. Auf einer Liste ist angekreuzt, was er alles einreichen soll: Mietvertrag und Mietvertragskündigung im Original, Kontoauszüge der letzten 3 Monate, letzte Lohnabrechnung, schriftliche Erklärung der Vermieterin über die aktuelle Mietvereinbarung und ob sie einverstanden ist mit einer Ratenzahlung. Unter der Liste steht ein Hinweis: Wenn Kersten die Unterlagen nicht bis in 8 Tagen eingereicht hat, kann die Leistung nach § 66 SGB I versagt werden. Kersten erhält seit 4 Tagen keine Rückmeldung der Vermieterin. Was Kersten nicht weiß: Die Vermieterin will alles tun, damit Kersten ausziehen muss und sie die Wohnung teurer vermieten kann.*

*Es stellt sich die Frage, ob die geforderten Tatsachenangaben für die Leistungsprüfung erforderlich sind und die Grenzen der Mitwirkung eingehalten wurden. Kersten muss Mietvertrag, Mietvertragskündigung und Kontoauszüge der letzten 3 Monate vorlegen.[92] Auch die Lohnabrechnung kann entbehrlich sein, wenn der Lohn sich aus den Kontoauszügen ergibt. Die kurze Frist der Behörde ist evtl. sinnvoll, da nur bei einer Nachzahlung innerhalb von zwei Monaten die Mietvertragskündigung nach dem Gesetz unwirksam wird. Kersten sollte die Frist der Vermieterin mitteilen und erläutern, dass er von einer Ablehnung ausgehen muss, wenn nicht innerhalb von 3 Tagen die Antwort schriftlich bei ihm eingegangen ist. Dann hat er alles ihm Mögliche getan und damit seine Mitwirkungspflicht erfüllt.*

Die Grenzen der Mitwirkung entsprechen in etwa der Verhältnismäßigkeit, nach der jedes Verwaltungshandeln geeignet, erforderlich und angemessen sein muss für seinen Zweck.

91 Das Ermessen kann auf null reduziert sein, insbesondere wenn es um die Sicherung des Existenzminimums geht. Dann muss bei einer nachgeholten Mitwirkung die Sozialleistung bewilligt werden.

92 Die Behörde bestimmt Art und Umfang ihrer Ermittlungen zum Sachverhalt nach § 20 SGB X, ist aber an die Grenzen der Mitwirkungspflicht gebunden. In der Regel werden Kopien eingereicht oder macht sich die Behörde Kopien der Originale. Zur Vorlage der Kontoauszüge der letzten 3 Monate vgl. BSG vom 19.9.2008, B 14 AS 45/07; R. Papenheim, H. u.a. 2018, Verwaltungsrecht für die soziale Praxis, S. 322 f.

***Praxishinweis***

*Die Mitwirkungspflichten nach den §§ 60 bis 64 SGB I bestehen laut § 65 SGB I nicht, soweit*

1. *ihre Erfüllung nicht in einem angemessenen Verhältnis zu der in Anspruch genommenen Sozialleistung oder ihrer Erstattung steht oder*
2. *ihre Erfüllung dem Betroffenen aus einem wichtigen Grund nicht zugemutet werden kann oder*
3. *der Leistungsträger sich durch einen geringeren Aufwand als der Antragsteller oder Leistungsberechtigte die erforderlichen Kenntnisse selbst beschaffen kann.*

## 10.1.9 Kostenbeteiligung bei Beratungen nach dem SGB

Eine Kostenbeteiligung der Beratenen für Soziale Beratungen, die aufgrund des SGB erfolgen, findet meistens nicht statt. Immer wenn Behörden oder freie Träger Sozialleistungen erbringen, ist eine solche Kostenbeteiligung nur möglich, wenn dies im SGB vorgesehen ist. Erziehungsberatung wird z.B. in den Kostenregelungen §§ 90 und 91 SGB VIII nicht erwähnt. Sie muss daher kostenfrei für die Beratenen erfolgen.[93] Rechtspolitisch ist die Kostenfreiheit immer wieder umstritten. Fachlich kommt es auf niedrige Zugangshürden zur Erziehungsberatung an. Erziehungsberatung stößt auf viele Vorbehalte in der Bevölkerung. Kosten würden diese Hürden verstärken und die Hilfe für Kinder und Jugendliche vom Einkommen der Eltern abhängig machen.[94]

Auch zur Beratung nach § 14 SGB I, für Arbeitsuchende nach SGB II, in der Arbeitslosen-, Kranken-, Pflege-, Renten- oder Unfallversicherung sind keine Eigenbeteiligungen der Beratenen gesetzlich vorgesehen. Eine Kostenbeteiligung kommt für Hilfe zur Überwindung sozialer Schwierigkeiten in Frage, wird aber für Dienstleistungen und somit auch für Beratung ausgeschlossen.[95] Die EUTB und die Beratung im Rahmen des Teilhabeplanverfahrens nach § 106 SGB IX sind kostenfrei.[96] Die Beratung darf vom zuständigen Amt also nicht von Eigenanteilen der Leistungsberechtigten abhängig gemacht und entsprechend gekürzt werden. Das gilt genauso, wenn die Aufgabe ein freier Träger übernommen hat. Er darf daher ebenfalls Beratene nicht an diesen Kosten beteiligen.

Das gilt auch für Beratungen von Leistungsberechtigten nach § 16a SGB II und § 11 SGB XII. Jedoch kann Nicht-Leistungsberechtigten die Beratung ebenfalls kostenfrei zur Verfügung gestellt werden. Die Beratenen können jedoch auch an den Kosten beteiligt werden, Abschnitt 10.1.3. Gegen eine Kostenbeteiligung spricht generell, dass dann in der

93 § 90 Abs. 1 Nr. 2 SGB VIII spart die Beratung nach § 16 Abs. 2 Nr. 2 SGB VIII gerade aus. BKE (Hg.) 2009, Rechtsgrundlagen der Beratung, S. 134–138.

94 Deutscher Bundestag 2005, Plenarprotokoll 15/179, S. 16884.

95 § 68 Abs. 2 SGB XII

96 Sobota, R. o.J., Mitwirkungspflichten. Vgl. zudem Kapitel 14.5. Eine umfangreichere Kostenbeteiligung ist grundsätzlich für die Hilfe zur Pflege vorgesehen. Angemessene Kosten einer Beratung der Pflegeperson sind jedoch zu übernehmen nach § 64f Abs. 2, § 68 Abs. 2 SGB XII. Vertiefend zu Sozialleistungen im Bereich der rechtlichen Betreuung: Sobota, R. 2022, Sozialleistungen in der Betreuungspraxis.

Regel aufwendig Einkommen und Vermögen ermittelt werden müssen. Dieser Aufwand entsteht für den Leistungsträger bzw. den freien Träger, aber ist auch mit hohem Erklärungs- und Belegungsaufwand für alle Leistungsberechtigten verbunden. Werden dagegen (auch niedrig anzusetzende) Pauschalen erhoben, so schreckt dies trotzdem gerade Einkommensschwache ab.[97]

***Ansprüche auf Beratung gegenüber Sozialbehörden auf einen Blick***

1. Sozialrechtsberatung muss von den Behörden gewährt werden, auch ohne expliziten Antrag.
2. Ggf. besteht ein Anspruch auf Einbeziehung in die Leistungsverträge bei Geeignetheit des Leistungserbringers.
3. Es kann ein Anspruch bestehen, in eine Beratungsförderung einbezogen zu werden für beratende freie Träger oder andere Anbieter, wenn die Verwaltung sich selbst durch ihre Richtlinien gebunden hat.
4. Situationen sozialer (Selbst-)Ausgrenzungen kann mit einem Anspruch auf eine Hilfe zur Überwindung dieser sozialen Schwierigkeiten begegnet werden. Ein Verweis auf andere Leistungen setzt voraus, dass diese den Bedarf wirklich decken.
5. Die Rechte von Kindern und Jugendlichen und Erziehungsberechtigten auf Beratung wurden gestärkt.
6. Kinderschutz ist als Netzwerkarbeit umzusetzen mit insoweit erfahrenen Fachkräften. Kern ist eine auf das Kindeswohl bezogene Gefährdungsprognose.
7. Beratungen nach dem SGB sind in der Regel kostenfrei.
8. Gegen eine Kostenbeteiligung für Beratungen nach dem SGB von Nichtleistungsberechtigten spricht der unverhältnismäßige Aufwand vieler Beratener. Bei Pauschalen sprechen dagegen die Benachteiligung und hohe Zugangsschwelle, die diese gerade für Einkommensschwache bedeutet.

## 10.2 Beratungsverträge

***Dieser Abschnitt beantwortet folgende Fragen:***

- Wie sieht ein Beratungsvertrag aus?
- Worauf ist für einen gültigen und nicht anfechtbaren Vertrag zu achten?

Viele Soziale Beratungen sind gemeinnützig und kostenlos und werden ohne einen schriftlichen Beratungsvertrag erbracht. In der privaten Beratung sind jedoch Beratungs- oder

97 Deutscher Bundesrat 2005, Entwurf eines Gesetzes zur Entlastung der Kommunen im sozialen Bereich, BR-Drs. 712/04, S. 12, 42.

Coachingverträge üblich. Sie sind in der Regel Dienstverträge nach § 611 BGB,[98] bei denen die Beratung die Leistung ist. Sie können Elemente von Werkverträgen enthalten. Entscheidend ist es, im Vertrag Art und Umfang der Beratung ausreichend konkret zu beschreiben. Gegenleistung kann eine Vergütung sein, soweit diese nicht wegen eines öffentlich-rechtlichen Rahmens oder aus fachlichen Gründen unzulässig[99] ist oder es sich um sittenwidrig hohe Gebühren handelt.[100]

## 10.2.1 Beispiel eines Beratungsvertrages

Beratungsverträge, z.B. zwischen Coach und Beratenen, sollten die Leistung und die Gegenleistung und wichtige Nebenpflichten regeln. In der Beratung ist der Datenschutz zentral und es sollte im Vertrag auf eine zusätzliche Datenschutzerklärung Bezug genommen werden, siehe Kapitel 8. Folgende Formulierungshilfe bietet Anhaltspunkte, an was bei einem Beratungsvertrag zu denken ist:[101]

**Beratungsvertrag**

Zwischen

........................................................................................ (auftraggebend)

und

........................................................................................ (auftragnehmend)

wird folgender Beratungsvertrag geschlossen:

**§ 1 Vertragsgegenstand**

1. Der/die Auftraggebende erteilt hiermit dem/der Auftragnehmenden den Auftrag, ihn/sie bei folgenden Entscheidungen/Vorhaben zu beraten:

........................................................................................................................

*(eindeutige und detaillierte Beschreibung)*

2. Bestandteile dieses Vertrages sind:

........................................................................................................................

*(Datenschutzerklärung, ggf. Schweigepflichtenentbindung, ggf. z.B. Allg. Beratungsbedingungen)*

---

98 Prütting, H. 2020, BGB, § 611 Rn. 14. Werkverträge nach § 631 BGB, bei denen ein Ergebnis der Arbeit geschuldet ist, sind zum Beispiel bei Steuerberatenden üblich, die eine Steuererklärung als Werk schulden.

99 Z.B. ist es fachlich fragwürdig, hohe Kosten von Beratenen zu verlangen, deren Existenz nicht gesichert ist.

100 Siehe dazu den folgenden Abschnitt zu gesetzeswidrigen Verträgen.

101 Eine rechtsanwaltliche Beratung bzgl. des Einzelfalls bietet sich ggf. an. Muster zu verschiedenen Verträgen bieten die IHKs auf ihren Webseiten.

**§ 2 Leistungen des Auftragnehmers**

Zur Erfüllung der in § 1 genannten Aufgaben wird der/die Auftragnehmende insbesondere folgende Leistungen erbringen:

..............................................................................................................................

*(z.B. Vorgehen und Zeitplan, Beratende, Dokumentation des Ergebnisses etc.)*

**§ 3 Vergütung**

1. Der/die Auftragnehmende erhält für seine/ihre Leistung pro .................. eine Vergütung in Höhe von ............. € zzgl. Umsatzsteuer in gesetzl. Höhe. Die Vergütung ist jeweils zum ............................ fällig.

*oder*

Vom Auftraggebenden wird ein Pauschalhonorar in Höhe von insgesamt .......... € erhoben, wodurch auch Reisekosten und alle Auslagen abgegolten sind *(oder: je nach Nachweis)*.

2. Alle in Absatz 1 und 2 genannten Beträge verstehen sich als Nettobeträge zuzüglich der jeweils gültigen Mehrwertsteuer.

**§ 4 Zeit und Ort der Leistungserbringung**

Zeit und Ort der Leistungserbringung vereinbaren die Vertragsparteien im Einzelnen einvernehmlich. Bei Terminabsagen innerhalb von ........ (z.B. 48) Stunden vor dem Termin wird ein Ausfallhonorar von .................... (z.B. 20 € je ausgefallener Stunde) fällig. Ort der Beratung ist regelmäßig .................... *(z.B. Räumlichkeiten des/der Auftraggebenden oder Auftragnehmenden)*.

**§ 5 Zurückbehaltungsrecht**

Erfüllt der/die Auftragnehmende seine/ihre Verpflichtungen nicht, nur unvollständig oder nicht termingerecht oder mangelhaft, ist der/die Auftraggebende berechtigt, neben den sonstigen Ansprüchen seine/ihre Gegenleistung zurückzuhalten.

**§ 6 Aufwendungsersatz**

Der/die Auftraggebende erstattet dem/der Auftragnehmenden folgende im Zusammenhang mit seiner Tätigkeit anfallenden erforderlichen Aufwendungen:

..............................................................................................................................

Der Ersatz aller sonstigen Aufwendungen des/der Auftragnehmenden bedarf der schriftlichen Zustimmung des/der Auftraggebenden.

**§ 8 Mitwirkungspflicht des/der Auftraggebenden**

Der/die Auftraggebende hat dafür Sorge zu tragen, dass dem/der Auftragnehmenden alle für die Ausführung der Tätigkeit notwendigen Unterlagen rechtzeitig vorgelegt werden, alle Informationen erteilt werden und er oder sie von allen Vorgängen und Umständen in Kenntnis gesetzt wird. Dies gilt auch für Unterlagen, Vorgänge und Umstände, die erst während der Tätigkeit bekannt werden.

**§ 11 Vertragsdauer/Kündigung**

1. Der Vertrag wird mit der Unterzeichnung wirksam und läuft auf unbestimmte Zeit.

*oder*

... und endet mit Erbringung der vereinbarten Leistungen.

*oder*

... und endet zum ................

2. Jede Partei ist berechtigt, den Vertrag mit einer Frist von ..... Wochen zum Monatsende zu kündigen. Das Recht zur fristlosen Kündigung aus wichtigem Grund bleibt unberührt. Kündigungen bedürfen zu ihrer Wirksamkeit der Schriftform.

**§ 12 Aufbewahrung und Rückgabe von Unterlagen**

Der/die Auftragnehmende verpflichtet sich, alle zur Verfügung gestellten Geschäfts- und Betriebsunterlagen ordnungsgemäß aufzubewahren, insbesondere dafür zu sorgen, dass Dritte nicht Einsicht nehmen können. Die zur Verfügung gestellten Unterlagen sind während der Dauer des Vertrages auf Anforderung, nach Beendigung des Vertrages unaufgefordert dem Vertragspartner zurückzugeben. Alle personenbezogenen Daten sind mit Wegfall des Erhebungsgrundes oder auf Wunsch des Auftraggebenden zu löschen, sofern nicht anderweitige Rechte entgegenstehen wie z.B. berufs- oder steuerrechtliche Aufbewahrungspflichten.

**§ 13 Sonstige Ansprüche/Rentenversicherung**

Mit der Zahlung der in diesem Vertrag vereinbarten Vergütung sind alle Ansprüche des/der Auftragnehmenden gegen den/die Auftraggebenden aus diesem Vertrag erfüllt. Für die Versteuerung der Vergütung und die Beachtung der Rentenversicherungspflicht hat der/die Auftragnehmende selbst zu sorgen.

**§ 14 Schlussbestimmungen**

Änderungen und Ergänzungen dieses Vertrages bedürfen zu ihrer Wirksamkeit der Schriftform. Dies gilt auch für die Änderung oder Aufhebung dieser Klausel. Mündliche Nebenabreden bestehen nicht.

Sind oder werden einzelne Bestimmungen dieses Vertrages unwirksam, so wird dadurch die Gültigkeit der übrigen Bestimmungen nicht berührt. Die Vertragspartner werden in diesem Fall die ungültige Bestimmung durch eine andere ersetzen, die dem wirtschaftlichen Zweck der weggefallenen Regelung in zulässiger Weise am nächsten kommt. Gerichtsstand ist der Ort der Beratung (*oder* ..............................

*(Ort, Datum)*

.................................................. ......................................................

*(Auftraggebende)* *(Auftragnehmende)*

## 10.2.2 Gesetzwidrige und anfechtbare Verträge

Verträge sind nicht gültig, wenn sie gegen ein gesetzliches Verbot verstoßen oder **sittenwidrig** sind. Beratungen können z.B. gegen das Rechtsdienstleistungsgesetz verstoßen, wenn Beratende nicht die erforderliche Erlaubnis dazu haben.[102] Dann ist der Vertrag nichtig und das Geld kann zurückgefordert werden. Besteht zwischen Leistung und Gegenleistung ein **krasses Missverhältnis,** ist der Vertrag sittenwidrig. Als Faustregel für das Missverhältnis gilt, dass der vertragliche Preis doppelt so hoch ist wie die marktüblichen Preise. Weitere nachteilige Vertragsbedingungen können dazu führen, dass bereits bei 50 % über dem Marktüblichen Sittenwidrigkeit anzunehmen ist.[103] Was konkret marktüblich ist, dürfte nicht einfach zu bestimmen sein. So wurden für anwaltliche Mediationen im Jahr 2004 Stundensätze von 20 € bis 400 € angegeben.[104]

Am häufigsten kommt in der Praxis eine **Anfechtbarkeit** wegen Irrtums, Täuschung oder Drohung in Frage. Glaubt z.B. eine Schuldnerin, dass ihr Vertrag mit einem Schuldenregulierer durch die Ratenzahlung zu einer Entschuldung führt, so kann ein Irrtum vorliegen: Tatsächlich sind Forderungsprüfungen und Verhandlungen mit Gläubigern und Gläubigerinnen notwendig, die aber eine Rechtsdienstleistungserlaubnis voraussetzen. Regulierer haben diese häufig nicht, nehmen versprochene Handlungen teils nicht vor und waren sich dessen bei Vertragsschluss teils bewusst. Wer mit Insolvenzberatung wirbt, aber weder eine Anerkennung als geeignete Stelle hat noch eine andere Rechtsdienstleistungserlaubnis, täuscht bewusst über seine Erlaubnis zu der Rechtsdienstleistung.[105] Denkbar sind auch Täuschungen über andere vertragswichtige Qualifikationen wie eine Zertifizierung als Mediator*in. Die Anfechtung des Vertrages muss erklärt werden[106] und zerstört den Vertrag, sodass wiederum Gezahltes zurückverlangt werden kann.

Denkbar sind zudem Verstöße gegen das UWG, zum Beispiel bei **unlauterer oder irreführender Geschäftsführung**, die abgemahnt werden können, jedoch den einzelnen Vertrag nicht direkt unwirksam machen.[107] Bei Beratungen, die auf dem SGB beruhen, ist zudem die ggf. vom SGB vorgegebene Kostenfreiheit (s.o. 10.1.9) zu berücksichtigen.

### *Beratungsverträge auf einen Blick*

1. In Verträgen sollte die Beratungsleistung beschrieben werden und die Vergütung genau angegeben werden.
2. Irrtümer der Beratenen über den Vertrag können zur Unwirksamkeit des Vertrages führen, sodass Zahlungen zurückverlangt werden können.

102 § 134 BGB. BGH v. 29.6.2009, I ZR 166/06 zu einer „Finanz-Sanierung" trotz Einschalten eines Rechtsanwaltes. Zur Rechtsdienstleistungserlaubnis siehe Kapitel 5.

103 § 138 BGB. Staudinger u.a. 2017, BGB, § 138 Rn. 244 f.

104 Fritz, R./Pielsticker, D. 2016, Handbuch zum Mediationsgesetz, Teil 1, § 2 MediationsG, Rn. 89. Üblich dürften für nichtanwaltliche Mediation Stundensätze ab 80 Euro sein. Darunter werden im Rahmen von Projekten niedrigere Honorare ermöglicht für Einkommensschwache, vgl. Kapitel 13.5.

105 Arbeitskreis Neue Armut (Hg.) 2015, Geschäfte mit der Armut, S. 59–112, S. 144–148.

106 Am besten schriftlich und mit Zugangsbeleg.

107 Siehe hierzu a.a.O., S. 193–197.

# 11. Haftung

**Übersicht** Seite



Wenn Beratene fachlich **falsch, unvollständig oder pflichtwidrig nicht beraten** werden und deshalb einen Schaden erleiden, stellt sich die Frage, inwieweit Beratende dafür die Verantwortung übernehmen. Das ist im Haftungsrecht geregelt.[1] Schadensersatz kommt aus verschiedenen Rechtsgrundlagen in Frage. Der häufigste Fall ist ein vertraglicher Schadensersatz. Daneben können unerlaubte Handlungen zu Schadensersatzansprüchen führen. Behördliche Beratung hat andere Schadensersatzgrundlagen. Daraus ergibt sich zum Einstieg in die Schadensersatzansprüche folgende Checkliste:

***Praxishinweis***

***Auswahl der Rechtsgrundlage für Schadensersatz***

- *Besteht ein Vertrag des Beratenen mit Beratenden oder dem Beratungsunternehmen bzw. freien Träger? Dann kommt ein vertraglicher Anspruch in Frage, 11.1.*
- *Entstand der Schaden wegen einer unerlaubten Handlung, z.B. einer Straftat, oder verletzt fahrlässiges Handeln? So ist, ggf. auch neben vertraglichen Ansprüchen, Schadensersatz nach § 823 ff. BGB möglich, 11.2.*
- *Handelt es sich um eine behördliche Beratung? Dann kommt ein Ausgleich über den sozialrechtlichen Herstellungsanspruch, 11.4, in Frage oder eine Amtshaftung, 11.5.*

Ferner stellt sich die Frage, wie die Risikoverteilung zwischen arbeitgebenden, arbeitnehmenden und versichernden Vertragspartnern erfolgt, 11.3. Auch das Management haftet, 11.3.2. Der folgende, einer gerichtlichen Entscheidung von 2019[2] entlehnte Fall konkretisiert die vielgestaltigen Fragen und wird immer wieder in Bezug genommen.

1 Daneben ist eine strafrechtliche Verantwortlichkeit denkbar, vgl. Kapitel 8.1 und 9.
2 OLG Brandenburg v. 13.11.2019, Az. 4 U 38/19.

***Beispiel***

*In einer Schuldnerberatungsstelle des gemeinnützigen Vereins Solidarische Hilfe, der auch als Insolvenzberatungsstelle anerkannt ist, erscheint der seit Langem arbeitslose Steinmetz Georg, der von ALG II lebt. Er hat 5.000 € Disposchulden und ein Haus, das 15.000 € wert ist. Der Schuldnerberater Franco berät Georg. Georg unterschreibt eine Datenschutzerklärung. Franco empfiehlt ein Insolvenzverfahren zur Entschuldung und über die Verwaltungskraft wird, aufgrund der von Franco angelegten Akte, der Insolvenz- und Restschuldbefreiungsantrag für Georg vorbereitet. In dem Antrag ist das Haus nicht angegeben. Georg unterschreibt und gibt den Antrag beim zuständigen Gericht ab. Das Haus wird im Rahmen des Insolvenzverfahrens vom Insolvenzverwalter verkauft. Das Gericht macht Kosten in Höhe von 1.000 €, der Insolvenzverwalter von 11.400 € geltend. Georg verlangt diese Kosten als Schadensersatz von Franco und dem Verein Solidarische Hilfe. Franco hatte ihn nicht über die hohen Insolvenzverwalterkosten aufgeklärt. Ein Ratenzahlungsangebot für den Gläubiger wäre die viel wirtschaftlichere Lösung gewesen, meint Georg.*

## 11.1 Schadensersatz und Schmerzensgeld aus Vertrag

***Dieser Abschnitt beantwortet folgende Fragen:***

- Wann müssen Beratende für den Schaden von Beratenen aus Vertrag die Verantwortung übernehmen?
- Was muss wer beweisen?
- Sind Schmerzensgeldansprüche bei Datenschutzfehlern möglich?
- Wie kann man Schadensersatz wegen Fristversäumnissen vermeiden?

### 11.1.1 Schadensersatz aus Vertrag

Zunächst ist zu klären, ob ein Vertrag besteht, vgl. auch Kapitel 10.2. Das ist anzunehmen, wenn es sich nicht um eine reine Gefälligkeit handelte, sondern ein Rechtsbindungswille gegeben ist.[3] Bei professioneller sozialer Beratung, sei es von freien Trägern oder privaten Unternehmen, ist das unproblematisch anzunehmen.

3 Barabas, F. 2003, Beratungsrecht, S. 195 f. Liegt ein Vertrag oder eine unerlaubte Handlung vor, muss für den Schaden gehaftet werden, der aus dem Befolgen des Rates entsteht. OLG Bbg a.a.O., A, Ziffer 3.

## *Beispiel Fortsetzung*

*Im Beispiel ist trotz der Unentgeltlichkeit ein Beratungsvertrag zwischen Georg und der Schuldnerberatungsstelle geschlossen worden. Die Datenschutzerklärung ist kein Vertrag, deutet aber auf den Rechtsbindungswillen hin. Außerdem hat der die Beratungsstelle tragende Verein ein eigenes wirtschaftliches Interesse an der Beratung, die öffentlich finanziert wird. Franco hat zwar über seinen Arbeitsvertrag ein eigenes wirtschaftliches Interesse an der Beratung, ist aber trotzdem nicht Quasivertragspartner.*[4] *Bei der Beratung geht es für Georg zudem um eine bedeutende Angelegenheit. Der Vertrag wurde durch das Verhalten von Franco und Georg konkludent geschlossen.*[5]

Beratungsvertragspartner sind nach §§ 280, 276, 249 BGB zum Schadensersatz verpflichtet, wenn sie eine Pflicht aus dem Beratungsvertrag verletzt haben. Es kommt also darauf an, welche Beratung vertraglich geschuldet ist. Der Umfang der Beratung muss klar kommuniziert sein. Eine Falschberatung innerhalb des Beratungsvertrages ist bei Vorsatz oder Fahrlässigkeit zu verantworten. Denkbar, wenn auch unüblich, ist ein vertraglicher Ausschluss der Haftung für Fahrlässigkeit. Direkter oder bedingter Vorsatz, also Wissen und mindestens billigend in Kauf nehmen, ist oft nicht nachweisbar.

## *Praxishinweis*

*Entscheidend ist meist* ***Fahrlässigkeit****. Das heißt, ob objektiv die „im Verkehr erforderliche Sorgfalt außer Acht" gelassen wird. Die Sorgfaltspflicht wird berufsspezifisch konkretisiert durch gewissenhafte Angehörige der Berufsgruppe, nicht durch Spezialisten.*

Das fachliche Können ist durch die Fachstandards und den jeweiligen Qualitätsdiskurs geprägt. Dabei ist professionelle Beratung auf den Einzelfall ausgerichtet.[6] Diese Pflichten sind bei rechtlich geprägten Beratungen oder Beratungsanteilen mit klaren Fachfragen einfacher zu benennen und ein Verstoß ist leichter zu beweisen.[7] Dementsprechend liegen hierzu Gerichtsurteile vor, wie z.B. das Urteil, das dem Beispielsfall zugrunde liegt.[8]

4 Dies würde ein besonderes Vertrauen zwischen Georg und Franco voraussetzen, das aber regelmäßig nicht vorliegt. Daher besteht normalerweise ein vertraglicher Schadensersatzanspruch gegenüber dem arbeitgebenden freien Träger und dem Beratenen. Gegenüber Mitarbeitenden besteht ein Anspruch aus unerlaubter Handlung nach § 823 BGB, der keinen Vertrag voraussetzt. OLG, a.a.O., B, Ziffer 1.

5 Beim konkludenten Vertragsschluss wird der Willen nicht ausdrücklich erklärt, sondern kommt durch die Handlungen übereinstimmend zum Ausdruck, meist durch Umsetzen des Vertragsinhaltes.

6 Barabas, F. 2003, Beratungsrecht, S. 198.

7 Barabas, F. 2003, Beratungsrecht, S. 197. Auch Papenheim schätzt das Risiko für Haftungen bei Rechtsberatungen höher ein. Papenheim, H. u.a. 2018, Verwaltungsrecht für die soziale Praxis, S. 190, 201. Zu Versagungsgründen in der Schuldnerberatung Homann, C. 2009, Praxis und Recht der Schuldnerberatung, S. 345 f.

8 Zur Mieterberatung: BGH 25.2006, Az. VIII ZR 102/06. BGH v. 29.3.1983, Az. VI ZR 172/81.

***Beispiel Fortsetzung***

*Francos Beratung umfasst auch Rechtsberatung, für die der Verein eine Erlaubnis hat. Daher werden mit der anwaltlichen Haftung vergleichbare Anforderungen an die Beratung gestellt. Das OLG hat die falsche Beratung bzgl. der Insolvenzverwaltungskosten bei einer Versteigerung von Georgs Haus im Insolvenzverfahren als Pflichtverstoß bewertet. Georg hat deshalb einen Anspruch auf Schadensersatz.*

*Das Gericht hat die Falschangabe zum Haus nicht als Fehler des Beratenden gewertet, weil Georg sie selbst im Antrag unterschrieben hat.*[9]

Klare Standards, Absprachen bzw. Dienstanweisungen, welche Rechtsberatungen übernommen werden und welche nicht, begrenzen das Haftungsrisiko. Zusätzlich sollte eine Haftpflichtversicherung abgeschlossen werden.

**Psychosoziale Beratungen** beruhen gerade auf der Koproduktion zwischen Beratenden und Beratenen. Hier schulden Beratende keinen Erfolg. Auch hier ist nach den allgemeinen fachlichen Standards zu beraten. Es kommt dabei auf die konkrete Beratendengruppe und ihre fachlichen Standards an, also z.B. die fachlichen Standards der Suchtberatung oder der Familienberatung, vgl. Kapitel 12. Gibt es keine Fachstandards, können generell geübte und unstreitige Beratungsformen der Maßstab sein. Was zum Zeitpunkt der Beratung der Fachstandard war und ob nach dieser „Beratungskunst" beraten wurde, ist im Konfliktfall für den konkreten Einzelfall regelmäßig durch ein Gutachten von Sachverständigen für psycho-soziale Beratung festzustellen.[10] Allerdings bleibt ein Teil der fachlichen Entscheidung den Beratenden überlassen. Das Gericht prüft nur den Rahmen. Ist dieser eingehalten, so ist die Beratung „gerichtsfest".[11]

***Praxishinweis***

*Nur wenn nachweisbar ist, dass nicht nach den Regeln der Profession beraten wurde und aus diesem Grund der Schaden entstanden ist, haften Beratende. Meist kommt es in der Praxis daher nicht zur Haftung.*

## 11.1.2 Beweisfragen

Die Person, die den Schaden behauptet, muss die Voraussetzungen eines Schadensersatzanspruchs **beweisen**, im Beispiel also Georg. Hier ging es um eine fachlich einfach zu beurteilende Frage. Regelmäßig ist dann entscheidend, was in der Beratung stattgefunden hat.

9 Auch wurde kein Fehler wegen des außergerichtlichen Einigungsversuchs angenommen, bei dem eine Ratenzahlung vom Beratenen als erfolgversprechender eingewendet wurde. OLG Bbg, Ziffer 3 b).

10 Barabas, F. 2003, Beratungsrecht, S. 197 f. BKE (Hg.), 2009, Rechtsgrundlagen der Beratung, S. 178. Vgl. zu Gutachten in Verfahren Kapitel 2.

11 Z.B. zur Ablehnung der Entfernung eines Schülers aus einer Klasse VG Darmstadt, Urteil v. 16.7.2014, Az. 3 L 879/14.DA. Zur Beurteilung von schwierigen Beratungssituationen siehe auch Kapitel 12.1.3.

### *Beispiel Fortsetzung*

*Georg muss beweisen, dass Franco ihn nicht über die Kosten der Insolvenzverwaltung aufgeklärt hat. Da der Antrag auch falsch ausgefüllt wurde, war dieser Beweis für Georg einfacher. Allein Francos Behauptung, die Kosten seien zum Zeitpunkt der Insolvenzantragstellung nicht absehbar gewesen, entlastet ihn nicht. Denn seine Aufklärungspflicht bezog sich abstrakt auf den Kostenunterschied zwischen einer Verwertung im Insolvenzverfahren und einer Zwangsversteigerung außerhalb des Insolvenzverfahrens.*

In Beratungen werden teilweise Informationsblätter eingesetzt, um die Aufklärung zu gewährleisten. Zudem wird die **Beratungsdokumentation** für Beweisfragen herangezogen. Für besonders schadensgeneigte oder konfliktanfällige Aspekte einer Beratung sind Vermerke in der Dokumentation sinnvoll.[12] Ferner muss der **Schaden** von der Sorgfaltspflichtverletzung verursacht worden sein und es muss beurteilt werden, wie hoch der Schaden tatsächlich ist.

### *Beispiel Fortsetzung*

*Hat Georg z.B. den Wert des Hauses mit 2.000 statt 15.000 Euro angegeben, so stellt sich Francos Sorgfaltspflichtverletzung ganz anders dar. Es ist sinnvoll, die Wertangabe zum Haus zu dokumentieren. Im Beispielsfall ist die Verbindung von der Nichtaufklärung über die Kosten zum Schaden durch die Kosten einfach zu belegen. Es wurden im zugrunde liegenden OLG-Urteil die Insolvenzverwaltungskosten und vorgerichtlichen Anwaltskosten als Schaden zugesprochen.*

Werden weitere Folgeschäden geltend gemacht, etwa Verdienstausfall, so ist auch hier die kausale Kette vom Fehler zum Schaden und zum Folgeschaden zu beweisen. Die **haftungsausfüllende Kausalität** ist oft streitig und kann ggf. erst durch gutachterliche Beurteilungen entscheidbar werden. Es sind kaum gerichtlich verhandelte Fälle bekannt. Das spricht dafür, dass die Anforderungen für Betroffene hoch sind.[13]

Bei Körperschäden gleicht das **Schmerzensgeld** auch Unannehmlichkeiten und seelische Belastungen aus.[14] Hier dienen Schmerzensgeldtabellen zur Orientierung bei der Höhe.[15] Auch **Datenschutzverstöße** bei Beratungen können zu Schadensersatz und Schmerzensgeldansprüchen führen. Wie hoch hier nach Inkrafttreten des Art. 82 EU-DGSVO das

12 Papenheim, H. u.a. 2018, Verwaltungsrecht für die soziale Praxis, S. 191.

13 So auch zur Haftung von Erziehungsberatungsstellen: BKE (Hg.) 2009, S. 179. Zur psychosozialen Beratung in der Sozialen Arbeit Papenheim, H. u.a. 2018, Verwaltungsrecht für die soziale Praxis, S. 190.

14 Z.B. verlangte eine Frau, die gestolpert war, von der Einrichtung Schmerzensgeld in Höhe von 1.000 Euro, 1.200 € Schadensersatz sowie Kosten für die durch den Unfall entstandenen Probleme bei der Haushaltsführung sowie eine Rente und Verdienstausfallschaden. Die Klage wurde abgewiesen, weil die Sitzgruppe, über welche die Frau gestolpert war, ausreichend erkennbar war. LG Köln vom 23.1.2020 Az. 2 O 93/19.

15 § 253 BGB. Die konkrete Höhe ist im Einzelfall festzulegen. Schmerzensgeld kommt auch bei unerlaubten Handlungen nach § 823 BGB in Frage.

Schmerzensgeld angesetzt werden wird, ist gerichtlich noch nicht geklärt.[16] Neben diesen Anspruch treten die vertraglichen Ansprüche, Ansprüche aus unerlaubter Handlung, aus Amtshaftung oder aus dem sozialrechtlichen Herstellungsanspruch.[17]

### 11.1.3 Fristen

Rechtsmittelfristen wie für das Einlegen eines Widerspruchs oder einer Klage innerhalb von einem Monat[18] oder bei arbeitsrechtlichen Kündigungsschutzklagen von 3 Wochen nach § 4 KSchG sind typische Fälle in der Anwaltshaftung. **Fristen** sind leicht versäumt und das Säumnis leicht zu beweisen.[19] Zur Vermeidung von Schadensersatzforderungen sollten daher im eigenen Beratungszusammenhang wichtige Fristen in der Qualitätssicherung besondere Beachtung finden. Z.B. sollte ein Feld für eine wichtige Frist in der Akte vorgesehen werden oder es muss ein **Fristenkalender** geführt werden.[20] In der Schuldnerberatung spielt z.B. die Frist für das Einreichen der Bescheinigung des Außergerichtlichen Einigungsversuchs von 6 Monaten eine Rolle.[21] Dass Beratene auf die Frist zur Abgabe des Antrags auf Insolvenzverfahren im Anschluss an die Bescheinigungsausstellung hingewiesen wurden, sollte sinnvollerweise in der Akte notiert werden. Eine Dokumentation ist aber auch im Rahmen der Beratungsevaluation und einer Weiterfinanzierung sinnvoll.[22] Andererseits kann die Befähigung des Beratenen, Fristen einzuhalten, Thema einer psychosozialen Beratung sein. Welche z.B. motivationale Beratung dabei im Einzelfall den fachlichen Standards entspricht, dürfte meist nicht so leicht zu beantworten sein.

## 11.2 Ansprüche aus unerlaubter Handlung

***Dieser Abschnitt beantwortet folgende Fragen:***

- Welche Beratungen sind unerlaubte Handlungen?
- Können für Verkehrssicherungspflichten Mitarbeitende haftbar gemacht werden?

Beratungen können **unerlaubte Handlungen** darstellen, wenn sie gegen Gesetze verstoßen, die den Schutz von Beratenen bezwecken. Zum Beispiel schützt § 263 StGB bei betrügerischen Beratungen vor Betrug. Dann besteht auch ohne Vertrag ggf. ein Schadenser-

16 Art. 82 DSGVO. BVerfG, Beschluss vom 14. Januar 2021, Az. 1 BvR 28531/19. Flötotto, J. 2021, Über Schadensersatz für Datenschutzverstoß muss der EuGH entscheiden. Siehe Kapitel 8.5.

17 Hundt, M. 2019, Datenschutz in der Kinder- und Jugendhilfe, S. 84.

18 Nach § 84, § 87 SGG bzw. § 70, § 74 VwGO.

19 Papenheim, H. u.a. 2018, Verwaltungsrecht für die soziale Praxis, S. 202.

20 Der BGH setzt auf einen Papierausdruck bei elektronischer Aktenführung zur rechtsanwaltlichen Fristenkontrolle. BGH vom 2. Februar 2021, Az. X ZB 2/20.

21 § 305 Abs. 1 Nr. 1 InsO.

22 Zur Verbindung von Fachlichkeit, Dokumentation und Evaluation vgl. Kapitel 12.

satzanspruch nach § 823 Abs. 2 BGB.[23] § 3 RDG sieht den Schutz vor unqualifizierter Rechtsberatung vor. Wird also ohne die erforderliche Erlaubnis rechtlich beraten, so kann ein Schadensersatzanspruch bestehen, wenn dadurch ein Schaden entstanden ist.[24]

Unerlaubte Handlungen sind zudem denkbar, wenn z.B. die Beratungsräume nicht ausreichend sicher sind zum Begehen, beispielsweise im Winter der Zugang vereist ist oder ein Kabel im Gang liegt. In der Regel dürften keine Rechtfertigungsgründe in Frage kommen. Stolpern hier Personen, werden sie fahrlässig am Körper verletzt und es haftet der Träger bzw. Mitarbeitende, die arbeitsvertraglich die Verkehrssicherung ausdrücklich übernommen haben.[25] Demnach können Beratende aus unerlaubter Handlung haften, auch wenn der Beratungsvertrag nicht mit ihnen direkt geschlossen wurde. Aber auch Arbeitgebende haften aus unerlaubter Handlung für Arbeitnehmende, die sie als Verrichtungsgehilfen einsetzen, es sei denn, sie können nach § 831 Abs. 1 Satz 2 BGB den Nachweis führen, die Mitarbeitenden richtig ausgewählt, geschult und überwacht zu haben.

### *Schadensersatz aus Vertrag und unerlaubter Handlung auf einen Blick*

1. Wer die in seiner oder ihrer Profession erforderliche Sorgfalt außer Acht lässt, haftet für den Schaden, wenn dieser aus diesem Grund entstanden ist.
2. Schadensgeneigte Beratungen sollten ausreichend dokumentiert werden. Z.B. kann das bei Fristen sinnvoll sein.
3. Für fahrlässige Beratungsfehler sollte eine Betriebs- oder Berufshaftpflichtversicherung bestehen.
4. Beratungen die strafbar sind oder gegen Schutzgesetze verstoßen, führen als unerlaubte Handlungen zu Schadensersatzansprüchen der Beratenen.

23 Das Prüfungsschema für § 823 Abs. 2 BGB lautet: 1. Verletzung eines Schutzgesetzes a) Verletzungserfolg b) Verletzungshandlung c) Haftungsbegründende Kausalität d) Ggf. weitere Voraussetzungen 2. Rechtswidrigkeit: Durch Schutzgesetzverletzung indiziert; zu prüfen sind nur Rechtfertigungsgründe 3.Verschulden 4. Schaden 5. Haftungsausfüllende Kausalität 6. Sonstiges, insbesondere Mitverschulden.

24 Siehe auch Späth, J./Vollmerhausen, M. 2020, Die Anleitung studentischer Rechtsberatungen nach § 6 Abs. 2 RDG und damit zusammenhängende Haftungsrisiken, in: JURA. Band 42 (2020), S. 783–790. Ein vergleichbares Schutzgesetz ist § 305 Abs. 1 Nr. 1 InsO, der eine Bescheinigung des außergerichtlichen Einigungsversuchs durch eine geeignete Stelle vorsieht.

25 Bke (Hg.) 2009, Rechtsgrundlagen der Beratung, S. 179. Auch Verletzungen von Leben, Gesundheit, Freiheit, Eigentum oder sonstigen Rechten anderer führen zu Schadensersatzansprüchen. Wiederum ist die haftungsausfüllende Kausalität von Geschädigten zu beweisen. Siehe entsprechend zum vertraglichen Schadensersatz auch oben 11.1.2.

# 11.3 Haftungsverteilung und Versicherung

***Dieser Abschnitt beantwortet folgende Fragen:***

- Wie wird die Haftung zwischen Arbeitnehmenden und Arbeitgebenden aufgeteilt?
- Was bedeutet Organisationsverschulden für die Leitung?
- Wann übernimmt die Betriebs- oder Berufshaftpflichtversicherung den Schaden?

## 11.3.1 Haftung Arbeitgebende und -nehmende

Bei jedem Haftungsfall kann ein **Mitverschulden** anderer oder auch der Betroffenen dazu führen, dass anteilig gehaftet wird, § 254 BGB. Eine anteilige Haftung kommt auch zwischen Arbeitgebenden und -nehmenden in Frage. In der Regel nehmen Beratende das Beratungsunternehmen, z.B. den freien Träger der Beratungsstelle, auf Schadensersatz in Anspruch. Dieser haftet für die eingesetzten Mitarbeitenden, Ehrenamtlichen, Praktikanten und Praktikantinnen. Bei betriebsbedingten Tätigkeiten (das müssen im Zweifel Arbeitnehmende beweisen) sieht die **Haftungsverteilung** zwischen Arbeitgebenden und -nehmenden wie folgt aus:

**Übersicht: Haftungsverteilung**

| Verschulden der Mitarbeitenden | Vorsatz | Grobe und mittlere Fahrlässigkeit | Leichteste Fahrlässigkeit |
|---|---|---|---|
| Haftung Arbeitnehmender | 100 % | Abhängig vom Einzelfall | 0 % |
| Haftung arbeitgebender privater Träger | 0 % | Abhängig vom Einzelfall | 100 % |

Im öffentlichen Dienst ist die Haftung von Arbeitnehmenden auf grobe Fahrlässigkeit und Vorsatz beschränkt.[26] Bei freien Trägern oder privaten Unternehmen hängt die Haftungsaufteilung bei mittlerer Fahrlässigkeit von vielen Faktoren ab: von der Gefahrgeneigtheit der Tätigkeit, wie z.B. zu Einsätzen erforderliche Autofahrten mit unverschuldeten Unfällen[27], der Schadenshöhe, der Versicherbarkeit des Risikos, der Stellung der Mitarbeitenden im Betrieb, der Höhe des Arbeitsentgelts und von sonstigen persönlichen Umständen.

26 § 3 Abs. 6 TVöD und Art. 34 S. 2 GG. Fischer, M. u.a. 2019, Grundkurs Berufsrecht für die Soziale Arbeit, S. 58.

27 BAG, BAGE Band 33, S. 108–112.

## 11.3.2 Managementhaftung

Das Haftungsrisiko trifft auch Organisationen als Arbeitgebende. Die Aufsichtsorgane der Organisation und das Management können ebenfalls haften, und zwar sowohl zivil- als auch strafrechtlich. Bei internationalen Kooperationen sind sie ggf. verpflichtet, Konzepte zur Einhaltung von menschenrechtlichen Sorgfaltspflichten umzusetzen.[28]

Eine strafrechtliche Verantwortlichkeit besteht, wenn eine **Garantenstellung** anzunehmen ist nach § 13 StGB, siehe Kapitel 9.1.1. Wer es unterlässt, eine Straftat abzuwenden, ist strafbar, wenn er oder sie rechtlich dafür einzustehen hat, dass der Erfolg nicht eintritt. Diese Garantenstellung entsteht durch das Übernehmen von Schutzpflichten für bestimmte Rechtsgüter oder aus der Stellung als Organ einer Gesellschaft. Wer verantwortlich für bestimmte Gefahrenquellen ist und daraus Verkehrssicherungspflichten hat, haftet auch strafrechtlich für Vorsatz und Fahrlässigkeit.[29] Wenn nicht die Sorgfalt einer ordentlichen und gewissenhaften Geschäftsführung angewendet wurde, liegt Verschulden vor. Ein typisches Beispiel ist das Verhindern von Scheinrechnungen. Dafür ist ein Kontrollsystem erforderlich, wie etwa das 4-Augen-Prinzip bei Überweisungen. Sonst ist bei Scheinbuchungen durch Mitarbeitende die Geschäftsführung ggf. persönlich haftbar.[30]

### *Praxishinweis*

***Organisationspflichten** sind vor allem:*

1. *Die sachgemäße Auswahl, Einweisung und Überwachung von Mitarbeitenden*
2. *Das Einrichten klar umgrenzter Zuständigkeiten und Verantwortungsbereiche*
3. *Die Informationsversorgung der Mitarbeitenden*
4. *Dokumentation der Geschäftsgrundlagen, Entscheidungen, Tätigkeiten*
5. *Das Risikomanagement*

Bei Spenden und Gemeinnützigkeit sind besondere Regeln zu beachten.[31]

28 Deutsche Unternehmen wurden gegenüber Dritten im Ausland durch das Lieferkettensorgfaltspflichtengesetz 2021 verpflichtet, u.a. ein Sorgfaltskonzept im Hinblick auf Menschenrechtsrisiken zu erstellen. Deutscher Bundestag v. 9.6.2021, Drs. 19/30505.

29 Z.B. muss die Geschäftsführung Vorkehrungen gegen Korruption treffen, z.B. im Hinblick auf Auftragsvergabe, die ein bestechungsanfälliger Bereich ist.

30 Zu Vermögensstraftaten von Mitarbeitenden vgl. Fissenewert, P. 2013, Compliance für den Mittelstand, S. 131.

31 Siehe § 130 OWiG zu den Aufsichtspflichten in privaten und öffentlichen Unternehmen. Das Risikomanagement ist nach § 91 AktG für Aktiengesellschaften verpflichtend. Speziell geregelt ist auch die Haftung des Vereinsvorstands, § 31a BGB, der bei unter 730 € Aufwandspauschale jährlich nicht für Fahrlässigkeit haftet. Ferner sind Pflichten zu Registrierung, Steuererklärung und Spendenbescheinigungen nach der AO, bei Gemeinnützigkeit und Insolvenz zu beachten. Vgl. auch Fissenewert, P. 2013, Compliance für den Mittelstand, zu den Pflichten der Geschäftsleitung, S. 136, zu Vereinen und gemeinnützigen Einrichtungen, S. 157–167.

Bei einer Arbeitsgefährdung verlagert sich die Haftung auf die vorgesetzten Stellen, denen die **Gefährdung** bekannt war oder sein musste. Arbeitgebende trifft insoweit das Organisationsverschulden.[32]

Überlastete Beratende können durch eine Anzeige der mit der **Überlastung** einhergehenden Gefährdungen die Leitung informieren, zur Qualitätssicherung beitragen und ihr Haftungsrisiko begrenzen. Dabei sollten die Auswirkungen im Team und im Arbeitsverhältnis sorgfältig abgewogen werden.[33]

### 11.3.3 Betriebs- und Berufshaftpflichtversicherungen

Freie Träger oder selbstständig Beratende schließen regelmäßig **Betriebs- bzw. Berufshaftpflichtversicherungen** ab, die teilweise auch für eine öffentliche Finanzierung vorausgesetzt werden. Die Versicherungsverträge sehen einen Ersatz von Schäden vor, die Versicherte im Falle fahrlässiger Verursachung tragen müssten. Vorsatz ist ausgeschlossen und, je nach Versicherungsvertrag, oft auch grobe Fahrlässigkeit.[34] Die Verträge unterscheiden sich zudem nach der Deckungssumme. Beratene haben bei einer Pflichtbetriebshaftpflichtversicherung einen direkten Anspruch gegen die Versicherung. Mitarbeitende, z.B. einer Beratungsstelle, haben in der Regel einen Freistellungsanspruch, wenn sie in ihrem arbeitsvertraglichen Rahmen den Schaden verursacht haben und ihr Verschulden vertraglich erfasst ist. Bei mittlerer Fahrlässigkeit kommt es auf den Versicherungsvertrag an, leichte Fahrlässigkeit übernimmt regelmäßig die Haftpflichtversicherung.

## 11.4 Sozialrechtlicher Herstellungsanspruch

***Dieser Abschnitt beantwortet folgende Fragen:***

- Wie gleicht der sozialrechtliche Herstellungsanspruch Beratungsfehler aus?
- Was müssen betroffene Beratene beweisen?
- Wie ist sein Verhältnis zum Überprüfungsantrag?
- Was ist, wenn wegen eines Krankenhausaufenthalts eine Frist verpasst wurde?
- Wie weit zurück reicht der Herstellungsanspruch?

Der sozialrechtliche **Herstellungsanspruch** steht nicht im Gesetz, sondern wurde von der Rechtsprechung aus den Auskunfts- und Beratungsansprüchen abgeleitet, um bestehende Lücken zu füllen. Er soll Nachteile ausgleichen, die Bürger durch pflichtwidriges Handeln

32 Beispielsweise ist die Beratungsstelle übernachgefragt, die Beratenden überlastet und übermüdet durch Überstunden und es besteht die Gefahr von Fehlern der Beratenden und einem Schaden für die Beratenen. BGH v. 11.1.2007, Az. III ZR 302/05. Papenheim, H. u.a. 2018, Verwaltungsrecht für die soziale Praxis, S. 430.

33 Mit Kolleg*innen sollten die Probleme reflektiert werden. Siehe auch Kapitel 12.3.

34 § 102, § 115 VVG. Eine private Haftpflichtversicherung schließt den Bereich der beruflichen Risiken nicht ein und reicht daher nicht. Trenczek, T. u.a. 2011, Grundzüge des Rechts, S. 627.

der Verwaltung haben. Wenn ein Sozialleistungsträger fehlerhaft berät oder falsche Auskünfte erteilt, muss der Betroffene so gestellt werden, wie er gestanden hätte, wenn er richtig beraten worden wäre.[35] Der Vorteil gegenüber der Amtshaftung (siehe dazu unten 11.5) ist, dass ein durch eine objektiv pflichtwidrige Beratung verursachter Schaden ausreicht und kein Verschulden, also Vorsatz oder Fahrlässigkeit, nachgewiesen werden muss.

***Beispiel***

*Als Beratungsfehler wurde vom BSG angesehen, dass im Management der Entlassung aus einem Krankenhaus nicht über eine mögliche Pflegebedürftigkeit nach einer Hirntumor-OP und den damit bestehenden Anspruch auf Pflegegeld beraten wurde: „Die Beratungsleistungen eines Krankenhauses nach dem Versorgungs- und Entlassmanagement haben sich auf alle Folgen zu erstrecken, die – hier bezogen auf einen etwaigen Pflegebedarf – nach Entlassung des Versicherten bei Behandlungsabschluss als möglich erscheinen können. Dazu muss die Pflegebedürftigkeit nicht bereits eingetreten sein oder mit hoher Wahrscheinlichkeit alsbald eintreten. Nach dem Zweck des Versorgungs- und Entlassmanagements muss die Beratung vielmehr auch solche nicht fernliegende Komplikationen einbeziehen, die mit der jeweiligen Behandlung typischerweise einhergehen können und auf die Versicherte und Angehörige (vgl. § 7 Abs 2 Satz 1 SGB XI) deshalb vorbereitet sein sollten." Die Behörde, in diesem Fall die Pflegekasse, musste sich den Beratungsfehler des beratungsverpflichteten Krankenhauses zurechnen lassen.*[36]

***Praxishinweis***

***Voraussetzungen des Herstellungsanspruchs***

1. *Eine Sozialleistungsbehörde hat eine Haupt- oder Nebenpflicht, insbesondere auf Auskunft und Beratung.*[37]
2. *Diese Pflicht hat sie objektiv nicht oder schlecht erfüllt.*
3. *Dieses Handeln oder Unterlassen muss pflichtwidrig sein. Beratungsfehler verstoßen gegen den Grundsatz der Gesetzmäßigkeit der Verwaltung.*
4. *Der oder die Betroffene muss deshalb falsch gehandelt haben, z.B. einen Antrag verspätet gestellt haben oder kein Rechtsmittel eingelegt haben.*
5. *Das Verwaltungshandeln muss ursächlich sein für das Verhalten des Betroffenen.*
6. *Der Betroffene muss dadurch einen Schaden haben, z.B. eine Sozialleistung nicht erhalten haben.*

35 BSG v. 27.3.2007, Az. B 13 R 58/06. Im Gegensatz zur Amtshaftung geht er nicht auf Geld, sondern auf eine Amtshandlung. Er gilt nicht für das Steuerrecht und das Kindergeld. SG Nürnberg, v. 29.6.2018, Az. S 21 KR 42/18.

36 Zum Antrag auf Pflegegeld BSG v. 17.6.2021, Az. B 3 P 5/19 R, Rn. 15. Vergleichbar wäre das bei einer Reha-Einrichtung, da sie ebenfalls zum Versorgungsmanagement verpflichtet ist.

37 Im SGB II gilt eine weite Beratungspflicht. Diese hat sich nach § 14 Abs. 2 S. 3 SGB II am Bedarf des Empfängers zu orientieren. Die Beratungspraxis der Jobcenter kann mit der Fachlichen Weisung zu § 14 SGB II verglichen werden, www.arbeitsagentur.de/datei/fw-sgb-i-14_ba015850.pdf (27.9.2022).

Liegen die Voraussetzungen vor, haben Betroffene Anspruch darauf, so gestellt zu werden, wie sie stünden, wenn die Behörde pflichtgemäß gehandelt hätte. Die Korrektur muss durch eine zulässige Amtshandlung möglich sein. Wer eine Frist deshalb versäumt hat, dem wird die Fristversäumnis nicht zugerechnet.[38] Andere fehlende Leistungsvoraussetzungen können aber nicht ersetzt werden, also z.B. nicht Erreichbarkeit von Arbeitssuchenden, die sich ggf. nicht im orts- und zeitnahem Bereich aufgehalten haben, weil sie im Urlaub waren. Mit Hilfe des Herstellungsanspruchs lassen sich lediglich bestimmte sozialrechtliche Voraussetzungen, wie z.B. die Fristerfüllung bei verspäteten Anträgen, als erfüllt ansehen, wenn sie nur wegen einer Pflichtverletzung der Behörde bislang fehlen. Die Meldung als arbeitsuchend oder für einen Termin z.B. beim Jobcenter ist jedoch ein rechtserheblicher Tatbestand. Das Fehlen dieser Meldung kann nicht durch eine rechtmäßige Amtshandlung der Behörde ersetzt werden.[39]

Schwierig ist es regelmäßig, die Nichtberatung oder die falsche Beratung zu beweisen. Zusätzlich zum plausiblen Vortrag sind Zeugen hilfreich, die mit bei der Beratung waren. Auch eine Einsichtnahme in die Akte kann Belege ermöglichen. Ferner hat der Betroffene zu beweisen, dass die Falsch- oder Nichtberatung Ursache für das falsche Verhalten des Betroffenen ist, dieser bei richtiger Beratung z.B. den erforderlichen Antrag gestellt hätte.[40]

Die Wiedereinsetzung in den vorherigen Stand ist dann vorgesehen, wenn unverschuldet eine **Frist versäumt** wurde, z.B. wenn ein Widerspruch nicht innerhalb eines Monats eingelegt wurde, weil der Betroffene wegen eines Unfalls im Krankenhaus lag. Dann kann aus diesem Grund üblicherweise innerhalb von 14 Tagen bzw. innerhalb von einem Monat nach Wegfall des Hindernisses die Handlung nachgeholt und ein Wiedereinsetzungsantrag gestellt werden.[41] Das ist auch möglich, wenn eine Frist versäumt wurde wegen einer falschen Beratung eines Sozialleistungsträgers.[42] Fristversäumnisse bei den Rechtsmitteln können oft mit einem **Überprüfungsantrag** korrigiert werden nach § 44 SGB X. Dann überprüft die Behörde ihr Handeln noch mal. War es falsch, erlässt sie einen **Aufhebungsbescheid** und trifft eine neue, nun rechtmäßige Entscheidung. Das ist der vorrangige und auch einfachere Weg, wenn z.B. eine Widerspruchsfrist versäumt wurde. Es muss dafür kein pflichtwidriges Verwaltungshandeln eines Sozialleistungsträgers nachgewiesen werden. Der sozialrechtliche Herstellungsanspruch wirkt maximal bis zu 4 Jahre nach einem Antrag zurück.[43] Zum Beispiel wurden einer Mutter, die 9 Jahre nach einem Beratungsfehler eine Erziehungsrente beantragte, nur die letzten 4 Jahre nachgezahlt.[44]

---

38 Z.B. werden Beiträge zu Sozialversicherungen umgebucht, sodass es günstiger ist für Betroffene, damit z.B. keine Zinsen für Rückstände anfallen. Zum Antrag auf Arbeitslosengeld BSG, NJW 2000, S. 2043.

39 SG Nürnberg, Endurteil v. 29.6.2018, Az. S 21 KR 42/18.

40 BSG v. 18.1.2011, Az. B 4 AS 29/10 R.

41 § 18 FamFG, § 27 SGB X und § 32 VwVfG sehen 14 Tage vor. § 67 SGG sieht einen Monat für die Klageerhebung beim Sozialgericht vor.

42 Papenheim, H. u.a. 2018, Verwaltungsrecht für die soziale Praxis, S. 196. BSG v. 25.3.2003, Az. B 1 KR 36/01 R, Rn. 17.

43 Analog § 44 Abs. 4 SGB X. Gegenüber dem Jobcenter muss max. bis zum Ende des 2. Jahres nach Zugang des Verwaltungsaktes der Überprüfungsantrag gestellt sein, da die Frist verkürzt wurde, § 40 Abs. 1 SGB II.

44 BSG Urteil vom 27. März 2007, Az.: B 13 R 58/06 R. BSG vom 24.4.2014, Az.: B 13 23/13 R. Der Anspruch verjährt innerhalb von 4 Jahren ab Anspruchsentstehung nach § 45 SGB I, also ab Kenntnis vom Beratungsfehler.

Wird der Beratungsfehler nachträglich durch die Erfüllung des Herstellungsanspruchs ausgeglichen, weil der Sozialleistungsträger leistet, ist der Schaden behoben. Hat der Beratungsfehler, etwa wegen einer mangelhaften Versorgung, zu einer Verschlechterung des Gesundheitszustandes geführt oder ist ein Zinsschaden entstanden, weil falsch Beratene zunächst in Vorleistung getreten sind, so kommt daneben eine weitere zivilrechtliche Haftung nach § 823 BGB in Frage.

***Sozialrechtliche Herstellung auf einen Blick***

1. Der sozialrechtliche Herstellungsanspruch gilt im Sozialleistungsrecht, aber nicht für Kindergeld.
2. Beratungsfehler können über den Herstellungsanspruch ausgeglichen werden.
3. Den Beratungsfehler muss der Betroffene beweisen, aber kein Verschulden.
4. Ein Überprüfungsantrag ist ggf. der einfachere Weg. Auch die Wiedereinsetzung in den vorherigen Stand kann eine Lösung sein.
5. Der Anspruch kann maximal 4 Jahre ab Antrag rückwirkend korrigiert werden.

# 11.5 Amtshaftung

***Dieser Abschnitt beantwortet folgende Fragen:***

- Was sind die Voraussetzungen für eine Haftung des Staates?
- Wann wird ein öffentliches Amt ausgeübt?
- Wann gilt die Amtshaftung auch für freie Träger?

Bei Schäden, die jemand in Ausübung eines ihm anvertrauten öffentlichen Amts verursacht, haftet der Staat nach Art. 34 GG. Ein Rückgriff auf öffentlich Bedienstete ist für Vorsatz und grobe Fahrlässigkeit vorgesehen. Das gilt auch für unerlaubte Handlungen, § 839 BGB. Bei mittlerer Fahrlässigkeit besteht also eine Haftungsprivilegierung für den öffentlichen Dienst, die den Mitarbeitenden privater Unternehmen, Vereine und freier Träger nicht zur Verfügung steht.

Als **Amtspflichtverletzungen** wurde gewertet, dass Beamte eine unrichtige oder unvollständige Auskunft gegeben hatten und offensichtlich Rechtsunkundige nicht vor einer vermeidbaren Klage bewahrt wurden.[45]

45 BGH, NJW 1970, S. 1414; OLG Hamm NJW 1989, S. 462. OLG Karlsruhe NJW 1997, S. 1992. LG Itzehoe v. 4.6.1998, Az. 6 O 523/97. Siehe zum Beratungsanspruch nach dem SGB I Kapitel 10.

### *Praxishinweis*

*„Eine umfassende Beratung des Versicherten ist die Grundlage für das Funktionieren des immer komplizierter werdenden sozialen Leistungssystems. Dementsprechend gewährt § 14 Satz 1 SGB I jedem Bürger einen subjektiven Anspruch auf umfassende Beratung über die ihn betreffenden Fragen im Zusammenhang mit der Inanspruchnahme sozialer Rechte oder der Erfüllung sozialrechtlicher Pflichten".*[46]

Auch **Mobbing** durch Vorgesetzte wurde als Amtsausübung angesehen.[47] Abgestellt wird auf die Sorgfalt eines oder einer pflichtgetreuen Durchschnittsbeamten oder -beamtin.

Liegt Vorsatz oder Fahrlässigkeit vor, so besteht der Anspruch auf Geldersatz aus Amtshaftung gegenüber der öffentlichen Verwaltung. Ein Rückgriff auf die Amtstragenden ist nur bei Vorsatz und grober Fahrlässigkeit möglich.

Eine Ausübung einer öffentlich-rechtlichen Tätigkeit im öffentlichen Dienst ist bei Mitarbeitenden, Angestellten und in Praktikum oder Hospitation gegeben. Hoheitlichen Aufgaben und Befugnisse werden teilweise auf Vereine oder private Personen übertragen, sodass diese als **Beliehene** handeln. Bei Beliehenen haftet die beauftragende Verwaltung nach den Regeln der Amtspflichtverletzungen.[48]

### *Amtshaftung auf einen Blick*

1. Der Staat haftet nur für Vorsatz und grobe Fahrlässigkeit von Amtsträgern.
2. Wurde nicht umfassend pflichtgemäß beraten, kann das eine Amtspflichtverletzung sein.
3. Amtsträger sind alle, die öffentlich-rechtlich tätig sind, auch im Praktikum sowie Beliehene.

46 BGH vom 11.3.2021, Az. III ZR 27/20 mit Verweis auf das Urteil zur Rentenversicherung: BGH vom 2. August 2018, Az. III ZR 466/16. Dörr, O. in: Beck Onlinekommentar 2021, BGB, § 839 Rn. 185. Öndül, E. D., in: Schlegel, R./Voelzke, T. 2019, jurisPK-SGB I, 3. Aufl., § 14 Rn. 13, 14, 44.1.

47 BGH v. 1.8.2002, Az. III ZR 277/01.

48 Nach Art. 34 GG und § 839 BGB. Die haftende Behörde hat Anspruch auf Ersatz gegenüber dem Beliehenen. Beleihung erfolgt über Verwaltungsakt oder -vertrag. Papenheim, H. 2018, Verwaltungsrecht für die soziale Praxis, S. 42 f. In der Jugendhilfe sind die freien Träger in der Regel nicht Beliehene. Es gibt aber Übertragungen hoheitlicher Aufgaben, die als Beleihung von freien Trägern übernommen werden.

# 12. Qualität, Beschwerdemanagement und Compliance

**Übersicht** Seite



Bei professioneller sozialer Beratung, Coaching und Mediation ist die Fachlichkeit bedeutend. Ferner gilt es, die Qualität der Beratung zu sichern und zu entwickeln. Dieses Kapitel betrachtet das Verhältnis von Fachstandards und Qualitätsentwicklung zum Recht, 12.1. Ob für ein bestimmtes Gebiet der sozialen Beratung ein Fachstandard existiert und welche Qualität abgesichert werden sollte, muss vor einer Beratung geklärt sein. Werden Fachstandards nicht eingehalten, so wurde die erforderliche Sorgfalt nicht eingehalten. Damit läge fahrlässiges Verhalten vor, weshalb, wenn es zu einem Schaden kommt, Beratende ggf. Ersatz leisten müssen, siehe Kapitel 11.

Dieser haftungsrechtliche Grund für eine Beschäftigung mit Fachstandards und Qualität ist ein extrinsischer Aspekt. Wirkmächtig ist zudem regelmäßig die intrinsische Motivation der Beratenden, gut zu beraten und ein professionelles Arbeitsbündnis mit Beratenen eingehen zu wollen. Entscheidend ist dabei die Haltung zu ihrer Profession und zu ihrer Beratungsaufgabe.[1]

Reflexion der eigenen Werte und eine Orientierung an beruflichen Wertestandards und eine demokratische Grundhaltung gehören zu den Kompetenzen und einer beruflichen Haltung.[2] Diskrepanzen zwischen der eigenen professionellen Haltung und der tatsächlichen Berufspraxis führen dagegen zu Frustrationen bis hin zu gesundheitlichen Folgen wie einem Burnout. Daher rundet ein Schlaglicht auf den rechtlichen Rahmen von Selbstfürsorge für Berater*innen dieses Kapitel ab, 12.2.

Aufgrund ihrer besonderen Bedeutung in Konfliktfällen und in der Qualitätssicherung und -entwicklung wird der Umgang mit Beschwerden einschließlich der Rechte von Hinweisge-

1 Beispielsweise hat der DAKJEF ethische Standards in der institutionellen Beratung verabschiedet, die hilfreich für die Entwicklung einer eigenen ethischen professionellen Haltung sein können und der öffentlichen Überprüfung von Beratung dienen können. DAKJEF 2021, Ethische Standards in der institutionellen Beratung, www.dakjef.de/pdf/2021-17-03_DAKJEF_EthischeStandards_final.pdf (14.12.2021).

2 Von Spiegel, H. 2013, Methodisches Handeln in der Sozialen Arbeit, S. 98.

benden sowie externen Beschwerdestellen vertieft in 12.3. Das tatsächliche Befolgen von Recht und den Regeln eines Unternehmens wird unter dem Begriff Compliance zusammengefasst. 12.4 bietet eine erste Einführung in Compliance.

# 12.1 Fachstandards und Qualitätsentwicklung im Recht

***Dieser Abschnitt beantwortet folgende Fragen:***

- Welche Qualität muss professionelle soziale Beratung absichern?
- Welche Fachstandards gelten für welche Soziale Beratung?
- Wo liegt der Unterschied zwischen Sorgfaltspflicht und Fachstandard? Muss die Büroorganisation einschließlich Technik, Digitalisierung und Aktenführung integriert werden?
- Wie werden Qualitätsentwicklungen rechtlich abgesichert?
- Wie sind Qualitätshandbücher, Audits, Evaluationen und Qualitätszertifikate rechtlich einzuordnen?

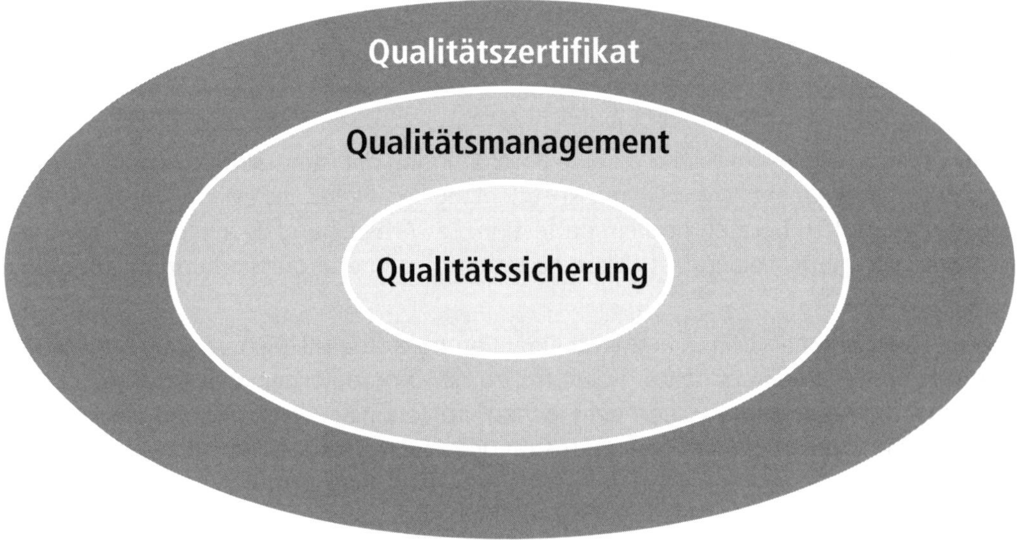


*Abbildung 2*

Von außen sichtbar ist das **Qualitätszertifikat**. Es beruht auf dem Qualitätsmanagement, das die eigentliche **Qualitätssicherung** bestimmt.[3] Zum **Qualitätsmanagement** gehören alle Maßnahmen und Aufgaben in einer Organisation, die so steuern, dass die vereinbarten Qualitätsziele erreicht werden. Eine Maßnahme sind dabei z.B. **Qualitätshandbücher**, in denen alle geplanten und systematischen Tätigkeiten dargelegt werden. Zwischen den Kreisen bestehen wechselseitige Wirkungszusammenhänge, die durch die weißen Flächen symbolisiert werden. Z.B. bringen Audits für Qualitätszertifikate Prozesse mit sich, die Erfordernisse an das Qualitätsmanagement stellen.

In der sozialen Beratung wird **Qualität** ausgehandelt. Dabei werden Bewertungsmaßstäbe für Qualität und Verfahren der Qualitätsbewertung konstruiert. Beteiligt sind Finanzierende, Leistungserbringende und Beratene, meist mit einer Dominanz der Expert*innen.[4] Entscheidend ist, an welche Qualitätsdialoge die jeweilige Soziale Beratung für ihre Qualitätssicherung anknüpft, z.B. ist eine Teilnahme der eigenen Qualitätsbeauftragten an Qualitätszirkeln in Fachverbänden üblich.

## 12.1.1 Fachstandards und Beratungskonzepte

Fachstandards, Qualitätshandbücher und Beratungskonzepte spielen im professionellen Diskurs eine entscheidende Rolle. Die Qualität der Beratung wird immer wieder neu diskutiert. Erst in dem Arbeitsbündnis von Beratenden und Beratenen erfährt sie ihre Konkretisierung. Siehe dazu Kapitel 12.1.2–12.1.3.

Was der aktuelle **Fachstandard** ist, wird in der Psychotherapie über die verschiedenen psychotherapeutischen Verfahren stark ausformuliert und über das Anerkennungsverfahren festgelegt.[5] In der Praxis werden die Verfahren teilweise kombiniert. In der sozialen Beratung sind die verbindlichen Handlungsanweisungen in der Regel weniger stark standardisiert.[6] Typischerweise sind Fachstandards von **Fachverbänden** entwickelt worden.[7] Es werden aber auch Beratungsgrundlagen für einzelne freie Träger oder einzelne Beratungsstellen entwickelt, meist ausgehend von verbandlichen Grundlagen. Das Beratungsverständnis der Deutschen Gesellschaft für Beratung (DGfB) ist anschlussfähig für viele Handlungsfelder und ist seit 2020 stärker auf Reflexivität ausgerichtet.[8]

3 Zertifikat im Sinne eines Zeichens für eine unter bestimmten Bedingungen und mit festgelegten Forderungen stattfindende Prüfung (Audit oder Qualitätscheck), die der Beurteilung der Wirksamkeit des Qualitätsmanagementsystems und seiner Prozesse durch Personal, das nicht für diese verantwortlich ist, dient.

4 Flösser, G., Qualität, in: Otto, H.-U./Thiersch, H. (Hg.) 2001, Handbuch Sozialarbeit/Sozialpädagogik, S. 1462–1468.

5 In der Pflege definiert das Deutsche Netzwerk für Qualitätsentwicklung in der Pflege (DNQP) sogenannte Expertenstandards z.B. zum Entlassungsmanagement.

6 Ortmann K. 2018, Soziale Arbeit als Beratung, S. 97.

7 Vgl. zu den Fachverbänden Kapitel 4.1.2.

8 Mit der Formulierung „die Ratsuchenden mit ihren sozialen und gesellschaftlichen Bezügen", die sich „selbst zum Gegenstand prüfender Betrachtung" machen. DGfB 2020, Beratungsverständnis der Deutschen Gesellschaft für Beratung, S. 1. Die DGfB ist ein Dachverband. Ihr sind aktuell 21 Berufs- und Fachverbände für Beratung angeschlossen.

### *Beispiel*

***Zwei Beispiele für verbandliche Beratungsstandards:***

- *Qualitätsstandards für die sozialprofessionelle Beratung vom Deutschen Berufsverband für Soziale Arbeit von 2002*
- *Mindeststandards für zertifizierte Coaches der im RTC vertretenen Mitgliedsverbände von 2020.*

Häufig integrieren Fachstandards kurze Bezüge auf rechtliche Beratungsgrundlagen, verweisen z.B. auf den strafrechtlichen Schutz von Privatgeheimnissen, die Europäische Datenschutzgrundverordnung oder die gesetzlichen Vorgaben bei einer möglichen Kindeswohlgefährdung. Daran zeigt sich, dass die Standards den normativen Rahmen füllen und konkretisiert formulieren. Auch ethische Standards ergänzen diese Normativität.[9]

Ferner können die Anwendung von Standards, Konzepten oder Zertifizierungen rechtlich eingeforderte Voraussetzung für eine Zulassung von Einrichtungen sein, z.B. ein Schutzkonzept in der Kinder- und Jugendberatung nach § 45 SGB VIII[10]. Es können auch mehrere Standorte mit einer Leitung als eine Einrichtung gewertet werden, für die ein einheitliches Konzept besteht.[11] § 79 Abs. 1 Nr. 3 SGB VIII sieht zudem eine kontinuierliche Qualitätsentwicklung in der Jugendhilfe vor. Qualitätssicherung und Beratungskonzepte werden hier zunächst auf der Managementebene nachgefragt. So setzt die Abrechnung mit Arbeitsagenturen und Jobcentern für Maßnahmen wie z.B. ein Coaching für Erwerbslose eine Zertifizierung voraus, die auch ein Qualitätssicherungsmanagementsystem verlangt.[12]

### *Beispiel*

***Beispiel für ein rechtlich reguliertes Qualitätsmanagement: § 2 Abs. 4 AZAV***

*Ein System zur Sicherung der Qualität nach § 178 Nr. 4 SGB III liegt vor, wenn durch zielgerichtete und systematische Verfahren und Maßnahmen die Qualität der Leistungen gewährleistet und kontinuierlich verbessert wird. Damit die fachkundliche Stelle das Vorliegen der Voraussetzungen beurteilen kann, erhält sie von dem Träger eine Dokumentation grundsätzlich*

1. *zu einem kundenorientierten und auf Eingliederung in den Ausbildungs- und Arbeitsmarkt gerichteten Leitbild,*

---

9 Z.B. hat der DAKJEF 2021 Ethische Standards für institutionelle Beratung verabschiedet, hat Fachstandards von 2013 und für verschiedene Bereiche Qualitätsstandards, siehe www.dakjef.de/index.html?p=publications (14.12.2021).

10 Vertiefend Kepert, J. et al. 2021, Praxishandbuch Kinderschutz.

11 BVerwG v. 24.8.2017, Az. 5 C 1/16. Ferner handelt es sich bei § 45 SGB VIII um Mindeststandards, die überschritten werden dürfen. Vgl. auch Deutscher Verein 2012, Empfehlungen zur Sicherung der Rechte von Kindern und Jugendlichen in Einrichtungen.

12 Für die Trägerzulassung nach § 178 Nr. 4 SGB III i.V.m. der Akkreditierungs- und Zulassungsverordnung Arbeitsförderung, AZAV. Ferner ist für Maßnahmenzulassungen u.a. eine ausreichende Erwartung erfolgreicher Teilnahmen vorgesehen nach § 179 Abs. 1 Nr. 1 SGB III.

2. *zur Unternehmensorganisation und -führung einschließlich der Festlegung von Unternehmenszielen und der Durchführung eigener Prüfungen zur Funktionsweise des Unternehmens,*
3. *zu einem zielorientierten Konzept zur Qualifizierung und Fortbildung der Leitung und der Lehr- und Fachkräfte,*
4. *zu Zielvereinbarungen einschließlich der Messung der Zielerreichung und der Steuerung fortlaufender Optimierungsprozesse auf Grundlage erhobener Kennzahlen und Indikatoren,*
5. *zur Berücksichtigung arbeitsmarktlicher Entwicklungen bei Konzeption und Durchführung von Maßnahmen der Arbeitsförderung,*
6. *zu den Methoden zur Förderung der individuellen Entwicklungs-, Eingliederungs- und Lernprozesse der Teilnehmenden,*
7. *zu den Methoden der Bewertung der durchgeführten Maßnahmen sowie ihrer arbeitsmarktlichen Ergebnisse,*
8. *zur Art und Weise der kontinuierlichen Zusammenarbeit mit Dritten und der ständigen Weiterentwicklung dieser Zusammenarbeit und*
9. *zu einem systematischen Beschwerdemanagement einschließlich der Berücksichtigung regelmäßiger Befragungen der Teilnehmenden.*

Des Weiteren kann der Kostenträger in Leistungsvereinbarungen ein Qualitätsmanagementsystem einfordern und die Übernahme der Kosten von Qualitätssicherungen abhängig machen.[13] Wie bei BGB-Verträgen kann die Vergütung gekürzt werden, wenn die vereinbarte Qualität nicht erbracht wurde. Daher werden von Verbänden inzwischen umfangreiche Materialien für die Umsetzung von Qualitätsmanagementsystemen zur Verfügung gestellt, die jeweils auf die einzelne Einrichtung angepasst werden können.[14]

Angesichts ökonomischer Bedrängungen und der Steuerungserwartungen ist aber auch ein Standard zum Umgang mit dem Standard sinnvoll, der eine **fehlerfreundliche** Arbeitskultur einschließt. Eigene Grenzen und Fehler anzusprechen, macht Qualität aus.[15] Verbände und Fachgesellschaften nehmen auf die Gesetzgebung Einfluss. Aber auch regionaler Austausch in Landesarbeitsgemeinschaften und interne Arbeitsgemeinschaften,

13 Das ist insbesondere in der Pflege bereits Praxis. Die Dokumentation erweist sich dabei als besonders fehleranfällig. Auch § 79a SGB VIII verlangt von den örtlichen Trägern der öffentlichen Kinder- und Jugendhilfe die Umsetzung des Qualitätsauftrags gemäß § 22a Absätze 1–5i SGB VIII.

14 Z.B. bietet das Diakonie-Siegel über Bundes- und Landesrahmenhandbücher unter anderem zu Bereichen wie Migrationsfachdienste oder Schutz und Beratung bei häuslicher und sexualisierter Gewalt sowie Arbeit Leitfäden zum Aufbau eines Qualitätsmanagementsystems. So auch z.B. das AWO-Qualitätsmanagement, das z.B. eine „Norm" zu Beratungsstellen anbietet, vgl. https://www.awo.org/service/qualitaetsmanagement (4.8.2021).

15 Hansen schlägt hierfür einen Prozess vor, der Reflexion, Differenzsensibilität und Aushandlung ermöglicht. Durch Kommunikation und Beteiligung der Beratenen kann dies im Einzelfall ermöglicht werden. Begreift man Qualitätsentwicklung als kontinuierlichen Prozess, sind diese Kommunikationsgemeinschaften strukturell und kulturell zu verankern. Hansen, F. 2010, Standards in der Sozialen Arbeit, S. 12. Explizit das Verhältnis von Recht und Pädagogik und ihrer Qualität greift Martin Stoppel auf, https://www.paedagogikundrecht.de (1.10.2022).

u.a. zum Thema Qualität, tragen zur Qualitätsentwicklung bei. Daran knüpfen dann teilweise Qualitätsrahmen auf Landesebene an, die z.T. auch Zertifizierungen anbieten.[16] Andererseits bestimmt das Recht die Aufgaben und die Rahmenbedingungen. Was Qualität in der Beratung ist, ist ein diskursiver Prozess zwischen Politik, Praxis und Rechtsprechung, zwischen Beratenen und ihren Angehörigen auf der einen Seite und Beratenden und ihren Organisationen auf der anderen Seite.[17]

## 12.1.2 Qualität im Einzelfall

In sozialer Beratung, Coaching und Mediation ist es herausfordernd festzustellen, was im Einzelfall die richtige Beratung ist. Jedes Beratungsmodell hat seine Grenzen. Z.B. werden systemisch arbeitende Familientherapeuten familieninterne Konflikte zum Beratungsgegenstand machen, während Beratene vielleicht eher die Existenzsicherung als Problem betonen. Die **Passung** zwischen Beratenden und Beratenen zu finden, kann auch bedeuten, Störungen zu identifizieren. Eine gemeinsame Problemsicht und einen gemeinsamen Beratungsmodus müssen sich beide oft erst erarbeiten. Beratung kann darauf mit der Orientierung an verschiedenen Faktoren reagieren: Situation, Problem, Ressourcen, Prozess, Begleitung. Beratenden stehen einerseits Komplexität verringernde, Sicherheit bietende Beratungskonzepte zur Verfügung. Andererseits können sie Orientierungen nutzen, die Komplexität zulassen. Die Praxis wird im Einzelfall von Beratenden und Beratenen ausgehandelt. Fachstandard ist eine reflektierende Praxis, die sich erprobt und bewährt.[18] Forschende Praktizierende in Beratung, Coaching und Mediation machen mit ihren eigenen Selbst- und Beratungsbeobachtungen, Dokumentationen, Evaluationen und Forschungsprojekten diese **reflektierende Praxis** aus.[19]

## 12.1.3 Qualität im schwierigen Fall

Der Umgang mit schwierigen Situationen ist Thema in der Beratungsfortbildung. Die Literatur spricht von Widerständen auf Seiten der Beratenen oder von Dissonanzen oder **Störungen** der Passung.

---

16 Z.B. zum Qualitätshandbuch und -siegel der LAG Schuldnerberatung Berlin Fairlie, S. 2013, Qualitätssiegel Soziale Schuldnerberatung.

17 Arbeitsgemeinschaft Kinder- und Jugendhilfe, 2018, Recht und Wirklichkeit von den Wechselwirkungen zwischen Sozialer Arbeit und Recht, S. 17. Vgl. auch Kapitel 1.

18 Ortmann, K. 2018, Soziale Arbeit als Beratung, S. 97–104.

19 Ukowitz, M., Auf dem Weg zu einer interdisziplinären Praxeologie: Interventionsforschung in der prozessorientierten Beratung, S. 44–52, in: Wegener, R. u.a. (Hg.) 2011, Coaching entwickeln. Diese reflektierende Praxis ist dann auch von Sachverständigen in Zweifelsfällen zu würdigen. Vgl. Kapitel 2 zum Einbringen von Expertise in Verfahren.

### *Beispiel*

*Ist es fachlicher Standard, auf unentschuldigtes Nichterscheinen zum Termin mit dem Verlangen eines Ausfallhonorars zu reagieren? Oder ist es z.B. gerade Symptom problembelasteter Alleinerziehender, die eine flexiblere Terminvereinbarung und telefonische Beratungsangebote benötigen?*[20]

Beratungsliteratur und -forschung beschreibt Beratungsfehler oder „Don'ts".[21] Neben den straf- und datenschutzrechtlichen Grenzen sind häufiger die Erwartungen von Beratenen nach Nähe und privaten Beziehungen problematisch. Private Kontakte und Beziehungen zu Beratenden können mit einem Verweis auf die Besonderheit der Arbeitsbeziehung und die besonderen Chancen, die gerade in dieser Art der Beziehung liegt, abgelehnt werden, sodass Beratene sich nicht als Person zurückgewiesen fühlen.[22] Je größer die Nähe in der Arbeitsbeziehung, desto wichtiger ist es, daran zu erinnern, dass es sich um eine Arbeitsbeziehung handelt, damit z.B. Enttäuschungen vermieden werden. Hilfreich ist es, zur Vermeidung von Fehlern Beratungskonzepte zu haben und auf schwierige Situationen z.B. durch Fortbildungen und Supervisionen vorbereitet zu sein.[23] Dazu gehören z.B. typischerweise ein Schutzkonzept für die sexuelle Selbstbestimmung oder ein Nähe-Distanz-Konzept.[24] Gerade die Aktualisierung der Konzepte für den schwierigen Arbeitsalltag macht die Qualität der Beratung aus.

Auch um einer Haftung vorzubeugen, stellt sich die Frage, was rechtlich das richtige Vorgehen ist in schwierigen Situationen. Zur Entscheidung schwieriger Beratungsfragen und -situationen kann Recht beitragen. Letztlich ist es nicht ein entpersonalisiertes Recht, sondern es sind z.B. konkrete Richterinnen und Richter, die entscheiden würden. Wie gehen diese juristischen **Professionen** z.B. mit Dilemmata um, wie die eigene Profession?[25] Recht kann so in den fachlichen Diskurs einbezogen werden.

Ein juristischer methodischer Standard zum Umgang mit schwierigen Fällen ist die **Verhältnismäßigkeitsprüfung**. Oft, wenn staatliche Interventionen gegen Rechte von Bürgerinnen und Bürgern stehen, stellen juristische Professionelle die Frage, ob staatliche Macht verhältnismäßig für einen legitimen Zweck eingesetzt wurde.

20 Ortmann, K. 2018, Soziale Arbeit als Beratung, S. 155–157.

21 Nichtbeachtung von Übertragungsphänomenen, falscher Umgang mit „Widerständen" der Beratenen, Chronifizierung durch Beratung. Beushausen, J. 2020, Beratung lernen. Grundlagen Psychosozialer Beratung und Sozialtherapie für Studium und Praxis. Gordon formuliert zudem typische Kommunikationssperren, mit denen Beratenen signalisiert wird, dass etwas nicht stimmt und das Problem bedeutungslos ist: „Das ist doch kein Grund, sich aufzuregen." „Lass uns doch erst mal was anderes machen." Gordon, T. 2012, Familienkonferenz, S. 368.

22 Ortmann, K. 2018, Soziale Arbeit als Beratung, S. 159.

23 Kollegiale Fachberatungen für schwierige Beratungssituationen werden inzwischen auch Online angeboten.

24 Teilweise werden Beratungskonzepte gesetzlich vorgeschrieben, wie z.B. in § 45 SGB VIII das Schutzkonzept in der Kinder- und Jugendhilfe für viele Einrichtungen.

25 Zur psychologischen Perspektive siehe Ludewig-Kedmi, R. 2006, Das Recht der Psychologie. Vgl. Zu Dilemmata in der Berufsethik DBSH 2014, Berufsethik des DBSH, in: Forum Sozial 4/2014, S. 37 f.

***Definition***

*Die drei Elemente der Verhältnismäßigkeit:*

1. *Ist die Intervention geeignet, einen legitimen Zweck zu erreichen?*
2. *Ist die Intervention erforderlich, also das mildeste Mittel, um diesen Zweck zu erreichen?*
3. *In welchem Verhältnis stehen die Vorteile der Intervention zu ihren Nachteilen und ist sie insgesamt angemessen?*

Siehe dazu auch ein Beispiel zu den Grenzen der Mitwirkung im Kapitel 14.2.

## 12.1.4 Folgen von Qualitätsmängeln

Was fachlich legitim ist, setzt sich in der Regel auch vor Gericht durch. Rechtlich bewertet wird Beratungsqualität, z.B. in Haftungsfällen, wenn Sachverständige bestimmen, welcher der für die jeweils erbrachte Beratung anzuwendende Fachstandard ist und ob dieser eingehalten wurde oder nicht.[26] Der Unterschied zwischen Standard und **Sorgfaltspflicht** besteht darin, dass für die Bestimmung Letzterer auch auf eine geübte Praxis zurückgegriffen wird. Oder ein zwar formulierter Standard wird nicht für die Bestimmung der Sorgfaltspflicht herangezogen, wenn er nicht ausreichend in der Berufsgruppe tatsächlich anerkannt ist. Für die Sorgfaltspflicht wird sozusagen beurteilt, ob der Fachstandard in der konkreten Beratungssituation tatsächlich einzuhalten ist. Je mehr eigene Beschreibung und Forschung zur eigenen Fachlichkeit vorgelegt werden kann, desto eher ist die Fachlichkeit plausibel.

Häufig sind von Gerichten zwar die Hilfevoraussetzungen, z.B. in der Eingliederungs-, Kinder-, Jugend- oder Sozialhilfe, voll überprüfbar, nicht jedoch die Erforderlichkeit und Geeignetheit der Maßnahmen. In den Urteilen wird der fachliche Beurteilungsspielraum berücksichtigt, der nicht voll gerichtlich überprüfbar ist.[27] Unbestimmte Rechtsbegriffe werden ausgefüllt und Prognosen erstellt. Was bedeutet Kindeswohl? Was bedeutet es für ein bestimmtes Kind aus einer bestimmten Familie in Zukunft? Beratungsprofessionen wie Erziehungswissenschaft, Pädagogik oder Soziale Arbeit konkretisieren diese Begriffe und haben damit Anteil an der Macht des Rechts.[28]

## 12.1.5 Personal für Qualität

Qualität wird in der Beratung zu einem hohen Anteil durch gutes **Personal** und gute Aus-, Fort- und Weiterbildungen bestimmt. Damit korrespondieren die rechtlichen Personalvorgaben zu Fachkräften, die einhergehen mit Vorgaben zu den Fortbildungen und Praxisbe-

26 Haftungsrechtlich müssen dann zusätzlich Schaden und Kausalität von Schadensersatz Beanspruchenden bewiesen werden. Vgl. Kapitel 11.

27 Siehe zu einer Hilfe für Volljährige nach § 41 SGB VIII VGH 2.6.2017, Az. 12 C 16.2159.

28 Arbeitsgemeinschaft Kinder- und Jugendhilfe 2018, Recht und Wirklichkeit von den Wechselwirkungen zwischen Sozialer Arbeit und Recht, S. 2. Siehe zu Recht und Beratung in der Demokratie zudem Kapitel 1.5.

ratungen für das Personal, z.B. in § 72 Abs. 3 SGB VIII und § 6 Abs. 2 SGB XII, vgl. Kapitel 4.2 zum Fachkräftegebot.

***Praxishinweis***

*Die Berufsverbände, Landesarbeitsgemeinschaften und private Institute bieten Fortbildungen und Konferenzen an. Ein breites, aktuelles Angebot hat z.B. der Deutsche Verein für öffentliche und private Fürsorge: www.deutscher-verein.de. Für konsekutive Master fallen keine hohen Gebühren an, siehe z.B. die Master-Beratung in der Sozialen Arbeit an der ehb: https://www.eh-berlin.de/studium/master/beratung-in-der-sozialen-arbeit.*

Angesichts von Fachkräftemangel in manchen Bereichen kommt es im Personalmanagement auf den Wettbewerb um das Personal an. Neben Faktoren wie der Bezahlung oder der Arbeitsplatzsicherheit eröffnen Fachkräftequalifizierung und Persönlichkeitsentwicklung Spielräume. Z.B. können fördernde Personalgespräche die möglichen Aufstiegschancen thematisieren und individuelle Wege unterstützen. Eine wertschätzende Haltung gegenüber den Einsteigenden und Bleibenden sowie familienfreundliche Arbeitsbedingungen sind für ein gutes Betriebsklima insgesamt hilfreich und tragen damit zur Selbstfürsorge der Beratenden bei.

In §§ 84 und 89 SGB XI wird die Finanzierung tarifvertraglich und nach kirchlichen Arbeitsrechtsregelungen vereinbarter Vergütungen für das Personal gesetzlich abgesichert. § 79 Abs. 3 SGB VIII sieht seit dem 10.6.2021 digitale Geräte und ein **Personalbemessungsverfahren** für die öffentliche Kinder- und Jugendhilfe vor.[29] Die Qualitätssicherung sieht für Soziale Beratung häufig Fallbesprechungen im Team und Supervisionen mit Externen vor. Auch hier stellt sich die Frage, inwieweit politisch gewollte Qualität gesetzlich vorgesehen und auch finanziert wird.[30]

## 12.2 Professionelle Selbstfürsorge als Qualität und Recht

„Probleme mit Bezug auf Schwierigkeiten bei der Lebensbewältigung" werden im ICD 10 im Kapitel „Personen, die das Gesundheitswesen aus sonstigen Gründen in Anspruch nehmen", aufgezählt und umfassen unter anderem auch das Ausgebranntsein, den **Burn-**

29 Allerdings wird nur die Orientierung am Bedarf rechtlich vorgegeben und das Verfahren nicht genauer bestimmt. Vgl. auch im SGB IX: § 124 Abs. 1 Satz 6 i.V.m. § 38 Abs. 2 Satz 1 SGB IX und Ziffer 4.3 der „Eckpunkte für Empfehlungen zu Rahmenverträgen zur Erbringung von Leistungen der Eingliederungshilfe-nach § 131 Abs. 3 SGB IX".

30 Vgl. für die Beratung durch Jobcentermitarbeitende eine Studie, die als zentrale Problemfelder Zeitdruck in der Beratung, fehlende Möglichkeiten zur Reflexion und Weiterentwicklung von Beratungskompetenzen und die schwierige Integration der Beratungspraxis in die organisationalen Strukturen und Steuerungsbedarfe der Jobcenter benennt. Rickert, P./Kärntner, J. 2021, Neue Perspektiven auf die Beratung der Jobcenter: Herausforderungen aus Sicht der Fachkräfte in NRW, in: Sozialer Fortschritt; 2021, Vol. 70 Issue 2, S. 75–94.

**out**, körperliche oder geistige Belastungen ohne nähere Angaben, Mangel an Entspannung und Freizeit, soziale Rollenkonflikte, Stress und Zustände der totalen Erschöpfung.[31] Literatur zur **Work-Life-Balance** bietet Wege zur Prävention von A wie Achtsamkeit über Nein-Sagen, S wie sinnstiftende Arbeit bis zu Z wie Zeit für Beziehungen und Quatsch machen.[32]

Neben u.a. den Ressourcen, der Konstitution und dem Standing auf der persönlichen Ebene sind die Ebenen von Arbeitsplatz und Institution gesundheitsrelevant. Zur Gesundheit kann in Institutionen eine Unternehmenskultur entwickelt werden, an der Mitarbeitende partizipieren sollten.[33]

***Praxishinweis***

*Gerade in der sozialen Beratung, in der es auf das Einbringen der eigenen Persönlichkeit in der Beratung ankommt, ist die Fürsorge für alle Mitarbeitenden ein wesentliches Element der Qualitätsentwicklung.*

Rechtlich werden die Selbstfürsorge der Mitarbeitenden und die Fürsorge der Leitung für die Mitarbeitenden über das Arbeitsrecht abgesichert. Sie sind Nebenpflichten aus dem **Arbeitsvertrag** aus § 241 Abs. 2 BGB. Werden sie verletzt, können ggf. Arbeitnehmende ihre Arbeitskraft zurückbehalten und bei Schaden durch verschuldete Fürsorgepflichtverletzungen Schadensersatz und Schmerzensgeld verlangen.[34] Nach dem **Arbeitsschutzgesetz** sind Arbeitgebende verpflichtet zum Gesundheitsschutz. Kann die Arbeit nicht mehr fachgerecht durchgeführt werden und können daraus Gefährdungen für einen selbst oder andere Betroffene entstehen, sind Mitarbeitende nach § 16 ArbSchG zu **Gefährdungsanzeigen** verpflichtet.[35] Gründe können z.B. Personalmangel, strukturelle Mängel, defekte Arbeitsmittel oder Mobbing sein.

***Praxishinweis***

*Gesundheitsschutz im Team:[36] Die Pflicht, Mitarbeitende und Beratene vor Gesundheitsgefahren zu schützen, trifft Arbeitgebende und Mitarbeitende. Z.B. müssen sie verhindern, dass ein Arbeitsklima herrscht, in dem Verhaltensweisen bewirken, dass die Würde verletzt wird oder Einschüchterung und Beleidigung das Arbeitsumfeld prägen.*

Arbeitsschutz über Partizipationsstrukturen ist z.B. über Betriebsräte oder niedrigschwellige Teamstrukturen möglich. Kreative Beschäftigungslösungen helfen, die richtige Work-

31 ICD 10, GM Version 2020, Z 73.

32 Ortmann, K. 2018, Soziale Arbeit als Beratung, S. 172. Lübeck, D. 2020, Psychologie in der Sozialen Arbeit, S. 191–201. Dima, Z./Ernest, M. 2021, Selbstfürsorge und Schutz vor eigenen Belastungen für Soziale Berufe.

33 Hungerlang, E. 2017, Betriebliche Gesundheitsförderung, S. 40.

34 §§ 273, § 276 § 280 BGB. Schaub, G./Koch, U. 2018, Arbeitsrecht von A-Z, S. 265, 499.

35 LAG Niedersachsen, Urteil vom 12.9.2018, Az. 14 Sa 140/18. Die Gefährdung kann subjektiv beurteilt werden, darf aber nicht leichtfertig, willkürlich oder nur aus berufspolitischen Gründen angezeigt werden.

36 BAG v. 15.9.2016, Az. 8 AZR 351/15.

Life-Balance zu finden. Ansprüche auf Homeoffice, Teilzeitarbeit oder flexible Arbeitszeiten gehören inzwischen dazu. Auch können über diese Strukturen Konfliktlösungen gefunden werden. Sie können über **Betriebs-, Dienst- oder Verhaltensvereinbarungen** auf Dauer vertraglich abgesichert werden.[37]

Frühzeitige interne Kommunikation löst viele Probleme und ist als Loyalitätspflicht zwischen den Arbeitsvertragspartnern im Konfliktfall dringend zu empfehlen. Oft ist sie Voraussetzung für Erfolge in späteren Gerichtsprozessen, z.B. zum Kündigungsschutz. Beweise sollten ebenfalls für den Konfliktfall gesichert werden, z.B. ein Mobbing-Tagebuch geschrieben werden.

***Qualität auf einen Blick***

1. Fachlich gute Beratung wird anhand reflexiver Standards und Kommunikation im Einzelfall plausibel.
2. Beratungskonzepte und Dokumentation der Kommunikation im Einzelfall machen Beratung für Dritte beurteilbar.
3. Qualitätsmanagement ist vielfach auch aus rechtlichen Gründen erforderlich.
4. Sich um die Gesundheit des Teams zu kümmern, stärkt die Qualität der Beratung und gehört zum gesetzlichen Arbeitsschutz.

## 12.3 Beschwerdemanagement und Hinweisgebende

***Dieser Abschnitt beantwortet folgende Fragen:***

- Warum ist Beschwerdemanagement Teil der Qualitätssicherung?
- Wann sind interne oder externe Meldestellen für Whistleblowing nötig?

Ein in der Praxis entscheidendes Element der Qualitätssicherung ist der Umgang mit **Beschwerden** und Hinweisen auf Verstöße gegen Recht und ethische Grundsätze. Risiken und Verstöße können so aufgedeckt und bearbeitet werden. Öffentlich-rechtlich sind Dienstaufsichtsbeschwerden, Aufsichtsverfahren und Rechtsbehelfe sowie gerichtlicher Rechtsschutz vorgesehen. Zudem gibt es Beauftragte oder Beratungs- und **Beschwerdestellen** für verschiedene Bereiche.[38] Vom Kummerkasten im Wartezimmer der Beratungsstelle über ein Teammitglied als Beschwerdefachkraft und einen Betriebsrat bis hin zur An-

37 Vgl. zu Compliance Kapitel 12.4.

38 Gleichstellung, Datenschutz, Migration, Flüchtlinge und Integration, die Belange behinderter Menschen, die Belange der Patientinnen und Patienten, Fragen des sexuellen Kindesmissbrauchs sowie die Antidiskriminierungsstelle des Bundes, Beratungs- und Beschwerdestellen für alte Menschen, die Kinderschutzkommission des Bundestags, Kinderbeauftragte der Kommunen und Bürgerbeauftragte. Eine Beschwerde hier kann z.B. im Verhältnis zu einer Petition nach Art. 17 GG oder einer Klage der einfachere Weg sein. Zu Beschwerdestellen und ombudschaftlicher Beratung vor allen in der Kinder- und Jugendhilfe Kapitel 6.

gabe einer unabhängigen Ombudsstelle oder eines Rechtsanwaltbüros als externe Beschwerdestelle auf der Webseite ist vieles üblich. Neben Beteiligungsstrukturen sind interne Beschwerdestellen auch ein Element der Qualitätssicherung.[39]

***Praxishinweis***

*Eine verbindliche Beschwerdestruktur garantiert den Beratenen, aber auch allen anderen Kooperationspartnern und den Mitarbeitenden, eine inhaltliche Befassung mit der Beschwerde und eine Antwort. Der Organisation ermöglicht sie, Risiken besser zu erkennen und zu vermeiden und zusätzlich Qualität zu entwickeln und zu sichern.*

***Kleine Checkliste für ein Beschwerdeverfahren:***

- *Wie werden Beschwerden angeregt?*
- *Wer kann sich beschweren?*
- *Bei wem und/oder wo kann man sich beschweren?*
- *Wie kann man sich beschweren: mündlich, schriftlich, elektronisch, offen, persönlich …?*
- *Wie kann man sich anonym beschweren?*
- *Wie werden die Beschwerden von wem bearbeitet?*
- *Wie wird mit Beschwerenden und Hinweisgebenden umgegangen?*
- *In welcher Frist erhalten Beschwerende eine Antwort?*
- *Wie werden Beschwerden ausgewertet?*

In vielen Bereichen verlangen rechtliche Vorgaben die Einrichtung eines Beschwerdemanagements, z.B. in der Nr. 9 des oben abgedruckten § 2 Abs. 4 AZAV. In der Kinder- und Jugendhilfe erhalten Einrichtungen nur die in der Regel notwendige Betriebserlaubnis, wenn sie ein Schutzkonzept vorweisen, das eine Beteiligungs- und Beschwerdestruktur umfasst.[40]

§ 47 SGB VIII regelt die **Meldepflicht** von besonderen Vorkommnissen für Kinder- und Jugendhilfeeinrichtungen, die eine Betriebserlaubnis benötigen. **Hinweisgebende** Mitarbeitende können für die Aufdeckung von Fehlentwicklungen und Straftaten „ein Geschenk" sein und sollten in die Schutzkonzepte einbezogen werden. Zudem gibt es bereits

39 Ein Beispiel einer Internetseite zum Beschwerdemanagement Lafim-Diakonie e.V. 2021, https://lafim.de/beschwerdemanagement/ (23.7.2021).

40 § 45 SGB VIII mit der Formulierung „geeignete" Teilhabe und Beschwerdemöglichkeiten. Welche Möglichkeit geeignet ist, muss über den Fachdiskurs entschieden werden. Ferner wird die Personalauswahl an die fachliche Eignung durch Qualifikationen und Führungszeugnisse gebunden. Was hier „regelmäßig" bedeutet, wird die Rechtsprechung entscheiden, m.E. könnte alle 5 Jahre sinnvoll umsetzbar sein. In § 46 SGB VIII wurden zudem die Kontrollbefugnisse der Aufsichtsbehörden erweitert. DJI 2020, Stellungnahme des DJI zum Referentenentwurf des Kinder- und Jugendstärkungsgesetz des BMFSFJ vom 5.10.2020. Wolff, M./Schröer, W./Fegert, J. M. (Hg.) 2017, Schutzkonzepte in Theorie und Praxis – Ein beteiligungsorientiertes Werkbuch.

u.a. gesetzlich gestützte Meldemöglichkeiten bei Korruption für Beamte und zum AGG.[41] „Auch ohne konkrete gesetzliche Verpflichtung haben in den letzten Jahren zudem viele, vor allem größere Unternehmen interne **Whistleblowing**-Stellen als Teil ihrer Compliance-Organisation eingerichtet, nicht selten über die Beauftragung von Rechtsanwälten als Ombudspersonen. Zudem stehen Whistleblowern immer häufiger auch anonyme Meldekanäle über entsprechende Online-Dienste zu Verfügung. Zu beachten ist aber, dass branchenübergreifende rechtliche Vorgaben und Schutzstandards für diese Whistleblowing-Stellen bisher fehlen und unternehmensinterne Whistleblowing-Stellen in letzter Instanz immer den Interessen des Arbeitgebers verpflichtet sind."[42]

Für Hinweisgebende und vom Hinweis Beschuldigte stellt sich die Frage, inwieweit ihre Daten durch die Meldesysteme geschützt sind, zumal die DSGVO beiden Auskunftsansprüche gewährt. Es ist eine einzelfallbezogene Interessenabwägung vorzunehmen zwischen den Interessen der Beschuldigten und der Hinweisgebenden.[43]

### *Praxishinweis*

*Transparency Deutschland bietet 7 Fragen für potenzielle Hinweisgebende, um den Hinweis und die Folgen kritisch zu prüfen: www.transparency.de/themen/hinweisgeberschutz/hinweise-fuer-hinweisgeber/*

Eine EU-Richtlinie verlangt, dass in Deutschland bis zum 17.12.2021 ein nationales Gesetz zum Schutz von Hinweisgebenden in Kraft treten sollte, für das seit Juli 2022 ein Regierungsentwurf vorliegt.[44] Solange das **Hinweisgeberschutzgesetz** nicht in Kraft getreten ist, können sich z.B. in einem Kündigungsschutzverfahren gekündigte Hinweisgebende direkt auf die EU-Richtlinie berufen und dürften dann besser als bisher geschützt sein, allerdings nur bei Verstößen gegen EU-Recht.[45] Eine Pflicht für interne Meldestellen ist nach § 12 Abs. 2 Hinweisgeberschutzgesetz-Entwurf 2021 für Unternehmen und Dienststellen ab 50 Beschäftigten vorgesehen. Ferner soll eine externe **Meldestelle des Bundes** eingerichtet werden und können die Länder externe Meldestellen einrichten. Meldungen kön-

41 § 67 Abs. 2 S. 1 Nr. 3 BBG bzw. § 37 Abs. 2 S. 1 Nr. 3 BeamtStG, § 85 BetrVG, §§ § 68 Abs. 1 Nr. 3, § 61 Abs. 1 Nr. 3 und § 91 Abs. 2 BPersVG, §§ 13 und 27 AGG, § 7 WehrBBtG, § 8 Abs. 1 PKGrG. Einrichtungsunabhängig sind Fehler in Krankenhäusern zu melden, § 108 SGB V, GBA 2016, Bestimmung von Anforderungen an einrichtungsübergreifende Fehlermeldesysteme. Landesrechtlich z.B. seit 2019 nach § 15 NKHG.

42 Whistleblower-Netzwerk e.V. o.J., FAQ-Rechtslage, unter 7.

43 Zum Auskunftsanspruch Arbeitnehmender nach Art. 15 DSGVO LArbG Baden-Württemberg vom 20.6.2018, Az. AZ 17 Sa 11/18. Zur Ausnahmevorschrift Art. 14 Abs. 5 lit. c) DSGVO i.V.m. § 29 Absatz 1 S. 1 BDSG Datenschutzkonferenz (DSK) 2018, Orientierungshilfe zu Whistleblowing-Hotlines vom 14.11.2018.

44 EU-RICHTLINIE 2019/1937 vom 23. Oktober 2019 zum Schutz von Personen, die Verstöße gegen das Unionsrecht melden. Bundesregierung 2022, Entwurf eines Gesetzes für einen besseren Schutz hinweisgebender Personen sowie zur Umsetzung der Richtlinie zum Schutz von Personen, die Verstöße gegen das Unionsrecht melden.

45 Bekanntester Fall aus dem Sozialen Bereich ist der Fall der Altenpflegerin Frau Heinisch, die gegen ihre Kündigung bis zum EGMR in Straßburg klagte. Der EGMR verurteilte Deutschland wegen einer Verletzung der Meinungsfreiheit durch die Loyalitätspflichten von Arbeitnehmenden betonenden oberen Arbeitsgerichte zu einer Entschädigung. Die von Frau Heinisch angeprangerte Gewalt in Pflegeheimen ist jedoch weiterhin ein Problem. EGMR v. 21.7.2011, Heinisch vs. BRD, Az. 28274/08. Dick, J., Mobilisierung von Recht in der Pflege, S. 89 f. in: Dibelius, O./Piechotta-Henze, G. (Hg.) 2020, Menschenrechtsbasierte Pflege.

nen zukünftig dann auch über diese externen Meldestellen Soziale Beratungen betreffen, da alle Verstöße gegen straf- oder bußgeldbewehrte Gesetze, also z.B. auch die Schweigepflicht und bußgeldbewehrte Datenschutzverstöße, erfasst sind.[46]

## 12.4 Risiken vermeiden durch Compliance

***Dieser Abschnitt beantwortet folgende Fragen:***

- Was sind Risikomanagement und Compliance?
- Worauf ist bei Compliance zu achten?
- Lohnt sich Compliance?

Ist der Schaden erst einmal eingetreten, ist es zu spät. Sinnvoll ist es, vorher Risiken der Beratung möglichst zu verhindern. Dafür haben sich die Begriffe Risikomanagement und – in der freien Wirtschaft – Compliance etabliert. Auch ist es Teil von Qualitätssicherung und Beschwerdemanagement.

***Definition***

***Compliance*** *bedeutet, das Befolgen von Recht und Regeln abzusichern und dass tatsächlich alle Mitarbeitenden Recht und Regeln einhalten. Alle organisatorischen Maßnahmen, welche die dokumentierte Sicherstellung der Einhaltung aller für das Unternehmen relevanten Vorschriften gewährleisten, gehören zu Compliance.*

Der Begriff Compliance wird in Medizin und Pflege dafür genutzt, dass Patienten ärztlichen Rat befolgen. Adhärenz dagegen drückt eher eine kooperative Entscheidung aus, an die sich Patient*innen aus Überzeugung halten. Ähnlich sollte Compliance auch nicht als Anweisungen zum Einhalten von Regeln des Managements verstanden werden. Vielmehr kommt es auf das gemeinsame Verständnis an, das erst durch Bottom-up-Prozesse die notwendige Nachhaltigkeit und Wirkung in der Breite erlangt.

### 12.4.1 Checklisten und Evaluationen

Dazu gehört es, Analysen der professionellen Abläufe einzubeziehen, wie sie auch für die Qualitätssicherung üblich sind. Checklisten der wichtigen rechtlichen und sonstigen Regelungen bieten Überblick und das Zuweisen von Verantwortlichkeiten, ggf. auch Compliance-Beauftragte, begrenzen die sonst schnell empfundene Uferlosigkeit. Für Soziale Beratungen bieten sich Selbstevaluationen oder Stärken- und Schwächenanalysen an.[47] Hier

46 Ferner sind Verstöße gegen nationales und EU-Recht erfasst zu Auftragsvergaben und zum Schutz der Privatsphäre und personenbezogener Daten sowie zur Sicherheit von Netz- und Informationssystemen nach § 2 Nr. 1 und Nr. 2 a) und k) HinSchG-E 2022.

47 Risiken sozialer Beratung in Pflege und Betreuung wurden z.B. von Transparency Deutschland 2013 benannt, Schwachstellenanalyse.

sollen nur zwei kurze Beispiele einen Einstieg in die Fragestellungen ermöglichen, die je nach Ausrichtung und Dimension der Überarbeitung sehr viel spezieller ausfallen können.

### *Praxishinweis*

***Typische Fragen einer Evaluation:***[48]

- *Welche Straftaten könnten in den letzten 3 Jahren begangen worden sein, auch ohne verfolgt worden zu sein?*
- *Welche Haftungsrisiken könnten sich in den letzten 3 Jahren verwirklicht haben, auch ohne dass ein Schaden ersetzt wurde?*
- *Welche drei Fehlerarten sind in den sechs Monaten bei der Arbeit mindestens einmal aufgetreten?*
- *Welche Faktoren erschweren eine regelgerechte Arbeit?*
- *Wo besteht Fortbildungsbedarf?*
- *Wie sieht die Personalausstattung aus?*
- *Welche Sicherheits- und Fehlerkultur pflegt die Einrichtung?*

Zunächst sind die Geschäftsführungsrisiken zu bedenken: Zahlungen, Abrechnung, Berichtswesen und Steuererklärung sind rechtskonform umzusetzen und gegen internen Betrug abzusichern. Unlauterer Wettbewerb, Vergabe an andere Unternehmen oder Akquise-Fehler können zum Wegfall der Finanzierung führen. Korruption und Betrug (in- und extern) können zu Schadensersatz, Verlust der Aufträge und des Ansehens führen. Ferner muss das Management die Vertragspflichten im Auge haben und ihre Erfüllung organisieren und sicherstellen, dass es diese Organisation im Konfliktfall transparent und belegbar machen kann. Daneben sollten die weiteren Risikofelder der Beratungseinrichtung analysiert werden.

### *Praxishinweis*

***Beispiele für Risikofelder in der sozialen Beratung:***

- *Rechtsberatung und Fristen*
- *Bestechung, Diebstahl und Betrug an und durch Beratene*
- *Gewalt und Taten gegen die sexuelle Selbstbestimmung*
- *Dokumentationsregeln*
- *Vertrauens- und Datenschutz*
- *Beratungsethik und ethische Managementausrichtung*

Soziale und gemeinnützige Unternehmen verfolgen soziale und ethische Ziele. Die Sicherung der ethischen Beratungsgrundlagen sollten in das Compliancemanagement einbezo-

48 Vergleiche die Studie vom Zentrum für Qualität in der Pflege (Hg.) 2020, Sicherheitskultur in der ambulanten Pflege.

gen werden. Das gilt auch für die Frage, von wem Spenden angenommen werden. Spenden aus Gewinnen mit menschenrechtsverletzend produzierten Produkten können problematisch sein.[49] Durch Kriterien für Spenden und eine Regelung, wie diese überprüft werden, kann eine Absicherung erfolgen. Daneben ist Transparenz bei der Spendenverwendung gefragt. Einerseits wollen Spendende sicher sein, nicht für rechtswidrige Zwecke zu spenden. Andererseits kann so auch intern Korruption verhindert werden.

## 12.4.2 Compliance umsetzen

Entscheidend ist, dass Compliance von der Leitung gewollt und gelebt wird. Folgerichtig sehen auch manche Fachstandards vor, dass es in der Verantwortung der Träger von Beratungsstellen liegt, Verhaltenskodexe zu erstellen.[50] Ein offener und objektiv positiver Umgang zwischen Mitarbeitenden und Leitung ist ausgesprochen hilfreich. Die Mitarbeitenden sollten sich in den Umsetzungsschritten wiederfinden, damit die Regularien umgesetzt und nicht nur dokumentiert werden.[51] Compliance muss immer wieder angepasst werden, weil sich Recht und ethische Überzeugungen und die Praxen sozialer Beratung ändern. Es sind dynamische Managementprozesse anzustreben.

***Praxishinweis***

 *Compliance in 10 Umsetzungsschritten:*[52]

1. *Analyse: Kann die Organisation Risiken der Organisation, der Leitung und der Mitarbeitenden identifizieren, an die richtige Stelle kommunizieren und Maßnahmen zur Vermeidung ergreifen?*
2. ***Verhaltenskodex** (Code of Conduct/Ethics) erstellen. Er stärkt die Selbstverantwortung, wird von der Leitung vorgelebt und gilt für alle Mitarbeitenden gleichermaßen.*
3. *Compliance-Verantwortung regeln, ggf. Compliance-Beauftragung.*
4. *Spezielle Verpflichtungserklärungen und Programme erstellen, z.B. für die haftungsrelevanten Bereiche Schutz vor Gewalt, sexuellen Übergriffen oder Vertrauensschutz.*
5. *Programm für Hinweisgebende (Beschwerdemanagement u. Whistleblowing-System).*
6. *Organisationsanweisungen, Arbeits- und Qualitätshandbücher.*

---

49 Vgl. dazu das neue Lieferkettengesetz. Zu den Anforderungen im Rahmen von Corporate Social Responsibility und beim Sponsoring vgl. Fissenewert, P. 2013, Compliance für den Mittelstand, S. 165 f.

50 DAKJEF 2021, Ethische Standards in der institutionellen Beratung, S. 4.

51 Daher können Complianceprogramme anderer, vor allem aus der Literatur oder dem Internet entnommene, immer nur Anregungen sein. Es kommt auf den eigenen Prozess an. In diesem Sinne ist dieser Link nur eine Anregung: Ev. Kirche Baden-Württemberg, Bausteine des landeskirchlichen Rahmenschutzkonzeptes zur Prävention und Intervention sexualisierter Gewalt, https://www.elk-wue.de/fileadmin/user_upload/Bausteine_landeskirchliches_Rahmenschutzkonzept.pdf (29.7.2021).

52 Vgl. Fissenewert, P. 2013, Compliance für den Mittelstand, S. 169–180 und S. 197–203, auch zur Beteiligung von Betriebsräten.

7. *Aushändigung aller Dokumente an Leitung und Mitarbeitende und bei Neueinstellungen und Einstellen im Intranet oder sonstigen Arbeitsplattformen.*
8. *Ggf. verankern im Arbeitsvertrag von Leitung und Mitarbeitenden.*
9. *Schulungen für Leitung und Mitarbeitende.*
10. *Überarbeitung des Compliance-Management-Systems.*

Ein Beispiel ist die Absicherung, dass keine Gewalt oder entwürdigende Behandlung stattfinden darf. Dazu werden im Zusammenspiel mit der regelmäßigen Vorlage von erweiterten Führungszeugnissen in der Jugendhilfe oder in der Arbeit mit Menschen mit Behinderungen inzwischen auch Verpflichtungserklärungen genutzt, wie sie auch für andere Themen auf der Compliance-Checkliste sinnvoll sein können.[53]

## *Beispiel*

*Beispiel einer spezifischen* ***Verpflichtungserklärung***

*Der/die Mitarbeiter/-in ______________________________ verpflichtet sich, die psychische und physische Unversehrtheit Beratener und Angehöriger in der Beratungsstelle/Einrichtung zu respektieren und nicht zu verletzen. Körperliche Bestrafungen, seelische Verletzungen und andere entwürdigende Maßnahmen und Verhaltensweisen sind untersagt. Ein Verstoß gegen diese Grundsätze kann arbeitsrechtliche Konsequenzen zur Folge haben. Diese Verpflichtungserklärung wird in die Personalakte aufgenommen.*

*Ort, Datum, Unterschrift:*

________________________________________________

## *Compliance auf einen Blick*

1. Beschwerdemanagement und Meldestellen für hinweisgebende Mitarbeitende lohnen sich zur Qualitätssicherung.
2. Compliance soll nachweisbar absichern, dass Regeln und Gesetze eingehalten werden von Leitung und Mitarbeitenden.
3. Ein Compliance-Management-System sollte auf der Grundlage einer Analyse von der Leitung und von den Mitarbeitenden gewollt und umgesetzt werden.
4. Ein Verhaltenskodex und eine gelebte Compliance-Kultur sind Kernelemente.

53 Paritätischer Gesamtverband (Hrsg.), Arbeitshilfe das erweiterte Führungszeugnis. Vgl. Kapitel 4.

# 13. Mediation

**Übersicht** Seite



## 13.1 Beratungsverständnis in der Mediation

In diesem Abschnitt wird die Grundhaltung der mediierenden Person erläutert, welche für das Beratungsverständnis in der Mediation von zentraler Bedeutung ist.

***Der Abschnitt beantwortet folgende Fragen:***

- Was ist in der Mediation mit „Beratung" gemeint?
- Wie kann die ideale Grundhaltung der mediierenden Person beschrieben werden?
- Was unterscheidet die Mediation von anderen Beratungsformaten?

### 13.1.1 Prozessberatung versus inhaltlicher Beratung

Der in diesem Buch verwendete weite Beratungsbegriff umfasst auch die **Mediation**. Im Unterschied zu vielen Formen der fachlichen Beratung beansprucht die mediierende Person in der Regel keine inhaltliche Fachexpertise. Es kann sogar hilfreich sein, wenn sich die mediierende Person fachlich nicht auskennt, weil sie dadurch besser dem Impuls widersteht, sich mit eigenen Lösungsvorschlägen einzubringen.

### *Definition*

*Mediation ist eine Prozessberatung, keine Fachberatung.*

In besonders komplexen Konfliktsituationen ist allerdings eine gewisse Fachkenntnis hilfreich, um den Konflikt zu verstehen, ohne dass es langer Erklärungen durch die Konfliktparteien bedarf. So wäre es bei einem Streit zwischen Jugendamt, freiem Träger und der die Hilfen zur Erziehung beanspruchenden Familie sicherlich sinnvoll, eine Grundvorstellung über die rechtliche Beziehung zwischen den Beteiligten zu haben. Auch sollte man in einem Erbschaftsstreit wissen, wie unterschiedlich Menschen mit Verlust umgehen.[1] Grundsätzlich besteht die Expertise der mediierenden Person jedoch in Form einer Prozessexpertise: Sie hat besondere Kenntnisse über Konfliktdynamiken, die veränderte Kommunikation in Konflikten und den Umgang mit negativen Emotionen. Sie hilft den zerstrittenen Konfliktparteien, sich konstruktiv mit den Konfliktthemen auseinanderzusetzen. Um dieses Ziel zu erreichen, bedarf es einer besonderen Haltung.

Das zeigt sich auch an § 2 Abs. 6 Satz 2 MediationsG: Die Konfliktparteien sind vor Abschluss einer Vereinbarung von der mediierenden Person darauf hinzuweisen, dass sie sich **extern beraten** lassen können, sofern sie nicht schon fachlich beraten sind. Dieser Hinweis macht den Konfliktparteien deutlich, dass die mediierende Person inhaltlich keine ausgewogene oder inhaltlich korrekte Vereinbarung garantieren kann. Das ist wichtig hervorzuheben, weil die Konfliktparteien, die sich im Prozess gut vertreten fühlen, oft nicht zwischen Prozessexpertise und inhaltlicher Expertise trennen können. Ferner wird durch den Hinweis deutlich, dass eine vereinbarte Vertraulichkeit die Konfliktparteien nicht daran hindert, sich externen Rat zu suchen. Der Hinweis entlastet die mediierende Person auch vor einer inhaltlichen Verantwortung, sofern sie nicht aufgrund ihres Grundberufs über besondere inhaltliche Kenntnisse verfügen muss.

### *Praxishinweis*

*Der Hinweis auf die Möglichkeit, sich extern beraten zu lassen, entlastet von einer inhaltlichen Verantwortung und reduziert Haftungsrisiken.*

1 Zum Erfordernis möglicher Fachkenntnisse am Beispiel verschiedener Anwendungsgebiete im Bereich Familienmediation siehe Rafi, A., Familienmediation, S. 518 in: Trenczek, T. u.a. (Hg.) 2017, Mediation und Konfliktmanagement, 2. Aufl.

## 13.1.2 Haltung in der Mediation

Da in der Mediation in der Regel mehrere Konfliktparteien mit oftmals unterschiedlichen Interessen präsent sind, bedarf es einer besonderen Achtsamkeit im Umgang mit den Konfliktparteien. Jede Hinwendung zu einer Person wird von den anderen Konfliktparteien wahrgenommen und bewertet.

***Praxishinweis***

*Für eine gelingende Mediation bedarf es einer Person, die unabhängig, neutral und allparteilich agiert und über keine Entscheidungsbefugnis verfügt.*

Vier grundlegende Aspekte zur vorgesehenen **Haltung** der mediierenden Person werden hier kurz beschrieben, wobei der Fokus im Rahmen des Buches auf den rechtlich bedeutsamen Aspekten der Grundhaltung liegt und nicht auf anderen zwischenmenschlichen Aspekten wie z.B. einer wertschätzenden Haltung gegenüber den Konfliktparteien:

1. **Keine Entscheidungsbefugnis:**

   Gemäß § 1 Abs. 2 MediationsG hat die mediierende Person keine Entscheidungsbefugnis. Das unterscheidet die Mediation von Gerichts- oder Schlichtungsverfahren und schließt aus, dass weisungsgebundene Mitarbeitende von ihrer Chefin oder ihrem Chef mediiert werden (auch wenn sie oder er sich natürlich die Sichtweisen der Mitarbeitenden anhören kann und sie dazu bewegt, eine eigene Lösung für den Konflikt zu finden – nur ist das dann keine Mediation, sondern ein nicht-direktives Führungsverständnis). Die fehlende Entscheidungsbefugnis ist für das Verfahren wichtig, denn das Mediationsverfahren belässt die Verantwortung für die Lösung des Konflikts bei den Parteien.[2] Dadurch fällt es den Konfliktparteien leichter, auf eine strategische Kommunikation mit dem Ziel der Vereinnahmung der mediierenden Person zu verzichten. Auch kann die mediierende Person durch das Belassen der Entscheidungsverantwortung bei den Konfliktparteien leichter eine neutrale Rolle einnehmen und sich von dem Druck entlasten, eine Entscheidung präsentieren zu müssen. In der Regel wird auch empfohlen, nicht einmal Lösungsvorschläge einzubringen, auch wenn das rechtlich zulässig ist, sofern es die Neutralität nicht gefährdet.[3]

2. **Unabhängigkeit:**

   Die mediierende Person ist nach § 1 Abs. 2 MediationsG unabhängig in dem Sinne, dass sie weder von einer Konfliktpartei abhängig ist (persönlich, finanziell oder weisungsgebunden) noch ein eigenes Interesse an einem bestimmten Ausgang des Konflikts hat.[4]

2 Deutscher Bundestag 2011, BT-Drs. 17/5335, S. 14, wo dies mit „Eigenverantwortlichkeit der Parteien" bezeichnet wird.

3 So auch Hagel in: Kloweit, J./Gläßer, U. (Hg.) 2018, Mediationsgesetz, § 1 MediationsG Rn 25.

4 Deutscher Bundestag 2011, BT-Drs. 17/5335, S. 14; Hagel, U. in: Kloweit, J./Gläßer, U. (Hg.) 2018, Mediationsgesetz, § 1 MediationsG Rn. 21-22. .

3. **Neutralität:**

   Ferner ist die mediierende Person nach § 1 Abs. 2 MediationsG neutral, worunter eine verfahrensbezogene Unparteilichkeit zu verstehen ist.[5] Sie muss dafür sorgen, dass die Konfliktparteien ihre Anliegen gleichberechtigt einbringen können. Das bedeutet nicht, dass die gleiche Redezeit erforderlich ist, wenn nicht beide Parteien gleichviel reden möchten. Es bedeutet aber, dass die Anliegen beider Konfliktparteien ernst genommen und berücksichtigt werden.

4. **Allparteilichkeit:**

   Nicht im Gesetz aufgenommen aber in der Mediationsliteratur weit verbreitet ist das Erfordernis der Allparteilichkeit. Damit ist gemeint, dass die mediierende Person sich nacheinander in die Konfliktparteien einfühlt und für sie Partei ergreift. Durch das Partei ergreifen auf *allen* Seiten steht die Allparteilichkeit nicht im Widerspruch zur Neutralität.[6]

## 13.1.3 Abgrenzung zu anderen Verfahren

Die Haltung in der Mediation ist so zentral, weil im Gegensatz zu anderen Verfahren immer mehrere Personen beraten werden, die miteinander im Konflikt stehen und es oft kaum ertragen können, der anderen Seite zuzuhören. Daher beinhaltet die Zuwendung zu einer Person immer das Risiko, andere Konfliktbeteiligte zu brüskieren. Trotzdem bedarf es der Zuwendung, denn die konfliktbedingte Entfremdung der Konfliktparteien und das Gefühl, nicht verstanden zu werden, erhöhen das emotionale Bedürfnis, von der mediierenden Person erst einmal verstanden und emotional abgeholt zu werden. Die hohe Kunst, die Zuwendung zu einzelnen Konfliktbeteiligten in Form und Zeit für die anderen Konfliktparteien erträglich zu halten und allen diese Zuwendung nacheinander zukommen zu lassen (letztlich die Allparteilichkeit) ist nur denkbar, weil Neutralität, Unabhängigkeit und die fehlende Entscheidungsbefugnis der mediierenden Person die notwendige Verfahrensautorität ermöglichen.

***Praxishinweis***

*Abgrenzung der Mediation zu Coaching, Supervision und Therapie.*

*In Abgrenzung zum Coaching wird mit Menschen gearbeitet, die widerstreitende Interessen haben. Es steht daher die Konfliktdynamik stärker im Vordergrund als die persönliche Entwicklung der einzelnen Person.*[7] *Steht die persönliche Entwicklung*

5 Deutscher Bundestag 2011, BT-Drs. 17/5335, S. 14; Greger, R. in: Greger, R. u.a. (Hg.) 2016, Recht der alternativen Konfliktlösung, § 1 MediationsG Rn. 56.

6 Zum Begriff der Allparteilichkeit, seiner Herkunft und der fehlerhaften Verwendung in vielen Mediationslehrbüchern siehe Rafi, A., Allparteilichkeit – Illusion oder Ideal?, S. 133 ff in: Haft, F./Schlieffen, K. G.v. (Hg.) 2016, Handbuch Mediation, 3. Aufl.

7 Die Abgrenzung ist wegen des nicht normierten Begriffs „Coaching" im Einzelnen umstritten. Siehe hierzu Klenk, M. in: Fritz, R/Pielsticker, D. (Hg.) 2020, Handbuch zum Mediationsgesetz, Teil 6 D Rn. 49 ff. sowie Fischer-Epe, M. 2009, Coaching: Miteinander Ziele erreichen, S. 16 ff. Kaldenkerken, C. v. 2014, Supervision und Intervision in der Mediation, S. 19.

*im Bezug zu einer Arbeitsaufgabe oder zu beruflichen Fragen, handelt es sich oftmals um eine Supervision, bei der ebenfalls nicht die Konfliktdynamik im Vordergrund steht.*[8] *In Abgrenzung zu therapeutischen Ansätzen geht es ebenfalls um die interpersonelle Konfliktdynamik und nicht (oder nur zweitrangig) um eine persönliche Veränderung.*[9]

## 13.2 Die Notwendigkeit des rechtlichen Schutzes

Es gibt kaum ein außergerichtliches Beratungsverfahren, was so stark rechtlich geregelt ist, wie das Mediationsverfahren. Pragmatischer Hintergrund ist sicherlich die Hoffnung, eine Stärkung des Mediationsverfahrens würde zu einer Entlastung der Gerichte führen.[10] Der Bundestag hat als Motiv für das Mediationsgesetz sogar eine nachhaltige Verbesserung der Streitkultur in Deutschland genannt.[11] Darüber hinaus gibt es auch inhaltliche Gründe, weswegen ein rechtlicher Schutz im Mediationsverfahren besonders wichtig ist.

***Praxishinweis***

*In Konflikten verstrickte Menschen bedürfen aus mehreren Gründen eines besonderen Schutzes.*

An dieser Stelle werden drei Punkte aufgeführt, die deutlich machen, warum die Konfliktparteien im Mediationsverfahren besonders schutzbedürftig sind.

1. **Bedürftigkeit aufgrund des Konflikts:**

   Menschen in Konflikten entgleitet vielfach die Kontrolle über den Konflikt. Sie erleben sich lediglich als reagierend, haben Ohnmachtsgefühle und sind gefangen in einer Widerspruchsrhetorik, der sie ab einer bestimmten Verfestigung und einer bestimmten Eskalation des Konflikts nicht aus eigenen Kräften entkommen können.[12] Diese empfundene Hilflosigkeit kann zu einer starken emotionalen Abhängigkeit oder zumindest Gebundenheit an die mediierende Person führen, weshalb deren Tätigkeit einigen professionellen Standards unterworfen werden sollte, die man rechtlich einfordern kann.[13]

---

8 Die Abgrenzung ist problematisch, da auch der Supervisionsbegriff unterschiedlich verwendet wird. Siehe hierzu Pühl, H., Was Supervision auszeichnet, S. 12 ff in: Pühl, H. (Hg.) 2009, Handbuch der Supervision 3.

9 Zu weiteren Abgrenzungskriterien siehe mit zusätzlichen Nachweisen Rafi, A. 2012, Der Weg zur gemeinsamen Ent-Scheidung, S. 64 f.

10 Hoffmann-Riem, W. 2001, Modernisierung von Recht und Justiz, S. 190. Rafi, A. 2012, Das Mediationsgesetz – Vor- und Nachteile einer rechtlichen Regulierung, S. 196 in: Konfliktdynamik 3/2012, S. 196-203.

11 Deutscher Bundestag 2011, BT-Drs. 17/5335, S. 11.

12 Hierzu ausführlicher Rafi, A., Gesprächsrhetorik, Mediation und juristische Konfliktbearbeitung, S. 578-594 in: Hess-Lüttich, E. 2021, Handbuch Gesprächsrhetorik. Glasl, F. 2004, Konfliktmanagement, S. 220 ff.

13 So könnten sich mediierende Personen z.B. in der Auftragsvereinbarung bestehenden Standards unterwerfen (z.B. dem Europäischen Verhaltenskodex für Mediatoren oder Verbändestandards (s.u. unter Nr. 3 (Gruppendynamik)), deren Verletzung dann als Verstoß gegen die Auftragsvereinbarung gerügt werden kann.

2. **Gegnerschaft:**

   Leider betrachten sich die Konfliktparteien teilweise als „Gegner" in dem Sinne, dass sie glauben, ihre Anliegen nur zu Lasten der anderen Seite verwirklichen zu können. Daher gibt es Menschen, die eine Mediation nur nutzen wollen, um Informationen von der anderen Seite für einen späteren Gerichtsprozess oder ein taktisches Vorgehen zu erhalten bzw. um Dritten eine nicht vorhandene Gesprächsbereitschaft vorzuspielen.[14] In diesen Fällen bedarf es eines geschulten Blicks der mediierenden Person sowie Kenntnisse über den möglichen Schutz von Vertraulichkeitsvereinbarungen und dessen Grenzen.[15]

3. **Gruppendynamik:**

   Da mindestens zwei Konfliktparteien und eine mediierende Person zusammenkommen, handelt es sich bei der Mediation immer um einen Gruppenprozess. Dieser ist dadurch gekennzeichnet, dass, im Gegensatz zu zwei-Personen-Verhältnissen, Mehrheiten entstehen können, die es Einzelpersonen schwer machen können, sich einem Anpassungsdruck zu entziehen.[16] Dementsprechend muss die mediierende Person darauf achten, die Konfliktparteien vor einem zu großen Gruppendruck zu bewahren und sich selbst nicht von einer Seite vereinnahmen zu lassen.

Deshalb ist verständlich, dass der Gesetzgeber sich für normierte Berufsstandards eingesetzt hat, die in Deutschland durchgeführt werden. Die derzeitige Situation ist allerdings noch unbefriedigend. Nach wie vor ist die Bezeichnung „Mediator oder Mediatorin" rechtlich nicht geschützt. Jeder Mensch darf sich unabhängig vom Kenntnisstand so bezeichnen. Maßgebliche Berufsverbände in Deutschland haben daher seit den 90'er Jahren Qualitätsstandards für Mediatorinnen und Mediatoren entwickelt, die sich mittlerweile durch eine enge Zusammenarbeit der Mediationsverbände angeglichen haben. Da dem Gesetzgeber zum Zeitpunkt des Inkrafttretens des Mediationsgesetzes (21.07.2012) die Standards der Verbände noch zu uneinheitlich erschienen, hat er bestimmte Mindeststandards propagiert,[17] die in der am 01.09.2017 in Kraft getretenen Verordnung ausgeführt wurden.[18] Seit diesem Zeitpunkt gibt es die Bezeichnung „zertifizierter Mediator". Die für diesen Titel benötigten Standards liegen unter den Standards der Verbände. Zudem wird derzeit von keiner Stelle überprüft, ob eine Person, die diesen Titel führt, auch die dafür erforderlichen Voraussetzungen erfüllt. Deshalb besteht im Bereich der Qualitätssicherung für Mediation noch eine gewisse Unsicherheit.[19]

---

14 Siehe zu den Gefahren z.B. Greger, R. in: Greger, R. u.a. (Hg.) 2016, Recht der alternativen Konfliktlösung, § 4 MediationsG Rn. 69.

15 So könnten z.B. pauschalisierte Vertragsstrafen für die Verletzung der Vertraulichkeit vereinbart werden. Grundsätzlich bedarf es eines Mindestvertrauens in die Konfliktbeteiligten, denn die mediierende Person kann die Vertraulichkeit der Konfliktparteien untereinander nicht garantieren. Zur Vertraulichkeit siehe auch 13.3.

16 Zur Bedeutung der Gruppe gegenüber dem Zwei-Personen-Verhältnis siehe Simmel, G. 1992, Soziologie, S. 113 ff. Zum Konformitätsdruck in Gruppen siehe Wellhöfer, R. 2001, Gruppendynamik und soziales Lernen, S. 55 ff.

17 Siehe § 5 Abs. 2 und 3 und § 6 MediationsG.

18 www.gesetze-im-internet.de/zmediatausbv/ (10.10.2022).

19 Siehe hierzu ausführlich Rafi, A. 2016, Mediation und Zertifizierung, S. 1215-1224 in: Haft, F./Schlieffen, K. G.v. (Hg.), Handbuch Mediation, 3. Aufl. Zum Betrug siehe auch Kapitel 9.3.

## 13.3 Besonderheiten zur Vertraulichkeit in der Mediation

***Zu den besonderen Regelungen zur Vertraulichkeit in der Mediation wird hier auf folgende Fragen eingegangen:***

- Wie weitreichend ist die Vertraulichkeit?
- In welchen Fällen dürfen Informationen aus der Mediation offenbart werden?
- Wann besteht eine Pflicht, diese Informationen zu offenbaren?
- Welche Haftungsrisiken bestehen bei Verletzung der Verschwiegenheitspflicht?

Unter 2. wurde bereits auf die besondere Bedeutung des rechtlichen Schutzes in der Mediation hingewiesen. Entsprechend gibt es einige rechtliche Regelungen, die einen vertraulichen Rahmen in der Mediation sichern sollen.

### 13.3.1 Grundsatz der Vertraulichkeit

Die mediierende Person ist gemäß §§ 1 Abs. 1 und 4 Satz 1 MediationsG grundsätzlich zur Verschwiegenheit verpflichtet. Dadurch soll die Vertrauensbeziehung zwischen der mediierenden Person und den Konfliktparteien geschützt werden. Den Konfliktparteien soll es möglich sein, sich offen zu äußern.[20] Die **Vertraulichkeit** kann die mediierende Person freilich nur auf sich selbst bezogen garantieren. Dass die Konfliktparteien selbst die in der Mediation erworbenen Erkenntnisse vertraulich behandeln, liegt außerhalb der Kontrollmöglichkeit der mediierenden Person. Daher sollte zu Beginn der Mediation geklärt werden, wie die Konfliktparteien die Vertraulichkeit untereinander handhaben möchten und ob es z.B. gestattet ist, sich mit nahen Angehörigen über den Prozess auszutauschen. Ist das Misstrauen sehr groß, kann auch darüber nachgedacht werden, ob sich die Konfliktparteien einer pauschalisierten Vertragsstrafe unterwerfen, sollten sie die Vertraulichkeit brechen. Das kann sinnvoll sein, weil der Bruch der Vertraulichkeit häufig zu einem immateriellen Schaden führt, der rechtlich nicht als Schadensersatz geltend gemacht werden kann. Allerdings werden Menschen, die sich so sehr misstrauen, sich vermutlich gar nicht auf den Mediationsprozess einlassen.

***Beispiel***

*Im Rahmen einer Mediation zwischen den Arbeitskolleginnen Kathrin und Raffaela räumt Kathrin ein, sie hätte schon zweimal in ihrem Leben Schwangerschaftsabbrüche vornehmen lassen. Als sie drei Wochen später in einer Fallbesprechung mit dem ganzen Team Verständnis dafür äußert, dass eine Mutter von vier Kindern die erneute Schwangerschaft abbrechen möchte, bemerkt Raffaela: „Es wundert mich nicht, dass Du dafür Verständnis hast. In „Kinderwegmachen" bist Du ja Expertin."*

20 Deutscher Bundestag 2011, BT-Drs. 17/5335, S. 13.

*Kathrin ist schockiert und fühlt sich vor dem Team bloßgestellt. Selbst wenn sie nachweisen kann, dass Raffaela die Vertraulichkeit verletzt hat, kann sie rechtlich vermutlich keinen Schadensersatz in Geld beanspruchen, da kein materieller Schaden entstanden ist. Ein immaterieller Schadensersatz wegen Verletzung des allgemeinen Persönlichkeitsrechts kommt nach § 823 Abs. 1 BGB nur bei schwerwiegenden Verstößen in Betracht und es ist fraglich, ob die Andeutung von Raffaela ohne konkrete Schilderung der Schwangerschaftsabbrüche schon ausreicht.*[21]

## 13.3.2 Offenbarungserlaubnis nach § 4 MediationsG

Die Verschwiegenheit der mediierenden Person gilt nicht absolut. § 4 MediationsG regelt einige Situationen, in denen die Verschwiegenheitspflicht der mediierenden Person aufgehoben ist.

***Praxishinweis***

*Es gibt einige wichtige Ausnahmen von der Verschwiegenheitspflicht.*

*Das gilt einerseits für Tatsachen, die so* ***offenkundig*** *sind, dass sie keiner Geheimhaltung bedürfen (z.B. dass ein Mediand trockener Alkoholiker ist, wenn er selbst mit dieser Information offen umgeht) oder die ihrer Bedeutung nach* ***keiner Geheimhaltung bedürfen****. Was konkret so bedeutungslos ist, kann im Einzelfall umstritten sein.*

Einigkeit besteht aber darüber, dass es hierbei darauf ankommt, welche Bedeutung die Konfliktparteien der Tatsache beimessen (wobei hier schon die Bedeutsamkeit für eine Konfliktpartei entscheidend sein kann) und dass eine anonymisierte Schilderung des Falles z.B. im Rahmen einer Supervision unproblematisch ist.[22] Ferner muss die Offenlegung von Inhalten möglich sein, um in der Abschlussvereinbarung erzielte Ergebnisse aus der Mediation gerichtlich durchzusetzen, § 4 Satz 3 Nr. 1 MediationsG, wobei mit Abschlussvereinbarung die Vereinbarung gemeint ist, die von den Konfliktparteien am Ende einer Mediation geschlossen wird (wenn es zu einer Einigung kommt).

***Beispiel***

*In einer Mediation einigen sich der Kindesvater und die Kindesmutter darauf, dass der Kindesvater eine bestimmte Geldsumme an die Kindesmutter zahlt, damit sie das Kinderzimmer renovieren lassen kann. Als sich der Kindesvater weigert, die Summe zu zahlen, verklagt ihn die Kindesmutter. Im Rahmen des Gerichtsprozesses meint der Kindesvater, die Mutter dürfe die Abschlussvereinbarung nicht vorzeigen*

21 Sprau, H. in: Grüneberg, C. 2022, BGB, § 823 Rn. 111. Dort wird auch deutlich gemacht, wie bedeutsam die konkreten Umstände für die Beurteilung eines schwerwiegenden Verstoßes sind. Grundsätzlich sind die Verstöße umso schwerwiegender, je stärker sie das Persönlichkeitsrecht und nicht nur die Sozialsphäre, sondern z.B. schon die Intimsphäre betreffen.

22 Goltermann, N. in: Kloweit, J./Gläßer, U. (Hg.) 2018, Mediationsgesetz, § 4 MediationsG Rn. 42 f.

*und auch die Mediatorin nicht als Zeugin benennen, weil Vertraulichkeit vereinbart wurde. Das ist wegen § 4 Satz 3 Nr. 1 MediationsG nicht zutreffend, da es nur darum geht, die Vollstreckung aus einer getroffenen Vereinbarung zu ermöglichen.*

Sehr relevant für die soziale Beratung ist die **Offenbarungserlaubnis** nach § 4 Satz 3 Nr. 2 MediationsG. Damit wird die Offenlegung gestattet, wenn dies aus vorrangigen Gründen der öffentlichen Ordnung geboten ist. Mit „vorrangig" ist gemeint, dass die Einhaltung der öffentlichen Ordnung wichtiger erscheint als der Schutz der Vertrauensbeziehung zwischen der mediierenden Person und den Konfliktparteien. Nach Ansicht des Gesetzgebers soll die öffentliche Ordnung dann vorrangig sein, wenn die Einhaltung der Verschwiegenheit „zu Ergebnissen führen würde, die mit den Grundwerten der deutschen Rechtsordnung nicht zu vereinbaren wären."[23] Wann das im Einzelnen der Fall ist, muss durch die Rechtsprechung noch geklärt werden. Allerdings hat der Gesetzgeber in § 4 Satz 3 Nr. 2 MediationsG Anhaltspunkte gegeben: Die öffentliche Ordnung ist insbesondere dann gegenüber der Verschwiegenheitspflicht vorrangig, wenn es darum geht, eine Kindeswohlgefährdung oder eine schwere Beeinträchtigung der physischen oder psychischen Integrität einer Person abzuwenden. Damit wird der Verschwiegenheitspflicht im Rahmen der Mediation eine hohe Bedeutung beigemessen, weil offenbar nur schwere Beeinträchtigungen der Person bedeutsamer sind als die Verschwiegenheitspflicht.[24] Bei reinen Vermögensschäden wird die Verschwiegenheitspflicht daher in der Regel nicht aufgehoben sein.

***Beispiel***

*Die Konfliktparteien arbeiten bei einem freien Träger als Sozialarbeiterinnen. Sie streiten unter anderem über die Frage, ob das Putzen des eigenen Büros eine zumutbare Aufgabe darstellt und ob es sich dabei um anrechenbare Arbeitszeit handelt. Der Konflikt ist entstanden, nachdem der Träger dem externen Putzdienst aus Kostengründen kündigen musste. Sie einigen sich darauf, einmal die Woche eine Putzhilfe kommen zu lassen, die ohne Rechnung putzen soll und dafür einen Barbetrag erhält. Dadurch sollen die Sozialabgaben eingespart werden, wodurch die Putzhilfe finanzierbar bleibt. Hierbei handelt es sich um eine geplante Straftat nach § 266a StGB. Sofern die Konfliktparteien fest entschlossen sind, sich darauf zu einigen, wäre der mediierenden Person zu empfehlen, die Mediation abzubrechen, um sich nicht der Beihilfe zur Straftat strafbar zu machen. Sie sollte allerdings ihre Verschwiegenheit wahren und weder Steuerbehörden noch die Staatsanwaltschaft informieren. Zwar liegt hier ein Verstoß gegen die öffentliche Ordnung vor, doch ist der geringe finanzielle Verlust des Staates deutlich geringer zu bewerten als eine schwerwiegende Beeinträchtigung der physischen oder psychischen Integrität einer Person. Daher dürfte die Verschwiegenheit hier nicht gebrochen werden.*

23 Deutscher Bundestag 2011, BT-Drs. 17/5335, S. 17, https://dserver.bundestag.de/btd.de/btd/17/053/1705335.pdf (Abruf 31.01.2022).

24 Damit ist noch nicht gesagt, dass die Aufhebung der Verschwiegenheitspflicht schon eine Offenbarungspflicht begründet. Siehe hierzu den folgenden Abschnitt.

## *Beispiel*

*Hinsichtlich des anstehenden Geburtstages des siebenjährigen Sohnes einigen sich der Kindesvater und die Kindesmutter darauf, den Geburtstag angesichts der starken Spannungen und des laufenden Scheidungsprozesses nicht gemeinsam abzuhalten, sondern den Sohn selbst entscheiden zu lassen, ob er lieber seinen Geburtstag mit Papa oder mit Mama verbringen möchte. Hierbei handelt es sich um eine Situation, in der das Kind genötigt wird, altersunangemessene Entscheidungen zu treffen, die es in einen starken Loyalitätskonflikt bringen. Daher könnte hier eine Kindeswohlgefährdung angenommen werden. Im konkreten Fall wäre es sicherlich sinnvoll, wenn die mediierende Person zunächst auf diese Gefahr hinweist und sieht, ob die Eltern von sich aus glaubhaft von dieser Einigung abkommen. Wenn dies nicht der Fall ist, sollte sie überlegen, ob es einer Meldung beim Jugendamt bedarf. Die Abwägung kann in Zweifelsfällen auch mit Unterstützung externer Beratung erfolgen (z.B. in einer Supervisionssitzung mit einer fachlich geschulten Supervisorin oder aber durch eine anonymisierte Anfrage bei einer Fachkraft beim Jugendamt).[25] Wenn eine Meldung erfolgt, wäre es im Rahmen einer transparenten Verfahrensführung wichtig, die Eltern über diese Entscheidung zu informieren. Im konkreten Fall kann man sich darüber streiten, ob eine Meldung erforderlich ist. Bei einem Scheidungsprozess geraten die Kinder fast immer in Loyalitätskonflikte und das Jugendamt sollte mit Einreichung eines Scheidungsantrags vom Gericht informiert werden und ohnehin auf die Familie achten. Das würde gegen das Erfordernis einer Meldung sprechen. Andererseits kommt aber das siebenjährige Kind unabhängig von seiner persönlichen Resilienz in einen Loyalitätskonflikt, der über das normale Maß bei einer Scheidung hinausgeht, weil es konkret eine Entscheidung zugunsten nur eines Elternteils treffen soll. Gerade dann, wenn sich die Eltern trotz eines entsprechenden Hinweises durch die mediierende Person nicht von ihrem Vorhaben abbringen lassen, scheinen doch gravierende Probleme zu bestehen, über die das Jugendamt informiert werden sollte.[26]*

25 Die Anfrage könnte z.B. lauten: „Im Rahmen einer Mediation möchten die in Trennung lebenden Eltern ihr sieben Jahre alt werdendes Kind entscheiden lassen, ob es den Geburtstag mit der Mutter oder mit dem Vater feiern möchte. Ich bin unsicher, ob es sich hierbei um eine Kindeswohlgefährdung handelt, weil das Kind zu einer Entscheidung gedrängt wird, in der es zu Loyalitätskonflikten kommt. Andererseits ist das Kind ohnehin schon aufgrund eines streitigen Scheidungsprozesses in Loyalitätskonflikten und ich möchte auch die Vertrauensbeziehung in der Mediation nicht gefährden. Daher bitte ich um eine erste Einschätzung."

26 In der Abwägung zwischen Vertrauensschutz in der Mediation und dem Kindeswohl geht das Kindeswohl grundsätzlich vor. Allerdings ist es auch dem Kindeswohl dienlich, wenn die Konfliktparteien auf ein Mediationsverfahren vertrauen und dort zu einer besseren Verständigung gelangen. Insofern könnte im oberen Beispiel auch der Vertrauensschutz höher bewertet werden.

### 13.3.3 Offenbarungspflichten

***Praxishinweis***

*Eine **Offenbarungsberechtigung** nach § 4 MediationsG beinhaltet noch keine **Offenbarungspflicht**.*

Allerdings kann es Fälle geben, in denen sich die Aufhebung der Verschwiegenheitspflicht zu einer Offenbarungspflicht verdichten kann. Definitiv ist das der Fall, wenn man von der Planung einer Straftat Kenntnis erlangt, die man offenbaren muss (vgl. § 138 StGB, Kapitel 8.1.8). Das ist allerdings von geringer praktischer Relevanz, da in Mediationen in der Regel keine in § 138 StGB aufgeführten schweren Straftaten wie Mord oder Raub geplant werden. Selbst wer im Rahmen des sogenannten Täter-Opfer-Ausgleichs arbeitet, der teilweise in Form einer Mediation durchgeführt wird, befasst sich mit begangenen Straftaten und nicht mit geplanten Straftaten. In allen nicht von § 138 StGB erfassten Fällen bedarf es einer anderen konkreten Rechtspflicht, um eine rechtliche Offenbarungspflicht zu begründen. Das wäre z.B. der Fall, wenn man bei Unglücksfällen oder gemeiner Gefahr oder Not keine zumutbare Hilfe leistet (vgl. § 323 c StGB). Diese Norm dürfte allerdings in den seltensten Fällen greifen.[27] Relevanter ist die Frage, ob eine rechtliche Pflicht zur Offenbarung besteht, weil man rechtlich dafür einzustehen hat, dass die Verletzung der physischen oder psychischen Integrität einer Person bzw. die Verletzung des Kindeswohls nicht eintritt (§ 13 StGB, Kapitel 9.1.1). Die Auftragsvereinbarung zwischen Konfliktparteien und der mediierenden Person umfasst eine solche Pflicht in der Regel nicht, weil sie nicht dem Schutz Dritter dient. Nicht hinreichend geklärt ist, inwieweit Pflichten aus einem Grundberuf eine solche Offenbarungspflicht begründen können. Wenn Mediation als eine auf dem Grundberuf aufbauende Tätigkeit angesehen wird, müsste das Berufsrecht des Grundberufs auch für die Mediationstätigkeit gelten. So wird es beispielsweise für die Anwaltschaft in der Berufsordnung für Rechtsanwälte (§ 18 BRAO) formuliert.[28] In der Sozialen Arbeit stellt sich die Frage, ob eine im Kontext der sozialarbeiterischen Tätigkeit durchgeführte Mediation als eine von der Sozialen Arbeit unabhängige eigenständige Mediationsleistung anzusehen ist oder ob es sich um eine Vermittlungsarbeit handelt, die im Rahmen des sozialarbeiterischen Berufs durchgeführt wurde und damit auch dessen Regelungen unterfällt. Das ist sowohl hinsichtlich des Datenschutzes relevant z.B., ob man aufgrund des Grundberufes schweigepflichtig ist nach § 203 StGB z.B. als Ärztin oder Sozialarbeiter, Kapitel 8.1, als auch hinsichtlich der Frage, ob eine Verpflichtung besteht, bestimmte Informationen zu offenbaren z.B. im Rahmen des Kinderschutzes, Kapitel 10.1.7 und 8.1.9 – 8.1.10.

27 Das liegt daran, dass das, was in der Mediation besprochen wird, selten ein Unglücksfall sein wird, welches ein plötzlich eintretendes Ereignis voraussetzt. Auch die gemeine Gefahr, also eine konkrete Gefahr für eine unbestimmte Vielzahl von Menschen, wird selten vorliegen.

28 Eine nicht unumstrittene Regelung, die möglicher Weise nicht mehr mit dem später in Kraft getretenen Mediationsgesetz vereinbar ist, siehe Bertolino, C. 2020, Der Mediationsvertrag, S. 55 f. Ihr Hauptargument ist, dass die Mediationstätigkeit nicht als Annex der Rechtsantwaltstätigkeit verstanden werden kann und somit einen Zweitberuf darstellt, der grundsätzlich frei vom Berufsrecht der Rechtsanwaltstätigkeit ist.

***Beispiel***

*Die Schulsozialarbeiterin Katharina mediiert eine Auseinandersetzung zwischen den zwei 15-jährigen Neuntklässlern Tarek und Tim. Es kommt heraus, dass Tarek von Tim gehänselt wird, weil er sich weigert, auf privaten Klassenfeiern Haschisch zu konsumieren. Katharina möchte die Vertrauensbeziehung zu Tarek und Tim nicht gefährden, ist sich aber unsicher, ob sie nicht als Schulsozialarbeiterin die Pflicht hat, hier einzuschreiten, weil der Haschischkonsum eine Kindeswohlgefährdung darstellen könnte. In der Tat ist sie als Schulsozialarbeiterin in besonderer Weise dem Kindeswohl verpflichtet und darüber hinaus nicht allein für Tarek und Tim zuständig, sondern auch für die anderen Schülerinnen und Schüler der Schule. Entsprechend trifft sie aufgrund ihrer Rolle eine Offenbarungspflicht, wenn allein durch eine Offenbarung sicher geklärt werden kann, in welchem Umfang welche Drogen von wem konsumiert werden, damit Gegenmaßnahmen getroffen werden können. Katharina hätte die Situation vermeiden können, indem sie zu Beginn des Gespräches mit Tarek und Tim deutlich macht, dass sie mit ihnen ein edukatives Konfliktgespräch führen möchte, jedoch nicht als Mediatorin fungiert, weil sie in ihrer Rolle gar nicht über die erforderliche sachbezogene Unabhängigkeit verfügt und auch die Vertraulichkeit nur eingeschränkt zusichern kann. Ansonsten hätte sie auch eine Peer-Mediation vorschlagen oder auf externe Personen verweisen können.*

Unabhängig von rechtlichen Pflichten gibt es natürlich auch **ethische Pflichten** der Offenbarung. Diese können einzelnen Berufsethiken entspringen, aber auch der eigenen Wertvorstellung[29]. So würden Menschen ggf. argumentieren, dass bei Kenntnis einer Kindeswohlgefährdung unabhängig von einer rechtlichen Offenbarungspflicht eine ethische Pflicht besteht, das Wohl des Kindes zu schützen und daher die Angelegenheit z.B. beim Jugendamt zu melden.

## 13.3.4 Zeugnisverweigerungsrechte im Gerichtsprozess

Die Verschwiegenheitspflicht nach § 4 MediationsG hat zur Folge, dass die mediierende Person in Zivilgerichtsprozessen über ein **Zeugnisverweigerungsrecht** verfügt. Soweit die Verschwiegenheitspflicht gilt, darf sie daher aus persönlichen Gründen die Aussage verweigern (§ 383 Abs. 1 Nr. 6 ZPO, §§ 29 Abs. 2 und 30 Abs. 1 FamFG). Das Zeugnisverweigerungsrecht gilt allerdings nur, soweit die mediierende Person nicht von allen Konfliktparteien von der Verschwiegenheit entbunden wurde.[30] Eine Zeugenaussage vor Gericht kann unangenehm sein, weil alle Konfliktparteien ja deshalb von der Verschwiegenheit entbunden haben, damit eine Aussage zu ihren Gunsten getroffen wird. Als Zeugin ist die mediierende Person allerdings in einer ganz anderen Rolle, als als allparteilich agierende Mediatorin. Daher ist es empfehlenswert, mit den Konfliktparteien schon in der Auftragsvereinbarung zu klären, dass sie die mediierende Person nicht als Zeugin in einem mögli-

29 Siehe z.B. das ethische Selbstverständnis, das vom Bundesverband Mediation e.V. formuliert wurde: www.bmev.de/ueber-den-verband/ethik.html (3.9.2022).

30 Greger, R. in: Greger, R. u.a. (Hg.) 2016, Recht der alternativen Konfliktlösung, § 4 MediationsG Rn. 31.

chen Prozess benennen werden bzw. sie nicht von der Verschwiegenheit entbinden. Sollten sie es trotzdem tun, hat das Gericht die Möglichkeit, die Mediatorin als Zeugin zu laden. Die Vereinbarung mit den Konfliktparteien ist daher kein absoluter Schutz vor einer Aussage vor dem Zivilgericht, reduziert aber die Wahrscheinlichkeit, geladen zu werden.

***Praxishinweis***

*Vor Zivilgerichten besteht grundsätzlich ein Zeugnisverweigerungsrecht, vor Strafgerichten jedoch nicht.*[31]

Vor den Strafgerichten ist die mediierende Person zur Aussage verpflichtet. D.h. selbst dann, wenn sie grundsätzlich zur Verschwiegenheit verpflichtet ist, muss sie aussagen, sollte sie als Zeugin geladen werden. Eine Ausnahme ist nur gegeben, wenn sie auch in einer anderen Funktion tätig war und ihr aufgrund dieser anderen Funktion ein Aussageverweigerungsrecht zusteht, siehe Kapitel 8.1.9.

***Beispiel***

*Die Mediatorin erfährt in einer Scheidungsmediation, dass der Kindesvater seinem Sohn zur „Züchtigung" mit einer Gürtelschnalle auf das Gesäß geschlagen hat. Wenn er dieser Erziehungsmethode nunmehr überzeugend abgeschworen hat und keine weitere Kindeswohlgefährdung droht (was natürlich im Einzelfall problematisch sein kann), würde die vergangene Tat unter die Verschwiegenheit fallen. Damit hätte die Mediatorin ein Zeugnisverweigerungsrecht vor dem Zivilgericht (wenn es z.B. um Scheidungsfolgenstreitigkeiten geht). In einem Strafprozess gegen den Vater wegen Körperverletzung am Kind müsste die Mediatorin hingegen aussagen, wenn sie als Zeugin geladen ist.*[32]

## 13.3.5 Vertraulichkeit von Einzelgesprächen

Im Mediationsprozess kann es erforderlich sein, **Einzelgespräche** zu führen. Häufige Gründe hierfür sind a) eine hohe Eskalation, bei der die Konfliktparteien nicht mehr in der Lage sind, sich wechselseitig zuzuhören, b) relevante Hintergrundinformationen, die die Konfliktparteien nicht vor der anderen Seite einbringen möchten oder c) Rückmeldungen der mediierenden Person an eine Konfliktpartei, die nicht ohne Verletzung der Allparteilichkeit vor der anderen Seite eingebracht werden kann (z.B. die Klärung der Bereitschaft, sich weiterhin auf den Mediationsprozess einzulassen). Gemäß § 2 Abs. 3 Satz 3 MediationsG können solche getrennten Gespräche nur im allseitigen Einverständnis geführt wer-

31 Für die Zivilgerichte siehe z.B. § 383 Abs. 1 Nr. 6 ZPO, für das Strafgericht § 53 StPO.

32 Zur Aussagepflicht im Strafprozess siehe Greger, R. in: Greger, R. u.a. (Hg.) 2016, Recht der alternativen Konfliktlösung, § 4 Rn.28. Ausnahmen von der Aussagepflicht sind nur gegeben, wenn diese aufgrund einer anderen beruflichen Tätigkeit gegeben ist. Einzelheiten hierzu sind noch nicht hinreichend geklärt. Über die Grenzen des Zeugnisverweigerungsrechts ist gemäß § 4 letzter Satz MediationsG aufzuklären – siehe unter 13.3.6. Zum Zeugnisverweigerungsrecht allgemein vgl. Kapitel 8.1.8.

den.[33] Deshalb kann es auch keine Vertraulichkeit bezüglich der Tatsache geben, dass Einzelgespräche durchgeführt werden. Was in den Einzelgesprächen besprochen wird, unterliegt hingegen der Vertraulichkeit. Daher sollte nach jedem Einzelgespräch auch abgeklärt werden, welche Inhalte in den Mediationsprozess eingebracht werden dürfen.

## 13.3.6 Hinweis auf den Umfang der Vertraulichkeit

Nach § 4 Satz 4 MediationsG sind die Konfliktparteien über den Umfang der Vertraulichkeit zu informieren. Das kann nach Ansicht des Gesetzgebers standardisiert erfolgen.[34] Eine solche Standardisierung hat den Vorteil, dass die Konfliktparteien sich nicht persönlich angesprochen fühlen, wenn beispielsweise erwähnt wird, man hätte kein Zeugnisverweigerungsrecht im Strafprozess. Ein solcher Hinweis könnte den Eindruck erwecken, die mediierende Person würde den Konfliktparteien eine besondere kriminelle Energie unterstellen.

## 13.3.7 Haftungsrisiken

Die Verletzung der Vertraulichkeit stellt eine Pflichtverletzung dar, die zu Schadensersatzforderungen nach § 280 BGB oder § 823 BGB führen kann. Dies ist der Fall, wenn den Konfliktparteien durch den Bruch der Vertraulichkeit ein materieller Schaden entsteht.

***Beispiel***

*Der Mediator mediiert die Leitung eines Pflegeheims. Ein Konfliktpunkt ist der Umgang mit Versäumnissen bei der Versorgung der Heimbewohnerinnen und Heimbewohner. Der Mediator erzählt einem Bekannten von seiner Mediation, ohne den Namen des Heimes zu nennen. Der Freund erkennt in einigen geschilderten Situationen aber das Heim, in dem sein Vater lebt. Als er den Mediator damit konfrontiert, beginnt der Mediator, das Thema zu wechseln, woraufhin ihm deutlich wird, dass es tatsächlich um das besagte Pflegeheim geht. Er sucht für seinen Vater ein anderes Pflegeheim und berichtet anderen Angehörigen von Heimbewohnern von dem Grund seiner Entscheidung. Daraufhin werden im Laufe der nächsten drei Monate 10% der Pflegeverträge gekündigt. Normalerweise würden in einem solchen Zeitraum höchstens 1% der Verträge gekündigt werden. Der überproportionale Ausfall an Einnahmen kann als Schadensersatz gegen den Mediator geltend gemacht werden, wenn dieser auf die Verletzung der Vertraulichkeit zurückgeführt werden kann.*

Allerdings führt die Verletzung der Vertraulichkeit oftmals nicht zu einem materiellen, sondern „nur" zu einem immateriellen Schaden. Ein solcher Schaden wird grundsätzlich nicht

33 Siehe Gläßer, U. in: Kloweit, J./Gläßer, U. (Hg.) 2018, Mediationsgesetz – Handkommentar, § 2 Rn. 144 ff.

34 Deutscher Bundestag 2011, BT-Drs. 17/5335, S. 13. Denkbar wäre demnach die schlichte Wiedergabe der Regelung von § 4 MediationsG, wobei die mediierende Person in der Lage sein sollte, aufkommende Fragen zu beantworten und den Text zu erläutern.

in Form einer Ausgleichszahlung ersetzt, § 253 Abs 1 BGB. Für Einzelheiten siehe das Kapitel 8.5 Datenschutz und 11.1 im Kapitel Haftung.

Eine strafrechtliche Haftung wegen der Verletzung der Vertraulichkeit nach § 203 StGB ist bei Verletzung der Verschwiegenheit grundsätzlich nicht vorgesehen, kann aber entstehen, wenn sie im Rahmen eines in § 203 StGB genannten Grundberufs mediiert hat. Hierbei wird es entscheidend darauf ankommen, ob die Informationen ihr im Rahmen der Mediation auch hinsichtlich des Grundberufs anvertraut wurden.

***Beispiel***

*Die Mediatorin ist eine Berufspsychologin mit staatlich anerkannter wissenschaftlicher Abschlussprüfung. Im Rahmen einer Teammediation wird ihr von der Konfliktpartei Herbert im Einzelgespräch anvertraut, dass Herbert sich mit massiven Versagensängsten plagt, die ihn seit seiner Kindheit verfolgen, weil er für seine Eltern nie „gut genug" war. Im Rahmen einer weiteren Gruppensitzung, in der die Gruppe die Arbeit von Herbert lobt, hebt die Mediatorin vor allen Teammitgliedern hervor, dass er in diesem Team offenbar keine Versagensangst haben müsste. Wenn der Mediatorin die Versagensangst gerade deshalb anvertraut wurde, weil sie eine Berufspsychologin ist, könnte eine Strafbarkeit nach § 203 Abs. 1 Nr. 2 StGB in Betracht kommen. Im konkreten Fall ist ihr Verhalten unabhängig von der strafrechtlichen Verantwortlichkeit problematisch. Ob sie als Psychologin oder als Mediatorin tätig war, kann nur im Einzelfall (ggf. im Rahmen einer rechtlichen Beratung) geklärt werden, siehe dazu Kapitel 8.1.3. Letztlich muss sie beurteilen, ob sie in ihrer beruflichen Funktion als Psychologin mediierend wahrgenommen wird.*

Zur Haftung bei Verletzung einer möglichen Offenbarungspflicht siehe unter 13.3 in diesem Kapitel.

## 13.4 Tätigkeitsbeschränkungen nach § 3 MediationsG

In diesem Abschnitt wird darstellt, in welchen Fällen zum Schutz der Konfliktparteien eine bestimmte Person keine Mediation durchführen darf.

***Der Abschnitt beantwortet folgende Fragen:***

- Wie werden Unabhängigkeit und Neutralität abgesichert?
- Welche Informationen muss ich den Konfliktparteien mitteilen?
- Wann darf ich mit Zustimmung der Konfliktparteien mediieren und wann ist es mir selbst mit Zustimmung der Konfliktparteien untersagt?

Das Tätigwerden für mehrere im Konflikt befindliche Personen erfordert eine rechtliche Absicherung der Unabhängigkeit und Neutralität. Dem dienen insbesondere die in § 3 MediationsG[35] genannten **Tätigkeitsbeschränkungen** bzw. Offenbarungspflichten.

## 13.4.1 Offenbarungspflichten nach Absatz 1

Sind der mediierenden Person irgendwelche Umstände bekannt, die ihre Unabhängigkeit und Neutralität beeinträchtigen könnten, sind diese **offenzulegen**. Die Mediation darf dann nur erfolgen, wenn alle Parteien ausdrücklich zustimmen. Entscheidend ist, dass die Umstände die Unabhängigkeit und Neutralität beeinträchtigen *können* – ob sie es tatsächlich tun, ist irrelevant. Denkbare Fälle sind vorherige Bekanntschaft oder Geschäftsbeziehung zu einer Partei oder deren Freunden oder Verwandten. Auch ein vorheriger Kontakt zu einer Partei kann die Neutralität oder Unabhängigkeit beeinträchtigen. Letztendlich geht es um alle Fälle, in denen eine Konfliktpartei bei vernünftiger Betrachtung eine Voreingenommenheit befürchten könnte.[36]

***Praxishinweis***

 *Alle Umstände, die eine Neutralität oder Unabhängigkeit beeinträchtigen **könnten**, sind den Konfliktparteien mitzuteilen.*

Wer dieser Offenlegungspflicht nicht nachkommt, ermöglicht die Anfechtung der Auftragsvereinbarung wegen einer verkehrswesentlichen Eigenschaft der mediierenden Person, § 119 Abs. 2 BGB. Durch die Anfechtung fehlt der Mediationsvertrag. Inwieweit der Wert einer schon erbrachten Leistung dann zu ersetzen ist, ist eine bereicherungsrechtliche Einzelfallfrage, die u.a. davon abhängig ist, ob der mediierenden Person bewusst war, dass sie nicht hätte tätig werden dürfen.[37]13.4.2 Tätigkeitsverbot nach Absatz 2

Wer bezogen auf einen konkreten Lebenssachverhalt schon einmal für eine Seite tätig war, darf diesen Lebenssachverhalt nicht mehr mediieren. Ebenso darf die mediierende Person

35 § 3 MediationsG: (1) Der Mediator hat den Parteien alle Umstände offenzulegen, die seine Unabhängigkeit und Neutralität beeinträchtigen können. Er darf bei Vorliegen solcher Umstände nur als Mediator tätig werden, wenn die Parteien dem ausdrücklich zustimmen.
(2) Als Mediator darf nicht tätig werden, wer vor der Mediation in derselben Sache für eine Partei tätig gewesen ist. Der Mediator darf auch nicht während oder nach der Mediation für eine Partei in derselben Sache tätig werden.
(3) Eine Person darf nicht als Mediator tätig werden, wenn eine mit ihr in derselben Berufsausübungs- oder Bürogemeinschaft verbundene andere Person vor der Mediation in derselben Sache für eine Partei tätig gewesen ist. Eine solche andere Person darf auch nicht während oder nach der Mediation für eine Partei in derselben Sache tätig werden.
(4) Die Beschränkungen des Absatzes 3 gelten nicht, wenn sich die betroffenen Parteien im Einzelfall nach umfassender Information damit einverstanden erklärt haben und Belange der Rechtspflege dem nicht entgegenstehen.
(5) Der Mediator ist verpflichtet, die Parteien auf deren Verlangen über seinen fachlichen Hintergrund, seine Ausbildung und seine Erfahrung auf dem Gebiet der Mediation zu informieren.

36 Greger, R. in Greger, R. u.a. (Hg.) 2016, Recht der alternativen Konfliktlösung, § 3 MediationsG Rn. 12.

37 Siehe hierzu im Einzelnen Greger, R. in: Greger, R. u.a. (Hg.) 2016, Recht der alternativen Konfliktlösung, § 3 MediationsG Rn. 31 f.

im Anschluss an die Mediation nicht mehr in derselben Sache für eine Seite tätig werden, § 3 Abs. 2 MediationsG. Hierbei handelt es sich um ein absolutes Tätigkeitsverbot, dass auch nicht durch Offenbarung der vorherigen Tätigkeit und der Zustimmung aller Beteiligten überwunden werden kann. Das ergibt sich schon daraus, dass der Gesetzgeber für die Tätigkeitsbeschränkungen nach Abs. 1 und Abs. 3 entsprechende Ausnahmen vorgesehen hat, dabei Abs. 2 aber bewusst ausgenommen wurde.

### *Praxishinweis*

*Wer im Rahmen einer Mediation für beide Konfliktparteien tätig ist, darf weder vor noch nach der Mediation für nur eine Konfliktpartei in derselben Sache arbeiten*

In der Gesetzesbegründung wird insbesondere hervorgehoben, dass die mediierende Person auch bei professioneller Neutralität nicht als neutral wahrgenommen wird, wenn sie vorher für eine Partei in derselben Sache tätig war.[38] Für diese Normen haben einige Praktikerinnen und Praktiker kein Verständnis. Sie gehen davon aus, eigenverantwortliche Konfliktparteien müssten bei Offenlegung aller vorherigen Tätigkeiten selbst entscheiden dürfen, ob sie sich auf eine Mediation einlassen. Teilweise wird gar behauptet, die Norm verstoße bei Sachverhalten ohne rechtliche Relevanz gegen die Berufsfreiheit der mediierenden Person oder die Vertragsautonomie der Konfliktparteien.[39] Dabei wird übersehen, wie irritierend der Rollenwechsel zwischen einseitig beratender Tätigkeit und einer Mediation für die Konfliktparteien ist und dass die Konfliktparteien oftmals nicht über die notwendige Erfahrung in Mediationsprozessen verfügen, um die Bedeutung einer Zustimmung zum Mediationsverfahren zu überblicken.[40] Ein Verstoß gegen das Tätigkeitsverbot führt zumindest zur Unwirksamkeit der Auftragsvereinbarung (gemäß § 134 BGB), so dass kein Honorar für die Mediationsleistung verlangt werden kann. Der Verstoß kann aber auch zu Schadensersatzansprüchen oder berufsrechtlichen Sanktionen führen.

### *Beispiel*

*In einer Supervision für Führungskräfte wird die Einrichtungsleiterin Bettina darin supervidiert, wie sie mit Kritik ihrer Mitarbeitenden besser umgehen kann. Es wird besprochen, wie es ihr gelingen kann, es als Führungskraft nicht immer allen recht machen zu wollen. Im Verlauf der Supervision wird deutlich, dass sie einige Konflikte mit Teammitgliedern hat, jedoch auch Adressatin von Kritikpunkten ist, die sich eher auf Konflikte zwischen einzelnen Teammitgliedern beziehen. Daher regt der Supervisor Daniel eine Mediation des gesamten Teams einschließlich Bettina an. Bettina ist von der Idee überzeugt und von Daniels Arbeit so angetan, dass sie ihn dem Team als Mediator vorschlägt. Das Team wird über die vorherige Supervision informiert und stimmt der Mediation trotzdem zu. In diesem Fall dürfte Daniel trotz Zustim-*

38 Deutscher Bundestag 2011, BT-Drs. 17/5335, S. 16.

39 So Klenk, M. in: Fritz, R/Pielsticker, D. (Hg.) 2020, Handbuch zum Mediationsgesetz, Teil 6 D Rn. 54-67, der darüber hinaus meint, die Norm müsse „verfassungskonform" ausgelegt werden (Rn. 55), was angesichts des eindeutigen Wortlauts und der klaren Gesetzesbegründung sehr fraglich ist.

40 Siehe hierzu auch Rafi, A. 2021, Rezension zu „Handbuch zum Mediationsgesetz" in: Konfliktdynamik 2021 Heft 2, S. 157.

*mung des Teams gemäß § 3 Abs. 2 MediationsG nicht tätig werden, weil er in derselben Sache (dem Konflikt zwischen Team und Bettina) bereits einseitig für Bettina tätig war. Selbst wenn er in der Lage sein sollte, hier professionell die Rollen zu wechseln (was fraglich ist), wird Bettina ihn ja nur deshalb vorgeschlagen haben, weil er sie* ***als Supervisor*** *überzeugt hat. Sie wird daher wahrscheinlich mit falschen Erwartungen in die Mediation einsteigen. § 3 Abs. 2 MediationsG beugt diesem Problem vor.*

**Vorbefasst** im Sinne von § 3 Abs. 2 MediationsG ist man nur, wenn man bereits für eine Partei tätig war. Ein bloßes Vorgespräch oder Klärungsgespräch kann damit nicht gemeint sein. Oftmals meldet sich erst eine Konfliktpartei mit einem Anliegen. Wenn sich im Gespräch herausstellt, eine Mediation sei die beste Option, das Anliegen anzugehen, bestehen keine Bedenken hinsichtlich der Übernahme der Mediation. Entscheidend ist, ob es sich um ein Sondierungsgespräch gehandelt hat, oder ob man schon für eine Seite tätig war. Wer in ein Coaching oder eine fachliche Beratung für eine Seite eingestiegen ist, wird grundsätzlich nicht mehr mediieren können.[41] Die Abgrenzung zwischen Klärungsgespräch und einer Tätigkeit für eine Seite ist nicht immer eindeutig, da das Klärungsgespräch auch Elemente des Coachings oder der Fachberatung enthalten kann. Entscheidend ist, ob diese Elemente als eine notwendige Begleitung des Klärungsgesprächs oder als eine eigenständige Dienstleistung erbracht wurden. Spätestens dann, wenn nach einem Erstgespräch zunächst Folgegespräche mit einer Seite vereinbart werden, wird wohl von einer Vorbefasstheit auszugehen sein.

### *Beispiel*

*Klaus möchte sich bei Rechtsanwältin und Coach Lisa bezüglich der Möglichkeiten erkundigen, seine Eltern auf Unterhaltsleistung zu verklagen, weil er meint, einen Anspruch auf Unterstützung während seines Studiums zu haben. Noch bevor Lisa viel erzählen kann, beginnt Klaus zu schluchzen, dass seine Eltern ihn verachten würden, seit er mit seinem Freund zusammengezogen ist. Sie würden seine Homosexualität nicht akzeptieren. Lisa fragt zunächst nach, wie das Verhältnis zu den Eltern vorher gewesen ist. Ihr Ziel ist es zu klären, ob es vorher eine gute Beziehung gegeben hat, auf der man ggf. aufbauen kann. Auch geht es darum, Klaus durch etwas Ressourcenorientierung in die Lage zu versetzen, sich auf das Klärungsgespräch einzulassen. Klaus bemerkt nachdenklich, dass seine Eltern möglicher Weise gar nicht die Homosexualität an sich stört, sondern dass sie seiner vorherigen Freundin nachtrauern, weil sie sich von ihr Enkelkinder erhofft haben. Jetzt müsse er seinen Unterhalt vor Gericht einklagen. Lisa weist darauf hin, dass hierfür einige Punkte zu klären und zu beweisen seien (wie z.B. die Leistungsfähigkeit der Eltern) und fragt, ob er wirklich seine Eltern verklagen wolle. Es stellt sich heraus, dass er bislang über die Ablehnung seines neuen Freundes so verletzt war, dass er das Gespräch mit den Eltern abgebrochen hatte. Diese haben daraufhin die Zahlungen eingestellt. Lisa schlägt nach diesen Informationen eine Mediation vor. Das Gespräch hat 1,5h gedauert.*

41 Siehe z.B. Greger, R. in: Greger, R. u.a. (Hg.) 2016, Recht der alternativen Konfliktlösung, § 3 MediationsG Rn. 52.

*Obwohl es Elemente von Coaching und Rechtsberatung enthält, kann es noch als ein Klärungsgespräch angesehen werden, so dass eine anschließende Mediation denkbar wäre, wenn Lisa die Eltern über den Umstand informiert, dass ein Klärungsgespräch stattgefunden hat und die Eltern der Mediation mit Lisa zustimmen. Idealer Weise sollte sie den Eltern ein solches Gespräch dann auch anbieten (im allseitigen Einverständnis).*

Rechtlich unproblematisch ist es, wenn die mediierende Person vor oder nach der Mediation für beide Seiten tätig ist – wenn also z.B. im Rahmen einer Teamsupervision auch eine Teammediation erfolgt oder nach Klärung der weiteren Zusammenarbeit im Rahmen einer Mediation eine Rechtsberatung für die zukünftige Gesellschaftsform für beide Seiten erbracht wird.

### 13.4.2 Tätigkeitsbeschränkungen bei Berufsausübungs- oder Bürogemeinschaften

Wer in derselben Berufsausübungs- oder Bürogemeinschaft arbeitet, darf wie nach § 3 Abs. 2 MediationsG auch nicht mediieren, wenn eine Kollegin oder ein Kollege aus der Berufsausübungs- oder Bürogemeinschaft schon für eine Seite tätig war.

***Praxishinweis***

*Nur mit einer informierten Zustimmung sind Ausnahmen von den Tätigkeitsbeschränkungen bei Berufsausübungs- oder Bürogemeinschaften möglich.*

Auch darf man nicht mehr für eine Seite beratend tätig werden, wenn die Kollegin oder der Kollege vorher eine Mediation durchgeführt hat. Insofern wird die Tätigkeitsbeschränkung des § 3 Abs. 2 MediationsG auf alle Personen ausgestreckt, die mit der mediierenden Person in einer Berufsausübungs- oder Bürogemeinschaft verbunden sind. Der wichtige Unterschied zu Abs. 2 besteht darin, dass in diesem Fall eine Ausnahme nach § 3 Abs. 4 MediationsG gestattet ist: Bei umfassender Information aller Konfliktparteien und deren Zustimmung kann die Mediation durchgeführt werden. Das gilt zwar nur, wenn auch Belange der Rechtspflege nicht entgegenstehen,[42] doch dürfte diese Einschränkung kaum praktisch relevant sein, weil bei Zustimmung der Parteien die Belange der Rechtspflege zumindest im Bereich der sozialen Beratung kaum tangiert sein werden.[43]

42 Belange der Rechtspflege könnten z.B. entgegenstehen, wenn durch die Tätigkeit einer mediierenden Person, die zugleich Anwältin ist, „das Vertrauen in die Integrität des anwaltlichen Handelns" beeinträchtigt sein könnte (siehe Greger, R. in: Greger, R. u.a. (Hg.) 2016, Recht der alternativen Konfliktlösung, § 3 MediationsG Rn 59).

43 Im Einzelnen ist die Reichweite der Regelung umstritten. Eine geringe Bedeutung wird ihr beigemessen von Goltermann, N. in: Kloweit, J./Gläßer, U. (Hg.) 2018, Mediationsgesetz – Handkommentar, § 3 Rn. 40. Insbesondere hinsichtlich der Vertraulichkeit problematisierend Pielsticker, D. in: Fritz, R/Pielsticker, D. (Hg.) 2020, Handbuch zum Mediationsgesetz, Teil 1 C § 3 Rn. 87-90 MediationsG. Vermittelnd Greger, R. in: Greger, R. u.a. (Hg.) 2016, Recht der alternativen Konfliktlösung, § 3 MediationsG Rn. 59.

***Mediation auf einen Blick***

1. Für alle Mediationen gilt das Mediationsgesetz.[44] Unabhängigkeit, Neutralität und Allparteilichkeit müssen gewährleistet werden. Mediieren heißt nicht entscheiden, sondern die Kommunikation zwischen den Konfliktparteien zu unterstützen.
2. Das Vertrauen der Mediationsparteien bedarf angesichts der Konfliktsituation eines besonderen Schutzes.
3. Ggf. sind die Pflichten aus dem Grundberuf auch in der Mediation zu beachten.
4. Allein, dass die Neutralität gefährdet sein *könnte* reicht, dass ein Tätigkeitsverbot vorliegen kann.

# 13.5 Die Bedeutung des Rechts in der Mediation

***Dieser Abschnitt beantwortet folgende Fragen:***

- Welche Bedeutung hat das Recht in einer Mediation?
- Wer dürfte Rechtsrat erteilen?
- Ist die Erteilung von Rechtsrat mit den Grundgedanken des Mediationsverfahrens überhaupt vereinbar?
- Notwendigkeit und Wege in die externe Rechtsberatung
- Sonderfall: Mediation im gerichtlichen Kontext, vor allem in Kindschaftsverfahren

## 13.5.1 Orientierungsfunktion des Rechts

Mit der Entscheidung für eine Mediation wird häufig der Wunsch und die Erwartung verbunden, passendere und bessere Lösungen zu finden, als das Recht bereithält, das in seiner Abstraktheit stets eine Vielzahl von Lebensumständen umspannen muss und allenfalls über die sogenannten unbestimmten Rechtsbegriffe der Situation im Einzelfall gerecht zu werden versucht. Gleichzeitig ist die Lebenswirklichkeit von rechtlichen Regelungen geprägt, teilweise gelangen die Konfliktparteien mit rechtlichen Vorinformationen in die Mediation, möchten nicht „über den Tisch gezogen werden" und sind auf der Suche nach „Gerechtigkeit". Insofern hat das Recht eine Orientierungsfunktion, setzt Leitplanken, hält einen großen Schatz an Lösungsideen bereit[45] und ist eines von zahlreichen Kriterien, die im Rahmen einer Mediation entwickelt werden können, um als gerecht und fair empfundene Lösungen zu finden. Das Recht wird also in der überwiegenden Zahl der Mediationen nicht auszuklammern sein.

44 www.gesetze-im-internet.de/mediationsg/ (10.10.2022).

45 Vgl. Paul, C./Weber, C. in Klowait, J./Gläßer, U. (Hg.) 2018, Mediationsgesetz, Kap. G (Familien- und Scheidungsmediation), Rn. 23.

## 13.5.2 Möglichkeiten und Grenzen der Rechtsberatung

An einer Mediation interessierte Personen verbinden mit einer Mediation nicht selten die Erwartung, hier auch eine rechtliche Beratung zu erhalten. Dies gilt umso mehr, wenn die mediierende Person einem juristischen Grundberuf entstammt. Aber auch in der institutionellen Beratung, z.B. bei Trägern der Kinder- und Jugendhilfe, wird dies häufig der Fall sein. Insofern stellt sich die Frage, ob mediierende Personen Rechtsrat erteilen dürften und sollten.

### 13.5.2.1 Regelungen des Rechtsdienstleistungsgesetzes (RDG)

***Definition***

 *Zunächst stellt das Rechtsdienstleistungsgesetz in § 2 Abs. 3 Nr. 4 klar, dass Mediation keine Rechtsdienstleistung ist, „sofern die Tätigkeit nicht durch Regelungsvorschläge in die Gespräche der Beteiligten eingreift".*

Dies entspricht dem Verständnis von Mediation, wonach es nicht vorrangig darum geht, rechtliche Bewertungen auf der Basis von Sachverhalten aus der Vergangenheit vorzunehmen, sondern die Interessen und Bedürfnisse der mediierten Personen als Ausgangspunkt für einvernehmliche Lösungen von Konfliktthemen zu sehen. Insbesondere geht es in einer Mediation häufig darum, eigene, (lebens-) situationsspezifische Kriterien für faire Lösungen zu entwickeln, die sich von den rechtlichen Regelungen durchaus deutlich unterscheiden können (allerdings nur im Rahmen des rechtlich Zulässigen, siehe hierzu Kapitel 13.5.3 unten). Gleichwohl spielen rechtliche Fragestellungen in vielen Mediationen eine Rolle und je nach rechtlicher Vorprägung der mediierten Personen wird das Recht ein mehr oder minder wichtiges Kriterium für eine als fair empfundene Entscheidung sein.

Nach der oben zitierten Regelung in § 2 Abs. 3 Nr. 4 RDG liegt ein Rechtsrat, der dem Vorbehalt des Rechtsdienstleistungsgesetzes unterliegen würde, nicht vor, wenn die mediierende Person allgemeine Informationen zu rechtlichen Fragestellungen gibt, die Kommentaren oder Lehrbüchern zu entnehmen sind.[46] Auch werden in der Mediation häufig Rechtsverhältnisse und Regelungsmöglichkeiten ausgeleuchtet und diskutiert. Solange den Konfliktparteien die Ausgestaltung der Rechtsverhältnisse eigenverantwortlich überlassen bleibt, handelt es sich nicht um eine unter das RDG fallende Rechtsdienstleistung.[47] Anders ist es in dem Moment, in dem konkrete rechtliche Einschätzungen oder Ratschläge bezogen auf den einzelnen Sachverhalt gegeben[48] oder konkrete rechtliche Lösungs- oder

46 Vgl. Tammen, B./Trenczek,T. in: Münder, J. u.a. (Hg.) 2019, Frankfurter Kommentar zum SGB VIII, § 17 Rn. 48.

47 Vgl. Deutscher Bundestag 2008, Beschlussempfehlung des BT-Rechtsausschusses, BT-Drs. 16/3655, S. 50; Greger, R. in: Greger, R. u.a. (Hg.) 2016, Recht der alternativen Konfliktlösung, § 1 MediationsG, Rn. 86; Deckenbrock, C./Henssler, M. in: Deckenbrock, C./Henssler, M. (Hg.) 2021, RDG, § 2 Rn. 127.

48 Vgl. Paul, C. in: Fischer, C./Unberath, H. 2013, Das neue Mediationsgesetz, Rechtliche Rahmenbedingungen der Mediation, S. 155, 158.

Formulierungsvorschläge unterbreitet werden.[49] Auch die Mitwirkung bei einer rechtsgestaltenden Abschlussvereinbarung ist stets als Rechtsdienstleistung zu sehen.[50]

***Beispiel***

*In einer Trennungsmediation, in der unter anderem Kindesunterhalt Thema ist, könnte zum Beispiel die Düsseldorfer Tabelle als Grundlage der Unterhaltsberechnung eingeführt werden. Die Frage allerdings, wie das für die Düsseldorfer Tabelle maßgebliche bereinigte Nettoeinkommen zu ermitteln ist, welche Kosten abzugsfähig sind etc., wäre nicht mehr von § 2 Absatz 3 Nummer 4 RDG gedeckt, sondern würde eine Rechtsberatung darstellen, da die Rechtsprechung hierzu sehr differenziert ist und es jeweils auf den Einzelfall ankommt.*[51]

***Rechtsdienstleistungen in der Mediation auf einen Blick***

1. Mediation stellt keine Rechtsdienstleistung im Sinne des RDG dar, sofern die Tätigkeit nicht durch rechtliche Regelungsvorschläge in die Gespräche der Beteiligten eingreift.
2. Allgemeine, nicht fallspezifische rechtliche Informationen dürfen danach gegeben werden.
3. Eine Rechtsdienstleistung liegt vor, sobald eine konkrete rechtliche Einschätzung oder konkreter rechtlicher Rat erteilt oder rechtliche Formulierungs- und Lösungsvorschläge von Seiten der mediierenden Person eingebracht werden.

## 13.5.2.2 Regelungen des Mediationsgesetzes

Soweit in der Mediation der Bedarf auf Erteilung von Rechtsrat (im Sinne des RDG) entsteht, stellt sich die Frage, wer diesen erteilen darf und welche Grenzen hier das Mediationsgesetz setzt.

Wer grundsätzlich berechtigt ist, Rechtsrat zu erteilen, bestimmt sich u.a. nach dem RDG. Berechtigt sind grundsätzlich Rechtsanwältinnen und Rechtsanwälte und im Bereich der Beratung insbesondere diejenigen, für die gemäß § 8 Abs. 1 Nr. 2 RDG das „Behördenprivileg" gilt oder bei denen die Voraussetzungen des § 5 Abs. 1 RDG erfüllt sind, wenn die Rechtsdienstleistung also als Nebenleistung zum Berufs- oder Tätigkeitbild gehört (vgl. hierzu ausführlich Kapitel 5).

49 Vgl. Greger, R. in: Greger, R. u.a. (Hg.) 2016, Recht der alternativen Konfliktlösung, § 1 MediationsG, Rn 86; Berning, D. u.a. in: Berning, D. u.a. (Hg.) 2017, Mediation und Konfliktmanagement, Kap. 4.4.3 Rn. 22; Deckenbrock, C./Henssler, M. in: Deckenbrock, C./Henssler, M. (Hg.) 2021, RDG, § 2 Rn. 127.

50 Greger, R. in: Greger, R. u.a. (Hg.) 2016, Recht der alternativen Konfliktlösung, § 1 MediationsG, Rn. 87; Deckenbrock, C./Henssler, M. in: Deckenbrock, C./Henssler, M. (Hg.) 2021, RDG, § 2 Rn. 130.

51 In der Praxis werden zur Unterhaltsberechnung die jeweiligen unterhaltsrechtlichen Leitlinien der Oberlandesgerichte herangezogen. Hierin finden sich unter anderem Aussagen dazu, wie das maßgebliche Einkommen zu ermitteln ist (z.B. wie das Einkommen aus selbständiger Tätigkeit ermittelt wird, wie Abfindungen und Überstundenvergütungen zu berücksichtigen sind, aber auch, um welche Posten das Einkommen zu bereinigen ist, beispielsweise um berufsbedingte Kosten, unter bestimmten Voraussetzungen Schulden etc.).

Doch auch für diejenigen, die nach dem RDG grundsätzlich berechtigt sind, Rechtsrat zu erteilen, stellt sich die Frage, ob dies durch Regelungen des Mediationsgesetzes und hier vor allem durch die Rolle der mediierenden Person als neutraler und unabhängiger Person (siehe hierzu § 1 Abs. 2 MediationsG), die durch das Verfahren führt, begrenzt wird (siehe hierzu auch Kapitel 13.1.2).[52] Nach § 2 Abs. 3 MediationsG ist die mediierende Person allen Parteien gleichermaßen verpflichtet. Daraus folgt, dass das Mediationsgesetz auch einer zur Erteilung von Rechtsrat berechtigten Person sehr schnell hinsichtlich der Erteilung von Rechtsrat eine Grenze setzt: Die mediierende Person verstößt gegen § 2 Abs. 3 S. 1 MediationsG, wenn sie einseitig Beratung im Interesse einer mediationsbeteiligten Person vornimmt oder diesen Dienst alternierend beiden Seiten zukommen lässt.[53] Das bedeutet, dass Rechtsrat bei jeder zu befürchtenden Interessenkollision zu unterbleiben hat. Diese Schwelle ist schnell erreicht:

## *Beispiel*

*Im Verlauf einer Trennungs- und Scheidungsmediation fällt der mediierenden Person auf, dass die berechtigte Partei nicht darüber informiert ist, dass es bei Beendigung der Ehe Zugewinnausgleichsansprüche geben kann und dass sie entsprechende Auskunftsansprüche hat. Hier ist die mediierende Person in einer schwierigen Situation: Weist sie die berechtigte Partei auf dieses Recht hin, könnte die Neutralität gefährdet sein (zumindest die subjektiv von der anderen Seite empfundene), tut sie dies nicht, erfüllt das Verfahren nicht den Grundsatz der vollen Informiertheit über alle relevanten Aspekte und droht auch hinsichtlich der Haltbarkeit der in den anderen Bereichen getroffenen Entscheidungen zu scheitern, wenn ein wichtiger Teilaspekt, der für das gesamte Lösungsmodell von Bedeutung ist, ausgeklammert wurde. Hier sollte die mediierende Person dringend zur Einholung externen Rechtsrats auffordern, vgl. hierzu § 2 Abs. 6 S. 2 MediationsG und unten Kapitel 13.5.2.3. Im Sinne der Neutralität/Allparteilichkeit sollte diese Empfehlung beiden Seiten gegenüber ausgesprochen werden.*[54]

Die Verletzung der Neutralität stellt eine Schlechtleistung der mediierenden Person dar und kann zur Kündigung führen, verbunden mit einem (teilweisen) Verlust des Vergütungsanspruchs und ggf. gegen sich gerichtete Schadensersatzansprüche. [55] Deshalb bleibt es eine Gratwanderung, überhaupt Aussagen zur Rechtslage zu tätigen. Allein die Tatsache, dass

52 Die Begriffe werden nicht einheitlich genutzt. Das Mediationsgesetz selbst spricht in § 1 Abs. 2 von einer unabhängigen und neutralen Person, wobei es in der Gesetzesbegründung heißt, dass sich der Begriff der Unabhängigkeit auf die Person und der Begriff der Neutralität auf die Verfahrensleitung beziehe; vgl. Greger, R. in: Haft, F./von Schlieffen, K. (Hg.) 2016, Handbuch Mediation, § 27 Rn 7; BT-Drs. 17/5335, S. 14. In der Mediationsliteratur wird zudem häufig der Begriff der „Allparteilichkeit" als gleichmäßige aktive Zuwendung beiden Parteien gegenüber genannt. Die Gesetzesbegründung spricht insoweit von einem „über die bloße Neutralität hinausgehenden Element", Bundestag 2017, BT-Drs. 17/5335, S. 15.

53 Vgl. Greger, R. in: Greger, R. u.a. (Hg.) 2016, Recht der alternativen Konfliktlösung, § 2 MediationsG, Rn. 140.

54 Sollte dieser Empfehlung dennoch nicht gefolgt werden, ist die Mediation im Zweifel abzubrechen,da die mediierende Person verpflichtet ist, auf eine informierte Entscheidung hinzuwirken.

55 Vgl. Greger, R. in: Greger, R. u.a. (Hg.) 2016, Recht der alternativen Konfliktlösung, § 2 MediationsG, Rn. 141. Schadensersatzansprüche können sich in diesem Zusammenhang aus § 628 BGB ergeben.

das Recht oft Spielräume eröffnet und mit zahlreichen unbestimmten Rechtsbegriffen (z.B. „angemessener Unterhalt" in § 1610 Abs. 1 BGB)[56] arbeitet, macht deutlich, dass die Grenzen vermeintlich objektiver Rechtsberatung sehr schnell erreicht sind.[57]Für die Praxis ebenso problematisch erscheint der nicht immer exakt festzustellende Bereich, in dem zwar objektiv neutral beraten wurde, eine Partei diesen Rechtsrat aber nicht als neutral empfindet, sondern als die eigene Seite benachteiligend.[58] Kracht spricht insofern davon, dass die mediierende Person „jeden Anschein vermeiden"[59] müsse, der ihre Neutralität in Frage stellen könne. Insofern droht auch bei objektiv fehlendem, aber subjektiv empfundenem Verlust der Neutralität durch die mediierende Person das Abbrechen der Mediation durch eine Seite, was gemäß § 2 Abs. 5 S. 1 MediationsG den Parteien jederzeit offen steht.[60]

***Praxishinweis***

1. *Rechtsdienstleistungen dürfen die Personen erbringen, denen dies nach dem RDG gestattet ist.*
2. *Für mediierende Personen ergibt sich aber eine Grenze zulässigen Rechtsrats aus § 2 Abs. 3 MediationsG: Sie sind zur Neutralität/Allparteilichkeit verpflichtet und es ist ein schmaler Grat, auf dem Rechtsrat tatsächlich objektiv erteilt werden könnte. Hinzu kommt, dass das Gelingen der Mediation bereits durch das subjektive Empfinden eines Neutralitätsverlustes gefährdet ist.*

### 13.5.2.3 Einbeziehung externer Rechtsberatung

Die meisten mediierenden Personen werden Rechtsrat im Sinne des Rechtsdienstleistungsgesetzes nicht erteilen dürfen (siehe hierzu Kapitel 5.3 und 5.4). Für den Personenkreis, der dies nach dem RDG dürfte, setzt das Mediationsgesetz enge Grenzen (siehe hierzu Kapitel 13.5.2.2). Zudem ist die Erteilung von Rechtsrat stets mit der Gefahr des objektiven oder subjektiv empfundenen Verlustes der Neutralität/Allparteilichkeit verbunden. Gleichzeitig müssen nicht zwingend, werden aber häufig Rechtsfragen im Rahmen der Mediation eine Rolle spielen und es ist wichtig, diese Rechtsfragen zu klären. Werden bei komplexen Themen einzelne Regelungspunkte vergessen, kann das die Haltbarkeit der Gesamtlösung gefährden, weil z.B. an die Einbeziehung einer Kapitallebensversicherung beim Zugewinn nicht gedacht wurde. Der Maßstab des Rechts ist einer von vielen denkbaren

---

56 § 1610 Abs. 1 BGB: „Das Maß des zu gewährenden Unterhalts bestimmt sich nach der Lebensstellung des Bedürftigen (angemessener Unterhalt)."

57 Vgl. Tammen, B./Trenczek, T. in: Münder, J. u.a. (Hg.) 2019, Frankfurter Kommentar SGB VIII, § 17 Rn. 48.

58 Vgl. hierzu z.B. obenstehendes Beispiel zum Zugewinnausgleich: Der Ausgleichsverpflichtete könnte die Information der Zugewinnausgleichsberechtigten über die grundsätzliche Möglichkeit von Zugewinnausgleichsansprüchen subjektiv als gegen sich gerichtet empfinden, wenn sie dadurch erstmals Kenntnis von möglichen Ansprüchen erlangt. Letztlich bleibt es aber für die mediierende Person eine Frage der Haltung, wie sie sich hier verhält. Es gibt immer wieder Fälle, in denen es eine Gratwanderung ist, einerseits die für das Verfahren bedeutsame Informiertheit über alle wesentlichen Faktoren zu fördern und gleichzeitig objektiv und in der subjektiven Wahrnehmung der mediierten Personen die Neutralität zu wahren.

59 Kracht, S. in: Haft, F./von Schlieffen, K. (Hg.) 2016, Handbuch Mediation, § 13 Rn. 11.

60 Vgl. Greger, R. in: Greger, R. u.a. (Hg.) 2016, Recht der alternativen Konfliktlösung, § 2 MediationsG, Rn. 141.

Ansätzen für eine von den Parteien als fair empfundene Lösung. Das Postulat der vollen Informiertheit der Beteiligten über die entscheidungserheblichen Tatsachen impliziert auch die Kenntnis von der rechtlichen Bewertung der Situation[61], um sodann informiert und damit „sehenden Auges" aus guten Gründen, die in der Mediation erarbeitet wurden, vom Recht abzuweichen. Wird erst im Nachhinein einer Seite klar, dass ihr rechtlich mehr zugestanden hätte oder dass sie mehr Zugeständnisse gemacht hat, als das Recht ihr abverlangt hätte, ist die Nachhaltigkeit der Lösung gefährdet. Sofern die gefundene Lösung rechtlich dann nicht mehr im Sinne der sich als unterlegen sehenden Partei zu korrigieren wäre, könnte dies dazu führen, dass der dadurch wieder aufbrechende Konflikt auf andere Konfliktfelder verlagert wird.[62] Schließlich muss auch geklärt werden, ob die erarbeitete Abschlussvereinbarung in eine bestimmte rechtliche Form gebracht werden muss oder soll (z.B. um die Vollstreckbarkeit von Geldzahlungsansprüchen herzustellen oder dem Beurkundungszwang bei Grundstücksübertragungsverträgen oder Scheidungsfolgenvereinbarungen zu genügen). § 2 Abs. 6 Satz 2 MediationsG verpflichtet die mediierende Person spätestens vor Eingehung einer verbindlichen Abschlussvereinbarung bei Bedarf ausdrücklich, Parteien, die ohne fachliche Beratung an der Mediation teilnehmen, auf die Möglichkeit externer Beratung hinzuweisen. Es soll sichergestellt werden, dass die Parteien im Sinne der obigen Darstellungen eine „informierte Entscheidung"[63] treffen, wenn sie eine Abschlussvereinbarung anstreben. Ein entsprechender Bedarf wird dann anzunehmen sein, wenn „durch die Vereinbarung rechtliche Beziehungen von nicht ganz untergeordneter Bedeutung begründet, aufgehoben oder verändert werden sollen."[64] Gemäß § 2 Abs. Abs. 6. S. 2 MediationsG trifft die mediierende Person allerdings lediglich eine Hinweispflicht. Die Entscheidung, ob sie dann tatsächlich externe Beratung einholen wollen oder nicht, obliegt den Parteien. Unterlässt die mediierende Person den Hinweis, liegt eine vertragliche Schlechtleistung vor, verbunden mit der Haftung bei Eintritt eines Schadens durch die Nichteinholung rechtlichen Rats.[65] Der mediierenden Person ist daher zu empfehlen, die Erteilung dieses Hinweises zu dokumentieren[66] bzw. einen entsprechenden Hinweis bereits in den Mediationsvertrag aufzunehmen[67].Die im Rechtsverkehr in der Regel geltende sogenannte Privatautonomie ermöglicht es den Parteien des Mediationsverfahrens grundsätzlich, kreative Lösungen zu finden und damit ggf. der individuellen Situation und

61 Vgl. Kracht, S. in: Haft, F./von Schlieffen, K. (Hg.) 2016, Handbuch Mediation, § 13 Rn. 114. Gläßer, U. in: Kloweit, J./Gläßer, U. (Hg.) 2018, Mediationsgesetz, § 2 Rn. 264 spricht insoweit von der „informierten Entscheidung".

62 Kracht, S. in: Haft, F./von Schlieffen, K. (Hg.) 2016, Handbuch Mediation, § 13 Rn. 84 nennt zu Recht als typisches Beispiel eine Verlagerung auf kindbezogene Themen, wie die Gewährung des Umgangsrechts.

63 Vgl. Greger, R. in: Greger, R. u.a. (Hg.) 2016, Recht der alternativen Konfliktlösung, § 2 MediationsG, Rn. 31.

64 Vgl. Greger, R. in: Greger, R. u.a. (Hg.) 2016, Recht der alternativen Konfliktlösung, § 2 MediationsG, Rn. 188.

65 Vgl. Greger, R. in: Greger, R. u.a. (Hg.) 2016, Recht der alternativen Konfliktlösung, § 2 MediationsG, Rn. 189.

66 Vgl. Greger, R. in: Greger, R. u.a. (Hg.) 2016, Recht der alternativen Konfliktlösung, § 2 MediationsG, Rn. 191.

67 Vgl. Paul, C., ZKM 2014, S. 191, 193. Der Mediationsvertrag könnte z.B. folgende Formulierung enthalten: „Soweit rechtliche Themen Gegenstand der Mediation sind, wird den Mediand*innen empfohlen, spätestens vor Abschluss einer verbindlichen Vereinbarung jeweils parteilichen rechtlichen Rat bei einem/r Rechtsanwält*in einzuholen."

den jeweiligen subjektiven Fairnesskriterien besser entsprechende Regelung zu finden, als das abstrakt und auf eine Vielzahl von Fällen zugeschnittene Recht dies ermöglicht. Der Spielraum, in dem die Rechtsbeziehungen zueinander frei geregelt werden können, dem Bereich des sogenannten dispositiven Rechts, ist groß. Allerdings wird dieses dispositive Recht durch zwingendes Recht flankiert. Ein Verstoß gegen zwingendes Recht führt in der Regel zur Unwirksamkeit der getroffenen Vereinbarung. Es gehört zu den Pflichten der mediierenden Person, die Parteien vor offensichtlich unwirksamen Vereinbarungen zu bewahren.[68] Um von Seiten der mediierenden Person zumindest ein Problembewusstsein zu haben, ist es sicherlich von Vorteil, wenn sie rechtliche Grundkenntnisse beziehungsweise eine Sensibilisierung („rote Lämpchen, die angehen") für solche rechtlichen Problemstellungen im jeweiligen Arbeitsfeld besitzt, um gegebenenfalls zum passenden Zeitpunkt auf die Inanspruchnahme externer rechtlicher Beratung hinwirken zu können.

### *Praxishinweis*

*In der Praxis hat sich etabliert, einen Hinweis auf die Möglichkeit und, sofern rechtliche Fragestellungen Gegenstand der Mediation sind, ggf. auch die Notwendigkeit externer rechtlicher Beratung durch jeweils parteilich beratende Rechtsanwält*innen bereits in den Mediationsvertrag[69] mit aufzunehmen. Dies dürfte allerdings nicht von der Verpflichtung entbinden, einen expliziten Hinweis im Verfahren zu erteilen, wenn die mediierende Person die Einholung externer Beratung für erforderlich hält. Eine solche Situation kann z.B. dann gegeben sein, wenn eine Partei juristisch vorgebildet ist und die andere nicht. Dies wird in aller Regel schon sehr früh im Verfahren zu einem von der einen Seite empfundenen Ungleichgewicht führen, das die mediierende Person selbst dann, wenn sie Rechtsauskünfte geben könnte, nicht in eigener Person ausgleichen sollte, denn die Neutralität ist sehr schnell gefährdet.[70] Der Hinweis auf externe Beratung kann also auch dazu dienen, im Verfahren tatsächliches und vor allem subjektiv empfundenes Verhandeln auf Augenhöhe erst möglich zu machen.*

Die Einbeziehung der externen Rechtsanwältinnen und Rechtsanwälte kann dadurch erfolgen, dass sie von Anfang an oder zu einem geeigneten Zeitpunkt während der Mediation anwesend sind. In diesem Fall ist darauf zu achten, dass sie in die Vertraulichkeitsabrede zwischen den mediierten Personen einbezogen werden, dass geklärt wird, welche Informationen aus dem bisherigen Verfahren ihnen zur Kenntnis gebracht werden sollen/dürfen und es empfiehlt sich, ihr Vorverständnis zum Verfahren zu klären, um ggf. vorab mit ihnen die besondere Rolle, die sie im Mediationsverfahren einnehmen, zu besprechen (insbesondere ist zu klären, dass die Hauptakteure in der Mediation die Parteien sind und die

68 Vgl. Brieske, R. in: Henssler, M./Koch, L. 2004, Mediation in der Anwaltspraxis, § 9 Rn. 44f.; Greger, R. in: Greger, R. u.a. (Hg.) 2016, Recht der alternativen Konfliktlösung, § 2 MediationsG, Rn. 213.

69 Unter „Mediationsvertrag" soll hier der Vertrag der mediierten Personen untereinander und im Verhältnis zur mediierenden Person verstanden werden, der den Verfahrensrahmen der Mediation regelt. Zu den verschiedenen Begrifflichkeiten, die hier verwendet werden vgl. Fischer, C. in: Haft, F./von Schlieffen, K. (Hg.) 2016, Handbuch Mediation, § 25 Rn. 62. Ein entsprechender Formulierungsvorschlag findet sich dort unter Fn. 67.

70 Vgl. auch Gläßer, U. in: Kloweit, J./Gläßer, U. (Hg.) 2018, Mediationsgesetz, § 2 Rn. 166, s.o.13.5.2.2.

Rechtsanwält*innen bei aufkommenden rechtlichen Fragen zur Verfügung stehen können und ihnen dafür ggf. auch Zeit mit ihrer Mandantschaft eingeräumt wird). Der zeitliche Umfang der Anwesenheit der Rechtsanwält*innen wird vor allem eine Kosten- und Terminfrage sein. In der sozialen Beratung ist die direkte Anwesenheit der Rechtsanwält*innen eher die Ausnahme.

Der andere, häufiger praktizierte Weg der Einbeziehung sieht vor, dass die Parteien im Laufe des Verfahrens (zum geeigneten Zeitpunkt siehe Beispiel oben) mit einer konkreten Fragestellung (z.B.: Kann auf Kindesunterhalt verzichtet werden? Welche rechtlich zulässigen Möglichkeiten gibt es, die entsprechende Wirkung für den Verpflichteten zu erreichen? Oder: Wie wird beim Wechselmodell der Unterhalt und die Leistungsverpflichtung beider Elternteile ermittelt? Welche Spielräume gibt es?) jeweils externe rechtliche Beratung einholen.[71]

Das Ergebnis dieser rechtlichen Beratungen kann für die Parteien sehr unterschiedlich ausfallen (z.B., weil die Rechtsanwält*innen unbestimmte Rechtsbegriffe auf den Sachverhalt unterschiedlich anwenden oder Spielräume im Sinne ihrer jeweiligen Mandantschaft auslegen) oder einer Seite erstmals vor Augen führen, dass die beabsichtigte Vereinbarung deutlich zu ihren Ungunsten vom Recht abweicht.[72] Für die Mediation hat das in der Regel die Konsequenz, dass noch einmal an die zuvor erarbeiteten Fairness- und Gerechtigkeitskriterien, die für die beabsichtigte Regelung maßgeblich waren, erinnert und hinterfragt wird, ob diese noch gelten oder was sich durch die erhaltenen rechtlichen Informationen verändert hat. Dies ist eine wichtige und sehr konstruktive „Schleife" in einer Mediation, die dazu führt, dass Lösungen haltbar sind, wenn „sehenden Auges" von rechtlichen Lösungen abgewichen wird. Dieser Schritt zurück bedeutet somit eine erneute Reflexion der erfolgten Schritte und kann maßgeblich zur Haltbarkeit der dann getroffenen Vereinbarung beitragen, da diese in voller Kenntnis der Rechtslage und damit auch dieses wichtigen Teils der vollen Informiertheit über alle maßgeblichen Faktoren getroffen wurde.

71 Ziel der Mediation ist es nicht, die rechtliche Lösung "nachzustellen", sondern andere Wege zu finden, die der Situation und den Fairnessgedanken der Beteiligten am besten gerecht werden. Ein Beispiel: Wie beschrieben, ist der Verzicht auf Kindesunterhalt nicht zulässig. Rechtsanwält*innen könnten aber z.B. darauf hinweisen, dass unter bestimmten Voraussetzungen die Möglichkeit besteht, dass ein Elternteil den anderen von der Zahlung intern freistellt. Ob diese Voraussetzungen vorliegen, ist vom Einkommen, sonstigen Verpflichtungen etc. abhängig. Hier ist eine rechtliche Beurteilung des Einzelfalles erforderlich und mediierende Personen sollten sich aus Gründen der Neutralität zurückhalten.

72 Die mediierten Personen werden vor dem Besuch bei dem/der Rechtsanwalt/Rechtsanwältin auch darauf vorbereitet, dass dies passieren kann. Menschen im Konflikt, vor allem dann, wenn sie schon Erfahrungen mit dem Recht gemacht haben, suchen in der Regel sehr bewusst die Mediation auf, um Alternativen zum Recht zu erarbeiten, die sie individuell als fairer/der Situation angemessener empfinden. Eine entsprechende Motivationsklärung findet eingangs mit den Parteien in der Regel auch statt. An diese kann dann später erinnert und angeknüpft werden.

***Einbeziehung externen Rechtsrats auf einen Blick***

1. Die Einbeziehung rechtlichen Rats in die Mediation soll in der Regel durch externe Beratung erfolgen.
2. § 2 Abs. Abs. 6. S. 2 MediationsG verpflichtet die mediierenden Personen, die Parteien, die ohne fachliche Beratung an der Mediation teilnehmen, spätestens vor Verfassen einer Abschlussvereinbarung auf die Möglichkeit der Überprüfung durch externe Berater*innen hinzuweisen, sofern sie einen entsprechenden Bedarf wahrnehmen.
3. In der Praxis wird ein Hinweis auf diese Möglichkeit vielfach bereits in den Mediationsvertrag aufgenommen.[73]
4. Die externe rechtliche Beratung kann zum Verhandeln auf Augenhöhe befähigen, dient der vollen Informiertheit über alle wesentlichen, die zu schließende Vereinbarung berührenden Aspekte und schützt vor Verstößen gegen zwingendes Recht.

## 13.5.3 Grenzen, die das Recht setzt

In der Mediation geht es oft gerade darum, Fairness- und Gerechtigkeitskriterien zu entwickeln und Lösungen zu finden, die dem Einzelfall und den jeweiligen Interessen und Bedürfnissen der Beteiligten soweit wie möglich Rechnung tragen und durchaus auch von der rechtlichen Regelung (die auch nicht zwingend eindeutig feststeht) abweichen können. Allerdings ist der Spielraum der Möglichkeiten nicht grenzenlos gewährleistet, sondern bewegt sich in den Grenzen des sogenannten dispositiven Rechts. Das Recht setzt sowohl allgemeine (z.B. Sittenwidrigkeit in § 138 BGB; Verstoß gegen Treu und Glauben in § 242 BGB) als auch bereichsspezifische Grenzen.

***Beispiel***

*In einer Trennungsmediation, in der unter anderem Unterhalt Thema ist, verzichtet die Kindesmutter, bei der das Kind den Lebensmittelpunkt hat, auf Kindesunterhalt nach § 1601 BGB und auf Trennungsunterhalt nach § 1361 BGB. Dieser Verzicht ist gemäß § 1614 BGB bzgl. des Kindesunterhalts und nach § 1361 Abs. 4 S. 4, 1360a Abs. 3 und 1614 BGB hinsichtlich des Trennungsunterhalts unwirksam. Bei Vorliegen entsprechender wirtschaftlicher Bedingungen auf Seiten der Kindesmutter könnte aber ggf. eine Regelung möglich sein, den Vater von Seiten der Mutter von der Unterhaltspflicht freizustellen. Um einerseits die Gestaltungsgrenzen und andererseits die Handlungsspielräume zu kennen, wird es in der Regel notwendig sein, externe rechtliche Beratung in Anspruch zu nehmen.*

Zudem postuliert das Recht an zahlreichen Stellen die Einhaltung von Formvorschriften. (z.B. Beurkundungszwang bei Grundstückskaufverträgen nach § 311 b BGB und Schei-

73 Ein Formulierungsvorschlag hierzu findet sich in Fn. 67.

dungsfolgenvereinbarungen nach § 1410 BGB), deren Nichteinhaltung in der Regel ebenfalls zur Nichtigkeit der Vereinbarung führt.

Für die Mediation bedeutet dies, dass die Parteien sich spätestens vor Verabschiedung einer verbindlichen Vereinbarung rechtlichen Rat hinsichtlich der Umsetzbarkeit der beabsichtigten Regelungen einholen sollen. Zu beachten ist, dass das ein sehr später Zeitpunkt im Laufe des Verfahrens ist. Hier ist die Abwägung mitunter nicht leicht zu treffen: Das frühzeitige Einholen einer rechtlichen Beurteilung der Situation führt in der Regel zu einer Einengung der von den zu mediierenden Personen in Betracht gezogenen Lösungsoptionen. Ziel der Mediation ist es jedoch ein „Schwarz-Weiß-Denken" aufzubrechen und Ideen kreativ zu entwickeln, die die Parteien zuvor nicht gesehen haben und die passendere Lösungen darstellen als das abstrakt gehaltene Recht sie vorsieht.

Andererseits kann ein erst in einer fortgeschrittenen Phase der Mediation eingeholter Rechtsrat dazu führen, dass eventuell viel Zeit in Lösungsoptionen investiert wurde, die jedenfalls in der angestrebten Form nicht umsetzbar sind. In der Regel ist diese Zeit aber dennoch nicht vergeblich eingesetzt, denn im Rahmen der Entwicklung dieser Ideen wurden Kriterien für als fair und passend entwickelte Vereinbarungen entwickelt, die auch nach dieser Rechtsauskunft Bestand haben werden und dann als Grundlage dienen können, die angestrebten Lösungen so zu modifizieren, dass sie rechtlich umsetzbar sind, die Kerngedanken der beabsichtigten Regelung aber aufrechterhalten. Hierfür ist es wichtig, dass die beratenden Rechtsanwält*innen nach Möglichkeit Kenntnisse über die Arbeitsweise und das Anliegen im Rahmen einer Mediation haben, um die Parteien darin zu unterstützen, rechtskonforme Lösungen zu formulieren, die die angestrebten Anliegen bestmöglich umsetzen.

***Praxishinweis***

1. *Im Rahmen des dispositiven Rechts können vom Recht abweichende Lösungen entwickelt werden, die dem persönlichen Fairness- und Gerechtigkeitsempfinden ggf. besser entsprechen.*
2. *Verstöße gegen zwingendes Recht (z.B. Formvorschriften oder Verstoß gegen Schutzvorschriften) führen in der Regel zur Unwirksamkeit der Regelung.*
3. *Einholung externer rechtlicher Beratung kann davor schützen, Unwirksames zu vereinbaren und auch unterstützen, rechtliche Spielräume zu erkennen.*

### 13.5.4 Besonderheiten bei Mediationen im gerichtlichen Kontext, insb. in Familienverfahren

Insbesondere bei Familienmediationen im Kontext von Trennung und Scheidung gelangen zunehmend Parteien in die Mediation, die sich bereits im gerichtlichen Verfahren befinden. Unter dem Begriff **„gerichtsnahe Mediation"** soll hier diese Konstellation verstanden werden: Die Parteien strengen ein Verfahren beim Gericht an und werden von dort in die außergerichtliche Mediation (in Abgrenzung zum Güterichterwesen[74] als gerichtsinterne Mediation) verwiesen.

Für den Bereich der Kindschaftsverfahren nach den §§ 151 ff. FamFG gelten hier folgende Besonderheiten:

Nach § 156 Abs. 1 S. 3 FamFG kann das Gericht anordnen, dass die Parteien einzeln oder gemeinsam an einem **kostenfreien Informationsgespräch über Mediation** teilnehmen. Diese Regelung wurde eingeführt, weil noch immer ein Informationsdefizit hinsichtlich des Verfahrens der Mediation, seiner Arbeitsweise und Zielsetzung besteht.[75] Ein Verstoß gegen die Anordnung kann kostenrechtlich sanktioniert werden.[76] In Familiensachen hat das Gericht stets über die Kosten zu entscheiden.[77] Es soll die Kosten ganz oder teilweise einer Partei auferlegen, wenn sie z.B. gegen die Anordnung, ein solches Informationsgespräch einzuholen, verstößt. Problematisch an dieser an sich gut gedachten Regelung bleibt, dass dann, wenn die Parteien sich aufgrund des Informationsgespräches für eine Mediation entscheiden sollten, die weitere Finanzierung nicht gesichert ist, da es bisher nicht die Möglichkeit einer „Mediationskostenhilfe" analog der für das Gerichtsverfahren vorgesehenen Prozess- bzw. Verfahrenskostenhilfe gibt.[78]

Die Verpflichtung zur Teilnahme an einem Mediationsverfahren ist, anders als zur Beratung nach § 156 Abs. 1 S. 4 FamFG, bisher nicht vorgesehen. Der Gesetzgeber differenziert in Bezug auf das Verfahren der Mediation also zwischen „Beratung über" und „Verpflichtung zur Teilnahme an" Mediation, wobei Letzteres bisher mit Blick auf das Postulat der Freiwilligkeit der Mediation abgelehnt wird. Möglich ist aber nach § 156 Abs. 1 S. 2 FamFG der Hinweis durch das Gericht, dass die Möglichkeit besteht, Beratung durch die Träger und Dienste der Kinder- und Jugendhilfe zur Erarbeitung eines einvernehmlichen Konzepts für die Wahrnehmung der elterlichen Sorge und der elterlichen Verantwortung in Anspruch zu nehmen.[79] In der Praxis wird der Weg in die gerichtsnahe Mediation [80] durch einige Gerichte in der Form gebahnt, dass den Parteien/Eltern die Mediation dringend nahegelegt und dann eine entsprechende Vereinbarung, diesen Versuch zu unternehmen,

---

74 An den Gerichten werden durch speziell hierfür ausgebildete Richter*innen, sogenannte Güterichter*innen, ebenfalls Mediationen in geeigneten Fällen angeboten. Die Mediation erfolgt dann nicht durch den/die zuständige/n Prozessrichter*in, sondern für die Durchführung der Mediation wird das Verfahren an den/die Güterichter*in übertragen.

75 Zum Informationsdefizit vgl. auch Greger, R. 2007, Justiz, Schlichtung, Mediation in: Schleswig-Holsteinsche Anzeigen, April 2007, S. 109, 111. Dem steht nicht entgegen, dass nach der Erhebung des Instituts für Demoskopie Allensbach im Auftrag der Roland-Rechtsschutzversicherung, Roland Rechtsreport 2021, S. 20, inzwischen 86% der Bevölkerung den Begriff einordnen können.

76 Siehe hierzu § 81 Abs. 2 Nr. 5 FamFG; vgl. auch Lorenz, A. in: Zöller, R. (Begr.) ZPO, § 156 FamFG Rn. 6; Paul, C./Weber, C. in: Kloweit, J./Gläßer, U. (Hg.) 2018, Mediationsgesetz, § 156 FamFG Rn. 3.

77 Das ergibt sich aus § 81 Abs. 1 Satz 3 FamFG.

78 Zur Kostenproblematik vgl. Paul, C./Weber, C. in: Kloweit, J./Gläßer, U. (Hg.) 2018, Mediationsgesetz, § 156 FamFG, Rn. 8.

79 Dies bezieht sich insbesondere auf den Anspruch auf Beratung in Fragen der Partnerschaft, Trennung und Scheidung nach § 17 SGB VIII.

80 Unter dem Begriff „gerichtsnahe Mediation" soll hier die Konstellation verstanden werden, dass den Parteien aus dem gerichtlichen Verfahren heraus die außergerichtliche Mediation (im Gegensatz zur internen Mediation durch Güterichter*innen) nahegelegt wird.

protokolliert wird.[81] Für die Mediation bedeutet dies, dass die intrinsische Motivation, sich auf dieses Verfahren einzulassen, oft anfangs nicht vorhanden ist, im Verlauf des Mediationsprozesses aber entstehen kann.[82] Neben der teilweise zunächst geringen Motivation am Verfahren teilzunehmen ist für diese Verfahren zudem prägend, dass die Parteien sehr stark der prozessrechtlichen Logik der Beweisführung verhaftet sind. Deshalb muss der Darstellung der Grundlagen der Mediation, in der es um die Anerkennung unterschiedlicher Wahrnehmungen und Sichtweisen als jeweilige Realität und um die Arbeit mit Interessen und Bedürfnissen auf der Grundlage dieser Prämisse geht, eine erhöhte Aufmerksamkeit gewidmet werden .

Aber auch hier gilt, dass die Parteien/Eltern die Kosten für das Mediationsverfahren selbst aufbringen müssen, sofern nicht entsprechende Angebote durch die Jugendämter zum Beispiel im Rahmen des § 17 SGB VIII gemacht[83], oder durch Pilotprojekte kostenfrei[84] bzw. durch freie Träger der Jugendhilfe einkommensabhängig bzw. auf Spendenbasis angeboten werden können.[85]

### *Mediation und Recht auf einen Blick*

1. Das Recht ist eines von vielen Kriterien für eine als fair und gerecht empfundene Lösung.
2. Die Kenntnis des Rechts ist Teil der vollen Informiertheit über alle relevanten Aspekte.
3. Mediation bewegt sich nicht im „rechtsfreien Raum": Es bestehen für das Verfahren und die mediierende Person rechtliche Rahmenregelungen (z.B. Grenzen bei der Erteilung von Rechtsrat durch das RDG und das Gebot der Neutralität/Allparteilichkeit). Im Zweifel ist externer Rechtsrat einzuholen.
4. In der Mediation können im Rahmen der Privatautonomie vom Recht abweichende Lösungen entwickelt werden – der Spielraum ist groß, aber nicht grenzenlos gewährleistet.

81 Vgl. Decker, F./ Peschke, A., Vom Gericht „geschickte" Medianden – Von den Besonderheiten und der Motivationsarbeit in der Einführungsphase, in: ZKM 2016, S. 120.

82 Vgl. hierzu Decker, F./ Peschke, A., a.a. O., S. 120-123.

83 Vgl. Hoffmann, B./Trenczek, T. in: Münder, J. u.a. (Hg.) 2018, Frankfurter Kommentar zum SGB VIII, § 50, Rn. 18.

84 Vgl. z.B. das BIGFAM-Projekt (Berliner Initiative geförderte Familienmediation) in Berlin, Hamkens, S., Geförderte Familienmeditation in Berlin, in: ZKM 2016, S. 145 f.

85 Z.B. Familien-Notruf München, www.familien-notruf-muenchen.de/kosten/ oder Zusammenwirken im Familienkonflikt Berlin, www.zif-online.de/zif (jeweils abgerufen am 28.9.2022).

# 14. Beratung in besonderen Rechtslagen

**Übersicht** Seite



## 14.1 Recht für Migrationsberatung

***Recht für Migrationsberatung beantwortet folgende Fragen:***

- Wie ist das System im Migrationsrecht aufgebaut?
- Welche Rechtsgrundlagen vom Freizügigkeitsgesetz EU über das AsylG bis zum AufenthG sind für die Beratung von zugewanderten und geflüchteten Personen relevant?
- Welche Statusgruppen sind im Migrationsrecht zu unterscheiden?
- Welche Möglichkeiten der Statusverfestigung gibt es?

- Welche unterschiedlichen Zwecke werden für die Erteilung einer Aufenthaltserlaubnis unterschieden?
- Welche Besonderheiten sind bei Datenschutz und Schweigepflicht zu beachten?

In der Beratung von Menschen in der Migration ist zunächst zwischen der Migration aus Deutschland heraus[1] und nach Deutschland hinein zu unterscheiden. Dieser Exkurs behandelt die Migration nach Deutschland. Das deutsche Migrationsrecht wurde in den letzten Jahrzehnten je nach arbeitsmarkt- und weltpolitischer Lage angepasst: vom Anwerbeabkommen 1965 und dem Anwerbestopp 1973 über die Drittstaatenregelung im Asylrecht 1993, das mit dem Zuwanderungsgesetz neue Aufenthaltsgesetz von 2004 bis zu den Änderungen durch das Fachkräfteeinwanderungsgesetz (FEG), welche am 1.3.2020 in Kraft traten.[2] Daher kommt es für die Beratung entscheidend darauf an, immer wieder den aktuellen Rechtsstand zu recherchieren.

### *Praxishinweis*

*Internetseiten für die eigene Recherche zum Migrationsrecht:*

- *www.asyl.net (Informationsverbund Asyl und Migration e.V.)*
- *www.bamf.de (Bundesamt für Migration und Flüchtlinge)*
- *www.bmas.de (Bundesministerium für Arbeit und Soziales)*
- *www.bmi.bund.de (Bundesministerium des Innern und für Heimat)*
- *www.b-umf.de (Bundesfachverband unbegleitete minderjährige Flüchtlinge e.V.)*
- *www.bundesgesetzblatt.de (Onlinezugang zum aktuellen Bundesgesetzblatt)*
- *www.bundesregierung.de/Webs/Breg/DE/Bundesregierung/BeauftragtefuerIntegration (Beauftragte für Migration, Flüchtlinge und Integration)*
- *www.bverwg.de (Bundesverwaltungsgericht)*
- *www.einwanderer.net/willkommen/ (GGUA-Flüchtlingshilfe e.V.)*
- *www.fluechtlingsrat.de (Die Landesflüchtlingsräte)*
- *www.institut-fuer-menschenrechte.de (Deutsches Institut für Menschenrechte)*
- *www.kirchenasyl.de (Asyl in der Kirche e.V.)*
- *www.migrationsrecht.net (Informationsportal zum Ausländerrecht)*

1 Z.B. die sog. Rückkehrberatung mit Reintegrationshilfen für Rückkehrende in ihre Heimatländer: https://www.bamf.de/DE/Themen/Rueckkehr/rueckkehr-node.html (2.6.2022) oder die Onlineberatung der Caritas zur Aus-, Rück- und Weiterwanderung: https://www.caritas.de/hilfeundberatung/onlineberatung/aus-rueck-weiterwanderung/aus-rueck-weiterwanderung (23.5.2022).

2 Vgl. zu den in der jetzigen Legislaturperiode geplanten Änderungen im Migrationsrecht die Regelungen im Koalitionsvertrag 2021–2025 vom 7. Dezember 2021: www.spd.de/fileadmin/Dokumente/Koalitionsvertrag/Koalitionsvertrag_2021-2025.pdf (2.6.2022). Zur Geschichte siehe Langenfeld, C./Lehner, R., Einwanderungsrecht in Deutschland – Entwicklungslinien, konzeptionelle Grundentscheidungen und offene Fragen, in: ZAR 2020, S. 215 ff.

- *www.migration-info.de (Netzwerk Migration in Europa e.V.)*
- *www.proasyl.de (Menschenrechtsorganisation Pro Asyl)*
- *www.unhcr.de (United Nations High Commissioner for refugees)*

In der Migrationsberatung sind häufig komplexe Rechtslagen für die Beratenen entscheidend. Dazu gehören z.B. die Durchführung eines Asylverfahrens (insbesondere das Verfahren zur Zuständigkeit nach der Dublin-VO, die Anhörung und der Rechtsschutz bei nicht erfolgreichen Verfahren), Aufenthalts- und Bleiberechte mit den Möglichkeiten der Statusverfestigung bis hin zur Einbürgerung, Familiennachzug, Integrationsangebote oder -verpflichtungen, Fragen der Ausbildung, des Studiums und der Erwerbstätigkeit und letztlich auch Fragen der Aufenthaltsbeendigung durch Ausweisung und Abschiebung. Für die Beratung zu diesen Themen ist zuallererst ein grundsätzliches Systemverständnis sowie die Abgrenzung unterschiedlicher **Statusgruppen** voneinander für die Praxis der Migrationsberatung relevant. Sowohl in der allgemeinen Migrationsberatung als auch in der spezielleren Asylverfahrensberatung[3] bildet die Frage, welche Rechtsgrundlagen für die jeweilige Personengruppe anwendbar sind, mithin welcher rechtlichen Statusgruppe die betroffene Person im **migrationsrechtlichen System** zugeordnet wird, für die Beratung letztlich das rechtliche Fundament. Das gilt nicht nur für die klassische Beratung im Migrationsrecht, sondern diese systematische Einordnung ist für viele andere Beratungsfelder ebenfalls von grundlegender Bedeutung. Denn auch in anderen Rechtsbereichen hängen die jeweiligen gesetzlichen Rechte und Pflichten bei ausländischen Personen von deren Zugehörigkeit zu einer bestimmten Statusgruppe ab.[4]

Migrationsberatungen zu den genannten Themenkomplexen stellen regelmäßig Rechtsdienstleistungen dar, die nach dem RDG z.B. über die Anbindung an eine Anleitung von Jurist*innen mit 2. juristischem Staatsexamen erlaubt sein können. Zudem bietet sich eine Zusammenarbeit mit Rechtsanwält*innen an für die Vertretung vor Behörden und Gerichten.[5] Siehe zu beidem Kapitel 2 und 5.

Die folgende Tabelle bietet einen ersten Überblick über die wichtigsten rechtlichen Statusgruppen im Migrationsrecht und die dazugehörigen Rechtsgrundlagen:

3 Vgl. hierzu auch die neuerdings nach dem AsylG angebotene staatliche Asylverfahrensberatung nach § 12a AsylG.

4 Dies wird besonders im Sozialleistungsrecht deutlich, bei welchem häufig der Status der beantragenden Person über Grund und Höhe der jeweiligen Sozialleistungen entscheidet. Zudem können zwischen der Inanspruchnahme von Sozialleistungen und aufenthaltsrechtliche Fragen rechtliche Interdependenzen bestehen: Die eigenständige Sicherung des Lebensunterhalts, d.h. die grundsätzliche Sicherung des Lebensunterhalts ohne Inanspruchnahme von öffentlichen Mitteln, stellt im Aufenthaltsgesetz eine allgemeine Erteilungsvoraussetzung (§ 5 AufenthG) dar, welche mithin grundsätzlich für Aufenthalts- und Bleiberechte gegenüber den Ausländerbehörden nachgewiesen werden muss.

5 Hagebölling, E./Dieckmann, J., (DRK) 2020, Besser zusammen – Schnittstellen zwischen sozialarbeiterischer und anwaltlicher Tätigkeit, https://drk-wohlfahrt.de/uploads/tx_ffpublication/2020_arbeitshilfe_besser_zusammen.pdf (23.5.2022) sowie Berlit, U. 2020, Qualitätvolle Asylverfahren und -prozesse: eine Herausforderung für den Rechtsstaat, S. 95 ff. in: NWwZ 2020.

**Tabelle: Statusgruppen im Migrationsrecht und Rechtsgrundlagen**

| Nr. | Zugehörigkeit zu einer Statusgruppe | Rechtsgrundlagen |
|---|---|---|
| 1. | **Bürger*innen der EU (Unionsbürger*innen), Island, Liechtenstein, Norwegen (EWR-Angehörige), Schweiz** | • FreizügG/EU |
| 2. | **Asylsuchende** | • Grundrecht auf Asyl, Art. 16a GG<br>• Asylverfahren, AsylG<br>• Zuständigkeit innerhalb der EU, Dublin-III-VO |
| 3. | **Spätaussiedlung aus der ehemaligen Sowjetunion und deutsche Volkszugehörigkeit** | • BVFG<br>• StAG |
| 4. | **Staatenlose** | • Reiseausweis nach StlÜK<br>• AufenthG |
| 5. | **Drittstaatsangehörige (andere als deutsche oder EU-Staatsangehörigkeit)** | • AufenthG<br>• AufenthV<br>• BeschV<br>• IntV |

Die besonders häufigen Fragestellungen zu den jeweiligen Statusgruppen und die Zuordnung der Titel, Bescheinigungen etc., durch welche die Zugehörigkeit zur Statusgruppe deutlich wird, werden im Folgenden erläutert. Ein Fallbeispiel zeigt, dass in der Praxis die Beratung einer Suche nach Trüffeln im Waldboden aus Lebenslage und Recht gleicht.

## *Beispielsfall*

*Alicia, eine ukrainische Mutter mit zwei Kindern im Vorschulalter, flüchtete nach Kriegsbeginn nach Deutschland. Ihr geschiedener Ehemann und Vater der beiden Kinder lebt weiterhin in der Ukraine. Ihr neuer Ehemann ist rumänischer Staatsangehöriger. Er lebt und arbeitet seit mehr als fünf Jahren in Deutschland und ist als Bauingenieur deutschlandweit tätig. In den letzten Jahren hat er immer wieder seine freien Tage und Urlaubszeiten genutzt, um möglichst viel Zeit mit Alicia und den Kindern zu verbringen. Beide hatten für die Zukunft geplant, irgendwann in der Ukraine eine neue gemeinsame Existenz aufzubauen. Diese Pläne haben sie nach Kriegsbeginn verworfen und Alicia ist Hals über Kopf nach den ersten Kriegstagen und Bombenangriffen auf Kiew mit den Kindern nach Hamburg geflüchtet. Sie möchten nunmehr gemeinsam in Deutschland bleiben und dort ein neues Leben aufbauen. Der Vater der beiden Kinder akzeptiert die neue Beziehung und ist froh, dass sich seine Ex-Frau und seine Kinder in Sicherheit gebracht haben. Alicia möchte zukünftig wieder in ihrem Beruf als Apothekerin arbeiten. Sie hatte in Warschau Pharmazie studiert und war längere Zeit als Apothekerin in Kiew tätig. Inzwischen*

*konnte sie bereits mit einer Apotheke in Hamburg Verbindung aufnehmen und benötigt nunmehr von den deutschen Behörden eine Anerkennung ihres ausländischen Bildungsabschlusses und eine Approbation.*

*Aufgrund der besonderen Lebenssituation könnte hier an unterschiedliche Aufenthaltsrechte nach unterschiedlichen Gesetzen mit jeweils unterschiedlichen Bedingungen für Alicia gedacht werden, nämlich das Aufenthaltsrecht als nahestehende Person eines Unionsbürgers, als ukrainische Geflüchtete, als hochqualifizierte Fachkraft oder im Rahmen des Anerkennungsverfahrens für die im Ausland erworbene Berufsqualifikation. Für die Kinder kommen ebenfalls Aufenthaltsrechte als Familienangehörige von Alicia als Drittstaatsangehörige oder als ukrainische Geflüchtete in Frage. Daneben ist die Frage zu klären, ob der ausländische Bildungsabschluss von Alicia anerkannt werden kann und ein Recht auf Ausübung einer Erwerbstätigkeit besteht. Sollten Alicia und ihre beiden Kinder Sozialleistungen benötigen, wäre dies ebenfalls jeweils anhand des Aufenthaltsrechts zu bestimmen.*

## 14.1.1 Unionsbürger*innen

**Unionsbürger*innen**[6] benötigen für die Einreise und den Aufenthalt in Deutschland keinen Aufenthaltstitel[7] (§ 2 Abs. 4 Satz 1 FreizügG/EU), sondern genießen Freizügigkeit und müssen lediglich die Unionsbürgerschaft anhand ihres Passes nachweisen. Die Unionsbürgerschaft ergänzt die nationale Staatsbürgerschaft, ersetzt sie aber nicht.[8] Die Vorlage eines EU-Passes genügt dementsprechend auch, um eine Arbeit aufzunehmen. Halten sich Unionbürger*innen 5 Jahre ständig rechtmäßig im Bundesgebiet auf, haben Sie ein **Daueraufenthaltsrecht** kraft Gesetzes, das auf Antrag bescheinigt wird (§ 4a, § 5 Abs. 5 FreizügG/EU). Aber auch ihre Familienangehörigen und nahestehende Personen[9] fallen, obwohl sie Drittstaatsangehörige sind, nicht unter das Aufenthaltsgesetz, sondern unter das FreizügG/EU, wenn sie die Voraussetzungen der §§ 3 und 4 FreizügG/EU erfüllen. Das abgeleitete Recht[10] der drittstaatsangehörigen Person besteht unabhängig davon, ob sich diese bislang in der EU aufhält oder zwecks Begleitung oder Nachzug zu Unionsbürger*in-

6 Die 27 Unionsländer sind derzeit: Belgien, Bulgarien, Deutschland, Dänemark, Estland, Finnland, Frankreich, Griechenland, Irland, Italien, Kroatien, Lettland, Litauen, Luxemburg, Malta, Niederlande, Österreich, Polen, Portugal, Rumänien, Schweden, Slowakei, Slowenien, Spanien, Tschechien, Ungarn, Zypern. Ferner ist das Gesetz auch auf die Länder des europäischen Wirtschaftsraums (EWR) anwendbar: Island, Liechtenstein und Norwegen. Britische Staatsbürger*innen, die vor dem 31.12.2020 Gebrauch von ihrem Freizügigkeitsrecht gemacht haben, behalten ihr Recht und ein Aufenthaltsdokument-GB. Ab dem 1.1.2021 eingewanderte britische Staatsangehörige sind Drittstaatsangehörige. Für Schweizer*innen gilt das Freizügigkeitsabkommen EG-CH und sie erhalten eine Aufenthaltserlaubnis-CH.

7 Anders als Einreise und Aufenthalt für Drittstaatsangehörige, welche regelmäßig nach § 4 Abs. 1 AufenthG hierfür einen Aufenthaltstitel benötigen (sog. Verbot mit Genehmigungsvorbehalt), können Unionsbürger*innen frei entscheiden, ob und wann sie in Deutschland ihren Wohnsitz nehmen, vgl. Hundt, M. 2020, Praxishandbuch Familie und Migrationsrecht, S. 6 f.

8 Art. 20 AEUV.

9 Vgl. zu den Begriffsdefinitionen: § 1 Abs. 1 Nr. 4 und 5, Abs. 2 Nr. 3 und 4 FreizügG/EU.

10 Akzessorisches Recht; vgl. zum eigenständigen Aufenthaltsrecht von drittstaatsangehörigen Personen bei Tod oder Trennung von den Unionsbürger*innen unter bestimmten Voraussetzungen: § 3 FreizügG/EU.

nen erstmals in die EU einreist.[11] Das FreizügG/EU ist ein abschließendes Spezialgesetz. Die Betroffenen erhalten zum Nachweis ihres Aufenthaltsrechts eine Aufenthaltskarte bzw. nach 5 Jahren ständigem Aufenthalt eine Daueraufenthaltskarte.[12] Deutsche Staatsangehörige fallen grundsätzlich nicht in den Anwendungsbereich des FreizügG/EU.[13] Das Aufenthaltsrecht ihrer Familienangehörigen richtet sich demnach nach dem AufenthG.

***Beispielsfall Fortsetzung***

*Der Ehemann von Alicia ist als rumänischer Staatsangehöriger ein Unionsbürger und damit freizügigkeitsberechtigt. Nach fünf Jahren Daueraufenthalt in Deutschland ist kraft Gesetzes ein Daueraufenthaltsrecht für ihn entstanden, er hat Anspruch auf die Ausstellung einer entsprechenden Bescheinigung (§ 4a, § 5 Abs. 5 FreizügG/EU). Als Ehefrau eines Unionsbürgers erwirbt Alicia ein Aufenthaltsrecht als Familienangehörige (§ 1 Abs. 2 Nr. 3a FreizügG/EU). Das Gleiche gilt für die Kinder von Alicia. Anders als im Aufenthaltsrecht nach dem Aufenthaltsgesetz ist der Familienbegriff nach dem Freizügigkeitsgesetz wesentlich weiter gefasst. Danach fallen unter bestimmten Voraussetzungen Verwandte gerader absteigender und gerader aufsteigender Linie unter diesen Familienbegriff. In gerader Linie verwandt sind Personen, die voneinander abstammen (§ 1589 BGB). Dies gilt auch für die Kinder der Ehefrau eines Unionsbürgers (§ 1 Abs. 2 Nr. 2c FreizügG/EU), sodass Alicia und ihre beiden Kinder einen Anspruch auf Ausstellung einer Aufenthaltskarte haben. Sie ist ihnen von Amts wegen innerhalb von sechs Monaten, nachdem sie die erforderlichen Angaben gemacht haben, auszustellen und behält für fünf Jahre ihre Gültigkeit (§ 5 Abs. 1 Satz 1 FreizügG/EU).*

## 14.1.2 Asylsuchende

Im Rahmen eines **Asylverfahrens** wird geprüft, ob Asylsuchende einen Schutzstatus in Deutschland erhalten. Das Anerkennungsverfahren ist im Asylgesetz (AsylG) im Einzelnen als Verwaltungsverfahren mit allen Rechten und Pflichten geregelt. Es enthält Sonderregelungen, welche den allgemeinen Regelungen im AufenthG vorgehen, § 1 Abs. 1 Satz 5 AufenthG. Das Bundesamt für Migration und Flüchtlinge (BAMF) führt das Asylverfahren durch und entscheidet letztlich über die Asylanträge.[14]

Wer noch keinen Asylantrag gestellt hat, aber registriert worden ist nach dem Asyl- oder Aufenthaltsgesetz, erhält als **Ankunftsnachweis** die Bescheinigung über die Meldung als Asylsuchende*r. Ab Ausstellung des Ankunftsnachweises wird einer ausländischen Person der Aufenthalt in Deutschland gestattet.[15] Mit Stellung des Asylantrages[16] wird eine Be-

11 Vgl. Nr. 3.1.4 AVV FreizügG/EU.

12 Vgl.§ 1 Abs. 1 Nr. 5, Abs. 2 Nr. 4a–c FreizügG/EU.

13 Ausnahmsweise ist dies bei sog. „Rückkehrfällen" der Fall (§ 1 Abs. 1 Nr. 6, § 12a FreizügG/EU).

14 § 5 AsylG.

15 § 63a, § 55 AsylG.

16 Vgl. § 14 AsylG: Ein Asylantrag muss grundsätzlich persönlich bei der hierfür zuständigen Behörde, nämlich dem BAMF gestellt werden. Nur ausnahmsweise darf im Asylverfahren der Asylantrag nach § 14 Abs. 2 AsylG schriftlich gestellt werden, z.B. bei unbegleiteten Minderjährigen.

scheinigung über die **Aufenthaltsgestattung** ausgestellt und der Ankunftsnachweis eingezogen. Wird ein Asylantrag gestellt, so prüft allerdings das BAMF zunächst, ob Deutschland für die Durchführung des Asylverfahrens zuständig ist. Dieses Verfahren zur Feststellung der Zuständigkeit nach der Dublin-III-VO wird im Allgemeinen „**Dublin-Verfahren**" genannt. Die Verordnung basiert u.a. auf dem Prinzip, dass jeder Antrag jeweils nur von einem Staat geprüft wird. Dementsprechend werden die Fingerabdrücke der Asylsuchenden von allen Mitgliedsstaaten in der Eurodac-Datenbank[17] gespeichert. Dadurch kann festgestellt werden, ob die betroffene Person bereits vorher in einen anderen „Dublin-Staat" eingereist und dort registriert worden ist oder bereits Asyl beantragt hat. Ist Deutschland nicht zuständig, ergeht ein sog. „Dublin-Bescheid", in welchem der Asylantrag als unzulässig abgelehnt und die Abschiebung in den als zuständig erachteten „Dublin-Staat" angeordnet wird.

Bei dem Termin zur **persönlichen Anhörung** (§ 25 AsylG) der betroffenen Person sollen die individuellen Fluchtgründe vom BAMF geprüft werden. Die persönliche Anhörung ist der wichtigste Vorgang im Asylverfahren. Eine weitere Anhörung ist nicht vorgesehen. Dementsprechend sollten die Betroffenen im Rahmen der Asylverfahrensberatung ausreichend auf den Ablauf und die Wichtigkeit der Anhörung für das Schutzersuchen vorbereitet werden. Die betroffene Person muss im Rahmen der Anhörung selbst die Tatsachen vortragen, die ihre Furcht vor Verfolgung oder die Gefahr eines ihr drohenden ernsthaften Schadens begründen, und die hierzu erforderlichen Angaben machen.[18] Eine wichtige Rolle spielt auch die Frage, ob die Angaben der Asylsuchenden im Anhörungsverfahren glaubhaft sind. Denn Zweifel an den Angaben und geschilderten Ereignissen und Erlebnissen können dazu führen, dass der gesamte Vortrag als unglaubwürdig eingestuft wird. Sie haben ein Recht auf Dolmetscher*innen, Übersetzer*innen oder sonstige Sprachmittler*innen (§ 17 AsylG). Neben Rechtsanwält*innen können auch sonstige Personen, sofern dies von der betroffenen Person gewünscht wird, an der Anhörung teilnehmen.[19] Über die Anhörung ist eine Niederschrift aufzunehmen, welche die wesentlichen Angaben der Asylsuchenden enthält. Das Anhörungsprotokoll bildet die Entscheidungsgrundlage und wird auch gegebenenfalls bei einem Gerichtsverfahren herangezogen. Die Entscheidung über den Asylantrag erfolgt durch das BAMF auf der Basis der Situation im Herkunftsland. Dabei geht es um die Frage der Fluchtgründe und warum die betroffene Person im Herkunftsland keinen Schutz erhalten hat und sie derzeit nicht zurückkehren kann. Die Gewährung von Schutz ist im Asylverfahren aufgrund unterschiedlicher Rechtsgrundlagen möglich. Mit dem Asylantrag wird grundsätzlich beantragt zu prüfen, ob die Voraussetzungen für die Anerkennung der Asylberechtigung oder für die Zuerkennung des internationalen Schutzes vorliegen.

Anhand folgender Übersicht sind die unterschiedlichen Entscheidungsmöglichkeiten bei einer positiven Entscheidung des BAMF und die dazugehörigen Rechtsgrundlagen ersichtlich:

---

17 Eurodac-Verordnung: VO (EU) 603/2013 vom 26. Juni 2013 (ABl. 2013 L 337, 9).

18 Vgl. zu den Besonderheiten bei Kindern und Familien im Asylverfahren: Hundt, M. 2020, Praxishandbuch Familie und Migrationsrecht, S. 41 f.

19 § 25 Abs. 4 AsylG, § 14 Abs. 1 VwVfG.

**Übersicht: Entscheidungsmöglichkeiten bei einer positiven Entscheidung des BAMF**

| Nr. | Entscheidung des BAMF | Rechtsgrundlagen |
|---|---|---|
| 1. | **Asylberechtigung** | Art. 16a GG |
| 2. | **Zuerkennung der Flüchtlingseigenschaft nach der GFK** | § 3 bis § 3e AsylG |
| 3. | **Subsidiäre Schutzberechtigung** | § 4 AsylG |
| 4. | **Abschiebeschutz** | §§ 60 Abs. 5 und Abs. 7 AufenthG |

Art. 16a Grundgesetz gewährt **politisch Verfolgten** in der Bundesrepublik Deutschland einen Anspruch auf Anerkennung als Asylberechtigte. Das Asylgrundrecht sieht vor, dass kein Staat das Recht hat, Leib, Leben oder die persönliche Freiheit des Einzelnen aus Gründen zu gefährden oder zu verletzen, die allein in seiner **politischen Überzeugung**, seiner **religiösen Grundeinstellung** oder in den für ihn **unverfügbaren Merkmalen** liegen, die sein Anderssein prägen.[20] Unverfügbare Merkmale sind etwa die ethnische Zugehörigkeit, die Nationalität, das Geschlecht, körperliche oder geistige Behinderung, sexuelle Orientierung. Sich allein auf wirtschaftliche Schwierigkeiten, eine allgemeine Notlage oder kriegerische Auseinandersetzungen zu berufen, reicht nicht für das Asylrecht.[21]

Auf das Asylrecht kann sich nach Art. 16a Abs. 2 GG nicht berufen, wer über einen „**sicheren Drittstaat**" in die Bundesrepublik Deutschland eingereist ist.[22] Damit hatte die betroffene Person Gelegenheit, dort Schutz zu suchen, und kann an der Grenze ohne Verfahren zurückgewiesen werden.[23] Wird die ausländische Person erst im Inland von den Behörden aufgegriffen, wird der Antrag auf Anerkennung als asylberechtigt abgelehnt.[24] Das Asylgrundrecht hat daher nur noch geringe praktische Bedeutung[25], da nur noch diejenigen, die auf dem Luft- oder Seeweg von außerhalb der EU (sowie der Schweiz und Norwegen) direkt einreisen, dieses Grundrecht überhaupt in Anspruch nehmen können.

Nach Art. 16a Abs. 3 GG sind zudem sogenannte „**sichere Herkunftsstaaten**" bestimmt, bei denen auf Grund der Rechtslage, der Rechtsanwendung und der allgemeinen politischen Verhältnisse gewährleistet erscheint, dass dort weder politische Verfolgung noch unmenschliche oder erniedrigende Bestrafung oder Behandlung stattfindet. Die Herkunft aus einem sicheren Herkunftsstaat stellt eine Vermutungsregel auf, dass eine Person aus einem solchen Staat nicht verfolgt wird, solange sie nicht Tatsachen vorträgt, die die Annahme begründen, dass sie entgegen dieser Vermutung dennoch verfolgt wird. Solange sie diese

20 BVerfGE 80, S. 315, 333.

21 Vgl. § 30 Abs. 2 AsylG sowie für wirtschaftliche Gründe: BVerfGE 54, S. 341.

22 Änderung des Grundgesetzes im Jahre 1993: Das Asylgrundrecht wird in Art. 16 Abs. 2 S. 2 GG gestrichen und stattdessen sieht ein neuer Art. 16a Abs. 1 GG wesentliche Einschränkungen vor. Als „sichere Drittstaaten" bestimmt er und das AsylG die Mitgliedstaaten der Europäischen Union, Norwegen und die Schweiz.

23 Vgl. Art. 16a Abs. 2 S. 3 GG, § 18 Abs. 2 Nr. 1, Abs. 2 AsylG.

24 Vgl. § 26a Abs. 1 AsylG.

25 Vgl. hierzu die Statistiken des BAMF unter: www.bamf.de/DE/Themen/Statistik/Asylzahlen/asylzahlen-node.html (22.9.2022).

Tatsachen nicht vorträgt, wird ihr Asylantrag als offensichtlich unbegründet abgelehnt.[26] Darüber hinaus sind Asylsuchende aus sicheren Herkunftsländern auch in anderen Bereichen von **Leistungen und Rechtsansprüchen ausgeschlossen**: Dies kann bestimmte Formen von Sozialleistungen[27] oder die Möglichkeit der Erwerbstätigkeit betreffen oder bei Integrations- oder Bleiberechtsregelungen. Deshalb ist die Frage, ob es sich bei den betroffenen Personen um solche aus sicheren Herkunftsländern handelt, über die Asylverfahrensberatung hinaus in vielen Beratungsbereichen von hoher praktischer Relevanz.

Nach § 3 AsylG wird einer asylsuchenden Person dann die **Flüchtlingseigenschaft** zuerkannt, wenn diese sich aus begründeter **Furcht vor Verfolgung** wegen ihrer Rasse, Religion, Nationalität, politischen Überzeugung oder Zugehörigkeit zu einer bestimmten sozialen Gruppe außerhalb ihres Herkunftslandes befindet, dessen Schutz sie nicht in Anspruch nehmen kann oder wegen dieser Furcht nicht in Anspruch nehmen will und kein Ausschlusstatbestand erfüllt ist. Es handelt sich bei dieser Definition um die Übernahme des Flüchtlingsbegriffs der **Genfer Flüchtlingskonvention** (GFK)[28] sowie der Konkretisierungen, die diese durch die sog. Qualifikationsrichtlinie (QRL)[29] erfahren hat. Den Flüchtlingsstatus erhält, wem die Eigenschaft eines Flüchtlings im Sinne dieser Definition zuerkannt wird.[30]

Wer als **asylberechtigt** anerkannt oder wem die Flüchtlingseigenschaft zuerkannt wurde, hat nach dem Aufenthaltsgesetz einen Rechtsanspruch auf Erteilung einer **Aufenthaltserlaubnis** (befristet auf drei Jahre) aus humanitären Gründen sowie auf Ausstellung eines Reiseausweises.[31] Es besteht ein aufenthaltsrechtlicher Anspruch auf **Nachzug der Familienangehörigen**, wenn der Antrag binnen drei Monaten gestellt wird.[32] Nach Ablauf von drei bzw. fünf Jahren[33] ist die Erteilung einer (unbefristeten) Niederlassungserlaubnis nach § 26 Abs. 3 AufenthG möglich.

Das bisher dargestellte asylrechtliche Schutzsystem knüpft daran an, dass Flüchtlinge nur dann Schutz nach Art. 16a GG oder als Flüchtling nach der Genfer Flüchtlingskonvention (GKF) erhalten können, wenn sie wegen eines bestimmten Verfolgungsgrundes mit einer schwerwiegenden Menschenrechtsverletzung bedroht werden.[34] Zum internationalen Schutzstatus im Rahmen des Asylverfahrens gehört daneben auch der sog. **subsidiäre Schutz**. Nach § 4 AsylG erhält eine ausländische Person subsidiären Schutz zuerkannt,

26 Vgl. § 29a AsylG und Anlage II zu § 29 a Abs. 2 AsylG: alle Mitgliedsstaaten der Europäischen Union, Albanien, Bosnien und Herzegowina, Ghana, Kosovo, Nordmazedonien, Montenegro, Senegal und Serbien.

27 Z.B. Sach- statt Geldleistungen nach dem AsylbLG.

28 Abkommen über die Rechtsstellung der Flüchtlinge vom 28. Juli 1951, verkündet mit Gesetz vom 01.09.1953 (BGBl. II S. 559), in Kraft getreten am 22.04.1954 gemäß Bekanntmachung des Bundesministers des Auswärtigen vom 25.04.1954 (BGBl. II S. 619).

29 Richtlinie 2011/95/EU des Europäischen Parlaments und des Rates vom 13.12.2011 (ABl EU Nr. L 337/9).

30 Die Einzelheiten sind in den §§ 3 bis 3e AsylG geregelt.

31 Vgl. § 25 Abs. 1 sowie § 25 Abs. 2 Satz 1 1. Alt. AufenthG und für den Anspruch auf Reiseausweis Art. 28 Abs. 1 Genfer Flüchtlingskonvention, § 1 Abs. 3 AufenthV.

32 Dies gilt nur, wenn die Familieneinheit nicht in einem anderen Staat möglich ist. Vgl. § 29 Abs. 2 S. 2 AufenthG sowie ausführlich Hundt, M. 2020, Praxishandbuch Familie und Migrationsrecht, Kapitel 4.6.4.

33 Je nach Integrationsstand der betroffenen Person: vgl. § 26 Abs. 1 Satz 1 und Satz 3 AufenthG.

34 Es geht also um eine gezielte Verfolgung wegen der Rasse, Religion, Nationalität, politischen Überzeugung oder Zugehörigkeit zu einer bestimmten sozialen Gruppe.

wenn sie stichhaltige Gründe für die Annahme vorgebracht hat, dass ihr im Herkunftsland ein ernsthafter Schaden droht. Nach dieser Vorschrift gilt als ernsthafter Schaden die Verhängung oder Vollstreckung der Todesstrafe, Folter oder unmenschliche oder erniedrigende Behandlung oder Bestrafung oder eine ernsthafte individuelle Bedrohung des Lebens oder der Unversehrtheit einer Zivilperson infolge willkürlicher Gewalt im Rahmen eines internationalen oder innerstaatlichen bewaffneten Konflikts. Gewährt wird subsidiärer Schutz vor allem zivilen **Kriegsflüchtlingen**, die gerade nicht individuell verfolgt wurden, sondern willkürlich Opfer eines internationalen oder innerstaatlichen Krieges geworden sind.

Werden Asylsuchende als subsidiär Schutzberechtigte anerkannt, besteht ein aufenthaltsrechtlicher Anspruch auf Erteilung einer Aufenthaltserlaubnis (zunächst befristet auf ein Jahr, bei Verlängerung für zwei weitere Jahre).[35] Die Erteilung einer Niederlassungserlaubnis setzt voraus, dass die Antragsteller seit fünf Jahren im Besitz der Aufenthaltserlaubnis aus humanitären Gründen sind.[36] Für subsidiär Schutzberechtigte besteht kein Rechtsanspruch auf Nachzug der Familienangehörigen, sondern aus humanitären Gründen die Möglichkeit, eine Aufenthaltserlaubnis zum Familiennachzug zu erhalten. Die Entscheidung der zuständigen Behörde ist in das pflichtgemäße Ermessen gestellt und monatlich auf 1000 nationale Visa begrenzt.[37]

Neben dem asylrechtlichen Schutzsystem und dem internationalen Schutz gibt es in § 60 Abs. 5 und Abs. 7 AufenthG noch nationalen subsidiären Schutz, welcher gegenüber dem internationalen Schutz nachrangig ist. Nach Stellung des Asylantrages entscheidet das BAMF[38] auch über die Abschiebungshindernisse: Es handelt sich um die „Schutzgewährung wegen zielstaatsbezogener **Abschiebungsverbote**". Nach § 60 Abs. 5 AufenthG darf eine ausländische Person nicht abgeschoben werden, soweit sich aus der Anwendung der Europäischen Menschenrechtskonvention (EMRK) ergibt, dass die Abschiebung unzulässig ist. Nach der Rechtsprechung des Bundesverwaltungsgerichts (BVerwG)[39] hat das BAMF nur sog. zielstaatsbezogene Abschiebungsverbote aus der EMRK zu prüfen, z.B. ob der ausländischen Person im Herkunftsland ein **unfairer Prozess** (Art. 6 EMRK) oder **unmenschliche Behandlung** (Art. 3 EMRK) droht. § 60 Abs. 7 AufenthG ermöglicht es, auch solchen Personen Schutz zu gewähren, deren Leib, Leben oder Freiheit einer erheblichen konkreten Gefahr ausgesetzt ist.

---

35 § 26 Abs. 1 Satz 3 AufenthG.

36 § 26 Abs. 4 AufenthG: Im Gegensatz zu Asylberechtigten und anerkannten Flüchtlingen erhalten sie eine Niederlassungserlaubnis nur, wenn ihr Lebensunterhalt in vollem Umfang gesichert ist und die übrigen Voraussetzungen des § 9 Abs. 2 Nr. 3 bis 9 AufenthG erfüllt sind. Zudem steht die Erteilung der Niederlassungserlaubnis im Ermessen der Ausländerbehörde.

37 § 36a Abs. 2 S. 2 AufenthG sowie ausführlich Hundt, M. 2020, Praxishandbuch Familie und Migrationsrecht, Kapitel 4.6.4.

38 § 24 Abs. 2, § 31 Abs. 3 AsylG.

39 BVerwGE 105, 323 ff.; 105, 383 ff.

***Beispielsfall Fortsetzung***

*Alicia verfügt in dem Beispielsfall als Ehefrau eines Unionsbürgers bereits über ein abgeleitetes Aufenthaltsrecht nach dem FreizügG/EU, welches auch ihre Kinder einbezieht (s.o. Kapitel 14.1.1). Wäre dies nicht der Fall, könnte sie zusammen mit ihren beiden Kindern ein Asylverfahren einleiten, um wegen des Krieges in der Ukraine einen Schutzstatus als subsidiär Schutzberechtigte zu erhalten. Allerdings steht für Geflüchtete aus der Ukraine die Möglichkeit eines vorübergehenden Aufenthaltsrechts im Rahmen der sog. Massenzustrom-Richtlinie nach § 24 AufenthG zur Verfügung (s. hierzu unten Kapitel 14.1.5). Auf diese Weise könnten Alicia und ihre Kinder, ohne ein belastendes und zeitintensives Asylverfahren durchlaufen zu müssen, über das Aufnahmeverfahren nach der Massenzustrom-Richtlinie ein humanitäres Aufenthaltsrecht erlangen.*[40] *Mit dem Erwerb des Aufenthaltsrechts aus § 24 AufenthG sind zudem günstigere Lebensbedingungen verbunden (keine Sozialleistungen nach dem AsylbLG, sondern in der Regel nach dem SGB II, Erwerbstätigkeit unmittelbar erlaubt etc.). Allerdings ist der Schutz nach der Massenzustrom-Richtlinie auf maximal drei Jahre begrenzt.*

Entscheidet das BAMF am Ende des Asylverfahrens, dass keine positiven Schutzansprüche der asylsuchenden Person bestehen, wird der **Asylantrag abgelehnt**.[41] Die Entscheidung über das Asylverfahren ergeht schriftlich durch einen Bescheid und wird begründet und mit einer Rechtsbehelfsbelehrung zugestellt. Nachdem alle Rechtsmittelfristen abgelaufen sind oder alle Rechtsmittel erfolglos geblieben, ist der **Asylbescheid** unanfechtbar und es droht die Abschiebung. Kann die Abschiebung gegenwärtig nicht durchgeführt werden, ist von der Ausländerbehörde eine Duldung nach § 60a AufenthG (vgl. hierzu Kapitel 14.1.5) zu erteilen.

## 14.1.3 Spätaussiedler*innen

**Spätaussiedler*innen** sind Personen deutscher Volkszugehörigkeit, die vor dem 8. Mai 1945 oder im Falle der Vertreibung seit dem 31. März 1952 ihren Wohnsitz in den Republiken der ehemaligen Sowjetunion gehabt haben und nach dem 31. Dezember 1992 im Wege des Aufnahmeverfahrens die Aussiedlungsgebiete verlassen und innerhalb von sechs Monaten in Deutschland ihren Aufenthalt genommen haben. Die gesetzliche Grundlage für die Aufnahme von Spätaussiedler*innen ist das Bundesvertriebenengesetz (BVFG). Spätaussiedler*innen erhalten durch Ausstellung der Bescheinigung über ihre Spätaussiedlereigenschaft die **deutsche Staatsangehörigkeit** (§ 15 BVFG, § 7 StAG).

40 Die geflüchteten Personen haben die Wahl, ob sie sich für das Aufnahmeverfahren nach der Massenzustrom-Richtlinie oder ein Asylverfahren entscheiden. Vgl. hierzu Dietz, A. 2022, Kriegsvertriebene aus der Ukraine, in: NVwZ 2022, S. 505.

41 Auch hier gibt es unterschiedliche Formen der Ablehnung: als unzulässig (vgl. § 29 AsylG), als offensichtlich unbegründet (vgl. § 30 AsylG) oder als (einfach) unbegründet.

### 14.1.4 Staatenlose

Staatenlos sind Personen, die kein Staat auf Grund seines Rechtes als Staatsangehörige ansieht. [42] Die Rechtsverhältnisse der Staatenlosen bestimmen sich nach dem **Übereinkommen über die Rechtsstellung der Staatenlosen** (StlÜK) und dem AufenthG (vgl. hierzu Kapitel 14.1.5).

Bei rechtmäßigem Aufenthalt (also mit einem entsprechenden Aufenthaltstitel) haben Staatenlose einen Anspruch auf Erteilung eines **Reiseausweises** (Art. 28 StlÜK).

### 14.1.5 Drittstaatsangehörige

**Drittstaatsangehörige** sind Personen, die weder Deutsche im Sinne des Art. 116 Abs. 1 GG noch Unionsbürger*innen sind und die Staatsangehörigkeit eines Staates besitzen. Eine Ausnahme gilt, wenn es sich um Familienangehörige von Unionsbürger*innen im Sinne des FreizügG/EU handelt (vgl. oben Kapitel 14.1.1).

**Türkische Staatsangehörige** sind Drittstaatsangehörige, die nach den Assoziationsabkommen ein gesetzliches Aufenthaltsrecht haben, wenn sie eine bestimmte Zeit ordnungsgemäß beschäftigt waren, Art. 6 Abs. 1 ARB 1/80, wie ihre Familienangehörigen nach Art. 7 ARB 1/80. Auf Antrag wird eine Aufenthaltserlaubnis für min. 5 Jahre ausgestellt. Sie benötigen jedoch ein Visum für die erste Einreise, für welche das allgemeine Aufenthaltsrecht gilt.[43]

Sog. **Staatenlose**, die kein Staat auf Grund seines Rechtes als Staatsangehörigen ansieht und die damit nicht als Drittstaatsangehörige bezeichnet werden können, fallen dennoch unter das AufenthG (§ 1 Abs. 2, § 2 Abs. 1 AufenthG; vgl. oben Kapitel 14.1.4).

Die Rechtsverhältnisse von Drittstaatsangehörigen (also die Einreise, der Aufenthalt und die Niederlassung im Bundesgebiet sowie die Erwerbstätigkeit und Aufenthaltsbeendigung) werden im Wesentlichen im **Aufenthaltsgesetz** (AufenthG) geregelt. Das Aufenthaltsgesetz stellt also ein allgemeines Gesetz dar, das stets dann zur Anwendung kommt, wenn nicht Spezialgesetze einschlägig sind oder existieren. Ergänzt wird das AufenthG durch eine Reihe von Verordnungen.[44]

Für die Einreise und den rechtmäßigen Aufenthalt in der Bundesrepublik Deutschland bedarf es grundsätzlich eines **Aufenthaltstitels**, soweit nicht Ausnahmen vorgesehen sind.[45] Die Aufenthaltstitel[46] werden erteilt als:

---

42 Vgl. Art. 1 Abs. 1 des Übereinkommens über die Rechtsstellung der Staatenlosen (StlÜK) vom 28. September 1954 (BGBl. 1976 II S. 474).

43 Hundt, M./Iványi, C. 2021, Praxishandbuch Erwerbsmigrationsrecht, S. 49–50.

44 Dies sind z.B. die Beschäftigungsverordnung (BeschV), die Aufenthaltsverordnung (AufenthV) oder die Integrationskursverordnung (IntV).

45 § 4 Abs. 1 S. 1 AufenthG: Die Einreise und der sich daran unmittelbar anschließende Aufenthalt stehen nach dem Aufenthaltsgesetz mithin unter einem Erlaubnisvorbehalt.

46 Aufenthaltstitel sollen, mit Ausnahme des Visums, seit dem Jahr 2008 nur noch in Kartenform als „elektronischer Aufenthaltstitel" (eAT) ausgegeben werden.

1. Visum[47]
2. Aufenthaltserlaubnis[48]
3. Blaue Karte EU[49]
4. ICT-Karte[50]
5. Mobile ICT-Karte[51]
6. Niederlassungserlaubnis[52]
7. Erlaubnis zum Daueraufenthalt-EG.[53]

Das Konzept des deutschen Aufenthaltsrechts basiert auf einer **schrittweisen Statusverfestigung**: vom kurzfristigen Visum über die befristete Aufenthaltserlaubnis bzw. der Blauen Karte EU/ICT-Karte oder der mobilen ICT-Karte zu den zwei unbefristeten Aufenthaltstiteln (Niederlassungserlaubnis und Erlaubnis zum Daueraufenthalt-EG). Mit der Erteilung eines unbefristeten Aufenthaltstitels ist die höchste Stufe der Statusverfestigung erreicht. Eine noch „stärkere Sicherung" des Aufenthalts ist nur noch durch die Einbürgerung nach dem Staatsangehörigkeitsgesetz (StAG) und damit durch den Erhalt der deutschen Staatsangehörigkeit möglich.[54]

Nach Inkrafttreten des Fachkräfteeinwanderungsgesetzes[55] berechtigt nunmehr ein Aufenthaltstitel grundsätzlich, eine **Erwerbstätigkeit** auszuüben, es sei denn, ein Gesetz bestimmt ein Verbot (§ 4a AufenthG). Damit erkennbar ist, ob und in welchem Umfang die betreffende Person eine Erwerbstätigkeit ausüben darf, muss jeder Aufenthaltstitel klar und deutlich erkennen lassen, ob und ggf. mit welchen **Einschränkungen eine Erwerbstätigkeit** erlaubt ist (§ 4a Abs. 3 Satz 1 AufenthG).

Die **Duldung**[56] stellt hingegen gerade keinen Aufenthaltstitel dar, sondern dokumentiert, dass die zwangsweise Durchsetzung der Ausreisepflicht (Abschiebung) vorübergehend ausgesetzt ist.

In § 5 AufenthG sind die allgemeinen Voraussetzungen für die Erteilung oder Verlängerung der oben aufgeführten **Aufenthaltstitel** aufgeführt, welche regelmäßig bei Antragstellung nachgewiesen werden müssen. Für die Erteilung des konkreten Aufenthaltstitels müssen zusätzlich noch die besonderen Voraussetzungen des jeweils beantragten Aufent-

47 Im Sinne des § 6 Abs. 1 Nr. 1 und Abs. 3 AufenthG: Das Visum wird durch eine deutsche Auslandsvertretung ausgestellt.

48 § 7 AufenthG: Die Aufenthaltserlaubnis ist ein befristeter Aufenthaltstitel, welcher von der örtlichen Ausländerbehörde zu einem bestimmten gesetzlich aufgezählten Zweck erteilt wird.

49 § 18b Abs. 2 AufenthG:

50 § 19 AufenthG.

51 § 19b AufenthG.

52 § 9 AufenthG: Die Niederlassungserlaubnis ist zeitlich unbeschränkt und zweckunabhängig – ein unbefristeter Aufenthaltstitel.

53 § 9a AufenthG: Die Erlaubnis zum Daueraufenthalt – EU ist ein unbefristeter Aufenthaltstitel, der der Niederlassungserlaubnis gleichgestellt ist.

54 Vgl. zu den Voraussetzungen eines Anspruchs auf Einbürgerung § 10 StAG sowie ausführlich Hundt, M. 2020, Praxishandbuch Familie und Migrationsrecht, Kapitel 5.2.

55 Fachkräfteeinwanderungsgesetz vom 15. August 2019 (BGBl. I S. 1307), welches zum 1. März 2020 in Kraft getreten ist.

56 § 60a AufenthG, vgl. hierzu die Ausführungen unten am Ende von Kapitel 14.1.5.

haltstitels hinzukommen, die im Hinblick auf den jeweiligen Aufenthaltszweck unterschiedlichen Inhalts sein können. Gleiches gilt für die Verlängerung eines Aufenthaltstitels.

### Praxishinweis

 *Voraussetzungen für die Erteilung und Verlängerung eines Aufenthaltstitels:*

- *Sicherung des Lebensunterhalts*
- *Geklärte Identität und Staatsangehörigkeit*
- *Kein Ausweisungsinteresse*
- *Keine Beeinträchtigung oder Gefährdung von Interessen der BRD aus einem sonstigen Grund, soweit kein Anspruch auf Erteilung eines Aufenthaltstitels besteht (Auffangtatbestand)*
- *Erfüllung der Passpflicht*
- *Weitere Voraussetzungen für die Erteilung einer Aufenthaltserlaubnis, einer Blauen Karte EU, einer ICT-Karte, einer Niederlassungserlaubnis oder einer Erlaubnis zum Daueraufenthalt-EU ist nach § 5 Abs. 2 Satz 1 AufenthG, dass die betroffene Person mit dem erforderlichen Visum eingereist ist und die für die Erteilung maßgeblichen Angaben bereits im Visumantrag gemacht hat sowie dass kein Einreise- und Aufenthaltsverbot vorliegt.*

Anders als die unbefristete Niederlassungserlaubnis wird die Aufenthaltserlaubnis zu einem bestimmten Zweck erteilt. Die gesetzlich zulässigen **Aufenthaltszwecke** sind im Aufenthaltsgesetz im Einzelnen bestimmt.[57] Bei einem Antrag auf Erteilung eines Aufenthaltstitels ist der jeweilige Aufenthaltszweck zu nennen. Die unterschiedlichen Aufenthaltszwecke führen zu unterschiedlichen Rechtsgrundlagen. Abhängig von der jeweiligen Rechtsgrundlage des Aufenthaltstitels können spezielle Rechtsfolgen eintreten, und zwar bei Fragen zur Verfestigung des Aufenthaltes, zum Familiennachzug, zur Erwerbstätigkeit oder zum Zugang zu sozialen Leistungen.

### Praxishinweis

 *Folgende **Aufenthaltszwecke** sind gesetzlich möglich:*

- *Aufenthalt zum Zwecke der Ausbildung,[58] z.B. Studium, Sprachkurs, Schulbesuch, betriebliche Aus- und Weiterbildung, Suche eines Ausbildungsplatzes,*
- *Aufenthalt zum Zwecke der Erwerbstätigkeit,[59] z.B. Aufenthaltstitel zur Ausübung einer Beschäftigung, Forschung, selbstständige Erwerbstätigkeit,*
- *Aufenthalt aus völkerrechtlichen, humanitären oder politischen Gründen,[60]*

57 Die strikte Unterscheidung der verschiedenen Aufenthaltszwecke durch das AufenthG wird Trennungsprinzip genannt.

58 Nach den §§ 16 ff. AufenthG.

59 Nach den §§ 18 ff. AufenthG.

60 Nach den §§ 22 ff. AufenthG (z.B. bei positiver Entscheidung im Asylverfahren).

- *Aufenthalt aus familiären Gründen*[61] *und*
- *aus sonstigen Gründen.*[62]

Wegen der hohen Praxisrelevanz soll nachfolgend jeweils kurz auf die dargestellten unterschiedlichen **Aufenthaltszwecke** eingegangen werden.

Die §§ 16 ff. AufenthG regeln die Aufenthaltserlaubnis zur betrieblichen und schulischen Aus- und Weiterbildung[63], zum Studium[64] und für Sprachkurse und Schulbesuche.[65] Für eine Aufenthaltserlaubnis zur **betrieblichen Aus- und Weiterbildung** nach § 16a AufenthG bedarf es entweder einer betrieblichen Ausbildung[66] oder der Teilnahme an einem Ausbildungsgang an berufsbildenden Schulen. Seit dem Inkrafttreten des Fachkräfteeinwanderungsgesetzes zählt ein der **Berufsausbildung vorgelagerter Deutschsprachkurs** ebenfalls zum Aufenthaltszweck der Berufsausbildung (§ 16 Abs. 1 Satz 3 AufenthG).[67] Die **betriebliche Weiterbildung** setzt eine abgeschlossene Berufsausbildung voraus. Darüber hinaus bietet § 17 Abs. 1 AufenthG den Aufenthalt in Deutschland zum Zwecke der **Suche nach einem Ausbildungsplatz**, um eine qualifizierte Berufsausbildung[68] aufzunehmen. Die Erteilung einer Aufenthaltserlaubnis zum Zwecke des **Studiums** in Deutschland ist in § 16b Abs. 1 Satz 1 AufenthG geregelt. Diese Rechtsvorschrift vermittelt einen Rechtsanspruch auf die Erteilung einer Aufenthaltserlaubnis zum Zwecke des Vollzeitstudiums an einer staatlichen bzw. staatlich anerkannten Hochschule oder einer vergleichbaren Bildungseinrichtung. Für Aufenthaltstitel im Rahmen eines **Praktikums** ist zu unterscheiden, welchem Zweck es dient.[69] § 17 Abs. 2 AufenthG regelt die Erteilung einer Aufenthaltserlaubnis, um die **Studienbewerbung vom Inland** aus zu ermöglichen. Nach einem erfolgreichen Abschluss eines Studiums können Studierende eine Aufenthaltserlaubnis zur **Suche nach einem Arbeitsplatz** beantragen (§ 20 Abs. 3 Nr. 1 AufenthG). Schließlich sind für die Teilnahme an einem **Sprachkurs** (§ 16f Abs. 1 Satz 1, 1. Alt. AufenthG) oder für die Teilnahme am **Schüleraustausch** (§ 16f Abs. 1 Satz 1, 2. Alt. AufenthG) jeweils spezielle Aufenthaltserlaubnisse vorgesehen.

Die §§ 18 bis 21 AufenthG regeln die Einzelheiten eines Aufenthaltes zum **Zweck der Erwerbstätigkeit**, d.h. der abhängigen Beschäftigung und der selbstständigen Erwerbstätigkeit.[70]

61 Nach den §§ 27 ff. AufenthG.
62 Vgl. § 7 Abs. 1 Satz 3 AufenthG.
63 § 16a AufenthG.
64 § 16b AufenthG.
65 § 16f AufenthG.
66 Insbesondere duale Ausbildungen nach dem Berufsbildungsgesetz (BBiG) und der Handwerksordnung (HwO), also die Ausbildung im Ausbildungsbetrieb und an der Berufsschule.
67 Hundt, M./Iványi, C. 2021, Praxishandbuch Erwerbsmigrationsrecht, S. 263 f.
68 Vgl. zum Begriff: § 2 Abs. 12a AufenthG.
69 Pflichtpraktikum zur Erfüllung der Zulassungsbedingungen (§ 16b Abs. 1 AufenthG), studienvorbereitendes Praktikum, wenn eine Zusage des Betriebs oder der Einrichtung (§ 16b Abs. 5 Satz 1 Nr. 3 AufenthG) oder ein studienbezogenes Praktikum EU (§ 16e AufenthG) vorliegen.
70 Vgl. im Einzelnen zum Erwerbsmigrationsrecht: Hundt, M./Iványi, C. 2021, Praxishandbuch Erwerbsmigrationsrecht.

## *Praxishinweis*

 ***Fachkräfte***[71] *können nach § 18 Abs. 2 AufenthG eine Aufenthaltserlaubnis erhalten, wenn:*

1. *ein Arbeitsplatzangebot vorliegt,*
2. *eine ggf. erforderlich Zustimmung der Bundesagentur für Arbeit nach § 39 AufenthG und*
3. *eine ggf. erforderliche Berufsausübungserlaubnis erteilt wurde,*
4. *die Qualifikation gleichwertig ist für den konkreten Arbeitsplatz und*
5. *bei über 45-jährigen Erstantragstellen ein Mindestgehalt gezahlt werden wird, soweit nicht ein öffentliches Interesse an der Beschäftigung besteht.*

Nach § 20 AufenthG ist ein Aufenthalt zur **Arbeitsuche** möglich mit Berufsausbildung oder Hochschulabschluss, wenn die Ausbildung gleichwertig ist und entsprechende Sprachkenntnisse mindestens auf dem Niveau B1 vorliegen, der Lebensunterhalt gesichert ist und ein Visum oder eine vorherige Aufenthaltserlaubnis zur Erwerbstätigkeit oder zum Studienpraktikum EU nachgewiesen wird.[72] Ferner muss der Lebensunterhalt für die Dauer der Arbeitssuche gesichert sein und die für die Ausreise notwendigen Mittel. Das kann über Kontoguthaben oder eine Verpflichtungserklärung in Deutschland lebender Personen nachgewiesen werden.[73] Sich Verpflichtende müssen für fünf Jahre mit einem Rückgriff rechnen, falls die Person Sozialleistungen erhält oder Kosten für die Ausweisung anfallen.[74]

Die Zeit der Arbeitsplatzsuche beträgt bei einer im Ausland erworbenen Qualifikation maximal 6 Monate. In dieser Zeit darf bis zu 10 Stunden pro Woche gearbeitet werden. Verlängerungen sind nur für andere Gründe möglich, z.B. zur Familiengründung oder für ein Studium.[75] Privilegiert sind Personen mit inländischen Ausbildungs- oder akademischen Abschlüssen, Forschertätigkeiten oder Qualifizierungsmaßnahmen nach § 16d AufenthG. Sie können uneingeschränkt erwerbstätig sein oder sich selbstständig machen.[76]

71 Vgl. § 18 Abs. 3 AufenthG zur Definition der Fachkraft mit Berufsausbildung oder der Fachkraft mit akademischer Ausbildung.

72 Die Gleichwertigkeit wird bereits bei der Visumsbeantragung bzw. bei der Ausländerbehörde nach dem Berufsqualifikationsfeststellungsgesetz (BQFG) geprüft. Hundt, M./Iványi, C. 2021, Praxishandbuch Erwerbsmigrationsrecht, S. 246.

73 Hundt, M./Iványi, C. 2021, Praxishandbuch Erwerbsmigrationsrecht, S. 247.

74 § 68 AufenthG.

75 Hundt, M./Iványi, C. 2021, Praxishandbuch Erwerbsmigrationsrecht, S. 248.

76 Hundt, M./Iványi, C. 2021, Praxishandbuch Erwerbsmigrationsrecht, S. 250.

### *Praxishinweis*

 *Zu den verschiedenen Erwerbstätigkeiten sind zahlreiche Einzelregelungen erlassen worden.*[77] *Hier eine Auswahl:*

**Übersicht: Erwerbstätigkeit und Erlaubnis (Auswahl)**

| Nr. | Stichwort zur Erwerbstätigkeit und Erlaubnis | Rechtsgrundlage |
|---|---|---|
| **1.** | ***Blue Card*** *bei akad. Ausbildung u. Mindestgehalt (2022 lag es bei 56.400 €, in Mangelberufen bei ca. 44.000 € Bruttojahresgehalt)* | *§ 18b Abs. 2 AufenthG* |
| **2.** | *Absolvent*innen deutscher oder ausländischer Hochschulen* | *§ 18b Abs. 1 AufenthG* |
| **3.** | *Leitende Angestellte, Mitglieder von Organen juristischer Personen* | *§ 3 Nr. 1, Nr. 2 BeschV* |
| **4.** | *Spezialisten mit besond. Fachkenntnissen und überdurchschnittl. Vergütung* | *§ 3 Nr. 3 BeschV* |
| **5.** | *Wissenschaftler*innen und Hochschulpersonal* | *§ 18d bis § 18f AufenthG, § 5 BeschV* |
| **6.** | *IT-Spezialisten ohne Ausbildung,* ***ICT-Karte*** *(unternehmensinternes Personal ab 90 Tage)* | *§ 19c AufenthG, § 6 BeschV* |
| **7.** | *Sprachlehrer*innen, Spezialitätenköch*innen* | *§ 11 BeschV* |
| **8.** | *Au-pair, Freiwilligendienste, Beschäftigung zu religiösen Zwecken, Ferienbeschäftigte* | *§ 14 BeschV* |
| **9.** | *Praktikant*innen* | *§ 15, § 17 BeschV* |
| **10.** | *Besondere Berufe, Berufskraftfahrer*innen, Kulturschaffende,* ***Pflegekräfte*** | *§ 22, 24a, § 25, § 38 BeschV* |

Aufgrund von **Vorbeschäftigungen** und Voraufenthalten kann das Erfordernis einer Zustimmung der Bundesagentur entfallen, wenn bereits 2 Jahre lang mit Blue Card oder Aufenthaltserlaubnis einer sozialversicherten Beschäftigung nachgegangen wurde. Allerdings sind die Voraussetzungen des jeweiligen Aufenthaltstitels trotzdem zu erfüllen.[78]

Aus den unterschiedlichsten **völkerrechtlichen, humanitären oder politischen Gründen** kann sich ebenfalls ein Anspruch auf Erteilung einer Aufenthaltserlaubnis ergeben. Hierzu finden sich in dem Abschnitt 5 des 2. Kapitels des Aufenthaltsgesetzes unterschiedliche Einzelregelungen. Es soll nunmehr aus Gründen der Praxisrelevanz vor allem auf die Massenzustromrichtlinie (§ 24 AufenthG) bei aus der **Ukraine** geflüchteten Personen, die

77 Siehe die BeschV. Hundt, M./Iványi, C. 2021, Praxishandbuch Erwerbsmigrationsrecht, S. 131–136.
78 Hundt, M./Iványi, C. 2021, Praxishandbuch Erwerbsmigrationsrecht, S. 253–254.

Erteilung einer Aufenthaltserlaubnis zur **Umsetzung der Entscheidungen aus dem Asylverfahren** und auf die Aufenthaltsgewährung für **gut integrierte Jugendliche und Heranwachsende** eingegangen werden.

Nach dem Angriff Russlands auf die Ukraine wurde mit dem Durchführungsbeschluss-EU vom 04.03.2022 die sogenannte **Massenzustromrichtlinie**[79] aktiviert. Menschen, die aufgrund des Krieges die Ukraine verlassen mussten, sollen ohne inhaltliche Prüfung eines individuellen Schutzbedarfs einen vorübergehenden Schutz in der EU erhalten. Ziel dieser Maßnahmen ist, in kurzer Zeit viele schutzbedürftige Menschen aufzunehmen, ohne das Asylsystem zu überlasten. Personen, die in den persönlichen Anwendungsbereich des Durchführungsbeschlusses fallen, besitzen einen Rechtsanspruch[80] auf die Erteilung eines **humanitären Aufenthaltstitels** nach § 24 Abs. 1 AufenthG, der bei Erteilung mit dem Eintrag „Erwerbstätigkeit erlaubt" versehen werden soll.[81]

## *Beispiel*

*Wäre Alicia in dem Beispielsfall nicht mit einem Unionsbürger verheiratet und deshalb ihr Aufenthalt in Deutschland bereits über das FreizügG/EU durch ein Aufenthaltsrecht gesichert, hätten sie und ihre Kinder die Möglichkeit, ein Aufnahmeverfahren nach der Massenstromrichtlinie zu beantragen. Sie könnte dann mit ihren Kindern ein humanitäres Aufenthaltsrecht nach § 24 AufenthG erhalten, welches vorerst für ein Jahr erteilt wird und anschließend auf bis zu maximal drei Jahre verlängerbar ist. Aufgrund der begrenzten Verlängerungsmöglichkeit von maximal drei Jahren wäre in dem konkreten Beispielsfall auch zu überlegen, ob Alicia über die Aufnahme einer Erwerbstätigkeit in ihrem Beruf als Apothekerin eine Aufenthaltserlaubnis als Fachkraft beantragt und damit unabhängig vom humanitären Schutzstatus eine Aufenthaltserlaubnis erlangt, welche unbegrenzt verlängerbar ist oder zügig in ein unbefristetes Aufenthaltsrecht gewechselt werden kann. Grundsätzlich bedarf es für die Erteilung einer Aufenthaltserlaubnis nach den allgemeinen Erteilungsvoraussetzungen (§ 5 AufenthG) allerdings der Einreise mit dem erforderlichen Visum unter Angabe des jeweiligen Aufenthaltszweckes. Die Geflüchteten aus der Ukraine wurden mit der UkraineAufenthaltÜV[82] vom Erfordernis eines Aufenthaltstitels befreit und es wurde geregelt, dass diese Personen Aufenthaltstitel für längerfristige Aufenthalte direkt im Bundesgebiet einholen können.*

Die **positiven Entscheidungen** im Rahmen eines Asylverfahrens durch das BAMF sind ebenfalls von der Ausländerbehörde in mögliches **Aufenthaltsrecht** umzusetzen. Dabei hängt die aufenthaltsrechtliche Situation von dem jeweiligen Status ab, die die Schutzsuchenden im Asylverfahren durch das BAMF zugesprochen erhalten haben. Sobald ein posi-

79 Durchführungsbeschluss (EU) 2022/382 des Rates vom 4.3.2022 zur Feststellung des Bestehens eines Massenzustroms von Vertriebenen aus der Ukraine im Sinne des Artikels 5 der Richtlinie 2001/55/EG und zur Einführung eines vorübergehenden Schutzes, ABl. EU Nr. L 71/1.

80 Sofern nicht die Ausschlussgründe von § 24 Abs. 2 AufenthG vorliegen.

81 Vgl. hierzu BMI-Schreiben v. 14.4.2022, S. 17.

82 Verordnung zur vorübergehenden Befreiung vom Erfordernis eines Aufenthaltstitels von anlässlich des Krieges in der Ukraine eingereisten Personen vom 7.3.2022 (BAnz AT 8.3.2022 V1), welche vom Bundesrat aktuell bis zum 31.08.2022 verlängert wurde (BR-Drs. 151/22, Beschluss).

tiver Asylbescheid unanfechtbar geworden ist, endet also die Zuständigkeit des BAMF und ab diesem Zeitpunkt ist ausschließlich die Ausländerbehörde der Stadt oder des Kreises für die Aufenthaltsfragen zuständig. Die Aufenthaltsgestattung erlischt nach § 67 Abs. 1 Nr. 6 AsylG, wenn die Entscheidung des BAMF unanfechtbar geworden ist, sie ist nur während des laufenden Asylverfahrens gültig. Wird im Asylverfahren unanfechtbar die betroffene Person als **Asylberechtigte anerkannt** oder ihr die **Flüchtlingseigenschaft zuerkannt**, hat sie einen Rechtsanspruch auf Erteilung einer Aufenthaltserlaubnis (befristet auf drei Jahre) aus humanitären Gründen.[83]

Wird die betroffene Person als **subsidiär schutzberechtigt** anerkannt, besteht ein Rechtsanspruch auf Erteilung einer Aufenthaltserlaubnis (zunächst befristet auf ein Jahr, bei Verlängerung für zwei weitere Jahre).[84]

Das BAMF trifft bei den nationalen Abschiebeverboten die Feststellung, dass ein **Abschiebungsverbot** nach § 60 Abs. 5 oder 7 AufenthG im Hinblick auf einen bestimmten Zielstaat besteht. Hieran anknüpfend prüft die zuständige Ausländerbehörde auf Antrag, ob eine Aufenthaltserlaubnis erteilt wird.[85] Bei der Entscheidung über die Erteilung der Aufenthaltserlaubnis ist sie an die Feststellungen des Bundesamtes gebunden.[86] Abschiebeschutzberechtigten soll nach § 25 Abs 3 Satz 1 AufenthG von der Ausländerbehörde eine Aufenthaltserlaubnis erteilt werden. Die sog. „Soll"-Vorschrift bedeutet, dass im Regelfall eine Aufenthaltserlaubnis zu erteilen ist. Nur bei dem Vorliegen eines atypischen Sachverhalts kann von der Regel abgewichen werden.

Nach § 25a AufenthG ist es möglich, dass jugendlichen oder heranwachsenden Geduldeten unter bestimmten Voraussetzungen, insbesondere bei einer guten Integrationsleistung, eine Aufenthaltserlaubnis erteilt wird. Damit soll **gut integrierten geduldeten Jugendlichen und Heranwachsenden** eine eigene gesicherte Aufenthaltsperspektive eröffnet werden.[87]

## *Praxishinweis*

*Folgende Voraussetzungen müssen nach § 25a AufenthG vorliegen:*

*Einer jugendlichen oder heranwachsenden geduldeten ausländischen Person soll eine Aufenthaltserlaubnis erteilt werden, wenn*

1. *sie sich seit vier Jahren ununterbrochen erlaubt, geduldet oder mit einer Aufenthaltsgestattung*[88] *im Bundesgebiet aufhält,*

83 Vgl. § 25 Abs. 1 AufenthG (Asylberechtigte) und § 25 Abs. 2 Satz 1, 1. Alt. AufenthG (Flüchtlingseigenschaft), 26 Abs. 1 Satz 2 AufenthG (Dauer der Aufenthaltserlaubnis).

84 Vgl. § 25 Abs. 2 Abs. 2 Satz 1, 1. Alt, § 26 Abs. 1 Satz 2 AufenthG.

85 Vgl. § 25 Abs. 3 Satz 1 AufenthG.

86 Vgl. § 41 Satz 1 AsylG.

87 Vgl. hierzu ausführlich Hundt, M. 2020, Praxishandbuch Familie und Migrationsrecht, Kapitel 4.5. Durch das Gesetz zur Einführung eines Chancen-Aufenthaltsrechts ist geplant, dieses Bleiberecht auf junge Volljährige auszuweiten, BT-Drs. 20/3717.

88 Erlaubt = für den Aufenthalt lag ein rechtsgültiger Aufenthaltstitel gem. § 4 Abs. 1 Satz 2 AufenthG vor; geduldet = für den Aufenthalt lag eine Duldung gem. § 60a AufenthG vor; gestattet = ab der Registrierung ist der Aufenthalt mit Ausstellung des Ankunftsnachweises oder einer Aufenthaltsgestattung gem. § 55 Abs. 1 AsylG gestattet.

2. *sie im Bundesgebiet in der Regel seit vier Jahren erfolgreich eine Schule besucht oder einen anerkannten Schul- oder Berufsabschluss erworben hat,*
3. *der Antrag auf Erteilung der Aufenthaltserlaubnis vor Vollendung des 21. Lebensjahres gestellt wird,*
4. *es gewährleistet erscheint, dass sie sich auf Grund seiner bisherigen Ausbildung und Lebensverhältnisse in die Lebensverhältnisse der Bundesrepublik Deutschland einfügen[89] kann, und*
5. *keine konkreten Anhaltspunkte dafür bestehen, dass der Ausländer sich nicht zur freiheitlichen demokratischen Grundordnung der Bundesrepublik Deutschland bekennt.*

Das Aufenthaltsgesetz regelt zudem die Erteilung von Aufenthaltsrechten aus **familiären Gründen** in den §§ 27 ff. AufenthG.[90] Diesem Kernbereich der Familie wird die Ehe, die lebenspartnerschaftliche Lebensgemeinschaft sowie die Beziehungen zwischen Eltern bzw. Elternteil und dem minderjährigen ledigen Kind zugeordnet. Das Gesetz unterscheidet zwischen dem Ehegattennachzug[91] und dem Kindernachzug[92] sowie dem Nachzug zu Deutschen[93] und dem Nachzug zu ausländischen Familienmitgliedern.[94] Sonstige Familienangehörige kann zum Familiennachzug eine Aufenthaltserlaubnis erteilt werden, wenn es zur Vermeidung einer außergewöhnlichen Härte erforderlich ist.[95] Für den Familiennachzug bei humanitären Aufenthalten gelten diverse Sonderregelungen.[96] Die **Duldung** hingegen vermittelt **kein Aufenthaltsrecht** und stellt auch keinen Aufenthaltstitel dar, dennoch kommt sie in der Beratungspraxis häufig vor. Sie bedeutet nach der Definition in § 60a AufenthG nur die vorübergehende Aussetzung der Vollziehung der Abschiebung. Das bedeutet, dass der Aufenthalt durch die Erteilung einer Duldung kein rechtmäßiger Aufenthalt wird, sondern die vollziehbare Ausreisepflicht weiter bestehen bleibt.[97] Die Ausreisepflicht kann oder soll vorübergehend nicht durchgesetzt werden.

Die **Duldungsbescheinigung** belegt lediglich, dass eine bestehende Ausreisepflicht bis zum Wegfall der Hinderungsgründe nicht mit Zwangsvollstreckungsmaßnahmen durchge-

89 Die Voraussetzung, dass sich die Jugendlichen und Heranwachsende aufgrund ihrer bisherigen Ausbildung und Lebensverhältnisse in die Lebensverhältnisse der Bundesrepublik Deutschland einfügen können, setzt voraus, dass diese über hinreichende mündliche Deutschkenntnisse verfügen (vgl. hierzu die Definition in § 2 Abs. 9 AufenthG). Zudem kann sich ein Ausländer in der Regel nicht in die Lebensverhältnisse der Bundesrepublik Deutschland einfügen, wenn er Straftaten begangen hat, BVerwG, Urt. v. 27.01.2009, in: ZAR 2009, S. 193 f. zu § 104a Abs. 2 AufenthG.

90 Vgl. hierzu ausführlich Hundt, M. 2020, Praxishandbuch Familie und Migrationsrecht, Kapitel 4.6.

91 Vgl. § 30 AufenthG, welcher über § 27 Abs. 2 AufenthG auch für die lebenspartnerschaftliche Gemeinschaft gilt.

92 Vgl. § 32 AufenthG.

93 Vgl. § 28 AufenthG.

94 Vgl. § 29 AufenthG.

95 Vgl. § 36 Abs. 2 AufenthG: Mit den sonstigen Familienangehörigen sind alle Verwandten gemeint, die zu der aufgezählten Kernfamilie gehören.

96 Hundt, M. 2020, Praxishandbuch Familie und Migrationsrecht, Kapitel 4.6.4.

97 § 60a Abs. 3 AufenthG.

setzt wird. Entfallen die Gründe für die Duldung, wird diese widerrufen und eine **Abschiebung** ist unmittelbar im Anschluss möglich.[98]

Die Duldung wird verlängert, wenn das Abschiebehindernis weiter besteht. Allerdings bietet eine Duldung aufgrund der gesetzlichen Konstruktion wenig aufenthaltsrechtliche Sicherheit und Perspektive für die Betroffenen. Selbst bei jahrelangen sog. Kettenduldungen ist nach Ablauf der Geltungsdauer der Duldung mit einer Abschiebung zu rechnen, sobald dies möglich ist. Nur wenn es den geduldeten Personen gelingt, ihren Aufenthalt durch die Erteilung einer Aufenthaltserlaubnis zu legalisieren (sog. **Spurwechsel**), vermag sich die aufenthaltsrechtliche Situation und Perspektive grundlegend ändern.[99] Eine Duldung ist nach § 60a Abs. 2 Satz. 1 AufenthG zu erteilen, wenn tatsächliche oder rechtliche Abschiebungshindernisse vorliegen.

### *Praxishinweis*

*Nachfolgend werden einige Duldungsgründe aufgeführt, die einen Rechtsanspruch auf Erteilung einer Duldung begründen:*

- ***Erkrankung:*** *Ein Abschiebungshindernis liegt dann vor, wenn die Person aufgrund ihres Gesundheitszustandes nicht reisefähig ist. Mit der gesetzlichen Gesundheitsvermutung*[100] *wird den Betroffenen die Darlegungslast für die Reiseunfähigkeit übertragen. Die ausländische Person muss eine Erkrankung, die die Abschiebung beeinträchtigen kann, durch eine qualifizierte ärztliche Bescheinigung glaubhaft machen, welche der zuständigen Behörde unverzüglich vorzulegen ist.*[101]
- ***Schwangerschaft:*** *Bei einer Abschiebung einer Schwangeren gelten die Mutterschutzfristen vor und nach der Geburt bzw. bei einer Gesundheitsgefährdung von Mutter und Kind (Risikoschwangerschaft) und eröffnen einen Duldungszeitraum bis zur Wiederherstellung der Reisefähigkeit. Teilweise wenden einige Bundesländer in ihrer Verwaltungspraxis weitergehende Schutzregelungen als Ermessensregelung an.*[102]
- ***Familienleben:*** *Eine Duldung kann darauf gestützt werden, dass das Familien- oder Privatleben unzumutbar beeinträchtigt wird, welches grund- und menschenrechtlich geschützt ist.*[103] *Ein Anspruch auf eine vorübergehende Aussetzung der Abschiebung setzt voraus, dass sich die Familienangehörigen berechtigterweise in Deutschland aufhalten, also z.B. als Deutsche oder mit einem Aufenthaltstitel. Ist der Familienangehörige auch nur geduldet, wird die Familie grundsätzlich auf ein Familienleben in ihrem Herkunftsstaat verwiesen.*[104]

98 § 60a Abs. 4 Satz 2 AufenthG.

99 Mit dem Gesetz zur Einführung eines Chancen-Aufenthaltsrechts (BT-Drs. 20/3717) sollen Personen das einjährige Chancen-Aufenthaltsrecht erhalten, die am 1. Januar 2022 seit 5 Jahren geduldet, gestattet oder mit einer Aufenthaltserlaubnis in Deutschland gelebt haben.

100 § 60a Abs. 2c Satz. 1 AufenthG.

101 § 60a Abs. 2c Satz 2 f. AufenthG.

102 Z.B. für das Land Berlin: Nr. 60a 2.3 VAB.

103 BVerfG, NJW 1988, 626, 628; NVwZ-Beil. 2003, S. 73.

104 VGH Kassel, BeckRS 2005, 23206.

- ***Fehlender Pass:*** *Häufig ist eine Abschiebung nicht möglich, da die Ausreise aufgrund von Passlosigkeit und des Fehlens eines sonstigen Heimreisedokuments nicht organisiert werden kann. Die Abschiebung ist aus tatsächlichen Gründen unmöglich.*

Eine Duldung kann erteilt werden, wenn **dringende humanitäre oder persönliche Gründe** oder erhebliche öffentliche Interessen den weiteren vorübergehenden Aufenthalt des Ausländers im Bundesgebiet erforderlich machen, sog. **Ermessensduldung**.[105] Dringende humanitäre oder persönliche Interessen liegen vor, wenn die persönlichen Interessen der betroffenen Person an der weiteren vorübergehenden Anwesenheit im Bundesgebiet schwerer wiegen als das öffentliche Interesse an der sofortigen Durchsetzung der Ausreisepflicht. Einen speziellen Unterfall der Duldung wegen dringender persönlicher Gründe stellt die sog. **Ausbildungsduldung** dar. Die Ausbildungsduldung wird für die im Ausbildungsvertrag bestimmte Dauer der Berufsausbildung erteilt und bietet damit für diesen Zeitraum Schutz vor einer Abschiebung, § 60c Abs. 3 S. 5 AufenthG. Nach erfolgreichem Abschluss der Ausbildung wird einmalig für sechs Monate eine Duldung zur Suche einer dem Abschluss entsprechenden Beschäftigung erteilt, wenn eine Weiterbeschäftigung im Ausbildungsbetrieb nicht erfolgt (§ 60c Abs. 6 Satz 2 AufenthG). Wurde eine der Qualifikation entsprechende Beschäftigung gefunden und liegen alle sonstigen Voraussetzungen des § 19d Abs. 1a AufenthG vor, besteht ein Rechtsanspruch auf Erteilung einer Aufenthaltserlaubnis für zwei Jahre, welche danach verlängert werden kann.

## 14.1.6 Datenschutz und Schweigepflicht

Menschen mit Migrationserfahrung haben teilweise Angst, dass Daten an die Ausländerbehörde übermittelt werden. Die präzise Aufklärung über die Übermittlungsrisiken ist daher Empowerment, beispielsweise zur Inanspruchnahme von Existenzsicherungsleistungen. Im Aufenthaltsgesetz[106] ist die **Datenübermittlung durch öffentliche Stellen** (wie das Jobcenter, die Jugendämter etc.) ausdrücklich geregelt. **Kita, Schulen und Bildungseinrichtungen** sind nicht verpflichtet, Daten an die Ausländerbehörde weiterzuleiten. Auch Private einschließlich der freien Träger sind nicht zur Datenweitergabe verpflichtet und müssen den Datenschutz einhalten (siehe dazu im Einzelnen Kapitel 8). Aber auch die Übermittlung für öffentliche Stellen steht, wenn es sich um Sozialleistungsbehörden handelt, unter dem Sozialdatenschutz, der die Wahrung des Sozialgeheimnisses vorsieht.[107] Zudem hat die strafrechtlich geschützte Schweigepflicht nach § 88 Abs. 2 AufenthG für die dort aufgeführten Gruppen der Berufsgeheimnisträger*innen vor der Übermittlungspflicht grundsätzlich Vorrang.

105 § 60a Abs. 2 Satz 3 AufenthG.
106 §§ 87, 88 AufenthG.
107 § 88 Abs. 1 AufenthG. Siehe Kapitel 8.3 zum Sozialdatenschutz.

## *Praxishinweis*

*Das sind folgende Berufsgeheimnisträger*innen nach § 203 StGB:*

- *Gesundheitsberufe nach § 203 Abs. 1 Nr. 1 StGB*
- *Berufspsycholog*innen nach § 203 Abs. 1 Nr. 2 StGB*
- *Ehe-, Familien-, Erziehungs- oder Jugendberater*innen sowie Berater*innen für Suchtfragen nach § 203 Abs. 1 Nr. 4 StGB*
- *Mitglieder oder Beauftragte einer Schwangerschaftskonfliktberatungsstelle nach § 203 Abs. 1 Nr. 5 StGB*
- *Sozialarbeiter*innen oder Sozialpädagoginnen nach § 203 Abs. 1 Nr. 6 StGB*
- *Angehörige eines Unternehmens der privaten Kranken-, Unfall- oder Lebensversicherung oder einer privatärztlichen, steuerberaterlichen oder anwaltlichen Verrechnungsstelle nach § 203 Abs. 1 Nr. 7 StGB.*

Personenbezogene Daten, die von diesen Geheimnisträger*innen einer öffentlichen Stelle übermittelt wurden, dürfen von diesen unter bestimmten Umständen weiterübermittelt werden:

Zum einen, wenn dies zur Abwehr von erheblichen Gefahren für Leib und Leben der betroffenen ausländischen Person erforderlich ist oder wenn die betroffene ausländische Person die öffentliche Gesundheit gefährdet und besondere Schutzmaßnahmen erforderlich sind. Zum anderen rechtfertigt eine Betäubungsmittelabhängigkeit einer nicht zu einer Rehabilitation bereiten ausländischen Person die Datenweitergabe.[108]

## *Recht für Migrationsberatung auf einen Blick*

1. Migrationsrecht ist ein besonders politisch umstrittenes und komplexes Rechtsgebiet, das in den letzten Jahren häufige Änderungen erfahren hat, weshalb zunächst die jeweilige Rechtslage zur Anwendungszeit zu ermitteln ist.
2. Zudem ist die Zugehörigkeit der zu beratenden Person zu einer Statusgruppe zu klären, um auf diese Weise die jeweilige migrationsrechtliche Zuordnung und damit die maßgeblichen Rechtsgrundlagen aufzufinden.
3. Unionsbürger*innen haben ein Aufenthaltsrecht und ein Arbeitsrecht. Das Freizügigkeitsrecht erstreckt sich auch auf deren Familienangehörige oder nahestehende Personen.
4. Geflüchtete können im Asylverfahren anerkannt werden als Flüchtlinge nach der GFK oder als subsidiär Schutzberechtigte oder als Abschiebeschutzberechtigte. Die Aufenthaltstitel für den im Asylverfahren anerkannten Status werden nach dem Aufenthaltsgesetz umgesetzt.

108 § 88 Abs. 2 Nr. 2 AufenthG, der auf § 54 Abs. 2 Nr. 4 AufenthG verweist.

5. Die Rechtsverhältnisse für Drittstaatsangehörige sind im Aufenthaltsgesetz geregelt. Dort ist ausdrücklich aufgeführt, welche Aufenthaltstitel für einen rechtmäßigen Aufenthalt in Deutschland zur Verfügung stehen. Es gibt befristete und unbefristete Aufenthaltstitel. Die Duldung stellt keinen Aufenthaltstitel dar.
6. Eine Aufenthaltserlaubnis muss an einen bestimmten Aufenthaltszweck anknüpfen. Eine Aufenthaltserlaubnis kann für Zwecke wie Bildung, Arbeit, humanitäre Gründe oder durch Familienangehörige in Deutschland ergehen.
7. Abhängig von der jeweiligen Rechtsgrundlage des Aufenthaltstitels durch den Aufenthaltszweck können jeweils unterschiedliche Rechtsfolgen für den Familiennachzug, die Aufenthaltsverfestigung oder andere migrationsrechtliche Rechte und Pflichten eintreten.
8. Für eine gute Beratung bedarf es einer ausführlichen Sozialanamnese und einer entsprechenden Zuordnung der Lebenslage zu den unterschiedlichen rechtlichen Möglichkeiten im Migrationsrecht.
9. Auch im Migrationsrecht ist das Spannungsfeld zwischen Datenübermittlungspflichten und Wahrung des Sozialdatenschutzes einzuhalten. Die im Rahmen der Schweigepflicht von Berufsgeheimnisträger*innen übermittelten Daten sind in besonderer Weise geschützt und nur ganz ausnahmsweise weiterzugeben.

## 14.2 Fremd- und Selbstbestimmung im SGB II

Freiwilligkeit in der Beratung ist häufig fachliches Postulat, aber in einigen Beratungszusammenhängen eingeschränkt. So wurde, begleitet mit einer Rhetorik der „Stärkung der Eigenverantwortung", mit der sogenannten Hartz-IV-Reform 2005 in der Grundsicherung für Arbeitssuchende die Pflicht im SGB II eingeführt, alle Maßnahmen zu ergreifen, um die Hilfebedürftigkeit zu beenden. Dieser Grundsatz des „Förderns und Forderns", der in der Reform zum Bürgergeld abgemildert aber nicht aufgegeben wird, war und ist politisch umstritten. Er schränkt von Armut betroffene Beratene in ihrer Autonomie ein – durch Leistungen nur in Höhe des Existenzminimums und durch den Anspruch, jede Tätigkeit anzunehmen. Es stellt sich die Frage, ob ein Mindestmaß an Gestaltungsspielraum für eine Beratung von Armen gewährleistet ist, die auf Augenhöhe mit Beratenen ansetzt, um das wirkliche Ziel der Arbeitsuche zu klären.[109]

### *Praxishinweis*

*Als hilfreich erwiesen hat es sich, das Jobcenter „wie einen Arbeitgeber" zu behandeln, bei dem man werktags erreichbar sein und Urlaub beantragen muss, Arbeitsunfähigkeit unverzüglich mitteilt und am 3. Tag ein ärztliches Attest einreicht. Hinzu*

109 Michels, H., Beratung und Armut, S. 1679 in: Nestmann u.a. (Hg.) 2013, Handbuch der Beratung, Bd. 3. Es besteht die „Gefahr, unter dem Label der Klientenzentrierung manipulativ in institutionelle Macht zu inkludieren." Großmaß, R. 2010, Beratung im Zwangskontext, S. 182.

*kommt wegen der Sanktionen, dass nur Pflichten*[110] *und Termine mit Begründung abgelehnt werden sollten.*

2019 hat das Bundesverfassungsgericht die Sanktionsregelung für verfassungswidrig erklärt und in den Leitsätzen formuliert: „Die den Anspruch fundierende Menschenwürde steht allen zu und geht selbst durch vermeintlich „unwürdiges" Verhalten nicht verloren. Das Grundgesetz verwehrt es dem Gesetzgeber aber nicht, die Inanspruchnahme existenzsichernder Leistungen … nur dann zur Verfügung zu stellen, wenn Menschen ihre Existenz nicht vorrangig selbst sichern können, sondern wirkliche Bedürftigkeit vorliegt. … Dies unterliegt strengen Anforderungen der Verhältnismäßigkeit; … Zudem muss es den Betroffenen tatsächlich möglich sein, die Minderung existenzsichernder Leistungen durch eigenes Verhalten abzuwenden."[111] Insbesondere bei Multiproblemlagenfällen ist entscheidend, dass die Anforderungen verhältnismäßig sind und Härtefälle berücksichtigen. Zwar gilt bis 1.7.2023 ein Sanktionsmoratorium, aber die Sanktionen wirken in den Jobcentern und in der Gesellschaft fort und sind nur ein Teil der fremdbestimmenden Aspekte, die in Beratungen mit SGB II-Bezug zu beachten sind. Aus Beratungssicht lassen sich noch mehr Einschränkungen der Selbstbestimmung im SGB II finden:

***Dieser Exkurs zum SGB II beantwortet folgende Fragen aus rechtlicher Sicht:***

- Was macht Fremdbestimmung im Kontext des SGB II aus?
- Wie ist diese Rechtslage einschließlich der Leistungskürzungen als Zwangskontext einzuordnen?
- Welche Gründe sprechen für eine behördenunabhängige Beratung?

Der Zwangskontext von Personen, die Grundsicherung für Arbeitsuchende (Hartz IV/Bürgergeld) empfangen (müssten), kann mit folgenden sechs SGB II-Regelungen beschrieben werden, die anschließend beratungsorientiert vertieft werden:

1. In der Praxis ist teilweise der Zugang zu den Sozialleistungen aus dem SGB II nicht einfach und barrierefrei. Mitwirkung bei der Prüfung der Voraussetzungen ist verpflichtend, ein Außendienst kann ggf. überprüfen und Dritte können herangezogen werden. Bei falschen oder nicht rechtzeitigen Angaben oder Mitteilungen von Veränderungen kann ein Bußgeld von bis zu 5.000 € verhängt werden.
2. Erreichbarkeit ist zu gewährleisten, soweit keine Ausnahmegenehmigung der Behörde vorliegt.

110 Bis 1.7.2023 wurde die Sanktionierung von anderen Pflichten als Terminversäumnissen nach § 84 Abs. 1 SGB II ausgesetzt.

111 BVerfG vom 5.11.2019, Az. 1 BvL 7/16. Damit hat das Verfassungsgericht die politische Gestaltbarkeit des Sozialstaates auch hinsichtlich des Existenzminimums betont. Sanktionen sind zulässig, wenn das Existenzminimum selbst gesichert werden könnte und eine strenge Verhältnismäßigkeitsprüfung für die Leistungskürzungen stattfindet. Es müssen Anhörungen erfolgen, um Härtefälle berücksichtigen zu können.

3. Miete kann unter Umständen direkt an den Vermieter gezahlt werden. SGB II-Leistungen können ohne Bescheid vorläufig eingestellt werden, wenn Tatsachen bekannt werden, die zum (teilweisen) Wegfall der Leistung führen.
4. Das SGB II sieht eine intensive Zusammenarbeit von Fallmanagement und Leistungsempfangenden vor bis hin zu einer Vereinbarung.[112] Die Behörde kann per Verwaltungsakt Leistungsempfangende unterordnen.
5. Bei Termin- bzw. Meldeversäumnissen werden 10 % des Regelbedarfs für einen Monat gekürzt. Für Pflichtverletzungen, wie der Nichtannahme von zumutbarer Arbeit, sind nach dem Bürgergeldgesetz 10 % bis 30 % Kürzungen des Regelbedarfs für ein bis drei Monate vorgesehen.[113] Erstattungsansprüche sind u.a. bei sozialwidrigem Verhalten vorgesehen.
6. Erstattungsansprüche können bis zu 3 Jahre mit bis 30 % des Regelbedarfs aufgerechnet werden.

Es handelt sich um ein ausgesprochen komplexes und lebendiges Rechtsgebiet. Da das SGB II regelmäßig vom Gesetzgeber überarbeitet wird[114] und neue Rechtsprechung zu beachten ist, empfiehlt es sich, Kooperationen zu Fachberatungen und zu sozialpolitischen Verbänden zu pflegen. Für die eigene Recherche bietet sich Fachliteratur aus der Erwerbslosenberatung an, ggf. juristische Gesetzeskommentare zum SGB II oder für die Behördensicht deren internen Weisungen für ihre Mitarbeitenden.[115] Das Folgende ersetzt diese Literatur für den Einzelfall nicht, zeigt aber, welche rechtlich geprägten Spannungen von Fremd- und Selbstbestimmung in Beratungen zu bedenken sind. Abschnitt 14.2.8 argumentiert vor diesem Hintergrund für eine behördenunabhängige Beratung.

## 14.2.1 Mitwirkungspflichten und Bußgeld im SGB II

Die Behörde muss nach § 17 SGB I einfach und barrierefrei erreichbar sein.[116] Leistungen nach dem SGB II werden nur auf **Antrag** gewährt, § 37 SGB II.

---

112 In der Reform zum Bürgergeld ist vorgesehen, dass der Begriff der „Eingliederungsvereinbarung" durch einen „Kooperationsplan" ersetzt wird, siehe 14.2.4.

113 Zunächst wurden aufgrund des BVerfG-Urteils die Sanktionen von über 30 % ausgesetzt. Bis 1.7.2023 sind Sanktionen nur noch für wiederholte Meldeversäumnisse in Höhe von 10% vorgesehen, § 84 SGB II. Der Referentenentwurf vom 21.7.2022 setzt die verfassungsgerichtlichen Anforderungen zur Änderung des SGB II um und sieht Kürzungen von 20 %, maximal 30 % des Regelbedarfs vor für drei Monate, die zudem reduziert werden können, wenn die Pflicht nachgeholt wird. Ferner ist eine Härtefallprüfung vorgesehen und werden Mitwirkungspflichten in § 15a SGB II-vorgesehen. Meldeversäumnisse führen dann nur noch zu einem Monat 10%iger Kürzung. Rosenow, R. 2022, Synopse Art. 1 SGB II zum Referentenentwurf des BMAS für ein Bürgergeld-Gesetz vom 21.7.2022.

114 Das SGB II in aktueller Fassung findet man z.B. über www.gesetze-im-internet.de oder mit Versionen-Links und Synopsen unter www.buzer.de.

115 Z.B.: Arbeitslosenprojekt Tu Was e.V. 2021, Leitfaden zum Arbeitslosengeld II. www.grundsicherungshandbuch.de. Thomé, H. 2021, Folienvortrag und dessen kostenloser Newsletter auf https://haraldthome.de. Knickrehm, S./Deinert, O. (Hg.) 2020, SGB II/SGB III: Grundsicherung und Arbeitsförderung, Beck-Onlinekommentar. Bundesagentur für Arbeit, Fachliche Weisungen zum SGB II, www.arbeitsagentur.de/veroeffentlichungen/gesetze-und-weisungen (25.9.2022).

116 Leistner, U./Stock, L. 2017, Verständigungsbarrieren in Schreiben von Jobcentern, in: Soziale Arbeit, Zeitschrift für soziale und sozialverwandte Gebiete 66, S. 134, 136 f., 141.

### *Praxishinweis*

*Leistungsberechtigte können den Antrag in jeder Form stellen, sollten aber darauf achten, ihn beweisen zu können. Antrag z.B. per Fax oder sich auf einer Kopie einen Eingangsstempel zum Beweis geben lassen. Bei der unzuständigen Behörde gestellte Anträge müssen von dieser weitergeleitet werden laut § 16 SGB I.*

Ein Antrag wirkt für Regelbedarf, Kosten der Unterkunft, Mehrbedarfe etc., soweit nicht ausnahmsweise ein extra Antrag nötig ist, wie bei Erstausstattungen für Wohnungen, Bekleidung, Schwangerschaft und bei orthopädischen Schuhen, Nachhilfe (bei der es nicht mehr auf die Versetzungsgefahr ankommt) und im Einzelfall abweichenden unabweisbaren Bedarfen.[117] Der Antrag kann auch wieder zurückgenommen werden, was z.B. sinnvoll sein kann, damit Einkünfte im nächsten Monat als Vermögen gewertet werden und dann oft bis zu 3850 € nicht berücksichtigt werden.[118] Über die Formulare im Antragsverfahren fragt die Behörde dann die Daten der Bedarfsgemeinschaft ab. Im Rahmen der allgemeinen **Mitwirkungspflichten,** § 60–66 SGB I, müssen die erheblichen Tatsachen über Formulare oder auf anderem Wege angegeben werden. Nachweise sind einzureichen und Veränderungen müssen unverzüglich nachgemeldet werden. Typisch ist z.B., dass die Kontoauszüge der letzten 3 Monate vorgelegt werden müssen.[119] Sozialleistungen können versagt werden bis zur Nachholung der Mitwirkung, vgl. 10.1.8.[120] Zusätzlich ist im Rahmen der Grundsicherung für Arbeitssuchende (SGB II) unverzüglich eine Arbeitsunfähigkeit anzuzeigen und spätestens am 3. Tag eine ärztliche Bescheinigung vorzulegen. Eventuell sind Dritte wie Arbeitgebende, Partner, Banken oder Vermieter auskunftspflichtig, die sonst ggf. schadensersatzpflichtig sein können.[121]

Ferner haben Jobcenter **Außendienste**, die jedoch nicht Personen beobachten dürfen. Für Ermittlungen gegen Schwarzarbeit ist der Zoll zuständig. Hausbesuche kommen nur in Frage, wenn Tatsachen anders nicht aufgeklärt werden können. Vorher muss die Behörde die aufzuklärenden Tatsachen mitteilen (z.B. ob tatsächlich kein Bett für das 3-jährige Kind in der Wohnung steht) und erläutern, dass, wenn die Tatsachen nicht feststellbar sind, die Leistung (z.B. ein beantragtes Bett als Erstausstattung) verweigert werden kann.[122]

---

117 § 37 Abs. 1 S. 2 verweist auf die § 24 Abs. 1 und Abs. 3, § 28 Abs. 5 SGB II.

118 §§ 11–12 SGB II, ALG II-VO. Zum Verhältnis von Einkommen und Vermögen vgl. Eckhardt, B. 2018, Die »modifizierte Zuflusstheorie« 2018 – zur Anrechnung von Einkommen im SGB II, S. 7–68.

119 Die Zahlungsempfangenden können geschwärzt werden, nicht jedoch die Empfangenden der Wohn- und Energiekosten. Sie als Wohn- und Energiekosten zu identifizieren ist erheblich, nicht jedoch, an wen andere Zahlungen gehen, BSG 19.9.2008, Az. B 14 AS 45/07R.

120 Z.B. wenn nach schriftlicher Aufforderung die Kontoauszüge nicht in der Frist vorgelegt wurden. Die Beantragung vorrangiger Sozialleistungen, § 12a S. 1 SGB II, kann vom Jobcenter selbst erfolgen, wenn Leistungsberechtigte dies verweigern, denen die Leistungen nicht versagt werden dürfen § 5 Abs. 3 SGB II.

121 § 56–62 SGB II gelten als Spezialgesetz vorrangig gegenüber dem SGB I, außer der Parallelregelung für einen Termin für eine ärztliche Untersuchung. Hohner, S. 2017, Sanktionen im SGB II, S. 322–333.

122 Papenheim, H. u.a. 2018, Verwaltungsrecht für die soziale Praxis, S. 325. Die Beweislast dafür, dass eine Tatsache objektiv nicht festgestellt werden kann, liegt bei denjenigen, die Hausbesuche ablehnen.

## Beispiel

*René lebt von Leistungen vom Jobcenter, hat sich für einen Studienplatz immatrikuliert und BaföG beantragt, aber noch nicht erhalten. Erst als nach drei Monaten der BaföG-Bescheid kommt, teilt René dies dem Jobcenter mit. Das BaföG wird erst gezahlt, als das Jobcenter seine Zahlung schon eingestellt hat. Das Jobcenter schickt einen Erstattungsbescheid für die drei vorherigen Monate und fordert René zur Stellungnahme auf, da eine Ordnungswidrigkeit vorliegen könnte wegen der verspäteten Mitteilung der Immatrikulation.*

*Zunächst hat René die Pflicht, alle Tatsachen mitzuteilen, damit das Jobcenter den Anspruch prüfen konnte, erfüllt. Zusätzlich hat René die Mitwirkungspflicht, eine Änderung in den Verhältnissen, die für einen Anspruch auf SGB-II-Leistungen erheblich ist, richtig, vollständig und rechtzeitig nachzumelden, § 60 Abs. 1 S. 1 Nr. 2 SGB I. Die Immatrikulation ist für die SGB II-Leistungen relevant, weil Studierende vom ALG II ausgeschlossen sind. Insofern konnten die Leistungen für den kommenden Monat eingestellt werden. Der Aufhebungs- und Rückzahlungsbescheid passt die Leistungen an die veränderte Lage von René an. René kann einen Antrag auf Leistungen für Auszubildende stellen zur Überbrückung, bis das BaföG-Amt zahlt.*[123]

Ordnungswidrig handelt nach § 63 Abs. 1 Nr. 6 SGB II, wer vorsätzlich oder fahrlässig entgegen seiner Mitteilungspflicht nicht, nicht richtig, nicht vollständig oder nicht rechtzeitig mitteilt und die Tat noch nicht verjährt ist (2 Jahre). Das **Bußgeld** kann maximal 5.000 € betragen.[124] Behörden erlangen z.B. durch Abfragen bei anderen Behörden und automatisierte Datenabgleiche Kenntnis von Daten über Steuern oder Vermögen, siehe Kapitel 8.[125]

## Beispiel Fortsetzung

*René hätte unverzüglich, möglichst innerhalb einer Woche nach Kenntnis von der Immatrikulation das Jobcenter informieren sollen, spätestens so, dass das Jobcenter noch die nächste ALG-II-Anweisung stoppen kann, sodass kein Vermögensvorteil mehr für René entsteht. In der vorliegenden Fallkonstellation liegt evtl. kein Vorsatz vor, wenn René nicht wusste, dass es einen Leistungsausschluss für Studierende gibt und davon ausging, dass es auf die Feststellung der BaföG-Berechtigung durch einen Bescheid ankommt. Für die Ordnungswidrigkeit genügt es aber, die erforderliche Sorgfalt außer Acht zu lassen, wovon Behörden ausgehen, wenn keine gesundheitlichen Belastungen gegen eine solche Annahme sprechen. In einer Beratung*

---

123 Siehe § 7 Abs. 5 und § 27 Abs. 3 S. 3 SGB II. Vgl. zu Leistungen für Studierende Schaller, J. 2021, Skript SGB II und Ausbildungsförderung.

124 § 63 SGB II sieht zudem in falschen, unvollständigen oder verspäteten Angaben von Arbeitgebenden oder anderen Auskunftsverpflichteten Ordnungswidrigkeiten. Gegen einen Bußgeldbescheid kann nur innerhalb von 2 Wochen Einspruch eingelegt werden.

125 § 263 StGB sieht eine Strafe bis zu fünf Jahren oder Geldstrafe vor. Z.B. wurde wegen ca. 5000 € ALG-II-Bezug, von denen 2.000 € bereits wieder zurückgezahlt waren, bei nicht angegebenen Jobs vom Gericht 8 Monate auf Bewährung verhängt. AG Braunschweig, Urt. v. 4.5.2017, Az. 2 Ds 205 Js 54310/16. Daneben droht ein Eintrag in das Führungszeugnis, Kapitel 4. Wer durch Rückzahlung verhindert, dass ein Schaden entsteht, verhindert die Verwirklichung eines Betruges. Ferner muss der Vorsatz beweisbar sein.

*könnte sich die Frage stellen, ob René in der Umbruchphase in einer Depression war. Das Problem liegt darin, dass die neue Sozialleistung nicht nahtlos gezahlt wird, sobald die Immatrikulation da ist, sondern es zu Verzögerungen kommt. Ohne einen finanziellen Puffer sind solche Übergänge für Beziehende von Sozialleistungen ausgesprochen herausfordernd. Réné könnte nach § 27 Abs. 3 S. 3 SGB II Überbrückungsleistungen beantragen, bis das BaföG-Amt zumindest unter Vorbehalt bezahlt.*[126]

## 14.2.2 Erreichbar sein

Zur „Aktivierung" Arbeitsuchender sieht das SGB II vor, dass erwerbsfähige Leistungsempfangende postalisch **erreichbar** sein müssen. Das bedeutet, sich nicht ohne Zustimmung der Behörde außerhalb des zeit- und ortsnahen Bereichs (Richtwert 2,5 Stunden Hin- und Rückweg zur Behörde maximal) aufzuhalten.[127] Montag bis Samstag einmal in den Briefkasten nach Post zu schauen, sichert die postalische Erreichbarkeit. Besonders herausfordernd ist es für **wohnungslose** Menschen, die Erreichbarkeit herzustellen, was z.B. über Beratungsstellen ermöglicht wird.[128]

## 14.2.3 Direktüberweisung und Zahlungseinstellungen

Jobcenter können die Kosten der Unterkunft mit Zustimmung der Leistungsberechtigten direkt an den Vermieter zahlen. Ist die zweckentsprechende Zahlung nicht gesichert, soll bei Miet- oder Energieschulden oder konkreten Anhaltspunkten zusätzlich zu Krankheit, Sucht oder Einträgen im Schuldnerverzeichnis eine Direktüberweisung erfolgen.[129] Einerseits wird dadurch die Gefahr des Wohnungsverlustes geringer und dies kann entlastend sein. Andererseits verlieren Betroffene die Fähigkeit, sich um die Mietzahlung selbst zu kümmern. Wurde das Zahlungsmanagement trainiert, kann die Mietzahlung wieder selbst

126 6–10 Wochen nach einem Antrag mit allen Belegen müssen nach § 51 Abs. 2 BAföG unter Vorbehalt 80 % des BaföGs gezahlt werden.

127 § 7 Abs. 4a SGB II i.V.m. Erreichbarkeitsanordnung der BA. Bundesagentur für Arbeit 2022, Fachliche Weisungen, § 7 SGB II Leistungsberechtigte, S. 56. Außerdem sind mit Zustimmung 3 Wochen Urlaub im Jahr vorgesehen, in der Regel aber erst nach 3 Monaten. Anders der Begriff „schwer Erreichbarer" der Sozialen Arbeit, bei dem unter anderem innere Barrieren die Erreichbarkeit für eine Neuorientierung reduzieren. Zwangskontexte können diese inneren Barrieren fördern. Großmaß, R., Hard to reach – Beratung in Zwangskontexten, in: Labonté-Roset, C. u.a. (Hg.) 2010, Hard to reach. Schwer erreichbare Klienten in der Sozialen Arbeit, S. 173–185.

128 Die Fachliche Weisung verlangt eine tägliche Vorsprache, die durch Unterschrift dokumentiert wird. Bundesagentur für Arbeit, Fachliche Weisung, § 7 SGB II Leistungsberechtigte, Ziffer 5.4.7. Es kann aber eine Erreichbarkeitsbescheinigung einer Beratungsstelle oder Betreuungsperson mit werktäglicher Kommunikationsabsicherung und dem Abholen der tatsächlichen Post ausreichend sein. LSG Berlin-Bbg 3.4.2008, Az. L 29 2228/07 AS ER. Ist eine Leistung nach dem SGB II nicht möglich, kommt Sozialhilfe in Frage, daneben bei besonderen sozialen Schwierigkeiten Leistungen nach § 67 SGB XII sowie zur Abwendung der Gefahren ordnungsrechtliche Wohnungslosenunterkünfte.

129 § 22 Abs. 7 SGB II. Dies begründet keinen Zahlungsanspruch Vermietender, BSG v. 9.8.2018, Az. B 14 AS 38/17 R. Anhaltspunkte, dass die Miete nicht gezahlt werden könnte, liegen z.B. vor, wenn die Persönlichkeit die eigenständige Sicherstellung von finanziellen Verpflichtungen (noch) nicht ermöglicht und dies in Stellungnahmen Sozialer Dienste festgestellt wurde.

übernommen werden. Ferner kann die Behörde die **Zahlung ohne Bescheid einstellen**. Diesem Handeln aus „Zurückbehaltungsrecht" muss aber ein Aufhebungsbescheid innerhalb von 2 Monaten folgen. Die Einstellung ist begründet, wenn die Behörden Kenntnis von Tatsachen erlangt, derentwegen die Leistungsvoraussetzungen weggefallen sind, und der Bescheid mit Wirkung für die Vergangenheit aufzuheben ist.[130] Dazu folgendes Beispiel:

***Beispiel***

*Gerhard war nach 10 Jahren als Lieferfahrer gekündigt worden. Nach drei Monaten ALG-II-Bezug hat er einen Arbeitsvertrag bei einer Lieferfirma unterschrieben. Das Jobcenter hat vom neuen Arbeitgeber davon erfahren und wegen fehlender Mitwirkung (Gerhard hat den Job nicht mitgeteilt) zahlt es umgehend keine Leistungen mehr. Bei fehlender Mitwirkung ist eine Versagung der Leistung nach Fristsetzung möglich, aber keine Zahlungseinstellung ohne Vorankündigung.[131] Eine rückwirkende Aufhebung des Bescheides ist möglich, wenn tatsächlich in dem Monat noch Einkommen erzielt wird, § 48 Abs. 1 S. 2 Nr. 3 SGB X. Dann ist eine sofortige Zahlungseinstellung ohne Ankündigung möglich, wenn das Geld nicht bereits angewiesen wurde. Sieht der neue Arbeitsvertrag eine Gehaltszahlung erst für Ende des Monats vor, ist ein prekärer Monat vorprogrammiert. Ein Darlehen zur Überbrückung nach § 24 Abs. 4 SGB II kann diese Lücke füllen, wenn Gerhard keinen Vermögenspuffer hat.[132]*

## 14.2.4 Vereinbarungen zur Eingliederung

Statt hoheitlicher Verwaltungsakte wird inzwischen häufiger kooperatives Verwaltungshandeln, z.B. eine **Vereinbarung zur Eingliederung oder Kooperation,** vorgesehen. Die Vereinbarung kann ausgehandelt werden, aber da sie durch einen Verwaltungsakt ersetzt werden kann, sitzen die Fallmanager*innen aus der Behörde am längeren Hebel. Sie können im Sinne des Gesetzes zweckmäßige Regelungen (gebundenes Ermessen) per Ver-

130 § 40 Abs. 2 Nr. 4 SGB II i.V.m. § 331 Abs. 1 SGB III.

131 LSG NRW 7.4.2014, Az. L 19 AS 389/14 B ER; Hohner, S. 2017, Sanktionen im SGB II, S. 334. Da die Einstellung kein Verwaltungsakt ist, wird direkt das Sozialgericht durch Erhebung einer Leistungsklage nach § 54 Abs. 5 SGG angerufen und bei akuter Existenzgefährdung zusätzlich der Erlass einer einstweiligen Anordnung beantragt. Ist die Zahlungseinstellung zulässig, muss das Überbrückungsdarlehen beantragt werden.

132 § 24 Abs. 4 SGB II sieht eine Ermessensprüfung vor. Bis diese stattgefunden hat, ist die prekäre Lage bereits da. Soweit für Leistungsberechtigte der sofortige Verbrauch von zu berücksichtigendem Vermögen eine besondere Härte bedeuten würde, sind nach Abs. 5 Leistungen als Darlehen zu erbringen. Dies kann davon abhängig gemacht werden, dass der Anspruch auf Rückzahlung gesichert wird, z.B. ein Anspruch gegenüber einer Lebensversicherung an das Jobcenter abgetreten wird.

waltungsakt ihrem Gegenüber vorschreiben.[133] Damit stehen diese Vereinbarungen sinnbildlich für die Spannung von Fremd- und Selbstbestimmung im SGB II. Basis der Vereinbarung muss eine **Potenzialanalyse** sein, damit die erforderliche konkrete und individuelle Integrationsstrategie festgelegt werden kann. In der Arbeitslosenberatung ist der Zusammenhang zur Gesundheit der Arbeitslosen seit Langem beschrieben, die regelmäßig in Wechselwirkung zum Spannungsverhältnis in der Kooperation mit der Behörde steht. Problemlösungen sind auch in politischer Arbeit zu suchen.[134]

**Eingliederungsmaßnahmen** sind z.B. Weiterbildungen oder der Erwerb einer LKW-Fahrerlaubnis.[135] Sie können sich für die Betroffenen sowohl als Fördern als auch als Fordern darstellen. Die Chancen, eigene Vorstellungen durchzusetzen, steigen mit einer konkreten Begründung des eigenen Berufsweges und Datengrundlagen wie einer Auswertung von Stellenanzeigen. Der Hinweis, dass die Eingliederungsvereinbarung laut BSG das Fördern, z.B. eine Kostenübernahme für Bewerbungen, benennen muss, kann empowernd wirken. Das Jobcenter muss eine Bedenkzeit für die Entscheidung über die Vereinbarung zugestehen.[136]

### *Praxishinweis*

*Typische Eingliederungsvereinbarungen umfassen z.B. 4 bis 10 Bewerbungen pro Monat, eine Weiterbildung, die eine nachhaltige Eingliederung verspricht, oder eine Finanzierung einer Fahrerlaubnis, wenn nur damit ein Arbeitsvertrag im Anschluss in Aussicht ist. Da Eingliederungsmaßnahmen im Ermessen der Behörde stehen, sind sie nur, wenn dieses Ermessen auf null reduziert ist, einklagbar.*[137]

133 § 15 SGB II. Vgl. Bundesagentur für Arbeit 2020, Fachlichen Weisungen § 15 SGB II Eingliederungsvereinbarung. Der neue Gesetzentwurf vom 21.7.1.2022 spricht von Potenzialanalyse und Kooperationsplan und reiht sich damit stärker in die Begrifflichkeiten der Hilfepläne in anderen Sozialrechtsbereichen ein. Bei Uneinigkeit sieht § 15b SGB II-Entwurf_21.7.2022 ein Schlichtungsverfahren mit Unbeteiligten vor, die aber aus der Behörde kommen können. Letztlich ist dann eine Schlichtungsentscheidung Grundlage von Mitwirkungspflichten und bei Nichtmitwirkung von Leistungskürzungen.

134 Michels, H. 2013, Beratung und Armut, S. 1691 in: Nestmann u.a. (Hg.) 2013, Handbuch der Beratung, Bd. 3. Kuhnert, P. Arbeitslosenberatung: Entwicklung und Perspektiven, S. 959–975 in: Nestmann u.a. (Hg.) 2004, Handbuch der Beratung, Bd. 2. Der Abschluss der Eingliederungsvereinbarung war ursprünglich sanktionsbewehrt. Aufgrund der Kritik wurde die Sanktion bei Verweigerung der Vereinbarung abgeschafft.

135 Das Spektrum der Eingliederungsleistungen ist groß, vom geförderten sozialversicherten Job bis zum 1,5-Euro-Job, vom Standardbewerbungstraining bis zur freien Förderung nach § 16 f SGB II. Auch nach Arbeitsaufnahme sind Maßnahmen möglich: nach § 16 g SGB II kombinierbar mit Leistungen zur Stabilisierung einer Beschäftigungsaufnahme nach § 45 Abs. 1 Satz 1 Nr. 5 SGB III und kommunalen Eingliederungsleistungen nach § 16a SGB II, die z.B. Schuldner- und Suchtberatung vorsehen.

136 BSG v. 23.6.2016, Az.: B 14 AS 30/15 R. Die „Eingliederungsvereinbarung" muss auch die notwendigen Unterstützungsleistungen des Jobcenters benennen, sonst ist sie nicht wirksam. Der Beistand ist in § 13 SGB X geregelt. Eine Bedenkzeit von 2–3 Tagen ist üblich. Eine Kündigung ist nach § 59 Abs. 1 SGB X vorgesehen, wenn die EGV nicht mehr zumutbar ist, z.B. weil aus gesundheitlichen Gründen die vorgesehene Arbeit nicht möglich ist. Erst wenn trotz Gesprächsversuch nicht unterschrieben wird, kann ein Verwaltungsakt mit gleichem Inhalt erlassen werden. Gegen diesen kann Widerspruch eingelegt werden und zusätzlich ggf. beim Sozialgericht die Wiederherstellung der aufschiebenden Wirkung des Widerspruchs beantragt werden, z.B. wenn kein pflichtgemäßes Ermessen ausgeübt wurde.

137 Es lohnt sich, ggf. zu Beginn des Jahres zu beantragen, wenn das Budget der Behörde noch nicht ausgeschöpft ist.

Psychosoziale Beratung, Sucht- und Schuldnerberatung ist als **kommunale Eingliederungsleistung** nach § 16 a SGB II vorgesehen. Freiwilligkeit, Offenheit und Ergebnisoffenheit sind für eine gelingende nachhaltige Beratung erforderlich. Daher sollte die Beratung nicht als Pflicht in die Eingliederungsvereinbarung aufgenommen werden, damit Beratungserfolge nicht durch die Möglichkeit von Sanktionen gefährdet werden.[138]

## 14.2.5 Pflichten und Sanktionen im SGB II

Die Grundsicherung für Arbeitsuchende und ihre Familien im SGB II ist geprägt davon, dass Arbeitssuchende jeden zumutbaren Job annehmen sollen, da es keinen Anspruch auf einen Arbeitsplatz im bisherigen Beruf gibt (siehe unten die Aufzählung der Pflichten). Werden die umfangreichen Pflichten nicht eingehalten, müssen die Leistungen bis 30.6.2022 gekürzt werden.[139] Die generalpräventive Wirkung der Regelung ist nicht zu unterschätzen.[140] Sie wirkt in die Beratung hinein, auch ohne dass eine Sanktion gegen Beratene selbst konkret angedroht oder verhängt wird, ähnlich wie strafrechtliche Verbote wirken. Beratene empfinden sie teilweise als Strafe oder Schikane.[141] Mitarbeitende in der Arbeitsverwaltung erachten Sanktionen teils als kontraproduktiv für ihr Ziel, mit den Leistungsempfangenden zu kooperieren.[142]

***Beispiel***

*Bei den ersten Touren stellt Gerhard im neuen Job als Lieferfahrer fest, dass die Firma unrealistische Fahrzeiten ansetzt. Dadurch erhält er die Boni für das Einhalten der Zeiten nicht und kommt deshalb nicht auf den gesetzlichen Mindestlohn. Nach fünf Tagen Dauerstress ist er beim Arzt, der ihn krankschreibt. Er kündigt daraufhin zum Monatsende, beantragt Leistungen beim Jobcenter und sucht einen neuen Job. Er hat für diesen Monat keine Leistungen erhalten, der Arbeitgeber will erst zum 15. des Folgemonats überweisen. Das Jobcenter prüft eine Kürzung des Regelbedarfs bis zu 30 %, weil er den Job von sich aus aufgegeben hat.*

---

138 DV 2014, Empfehlungen des Deutschen Vereins zu den kommunalen Eingliederungsleistungen nach § 16a SGB II, S. 14.

139 Vom 30.6.2022 bis 1.1.2023 sind die Sanktionen nach §§ 31, 84 SGB II ausgesetzt. Die Nichtsanktionierung ist nach § 20 SGB X durch Sachbearbeitende trotzdem praktisch denkbar und wurde als „gekonnte Strenge" beschrieben. Karl, U. u.a. 2011, Gekonnte Strenge im Sozialstaat. Praktiken der (Nicht-)Sanktionierung in Jobcentern, Zeitschrift für Rechtssoziologie 32 (2011), Heft 1, S. 101–128. Dafür sprechen auch die großen Unterschiede in den Sanktionsquoten der verschiedenen Behörden.

140 Studien belegen die Arbeitsmarktintegration Sanktionierter. van den Berg, G. u.a. 2017, Wirkungen von Sanktionen für junge ALG-II-Bezieher: Schnellere Arbeitsaufnahme, aber auch Nebenwirkungen. IAB-Kurzbericht 5/2017. Allerdings auch die negative Wirkung auf die Lohnhöhe und Passung der Arbeit zur Ausbildung. Wolf, M. 2021, Schneller ist nicht immer besser: Sanktionen können sich längerfristig auf die Beschäftigungsqualität auswirken.

141 Hohner, S. 2017, a.a.O., S. 122.f. Hohner geht von einer gemischten Rechtsnatur mit repressivem und erzieherischem Charakter aus, S. 125. Zu der geringen verhaltenssteuernden Wirksamkeit von Sanktionen siehe Ames, A. 2009, Ursachen und Auswirkungen von Sanktionen nach § 31 SGB II.

142 Karl, U. u.a. 2011, Gekonnte Strenge im Sozialstaat. Praktiken der (Nicht-)Sanktionierung in Jobcentern, Zeitschrift für Rechtssoziologie 32 (2011), Heft 1, S. 101–128.

Folgende **Verhaltenspflichten** sind in § 31 SGB II geregelt:

- in der wirksamen Eingliederungsvereinbarung (oder im sie ersetzenden Bescheid) festgelegte Pflichten erfüllen, z.B. ausreichende Eigenbemühungen (z.B. Bewerbungen) nachweisen (soll in der Bürgergeldreform abgeschafft werden),
- **zumutbare Arbeit**, Ausbildung oder Arbeitsgelegenheit[143] aufnehmen oder fortsetzen, an zumutbaren Eingliederungsmaßnahmen teilnehmen,
- kein Einkommen/Vermögen vermindern, z.B. durch Geschenk an Verwandte, um den Leistungsanspruch herbeizuführen, oder, trotz Belehrung, unwirtschaftliches Verhalten, z.B. versaufen statt von der Leistung wie vorgesehen die Miete zu zahlen, fortsetzen,[144]
- keine **Sperrzeit** für das ALG I festgestellt oder dafür die Voraussetzungen gegeben.[145]

Im Reformentwurf ist vorgesehen, dass zunächst ein gemeinsamer Kooperationsplan vereinbart wird, § 15 SGB II-Entwurf_21.7.2022. Nach dem Kompromiss im Vermittlungsausschuss am 23.11.2022 führt zunächst die erste Pflichtverletzung zu 10 % Kürzung des Regelbedarfs für einen Monat, die zweite führt zu 20 % Kürzung für zwei Monate und die dritte Pflichtverletzung zu 30 % für drei Monate.

Bestehende oder zukünftige Jobs müssen zumutbar sein. Dies sind sie nicht, wenn ein **wichtiger Grund** dazu führt, dass man in ihnen nicht arbeiten kann. Der unbestimmte Rechtsbegriff „wichtiger Grund" muss im Einzelfall ausgelegt werden und es gibt eine differenzierte Rechtsprechung mit vielen Einzelfällen hierzu.

**Nach § 10 SGB II unzumutbar ist Arbeit**

1. zu der man körperlich, geistig oder seelisch nicht in der Lage ist,
2. die die Ausübung der bisherigen Arbeit wesentlich erschweren würde, weil die bisherige Tätigkeit besondere körperliche Anforderungen stellt,[146]
3. die die Erziehung eines Kindes gefährden würde; die Erziehung eines Kindes, das mindestens 3 Jahre alt ist, ist in der Regel nicht gefährdet, soweit die Betreuung sichergestellt ist,
4. die mit der Pflege einer oder eines Angehörigen nicht vereinbar wäre, wenn Pflege nicht auf andere Weise sichergestellt werden kann,

143 Die Sanktionsbewehrung der Arbeitsgelegenheit mit Mehraufwandsentschädigung (umgangssprachlich 1-€-Job) ist im Referentenentwurf von 21.7.2022 gestrichen und ist ausgesprochen umstritten.

144 Hohner erläutert, dass diese Pflicht unangemessen sei im Verhältnis zum Schutz der Steuerzahlendengemeinschaft, und geht von einer Verfassungswidrigkeit aus. Hohner, S. 2017, a.a.O., S. 289 f., 342, 343.

145 In der Arbeitslosenversicherung erhält ALG I nur, wer sich persönlich arbeitslos meldet. Sperrzeiten sind vorgesehen aus vergleichbaren Gründen wie im SGB II, § 137 Abs. 1 Nr. 2, § 141, § 159 SGB III, und führen zu einer Kürzung des Regelbedarfs um 30 %, falls SGB II-Leistungen für die Sperrzeit beantragt werden.

146 Z.B.: Klavierspielerin kann nach Job als Maurerin nicht mehr fingerfertig genug Klavier spielen.

5. der ein sonstiger wichtiger Grund entgegensteht wie z.B.:[147]
   - sitten- oder gesetzeswidrig niedriger Lohn: 1/3 unter dem üblichen Lohn, Verstoß gegen Mindestlohngesetz oder andere Gesetze,[148]
   - durch z.B. Tagebuch nachgewiesenes und nach interner Intervention, z.B. des Betriebsrates, nicht behebbares Mobbing,
   - die Arbeit gegen das eigene Gewissen verstößt, z.B. eine Vegetarierin in einem Schlachthof arbeiten soll und eine vegetarische Lebensführung belegen kann,
   - Arbeitszeit und Arbeitswegezeit dürfen nicht dazu führen, dass eine Betreuung von Kindern oder Pflegebedürftigen gefährdet wird, ggf. ist ein Umzug zumutbar.[149]

### *Beispiel*

*Gerhard hat durch seine Kündigung die Pflicht, zumutbare Arbeit fortzusetzen, verletzt, wenn die Arbeit zumutbar war. Fraglich ist, ob Gerhard zu dem Lieferfahrerjob körperlich nicht in der Lage war oder ihm ein wichtiger Grund entgegensteht und er diesen auch nachweisen kann. Einerseits wurde hier ggf. nicht der Mindestlohn eingehalten, wofür es auf die Frage ankommt, ob die Boni miteinberechnet werden. Andererseits waren die Arbeitsumstände gesundheitsgefährdend. Selbst wenn Gerhard an sich körperlich in der Lage ist, den Job zu machen, liegt ein wichtiger Grund vor, wenn die Arbeit gesundheitsgefährdend ist. Die Schwierigkeit liegt darin, die Gesundheitsgefährlichkeit nachzuweisen.*

*Es empfiehlt sich, ein Tagebuch zu den Arbeitsumständen zu führen.[150] Der Zusammenhang von Arbeitsumständen und Krankheit sollte möglichst ärztlich schriftlich festgehalten werden. Ist die Gesundheitsgefährdung nachgewiesen, ist die Arbeit unzumutbar und verletzt die Kündigung keine Pflicht. Damit fehlt die entscheidende Voraussetzung einer Sanktion. Selbst wenn die Sanktion vor dem 1.7.22 verhängt werden sollte oder ggf. nach dem 1.7.2023 wieder reformiert zu beachten sein wird, fehlt es an der Zumutbarkeit der Pflicht.*

---

147 AG Tu Was e.V. (Hg.) u.a. 2021, Leitfaden zum Arbeitslosengeld II unter „Zumutbarkeit von Arbeit und Eingliederungsmaßnahmen".

148 SG Berlin vom 19.9.2011, Az. S 55 AS 24521/11 ER. Ab Oktober 2022 beträgt der Mindestlohn 12 Euro pro Stunde. Vom Mindestlohn ausgenommen sind u.a. Langzeitarbeitslose in den ersten 6 Monaten, § 22 MindestlohnG. Zu beachten sind ggf. Landesmindestlohnregelungen.

149 Pendelzeiten, die in der Region bei vergleichbaren Arbeitnehmern üblicherweise anfallen, sind zumutbar, z.B. bis zweieinhalb Stunden zwischen Wohnung und Arbeitsstätte bei einer Arbeitszeit von sechs Stunden täglich. Vgl. EAO.

150 Das gilt auch für Mobbing. Es sollte eine interne Klärung versucht und eine Mobbingliste geführt werden. Das LSG Rheinland-Pfalz (Urteil vom 26.0.2012, Az. L 3 AS 159/12) beschrieb die Anforderungen so: „Ein „wichtiger Grund" sei daher anzunehmen, wenn den Hilfebedürftigen vernünftige und aus Sicht eines objektiven Dritten nachvollziehbare Erwägungen zu dem konkreten Verhalten bewogen haben. Auch wenn die Klägerin eine fehlende Möglichkeit zur weiteren Arbeit bei der bisherigen Firma nicht ärztlich habe feststellen lassen, ergebe sich aus ihren nachvollziehbaren Aussagen, dass sie durch immer wiederkehrende Herabsetzungen durch Kollegen zur Arbeitsaufgabe nachvollziehbar veranlasst worden sei. Ein wichtiger Grund wurde daher festgestellt, sodass sie die Leistungen trotz der eingetretenen Sperrzeit nicht erstatten musste."

Drei von vier Sanktionen werden wegen versäumter Termine ausgesprochen, die daher besonders praxisrelevant sind. Diese **Meldeversäumnisse** führen nach § 32, § 84 SGB II nur zu 10 % Kürzung des Regelbedarfs, wenn

- eine Aufforderung der Behörde, sich bei ihr oder zu einem Untersuchungstermin zu melden, dem Leistungsempfangenden zuging,
- eine ordnungsgemäße schriftliche Rechtsmittelbelehrung vorlag,
- vom 1.7.2022 bis 1.1.2023 ferner es sich um ein wiederholtes Meldeversäumnis innerhalb eines Jahres handelt,[151]
- der oder die Leistungsempfangende sich nicht am selben Tag gemeldet hat[152] und kein wichtiger Grund für das Versäumnis dargelegt und bewiesen wird.

Mit dem Nachweis des wichtigen Grundes wird unterschiedlich umgegangen. Hier wirkt sich aus, dass Sachbearbeitende ein weites Ermessen haben bezüglich ihrer Ermittlungen. Z.B. ist häufig eine Erläuterung des Versäumnisses am Telefon oder per E-Mail plausibel und reicht aus, Sachbearbeitende zu überzeugen. Für die Arbeitsbeziehung von Leistungsempfangenden und Behörde ist dieses Vorgehen oft sinnvoll. Aber es kann nach schriftlicher Aufforderung auch ein ärztliches Attest über eine Terminunfähigkeit verlangt werden.[153]

Liegt eine Verletzung einer Verhaltenspflicht nach § 31 SGB II vor, wurde z.B. der Job selbst gekündigt, obwohl die Arbeit zumutbar war, setzt eine Sanktion zusätzlich Anforderungen an die Verwaltung voraus. Der Wille des Leistungsberechtigten muss von ihr belegt und dokumentiert werden und eine einzelfallbezogene Abwägung der wichtigen Gründe stattfinden, die nicht im Ermessen der Verwaltung steht, sondern voll gerichtlich überprüfbar ist.[154]

Mit dem Bürgergeld-Gesetz ist keine härtere Sanktionierung von unter 25-jährigen mehr vorgesehen. Sie sollen nun ein Beratungs- oder Unterstützungsangebot erhalten.[155]

---

151 § 32 SGB II-Entwurf_21.7.2022 sieht eine Minderungsdauer von einem Monat vor, statt bisher 3-Monaten. Das Meldeversäumnis führt nach dem Entwurf bereits bei einem ersten Meldeversäumnis zur Minderung.

152 Reicht nach § 309 Abs. 3 SGB III aus. Z.B. wird vertreten, dass darauf hingewiesen werden muss, dass ein Termin beim Jobcenter nicht als versäumt zu betrachten ist, wenn Betroffene sich am selben Tag beim Jobcenter melden. SG Berlin, Urteil v. 31.1.2020, Az. S 37 AS 13932/16.

153 BSG, Urteil vom 9.11.2010, Az. B 4 AS 27/10 R.

154 Hohner, S. a.a.O., S. 243. Folgende Voraussetzungen müssen für eine Sanktion von 30 % zusätzlich erfüllt sein: eine ordnungsgemäße Anhörung des Betroffenen, Rechtsfolgenbelehrung, wenn nicht bereits Kenntnis der Rechtsfolgen besteht, subjektive Vorwerfbarkeit (Verschulden), keine unverzügliche Nachholung, Kausalität zwischen Pflichtverletzung und Leistungsbezug, dass kein wichtiger Grund für die Pflichtverletzung vorliegt. Ferner sind objektive Tatbestandsvoraussetzungen auszulegen: Bestimmtheit des Arbeits- oder Maßnahmenangebots, Geeignetheit von Eingliederungsmaßnahmen, ein ordnungsgemäßer Bescheid über die Sanktion.

155 §§ 15 – 15a, 31a Abs. 6 SGB II-Entwurf_21.7.2022, Rosenow, R. 2022, Synopse Art. 1 SGB II zum Referentenentwurf des BMAS für ein Bürgergeld-Gesetz vom 21.7.2022.

Nur wenn alle diese Voraussetzungen ebenfalls vorliegen, kann sanktioniert werden in folgendem Umfang:

**10 % Kürzung** des Regelbedarfs für einen Monat je Meldeversäumnis nach dem Bürgergeldgesetz-Entwurf und bis 1.1.2023 nur bei wiederholtem Meldeversäumnis,

oder

**30 % Kürzung** des Regelbedarfs für drei Monate je Pflichtverletzung nach § 31 SGB II bis zum 1.7.2022 und 10 % Kürzung für einen, 20 % für zwei oder 30 % für drei Monate ab 1.1.2023, z.B. wenn ein Job ohne Not selbst gekündigt wurde.[156]

***Beispiel***

*Bei Gerhard käme eine Kürzung um bis zu 30 % seines Regelbedarfs für 3 Monate nur in Frage, wenn die weiteren Voraussetzungen auch gegeben sind. Die Kündigung müsste ihm vorzuwerfen sein, eine Anhörung erfolgt sein und kein wichtiger Grund für die Kündigung vorliegen. Gerhard sollte Tagebuch über seine Arbeitsbedingungen und die Gesundheitsfolgen führen. Ein ärztliches Attest zum Zusammenhang von Arbeit und Gesundheit sichert ihn besonders gut ab. Gegen einen Sanktionsbescheid kann Gerhard Widerspruch einlegen und ggf. Klage beim Sozialgericht erheben.*

## 14.2.6 Aufrechnung

***Beispiel***

***Beispiel einer Aufrechnungslage:***

| | | |
|---|---|---|
| *Beratene haben* | *→ → Anspruch auf Leistung* | *→ → gegen Jobcenter* |
| *Gegen Beratene besteht* | *← ← Anspruch auf Rückzahlung* | *← ← des Jobcenters* |
| | | *z.B. aus Darlehen* |

**Aufrechnung** bedeutet, dass zwischen den gleichen Personen oder Behörden ein Anspruch gegen einen Gegenanspruch gerechnet wird.[157] Im Jahr 2020 waren über 20 % der Leistungsempfangenden von einer Aufrechnung betroffen und hatten aus diesem Grund mindestens einen Monat lang bis zu 30 % weniger als den existenzsichernden Regelbedarf

156 Seit dem Urteil des Bundesverfassungsgerichts vom 5.11.2019, Az. 1 BvL 7/16, ist eine Kürzung laut Fachlicher Anweisung der Bundesagentur für Arbeit in jedem Fall auf maximal 30 % begrenzt. Vom 1.7.2022 bis 1.7.2023 sieht § 84 Abs. 1 SGB II die Aussetzung der Kürzungen des Regelbedarfs nach § 31a SGB II nach einer Pflichtverletzung vor. 10 %, 20 % oder 30 % Kürzung sieht der Bürgergeldkompromiss ab 1.1.2023 vor, BT-Drs. 20/4600, S. 3 unter 1. h)–i).

157 Also nicht gegen andere der Bedarfsgemeinschaft. Merten, J. O. 2019, in: Rolfs, C. u.a., Beck'scher Onlinekommentar Sozialrecht, SGB II § 43, Rn. 6.

zur Verfügung.[158] Häufig werden damit Überzahlungen aus der Vergangenheit ausgeglichen. Sie sind besonders herausfordernd für das Haushaltsmanagement, wenn (wie häufig) kein Budgetpuffer zum Ausgleich zur Verfügung steht.

Für Bedarfe, die von vornherein über Darlehen gedeckt werden, z.B. bei **Mietkautionen**, entspannt keine Überzahlung in der Vergangenheit den Haushalt.[159] Es erfolgt, wie bei anderen Darlehen, eine 10%-Aufrechnung in diesen Fällen. Darlehen dürfen maximal einmal mit 10 % des Regelbedarfs aufgerechnet werden, auch bei mehreren Darlehen.

Die Aufrechnung ist jeweils für bis zu 3 Jahre zulässig. Die Behörde muss ihr Ermessen ausüben und den Einzelfall berücksichtigen. Unabhängig davon, ob es sich um eine Sanktion oder Aufrechnung handelt oder beide gleichzeitig vorliegen, darf maximal eine Kürzung mit 30 % des Regelbedarfs erfolgen. In Härtefällen ist eine Korrektur zu langer Bedarfsunterdeckungen über das Ermessen der Behörde erforderlich, aber in der Praxis selten. Spätestens über einen **Erlass** der Forderung nach § 44 SGB II könnten Härtefälle korrigiert werden.[160] Ein Erlass sollte in diesen Fällen beantragt und ausführlich mit dem belegten Härtefall begründet werden. Freiwillige Zustimmungen zu Aufrechnungen können jederzeit zurückgenommen werden.

***Praxishinweis***

1. *Maximal dürfen 30 % vom Regelbedarf der Leistungsberechtigten aufgerechnet werden, für Darlehen maximal 10 %.*
2. *Bei der Aufrechnung muss der Einzelfall berücksichtigt werden. Härtefälle müssen über Ermessensausübung und Erlasse korrigiert werden.*
3. *Eine Zustimmung zu einer Aufrechnung kann jederzeit zurückgenommen werden.*

## 14.2.7 Erstattung wegen sozialwidrigen Verhaltens

Neben einer Sanktion kann eine Pflichtverletzung auch als **sozialwidriges Verhalten** gewertet werden und dann zu einem Erstattungsanspruch der Verwaltung führen. Da dieser

158 § 43 SGB II sieht die 30%ige Aufrechnung vor, wenn nicht eine 10%ige Aufrechnung nach § 42a Abs. 2 für Darlehen vorgesehen ist oder nach § 43 Abs. 2 1. Alt. SGB II z.B. bei Erstattungen für vorläufige Entscheidungen und höherem Einkommen. Deutscher Bundestag 18.3.2021, Antwort der Bundesregierung auf die Kleine Anfrage der Abgeordneten René Springer, Ulrike Schielke-Ziesing, Jörg Schneider, weiterer Abgeordneter und der Fraktion der AfD – Drucksache 19/26768 – Nr. 19. Aufrechnung von Darlehen § 42a SGB II, Aufrechnungsregelung § 43 SGB II.

159 Das BSG sieht die Mietkautionsaufrechnung als verfassungsgemäß an. BSG, Urteil vom 28.11.2018, Az. B 14 AS 31/17 R, Rn. 38–45. Eine verfassungsrechtliche Klärung vom BVerfG steht noch aus.

160 BSG v. 28.112018, Az. B 14 AS 31/17R, insb. Rn. 29 f., 45 f. Die Mietkautionsregelung ist eine Sollvorschrift, in Ausnahmefällen können statt Darlehen daher Zuwendungen erfolgen oder Darlehen werden in diese nachträglich umgewandelt. Fraglich ist allerdings, ob diese Anpassungen in ausreichendem Umfang stattfinden, da z.B. Erlasse sehr selten sind. Erlasse sollen im Einzelfall dem Zweck des zugrunde liegenden Gesetzes zuwiderlaufende Forderungen oder Aufrechnungen korrigieren. BSG 25.4.2018, Az. B 14 AS 15/17 R, Rn. 28 f. Ferner können Forderungen gestundet oder niedergeschlagen werden.

wiederum mit der Leistung aufgerechnet werden kann, verlängert sich die Leistungskürzung um 30 % des Regelbedarfs um bis zu 3 Jahre.

**Verhalten ist im Sinne des § 34 SGB II sozialwidrig, wenn alle diese Voraussetzungen erfüllt sind:**

- mindestens grob fahrlässig oder vorsätzlich
- ohne wichtigen Grund
- Voraussetzungen für Leistungen nach dem SGB II an sich oder Person aus der Bedarfsgemeinschaft (Hilfebedürftigkeit erhöht, aufrechterhalten o. verringert reicht)
- herbeigeführt (mit einer Tendenz, Existenzsicherung zu vernichten)
- kein Härtefall vorliegt
- keine 3 Jahre vergangen nach Ablauf des Leistungsjahres (Erlöschensfrist)

Entscheidend ist, ob Leistungen „herbeigeführt" wurden, z.B. durch die grundlose Kündigung einer Arbeit, für die z.B. nicht eine Krankheit der Grund war. Zusätzlich muss aber auch geprüft werden, ob Leistungsempfangende die erforderliche Sorgfalt grob außer Acht gelassen haben. Teilweise nimmt die Rechtsprechung an, dass ein unentschuldbares Verhalten, das über die sanktionsbewehrten Pflichtverletzungen hinausgeht, nur unter Berücksichtigung strenger Maßstäbe anzunehmen ist.[161] Die Handlungstendenz muss darauf gerichtet gewesen sein, die berufliche Existenzgrundlage zu vernichten und damit zu Lasten öffentlicher Kassen hilfebedürftig zu werden.[162] Ferner darf kein Härtefall vorliegen, was z.B. gegeben sein könnte, wenn keinerlei Puffer, kein zusätzliches nicht anrechenbares Einkommen vorhanden ist und besondere Kosten für die Gesundheit anfallen.

### *Beispiel*

*Johanna war wegen eines Betäubungsmitteldeliktes im Gefängnis und wurde mit Überbrückungsgeld (300 €) für den Lebensunterhalt entlassen und bekommt von ihrer Oma 700 € überwiesen als Geschenk. Sie gibt das ganze Geld innerhalb von 3 Tagen aus: für Essen (50 €), eine offene Rechnung beim Anwalt (300 €), neue Klamotten (150 €) und eine durchgefeierte Nacht (500 €). Weil sie keinerlei Rücklagen hat, erklärt sie sich für mittellos, belegt ihre Ausgaben im Einzelnen und erhält als*

161 LSG NRW Urteil vom 11.10.2018, Az. L 7 AS 1331/17, bestätigt vom BSG 29.8.2019, Az. B 14 AS 49/18 R.

162 Das LSG Niedersachsen-Bremen, Urteil vom 5.7.2018, Az. L AS 80/17, lehnt bei einem Jobverlust wegen Trunkenheitsfahrt die Sozialwidrigkeit des Verhaltens ab. Anders als in den Fachlichen Weisungen der BA zu § 34 SGB II. Mit Bezug auf BSG zu Straftaten mit der Folge der Inhaftierung, die zum Jobverlust führte: Urteile v. 2.11.2012, Az. B 4 AS 39/12 R und B 14 AS 55/12 R. Zweitstudium als Grund, einen Job aufzugeben, wurde als sozialwidrig beurteilt, LSG Berlin-Brandenburg vom 19.11.2007, Az. L 14 B 1224/07 AS ER. Anders kann es liegen, wenn für die Aufgabe der Beschäftigung plausible Gründe vorliegen, etwa bei gesundheitlichen Problemen durch die Berufsausübung, oder wenn eine berufliche Neuorientierung durch eine zusätzliche Aus- und Weiterbildung angestrebt wird. LSG Berlin-Bbg, Urteil vom 4.3.2014, Az. L 29 AS 814/11.

*Nothilfe 50 € vom Jobcenter.*[163] *Anschließend erhält sie einen Sanktionsbescheid wegen unwirtschaftlichen Verhaltens und einen Erstattungs- und Aufrechnungsbescheid. Erst sollen drei Monate lang 30 % ihres Regelbedarfs ab nächstem Monat gekürzt und in den Folgemonaten mit der zu erstattenden Forderung aufgerechnet werden. Dieser Fall aus der Sucht- und Straffälligenberatung ist bisher nicht vom BSG entschieden worden und muss im Einzelfall beurteilt werden. Die Ausgaben müssen belegt werden. Ihre Sozialadäquanz ist zu beurteilen. So dürften das Essen und die Kleidung als angemessene Ausgaben für den Lebensunterhalt nach der Haft gelten. Fraglich ist, wie die Ausgaben für die Schulden bei dem Rechtsanwalt zu beurteilen sind. Sozialwidriges Verhalten, das auf die Vernichtung der Existenzsicherung ausgerichtet war, könnten die 500 € für das Feiern sein. Der Erstattungsbescheid dürfte dann 500 € umfassen, aber nicht 700 € oder gar 1000 € und die Aufrechnung müsste entsprechend früher enden.*

## 14.2.8 Behördenunabhängige Beratung im Zwangskontext

U.a. die aufgezeigten Regulierungen bilden den Hintergrund der Beratung der Jobcenter. Neben dem allgemeinen **Beratungsanspruch** nach dem § 14 SGB I (Kapitel 10) ist zusätzlich ein Beratungsanspruch in § 14 Abs. 2 SGB II vorgesehen. Er spezifiziert die Beratung als „Information und Rat" zu Selbsthilfeobliegenheiten und Mitwirkungspflichten, zur Berechnung der Leistungen zur Sicherung des Lebensunterhalts und zu den Eingliederungsleistungen im SGB II. Dern beschreibt die Rolle der Beratenden der Jobcenter mit dem Fokus auf die fordernden Elemente im SGB II laut Beratungskonzeption der Bundesagentur als Zielkonflikt. Sie birgt die Gefahr, dass sich Beratene nur oberflächlich auf Maßnahmen einlassen, die sie annehmen müssen und nicht wirklich selbst wollen.[164] Daher ist behördenunabhängige Beratung zum SGB II zur Bewältigung der Komplexität der Leistungsverwaltung[165] und zur wirklich offenen Neuorientierung auf dem Arbeitsmarkt für Erwerbslose erforderlich. Die Qualität unabhängiger **Erwerbslosenberatung** rekonstruieren Dern und Krehner aufgrund ihrer Untersuchung als „Vertrauensmanagement" und „das ‚Abwartende Offenhalten' als fortwährende Beziehungsgestaltung".[166] Angesichts der hohen administrativen Anforderungen ist Wertschätzung der Leistungen der Beratenen im Umgang mit diesen Anforderungen in dieser Lebenslage ein Element, das behördenunabhängige Beratung nutzen kann. Die behördliche Beratung ist dagegen im Zielkonflikt, die Anforderungen selbst zu stellen. Sie ist zudem der rechtlich geprägten Verwaltungslogik verhaftet, gerade zur Entscheidung zu drängen.

163 Seit 1.7.2021 ist Überbrückungsgeld nicht mehr als Einkommen zu berücksichtigen, § 11a Abs. 6 SGB II. Zur Kritik an der Rechtslage vorher: Dick, J. 2015, Einkommen oder Vermögen: Überbrückungsgeld und zweckgebundene Einzahlungen – BSG zur Rechtslage seit dem 1.4.2011 und neue Länderstrafvollzugsgesetze, in: info also, S. 110–113.

164 Dern, S./Krehner, S. 2018, Doppelt besser?! Behördliche und behördenunabhängige Beratung im SGB II, S. 195–197. Bundesagentur für Arbeit (Hg.) 2017, Grundlagen einer Beratungskonzeption.

165 Weyrich, K. 2019, Eine umfassende Beratung ist die Grundlage für das Funktionieren des immer komplizierter werdenden sozialen Leistungssystems, Beitrag D17-2019 vom 11.10.2019, abrufbar unter www.reha-recht.de/fachbeitraege/beitrag/artikel/beitrag-d17-2019 (22.9.2022).

166 Dern, S./Krehner, S., a.a.O., S. 201.

Als **kommunale Eingliederungsleistung** ist Beratung im § 16 a Nr. 2–4 SGB II vorgesehen, die in der Regel von freien Trägern erbracht wird und somit unabhängiger ist als die Behördenberatung nach § 14 SGB II.[167] Es handelt sich um Sucht-, Schuldner- und psychosoziale Beratung. Angesichts des oben beschriebenen Zielkonfliktes ist entscheidend, dass die Unabhängigkeit der Beratungseinrichtung vom administrativen Kontext ausreichend abgesichert ist.[168]

Es ist wichtig, die Freiwilligkeit der Beratung konzeptionell zu verankern und gegenüber der finanzierenden Struktur durchzusetzen.[169] Über Rahmenverträge können **Datenschutzstandards** verhindern, dass Daten aus der Beratung an die Behörde weitergegeben werden. Lediglich Rahmendaten wie der Beginn oder Abbruch einer Beratung dürfen weitergegeben werden, da die Weitergabe von Prozessdaten unzumutbar ist und die Grenzen der Mitwirkungspflicht nach § 65 SGB I überschreiten würde.[170] Empfehlungen oder Beratungsangebote in Eingliederungsvereinbarungen sind möglich. Verpflichtungen heben dagegen den Vorteil, den unabhängige Beratung gegenüber behördlicher Beratung gerade angesichts des Zwangskontextes hat, wieder auf. Wird lediglich eine Bestätigung einer ersten Beratungsinanspruchnahme von der Behörde verlangt, so kann diese als Bescheinigung dem Beratenen gleich zu Beginn der Beratung ausgehändigt werden. Damit wird die Behördenanforderung erfüllt, kann der Zwangskontext angesprochen werden und ein höherer Grad an Freiwilligkeit hinsichtlich der Beratung wiederhergestellt werden.[171] Eine motivierende Beziehungsgestaltung ist durch die Relativierung des Zwangskontextes eher möglich.

167 Zu den Herausforderungen und Umsetzungsmöglichkeiten vgl. Kaltenborn, B. 2015, Kommunale Eingliederungsleistungen in der Praxis von Jobcentern.

168 § 16 a SGB II verlangt eine Erforderlichkeit der Beratung für die zu prognostizierende Eingliederung in den Arbeitsmarkt. Das BSG hat eine Schuldnerberatung als erforderlich beschrieben, wenn sie die Eingliederung flankiert, und hat eine entsprechende Prognose im Einzelfall verlangt, BSG vom 21.7.2021, Az.: B 14 AS 18/20 R. Das Ermessen der Behörde ist gebunden und nur in Ausnahmen können erforderliche Beratungen nicht gewährt werden. Die Beratung kann bei Beendigung der Leistungsberechtigung nach § 16g SGB II weitergeführt werden. DV 2014, Empfehlungen des Deutschen Vereins zu den kommunalen Eingliederungsleistungen nach § 16a SGB II, S. 4–6. Zur Bedeutung der Stärkung der psychischen Ressourcen für Langzeitarbeitslose: Otto, K. u.a., Eine qualitative Analyse ausgewählter Programme zur Förderung der psychosozialen Gesundheit Langzeiterwerbsloser, S. 146–170 in: Hollederer, A. (Hg.) 2021, Gesundheitsförderung bei Arbeitslosen.

169 Wenzel zum Datenschutz bei Eingliederungsleistungen im SGB II, Wenzel, J. 2009, Schutz der Vertraulichkeit der Beratung durch verfassungsrechtliche, datenschutzrechtliche und strafrechtliche Schranken – am Beispiel der §§ 16a, 61 SGB II.

170 DV 2014, Empfehlungen des Deutschen Vereins zu den kommunalen Eingliederungsleistungen nach § 16a SGB II, S. 16. Eine Datenweitergabe ist auch nicht nach § 67a Abs. 2 Nr. 2a SGB X i.V.m. § 61 Abs. 1 SGB II gerechtfertigt, vgl. Kapitel 8.

171 „Eine Sanktionierung von Unterbrechungen oder Abbrüchen von Beratungsprozessen ist in der Regel kein geeignetes Instrument, um den Beratungsprozess abzusichern." DV 2014, Empfehlungen des Deutschen Vereins zu den kommunalen Eingliederungsleistungen nach § 16a SGB II, S. 14.

***Fremd- und Selbstbestimmung im SGB II auf einen Blick***

1. Das SGB II stellt umfangreiche Anforderungen an Sachbearbeitende, Beratende und Leistungsempfangende. Mit dieser dreiseitigen Perspektive lassen sich Spannungen leichter überbrücken.
2. Das Bundesverfassungsgericht[172] hat die Sanktionen mit der Begrenzung auf maximal 30 % Kürzung des Regelbedarfs entschärft. Bis 30.6.2023 gilt ein Sanktionsmoratorium und die Regeln werden mit dem Bürgergeldgesetz reformiert. Im Einzelfall hilft es, Belege zu wichtigen Gründen für die Ablehnung von Pflichten vorzulegen.
3. Das SGB II hat einen erzieherischen Charakter mit repressiven Elementen, der zur Kompatibilität mit dem Arbeitsmarkt zwingt. Die Grenzen des Zumutbaren werden gesellschaftlich, rechtlich und in Beratungen verhandelt.
4. Beratende empowern, sodass Eingliederungsmaßnahmen Chancen sind und eigene Vorstellungen in die Vereinbarungen dazu eingebracht werden.
5. Gute Beratung bewältigt die rechtliche Komplexität im Netzwerk, reflektiert den Zwangskontext mit den Beratenen, stützt sie in ihrer Kooperationsfähigkeit mit der Behörde und schützt vor Zumutungen.
6. Behördenunabhängige Beratung zum SGB II sichert die Freiwilligkeit der Beratung ab.

# 14.3 Rechtliche Betreuung und Unterbringung psychisch kranker Menschen

***Beispiel***

*In einer Beratung in Hamm erläutert der an Schizophrenie und Diabetes erkrankte Herr W., dass er seine Freundin umbringen wolle mit einer Überdosis Insulin und er sich dann anschließend von einer Rheinbrücke stürzen werde. Die Beraterin geht aufgrund des Redeschwalls, der Motorik und gewalttätiger Vorfälle vor dem Gespräch von einem psychotischen Schub bei Herrn W. aus. Sie fürchtet, dass er tatsächlich in den nächsten 14 Tagen sein Vorhaben umsetzen wird, und will, dass Herr W. sich selbst in eine Psychiatrie einweist. Herr W. lehnt das vehement ab. Es könnte sowohl eine akute Selbst- als auch eine akute Fremdgefahr vorliegen, die für eine Unterbringung in der Psychiatrie spricht. Die Beraterin fragt, ob dies über eine* ***rechtliche Betreuung*** *oder nach den landesrechtlichen Bestimmungen, meist Psychisch-Krankengesetze genannt, möglich wäre.*[173]

172 Bundesverfassungsgericht, Urteil vom 5.11.2019, Az. 1 BvL 7/16.

173 Daneben ist die Schweigepflicht, der rechtfertigende Notstand und die Anzeigepflicht bei geplanten Tötungen zu beachten, siehe Kapitel 8.

Zwangsmaßnahmen, wie die als Unterbringung bezeichnete Freiheitsentziehung in einer Psychiatrie, können durch ein Gericht angeordnet werden. Bei Selbstgefährdungen ist, wenn der Aufgabenkreis Unterbringung bei längeren Unterbringungen erforderlich wäre, an rechtlich Betreuende das Aufenthaltsbestimmungsrecht zu übertragen. Bei Fremdgefährdungen kommt dagegen nur eine Unterbringung nach den öffentlich-rechtlichen **Psychisch-Krankengesetzen** (PsychKG) der Länder in Frage. Auch im Falle einer Selbstgefährdung, die nur eine kurze Unterbringung und damit keinen betreuungsrechtlichen Aufgabenkreis erfordert, ist eine Unterbringung nach PsychKG spezieller gegenüber der betreuungsrechtlichen. Öffentlich-rechtlich handelt die Gesundheitsbehörde, meist der **sozialpsychiatrische Dienst**. In jedem Fall ist ein Gerichtsbeschluss erforderlich. Es stellt sich die Frage, wer handeln sollte, will und auch so schnell kann: rechtlich Betreuende oder die Gesundheitsbehörde, ggf. bei Gefahr in Vollzug Polizei oder Ordnungsbehörde. Danach richtet sich die anwendbare Rechtsgrundlage.[174] Sowohl bei einer betreuungsrechtlichen als auch bei einer öffentlich-rechtlichen Unterbringung gelten strenge Maßstäbe.[175]

### *Beispiel Fortsetzung*

*Wenn Herr W. noch nicht rechtlich betreut wird, kann die Beraterin eine rechtliche Betreuung beim Gericht beantragen. Das Gericht prüft nach dem BGB die Voraussetzungen für den Aufgabenkreis Unterbringung und die oder der Betreuende beantragt nach seiner Bestellung ggf. eine Unterbringung in einer Psychiatrie. Oder die Beraterin schaltet den Sozialpsychiatrischen Dienst (SpDi) ein, der dann nach dem PsychKG NRW einen Antrag auf Anordnung einer Unterbringung prüft und ggf. beim Gericht stellt. Dies setzt aber voraus, dass die Gefahr nicht anders abgewendet werden kann nach § 11 Abs. 3, Abs. 1 S. 1 PsychKG-NRW, also z.B. durch betreuungsrechtliche Unterbringung. Sieht die Beraterin einen eher zeitlich befristeten psychotischen Schub voraus, wird sie sich an den SpDi wenden. Geht sie eher davon aus, dass eine rechtliche Betreuung sinnvoll ist, kann sie diesen Weg einschlagen.*

Wenn volljährige Beratene Lebensbereiche wie gesundheitliche Entscheidungen oder Vermögensangelegenheiten nicht mehr selbst regeln können, so kann eine rechtliche Betreuung vom Betreuungsgericht angeordnet werden.[176] Die vom Gericht bestellten rechtlichen Betreuer und Betreuerinnen betreuen ehrenamtlich oder beruflich nach dem BGB und handeln ggf. als gesetzlich Vertretende. Da die Selbstbestimmung eingeschränkt ist, wird in das Persönlichkeitsrecht nach Art. 2 GG eingegriffen, ggf. auch in die Freiheit der Person

174 Für einen Einstieg (zur Rechtslage vor dem 1.1.2023) siehe Engelfried, U. 2020, Unterbringungsrecht in der Praxis. Jox, R./Fröschle, T. (Hg.) 2020, Praxiskommentar Betreuungs- und Unterbringungsverfahren. Marschner, R. u.a. 2019, Freiheitsentziehung und Unterbringung, S. 15, S. 64–66. Für das Verfahren gilt einheitlich das Gesetz über das Verfahren in Familiensachen und in den Angelegenheiten der freiwilligen Gerichtsbarkeit (FamFG). Die strafrechtliche Unterbringung bei Schuldunfähigkeit, zur Entzugstherapie oder Sicherungsverwahrung nach § 63, § 64, § 66 StGB und die Abschiebehaft werden hier nicht behandelt.

175 Trenczek, T. u.a. 2011, Grundzüge des Rechts, S. 666.

176 Ein Notvertretungsrecht für nicht getrenntlebende Ehegatten gilt ab 1.1.2023 für die ersten 3 Monate, wenn ärztlich festgestellt wurde, dass der vertretene Ehegatte wegen einer Krankheit nicht in der Lage ist seine Angelegenheiten rechtlich zu regeln, § 1358 BGB.

nach Art. 104 GG. Diese Grundrechtseingriffe sind nur auf einer gesetzlichen Grundlage zulässig, wenn sie verhältnismäßig sind.

**Dieser Abschnitt beantwortet folgende Fragen:**

- Wessen Wille ist entscheidend bei rechtlich betreuten Beratenen?
- In welchem Verhältnis steht die rechtliche Betreuung zur Vorsorgevollmacht?
- Welche Rolle spielt der Wille des Beratenen in der rechtlichen Betreuung und in der „Gefahrenabwehr" nach den PsychKG?
- Was bedeuten Erforderlichkeit und Verhältnismäßigkeit in Betreuung und Unterbringung?

## 14.3.1 Rechtliche Betreuung ab 2023

Eine rechtliche Betreuung ist erforderlich, wenn

1. eine volljährige Person,
2. ihre Angelegenheiten ganz oder teilweise rechtlich nicht besorgen kann und
3. dies auf einer Krankheit oder Behinderung beruht.

Mit der rechtlichen Betreuung sollen volljährige Menschen unterstützt werden, ihre Angelegenheiten zu besorgen, wenn sie dazu aufgrund von Krankheit oder Behinderung nicht in der Lage sind (§ 1814 BGB). Im Gegensatz zur Vormundschaft betrifft die rechtliche Betreuung nur volljährige Menschen – also Menschen, die in der Regel lange Zeit ihr Leben eigenständig gelebt und aufgrund von Krankheit oder Behinderung einen Autonomieverlust erlitten haben. Gemäß Art. 12 Abs. 3 der UN-Behindertenrechtskonvention (UN-BRK) soll deren Rechts- und Handlungsfähigkeit weitgehend unterstützt werden. Sie werden deshalb nicht entmündigt, wie es in Deutschland noch bis 1992 vorgesehen war. Vielmehr können sie grundsätzlich weiterhin am Rechtsleben teilhaben. Da die betreuenden Menschen in ihrem Aufgabenkreis die betreute Person vertreten dürfen (siehe § 1823 BGB), kann es für dritte Personen zu Unsicherheiten führen, wie sie sich gegenüber der betreuten und der betreuenden Person verhalten sollen. Die betreuenden Personen wiederum müssen in ihrem Handeln stets abwägen, an welchen Stellen sie der betreuten Person die eigene Rechts- und Handlungsfähigkeit erhalten sollten und an welchen Stellen sie diese vor selbstschädigendem Verhalten zu schützen haben.

***Hinweis***

*Das Betreuungsrecht wurde umfassend reformiert – u.a. um die Rechte der betreuten Menschen zu stärken.*

Im Folgenden werden zunächst einige Besonderheiten im Verhältnis zwischen der betreuenden und der betreuten Person aufgeführt und im zweiten Teil das Außenverhältnis gegenüber Dritten. Der Abschnitt endet mit ein paar interkulturellen Anmerkungen.

### 14.3.1.1 Verhältnis von betreuender und betreuter Person

Die betreuende Person unterstützt die betreute Person im Rahmen ihres Aufgabenkreises und hat die Angelegenheiten der betreuten Person so zu besorgen, dass die betreute Person ihr Leben, soweit es möglich ist, nach den eigenen Wünschen führen kann, § 1821 Abs. 2 BGB. Hierbei gelten folgende Grundsätze:

- **Aufgabenkreis:**

Der Aufgabenkreis richtet sich nach dem konkreten Bedarf. Er darf sich nur auf Bereiche erstrecken, für die eine Betreuung erforderlich ist. Er besteht aus einem oder mehreren Aufgabenbereichen, die einzeln angeordnet werden müssen. Eine „Totalbetreuung", d.h. eine Betreuung in allen Angelegenheiten, ist nicht vorgesehen.[177] Sofern der Aufgabenkreis die Berechtigung des Eingriffs in besondere Grundrechte umfasst, muss das ausdrücklich vom Gericht angeordnet werden, § 1815 BGB. Eine gewisse Diskrepanz zwischen dem individuellen Ausrichten nach dem konkreten Bedarf und den Anforderungen der Praxis zeigt sich allerdings in folgendem Spannungsfeld: Je einheitlicher allgemeine Aufgabenbereiche definiert werden (wie z.B. „Gesundheitssorge" oder „Vermögenssorge"), desto leichter fällt es der Praxis, den Umfang des Aufgabenkreises zu definieren. Allerdings führt diese in der Praxis wichtige Vereinheitlichung dazu, den Aufgabenkreis eben nicht gänzlich individuell anzupassen.

- **Schutz vor einer Betreuung:**

Die Betreuung ist nur erforderlich, wenn eine Person nicht in der Lage ist, ihre eigenen Angelegenheiten zu besorgen. Es gibt die Möglichkeit, vor Verlust der Geschäftsfähigkeit eine andere Person im Rahmen einer **Vorsorgevollmacht** mit der Besorgung der Angelegenheiten zu betrauen. Dadurch wird bei Eintreten der Geschäftsfähigkeit keine Betreuung erforderlich, § 1814 Abs. 3 Nr. 1 BGB. Vorteil der Vorsorgevollmacht gegenüber der Betreuung ist es, dass die betroffene Person mehr Einfluss auf die Auswahl der für sie zuständigen Person hat und auch den Umfang ihrer Aufgaben selbst bestimmen kann. Der Nachteil besteht darin, dass weniger Kontrolle der zuständigen Person durch Gerichte gegeben ist. Allerdings sind die Vor- und Nachteile bereits relativiert: Die betroffene Person hat im Falle einer Betreuung einigen Einfluss auf die Auswahl der betreuenden Person, z.B. § 1814 Abs. 2 BGB; 1816 Abs. 2 BGB. Im Falle des Bestehens einer Vorsorgevollmacht kann das Betreuungsgericht trotzdem eine betreuende Person bestellen, sofern die betreute Person aufgrund des Betreuungsbedarfs die eigenen Rechte gegenüber der bevollmächtigten Person faktisch nicht mehr ausüben kann[178] oder konkrete Anhaltspunkte dafür bestehen, dass die bevollmächtigte Person die Wünsche der betreuten Person nicht vereinbarungsgemäß berücksichtigt, § 1820 Abs. 3 BGB. Diese vom Gericht eingesetzte Person übernimmt dann aber nicht die Aufgaben der betreuenden Person, sondern hat nur die Aufgabe, sie zu kontrollieren (Kontrollbetreuung, §§ 1815 Abs. 3, 1820 Abs. 3 BGB).

177 Joecker, T. 2021, Das neue Betreuungsrecht, S. 15.

178 Rechtlich bleibt dies möglich, da die betreute Person in Betreuungssachen auch bei fehlender Geschäftsfähigkeit verfahrensfähig bleibt, § 275 FamFG. Die Bestellung kann von jeder Person angeregt werden, die eine entsprechende Notwendigkeit sieht. Häufig sind das Pflegepersonal oder Angehörige – in seltenen Fällen auch die betreute Person selbst.

- **Orientierung am Willen der betreuten Person:**

Die betreuende Person hat sich grundsätzlich am Willen der betreuten Person zu orientieren. Es geht nicht um ein abstrakt formuliertes objektives Wohl, sondern immer um das subjektive Wohl der betreuten Person. Menschen haben ein „Recht auf Krankheit und Selbstschädigung", sofern sie noch eigenverantwortlich entscheiden können.[179] Es darf auch nicht aus einer „objektiv" unvernünftig erscheinenden Willensbekundung auf die fehlende Einsichtsfähigkeit der betroffenen Person geschlossen werden, denn auch gesunde geschäftsfähige Menschen handeln teilweise unvernünftig. Entscheidend ist, ob die betreute Person aufgrund der Krankheit oder Behinderung nicht mehr in der Lage ist, den Willen so zu bilden, wie sie es im gesunden Zustand getan hätte. Rechtlich werden mehrere nicht immer klar voneinander abgegrenzte Begrifflichkeiten verwendet, um dem Willen der betreuten Person möglichst viel Beachtung zu schenken.

- **Geschäftsfähigkeit:**

Die Geschäftsfähigkeit bezeichnet die Fähigkeit, am Rechtsleben privatautonom teilzuhaben und rechtswirksame Willenserklärungen abzugeben. Die Geschäftsfähigkeit wird grundsätzlich bei allen Menschen angenommen, die über sieben Jahre alt sind und sich nicht dauerhaft im die freie Willensbildung ausschließenden Zustand krankhafter Störung der Geistestätigkeit befindet, § 104 BGB.[180] Die Einrichtung einer Betreuung hat keine Auswirkungen auf die Geschäftsfähigkeit. Daher kann die betreute Person grundsätzlich weiterhin am Rechtsleben teilhaben. Wenn das zu problematischen Situationen führt (z.B. dem Abschluss nachteiliger Verträge), kann unter sehr strengen Voraussetzungen ein **Einwilligungsvorbehalt** gerichtlich angeordnet werden, § 1825 BGB. Danach sind Willenserklärungen der betreuten Person nur noch mit Zustimmung der betreuenden Person wirksam. Ist die fehlende Geschäftsfähigkeit gerichtlich festgestellt worden, kann die betreute Person trotzdem teilweise Geschäfte des täglichen Lebens rechtswirksam erledigen, § 105a BGB, und verliert vor Gericht in Betreuungssachen nicht die Verfahrensfähigkeit, § 275 FamFG.

- **Einwilligungsfähigkeit/freier Wille:**

Im Gegensatz zur Geschäftsfähigkeit geht es dabei nicht um die Abgabe einer rechtlich verbindlichen Willenserklärung, sondern um eine jederzeit widerrufbare Entscheidung – meist die Einwilligung in eine ärztliche Behandlung. Einwilligungsfähig ist, wer die Komplexität der zu treffenden Entscheidung überblickt und entsprechend handeln kann. Hierzu bedarf es einer Einsichts- und Steuerungsfähigkeit: „Einwilligungsfähig ist danach, wer Art, Bedeutung und Tragweite – auch die Risiken – der Maßnahme zu erfassen und seinen Willen hiernach zu bestimmen vermag."[181] Die Einwilligungsfähigkeit kann demnach je nach Komplexität der zu entscheidenden Situation variieren. Das kann in der Praxis zu erheblichen Problemen führen, denn soweit die Einwilligungsfähigkeit gegeben ist, ist der Wille der betreuten Person entscheidend, ansonsten der Wille der betreuenden Person.[182]

---

179 Siehe z.B. BVerfG vom 8.6.2021, Az. BvR 1866/17 und 2 BvR 1314/18 vom 8.6.2021, Rn. 71.

180 Siehe hierzu auch Grabow, M., Geschäftsfähigkeit, S. 348 f. in: DV (Hg.) 2017, Fachlexikon Soziale Arbeit. Rafi, A., Geschäftsfähigkeit, S. 144 in: Ruhs, A./Rafi, A. 2006, Großes Wörterbuch Recht.

181 BT-Drs. 11/4528, S. 71.

182 Joecker, T. 2021, Das neue Betreuungsrecht, S. 122.

In Zweifelsfällen ist die Einwilligungsfähigkeit gerichtlich zu klären, wenn es nicht möglich ist, eine Einigung zwischen der betreuenden und der betreuten Person zu erzielen. Ein Wille, der im Bereich der Einwilligungsfähigkeit gebildet wurde, wird auch als „freier Wille" bezeichnet.[183] Gegen den freien Willen darf die betreuende Person nicht agieren, was sich schon daraus ergibt, dass gegen den freien Willen gar keine Betreuung bestellt werden darf, § 1814 Abs. 2 BGB.

- **Natürlicher Wille:**

Selbst wenn die Einwilligungsfähigkeit nicht mehr vorhanden ist, kann die betreute Person einen Willen kundgeben. Dieser wird insbesondere dann relevant, wenn die betreute Person vor Verlust der Einwilligungsfähigkeit Wünsche geäußert hat. Grundsätzlich bleibt die betreuende Person an diese Wünsche gebunden. Ist jedoch aufgrund einer klaren natürlichen Willensäußerung erkennbar, dass die betreute Person an den früheren Wünschen nicht mehr festhalten möchte, so darf von den früheren Wünschen abgewichen werden, § 1821 Abs. 2 Satz 3 BGB. Der natürliche Wille ist ebenfalls grundsätzlich zu beachten, darf aber im Gegensatz zum freien Willen ignoriert werden, wenn er zu einer erheblichen Gefährdung der Person oder des Vermögens der betreuten Person führen würde und diese die Gefährdung aufgrund ihrer Krankheit oder Behinderung nicht erkennen kann bzw. nicht nach dieser Ansicht handeln kann, § 1821 Abs. 3 Nr. 1 BGB. Eine weitere Ausnahme ist gegeben, wenn die Beachtung des natürlichen Willens der betreuenden Person nicht zuzumuten ist, § 1821 Abs. 3 Nr. 2 BGB.

***Beispiel***

*Klaus (72 Jahre) ist seit 40 Jahren starker Raucher. Vor fünf Jahren erlitt er einen schweren Schlaganfall, weswegen er seit vier Jahren unter Betreuung steht. Der Betreuer wurde für den Aufgabenkreis Gesundheitssorge bestellt. Klaus leidet seit acht Jahren unter Atemwegserkrankungen aufgrund des Nikotinkonsums. Es wurde ihm schon mehrfach der ärztliche Hinweis erteilt, das Rauchen einzustellen. Da er dies bislang ignoriert hat, erwägt der Betreuer, ihm keine Zigaretten mehr zu besorgen. Ist dies zulässig? Klaus hat schon immer stark geraucht und die Warnungen der Ärzte ignoriert. Folglich spricht viel dafür, ihm die Zigaretten nicht wegzunehmen. Schließlich hat jeder Mensch auch ein Recht darauf, sich selbst zu schädigen. Da die Schädigung schon seit 40 Jahren vorgenommen wurde, erfolgt diese offensichtlich auch nicht aufgrund der Demenz. Daher wäre es unzulässig, ihm das Rauchen zu verwehren. Nur wenn der Schlaganfall klar auf den Nikotinkonsum zurückgeführt werden könnte, ein weiterer Schlaganfall bei weiterem Nikotinkonsum unmittelbar droht (also über eine bloße allgemeine Risikosteigerung hinausgeht) und er den Ernst der Lage nicht begreifen kann, wäre eine andere Entscheidung denkbar.*

- **Mutmaßlicher Wille:**

Auf den mutmaßlichen Willen kommt es an, wenn nicht einmal ein natürlicher Wille gebildet werden kann bzw. dieser nach § 1821 Abs. 3 Nr. 1 BGB unbeachtlich ist. Der mutmaßli-

183 Joecker, T. 2021, Das neue Betreuungsrecht, S. 122.

che Wille entspricht nicht dem objektiven Wohl der betreuten Person, sondern einer Vermutung, was die betreute Person gewollt hätte, wenn sie noch einen freien Willen fassen könnte. Hierzu sind frühere Äußerungen der betreuten Person, ihre persönlichen Wertvorstellungen, ethische oder religiöse Überzeugungen heranzuziehen. Ferner können auch Vertrauenspersonen der betreuten Person befragt werden, § 1821 Abs. 4 BGB.

#### 14.3.1.2 Verhältnis zu Dritten

Wie im oberen Abschnitt angedeutet, kann es im Verhältnis zu Dritten zu Komplikationen kommen, wenn sich die betreute und die betreuende Person in einer Entscheidung nicht einig sind. Grundsätzlich gilt, dass die betreuende Person die betreute Person im Rahmen ihres Aufgabenkreises vertreten darf, § 1823 BGB, sofern die Vertretungsmacht nicht aufgrund anderer Vorschriften eingeschränkt ist (vor allem § 1824 BGB). Hierbei handelt es sich um eine gesetzlich vorgeschriebene Vertretungsmacht, die im Interesse des Rechtsverkehrs grundsätzlich auch dann besteht, wenn sie im Innenverhältnis überschritten wird und z.B. nicht dem freien Willen der betreuten Person entspricht.[184] Werden Dritte allerdings sowohl mit einer Äußerung der betreuenden Person als auch einer dieser widersprechenden Äußerung der betreuten Person konfrontiert, müssen sie im Zweifel klären, ob die betreute Person diesen Willen frei äußern konnte.

*Henrike (98 Jahre) ist aufgrund einer fortschreitenden Demenz unter Betreuung. Sie wird ambulant versorgt. Ihr Betreuer Helge ist für die Angelegenheiten „Gesundheitssorge" bestellt. Er hat den Essenslieferungsvertrag mit der Firma „Essen auf Rädern" gegen den Willen von Henrike verlängert. Da sie sich zu wenig bewegt, soll sie ein Blutverdünnungsmittel von einem Pfleger gespritzt bekommen. Henrike ist damit einverstanden, doch Helge willigt nicht in die Vergabe der Spritze ein, weil er befürchtet, dass sie dann bei Verletzungen zu viel Blut verlieren könnte. In diesem Fall ist die Vertragsverlängerung mit der Firma „Essen auf Rädern" auch gegen den Willen von Henrike wirksam. Sollte sie noch geschäftsfähig sein, kann sie allerdings den Vertrag selbst kündigen und könnte dann auch von Helge Schadensersatz verlangen, weil er seine Vertretungsmacht nicht an ihrem freien Willen orientiert hat. Bezüglich der Vergabe der Spritze wird der Einstich als eine Körperverletzung angesehen, die nur gerechtfertigt ist, wenn eine wirksame Einwilligung vorliegt. Sofern Henrike noch einen freien Willen bilden kann (also die Folgen der Maßnahme überblickt und nach dieser Einsicht handeln kann), wäre die Vergabe der Spritze auch gegen den Willen von Helge möglich, ansonsten unzulässig. Im Zweifel müsste die Einwilligungsfähigkeit von Henrike gerichtlich geklärt werden. In der Praxis ist es meist sinnvoller, ein Einvernehmen zwischen Henrike und Helge herzustellen.*

#### 14.3.1.3 Interkulturelle Erwägungen

Die Regelungen zur rechtlichen Betreuung ermöglichen einen Spielraum in der Gestaltung des Betreuungsverhältnisses und dadurch auch die Anpassung an **kulturelle Besonder-**

184 Joecker, T. 2021, Das neue Betreuungsrecht, S. 137 f.

**heiten**. Trotzdem bleiben einige Problembereiche in der interkulturellen Anwendung, die in diesem Rahmen nur kurz erwähnt werden:

**1. Autonomie:** Ziel der rechtlichen Betreuung ist die Stärkung der Autonomie der betreuten Person. Dieses Ziel steht teilweise im Widerspruch zu kommunitaristisch geprägten Kulturen, in denen z.B. die Harmonie in der Familie einen deutlich höheren Stellenwert genießt. Schon die Orientierung am „Willen der betreuten Person" suggeriert, sie könne einen eigenen Willen haben, obwohl kommunitaristische Kulturen den Willen eher eingebettet sehen in einem Sozialgefüge. Daher würden kommunitaristische Kulturen andere Familienangehörige viel stärker einbeziehen. Ferner spielt der kommunitaristische Ansatz eine Rolle für die Auswahl der zu betreuenden Person, weil zu fremden Personen ein Vertrauensaufbau oftmals mehr Zeit und informelle Treffen erfordert.[185]

**2. Krankheitsverständnis:** Ob eine Krankheit als Schicksal, als persönlicher Fehler oder als ein systemisches Problem angesehen wird, ist ebenso kulturbedingt wie die Frage, was überhaupt als Krankheit verstanden wird. Das beeinflusst auch die möglichen Behandlungsmethoden.[186]

***Beispiel***

*Gabriel gehört der Umbanda[187] an. Seine Familie geht davon aus, er sei von einem Geist besessen und drängt seinen Betreuer Heinz dazu, einen brasilianischen Heiler kommen zu lassen. Heinz hält das Anliegen für viel zu aufwändig und wünscht sich keine Einmischung der Familie. In diesem Fall sollte Heinz beachten, dass Gabriel die „Einmischung der Familie" möglicherweise selbst wünscht, weil er es gewohnt ist, wichtige Entscheidungen gemeinsam mit der Familie zu treffen. Ferner könnte die Hinzuziehung eines Heilers ihn mehr beruhigen als die Verabreichung von Psychopharmaka, sodass dessen Einsatz im Begriff der westlichen Medizin zumindest als „Placebo" erwogen werden sollte.*

## 14.3.2 Unterbringung und Zwangsbehandlung nach PsychKG

Manchmal gibt es schwierige Beratungen, wenn Menschen in einer Phase psychischer Störung andere Menschen bedrohen, angreifen oder sich selbst gefährden, gar töten wollen. Wie im einleitenden Beispiel von Herrn W. (siehe oben Abschnitt 14.3) kann sich dann die Frage stellen, ob eine Unterbringung in einem psychiatrischen Krankenhaus angebracht ist. Die **Unterbringung** in einer **Psychiatrie** ohne den natürlichen Willen des Betroffenen ist eine **Freiheitsentziehung** im Sinne von Art. 104 GG, weshalb zur Sicherung der

185 Siehe hierzu u.a. Hahn, S., Understanding the Self, S. 27–42 in: Barnow, S./Balkir, N. (Hg.) 2013, Cultural Variations in Psychopathology. Nisbett, R. 2013, The Geography of Thought, S. 47 ff., vertiefend zum ganzen auch: Türk, A. u.a. 2018, Betreuung von Menschen mit Migrationshintergrund.

186 Siehe hierzu u.a. Marsella, A./White, G. (Hg.) 1984, Cultural Conceptions of Mental Health and Therapy; Natan, T. 2001, Nous ne sommes pas seuls au monde.

187 Dabei handelt es sich um eine synkretistische Religion mit mystisch-spirituellen Elementen, die ursprünglich aus Südamerika stammt.

Grundrechte und der Interessen der Allgemeinheit immer eine Entscheidung eines Gerichtes erforderlich ist.[188] Es kommt darauf an, den natürlichen Willen zu beurteilen. Die Wahl der günstigeren von zwei Alternativen reicht als Freiwilligkeit. Die **Einverständniserklärung** des Betroffenen beseitigt den Zwang.[189] Patienten, die freiwillig in der Psychiatrie sind, schließen einen Behandlungsvertrag nach § 630 a ff. BGB, nach dessen Regeln bei Freiwilligkeit vorzugehen ist. Soweit die unfreiwillige Unterbringung nicht durch Betreuende veranlasst wird oder veranlasst werden sollte, erfolgt sie aufgrund der Psychisch-Krankengesetze der Länder.[190]

**Eine Unterbringung nach PsychKG hat sechs Voraussetzungen:**

1. Eine psychische Krankheit oder in ihren Auswirkungen vergleichbare psychische Störung oder Suchterkrankung. Eine geistige Behinderung reicht nicht aus.
2. Die Krankheit beeinflusst die Fähigkeit der freien Willensbildung.
3. Es liegt eine erhebliche gegenwärtige Gefahr vor, also ein schädigendes Ereignis ist jederzeit mit hoher Wahrscheinlichkeit zu erwarten.
4. Die Gefahr muss durch krankheitsbedingtes Verhalten verursacht sein.
5. Mit dem Schaden ist mit hoher Wahrscheinlichkeit zu rechnen.
6. Unterbringung ist erforderlich: Die Gefahr kann nicht anders abgewendet werden.

Grund für eine Unterbringung in einer Psychiatrie ist nach allen Psychisch-Krankengesetzen eine konkrete **Selbst- oder Fremdgefahr**. Entscheidend ist daher die auf den Einzelfall bezogene **Gefährlichkeitsprognose**. Der Schluss aus einer psychischen Krankheit auf Selbstgefährlichkeit ist ggf. ein Prognosekriterium, bei Fremdgefahr jedoch nicht ausreichend.[191] Für die Prognose werden Erfahrungssätze angegeben, die zu den Merkmalen und Lebensumständen der Betroffenen passen, um über einen Vergleich zu folgern, ob sich die betroffene Person so oder eben anders verhalten wird. Im Zweifel ist für die Freiheit zu entscheiden.[192]

Die Prognose ist juristisch zu beurteilen: Schäden und Nachteile ins Verhältnis zu setzen mit dem Freiheitsentzug und seiner Dauer. Belästigungen, Beschimpfungen, leichte Körperver-

188 Weitere Freiheitsentziehungen finden in Einrichtungen statt, wenn Bettgitter hochgestellt werden, die ein Verlassen des Bettes verhindern, oder Türen verschlossen werden und damit ein Verlassen der Station verhindert wird, z.B. bei Demenz mit einer Tendenz wegzulaufen. Auch hier ist jeweils eine richterliche Entscheidung erforderlich bzw. muss sie bei Gefahr in Verzug nachgeholt werden. Zum Richtervorbehalt bei 5- oder 7-Punkt-Fixierungen BVerfG NJW 2018, S. 2619; Marschner, R. u.a. 2019, Freiheitsentziehung und Unterbringung, S. 194–201. Engelfried, U. 2020, Unterbringungsrecht in der Praxis. 76.

189 Marschner, R. u.a. 2019, Freiheitsentziehung und Unterbringung, S. 116 f. Dann ist keine Zwangsbehandlung nach dem PsychKG möglich. Siehe auch Engelfried, U. 2020, Unterbringungsrecht in der Praxis, S. 80.

190 2015 wurden durchschnittlich 2,53 Volljährige je 1000 Einwohner untergebracht, wobei die Zahlen nach Bundesländern unterschiedlich ausfallen: 0,89 (Sachsen-Anhalt) bis 3,7 (Bayern). Davon nach Psych-KG: 0,21 (Sachsen) bis 2,58 (Schleswig-Holstein), nach Betreuungsrecht 0,55 (Brandenburg) bis 2,64 (Bayern). Marschner, R. u.a. 2019, Freiheitsentziehung und Unterbringung, S. 26.

191 Die Fremdgefährdungsquote psychisch-kranker Menschen liegt nur bei Schizophrenie 0,005 % höher als bei nicht psychisch-kranken Menschen, ist im Übrigen aber gleich hoch. Die Selbstgefährdung liegt bei Schizophrenie 100 Mal höher, bei psychotischen Depressionen 1000 bis 10.000 Mal höher. Marschner, R. u.a. 2019, Freiheitsentziehung und Unterbringung, S. 44.

192 BVerfG NJW 1983, S. 2617. Marschner erläutert die Prognosemethoden, a.a.O., S. 56–63.

letzungen und querulatorisches Verhalten genügen nicht als Gefahr, da sie keinen Eingriff in das Freiheitsgrundrecht rechtfertigen.[193] Bei Bedrohungen ist die Wahrscheinlichkeit einer Verwirklichung einzuschätzen. Fraglich ist, ob eine Gefahr für Eigentum und Vermögen Dritter unter besonderen Voraussetzungen ausnahmsweise ausreicht. Eine Verwahrlosung allein reicht nicht aus. Eine über die akute Krisenintervention bei Alkoholdelirium zur Entgiftung hinausgehende Entwöhnungstherapie bedarf der Zustimmung.[194]

Eine Unterbringung, die nicht dem wirklichen Willen des Beratenen entspricht, bedeutet im Kontext einer Beratung, die eigentlich auf dem Freiwilligkeitspostulat beruht, Zwang. Der Zwangsmoment stellt die Rollenverteilung der professionellen Beziehung, das Vertrauen des Beratenen und die Empathie und Strukturiertheit des Beratenden auf die Probe. Alternativen, die eine psychiatrische Versorgung ohne oder mit weniger Zwang ermöglichen, sind in der Praxis entscheidend.[195] Auch aus Gründen der rechtlich geforderten Verhältnismäßigkeit und aus der Perspektive einer personenzentrierten Versorgung sollte der Bedarf das Angebot bestimmen, z.B. auf die Problematik Betroffener spezialisierte Assistenzen und passende Wohnräume als betreutes Wohnen. Fehlt es hierzu an eigener fachlicher Erfahrung, muss eine Vernetzung mit psychosozialen Beratungsangeboten gesucht werden. Im multiprofessionellen Team ist zu klären, wer was veranlasst und wozu berät. Möglichst müssen Betroffene in ihrer Entscheidung unterstützt werden.

### *Beispiel*

*Bei der Beratung von Herrn W. (siehe oben Seite 295) müsste die Gefahr beurteilt werden, ob an Schizophrenie erkrankte Menschen in der Lebenssituation von W., wenn sie das von ihm an den Tag gelegte Verhalten aufzeigten, ihre Drohung, die Partnerin und sich selbst zu töten, umsetzen. Diese Prognose hat der sozialpsychiatrische Dienst zu treffen, einschließlich der Kausalität der Krankheit für beide Gefahren. Ferner muss er die Gegenwärtigkeit der Gefahr beurteilten: Ist die Tötung mit der Insulinspritze eine jederzeit möglicherweise eintretende Gefahr? Ferner, ob eine Unterbringung erforderlich ist. Alternativen wären z.B., dass aufgrund einer Rücksprache mit behandelnden Ärzten, wenn eine andere Medikation den schizophrenen Schub abwenden könnte. Die Beratung könnte Herrn W. unterstützen, seine psychischen Grundbedürfnisse zu klären. Vielleicht gibt es Stressoren wie zu wenig Einkommen für die gemeinsame Wohnung, für die Lösungen gefunden werden können, oder eine ambulante Behandlungsalternative. Das erhöht die Chancen, dass eine Zwangsunterbringung nicht erforderlich ist. Rechtlich gewendet: Eine Unterbringung ist dann nicht verhältnismäßig. Eine Zwangsbehandlung in der Psychiatrie setzt einen Versuch voraus, Herrn W. von einer Behandlung zu überzeugen, und muss*

193 Marschner, R. u.a. 2019, Freiheitsentziehung und Unterbringung, S. 129. BGH NJW 2012, 1448.
194 Marschner, R. u.a. 2019, Freiheitsentziehung und Unterbringung, S. 129–132.
195 Z.B. das Konzept des Werdenfelser Wegs, um Gewalt in der Pflege bei psychisch Kranken und alten Menschen zu minimieren: www.werdenfelser-weg-original.de.

*immer auf die Wiederherstellung der krankheitsbedingt aufgehobenen Einsichts- und Entscheidungsfähigkeit ausgerichtet sein.*[196]

**Zwangsbehandlungen** setzen einen ernsthaften, mit dem nötigen Zeitaufwand und ohne Druck erfolgten Versuch voraus, das Vertrauen und die Zustimmung des Betroffenen zu erreichen. Der Betroffene muss Gelegenheit haben, eine gerichtliche Entscheidung herbeizuführen, bevor vollendete Tatsachen geschaffen werden.[197] Zwangsbehandlungen sind im ambulanten Setting nicht vorgesehen, wegen der schwerwiegenden Eingriffe in das Selbstbestimmungsrecht.[198]

Für Notfälle gibt es die **sofortigen Unterbringungen** (auch genannt: fürsorgliche Aufnahme und Zurückhaltung oder **vorläufige Einweisung**). Sie sind durch die Gesundheits- oder Ordnungsbehörden oder die Polizei möglich[199] und auf akute Krisen- und Gefahrensituationen beschränkt, wenn eine einstweilige Anordnung der Unterbringung nicht rechtzeitig ergehen kann.[200]

Die gerichtlichen Bereitschaftsdienste sind i.d.R. von 6 bis 21 Uhr besetzt und es muss zunächst versucht werden, eine gerichtliche Entscheidung zu erlangen. Wird subsidiär die Polizei tätig, so gelten die allgemeinen Regeln zum Polizeigewahrsam ergänzend. Liegt am Ende des Folgetages kein Unterbringungsbeschluss vom Gericht vor, ist der Betroffene zu entlassen und ein weiteres Festhalten eine Freiheitsentziehung i.S. d. § 239 StGB.[201] Stellt sich während der Unterbringung heraus, dass die Voraussetzungen der sofortigen Unterbringung nicht vorliegen, hat das Krankenhaus umgehend zu entlassen.

Für den Antrag auf Anordnung der Unterbringung hat die Behörde zu beachten, dass Beratende und vor dem Gutachten oder Zeugnis bereits behandelnde Ärzte die Aussage verweigern können, den Datenschutz einhalten müssen und ggf. nach § 203 StGB zum Schweigen verpflichtet sind. Im **Unterbringungsverfahren** muss der Richter oder die Richterin den Betroffenen persönlich anhören und es muss ein **Sachverständigengutachten** zur Notwendigkeit und Dauer der Unterbringungsmaßnahme eingeholt werden,

196 BVerfG in: BtPrax 2011, S. 112. Alternativen sind z.B. familiäre Stationen wie Soterias oder eine stationsäquivalente Versorgung im Feld durch Kliniken. Nach § 37a SGB V kommt ferner eine Soziotherapie in Frage als Alternative zum Krankenhausaufenthalt. Patientinnen und Patienten können beispielsweise motiviert werden, Medikamente zu nehmen oder zur Therapie zu gehen.

197 Marschner, R. u.a. 2019, Freiheitsentziehung und Unterbringung, S. 161 ff. mit Verweis auf die jeweiligen Ländergesetze. Keine Zwangsbehandlung erlaubt sei aufgrund Art. 12 UN-BRK vertreten Aichele, V./ Bernstroff, v. J., Das Menschenrecht auf gleiche Anerkennung vor dem Recht in: BtPrax 2010, S. 199. Zur Entwicklung der Zwangsbehandlung: Engelfried, U., 2020, Unterbringungsrecht in der Praxis, S. 50 ff.

198 § 1906a Abs. 1 Nr. 7 BGB. Vgl. Deutscher Ethikrat, Hilfe durch Zwang? Professionelle Sorgebeziehungen im Spannungsfeld von Wohl und Selbstbestimmung, 1.11.2018. Allerdings können ambulante Settings z.B. in der Eingliederungshilfe als Zwang erlebt werden. Siehe dazu Kapitel 14.4.

199 In Baden-Württemberg, Bayern, Berlin, Brandenburg, Bremen und Sachsen kann das Unterbringungskrankenhaus über die sofortige Unterbringung des bereits sich dort aufhaltenden Betroffenen entscheiden.

200 § 331 ff. FamFG. Marschner, R. u.a. 2019, Freiheitsentziehung und Unterbringung, S. 111 f.

201 Marschner, R. u.a. 2019, Freiheitsentziehung und Unterbringung, S. 112 ff., auch zu den Unterschieden im Einzelnen in den Bundesländern.

§ 319, 321 FamFG. Unterbringungen sind für die Dauer von einem Jahr möglich, in Ausnahmen bis zu 4 Jahre.[202]

***Rechtliche Betreuung und PsychKG auf einen Blick***

1. Die rechtliche Betreuung unterstützt Menschen, die aufgrund von Krankheit oder Behinderung ihre eigenen Angelegenheiten zumindest teilweise nicht mehr erledigen können. Bei der Unterstützung hat sich die betreuende Person am Willen der betreuten Person zu orientieren.
2. Die Vorsorgevollmacht ist eine Alternative zur rechtlichen Betreuung mit Vor- und Nachteilen.
3. Wer freiwillig in die Psychiatrie geht oder bleibt, schließt einen Behandlungsvertrag, dessen Regeln dann gelten. Ohne den Willen des Betroffenen handelt es sich um eine Unterbringung. Voraussetzung für diese Zwangsunterbringung ist, dass der Betroffene seinen Willen nicht frei bilden kann. Nur dann können rechtlich Betreuende oder sozialpsychiatrische Dienste beim Gericht beantragen, die Person unterzubringen oder zwangsbehandeln zu lassen, wenn eine Gefahr von ihr ausgeht.
4. Die Verhältnismäßigkeit hängt entscheidend von milderen Mitteln ab. Annehmbare Alternativen zu entwickeln, ist rechtlich geboten und oft die beste Unterstützung für psychisch kranke Menschen.

## 14.4 Menschen mit Behinderungen beraten

Behinderungen sind vielfältig, von Sehbehinderungen und rollstuhlfahrenden Menschen über suchtkranke und geistig behinderte Menschen bis hin zu Beeinträchtigungen durch Diabetes wegen einer entfernten Bauchspeicheldrüse. Durch personenzentrierte Maßnahmen ermöglicht das Recht der Rehabilitation und Teilhabe behinderter Menschen unterschiedlichste Wege der Inklusion. Zudem gehen mit Behinderungen unterschiedliche weitere Problemlagen einher, sei es, dass in einigen Fällen die Geschäftsfähigkeit fehlt oder existenzsichernden Leistungen notwendig sind angesichts niedriger Einkommen. Insgesamt handelt es sich um ein komplexes Rechtsgebiet mit vielen Akteuren, in dem manche Betroffene zu Experten ihrer Lebenslage und ihrer Rechte werden.

202 Engelfried, U. 2020, Unterbringungsrecht in der Praxis, S. 41, 103; Marschner, R. u.a. 2019, Freiheitsentziehung und Unterbringung, S. 326 f., 336 f. und 346 f. Bei ärztlichen Zwangsmaßnahmen ist i.d.R. eine verfahrenspflegende Person für den Betroffenen vom Gericht zu bestellen, § 317 FamFG. Ausnahmen von der Anhörung bei der eiligen einstweiligen Anordnung nach § 332 FamFG sind nur in seltenen Fällen denkbar.

***Dieser Abschnitt beantwortet folgende Fragen:***

- Was bedeutete die BTHG-Reform für die Beratung von Menschen mit Behinderung?
- Was macht die Ergänzende unabhängige Teilhabeberatung (EUTB) aus?
- Wie wird das Wunsch- und Wahlrecht der Menschen mit Behinderung mit dem Wirtschaftlichkeitsgebot ausbalanciert?
- Welche Beratung ist im Gesamt- und Teilhabeplanverfahren sinnvoll?

## 14.4.1 Mit dem BTHG zum aktuellen SGB IX

Das Bundesteilhabegesetz (BTHG) hat in mehreren Reformstufen das Recht der Behinderungen an die UN-Behindertenrechtskonvention (UN-BRK) angepasst.[203] Dass Menschen von der Gesellschaft behindert werden zusätzlich dazu, dass sie über eine gewisse Dauer eine Behinderung selbst haben, ist jetzt in der gesetzlichen Definition verankert:

***Definition***

*Nach § 2 Abs. 1 SGB IX sind Menschen mit **Behinderung***

*… Menschen, die körperliche, seelische, geistige oder Sinnesbeeinträchtigungen haben, die sie in Wechselwirkung mit einstellungs- und umweltbedingten Barrieren an der gleichberechtigten Teilhabe an der Gesellschaft mit hoher Wahrscheinlichkeit länger als sechs Monate hindern können.*

Das SGB IX ist in drei Teile geteilt: Schwerbehindertenrecht, Rehabilitation und Eingliederungshilfe.

Der Nachteilsausgleich für **Schwerbehinderte,** z.B. mit Parkplätzen und Schwerbehindertenvertretungen in Betrieben, wurde weiterentwickelt. Neben den Werkstätten für Menschen mit Behinderungen wurde das Budget für Arbeit[204] erhöht, um Alternativen „anderer Leistungsanbieter" erweitert; in der Praxis ist das betriebliche Eingliederungsmanagement entscheidend. Ca. 6 % der Bevölkerung im Alter von 15 bis 64 Jahren sind mit einem Grad von 50 % schwerbehindert. Ihnen eröffnen die Leistungen zur **Teilhabe am Arbeitsleben** mehr Chancen.[205]

203 Einen guten Überblick über den Umsetzungsstand, Material und Diskussionsforen bietet die Internetseite www.umsetzungsbegleitung-bthg.de (29.9.2022). Das Projekt ist vom Bundesministerium für Arbeit und Soziales finanziert. Träger ist der Deutsche Verein für öffentliche und private Fürsorge e.V.

204 § 61 SGB IX setzt keine 100%-Schwerbehinderung voraus. Es ermöglicht Werkstattfähigen sozialversicherte Arbeit. Arbeitgebende erhielten 2019 bis zu 1276 € Zuschuss als Ermessensleistung.

205 Flüter-Hoffmann, C./Kurtenacker, A. 2020, Personalkompass Inklusion, S. 6. Zu Arbeitsleben und Behinderung vgl. das Internetportal von REHADAT: www.talentplus.de. Rechtlich umstritten ist häufig der Grad der Schwerbehinderung. Verordnung zur Durchführung des § 1 Abs. 1 und 3, des § 30 Abs. 1 und des § 35 Abs. 1 des Bundesversorgungsgesetzes (Versorgungsmedizin-Verordnung – VersMedV) mit der GdB-Tabelle.

Leistungen zur **Rehabilitation** und Teilhabe sollen den durch Krankheit und Behinderung eingeschränkten Menschen ein möglichst eigenständiges Leben im Alltag, in der Freizeit und im Beruf ermöglichen.

Rehabilitation ist die Förderung und Unterstützung bei der Bewältigung der Krankheitsfolgen und die Befähigung zur Inanspruchnahme notwendiger Hilfen, das Erproben alltagspraktischer kommunikativer, sozialer und beruflicher Fertigkeiten, Belastungserprobung, Berufsanpassung. Im Rehabilitationsrecht wurde eine Bedarfsermittlung anhand eines Instrumentes, das auf dem bio-psycho-sozialen Modell der WHO beruht, festgeschrieben. Leistungsberechtigte stehen hier mit ihrer Teilhabe an den neun Lebensbereichen nach dem ICF im Mittelpunkt.[206]

Die **Eingliederungshilfe** ist seit 1.1.2020 nicht mehr im SGB XII, sondern im SGB IX geregelt und nur noch in geringem Umfang einkommens- und vermögensabhängig.[207] Beratung steht kostenfrei zur Verfügung, s.u.14.4.2. Ab 2023 wird nach der neuen Regelung individuell der Bedarf bestimmt anhand der von den Ländern eingeführten ICF-basierten **Bedarfsermittlungsinstrumente**.[208] Aus bis zu neun Lebensbereichen müssen nicht nur vorübergehend Aktivität und Teilhabe beeinträchtigt sein.[209]

---

206 Bundesarbeitsgemeinschaft für Rehabilitation e.V. (BAR) (Hg.) 2021, Bundesteilhabegesetz kompakt „Bedarfsermittlung". Auf dem Portal bar-frankfurt.de (29.3.2022) werden aktuelle Arbeitshilfen veröffentlicht, z.B. BAR (Hg.) 2020, Arbeitshilfe Rehabilitation und Teilhabe psychisch erkrankter und beeinträchtigter Menschen.

207 Viele Leistungen sind kostenfrei, § 138 SGB IX. Für Eingliederungshilfe im Übrigen ist ein Schonvermögen von ca. 60.000 € vorgesehen und das Vermögen des Partners wird nicht berücksichtigt. Je nach Einkommensart wird ab einem Mindesteinkommen von 23.688 bis ca. 33.000 € bei einer alleinstehenden Person angerechnet. Ein Beitrag ist von Unterhaltsverpflichteten bei Bezug von Lebensunterhalt nach SGB XII nur zu leisten, wenn das Jahreseinkommen über 100.000 € brutto liegt. Die Lebenshilfe vertritt, dass dies auch für Jugendhilfeeinrichtungen gelten müsse, § 142 SGB IX. Lebenshilfe o.J., Recht der Eingliederungshilfe – Änderungen durch das Bundesteilhabegesetz.

208 Auf die bisher in der Eingliederungshilfe-Verordnung (EGH-VO) vorgesehenen Konkretisierungen von körperlichen (z.B. Lähmung), geistigen (z.B. Downsyndrom), seelischen (z.B. Suchterkrankungen) Behinderungen wird aktuell noch verwiesen in§ 99 SGB IX. Vgl. zu den Ländergesetzen und Bedarfsermittlungsinstrumenten: https://umsetzungsbegleitung-bthg.de/gesetz/umsetzung-laender/ (15.7.22). Vgl. dort zum Beispiel das Bedarfsermittlungsinstrument Baden-Württemberg, BEI-BW, das in einem Dialog- und Erhebungsbogen die Lebenssituation und -vorstellungen, die Aktivitäten und Teilhabe in den 9 Lebensbereichen, Umweltfaktoren, wozu auch technische Hilfsmittel zählen, besondere Personenfaktoren und die gesundheitliche Situation nach ICD 10 und ICF erhebt. Ein Ergebnisbogen hält „Meine Ziele" im Hinblick auf die 9 Lebensbereiche fest und fasst „Meine Bedarfe" zusammen. Gute Checklisten sind auf lebenshilfe.de (28.8.2021) zu finden.

209 Die Regelung „5 aus 9" Lebensbereichen ist nicht mehr vorgesehen. Ausreichend ist ab 2023 eine „größere oder geringere Anzahl" nach § 99 Abs. 1, Abs. 4 SGB IX (Art. 25a BTHG), die durch eine Rechtsverordnung näher bestimmt werden soll, wenn die Ergebnisse der modellhaften Erprobung im Jahr 2022 nach Art. 25 Abs. 5 BTHG vorliegen. Ergänzend wird ein qualitatives Kriterium für die erhebliche Teilhabeeinschränkung beschrieben: Ggf. ist nach Satz 3 ein geringeres Ausmaß der jeweiligen Einschränkung für die Leistungsberechtigung ausreichend und können Einschränkungen in nur wenigen Lebensbereichen ausreichen, wenn die jeweilige Einschränkung ein hohes Ausmaß hat. Schell, H. 2019, SGB IX § 99 Leistungsberechtigter Personenkreis, Kommentar.

## *Praxishinweis*

 *Die neun **Lebensbereiche** nach § 118 SGB IX sind:*

1. *Lernen und Wissensanwendung,*
2. *allgemeine Aufgaben und Anforderungen,*
3. *Kommunikation,*
4. *Mobilität,*
5. *Selbstversorgung,*
6. *häusliches Leben,*
7. *interpersonelle Interaktionen und Beziehungen,*
8. *bedeutende Lebensbereiche und*
9. *Gemeinschaftsleben, soziales und staatsbürgerliches Leben.*

Die **Personenzentrierung** der Leistungen wurde durch das BTHG geschärft. Das schlägt sich im Begriff **Assistenz** in § 78 SGB IX nieder, der Leistungen für die allgemeinen Erledigungen des Alltags wie die Haushaltsführung, die Gestaltung sozialer Beziehungen einschließlich der Elternschaft (Elternassistenz und begleitete Elternschaft), die persönliche Lebensplanung, die Teilhabe am gemeinschaftlichen und kulturellen Leben, die Freizeitgestaltung einschließlich sportlicher Aktivitäten sowie die Sicherstellung der Wirksamkeit der ärztlichen und ärztlich verordneten Leistungen umfasst. Der Begriff Assistenz verdeutlicht, dass die Leistung vom Menschen mit Behinderung bestimmt wird.[210] Die Selbstbestimmung ist ferner Basis von Gesamt- oder Teilhabeplan (siehe unten 14.4.3) und geht einher mit dem **Wunsch- und Wahlrecht**,[211] z.B. bei der Auswahl der Assistenzgebenden und der Unterordnung des/der Assistenzgebenden im Alltag des Menschen mit Behinderung. Die für die Selbstbestimmung notwendigen Kompetenzen auf beiden Seiten müssen bei der Entscheidung beachtet werden, ob Assistenz über das Arbeitgebermodell, in dem der Mensch mit Behinderung den Assistenzgebenden anstellt, oder ob sie z.B. in einer Einrichtung erbracht wird.[212] Die Personenzentrierung muss in der Praxis in den Gesamt- und Teilhabeplanverfahren umgesetzt werden.

---

210 § 76 Abs. 2 Satz 1 betont: Die Leistungsberechtigten entscheiden auf der Grundlage des Teilhabeplans nach § 19 über die konkrete Gestaltung der Leistungen hinsichtlich Ablauf, Ort und Zeitpunkt der Inanspruchnahme. Der Begriff des „betreuten Wohnens" wurde ersetzt durch die Assistenz und Leistungen für Wohnraum, § 77 und § 78 SGB IX. Laut der Amtlichen Begründung zu § 78 SGB IX sollen die Leistungen nicht gegenüber dem Leistungsniveau vor der BTHG-Reform ausgeweitet werden, BT-Drs. 18/9522, S. 261.

211 § 8 SGB IX: (1) Bei der Entscheidung über die Leistungen und bei der Ausführung der Leistungen zur Teilhabe wird berechtigten Wünschen der Leistungsberechtigten entsprochen. Dabei wird auch auf die persönliche Lebenssituation, das Alter, das Geschlecht, die Familie sowie die religiösen und weltanschaulichen Bedürfnisse der Leistungsberechtigten Rücksicht genommen; ... (4) Die Leistungen zur Teilhabe bedürfen der Zustimmung der Leistungsberechtigten.

212 Zur Kritik an prekären Arbeitsbedingungen von Assistenzgebenden und den Unterschieden zwischen kompensatorischer und qualifizierter Assistenz, Rößler, C. 31.1.2019 „Einfache" vs. „qualifizierte" Assistenz.

Die Beratung von Menschen mit Behinderungen **in Einrichtungen** ist sozialleistungsrechtlich komplexer geworden, da das BTHG Leistungen für den Lebensunterhalt und Fachleistung getrennt hat. Aus dem SGB IX werden die Fachleistungen, z.B. die Assistenz, finanziert. Für den Lebensunterhalt, also z.B. Wohnen und Essen, ist nun regelmäßig auf die Grundsicherung im Alter und, bei Erwerbsminderung, auf das SGB XII vom Sozialamt zurückzugreifen.[213] Inwieweit die Leistungen trotzdem „wie aus einer Hand", wie es von der Gesetzgebung angedacht war, umgesetzt werden, zeigt sich gerade erst. Neue Hürden können z.B. Girokonten oder für Verwaltungsprozesse verlangte rechtliche Betreuungen sein.

## 14.4.2 Teilhabeberatung, behördliche und unabhängige

Menschen mit Behinderung haben einen erhöhten Beratungsbedarf hinsichtlich der für sie relevanten medizinischen und alltagspraktischen Fragen und Sozialleistungen. Dieser Beratungsbedarf ist einerseits von den zuständigen Behörden zu decken und wird andererseits durch Behinderten- und Sozialverbände gedeckt, wie z.B. den Sozialverband VdK oder die Lebenshilfe, und durch Leistungserbringer wie Vereine für betreutes Wohnen oder Werkstätten für Menschen mit Behinderung oder durch allgemeine Sozialberatungen. Im Folgenden wird der sozialrechtliche Beratungsanspruch gegenüber den Behörden und die mit dem BTHG neu eingeführte von Leistungserbringenden und Behörden unabhängige Beratung vorgestellt.

### Beratung im SGB IX

Zunächst haben alle Reha-Träger, Jobcenter, Integrationsämter und Pflegekassen **Ansprechstellen** eingerichtet, die auf www.ansprechstellen.de (Abruf am 29.3.2022) verzeichnet sind mit Telefonnummer, Ansprechpartner und Öffnungszeiten. Sie haben Informationsangebote vorzuhalten für Leistungsberechtigte, Arbeitgebende und dienen der Vernetzung der Träger.[214]

Neben dem allgemeinen Auskunfts- und Informationsanspruch gegenüber allen Sozialbehörden kommt hinzu, dass junge Menschen mit Behinderung z.B. von ihren Eltern Beratungsstellen vorgestellt werden sollen und medizinisches und pädagogisches Personal auf Beratungsstellen hinweisen soll.[215] Nach § 14 SGB I sind alle Rehabilitationsträger zur Beratung verpflichtet. Sie müssen aufzeigen, welche Leistungen unter Berücksichtigung der individuellen Beeinträchtigungen der Aktivitäten und/oder Teilhabe in Betracht kommen

213 Deutscher Verein (2018), Empfehlungen des Deutschen Vereins zur Trennung der Fachleistungen von den Leistungen zur Existenzsicherung im Bereich der Wohnformen nach § 42a Abs. 2 Satz 1 Nr. 2 SGB XII n.F. gemäß dem Bundesteilhabegesetz vom 12.9.2018.

214 § 12 SGB IX. Die zuvor eingerichteten gemeinsamen Servicestellen wurden negativ evaluiert und abgeschafft. Bundesministerium für Arbeit und Soziales (BMAS) (Hg.) 2009, Behindertenbericht der Bundesregierung, Berichte über die Gemeinsamen Servicestellen für Rehabilitation nach § 24 Abs. 2 SGB IX der Bundesarbeitsgemeinschaft für Rehabilitation (BAR). Für zugleich pflegebedürftige Menschen mit Behinderung bestehen zudem die Pflegestützpunkte als Beratungsstruktur. BAR (Hg.) 2015, Trägerübergreifende Beratungsstandards Handlungsempfehlungen zur Sicherstellung guter Beratung in der Rehabilitation.

215 § 33, § 34 SGB IX. Allgemeiner Anspruch nach § 13 und § 15 SGB I gegenüber allen Sozialbehörden.

(einschließlich der Leistungen anderer Träger) und welcher Rehabilitationsträger bzw. welches Integrationsamt oder Jobcenter zuständig ist. Letztlich ist der gesamte **Reha-Prozess** als Kommunikationsprozess ausgestaltet, in dem es auf Information und Beratung des Antragstellenden ankommt, weil gerade dadurch die Planung selbstbestimmt durch den Menschen mit Behinderung stattfinden kann.[216]

In der **Eingliederungshilfe** wurde der Anspruch auf Beratung und Unterstützung in § 106 SGB IX konkretisiert. Anspruch auf kostenfreie Beratung haben auch Personen, die wegen hohen Einkommens oder Vermögens ihre Eingliederungshilfe selbst zahlen.[217] Es sind auch Beratung zu Verwaltungsabläufen, alternativen Beratungsangeboten und Budgetberatung umfasst. Hinweise zu den Leistungserbringern vor Ort und auf die EUTB haben zu erfolgen. Hinzu kommt die für die Beratung erforderliche **Unterstützung,** z.B. bei der Antragstellung und Mitwirkung. Der Zugang zu den Leistungen soll effektiv geöffnet werden, weshalb Hilfen zur Verständigung und zur Kommunikation mitumfasst sind. Effektive Beratung und Unterstützung vermeidet rechtliche Betreuungen.[218]

### *Definition*

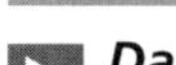

***Das ist ergänzende unabhängige Teilhabeberatung (EUTB):***

1. *Die EUTB ist unabhängig von Leistungsträgern (z.B. Teilhabe- und Sozialamt) und Leistungserbringern (z.B. Reha-Einrichtung).*
2. *Die Beratenden sind Peers der Beratenen: Menschen mit Behinderung oder Angehörige.*
3. *Die Qualität der Beratung wird durch Basisqualifikationen und Weiterbildungen bundesweit gesichert.*
4. *Die EUTB berät zu allen Fragen der Teilhabe von Assistenz bis Zuständigkeit.*

Giraud und Pensdorf zweifeln daran, dass die Beratungsqualität durch eine Doppelstruktur in der Beratung steigt.[219] EUTB eröffnen eine behördenunabhängige Struktur, die geeignet ist, einen Ausgleich der strukturellen Defizite einer Beratung als administrative Macht zu bieten. Gerade durch den Peer-Ansatz ist die Beratung von Grunde auf anders aufgestellt und entfaltet daher das sinnvolle Potenzial.[220] Die EUTB wird begleitet von einer Fachstelle, die auf teilhabeberatung.de (Abruf am 29.3.2022) ein Verzeichnis und eine App anbietet.

---

216 BAR (Hg.) 2019, Reha-Prozess – Gemeinsame Empfehlung, §§ 16–17, § 49, § 50 BGH v. 2.8.2018 – III ZR 466/16. Amtshaftung des Sozialamts wegen verletzter Beratungspflicht nach § 14 SGB I bei erkennbarem rentenversicherungsrechtlichem Anspruch.

217 Sobota, R. o.J., Mitwirkungspflichten. Eigenbeiträge für Leistungen u.a. der medizinischen Rehabilitation und Teilhabe am Arbeitsleben, Bildung werden nach § 138 SGB IX nicht erhoben.

218 Die Trennung von Fach- und Lebensunterhaltsleistungen in Einrichtungen stellt neue Hürden auf, die durch gute Verwaltungspraxis aufzufangen sind. Siehe den Absatz unten zum Verfahren (Kapitel 14.4.3.3) und das Kapitel 14.3 zur rechtlichen Betreuung.

219 Giraud, B./Pensdorf, C. 2018, Beraten im Reha-Prozess, S. 36–44.

220 2020 meldeten 98 % der Feedback gebenden Beratenen, dass sie die Beratung weiterempfehlen würden. Evaluation: Fachstelle EUTB 2021, Im dritten Jahr in Folge zufriedene Ratsuchende in EUTB®-Angeboten, vorletzte Zeile. Ein Beschwerde- und Ombudsstelle wie in der Jugendhilfe ist noch nicht gesetzlich vorgesehen.

### 14.4.3 Zuständigkeit, Antrag und Verfahren

Zum Reha-Prozess einschließlich der Eingliederungshilfe bietet sich diese Übersicht an:[221]

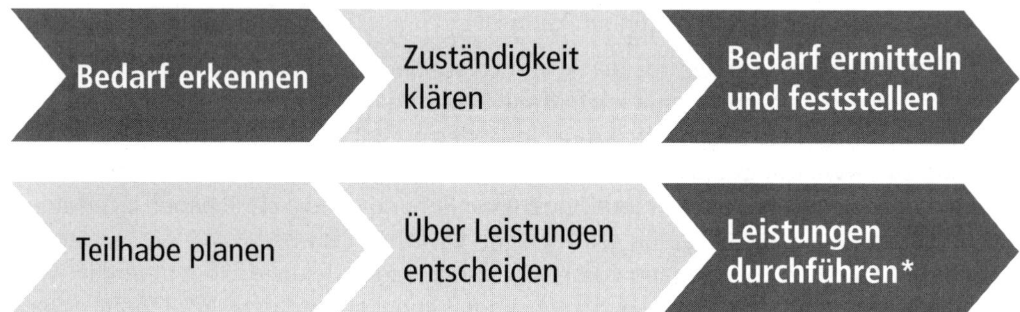


Abbildung 3
** Aktivitäten zum/nach Ende der Leistungen*

#### 14.4.3.1 Zuständigkeit

Leistungen sollen „wie aus einer Hand" gewährt werden, sind jedoch auf unterschiedliche Träger verteilt.[222]

**Tabelle: Leistungsgruppen und zuständige Träger**

| | **Leistungsgruppen** | | | | |
|---|---|---|---|---|---|
| **Rehabilitationsträger** | **medizinische Reha** | **Teilhabe am Arbeitsleben** | **Unterhalt sichern** | **Teilhabe an Bildung** | **Soziale Teilhabe** |
| Träger der gesetzlichen Krankenversicherung | X | | X | | |
| Bundesagentur für Arbeit | | X | X | | |
| Träger der gesetzlichen Unfallversicherung | X | X | X | X | X |
| Träger der gesetzlichen Rentenversicherung | X | X | X | | |

221 Die Übersicht wurde von der BAR entwickelt. Anhand der Phasen können thematisch mit Rechtsgrundlagen belegte Informationen durchsucht werden auf dem Onlineportal: www.bar-frankfurt.de/themen/gemeinsame-empfehlungen/faq-gemeinsame-empfehlung-reha-prozess-ge-rp.html (28.9.2022). Dort findet sich auch die folgende Darstellung der Phasen des Reha-Prozesses.

222 In einem Modellprojekt sollen Fallmanagende bei der Rentenversicherung die „Koordination individueller Teilhabe – Bedarfsermittlung und Leistungserbringung wie aus einer Hand" gewährleisten, www.rehadat-forschung.de/projekte/aktuelle-projekte/index.html?reloaded&sort=abschluss_final_for+desc&page=3&mode=detail&listtitle= (28.9.2022).

| Rehabilitationsträger | Leistungsgruppen | | | | |
|---|---|---|---|---|---|
| | **medizinische Reha** | **Teilhabe am Arbeitsleben** | **Unterhalt sichern** | **Teilhabe an Bildung** | **Soziale Teilhabe** |
| Alterssicherung der Landwirte | X | | X | | |
| Träger der Kriegsopferversorgung | X | X | X | X | X |
| Träger der öffentlichen Jugendhilfe | X | X | | X | X |
| Träger der Eingliederungshilfe[223] | X | X | | X | X |
| Integrationsämter | | X | | | |

Die Zuständigkeiten sind von **Abgrenzungsfragen** zwischen den verschiedenen Leistungen bestimmt. Es ist z.B. zu klären, ob ein Arbeitsunfall Grund der Behinderung ist, um zu entscheiden, ob die Unfallversicherung zuständig ist oder das Jugendamt, weil der Mensch mit Behinderung unter 18 Jahre alt ist. Besonders komplex ist die Abgrenzung von Eingliederungshilfe und Pflegeleistungen, weil ihre Leistungen sich überschneiden, z.B. bei der Haushaltsführung, pflegerischen Betreuungsmaßnahmen und bei der Unterstützung des Alltags im häuslichen Umfeld. Es ist in Fällen der Überschneidung eine Abstimmung der Träger nach § 13 Abs. 4 SGB XI vorgesehen. Wird ein Bedarf bereits durch Leistungen der Pflegeversicherung gedeckt, ist die Bewilligung von Leistungen der Eingliederungshilfe für denselben Bedarf nicht möglich. Reichen Pflegeversicherungsleistungen nicht aus, so kommt nachrangige Hilfe zur Pflege gem. §§ 61–66a SGB XII in Frage.[224]

Zuständigkeitsfragen wirken sich seit 2020 aufgrund der neuen Fristenregelung weniger gravierend auf die Antragstellenden aus. Die Behörden müssen Zuständigkeitsfragen zügig untereinander klären und den Antrag entsprechend weiterleiten.

223 Die Träger der Eingliederungshilfe sind landesrechtlich geregelt, z.B. laut Berliner Teilhabegesetz (Bln TG) vom 25.9.2019 die Teilhabefachdienste im Amt für Soziales in den jeweiligen Bezirksämtern bzw. Jugendämtern. Für Persönliche Assistenz und Leistungen außerhalb Berlins ist das Landesamt für Gesundheit und Soziales zuständig.

224 Tritt die Behinderung vor Erreichen der Regelaltersgrenze ein, umfasst die Eingliederungshilfe auch Leistungen der Hilfe zur Pflege, soweit nicht die vorrangigen Leistungen der Pflegeversicherung den Bedarf decken. Dies gilt aber nur für den ambulanten Bereich und wenn die Teilhabeziele nach Maßgabe des Gesamtplanes erreicht werden können, § 103 Abs. 2 SGB IX. In besonderen Wohnformen bleibt es bei der Abgeltung über die Pauschalen nach § 43a, § 103 Abs. 1 SGB IX. BAGüS 2021, Orientierungshilfe zu den Leistungen zur Sozialen Teilhabe in der Eingliederungshilfe. §§ 113 bis 116 i.V.m. §§ 77 bis 84 SGB IX, S. 6, 11 ff., www.lwl.org/spur-download/bag/Orientierungshilfe_Soziale_Teilhabe_Stand_Januar_2021_final.pdf (28.9.2022). BAGüS 2018, Empfehlung des GKV-Spitzenverbandes und der Bundesarbeitsgemeinschaft der überörtlichen Träger der Sozialhilfe gemäß § 13 Absatz 4 Satz 5 SGB XI.

### 14.4.3.2 Antrag

Auf Leistungen der Eingliederungshilfe und Rehabilitation muss meist ein formloser Antrag gestellt werden. Die antragstellende Person muss erkennbar und das Begehren konkretisierbar sein und sich auf Teilhabeleistungen beziehen. Dass noch zum Bedarf ermittelt werden muss, z.B. ärztliche Unterlagen einzuholen sind, ändert nichts an der Wirksamkeit des Antragseingangs.[225]

### 14.4.3.3 Verfahren

Für den Umgang mit den Fristen ist es entscheidend, den Antragszeitpunkt festzuhalten. Wurde nicht innerhalb der **Frist** von zwei Wochen an eine andere Behörde abgegeben, so ist die erstangegangene Behörde zuständig und kann im Wege der Erstattung die verauslagten Gelder von der eigentlich zuständigen Behörde erhalten. Für den Träger, an den weitergeleitet wurde, gelten die Fristen ab Antragseingang durch die Weiterleitung der erstangegangenen Behörde. Folgende Fristenregelungen wurden für die Leistungsentscheidungen eingeführt:[226]

**Übersicht: Fristenregelungen**

| Abhängig von der Erforderlichkeit von Gutachten (G), Trägerbeteiligung und Verfahrensart | § im SGB IX | Frist |
|---|---|---|
| G. nicht erforderlich, ohne andere Reha-Träger | § 14 Abs. 2, Abs. 4 | 3 Wochen ab Antragseingang |
| Mit G., ohne andere Reha-Träger einschließlich Gesamtplanung | § 14 Abs. 2, § 17 | Auftrag für G. unverzüglich je 2 Wochen für Erstellen des G. u. Entscheiden danach |
| Mit/ohne G. mit anderen Reha-Trägern ohne Teilhabekonferenz, einschließlich Teilhabeplanung | § 15 Abs. 4 | 6 Wochen |
| Wie oben, aber mit Teilhabekonferenz | § 15 Abs. 4 | 2 Monate |

Entscheidungen können sich in der Praxis zusätzlich verzögern, wenn Ermittlungen zum Sachverhalt länger dauern oder Unterlagen fehlen. Allerdings kann es zum Versagen der Leistung nach § 66 SGB I führen, wenn nach schriftlicher Fristsetzung nicht mitgewirkt wird. Beratung und Unterstützung bei der Mitwirkung nach § 14 SGB I und § 106 SGB IX durch die Behörden können unnötige Längen verhindern.

225 § 9 SGB X zur Formfreiheit. Wenn kein Antrag erforderlich ist, wie z.B. bei der Unfallversicherung und der Jugendhilfe, gelten die Regelungen entsprechend ab Kenntnis vom Reha-Bedarf nach § 14 Abs. 4 SGB IX. Der Antrag sollte aus Beweisgründen schriftlich oder unter Zeugen erfolgen. Vgl. § 19 Abs. 2 Reha-Prozess-GE. Nach § 12 SGB IX haben die Reha-Träger zudem auf eine Antragstellung hinzuwirken und es kommt eine Haftung der Träger bei Verletzung dieser Pflicht im Rahmen des sozialrechtlichen Herstellungsanspruchs (Kapitel 10.4) in Frage.

226 Der vom BAR eingerichtete Online-Fristenrechner: www.reha-fristenrechner.de (28.9.2022).

Ein **Teilhabeplan** wird erstellt mit einer **Teilhabeplankonferenz,** z.B. wenn mehrere Träger beteiligt sind. Sind Eingliederungshilfen vorgesehen, hat der EGH-Träger zudem einen Gesamtplan zu erstellen.[227] In der Jugendhilfe ist zudem für Jugendhilfeleistungen ein Hilfeplan erforderlich.[228] In dem Verfahren kann der Antragstellende sowohl bei der Bedarfsfeststellung als auch im Planverfahren jederzeit sich durch eine Person seines Vertrauens **begleiten** lassen und können Bevollmächtigte und Beistände nach §§ 12 u. 13 SGB X teilnehmen. Das könnten z.B. rechtlich Betreuende, Familienangehörige, Mitarbeitende von Leistungserbringern, Beratende oder Freunde sein.[229] Der Teilhabeplan ist noch nicht der über die Leistung entscheidende Verwaltungsakt.[230]

Für die erforderliche **Einzelfallentscheidung** regelt § 104 SGB IX für die Eingliederungshilfe den Prüfungsmaßstab:

1. Zunächst muss die Eingliederungshilfe den Bedarf decken.
2. Leistungen, die miteinander verglichen werden sollen, müssen zumutbar sein.[231]
3. Die gewünschte Leistung darf nicht unverhältnismäßig viel kosten.

Prägend ist somit die Bedarfsfeststellung. Unverhältnismäßige Kosten ist ein unbestimmter Rechtsbegriff, der von der Verwaltung und im Streitfall von den Sozialgerichten ausgelegt wird. In der Regel wurden von den Gerichten Mehrkosten von 20–29 % als noch angemessen bewertet.[232]

227 § 19 bis § 23, § 117 ff. SGB IX. Vgl. BAGüS 2018, Empfehlung des GKV-Spitzenverbandes und der Bundesarbeitsgemeinschaft der überörtlichen Träger der Sozialhilfe gemäß § 13 Absatz 4 Satz 5 SGB XI. §§ 47–66 Reha-Prozess-GE. Ein Gesamtplan kann ausreichen, wenn nur der EGH-Träger beteiligt ist. Der Gesamtplan ist sozusagen das Minimum im Vergleich zum Teilhabeplan.

228 § 36 SGB VIII.

229 § 117 SGB IX § 59 Reha-Prozess-GE.

230 Erst gegen letzteren Leistungsbescheid kann man Widerspruch einlegen oder für eine eilige Entscheidung eine einstweilige Anordnung beim Sozialgericht beantragen.

231 Unzumutbar können z.B. besondere Wohnformen wie ein Heim sein, das von der Familie weit entfernt ist, wenn dadurch der Kontakt zur Familie so schwierig wird, dass Bedarfe des sozialen Kontaktes nicht mehr ausreichend gedeckt werden. Selbst wenn die näher gelegene WG mit ambulanter Versorgung unverhältnismäßig viel teurer ist, kann auf die unzumutbare Alternative nicht verwiesen werden. Kann in einer ambulanten Versorgung in einer WG eine Mobbingproblematik trotz Intervention nicht behoben werden, so könnte diese unzumutbar werden. Die Anforderungen an eine genaue Dokumentation des Mobbings und der Lösungsversuche sind hoch.

232 SG-Hildesheim vom 19.5.2010, Az: S 34 SO 212/07, zur Vorgängerregelung im SGB XII: Mehrkosten von 23 % bis 29 % können noch angemessen im Sinne des § 9 Abs. 2 S. 1 SGB XII sein. Beim Wechsel in ein anderes Heim ist das Gewicht des Wunsches des Leistungsberechtigten in ein wertendes Verhältnis zu den Mehrkosten zu setzen. „Es gibt keine feste Grenze, deren Überschreitung dazu führen würde, dass die Erfüllung des Wunsches des Leistungsberechtigten mit „unverhältnismäßigen Mehrkosten" verbunden wäre."

## *Menschen mit Behinderung beraten auf einen Blick*

1. Die Behörden haben Anträge fristgerecht zu bearbeiten, in der Regel innerhalb von maximal zwei Monaten.
2. Die EUTB ist unabhängig von Behörden und Leistungserbringern. Die Beratung der EUTB wird durch selbst Betroffene gewährleistet.
3. Menschen mit Behinderung können nicht auf Leistungen verwiesen werden, die den Bedarf nicht decken oder nicht zumutbar sind, auch wenn sie preiswerter sind.
4. Beratung spielt im Verfahren eine entscheidende Rolle und Leistungsberechtigte können sich begleiten lassen von Vertrauenspersonen.

# Literaturverzeichnis

*Hinweis: Rechtsprechung und parlamentarische Drucksachen des Deutschen Bundestages sind nur in den Fußnoten aufgeführt.*

Agentur für Arbeit (Hg.) o.D., https://berufenet.arbeitsagentur.de (4.4.2022).

AGJ, Arbeitsgemeinschaft Kinder- und Jugendhilfe 2014, Fachkräftegebot und Fachkräftegewinnung vor dem Hintergrund der Aufgaben- und Angebotsvielfalt in der Kinder- und Jugendhilfe, https://www.agj.de/fileadmin/files/publikationen/Fachkraeftegebot.pdf (8.4.2022).

AGJ, Arbeitsgemeinschaft Kinder- und Jugendhilfe 2018, Partizipation im Kontext von Kinder- und Jugendarbeit, https://www.agj.de/positionen/artikel-7.html?tx_news_pi1%5Baction%5D=detail&tx_news_pi1%5Bcontroller%5D=News&tx_news_pi1%5Bnews%5D=7049&cHash=f2867cfd7afb2819f871090b883a4e9e (9.4.2022).

AGJ, Arbeitsgemeinschaft Kinder- und Jugendhilfe 2018, Recht und Wirklichkeit von den Wechselwirkungen zwischen Sozialer Arbeit und Recht, https://www.agj.de/publikationen/buecher-broschueren-materialien/detail.html?tx_news_pi1%5Baction%5D=detail&tx_news_pi1%5Bcontroller%5D=News&tx_news_pi1%5Bnews%5D=7012&cHash=b4e09c2aab0763fddb9a6b3a3817a871 (8.4.2022).

Aichele, V./Bernstorff, v. J. 2010, Das Menschenrecht auf gleiche Anerkennung vor dem Recht: Zur Auslegung von Art. 12 der UN-Behindertenrechtskonvention, S. 199–203 in: Betreuungspraxis (BtPrax) 2010.

Aicher, S. 2017, Förderung der Autonomie Psychiatrie-Erfahrener, Diss. Uni Regensburg.

Ames, A. 2009, Ursachen und Auswirkungen von Sanktionen nach § 31 SGB II, Düsseldorf.

Arbeitskreis Neue Armut (Hg.) 2010, Geschäfte mit der Armut – Unseriöse Kreditvermittlung und Schuldenregulierung, 2. Auflage, Berlin.

Arbeitslosenprojekt Tu Was e.V. 2021, Leitfaden zum Arbeitslosengeld II, Frankfurt a.M.

Armbruster, M. u.a. (Hg.) 2020, Grundrechte-Report 2020, Frankfurt a. M.

Armbruster, M. u.a., AWO (Hg.) 2020, Das Rechtsdienstleistungsgesetz – Möglichkeiten und Grenzen der rechtlichen Beratung in den Migrationsfachdiensten: https://awo.org/sites/default/files/2020-06/Das%20Rechtsdienstleistungsgesetz%20-M%C3%B6glichkeiten%20und%20Grenzen%20der%20rechtlichen%20Beratung%20in%20den%20Migrationsfachdiensten%20%28zweite%2C%20erg%C3%A4nzte%20Auflage%20Mai%202020%29_0.pdf (8.4.2022).

Baer, S. 2020, Rechtssoziologie, Eine Einführung in die interdisziplinäre Rechtsforschung, Baden-Baden.

BAGüS, Bundesarbeitsgemeinschaft der überörtlichen Träger der Sozialhilfe 2018, Empfehlung des GKV-Spitzenverbandes und der Bundesarbeitsgemeinschaft der überörtlichen Träger der Sozialhilfe gemäß § 13 Absatz 4 Satz 5 SGB XI, https://www.lwl.org/spur-download/bag/06_2018an1.pdf (8.4.2022).

BAGüS, Bundesarbeitsgemeinschaft der überörtlichen Träger der Sozialhilfe 2021, Orientierungshilfe zu den Leistungen zur Sozialen Teilhabe in der Eingliederungshilfe §§ 113 bis 116 i.V.m. §§ 77 bis 84 SGB IX, S. 6, 11 ff., https//www.lwl.org/spur-download/bag/Orientierungshilfe_Soziale_Teilhabe_Stand_Januar_2021_final.pdf (8.4.2022).

BAR (Hg.), Bundesarbeitsgemeinschaft für Rehabilitation 2015, Trägerübergreifende Beratungsstandards. Handlungsempfehlungen zur Sicherstellung guter Beratung in der Rehabilitation, Frankfurt.

BAR (Hg.), Bundesarbeitsgemeinschaft für Rehabilitation 2019, Reha-Prozess – Gemeinsame Empfehlung, Frankfurt.

BAR (Hg.), Bundesarbeitsgemeinschaft für Rehabilitation 2020, Arbeitshilfe Rehabilitation und Teilhabe psychisch erkrankter und beeinträchtigter Menschen, https://www.bar-frankfurt.de/service/

reha-info-und-newsletter/reha-info-2020/reha-info-062020/arbeitshilfe-rehabilitation-und-teilhabe-psychisch-erkrankter-und-beeintraechtigter-menschen.html (8.4.2022).

Barabas, F. K. 2003, Beratungsrecht, 2. Auflage, Frankfurt a.M.

Barnow, S./Balkir, N. (Hg.) 2013, Cultural Variations in Psychopathology, Göttingen.

Berlit, U. 2020, Qualitätvolle Asylverfahren und -prozesse: eine Herausforderung für den Rechtsstaat, S. 97 – 105 in: NVwZ Neue Zeitschrift für Verwaltungsrecht.

Berning, D. u.a. (Hg.) 2017, Mediation und Konfliktmanagement, 2. Auflage, Baden-Baden.

Bertolino, C. 2020, Der Mediationsvertrag, München.

Bieresborn, D. 2017, Sozialdatenschutz nach Inkrafttreten der EU-Datenschutzgrundverordnung – Anpassungen des nationalen Sozialdatenschutzes an das europäische Recht, S. 887–892 (Teil 1) und S. 926-931 (Teil 2) in: NZS Neue Zeitschrift für Sozialrecht.

Bieritz-Harder, R. u.a. (Hg.) 2020, SGB XII, Lehr- und Praxiskommentar, 12. Auflage, Baden-Baden.

BKE (Hg.), Bundeskonferenz für Erziehungsberatung 2009, Rechtsgrundlagen der Beratung, Fürth.

BKE (Hg.), Bundeskonferenz für Erziehungsberatung 2020, Arbeitsweise der Erziehungsberatung mit hoheitlichen Aufgaben unvereinbar, https://www.bke.de/?SID=0A4-4D8-35C-796 (8.4.2022).

BKE (Hg.), Bundeskonferenz für Erziehungsberatung 2021, Umgang mit Selbst- und Fremdgefährdung in Erziehungsberatungsprozessen, vgl. http://www.bke.de/?SID=0A4-4D8-35C-796 (8.4.2022).

BKSF 2019, Bundeskoordinierung Spezialisierter Fachberatung gegen sexualisierte Gewalt in Kindheit und Jugend, Fachinformation Aufbewahrung von personenbezogenen Daten, https://www.bundeskoordinierung.de/de/article/170.bksf-veröffentlicht-fachinformation-zu-aufbewahrungsfristen-in-fachberatungsstellen.html (8.4.2022).

Blasek, K. 2021, Erstes Dringlichkeitsverfahren nach § 66 DSGVO – Stoppschild für Facebook und WhatsApp https://community.beck.de/2021/05/11/erstes-dringlichkeitsverfahren-nach-ss-66-dsgvo-stoppschild-fuer-facebook-und-whatsapp-oder-wenn-der (8.4.2022).

BMAS, Bundesministerium für Arbeit und Soziales (Hg.) 2009, Behindertenbericht der Bundesregierung, Berichte über die Gemeinsamen Servicestellen für Rehabilitation nach § 24 Abs. 2 SGB IX der Bundesarbeitsgemeinschaft für Rehabilitation (BAR), Berlin.

BMAS, Bundesministerium für Arbeit und Soziales (Hg.) 2021, ZU IHRER SICHERHEIT Unfallversichert im freiwilligen Engagement, Berlin.

BMAS, Bundesministerium für Arbeit und Soziales (Hg.) 2021a, Hilfe für Opfer von Gewalttaten, https://www.bmas.de/DE/Service/Publikationen/a720-hilfe-opfer-von-gewalttaten-flyer.html?cms_sortString.HASH=abdf15dbbf96c9b9ed66&cms_resourceId=6604&cms_searchbutton.y=0&cms_searchbutton.x=0&cms_searchArchive.HASH=2f562df3d6140189a6e4&cms_templateQueryString=Flyer+Hilfe+für+Opfer+von+Gewalttaten&cms_searchIssued.HASH=24f22880961404fae0e4&cms_pageLocale=de&cms_sortString=-score_&cms_searchArchive=0&cms_input_=10248&cms_searchIssued=0 (8.4.2022).

BMAS, Bundesministerium für Arbeit und Soziales 2021b, Referentenentwurf des Bundesministeriums für Arbeit und Soziales eines Elften Gesetzes zur Änderung des Zweiten Buches Sozialgesetzbuch und anderer Gesetze, https://tacheles-sozialhilfe.de/fa/redakteur/Harald_2021/RefE_11-SGBII.pdf (8.4.2022).

BMF, Bundesministerium für Finanzen o.J., Höhere Pauschalen für ehrenamtliche Tätigkeiten, https://www.bundesfinanzministerium.de/Content/DE/Standardartikel/Themen/Steuern/Steuerliche_Themengebiete/Buergerschaftliches_Engagement/2020-12-16-steuerliche-verbesserungen-ehrenamtliche-taetigkeiten.html (8.4.2022).

BMFSFJ u. BMJ (Hg.) 2003, Gewaltfreie Erziehung (Die Bussmann-Studie).

BMFSFJ, Bundesministerium für Familie, Senioren, Frauen und Jugend (Hg.) 2016, Kooperation von Haupt- und Ehrenamtlichen als Gestaltungsaufgabe, https://www.bmfsfj.de/resource/blob/

94176/11267bd21daff5b30dd44dcf967cd280/kooperation-von-haupt-und-ehrenamtlichen-als-gestaltungsaufgabe-leitfaden-data.pdf (8.4.2022).

BMFSFJ, Bundesministerium für Familie, Senioren, Frauen und Jugend (Hg.) 2021, Freiwilliges Engagement in Deutschland, Zentrale Ergebnisse des 5. Deutschen Freiwilligensurveys, https://www.bmfsfj.de/resource/blob/176836/7dffa0b4816c6c652fec8b9eff5450b6/frewilliges-engagement-in-deutschland-fuenfter-freiwilligensurvey-data.pdf (8.4.2022).

BMFSFJ, Bundesministerium für Familien, Senioren, Frauen und Jugend (Hg.) 2010, Hauptbericht des Freiwilligensurveys 2009; https://www.bmfsfj.de/bmfsfj/service/publikationen/hauptbericht-des-freiwilligensurveys-2009-95830 (8.4.2022). BMJV, Bundesministerium der Justiz und für Verbraucherschutz (Hg.) 2019, Schwangerschaftsberatung, https://www.bmfsfj.de/resource/blob/95282/bf7d51a0202cde8c06d77f5e7de8b402/schwangerschaftsberatung---218-data.pdf (7.4.2022).

BMWi, Bundesministerium für Wirtschaft (Hg.) 2018, Praxisleitfaden Soziales Unternehmertum, https://www.bmwi.de/Redaktion/DE/Publikationen/Mittelstand/praxisleitfaden-soziales-unternehmertum.html (8.4.2022).

BMWi, Bundesministerium für Wirtschaft (Hg.) 2020, Gründerzeiten 22 – Existenzgründungen im Sozialen Bereich, https://www.bmwi.de/Redaktion/DE/Publikationen/Gruenderzeiten/infoletter-gruenderzeiten-nr-22-existensgruendung-im-sozialen-bereich.pdf%3F__blob%3DpublicationFile%26v%3D3 (8.4.2022).

Boulanger, C. u.a. (Hg.) 2019, Interdisziplinäre Rechtsforschung. Eine Einführung in die geistes- und sozialwissenschaftliche Befassung mit dem Recht und seiner Praxis, Berlin.

Bptk, Bundespsychotherapeutenkammer 2019, BptK-Standpunkt: Gesundheits Apps nutzen, ohne Patienten zu gefährden, https://www.bptk.de/wp-content/uploads/2019/09/BPtK-Standpunkt-Gesundheits-Apps-nutzen-ohne-Patienten-zu-gefährden-Zur-Digitalisierung-in-der-Psychotherapie-1.pdf (5.4.2022).

Bptk, Bundespsychotherapeutenkammer 2021, Praxis-Info Videobehandlung, https://www.bptk.de/wp-content/uploads/2020/03/bptk_praxisInfo_videobehandlung_21_web.pdf (5.4.2022).

Bryde, B.-O./Hoffmann-Riem, W. (Hg.) 1988, Rechtsproduktion und Rechtsbewußtsein, Baden-Baden.

Bundesagentur für Arbeit (Hg.) 2017, Grundlagen einer Beratungskonzeption für die Grundsicherung für Arbeitsuchende, Nürnberg.

Bundesagentur für Arbeit 2022, Fachliche Weisungen zu § 7 SGB II Leistungsberechtigte, https://www.arbeitsagentur.de/datei/dok_ba015897.pdf (28.4.2022).

Bundesarbeitsgemeinschaft für Rehabilitation e.V. (BAR) (Hg.) 2021, Bundesteilhabegesetz kompakt „Bedarfsermittlung nach dem SGB IX", Frankfurt.

Bundesministerium für Gesundheit 2020, Moderne Ausbildung für Psychotherapeuten und Psychotherapeutinnen, https://www.bundesgesundheitsministerium.de/psychotherapeuten ausbildung.html. (10.4.2022).

Bundesnetzwerk Ombudschaft in der Jugendhilfe 2016, Selbstverständnis, https://ombudschaft-jugendhilfe.de/wp-content/uploads/BNW-Ombudschaft-Selbstverständnis-2016.pdf (8.4.2022).

Bundesnetzwerk Ombudschaft in der Jugendhilfe 2021, Informationen zu ombudschaftlichen Strukturen im Bundesgebiet, https://ombudschaft-jugendhilfe.de/wp-content/uploads/Informationen_zu_ombudschaftlichen_Strukturen_2021.pdf (8.4.2022).

Bundesrechnungshof o.J., Leitsätze für die Prüfung von IuK-Outsourcing, https://www.bundesrechnungshof.de/de/veroeffentlichungen/produkte/weitere/leitsaetze-fuer-die-pruefung-von-iuk-outsourcing (8.4.2022).

Bundesregierung 2022, Entwurf eines Gesetzes für einen besseren Schutz hinweisgebender Personen sowie zur Umsetzung der Richtlinie zum Schutz von Personen, die Verstöße gegen das Unionsrecht melden, https://www.bmj.de/SharedDocs/Gesetzgebungsverfahren/Dokumente/RegE_

Hinweisgeberschutz.pdf;jsessionid=799C799273873468208695984109E669.2_cid324?__blob=publicationFile&v=2 (15.10.2022).

Christ, M. 2017, Gewaltforschung – ein Überblick, https://www.bpb.de/apuz/240907/gewalt forschung-ein-ueberblick?p=1 (8.4.2022).

Cornel, H. u.a. (Hg.) 2018, Resozialisierung Handbuch, 4. Auflage, Baden-Baden.

Cottier, M. u.a. (Hg.) 2010, Wie wirkt Recht? Baden-Baden.

Cremer, G. 2013, Wohlfahrtsverbände im Wettbewerb: Plädoyer für eine ordnungspolitische Perspektive, S. 62–74 in: ArchsozArb 2/2013.

Datenschutzkonferenz Beschluss vom 23.3.2018, Aufzeichnung von Telefongesprächen, https://www.datenschutzkonferenz-online.de/media/dskb/20180323_dskb_aufzeichnung_telefon.pdf (8.4.2022).

DBSH, Deutscher Berufsverband für Soziale Arbeit 2008, Helfen mit Risiko – eine Stellungnahme des DBSH zum Thema Garantenpflicht in der Profession Soziale Arbeit, Berlin.

DBSH, Deutscher Berufsverband für Soziale Arbeit 2009, Berufsbild für Sozialarbeiter/innen und Sozialpädagogen/innen, https://www.dbsh.de/media/dbsh-www/downloads/Berufsbild.Vorstellung-klein.pdf (8.42022).

DBSH, Deutscher Berufsverband für Soziale Arbeit 2014, Berufsethik des DBSH, in: Forum Sozial 4/2014, https://www.dbsh.de/media/dbsh-www/redaktionell/pdf/Sozialpolitik/DBSH-Berufsethik-2015-02-08.pdf (8.4.2022).

DBSH, Deutscher Berufsverband für Soziale Arbeit 2020, Stellungnahme: Vergütung der Studierenden der Sozialen Arbeit im Praxissemester, https://praktikum.junger-dbsh.de/wp-content/uploads/2020/07/Stellungnahme-Praktikumsvergütung-Junger-DBSH-Freiburg.pdf (8.4.2022).

DBSH, Deutscher Berufsverband für Soziale Arbeit o.J., Berufskammer Soziale Arbeit, https://www.dbsh.de/profession/berufsethik/berufskammer-soziale-arbeit-bksa.html (8.4.2022).

Deckenbrock, C./Henssler, M. 2021, RDG, Rechtsdienstleistungsgesetz, 5. Auflage München.

Decker, F./Peschke, A. 2016, Vom Gericht „geschickte" Mediänden – Von den Besonderheiten und der Motivationsarbeit in der Einführungsphase, S. 120-123 in; ZKM 2016.

DeGeDe, Deutsche Gesellschaft für Demokratiepädagogik/AJC, American Jewish Committee Berlin (Hg.) 2020, Ein Grundwerte-Curriculum für Demokratie – Baustein II – Partizipation in der Schule, 3. Auflage, Berlin.

Der Paritätische Gesamtverband 2017, Datenschutz in der Migrationsberatung, https://www.der-paritaetische.de/fileadmin/user_upload/Publikationen/doc/2017-12-12_MBE-datenschutz-2017_web.pdf (6.5.2022).

Der Paritätische (Hg.) 2021, Der Einsatz von Ehrenamtlichen aus arbeits-, sozialversicherungs- und steuerrechtlicher Sicht, 4. Auflage, Berlin, https://www.der-paritaetische.de/fileadmin/user_upload/Publikationen/doc/broschuere_din-A4_ehrenamt-2021_AUFL-4_web.pdf (8.4.2022).

Dern, S./Krehner, S. 2018, Doppelt besser?! Behördliche und behördenunabhängige Beratung im SGB II, S. 195–201 in: info also 5/2018.

Dettenborn, H. 2021, Kindeswohl und Kindeswille, 6. Auflage, München, Basel.

Deutscher Anwaltverein o.J., Soziales Engagement, https://anwaltverein.de/de/engagement/soziales-engagement-rechtsberatung (19.4.2022).

Deutscher Verein für öffentliche und private Fürsorge 1988, Schuldnerberatung in der sozialen Arbeit, S. 367–372 in: Nachrichtendienst des Deutschen Vereins (NDV).

Deutscher Verein für öffentliche und private Fürsorge 2012, Empfehlungen zur Sicherung der Rechte von Kindern und Jugendlichen in Einrichtungen, https://www.deutscher-verein.de/de/empfehlungen-stellungnahmen-2012-empfehlungen-des-deutschen-vereins-zur-sicherung-der-rechte-von-kindern-und-jugendlichen-in-einrichtungen1-1528,297,1000.html (8.4.2022).

Deutscher Verein für öffentliche und private Fürsorge 2015, Leistungsberechtigte in besonderen sozialen Schwierigkeiten bedarfsdeckend unterstützen, https://www.deutscher-verein.de/de/uploads/empfehlungen-stellungnahmen/2015/dv-5-15_hilfe-nach-paragraf-67.pdf (8.4.2022).

Deutscher Verein für öffentliche und private Fürsorge 2017, Fachlexikon Soziale Arbeit, 8. Aufl., Baden-Baden.

Deutscher Verein für öffentliche und private Fürsorge 2018, Gutachten zum sozialhilferechtlichen Dreiecksverhältnis bei ambulanten Leistungen, https://www.deutscher-verein.de/de/gutachten-2018-zum-sozialhilferechtlichen-dreiecksverhaeltnis-bei-ambulanten-leistungen-2988,1491,1000.html (8.4.2022).

Dewe, B./ Otto, H. U. 2012, Reflexive Sozialpädagogik. Grundstrukturen eines neuen Typs dienstleistungsorientierten Professionshandelns. S. 197–217 in: Thole W. (Hg.) 2012, Grundriss soziale Arbeit. Ein einführendes Handbuch, 4. Auflage, Berlin.

DGfB, Deutsche Gesellschaft für Beratung 2020, Beratungsverständnis der Deutschen Gesellschaft für Beratung, https://dachverband-beratung.de/dokumente/DGfB_Beratungsverstaendnis_2.0.pdf (8.4.2022).

DGOB, Deutschsprachige Gesellschaft für Online-Beratung 2018, Die technisch fachlichen Standards, https://dg-onlineberatung.de/wp-content/uploads/2018/10/DGOB-Standards-2018-1.pdf (8.4.2022).

DGSF 2019, Ethikrichtlinien, https://www.dgsf.org/service/download-bereich/dgsf-rili-ethik.END.pdf (8.4.2022).

Dibelius, O./Piechotta-Henze, G. (Hg.) 2020, Menschenrechtsbasierte Pflege, Göttingen.

Dick, J. 2015, Einkommen oder Vermögen: Überbrückungsgeld und zweckgebundene Einzahlungen – BSG zur Rechtslage seit dem 1.4.2011 und neue Länderstrafvollzugsgesetze, S. 110–113 in: info also.

Dick, J. 2016, Das Unbehagen nutzen – Forschung zu Recht und Gesellschaft und Sozialer Arbeit – Rechtswirklichkeit https://barblog.hypotheses.org/1325 (8.4.2022).

Dietz, A. 2022, Kriegsvertriebene aus der Ukraine, S. 505 – 512 in: NVwZ 2022.

DIJuF, Deutsches Institut für Jugend und Familie 2005, Rechtsgutachten vom 14.7.2005 zu § 72 a SGB VIII.

Dima, Z./Ernest, M. 2020, Selbstfürsorge und Schutz vor eigenen Belastungen für Soziale Berufe, Weinheim.

DIMR, Deutsches Institut für Menschenrechte 2016, Menschenrechte in Pflegeheimen: https://www.institut-fuer-menschenrechte.de/fileadmin/Redaktion/Publikationen/Position_Menschenrechte_in_Pflegeheimen.pdf (8.4.2022).

DJI, Deutsches Jugendinstitut 2020, Stellungnahme des DJI zum Referentenentwurf des Kinder- und Jugendstärkungsgesetz des BMFSFJ vom 5.10.2020, München.

Drda-Kühn, K. u.a. 2018, Therapy 2.0 Leitfaden, https://www.ecounselling4youth.eu/online-material/courses/files/guidelines_de.pdf (9.4.2022).

DSK, Datenschutzkonferenz 2018, Orientierungshilfe zu Whistleblowing-Hotlines vom 14.11.2018, https://www.datenschutzkonferenz-online.de/media/oh/20181114_oh_whistleblowing_hotlines.pdf (8.4.2022).

Ebli, H. 2003, Pädagogisierung, Entpolitisierung und Verwaltung eines gesellschaftlichen Problems? Baden-Baden.

Eckhardt, B. 2019, Mitwirkungspflichten im SGB II nach § 60 Abs. 1 SGB I und Störungen des Sozialrechtsverhältnisses, https://sozialrecht-justament.de/data/documents/12-2019_Sozialrecht_Justament.pdf (2.8.2021).

Eicher, W./Luik, S. 2021, SGB II: Grundsicherung für Arbeitssuchende, Kommentar, 5. Auflage, München.

Enders, S. 2008, Wie öffentlich ist das Jugendamt? Befunde explorativer Studien zu Medienpräsenz im Fall Kevin und der Öffentlichkeitsarbeit in Jugendämtern. S. 494-499 in: ZKJ – Zeitschrift für Kindschaftsrecht und Jugendhilfe; 3 (2008); Nr. 12.

Engelfried, U. 2020, Unterbringungsrecht in der Praxis, 2. Auflage, Köln.

Europäischer Datenschutzbeauftragter 2019, Leitlinien des EDSB für die Bewertung der Verhältnismäßigkeit von Maßnahmen, die die Grundrechte auf Privatsphäre und den Schutz personenbezogener Daten einschränken, https://edps.europa.eu/sites/default/files/publication/19-12-19_edps_proportionality_guidelines2_de.pdf (11.4.2022).

European Commission 6.2.2018, Guidelines on Personal data breach notification under Regulation 2016/679, file:///D:/Downloads/20180713_wp250rev_01_en_C521EC14-99FD-FB6A-F550FB846F60A5C1_49827.pdf (11.4.2022).

Ev. Kirche Baden-Württemberg, Bausteine des landeskirchlichen Rahmenschutzkonzeptes zur Prävention und Intervention sexualisierter Gewalt, https://www.elk-wue.de/fileadmin/user_upload/Bausteine_landeskirchliches_Rahmenschutzkonzept.pdf (11.4.2022).

Fachstelle EUTB 2021, Im dritten Jahr in Folge zufriedene Ratsuchende in EUTB®-Angeboten, https://www.teilhabeberatung.de/meldung/im-dritten-jahr-in-folge-zufriedene-ratsuchende-in-eutb-angeboten (4.4.2022).

Fairlie, S. 2013, Qualitätssiegel Soziale Schuldnerberatung, S. 225–227 in: BAG-SB Informationen 3/2013, https://www.bag-sb.de/fileadmin/user_upload/3_Fachzeitschrift/Archiv/Archiv_2000-2019/BAG-SB_Info_Ausgabe_3_2013.pdf (11.4.2022).

Familien-Notruf München, https://www.familien-notruf-muenchen.de/kosten/ (11.4.2022).

Fasselt, U./Schellhorn, H. 2021, Handbuch Sozialrechtsberatung, 6. Auflage Baden-Baden.

Fischer, C./Unberath, H. (Hg.) 2013, Das Mediationsgesetz, Rechtliche Rahmenbedingungen der Mediation, München.

Fischer, M. u.a. 2019, Grundkurs Berufsrecht für die Soziale Arbeit, München.

Fischer, T. 2020, StGB Kommentar, 68. Aufl. München.

Fischer-Epe, M. 2009, Coaching: Miteinander Ziele erreichen, 6. Auflage Hamburg.

Fissenewert, P. 2013, Compliance für den Mittelstand, 2. Auflage München.

Flötotto, J. 2021, Über Schadensersatz für Datenschutzverstoß muss der EuGH entscheiden, https://www.lto.de/recht/hintergruende/h/bverfg-1-bvr-28531-19-vorlagepflicht-eugh-datenschutzverstoss-schadensersatz-82-dsgvo/ (11.4.22).

Fritsch, K./Robertz, F. 2006, Stiftung SPI (Hg.), Leaking – Ankündigungen schwerer Straftaten an Schulen, Infoblatt Nr. 40, https://www.stiftung-spi.de/fileadmin/user_upload/Dokumente/veroeffentlichungen/srup_lebenslagen/clearingstelle_infoblatt_40.pdf (11.4.2022).

Fritsch, K. 2011, Möglichkeiten und Grenzen in der Kooperation von Jugendhilfe und Polizei in: ZJJ 2011, S. 393- 397.

Fritz, R/Pielsticker, D. (Hg.) 2020, Handbuch zum Mediationsgesetz, 2. Aufl. Neuwied.

Gastiger, S./Stark, M. (Hg.) 2012, Schuldnerberatung – eine ganzheitliche Aufgabe für methodische Sozialarbeit, Freiburg.

Georg D./Hannemann, J. 2017, Studentische Rechtsberatung in Form eines Vereins ist zulässig – Anmerkung zu AG Frankfurt a.M., Beschluss vom 10. August 2016, S. 119 in: AnwBl 2017.

Giraud, B./Pensdorf, C. 2018, Beraten im Reha-Prozess, https://www.bar-frankfurt.de/fileadmin/dateiliste/_downloadmaterialien/themen/reha-beratung/RP_Reha_1_2018_Giraud_Penstorf.pdf (1.4.2022).

GKV Spitzenverband 2020, aG-DRG-System, https://www.gkv-spitzenverband.de/kranken versicherung/krankenhaeuser/drg_system/g_drg_2020/drg_system_1.jsp (11.4.2022).

Goldberg, B. 2021, Schweigepflicht und Datenschutz in der Sozialen Arbeit und Beratung, https://kidoks.bsz-bw.de/frontdoor/deliver/index/docId/2100/file/Goldberg_2021_Schweigepflicht_und_Datenschutz.pdf (11.4.2022).

Gordon, T. 2012, Familienkonferenz, München.

Görgen, T./Hunold, D. 2020, Gewalt durch und gegen Polizistinnen und Polizisten, https://www.bpb.de/politik/innenpolitik/innere-sicherheit/321874/gewalt-durch-und-gegen-polizistinnen-und-polizisten bpb (11.4.2022).

Graulich, K. 2021, Psychotherapeutengesetz – Kommentar, München.

Greger, R. u.a. (Hg.) 2016, Recht der alternativen Konfliktlösung, Mediationsgesetz, VSBG, Kommentar, München.

Gregusch, P. 2013, Auf dem Weg zu einem Selbstverständnis von Beratung in der Sozialen Arbeit, https://www.socialnet.de/materialien/attach/203.pdf (11.4.2022).

Grimm, J. und W. 2021, Deutsches Wörterbuch von Jakob und Wilhelm Grimm, Neubearbeitung, https://www.woerterbuchnetz.de (11.4.2022).

Grüneberg, C. 2022, Kommentar zum Bürgerlichen Gesetzbuch, 81. Auflage (vormals Palandt), München.

Grunewald, B./Römermann, V. (Hg.) 2008, Rechtsdienstleistungsgesetz – Kommentar, Köln.

Gutmann, T. 2010, Struktur und Funktion der Menschenwürde als Rechtsbegriff, https://www.uni-muenster.de/imperia/md/content/kfg-normenbegruendung/intern/publikationen/gutmann/07_gutmann_-_menschenw__rde_als_rechtsbegriff.pdf (11.4.2022).

Hackenberg, H./Empter, S. (Hg.) 2011, Social Entrepreneurship – Social Business: Für die Gesellschaft unternehmen, Wiesbaden.

Haft, F./von Schlieffen, K. (Hg.) 2016, Handbuch Mediation, München.

Hagebölling, E./Dieckmann, J. 2020, DRK (Hg.), Besser zusammen – Schnittstellen zwischen sozialarbeiterischer und anwaltlicher Tätigkeit, Berlin.

Hahn, E. 2022, Die neue Beratungspflicht über „die Leistungen anderer Leistungsträger" nach § 10 a Abs. 2 S. 1 Nr. 3 SGB VIII, in: JAmt 2022, S. 371 – 376.

Hamkens, S. 2016, Geförderte Familienmediation in Berlin, S. 145–146 in: ZKM 2016.

Hammerschmidt, P. u.a. (Hg.) 2013, Unheimliche Verbündete: Recht und Soziale Arbeit in Geschichte und Gegenwart, Neu-Ulm.

Hansen, F. 2010, Standards in der Sozialen Arbeit, Berlin.

Hauck, K./Noftz, W. 2020, SGB X, Kommentar, Berlin.

Heintschel-Heinegg, B. 2021, Beck'scher Onlinekommentar, BGB.

Henssler, M./Koch, L. 2000, Mediation in der Anwaltspraxis, Bonn.

Herriger, N. o.J., Soziale Bewegungen und politisches Empowerment, https://empowerment.de/empowerment.de/files/Materialien-6-Soziale-Bewegungen-und-politisches-Empowerment.pdf (11.4.2022).

Herwig-Lempp, J./Kühling, L. 2012, Sozialarbeit ist anspruchsvoller als Therapie, S. 51–56 in: Zeitschrift für Systemische Therapie und Beratung, Jg. 30 (2).

Hess-Lüttich, E. 2021, Handbuch Gesprächsrhetorik, Band 3, Berlin.

Hesse, W. 2010, Das Rechtsdienstleistungsgesetz, Regensburg.

Heuer, J. 2009, Anwaltliche Schuldner- und Insolvenzberatung, Hamburg.

Hoffmann-Riem, W. 2001, Modernisierung von Recht und Justiz, Frankfurt.

Hoher Flüchtlingskommissar der Vereinten Nationen (UNHCR), www.rechtsberaterkonferenz.de (10.4.2022).

Hohner, S. 2017, Sanktionen im SGB II, Baden-Baden.

Holden, L. 2020, Cultural Expertise and Law: an historical overview, https://culturalexpertise.net/wp-content/uploads/2020/04/P2.cultural_expertise_and_law_an_historical_overview.pdf (10.4.2022).

Hollederer, A. (Hg.) 2021, Gesundheitsförderung bei Arbeitslosen, Frankfurt.

Homann, C. 2009, Praxis und Recht der Schuldnerberatung, München.

Hommerich, C./Kilian, M. 2007, Die Rechtsberater der Deutschen: Wen Bürger um Rechtsrat fragen, S. 612–614 in: AnwBl. 2007.

Hoeren, T. 2018, Kirchlicher Datenschutz nach der Datenschutzgrundverordnung – Eine Vergleichsstudie zum Datenschutzrecht der evangelischen und der katholischen Kirche, S. 373–375 in: NVwZ.

Hornung, A. 2018, Stellungnahmen in familiengerichtlichen Kinderschutzverfahren, https://dijuf.de/fileadmin/Veranstaltungen/Dokumentation/Kind_im_Mittelpunkt/2018_03_26_AG_6_Hornung_Stellungnahmen_in_familiengerichtlichen_Kinderschutzverfahren.pdf (10.4.2022).

Hundt, M. 2014, Kindeswohlgefährdung erkennen und vermeiden, Rechtliche Grundlagen für die Praxis, Köln/Kronach.

Hundt, M. 2019, Datenschutz in der Kinder- und Jugendhilfe, Regensburg.

Hundt, M. 2021, Kinderschutz nach dem Kinder- und Jugendstärkungsgesetz, Regensburg.

Hundt, M. 2020, Praxishandbuch Familie und Migrationsrecht, Köln.

Hundt, M./Ivány, C. 2021, Praxishandbuch Erwerbsmigrationsrecht, Regensburg.

Hungerlang, E. 2017, Betriebliche Gesundheitsförderung, Grafling.

ICD 10, GM Version 2020, https://www.dimdi.de/static/de/klassifikationen/icd/icd-10-gm/kode-suche/htmlgm2020/block-z70-z76.htm (10.4.2022).

Joecker, T. 2021, Das neue Betreuungsrecht, Köln.

Joecks, W. u.a. (Hg.) 2019, Münchener Kommentar zum StGB, Band 5, 7 und 8, 3. Auflage München.

Joecks, W./Miesbach, K. (Hg.) 2020, Münchener Kommentar zum StGB, Band 1–4, 5 und 7, 4. Auflage München.

Jox, R./Fröschle, T. (Hg.)2020, Praxiskommentar Betreuungs- und Unterbringungsverfahren, Köln.

Kaldenkerken, C. v. 2014, Supervision und Intervision in der Mediation, Frankfurt a.M.

Kaltenborn, B. 2015, Kommunale Eingliederungsleistungen in der Praxis von Jobcentern, https://www.deutscher-verein.de/de/uploads/vam/2015/doku/f-3340-15/kaltenborn_kel-16a_jc_151104.pdf (10.4.2022).

Karl, U. u.a. 2011, Gekonnte Strenge im Sozialstaat. Praktiken der (Nicht-)Sanktionierung in Jobcentern, S. 101–128 in: Zeitschrift für Rechtssoziologie 32 (2011), Heft 1.

Kepert, J. u. a. (Hg.) 2021, Praxishandbuch Kinderschutz für Fachkräfte und insoweit erfahrene Fachkräfte, Köln.

Khalfaoui, M./Möhring-Hesse, M. (Hg.) 2015, Eine Arbeitsgesellschaft – auch für Muslime, Münster.

Kleine-Cosack, M. 2014, Rechtsdienstleistungsgesetz Kommentar, 3. Auflage Heidelberg.

Klowait, J./Gläßer, U. (Hg.) 2018, Mediationsgesetz, Handkommentar, 2. Auflage Baden-Baden.

Knickrehm, S./Deinert, O. (Hg.) 2020, SGB II/SGB III: Grundsicherung und Arbeitsförderung, Beck-Onlinekommentar.

Knötzele, P. 2019, Merkblatt zu Fragen des Seelsorgegeheimnisses, https://www.rpi-ekkw-ekhn.de/fileadmin/templates/rpi/normal/material/arbeitsbereiche/ab_schulseelsorge/material/EKHN-Seelsorgegeheimnisgesetz-Dr._Knoetzele-Handout_22.03.19.pdf (10.4.2022).

Krahmer, U. 2020, Sozialdatenschutzrecht. Persönlichkeitsschutz nach SGB I, SGB X und DS-GVO, Handkommentar, 4. Auflage Baden-Baden.

Krahmer, U./Kempchen, U. 2018, Mein Recht bei Pflegebedürftigkeit, 4. Auflage München.

Krahmer, U./Trenk-Hinterberger, P. (Hg.) 2020, SGB I, Lehr- und Praxiskommentar, 4. Auflage Baden-Baden.

Kramer, H. 2000, Die Entstehung des Rechtsberatungsgesetzes im NS-System und sein Fortwirken, S. 600–606 in: KJ 33, Heft 4, https://www.nomos-elibrary.de/10.5771/0023-4834-2000-4-600.pdf?download_full_pdf=1 (10.4.2022).

Krenzler, M. (Hg.) 2017, Rechtsdienstleistungsgesetz – Handkommentar, 2. Auflage Baden-Baden.

Kunkel, P.-C. u.a. 2021, SGB VIII – Kinder- und Jugendhilfe, Lehr- und Praxiskommentar, 8. Auflage Baden-Baden.

Labonté-Roset, C. u.a. (Hg.) 2010, Hard to reach. Schwer erreichbare Klienten in der Sozialen Arbeit. Berlin, Strasburg (Uckermark).

Lackner, K./Kühl, K. 2018, StGB Kommentar, 29. Auflage München.

Landesjugendhilfeausschusses Thüringen 2013, Fachliche Empfehlungen zur Umsetzung des § 72a SGB VIII, S. 16, https://ljrt.de/downloads/LJHA/FachlicheEmpfehlungen/Kinderschutz/86-13-%20Fachliche-Empfehlungen-72a-SGB-VIII.pdf (10.4.2022).

Lebenshilfe (Hg.), o.J., Recht der Eingliederungshilfe – Änderungen durch das Bundesteilhabegesetz, https://www.lebenshilfe.de/eingliederungshilfe-und-das-bundesteilhabegesetz (10.4.2022).

Lechner, G./Backert, W. 2007, Menschen in der Verbraucherinsolvenz. Rechtliche und soziale Wirksamkeit des Verbraucherinsolvenzverfahrens einschließlich Darstellung der Haushaltsstrukturdaten des untersuchten Personenkreises. Expertise im Auftrag des BMFSFJ, S. 33–54 in: Bundesministerium für Familie, Senioren, Frauen und Jugend (Hg.): Materialien zur Familienpolitik. Lebenslagen von Familien und Kindern. Überschuldung privater Haushalte. Expertisen zur Erarbeitung des dritten Armut- und Reichtumsberichts der Bundesregierung, Nr. 22/2008, Berlin.

Lehmann, M. K.-H. u.a. 2018, Basiswissen Datenschutz, Dähre.

Leistner, U./Stock, L. 2017, Verständigungsbarrieren in Schreiben von Jobcentern, S. 134–142 in: Soziale Arbeit, Zeitschrift für soziale und sozialverwandte Gebiete 66.

Lenze, A. 2021, Verfassungsrechtliches Kurzgutachten zur Fortschreibung der Regelbedarfsstufen nach § 28a SGB XII zum 1.1.2022, tps://www.der-paritaetische.de/fileadmin/user_upload/Schwerpunkte/Armut_abschaffen/doc/Kurzgutachten_Lenze_09.2021.pdf (10.4.2022).

Lilge, W./Gutzler, S. 2019, SGB I Kommentar, Berlin.

Lübeck, D. 2020, Psychologie in der Sozialen Arbeit, Weinheim.

Ludewig-Kedmi, R. 2006, Das Recht der Psychologie – Juristische Arbeit psychologisch erforscht, https://www.rechtspsychologie.ch/images/downloads/das_recht.pdf (10.4.2022).

Mahlmann, M. 2010, Rechtsphilosophie und Rechtstheorie, Baden-Baden.

Marschner, R. u.a. 2019, Freiheitsentziehung und Unterbringung – Kommentar, München.

Marsella, A./White, G. (Hg.) 1984, Cultural Conceptions of Mental Health and Therapy, Dordrecht.

Matta, V. u.a. 2018, Qualität in der rechtlichen Betreuung, https://www.bmj.de/SharedDocs/Downloads/DE/Service/Fachpublikationen/Forschungsbericht_Qualitaet_rechtliche_Betreuung.pdf;jsessionid=D11933796D5D0B35C6FFA8D6451FCB46.2_cid324?__blob=publicationFile&v=2 (10.4.2022).

Menne, K. 2017, Erziehungsberatung als Hilfe zur Erziehung, Weinheim.

Migge, B. 2014, Handbuch Coaching und Beratung, Weinheim.

Ministerium für Arbeit, Gesundheit und Soziales NRW, Schreiben vom 22.4.2020 zu § 27 PsychThG, https://www.kbap.de/fileadmin/users/redakteur/redakteur_upload/2020-04-22_Erlass_UEbergangsregelung_LPA_unterzeichnet.pdf (10.4.2022).

Moisisch, B. 2011, Stiftung SPI (Hg.), Der Rechtfertigende Notstand als Begründung für den Bruch der gesetzlichen Schweigepflicht, Infoblatt Nr. 57, https://www.stiftung-spi.de/fileadmin/user_

upload/Dokumente/veroeffentlichungen/srup_lebenslagen/clearingstelle_infoblatt_57.pdf (10.4.2022).

Momsen, C./Savic, L. I. 2017, Daten-Outsourcing und IT-Compliance bei Berufsgeheimnisträgern. Die Neuregelungen im Umfeld des § 203 StGB, S. 301–304 in: Kriminalpolitische Zeitschrift 2017.

Moritz, S. 2014, Staatliche Schutzpflichten zugunsten pflegebedürftiger Menschen, S. 101–103 in: Nachrichten des Deutschen Vereins 3/2014.

Müller, U. 2021, Protest und Rechtsstreit.

Müller-Heidelberg, T. u.a. (Hg.) 2018, Grundrechte-Report 2018, Frankfurt a. M.

Münder, J./Geiger, U. (Hg.) 2020, SGB II, Lehr- und Praxiskommentar, Baden-Baden.

Münder, J. u.a. (Hg.) 2019, Frankfurter Kommentar SGB VIII, Kinder -und Jugendhilfe, Baden-Baden.

Natan, T. 2001, Nous ne sommes pas seuls au monde, Paris.

Nehlsen, J. 2020, Datenklassifizierung als Schlüssel für Cloudnutzung, https://www.rz.uni-wuerzburg.de/fileadmin/42010000/it-recht/Cloud_und_Datenklassifizierung.pdf (10.4.2022).

Nestmann, F. u.a. (Hg.) 2004, Handbuch der Beratung, Band 1 und Band 2, Tübingen.

Nestmann, F. u.a. (Hg.) 2013, Handbuch der Beratung, Band 3, Tübingen.

Nisbett, R. 2013, The Geography of Thought, New York.

OBDS, Österreichischer Berufsverband der Sozialen Arbeit o.J., Berufsgesetz, https://www.obds.at/berufspolitik/berufsgesetz/ (9.4.22).

Oberloskamp, H. u.a. 2009, Gutachtliche Stellungnahmen in der sozialen Arbeit, 7. Aufl. Weinheim.

Obermeyer, K./Pühl, H. 2016, Die innere Arbeit des Beraters, Baden-Baden.

Ortmann, K. 2018, Soziale Arbeit als Beratung, Göttingen.

Otting, J. 2013, Fünf Jahre Rechtsdienstleistungsgesetz, S. 241–246 in: SVR 7/2013, http://www.svr.nomos.de/fileadmin/svr/doc/Aufsatz_SVR_13_07.pdf (9.4.2022).

Otto, H.-U./Thiersch, H. (Hg.) 2001, Handbuch Sozialarbeit/Sozialpädagogik, München.

Paar, B. P./Pauly, D. A. 2021, Datenschutz-Grundverordnung, Bundesdatenschutz, Handkommentar, München.

Papenheim, H. u.a. 2018, Verwaltungsrecht für die soziale Praxis, Frankfurt a.M.

Paritätischer Gesamtverband (Hg.) 2017, Arbeitshilfe das erweiterte Führungszeugnis, https://paritaetischer-freiwillige.de/fileadmin/user_upload/Fuehrungszeugnis_GV_2017.pdf (9.4.2022).

Pehl, M./Knödler, C. 2020, Datenschutz und Schweigepflicht in der Sozialen Arbeit, Regensburg.

Penke, S. 2020, Das multiprofessionelle Netzwerk in der Beratung von Geflüchteten: Zu den Herausforderungen einer gelingenden Zusammenarbeit und zur Rolle Sozialer Arbeit, S. 131–136 in: Sozial Extra 3/2020.

Pielsticker, D. 2016, Handbuch zum Mediationsgesetz, Neuwied.

Prange, K. 2005, Recht in der Erziehung – Erziehung im Recht. Zum Spannungsverhältnis von Rechtsdenken und pädagogischer Reflexion, S. 52–62 in: Vierteljahresschrift für wissenschaftliche Pädagogik, Jg. 81.

Prognos AG/DAV 2015, Der Rechtsdienstleistungsmarkt 2030: Eine Zukunftsstudie für die deutsche Anwaltschaft, file:///D:/Downloads/DAV-Zukunftsstudie-Langversion.pdf (9.4.2022).

Prütting, H. u.a. 2020, BGB Kommentar, Neuwied.

Pühl, H. (Hg.) 2009, Handbuch der Supervision 3, Berlin.

Radewagen, C. 2021, Vertrauensschutz im Kinderschutz, www.kinderschutz-niedersachsen.de/aktuelles/neuer-leitfaden-datenschutz-in-der-kinder-und-jugendhilfe (19.7.2022).

Rafi, A. 2012, Der Weg zur gemeinsamen Ent-Scheidung, Stuttgart.

Rafi, A. 2012, Das Mediationsgesetz – Vor- und Nachteile einer rechtlichen Regulierung, S. 196–203 in: Konfliktdynamik 3/2012.

Rafi, A. 2021, Rezension zu „Handbuch zum Mediationsgesetz", S. 156–157 in: Konfliktdynamik 2021 Heft 2.

Rath, C./Lührig, N. 2019, BGH gibt Legal Tech beim Inkasso frei – Wenigermiete.de zulässig, https://anwaltsblatt.anwaltverein.de/de/anwaeltinnen-anwaelte/rechtsprechung/bgh-verhandlung-zu-mietright (9.4.2022).

Rau, T. u.a. 2019, Gefährdungsmomente im Zusammenhang mit religiös-motivierter Radikalisierung. Handlungsempfehlung für (sozial-)pädagogische Fachkräfte, S. 128–136 in: Zeitschrift für Kindschaftsrecht und Jugendhilfe, Bd. 14, Nr. 4.

Reidt, O. u.a. 2018, Vergaberecht, Köln.

Reifner, U. 2013, (Welche) Schuldnerberatung für alle (?) – Statement zur Aktionswoche Schuldnerberatung 2013, http://www.aktionswoche-schuldnerberatung.de/wp-content/uploads/2013/05/2013_03_RechtaufSchuldnerbaertungfueralle.pdf (10.6.2021).

Rickert, P./Kärntner, J. 2021, Neue Perspektiven auf die Beratung der Jobcenter: Herausforderungen aus Sicht der Fachkräfte in NRW, S. 75–94 in: Sozialer Fortschritt; 2021, Vol. 70 Issue 2.

Riese, D. 2020, Beratung aus der Ferne, in: Taz vom 26.3.2020, https://taz.de/Schwangerschaftsabbruch-in-Corona-Zeit/!5674440/ (9.4.2022).

Risse, T. u.a. (Hg.) 1999, The Power of Human Rights International Norms and Domestic Change, Cambridge.

Roland Rechtsschutzversicherung 2021, Rechtsreport, https://ww.roland-rechtsschutz.de/media/roland-rechtsschutz/pdf-rr/042-pressemitteilungen/roland-rechtsreport/roland_rechtsreport_2021.pdf (9.4.22).

Rolfs, C. u.a. (Hg.) 2020, Beck'scher Online-Kommentar Sozialrecht. Edition 6, Stand: 01.06.2020. Internetveröffentlichung. München.

Römermann, V. 2020, Fundamentaler Richtungswechsel im Sinne von Legal Tech, in: LTO vom 13.11.2020, https://www.lto.de/recht/juristen/b/anwaelte-erfolgshonorar-prozesskosten-rdg-bmjv-referentenentwurf-brak-berufsrecht-legaltech/ (9.4.2022).

Rösch, S./Linsenmayr, R. 2017, Vom Umgang mit schwierigen und gewaltbereiten Klienten, 2. Aufl. Köln.

Rosenow, R. 2022, Synopse Art. 1 SGB II zum Referentenentwurf des BMAS für ein Bürgergeld-Gesetz vom 21.7.2022, https://sozialrecht-rosenow.de/files/alle/Materialien/2022-08-09_Synopse_SGB_II_Buergergeld-Gesetz.pdf (22.8.2022).

Rößler, C. 31.1.2019, „Einfache" vs. „qualifizierte" Assistenz, umsetzungsbegleitung-bthg.de/w/files/vertiefungsveranstaltungen/p14/einfache-und-qualifizierte-assistenz-hannover-.pdf (9.4.22).

Ruhs, A./Rafi, A. 2006, Großes Wörterbuch Recht, München.

Ruland, F. u.a. (Hg.) 2018, Sozialrechtshandbuch, 6. Auflage München.

Schaller, J. 2021, Skript SGB II und Ausbildungsförderung, www.recht-auf-studienplatz.de/m/SGB_II_und_Ausbildungsfoerderung.pdf (94.22).

Schaub, G./Koch, U. 2018, Arbeitsrecht von A-Z, München.

Schell, H. 2019, SGB IX § 99 Leistungsberechtigter Personenkreis, Kommentar, https://www.haufe.de/personal/haufe-personal-office-platin/schell-sgb-ix-99-leistungsberechtigter-personenkreis-23-regelung-zur-bestimmung-des-leistungsberechtigten-personenkreises-ab-112023-art25a-99-bthg_idesk_PI42323_HI13950029.html (9.4.22).

Schellhorn, H. u.a. 2020, SGB XII Kommentar, Neuwied.

Schlegel, R./Voelzke, T. (Hg.) 2019, juris Praxiskommentar SGB I, Kassel.

Schönke, A./Schröder, H. 2019, StGB Kommentar, 30. Auflage München.

Schott, T. 2020, Kritische Anmerkungen zu rechtstheoretischen Denkansätzen über das Kindeswohl, Baden-Baden.

Schroeder, W./Schulze, M. (Hg.) 2019, Wohlfahrtsstaat und Interessenorganisationen im Wandel. Theoretische Einordnungen und empirische Befunde, Baden-Baden.

Schruth, P. 2019, Ausblick Entwicklungsbedarfe des SGB VIII, um dem Auftrag des § 1 SGB VIII gerecht zu werden, https://ombudschaft-jugendhilfe.de/wp-content/uploads/Schruth_Vortrag_Entwicklungsbedarfe-SGB-VIII_DPW-9-2019-1.pdf (9.4.2022).

Schruth, P./Simon, T. 2018, Strafprozessualer Reformbedarf des Zeugnisverweigerungsrechtes in der Sozialen Arbeit, https://www.socialnet.de/materialien/attach/396.pdf (9.4.2022).

Schruth, P. u.a. 2011, Schuldnerberatung in der Sozialen Arbeit, Weinheim.

Simmel, G. 1992, Soziologie, Frankfurt a.M.

Smessaert, A. 2015, Allgemeine Grundsätze des Datenschutzes, DIJuF Rechtsgutachten, TE-1143, https://www.reguvis.de/fileadmin/BT-Prax/Werke_Downlaods/Beurkundungen_8._Auflage/III.2.__KJHR_Datenschutz_Datenschutz_TE-1143.pdf (9.4.2022).

Sobota, R. o. J., Mitwirkungspflichten, https://umsetzungsbegleitung-bthg.de/bthg-kompass/bk-gesamtplanung/verfahrensregelungen/fd9-1053/ (9.4.2022).

Sobota, R., 2022, Sozialleistungen in der Betreuungspraxis, Köln.

Sozialbehörde Hamburg 2021, Lebenslagenberatung in Hamburg, https://www.hamburg.de/lebens lagenberatung/ (9.4.2022).

Späth, J./ Vollmerhausen, M. 2020, Die Anleitung studentischer Rechtsberatungen nach § 6 Abs. 2 RDG und damit zusammenhängende Haftungsrisiken, S. 783–790 in: JURA. Band 42 (2020).

Statistisches Bundesamt 2020, Statistiken der Kinder- und Jugendhilfe, Wiesbaden.

Staub-Bernasconi, S. 2007, Soziale Arbeit als Handlungswissenschaft, Stuttgart.

Staudinger, J. u.a. 2017, BGB Kommentar, Köln.

Stebner, F. 2015, Wann beginnt die unzulaessige erlaubnispflichtige Heilbehandlung fuer psychologische Berater und Choaches, in: Verbandszeitschrift 1/2015, https://www.vfp.de/magazine/freie-psychotherapie/alle-ausgaben/heft-01-2015/wann-beginnt-die-unzulaessige-erlaubnispflichtige-heilbehandlung-fuer-psychologische-berater-und-choaches (9.4.2022).

Steibert, A. 2014, Anwaltschaftliche Lobbyarbeit in der Sozialen Arbeit, https://www.socialnet.de/materialien/195.php (09.05.2022).

Stephan, M./Rötz, C. 2018, Coaching-Marktanalyse 2016/17 Ergebnisse der 4. Marburger Coaching Studie 2016/17, www.uni-marburg.de/de/fb02/professuren/bwl/bwl01/forschung/2018-01_coaching_onelineversion.pdf (9.4.2022).

Stiftung Warentest (Hg.) 2014, Nicht nur die Chemie muss stimmen, Stiftung Warentest, https://www.test.de/Den-richtigen-Coach-finden-Nicht-nur-die-Chemie-muss-stimmen-4697530-0/ (9.4.2022).

Stiftung Warentest 2022, Onlineschutz vor Mietärger, S. 62-65 in: Finanztest Mai 2022.

Stock, C. 2009, Rechtliche Bezüge und Herausforderungen für Beratung und Therapie, in: Recht der Gesundheits- und Sozialberufe 1/2009, file:///D:/Downloads/Beratung_und_Therapie_RdGS_1_2009.pdf (9.4.2022).

Stock, C. 2019, Psychotherapie, Beratung und Supervision in Humanistischen Verfahren, Gevelsberg.

Stolterfoht, B./Martiny, A. 2013, (Hg. Transparency Deutschland), Transparenzmängel, Betrug und Korruption im Bereich der Pflege und Betreuung, https://www.transparency.de/fileadmin/Redaktion/Publikationen/2013/Pflegegrundsaetze_TransparencyDeutschland_2013.pdf (9.4.2022).

Thar, J. u.a.2020, Das Betreuerbüro, Erfolgreiche Unternehmensgründung und -führung, 2. Auflage Köln.

Töpfer, E. 2014, Unabhängige Polizei-Beschwerdestellen, https://www.institut-fuer-menschenrechte.de/fileadmin/_migrated/tx_commerce/Unabhaengige_Polizei_Beschwerdestellen.pdf (9.4.22).

Transparency International Deutschland und Whistleblower-Netzwerk 2021, Positionspapier zur Umsetzung der EU-Richtlinie zum Hinweisgeberschutz, https://www.whistleblower-net.de/wp-content/uploads/2021/03/Positionspapier_Umsetzung_EU_Richtlinie_Hinweisgeberschutz_26.02.2021.pdf (9.4.2022).

Traue, B. 2010, Das Subjekt der Beratung, Bielefeld.

Trencek, T. u.a. 2017, Grundzüge des Rechts, 5. Auflage München.

Trenczek, T. u.a. (Hg.) 2017, Mediation und Konfliktmanagement, 2. Aufl. Baden-Baden.

Türk, A. u.a. 2018, Betreuung von Menschen mit Migrationshintergrund, Köln.

Uphues, S. 2020, (No) Return to Sender, S. 138–139 in: DFN-Infobrief Recht 12/2020, https://www2.dfn.de/fileadmin/3Beratung/Recht/1infobriefearchiv/Jahresbaende_Infobrief_Recht/Jahresband_Infobrief_Recht_2020.pdf (9.4.2022).

Uphues, S. 2021, Steh zu deinen Fehlern oder es kommt dir teuer zu stehen, S. 9–10 in: DFN-Infobrief Recht 4/2021 und Unbewiesen, abgewiesen, S. 4–6 in: DFN-Infobrief Recht 6/2021, https://www2.dfn.de/rechtimdfn/infobriefe/ (9.4.2022).

Urban-Stahl, U. 2011, Ombuds- und Beschwerdestellen in der Kinder- und Jugendhilfe in Deutschland. Eine Bestandsaufnahme unter besonderer Berücksichtigung des möglichen Beitrags zum »Lernen aus Fehlern im Kinderschutz«, Beiträge zur Qualitätsentwicklung im Kinderschutz Band 1, herausgegeben vom Nationalen Zentrum Frühe Hilfen. Köln, https://www. fruehe hilfen.de/fi leadmin/user_upload/fruehehilfen. de/pdf/Expertise_Ombudsstelle_low2.pdf (9.4.2022).

van den Berg, G. u.a. 2017, Wirkungen von Sanktionen für junge ALG-II-Bezieher: Schnellere Arbeitsaufnahme, aber auch Nebenwirkungen, IAB-Kurzbericht 5/2017.

Vereinte Nationen vom 12.10.2018, Abschließende Bemerkungen zum sechsten Staatenbericht Deutschlands, (E/C.12/DEU/CO/6), https://www.institut-fuer-menschenrechte.de/fileadmin/Redaktion/PDF/DB_Menschenrechtsschutz/ICESCR/6._Staatenbericht/ICESCR_Staatenbericht_DEU_6_Abschl_2018.pdf (9.4.2022).

Von Spiegel, H. 2013, Methodisches Handeln in der Sozialen Arbeit, 5. Auflage München.

Wabnitz, R. u.a. 2018, GK-SGB VIII – Gemeinschaftskommentar zum Kinder- und Jugendhilferecht, 72. Ergänzungslieferung, Hürth.

Wegener, R. u.a. (Hg.) 2011, Coaching entwickeln, Wiesbaden.

Welti, F. (Hg.) 2013, Rechtliche Instrumente zur Durchsetzung von Barrierefreiheit, Kassel.

Welti, F. 2016, Beratung im Recht– am Beispiel der Beratung für und durch behinderte Menschen; Beitrag D41-2016, https://www.reha-recht.de/fileadmin/user_upload/RehaRecht/Diskussions foren/Forum_D/2016/D41-2016_Beratung_im_Recht_-_am_Beispiel_der_Beratung_für_und_durch_behinderte_Menschen.pdf (9.4.2022).

Wellhöfer, R. 2001, Gruppendynamik und soziales Lernen, 2. Aufl. München.

Wenzel, J. 2006, Qualitätsmanagement mit integriertem Datenschutzmanagement bei Online-Beratung, in: e-beratungsjournal, 2. Jahrgang, Heft 1, Artikel 4 – März 2006, https://www.e-beratungsjournal.net/ausgabe_0106/wenzel.pdf (9.4.2022).

Wenzel, J. 2009, Schutz der Vertraulichkeit der Beratung durch verfassungsrechtliche, datenschutzrechtliche und strafrechtliche Schranken – am Beispiel der §§ 16a, 61 SGB II, https://www.ver traulichkeit-datenschutz-beratung.de/doks/info-also-2009-6-Auskunftspflichten-Wenzel.pdf (9.4.2022).

Weyrich, K. 2019, Eine umfassende Beratung ist die Grundlage für das Funktionieren des immer komplizierter werdenden sozialen Leistungssystems, Beitrag D17-2019, https://www.reha-recht.de/fachbeitraege/beitrag/artikel/beitrag-d17-2019/ (9.4.2022).

Whistleblower-Netzwerk e.V. o.J., FAQ-Rechtslage, https://www.whistleblower-net.de/informationen/faq-rechtslage/ (9.4.2022).

Wiese, K. 2021, Ermächtigung für ein bundesweites Kopftuchverbot, in: legal tribune online, https://www.lto.de/recht/hintergruende/h/gesetz-erscheinungsbild-beamte-entwurf-bundestag-kopftuch-tattoos-kopftuchverbot/ (9.4.2022).

Wiesner, R. u.a. 2017, Staatliche Anerkennung in Berufen der Sozialen Arbeit, Gutachterliche Stellungnahme für die Kommission Sozialpädagogik der Deutschen Gesellschaft für Erziehungswissenschaft (DGfE), https://www.dgfe.de/fileadmin/OrdnerRedakteure/Sektionen/Sek08_SozPaed/KSozPaed/2018_Expertise_Staatliche_Anerkennung.pdf (9.4.22).

Wiesner, R./Wapler, F. (Hg.) 2022, SGB VIII Kinder- und Jugendhilfe, 6. Aufl. München.

Wilking, D. (Hg.) 2017, "Reichsbürger". Ein Handbuch, Potsdam.

Wissenschaftlicher Dienst des Deutschen Bundestags 2020, Zeugnisverweigerungsrecht im Bereich der Sozialen Arbeit?, Az.: WD 7 - 3000 - 034/20, Berlin.

Wolff, J./Pflug, C. u.a. 2020, Evaluation der Pflegeberatung und Pflegeberatungsstrukturen gemäß § 7a Absatz 9 SGB XI, https://www.gkv-spitzenverband.de/media/dokumente/pflegeversicherung/beratung_und_betreuung/pflegeberatung/20200331_IGES_Evaluation_Pflegeberatung_Abschlussbericht.pdf (9.4.22).

Wolff, M. u.a. (Hg.) 2017, Schutzkonzepte in Theorie und Praxis – Ein beteiligungsorientiertes Werkbuch, Weinheim.

Wolf, M. 2021, Schneller ist nicht immer besser: Sanktionen können sich längerfristig auf die Beschäftigungsqualität auswirken, IAB-Forum H.24.06.2021, https://www.iab-forum.de/schneller-ist-nicht-immer-besser-sanktionen-koennen-sich-laengerfristig-auf-die-beschaeftigungsqualitaet-auswirken/ (15.07.2022).

Zentrum für Qualität in der Pflege (Hg.) 2020, Sicherheitskultur in der ambulanten Pflege, https://www.zqp.de/sicherheitskultur-ambulante-pflege/ (9.4.2022).

Zöller, R. (Hg.) 2020, ZPO Kommentar, Köln.

Zusammenwirken im Familienkonflikt Berlin o. J., https://www.zif-online.de/zif (28.05.2021).

Zwicker-Pelzer, R. 2010, Beratung in der Sozialen Arbeit, Bad Heilbrunn.

# Stichwortverzeichnis

## A



## B

## C



## D



## E

## F



## G

## H



## I



## J



## K

## S



## T